AF252003

JOACHIM GROSSMANN

Künstler, Hof und Bürgertum

Herausgegeben von

Tilmann Buddensieg

Fritz Neumeyer

Martin Warnke

ARTEfact

JOACHIM GROSSMANN

Künstler, Hof und Bürgertum

Leben und Arbeit von Malern in Preußen 1786–1850

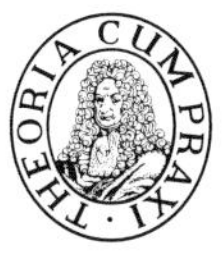

Akademie Verlag

Gedruckt mit Unterstützung der Deutschen Forschungsgemeinschaft.

Mit 68 Abbildungen und 3 Tabellen
Titelbild: Friedrich Boser, Bilderschau Düsseldorfer Künstler, 1844 (Abb. 19, Ausschnitt)

Die Deutsche Bibliothek – CIP-Einheitsaufnahme:

Großmann, Joachim:
Künstler, Hof und Bürgertum : Leben und Arbeit von Malern
in Preußen 1786–1850 / Joachim Großmann. – Berlin :
Akad. Verl., 1994
  (ARTEfact ; Bd. 9)
  Zugl.: Essen, Univ., Diss., 1992
  ISBN 3-05-002412-7
NE: GT

Gedruckt auf chlorfrei gebleichtem Papier.
Das eingesetzte Papier entspricht der amerikanischen Norm ANSI Z. 39.48 – 1984 bzw. der europäischen Norm ISO TC 46.

Umschlaggestaltung: Meta Design, Berlin
Satz: deutsch-türkischer fotosatz, Berlin
Druck und Bindung: Druckhaus „Th. Müntzer" GmbH, Bad Langensalza

Printed in the Federal Republic of Germany

Inhalt

I. Einleitung

Es „muß ... die Geschichte der Kunst mit der Geschichte des Landes immer Hand in Hand gehen. Denn es kann wegen der genauen Verknüpfung der Dinge kein Zweig der Geschichte ganz ausschliessend bearbeitet werden; sondern man wählt nur irgend einen Hauptgesichtspunkt, woraus man diesmal den Zusammenhang der menschlichen Dinge vorzüglich betrachten will. Und in dieser Rücksicht ist gewiss kein Zweig der Geschichte minder wichtig, als der andere". Mit diesen Worten leitete in Berlin Karl Philipp Moritz, Königlich Preußischer Hofrat und Professor der Schönen Künste, 1791 die „Annalen der Akademie der Künste und Mechanischen Wissenschaften" ein.[1]

Eine solche Überzeugung von der Totalität alles historischen Geschehens ist heute fragwürdig geworden und bleibt dennoch von hohem Reiz. In der zweiten Hälfte des 19. Jahrhunderts hat sich die Kunstgeschichte als eigenständige historische Disziplin definiert und in den Krisen der Modernisierung eine autonome Kunstsphäre zu retten versucht. Unter der Herrschaft dieses Paradigmas hat die Disziplin ihr eigenes Methodenspektrum entwickeln können. Die Frage nach der konkreten Funktion der Kunst im Gesamtgefüge einer historischen Gesellschaft geriet jedoch vielen Fachvertretern bis heute aus dem Blickfeld.

Daneben existiert ein Traditionsstrang einer allgemeiner orientierten kultur- und sozialgeschichtlichen Forschung, die sich stärker um die Verknüpfung von Kunst und Geschichte bemühte.[2] Oft genug kam dabei nicht mehr heraus als dürftige Parallelkonstruktionen.

Die Untersuchung der Lebensbedingungen von Künstlern in einer konkreten historischen Situation, ihre Sozialisation und Einbindung in Formen des gesellschaftlichen Umgangs kann zur Klärung der Frage beitragen, in welchem Maß und auf welche Weise übergeordnete Sozialverhältnisse in die Kunst eingehen. Obwohl dieses Problem schon länger diskutiert wird, bleibt doch bei der Aufklärung konkreter Mechanismen, die Kunst und Gesamtgesellschaft vermitteln, noch viel zu tun. Nur auf der Grundlage genauer Quellenstudien und für einen bestimmten historischen Zeitraum können sie herausgearbeitet werden. Kunstwerke, so lautet die hier entwickelte These, entstehen in einem komplizierten System des gesellschaftlichen Austauschs, zu dem nicht nur die Künstler, sondern auch Auftraggeber, Kritiker und ein mehr oder weniger breites Publikum gehören, die sich wechselseitig in ihren Wertungen und Verhaltensweisen beeinflussen.

Ziel der Studie ist es, dieses Gefüge an einer entscheidenden historischen Nahtstelle zu untersuchen: in der Phase des Umbruchs von der höfischen zur bürgerlichen Gesellschaft, die in der

---

1 Einleitung, S. 1.

2 Zur Orientierung: Norbert Schneider, Kunst und Gesellschaft. Der sozialgeschichtliche Ansatz, in: Belting u. a. (Hg.), Kunstgeschichte 1988, S. 305—331. Zu interdisziplinären Ansätzen z. B. Dittmann, Kunstgeschichte interdisziplinär 1975, Michael Erbe, Die Kunstgeschichte in der Sicht der „Annales"-Historie, in: Held (Hg.), Kunst und Alltagskultur 1981, S. 45—54.

zweiten Hälfte des 18. Jahrhunderts einsetzte und sich bis weit ins 19. Jahrhundert hinzog. Die sozialgeschichtliche Forschung verzeichnet in dieser Zeit grundlegende Strukturwandlungen im damals noch stark zersplitterten Deutschland. Dazu gehören z. B. die schrittweise Aufweichung der monarchischen Herrschaft durch parlamentarische Kontrollen ebenso wie die Schaffung wesentlicher Grundlagen für die bald nach 1850 stürmischer einsetzende Industrialisierung. Auch wenn die Politik der Restauration auf die Konservierung alter Kräfteverhältnisse abzielte, waren dadurch die gesellschaftlichen Entwicklungen allenfalls zu bremsen, aber nicht aufzuhalten.

In dieser Zeit des Übergangs vom Ständestaat zur nach Klassen gegliederten Staatsbürgergesellschaft veränderte sich auch die Sozialfigur des Bildenden Künstlers in grundlegender Weise. Während im 18. Jahrhundert das Mäzenatentum der Fürsten und einer kleinen Elite von Adeligen und reicheren Bürgern entscheidend war, trat im 19. Jahrhundert ein breites bürgerliches Publikum auf den Plan, das die Ausstellungen in den Akademien und den neu gegründeten Museen zu Massenspektakeln anschwellen ließ, sich überall in Kunstvereinen organisierte und in der Publizistik und im Gespräch die Kunst zum wichtigen Bestandteil des sozialen Umgangs werden ließ.

„Die Zahl der Kunstvereine, wie die der Künstler hat auffallend zugenommen und die Kunst ist jetzt nicht mehr auf die Protection der Fürsten und der Kirche beschränkt, sie stützt sich ebensowohl auf die Theilnahme und Unterstützung des ganzen Volkes, ja sie ist volksthümlich geworden!“ Voller Emphase äußerte sich so 1836 − durchaus zeittypisch − der rührige Vorsitzende des Halberstädter Kunstvereins, Friedrich Lucanus.[3] Doch der Schein der Egalität trügt. Kunst blieb ein Luxusartikel, dessen Genuß außerdem in den höheren Gattungen an Bildungsvoraussetzungen gebunden blieb. Gerade deshalb waren Mäzenatentum und „Kennerschaft“ auch ein wesentliches Mittel sozialer Distinktion.[4]

Die Publikumsausweitung führte dennoch zu grundlegenden Strukturwandlungen des Kunstbetriebs. Der „Hofkünstler“ in fürstlichen Diensten[5] wurde zunehmend durch einen neuen Künstlertypus abgelöst, der auf dem freien Kunstmarkt sein Auskommen suchen mußte. Zwar blieb die höfische Kunstpflege eine wesentliche Existenzgrundlage, doch die Kunstvereine, bürgerlichen Mäzene und Gelegenheitskäufer waren hinzugekommen und erforderten neue Strategien.

Die Kunstsphäre geriet in den Sog von umfassenderen Umbrüchen auf dem Weg in die bürgerliche Gesellschaft, denen in jüngster Zeit ambitionierte Forschungsprojekte[6] gewidmet wurden. Dabei erscheint das Bürgertum einerseits als gesellschaftliche Teilgruppe, die je nach Weite der

---

3 Museum 4 (1836) S. 312; in einer auch von Georg Gropius unterzeichneten Mitteilung „Angelegenheiten deutscher Kunstvereine“.

4 Bourdieu, Die feinen Unterschiede 1982, veranschaulicht durch die soziologische Untersuchung der Geschmacksvorlieben im modernen Frankreich die Bedeutung symbolischen Kapitals im Prozeß der Statusbildung. Individuen und Gruppen sind für Bourdieu „nicht nur durch ihr Sein definiert, sondern auch durch das, was sie angeblich sind, also durch ein wahrgenommenes Sein“ (Objektivität des Subjektiven 1987, S. 367). Soziale Hierarchien werden nicht nur mit ökonomischem, sondern auch mit symbolischem Kapital gebildet, zu dem z. B. Titel, Moralvorstellungen, Kunstvorlieben als Elemente des Habitus gehören.

5 Über die Zeit bis 1800: Warnke, Hofkünstler 1985.

6 Zum Problemkreis „Bürgertum und Stadt“ unter Lothar Gall; im internationalen Vergleich unter Jürgen Kocka.

Definition eine Minderheit von 5 bis 15 Prozent umfaßte[7], andererseits wird seine Prägekraft für die Gesamtgesellschaft im Prozeß der „Verbürgerlichung" untersucht.

Trotz einer intensiven Debatte über die Begriffsdefinitionen sind die analytischen Kategorien weiterhin durch eine eklatante Unschärfe gekennzeichnet.[8] Weder die rechtliche noch die wirtschaftliche Lage des Bürgertums ist so einheitlich gewesen, daß man es als Stand oder Klasse hätte bestimmen können.[9] Abzuheben sind von dieser Gruppe einerseits der Adel und die katholische Geistlichkeit als herkömmliche Eliten, andererseits die Bauern und unteren Schichten der Gesellschaft in Stadt und Land, einschließlich der sich erst formierenden Arbeiterschaft. Zu der verbleibenden Gruppe gehören z. B. Kaufleute, Fabrikanten und Bankiers ebenso wie Ärzte, Juristen und Lehrer. Offenbar wurden die traditionellen Stadtbürger und die aufstrebende Gruppe der Bildungs- und Wirtschaftsbürger mit ihren ganz unterschiedlichen Berufen durch gemeinsame kulturelle Werte und Verhaltensweisen zusammengeschweißt[10]. Dazu gehörte ein System bürgerlicher Normen wie z. B. Hochachtung individueller Leistung und regelmäßiger Arbeit, Ansprüche auf wirtschaftliche Belohnung, rationale Lebensführung und Hochschätzung von Bildungsgütern. Durch Heiratsverbindungen, Vereinstätigkeit und das gemeinsame Bildungserlebnis an Gymnasium und Universität hat sich diese heterogene Schicht bis zu einem gewissen Maß vereinheitlicht. Auch die Entstehung einer literarischen Öffentlichkeit und die gemeinsame kulturelle Betätigung durch Hausmusik, Konzert-, Theater- und Ausstellungsbesuche lassen sich in diesen Rahmen einordnen.

Wenn hier von der „Verbürgerlichung"[11] des Kunstbetriebes die Rede ist, so ist damit zunächst die Durchsetzung bürgerlicher Normen gemeint, wie sie z. B. in der Forderung nach getreuer Abbildung und „fleißiger Durcharbeitung" in der Malerei sichtbar werden. Darüber hinaus bezeichnet der Begriff die mit dem Aufstieg neuer Rezipientenschichten verbundenen Strukturveränderungen. In diesem Prozeß behalten „Hof und Staat"[12] ein erhebliches Gewicht.

Der Aufstieg des deutschen Bürgertums ist schon vor 1800 deutlich zu beobachten.[13] Nach der traditionell materialistischen Untersuchung von Leo Balet und Eberhard Gerhard (1936) begann der „Kampf des Bürgertums gegen den Absolutismus"[14] um 1750. Wie die Verfasser an zahlrei-

---

7 Jürgen Kocka, Bürgertum und bürgerliche Gesellschaft im 19. Jahrhundert. Europäische Entwicklungen und deutsche Eigenarten, in: Ders. (Hg.) Bürgertum im 19. Jahrhundert 1988, S. 11–76, hier: S. 13.

8 Ebd., S. 16.

9 Zur Definition: Riedel, Bürger 1972; Haltern, Bürgerliche Gesellschaft 1985; vor allem: Kocka (Hg.), Bürger und Bürgerlichkeit 1987 mit dem Versuch, eine interdisziplinär tragfähigen Definition zu erarbeiten.

10 Kocka (Hg.), Bürger und Bürgerlichkeit 1987, S. 21–64, insbes. 42–48; im gleichen Band: Herrmann Bausinger, Bürgerlichkeit und Kultur, S. 121–142; Tenbruck, Bürgerliche Kultur 1986. Zur Umsetzung des Ansatzes z. B. Wolfgang Kaschuba, Deutsche Bürgerlichkeit nach 1800. Kultur als symbolische Praxis, in: Kocka (Hg.), Bürgertum im 19. Jahrhundert 1988, S. 9–44.

11 Nipperdey (in Kocka (Hg.), Bürgertum und Verbürgerlichung 1987, S. 146) verstand darunter „Übertragung von Kulturnormen" auf die Gesamtgesellschaft vor allem durch das Bildungssystem. Vgl. auch M. Rainer Lepsius, Zur Soziologie des Bürgertums und der Bürgerlichkeit (ebd., S. 79–100); zur Adaption bürgerlicher Normen durch die Arbeiterschaft: Bausinger, Verbürgerlichung 1973.

12 Name des Handbuchs, das in Preußen wichtige Personen bei Hof, in der Verwaltung und beim Militär verzeichnete.

13 Vgl. z. B. Vierhaus (Hg.), Bürger und Bürgerlichkeit 1981; Ruppert, Bürgerlicher Wandel 1981;

14 Verbürgerlichung Kunst 1936, S. 63. Auch wenn dieser Versuch die Wirtschaftskraft des deutschen Bürgertums überschätzt, um streng ökonomisch argumentieren zu können, und dem Bildungsbürgertum

chen Beispielen vor allem aus Musik und Literatur illustrieren, setzte das Bürgertum „Natürlichkeit" als Norm gegen die Künstlichkeit des höfischen Stils. Die Verbürgerlichung der Kultur betraf zunächst jedoch weit stärker die literarische Öffentlichkeit, Lesevereine und „patriotische Gesellschaften", das Theater- und Musikleben als die bildende Kunst.

Am auffälligsten waren hier die Wandlung vom repräsentativen höfischen Portrait zum einfacheren Abbild bürgerlicher Individualität[15] und die Entstehung eines Illustrationswesens, das bürgerlichen Normen anschaulich machte. Die anspruchsvolleren Kunstgattungen blieben dagegen unter dem Einfluß der herkömmlichen Eliten. Die neuen Vermittlungsinstanzen − Ausstellung, Museum, Kunstverein und Kunstkritik − bildeten sich in Deutschland überwiegend erst im 19. Jahrhundert aus.

Thomas Nipperdey sah in der Verbürgerlichung der Künste „keineswegs ein Sonderthema der Kunstsoziologie, sondern ein Fundamentalereignis, das die Künste wie das Leben verändert hat."[16] Kunst, so lautet die von ihm wiederholt vertretene These, wird zum wesentlichen Medium der Sinnstiftung in einer postreligiösen Zeit und gewinnt einen zentralen Stellenwert im bürgerlichen Lebenshaushalt.[17] Auch wenn das kulturelle Verhalten des Bürgertums in anderen modernen Darstellungen weit weniger Interesse gefunden hat als in Nipperdeys „Deutsche(r) Geschichte 1800−1866", ist doch in letzter Zeit der Sektor der Kultur in der geschichtswissenschaftlichen Forschung aufgewertet worden.[18] In Hans-Ulrich Wehlers Ansatz zur Strukturierung der Gesellschaftsgeschichte steht er gleichberechtigt neben den analytischen Kategorien Wirtschaft und Herrschaft.[19]

Im Vormärz ist die Untersuchung der Kultur auch deshalb von Bedeutung, weil im politischen und wirtschaftlichen Bereich wesentliche bürgerliche Potentiale blockiert blieben und der kulturelle Sektor ein kompensatorisches Übergewicht erhielt. „Zu keiner anderen Zeit [als 1789−1830, J.G.] erfuhr die Kunst eine so hohe Wertschätzung im Vergleich zu anderen Tätigkeiten und geistigen Leistungen des Menschen", stellte Peter H. Feist fest. „Niemals sonst wurde ihr eine so zentrale und ausgezeichnete Bedeutung für die Bestimmung des menschlichen Wesens und für die Beförderung der Humanität im einzelnen Individuum wie in der Gesellschaft insgesamt zugemessen."[20]

Eine solche Hochschätzung der Kunst hat in diesem Zeitraum auch zu einer Aufwertung des Künstlerberufs geführt. Sein Stellenwert in der Skala möglicher Tätigkeiten hing von den bedrohlichen Schwankungen ab, denen die Kunst in der gesellschaftlichen Bewertung ausgesetzt war. Während die von der Professionalisierungsforschung[21] erfaßten Berufsgruppen − wie z. B.

---

zu wenig Beachtung schenkt, bleibt doch der frühe Versuch nennenswert, stilistische Merkmale der Kunst aus sozialen Kräfteverschiebungen zu erklären. „Natürlichkeit" kann dabei aber nicht das einzige Kriterium der Analyse bleiben. Vgl. Gerd Mattenklotts Einführung zur Neuausgabe 1981.

15 Hoffmann, Darstellung des Bürgers 1935, 21.

16 Kunst autonom 1988.

17 Bürgertum Moderne 1988, S. 30; vgl. auch Deutsche Geschichte 1983, S. 533 ff.

18 Vgl. Kocka, Sozialgeschichte 1986, S. 152−60; Faulenbach, Gesamtdarstellungen 1987, 502−05.

19 Gesellschaftsgeschichte I, S. 7 und 11 f. (im Anschluß an Max Weber). Wehler betont: „Jeder dieser Bereiche besitzt eine relativ autonome Geltung und Wirkungsmacht, er kann aus den anderen nicht abgeleitet werden" (S. 7); eine klare Abwendung von der Basis-Überbau-Mechanik. Ähnlich Kocka, Sozialgeschichte 1986.

20 Feist, Deutsche Kunst 1760−1848, 1986, S. 113.

21 In die Gruppe der „Professionals" lassen sich die Künstler nach den gängigen Definitionen nicht einreihen. Siegrist nennt als Kennzeichen: spezialisierte, tendenziell wissenschaftlich fundierte Ausbildung, in

Ärzte, Advokaten, Pfarrer, Lehrer und Ingenieure − klarer definierte Funktionen erfüllten, lebte der ebenfalls durch langjährige Ausbildung hochspezialisierte Künstlerstand in größerer Statusunsicherheit.

Die Existenzbedingungen der Künstler im Spannungsfeld traditioneller Kräfte und aufsteigender bürgerlicher Schichten zu rekonstruieren, ist das Anliegen der Untersuchung. Dies soll hier am Beispiel des norddeutschen Raumes, des preußischen Herrschaftsbereichs, geschehen. Eine solche regionale Einschränkung ist notwendig, wenn auch die offizielle Kunstpflege angemessen berücksichtigt werden soll. Hier wird von zwei Polen ausgegangen: Auf der einen Seite stehen „Hof und Staat" mit der Gründung und Überwachung der Kunstakademien und der Förderung von Künstlern durch Stipendien, gezielte Auftragsvergabe, Ehrungen und Personalpolitik, bzw. Behinderungsmöglichkeiten durch Kunstzensur und Auftragsverweigerung. Ob diese Eingriffschancen auch planmäßig genutzt wurden, wird zu klären sein. Kunstpolitik blieb bis zur Jahrhundertmitte weitgehend in den Händen des Monarchen, auch wenn sich langsam eigene ministerielle Instanzenzüge ausbildeten. So hielten sich in dieser Einflußsphäre wesentliche Merkmale des traditionellen Hofkünstlertums.

Auf der anderen Seite findet sich ein durch die kulturelle Tätigkeit des aufsteigenden Bürgertums bestimmter Pol. Es machte die überwiegende Zahl der Rezipienten aus, die sich in allen größeren Städten in Kunstvereinen organisierten, viele Kunstausstellungen nicht nur besuchten, sondern selbst veranstalteten, die Kunstpublizistik in Gang setzten und durch ein besonderes Ankaufsverhalten eigene thematische und stilistische Anforderungen an die Künstler herantrugen.

Man muß sich jedoch davor hüten, die hier idealtypisch gegenübergestellten Sphären in einen zu scharfen Kontrast zu setzen. Der Hof förderte die Ausweitung der Kunstrezeption als Gnadengeschenk ohne politische Folgekosten, öffnete die eigenen Kunstsammlungen und sah der Gründung der Kunstvereine mit wohlwollender Billigung zu; das Bürgertum konnte in der bisher exklusiven Rolle des Mäzens eine Assimilation an traditionelle Wertvorstellungen erreichen und war nicht unbedingt an einer Revolutionierung der Kunstnormen interessiert.

In diesem Rahmen fand die Sozialisation des bildenden Künstlers statt. Seine Entscheidungen waren an gesellschaftliche Erwartungen und Reaktionen gebunden. Die Berufswahl wurde durch Elternwünsche und die soziale Herkunft, die Ausbildung durch den Normenzwang der Kunstakademien, der Kunstverkauf durch die Kritik und das Ankaufsverhalten des adeligen und bürgerlichen Publikums beeinflußt. Im dadurch definierten Spielraum waren durchaus verschie-

---

der berufsbezogenes, generalisierbares und theoriehaltiges Wissen zusammen mit ethischen Einstellungen vermittelt wird, das uneigennützig im Dienste des Allgemeinwohls einzusetzen ist und durch Examen und Berechtigungsscheine garantiert wird. (Bürgerliche Berufe 1988, S. 14) Vgl. Conze; Kocka, Bildungsbürgertum 1985, S. 18. Der von Siegrist damit kontrastierte Begriff der „bürgerlichen Berufe" ist sehr unpräzise, da er an den nicht klar zu definierenden Bürgerbegriff gebunden ist („Sozialstrukturell wäre ein Beruf als bürgerlich zu bezeichnen, wenn die Berufsgruppe insgesamt oder ein quantitativ oder qualitativ bedeutender Teil von Individuen an jenen Ressourcen teilhat, die in der bürgerlichen Gesellschaft eine höhere Position und einen günstigeren Status verschaffen." Ebd., S. 27, vgl. S. 13). Das Problem der Abgrenzung ist so lange ungelöst, wie eine bestimmte Schwelle undefiniert bleibt. Im angelsächsischen Raum wird der Professionalisierungsbegriff auch auf die Künstler angewendet. William Vaughan (Art Institutions 1989, S. 3) sieht im Bemühen um eine Abgrenzung der Künstler von den Handwerkern („the critial division was between the professions and the proletariat") eine Tendenz zur Professionalisierung, die vor allem durch die Betonung intellektueller und sozialer Überlegenheit durch die Organisation in der „Royal Academy of Arts" (seit 1768) erreicht werden konnte.

14

dene Strategien möglich. Es ist zu fragen, ob man bei diesen Vorgaben überhaupt von der „Autonomie der Kunst" sprechen sollte oder ob man sie vor allem als bürgerliche Denkfigur ansehen muß, mit der sich die hehre Kunst vom grauen Alltag abheben ließ.

Trotz vergleichbarer Tendenzen wird es kaum gelingen, einen „Normaltypus" des Künstlers im Vormärz zu konstruieren. Die Bildung des Durchschnitts, wenn sie überhaupt möglich sein sollte, bringt unvermeidbar die Nivellierung wichtiger individueller Züge mit sich. Die festgestellte soziale Bandbreite der Existenzen ist groß und reicht vom Pauper ohne sichere Existenzgrundlage bis zum „Malerfürsten"[22] mit gutem Auftragspolster, hohem Einkommen und gesellschaftlichem Renommee. Die Auswahl bevorzugt bearbeiteter Themen und Formate richtete sich auch nach dem bereits aktivierten oder auch nur umworbenen Kundenkreis und konnte für die Plazierung in der Erfolgshierarchie weitreichende Folgen haben.

Im Rahmen dieser Arbeit wird versucht, an Fallbeispielen die Bandbreite möglicher Existenzen zumindest anzudeuten. Die Recherche einer Biographie bis in die Einzelzüge der Erfolgsstrategien und wirtschaftlichen Verhältnisse ist jedoch so aufwendig, daß sie nur exemplarisch geleistet werden konnte. Ein Vergleich zahlreicher standardisiert aufgenommener Biographien[23] bot sich daher nicht an. Allgemeinere Aussagen werden stattdessen aus der Wahrnehmung des Berufsstandes in der Kultusbürokratie, aus generalisierenden Selbstaussagen der Künstler und Einschätzungen in der Kunstpublizistik gewonnen. So ergibt sich eine Grundlage zur Einordnung individueller Lebensläufe.

Wie die Künstler selbst in das von ihnen nur teilweise kontrollierbare System der „Kunstverhältnisse" eingebunden waren, so ist auch dieses Subsystem von allgemeineren gesellschaftlichen Entwicklungen abhängig. Konjunkturschwankungen z. B. schlagen auf den Kunstmarkt durch, und die Intensität der Kunstrezeption hängt von der Wertschätzung dieses Verhaltens im gesellschaftlichen Verkehr insgesamt ab. Obwohl in dieser Arbeit vor allem die Mechanismen der Kunstproduktion und die Distribution der Werke im Zentrum stehen, wird hier auch eine Vermittlung der allgemeinen Kunstgeschichte mit der Sozialgeschichte versucht. Dies geschieht einerseits durch die Frage nach dem Stellenwert der Kunst im bürgerlichen Lebenshaushalt, andererseits durch die Untersuchung der Wahrnehmung sozialer Epochenprobleme durch die Künstler.

Die im Vergleich zur Literatur weit konservativeren Kunstnormen haben das Einsickern politischer und sozialer Themen in die Werke oft verhindert. Außerdem stellte die künstlerische Sozialisation − wie jede Sozialisation − auch einen Vorgang der Bewußtseinseinschränkung dar. Was die Künstler wahrnahmen, war im Rahmen der geltenden Kunstnormen nicht immer darstellungswürdig. Gerade wegen dieser Filter kann die Sozialgeschichte für die Kunstgeschichte ein wesentliches Korrektiv sein. Sie schützt vor dem Fehlschluß aus den Bildwerken einer Zeit auf die allgemeineren sozialen Zustände. Trotz aller Barrieren ist eine künstlerische Verarbeitung der Epochenprobleme jedoch nicht ausgeblieben. Vor allem die Revolution von 1848/49 hat im Schaffen vieler bildender Künstler deutliche Spuren hinterlassen.

In der folgenden Restaurationsphase waren die sozialen und politischen Themen in der Kunst weitgehend tabuisiert. Ein langsamer Stilwandel trat ein, der auch mit den gehobenen Repräsentationsansprüchen des in der Industrialiserungsphase reicher und selbstbewußter gewordenen Bürgertums zusammenhängt. Obwohl die Revolution keine abrupte kunstgeschichtliche Zäsur

---

22 Vgl. Markowitz, Armer Maler − Malerfürst 1980.
23 Vgl. zur Methode: Schröder (Hg.), Lebenslauf und Gesellschaft 1985.

darstellt[24], ist die Untersuchung auf den Zeitraum von 1786−1848/49 konzentriert und berücksichtigt nur noch einzelne Entwicklungen der Folgezeit bis 1860.

Da die regionalen Unterschiede in Deutschland zu Beginn des 19. Jahrhunderts noch groß waren, ist eine Begrenzung auf das preußische Gebiet eine sinnvolle Einschränkung. In Bayern betrieb Ludwig I. den Ausbau von München zur repräsentativen Hauptstadt. Seine systematische Kunstförderung ist gut dokumentiert.[25] In Preußen stand die Politik viel stärker unter dem Vorzeichen des knappen Geldes. Schon deshalb konnte die höfische Kunstpflege hier nicht den gleichen Einfluß gewinnen.

Die künstlerischen Schwerpunkte in der Monarchie waren durch die Ausbildungsstätten definiert: In die letzte Regierungszeit Friedrichs II.[26] fiel die Reaktivierung der Kunstakademie Berlin ab 1786, die durch lange Mißachtung zu einer von den Künstlern mühsam am Leben gehaltenen Zeichenschule und Ehreninstitution ohne nennenswerten Etat abgesunken war. Hier liegt ein entscheidender kunstgeschichtlicher Einschnitt, der bei der zeitlichen Eingrenzung der Studie nicht übergangen werden kann. Die napoleonische Besetzung und die Befreiungskriege unterbrachen allerdings den nach 1790 einsetzenden Aufschwung, so daß wesentliche Entwicklungen in die Zeit nach 1815 fallen. Doch kunstpolitische Anliegen des Staates wurden schon vorher formuliert. 1819 kam in Preußen unter Friedrich Wilhelm III. die Düsseldorfer Malerschule als zweite Ausbildungsstätte hinzu, die in der 1815 gewonnenen Rheinprovinz das kulturelle Angebot verbessern sollte und Berlin schon bald den Rang ablief. Weit bescheidener waren die Anfänge der Kunstakademie Königsberg, die unter Friedrich Wilhelm IV. Ende der vierziger Jahre gegründet wurde, um dem unterversorgten Osten die Segnungen der bildenden Kunst zu bringen. An den Ausbildungsorten siedelten sich die Künstler nach ihrer Ausbildung auch mit Vorliebe an.

Das preußische Gebiet zeichnete sich durch große interne Unterschiede aus und kann nicht als einheitliche Kunstlandschaft angesehen werden. Während der Osten noch als künstlerisches Entwicklungsland gelten muß, konnte Berlin auf eine Tradition höfischer Kunstpflege zurückblicken, die freilich unter der Regierung Friedrich Wilhelms I. (1713−40) und Friedrichs II. (1740−86) weitgehend auf die Baukunst und die Bildhauerei beschränkt blieb und in bezug auf die „vaterländischen" Künstler bescheiden zu nennen ist. So bedeutete die Reaktivierung der Berliner Akademie in vieler Hinsicht einen Neubeginn: Nach der Vorherrschaft französischer Kunst wurde die Künstlerausbildung belebt und damit überhaupt erst die Voraussetzung für ein Aufleben der eigenen Kunstproduktion geschaffen.

Wichtig blieb in Berlin[27] die schon vor diesem Zeitpunkt geförderte Bildhauerei, die unter Gottfried Schadow und Christian Daniel Rauch einen glänzenden Aufschwung nahm. In Düssel-

---

24 Feist, Deutsche Kunst 1848−1890, 1987, S. 12 spricht von einem „tiefen Einschnitt" durch die Revolution. Dagegen ist eher Börsch-Supan (Literatur Biedermeier 1990, S. 6) zuzustimmen, der nach der gescheiterten Revolution zwar eine Veränderung des geistigen Klimas, aber „keine tief einschneidende Zäsur" sieht.

25 Z. B.: Gollwitzer, Ludwig I. 1986; mit der Tendenz, Ludwig aus dem Kontext der Restauration zu lösen: Erichsen (Hg.), Ludwig I. 1986; kritisch dagegen: Nerdinger (Hg.), Romantik und Restauration 1986.

26 Zum nur beiläufigen Interesse Friedrichs II. an der Malerei und zur weitgehenden Vernachlässigung der einheimischen Kunst vgl. Börsch-Supan, Friedrich des Großen Umgang mit Bildern 1988.

27 Vgl. hier vor allem die zahlreichen Arbeiten Börsch-Supans. (Literaturverzeichnis). Wirth, Berliner Malerei 1990 erfüllt den hohen Anspruch, die erste Gesamtdarstellung seit Rosenberg, Berliner Malerschule 1879, vorzulegen nur sehr unzureichend.

dorf[28] dagegen formierte sich die Akademie als reine „Malerschule" und arbeitete weitgehend im Bereich der Ölmalerei, die weit weniger kostspielig war als die stärker an den Hof gebundene Bildhauerei und sich daher im diesem Raum mit einem zahlungskräftigen Bürgertum gut entfalten konnte. Zahlreiche persönliche Kontakte und die regelmäßigen Berliner Akademieausstellungen als Leistungsschauen der ganzen Monarchie förderten zwar den Austausch der Kunstzentren, dennoch sind Sonderentwicklungen unübersehbar.

Um einen Vergleichsmaßstab zu gewinnen, bietet es sich an, die Untersuchung auf die Gruppe der Maler einzuschränken. Max Schaslers Handbuch über die Berliner Kunstschätze verzeichnet 1856 in Berlin 126 Maler-Ateliers, 31 Bildhauer und 29 Grafiker.[29] Bedenkt man, daß Maler häufig auch als Grafiker tätig wurden, ist damit einerseits die Hauptgruppe der bildenden Künstler erfaßt, andererseits der Vergleich mit der reinen Malerkolonie Düsseldorf möglich. Die in Berlin führenden Bildhauer müssen als Schlüsselfiguren des Kunstbetriebs dennoch Beachtung finden.

Die Materialgrundlage für die vorliegende Untersuchung ist vielfältig. Zunächst wird auf die Überlieferung aus den mit der Kunstpolitik befaßten preußischen Behörden zurückgegriffen. Dies sind die Akten des königlichen geheimen Zivilkabinetts, des mit dem Namen „Ministerium der Geistlichen-, Unterrichts- und Medizinalangelegenheiten" recht umständlich betitelten Kultusministeriums, des Oberpräsidenten in Koblenz und des Düsseldorfer Regierungspräsidenten. Neben dieser offiziellen Überlieferung vermitteln die Briefsammlungen des Heine-Institutes in Düsseldorf und der Berliner Staatsbibliothek ein intimeres Bild vom Umgang der Künstler mit ihren Zeitgenossen als der zweckbestimmtere Briefverkehr mit der Kultusbürokratie. Die Autographen der Nationalgalerie in Berlin lassen Grundstrukturen des Umgangs von Künstlern mit Kunstkäufern deutlich werden. Vor allem die offiziellen Akten wurden von der Kunstwissenschaft bisher zu selten herangezogen. Es ist gelungen, einen umfangreichen und repräsentativen Querschnitt von Aktenbeständen auszuwerten. Dennoch bleibt im Rahmen von Spezialstudien zu einzelnen Sektoren des Kunstbetriebs noch viel zu tun.

Daneben wurde das vielfältige gedruckte zeitgenössische Material beachtet: Wesentliche Kunstzeitschriften wie z. B. das Berliner „Museum", das überregionale Schornsche Kunstblatt[30] und die zeitgenössischen Monographien und autobiographische Materialien. Auch die Bilder selbst stellen natürlich bei kunsthistorischen Fragestellungen eine wichtige Quellengruppe dar. Ohne sie kann die These von der Prägung der Kunst durch die gesellschaftlichen Rahmenbedingungen bis in die Themenwahl und den Stil hinein nicht belegt werden. Besonderes Interesse galt bei der Suche den Darstellungen des Kunstbetriebs und allgemeiner Epochenprobleme. Auch wenn in Museen noch ein beachtlicher Fundus aufbewahrt wird, ist doch in den letzten hundertfünfzig Jahren sehr viel verloren gegangen. Man muß damit rechnen, daß die heutigen Bildbestände für den Massengeschmack der Zeit nicht unbedingt repräsentativ sind.

---

28 Den Forschungsstand dokumentieren: AK Düsseldorfer Malerschule 1979, Trier (Hg.), Kunst 19. Jahrhundert III: Malerei 1979; Hütt, Düsseldorfer Malerschule 1984.

29 Schasler, Berlins Kunstschätze 1856, S. 481—87. Vgl. Verzeichniss in Berlin lebender Künstler, in: Centralblatt der deutschen Kunstvereine 2 (1840), S. 98—100. George Gropius, der Verfasser der 106 Künstler umfassenden Liste, verweist darauf, „dass auch diese Liste nicht alle Künstler von Ruf nennen wird, da dies bei der Grösse Berlins und der stets sich steigernden Ausbildung tüchtiger Talente fast unmöglich erscheint."

30 genauer Titel: Kunstblatt (hervorgegangen aus der Beilage zum Morgenblatt für gebildete Stände), Stuttgart; Tübingen 1816—1849, Hg. v. Ludwig Schorn 1820—1842, danach von Carl Grüneisen, Ernst Förster und Franz Kugler; vgl. Dahm, Kunstblatt 1953.

Obwohl die kunstgeschichtliche Forschung zum 19. Jahrhundert gerade in jüngster Zeit eine kaum mehr zu überblickende Fülle von Studien hervorgebracht hat, sind doch die angesprochenen Institutionen des Kunstbetriebes sehr ungleichgewichtig dokumentiert.[31] Während z. B. zum Vereins- und Ausstellungswesens bereits wichtige Grundlagenstudien existieren, fehlen zur preußischen Kunstpolitik, höfischen Kunstpflege und zum Kunsthandel umfassende Darstellungen. In der hier vorgelegten Studie kam es darauf an, trotz dieser Ungleichgewichte alle wichtigen Institutionen in einem ausgewogenen Verhältnis einzubeziehen.

Zur Sozialfigur des bildenden Künstlers sind in jüngster Zeit zwei ausgezeichnete Studien erschienen. Martin Warnke hat das Hofkünstlertum in der frühen Neuzeit umfassend dargestellt, Andrée Sfeir-Semler in ihrer Dissertation über „Die Maler am Pariser Salon 1791−1880" die Verhältnisse in Frankreich auch mit quantifizierenden Methoden rekonstruiert.[32] Trotz dieser Vorarbeiten waren viele methodische Zugriffe nicht übertragbar. Für die deutschen Verhältnisse steht ein Zentralarchiv − wie es das Archiv des Pariser Salons darstellt − nicht zur Verfügung. Statistische Angaben lassen sich daher nur unter ungleich erschwerteren Bedingungen oder überhaupt nicht erschließen.

Die Archivstudien haben vor allem eine Fülle von literarischen Zeugnissen zu Tage gefördert. Absicht der Darstellung ist es, diese zeitgenössischen Aussagen selbst sprechen zu lassen und so ohne einen gesonderten Anhang zentrale Quellenstücke wieder verfügbar zu machen. Nicht zuletzt geht es darum, eine Geschichte zu erzählen, die Stationen eines idealtypischen Künstlerlebens zu durchlaufen, das sich in den Widersprüchen von hochfliegenden Erwartungen und einer ernüchternden Realität vollzog.

Ohne die Unterstützung von Kollegen, Freunden und meiner Familie wäre diese Arbeit nicht entstanden. Mein besonderer Dank gilt Prof. Dr. Dirk Blasius, der die Studie anregte und mir als sein Mitarbeiter an der Universität Essen große Freiräume für die eigene Forschung ließ, Prof. Dr. Helmut Börsch-Supan für zahlreiche Hinweise und seine Bereitschaft zur Mitwirkung am Promotionsverfahren, Dr. Sybille Gramlich für Rat und Ermutigung im Dschungel der Berliner Kulturinstitute. Den Herausgebern und Dr. Gerd Giesler bin ich für die Aufnahme in die Reihe ARTEfact des Akademie Verlages sehr verbunden, die durch einen Druckkostenzuschuß der Deutschen Forschungsgemeinschaft realisiert werden konnte.

---

31 Die entsprechende Literatur wird im Anmerkungsapparat der speziellen Kapitel angeführt.
32 Warnke, Hof-Künstler 1985; Sfeir-Semler, Maler am Pariser Salon 1992.

II. Funktionen der Kunst in der Gesellschaft des Übergangs

1. Sinnstiftung und Kompensation

Formen, Inhalte und soziale Funktionen der Kunst unterliegen dem ständigen Wandel. Es ist daher vor der Untersuchung der Berufsgruppe der bildenden Künstler ratsam, nach den Aufgaben der Kunst im speziellen Untersuchungszeitraum zu fragen. Was veranlaßte adelige und bürgerliche Mäzene zum Kauf von Werken? Welche Bedürfnisse hatten sie zu befriedigen? Erst von einer solchen Funktionsbestimmung her wird die Existenz eines Berufsstandes der bildenden Künstler und dessen zunehmende Bedeutung überhaupt verständlich.[33]

Der Übergang vom 18. zum 19. Jahrhundert ist mit wesentlichen Umbrüchen im Kunstbetrieb verbunden. Die Aushöhlung religiöser Funktionen, die Schwächung des mit Repräsentationsaufgaben verknüpften Hofkünstlertums ging einher mit der Diskussion um die ästhetische Autonomie des Werks, das von seinen außerkünstlerischen Aufgaben entbunden werden sollte.[34] Kunst wurde im Prozeß der schleichenden Säkularisation selbst zum Ort der Wahrheit, das Museum zum Tempel einer bürgerlichen Kunstreligion.[35]

Diese idealtypische Konstruktion deckt sich allerdings nur zum Teil mit dem Entwicklungsgang in Preußen: Dem „Soldatenkönig" Friedrich Wilhelm I.(1713–1740) blieben die höfischen Repräsentationsfunktionen der Kunst gänzlich fremd. Er schenkte den Künstlern kaum Beachtung. Friedrich II. (1740–1786) hat weitgehend auf französische Kräfte zurückgegriffen. Was zur Diskussion steht, ist weniger der Funktionswandel des Hofkünstlertums als ein Neubeginn im eigenen Land, der überhaupt erst die Zahl der preußischen Künstler erheblich vermehrte. Friedrich Nicolais Beschreibung Berlins von 1786 nennt 37 Maler, 11 Grafiker und 20 Bildhauer – insgesamt 68 Künstler[36], in Max Schaslers Aufstellung von 1856 hat sich die Zahl auf 186 Ateliers erhöht. 126 Maler, 29 Grafiker und 31 Bildhauer werden genannt.[37] Obwohl wesentliche Anstöße aus dem Bürgertum zu dieser Ausweitung beitrugen, blieb doch bis weit ins 19. Jahrhundert das Mäzenatentum der Höfe wichtig.

Die religiösen Funktionen hatten im protestantischen und damit eher bilderfeindlichen Preu-

---

33 Das Kapitel ist angeregt durch: Busch, Kunst. Geschichte ihrer Funktionen 1987, S. 3–7 und 740–43. Hier werden religiöse, ästhetische, politische und abbildende Funktionen unterschieden.

34 Vgl. dazu die Abschlußdiskussion.

35 Dies hat Nipperdey wiederholt betont (zuletzt in: Bürgertum Moderne 1988, S. 24–26). Er verwendet den hier übernommenen Begriff „Sinnstiftung". Gegen seine einseitig idealistische Funktionsbestimmung der Kunst ist einzuwenden, daß sie den realen Kunstbetrieb nur unvollständig beschreibt.

36 Nicolai, Beschreibung Berlin 1786, Bd. I, S. 22–54 nach eigener Auszählung. Medailleure und Stempelschneider (13), Architekten (5) und Bauinspektoren (10) wurden nicht mitgezählt. 1797 nahmen an der Berliner Akademieausstellung 47 einheimische Maler teil, von denen jedoch mehr als die Hälfte als gänzlich unbedeutend angesehen werden muß (Börsch-Supan, Deutsche Malerei 1988, S. 76).

37 Schasler, Berlins Kunstschätze II 1856, S. 481–85, eigene Auszählung. Raczynski, Geschichte neuere deutsche Kunst III, 1841, S. 25 nennt 130 Berliner Maler und 45 Bildhauer.

ßen weit weniger Bedeutung als im katholischen Süddeutschland. So kam es zu Ungleichzeitigkeiten: die christliche Kunst wurde durch Friedrich Wilhelm III.(1797−1840) aktiviert, Wilhelm von Schadow versuchte eine Verankerung der Kunst im religiösen Bewußtsein, und erst in der Folgezeit sollte sich herausstellen, daß es sich dabei um erfolglose Restaurationsversuche gehandelt hat.

Nicht nur als religiöse Kunst, sondern allgemeiner durch die Verknüpfung von Natur und Geist als höchster realer „Synthese von ideeller und erscheinender Welt" (Schelling)[38] wurde in der theoretischen Diskussion einer Elite die Kunst zum Ort höchster Einsicht aufgewertet. Man wird jedoch fragen müssen, inwieweit es sich dabei um ein Paradigma gehandelt hat, das tatsächlich den gesellschaftlichen Alltag durchformen konnte, ob nicht die meisten Werke weit profaneren Aufgaben dienten. So soll die hochfliegende idealistische Einschätzung der „hohen Kunst" hier auch mit dem Ziel vorgestellt werden, sie in einem zweiten Schritt mit Hinweis auf andere Funktionen zu relativieren.

1839 trat der Stadtrat Dr. Eberhard von Groote, Honoratior und Bildungsbürger, vor die „Actionäre des Kölnischen Kunstvereins", um sie als Erster Vorsitzender über die hehren Zwecke ihrer Assoziation aufzuklären. Seine Rede enthält zeittypische Standpunkte, die sich auch an anderer Stelle in zahlreichen Variationen finden lassen. Sie soll daher umfassender zitiert werden:

„Verlassen wir auf einen Augenblick das Getümmel unserer geräuschvollen Stadt und treten auf die Brücke bis zur Mitte des schönen Stromes; oder besteigen wir die Zinnen unseres Domes oder die Höhe eines der vielen andern Thürme und schauen [...] abwärts und zu Thal [nach Düsseldorf], so führet der Weg zu den Tempeln der Kunst und in die Kreise bewährter Meister und schaffender Jünglinge, deren Schule sich eines europäischen Ruhmes erfreut und mit dem Ueberflusse ihrer bewunderten Productionen selbst die dürresten Gauen Deutschlands zu bereichern und zu beglücken vermag. Und trauernd und beschämt kehret dann die Betrachtung wieder in die nächste Umgebung zurück, und wem möchte sich da die Frage nicht aufdringen, sind wir denn hier lediglich auf die materiellen Interessen, auf den schnöden Erwerb, auf Mass und Gewicht angewiesen, unter denen der edlere Sinn erstickt und das Erdendasein zu einem Sclavenleben zusammenschrumpft, dem die höhere Bestimmung und der Genuss rein menschlicher Gefühle für immer versagt ist?"

Nein, lautet die Antwort, auch in der reichen Handelsstadt Köln gibt es die „Sehnsucht nach einem gehobeneren Dasein, [...] die den Sterblichen in jene Sphären versetzt, wo er seinen Ursprung und seine Zukunft zu suchen hat". Dieses Bedürfnis, so führt der Stadtrat aus, hat den Kunstverein gegründet, jene typische Einrichtung zur Pflege der Kunst, mit der das aufstrebende Bürgertum seit 1820 allerorten die Künstler unterstützte.[39]

Auch die zweckfreie Kunst in den luftigen Höhen des Idealismus hat, so sieht man hier, eine gesellschaftliche Funktion, die ihre Finanzierung rechtfertigt. Sie erhebt aus der Sphäre niederer Alltäglichkeit in den Bereich der ewigen Werte. Die Geldmänner der Dom- und Handelsstadt Köln entkommen für eine Weile „der starre[n] Last der Industrie mit ihren ängstlichen Rädern und dämonischen Dämpfen, mit ihren Zahltischen und Münzen und Wechseln." Die Überhöhung zur kompensatorischen Gegenwelt macht die Kunst zum Religionsersatz in einer sich säkularisierenden Welt und spricht ihr eine zentrale Sinnstiftungsfunktion im bürgerlichen Lebenshaushalt zu.

---

38 Dittmann, Schellings Philosophie der Bildenden Kunst 1963, S. 54.
39 Central-Blatt der deutschen Kunst-Vereine 1 (1839) S. 72−76; Zu Groote: Kölnischer Kunstverein, Einhundertfünfzig Jahre V 1989, S. 153−58; die Rede auch ebd. IV, S. 11.KKV, Nr. 5.

„Macht er im Menschen den Gott offenbar,/ Künstler ist Priester am Welten-Altar", dichtete 1830 Franz Kugler, der spätere Kunstreferent im preußischen Kultusministerium.[40] Daß der Berufsstand diese Funktion durchaus verinnerlicht hatte, zeigt die Klage der Düsseldorfer in der Revolution von 1848: „soll die heilige Flamme auf dem Altare der Kunst verlöschen, um vielleicht lange, lange nicht wieder aus der Asche erweckt zu werden? Sollen die Priester, die sich dem Dienste dieses Altars geweiht haben [...] auf einmal unverschuldet zur Unthätigkeit und – was dasselbe ist – theilweise zu drückender Noth verurtheilt werden?"[41]

Das Bild vom Künstler als Sinnstifter, als Seher am Quell der Weisheit, gehörte zu den Idealen der aufstrebenden bürgerlichen Gesellschaft. Die Künstler selbst profitierten von dieser Rangerhöhung und versuchten, sie in eigenen Selbstdarstellungen abzusichern. Bei der Vergabe des Preises der Berliner Kunstakademie 1832 z. B. hörte man folgende Verse Carl Seidels:[42]

> Das Schöne, es stammet
> Vom Heil'gen durchflammet,
> Aus reinerem Land;
> Es wurden die Künste
> Zu höchsten Gewinnste
> Von droben gesandt:
>
> Zum Himmel auch mahnen,
> Zu lichteren Bahnen,
> Sie Alle im Chor;
> Und Geister nun streben
> Vom irdischen Leben
> Zur Heimath empor!"

Ob dieser Kunstolymp nun christlich zu denken war oder nicht, blieb offen.

Zur Erfüllung des Anspruchs, den Geist in höhere Regionen ästhetischer Ordnung zu erheben, waren verschiedene Lösungen denkbar:[43] Die Hinwendung zur klassischen Kunst, die vor allem in Berlin vorherrschend war, verknüpfte die Zeitgenossen mit den geschätzten Werten der Antike. Die Orientierung an der christlichen Kunst des Mittelalters und der Renaissance, wie sie die Generation der Nazarener praktiztierte, führte zur Stärkung religiöser Bezüge. Die Historienmalerei führte heroische Momente der Landes- und Nationalgeschichte vor. Sie konnte auf einer Geschichtswissenschaft aufbauen, die den Entwicklungsgang in einer „säkularisierten Theologie" als teleologischen Prozeß darstellte. Auch die Landschaftsmalerei konnte Weltbilder transportieren und pantheistische Züge annehmen. Die vermeindlich autonome Kunst deckte so den Bedarf an „Gegenwelten" auf unterschiedliche Weise.

Schon der Charakter der inneren Ordnung, die ästhetische Verwandlung der Natur, hob die Kunst aus der Sphäre der Alltäglichkeit heraus. So sprach Wilhelm von Humboldt 1828 von dem „Streben, die Erhabenheit und Anmuth, welche erst dann aufstrahlt, wann [sic] die Phantasie

---

40 Lied der Künstler, in: Kugler, Skizzenbuch 1830, S. 100.
41 Kunstverein für die Rheinlande und Westfalen. Correspondenzblatt 1848, S. 12.
42 Festgedicht zum 4. 8. 1832 [auch 1833 zur Preisverleihung wieder verwendet], in: Archiv der Preußischen Akademie der Künste Berlin, Nr. 6, Fiche 1.
43 Vgl. zur Gattungshierarchie und zu den künstlerischen Themen Kapitel IV.2.

sich der Wirklichkeit bemeistert, in die, ohne jenen begeisternden Einfluss, engen und dunkeln Verhältnisse des Lebens zu bringen."[44]

Sie sollte, „dem Gemüth in jedem Augenblick eine sichere Freistätte" darbieten, „Erhebung, Heiterkeit und Kraft" für das äußere tätige Leben gewähren.[45] In dieser kompensatorischen Funktion konnte sie sogar über die politische Misere des Vormärz hinwegtrösten, wie Franz Kugler 1841 feststellte: „Die Gemüther waren in den letzten Jahren so gewaltsam aufgeregt worden, die Regierungen hatten so viel versprechen müssen, daß nothwendig scheinen durfte, jedes Mittel, zur Besänftigung, zur Ablenkung von öffentlichen Angelegenheiten anzuwenden."[46]

Das idealistische Programm der bürgerlichen Ästhetik blieb nicht unangefochten. So stellte ein Kritiker 1841 im „Organ für die Interessen des Kunsthandels"[47] die Frage, „warum überhaupt die Lobsprüche am unrechten Ort gespendet, und Leute, die meistens muntere Gesellen, und bloß zum Linienzeichnen, Schattiren und Drappiren berufen sind, in eine Art von Denkern und Weltweisen umgewandelt werden sollen?". In den vierziger Jahren wurde die Forderung nach Verbindung von „Kunst und Leben" immer lauter, und die Diskussion um den Realismus kam in Gang.[48] In diesem Zusammenhang wurde auch die gesellschaftskritische Funktion der Kunst wichtig, die sich in der Gattung des sozialkritischen Genres in rührseliger Form niederschlug, jedoch nur selten die analytische Schärfe der publizistischen und literarischen Debatte erreichte.

Eine Sozialgeschichte des Künstlerstandes muß die weitverbreitete idealistische Rhetorik einerseits ernstnehmen, aber auch ihre Grenzen sehen. Die Ruhmeshymnen auf die hohe Kunst waren durchaus nicht zweckfrei: sie hoben ihre Vertreter, ob Kritiker oder Künstler, in eine Sphäre höherer Werte, sie bewiesen Bildung und höheres Streben und ließen sich zur Legitimierung des ganzen Berufsstandes verwenden. Das waren Motive, an einer idealistischen Ästhetik auch dann festzuhalten, wenn sie den tatsächlichen Kunstbetrieb nur recht unvollkommen beschrieb.

2. Abbildung und Unterhaltung

„Die Mehrzahl will leider nur angenehm unterhalten sein", klagte der Historienmaler Lorenz Clasen in einer Analyse des Erfolges des Düsseldorfer Kunstvereins 1845. Er erscheint ihm, „thöricht zu glauben, das alles sei reiner Kunstenthusiasmus gewesen [...] Nur Wenigen ist ein Werk recht, das zu ernsten Betrachtungen hinzieht, das von der Empfindung des Beschauers erwartet, sie werde sich von der Alltäglichkeit losreißen und sich einer höhern, einer geweihten Stimmung hingeben. Es schweben mir hierbei nicht etwa nur historische oder gar biblische Bilder

---

44 Rede vor dem Verein der Kunstfreunde im Preußischen Staate, in: Humboldt, Werke VI 1907, S. 85.

45 Humboldts Rede 1831, ebd., S. 555f.

46 Kunsthandel in Deutschland 1841, S. 85. Der nur mit F.K. gezeichnete Artikel Kuglers erschien zwei Jahre vor der Berufung ins Kultusministerium in der linkshegelianischen Deutschen Vierteljahrsschrift 1841, 2. Heft, S. 70–82 in einer Phase 'oppositioneller Anwandlungen', die Kugler als Beamter schnell wieder aufgab (Koschnick, Kugler, 1985, S. 194).

47 Ein Bedenken gegen die „christliche Kunst", in: Allgem. Organ für die Interesse des Kunsthandels 1 (1841) S. 65f., 69f., hier: 69.

48 Radziewsky, Kunstkritik im Vormärz 1983, S. 131ff.

vor; – Gott nein! der Genremalerei, der Landschaft, wenn sie mehr als eine interessante Naturwahrheit, wenn sie ein Geistiges, einen Gedanken vertreten will, geht es eben so."[49]

Die Produktion großformatiger, gedankenschwerer Historienbilder war immer nur einer Minderheit von Künstlern vorbehalten. Die Tätigkeit der Mehrzahl war tiefer angesiedelt. Einer der
grundlegenden Aufgaben der Maler war das Portraitieren und somit das Bildnis das Hauptthema
der Kunst seit der Mitte des 18. Jahrhunderts, in dem ausgezeichnete Leistungen vollbracht
wurden.[50] Noch 1826 bezeichnete die Berliner Akademie die Bildnismalerei als einziges Kunstfach, „welches als Erwerbszweig hat betrachtet werden können".[51] Landschaft und Genremalerei würden erst in letzter Zeit eine andere Einnahmequelle bieten. In einem aussagekräftigen
Festblatt zu Ehren des berühmten Düsseldorfer Historienmalers Karl Friedrich Lessing erscheint
das Verhältnis von „Maler und Bürger" (Abb. 1) als symbiotische Gemeinschaft zum Zweck
gegenseitiger Absicherung des sozialen Status. Der ehrenwerte Bürgersmann ist auf der Abbildung am Fuß des Blattes mit seiner bieder gekleideten Familie im Atelier des Künstlers erschienen, um sein Portrait auf der Staffelei in Augenschein zu nehmen. Dort ist er in Uniform mit
Orden und einem Schriftstück „An den Stadtrat" abgebildet. Der Künstler ist zum unbürgerli-
chen Gegentypus stilisiert: Sein Haartracht verweist auf das geniale Vorbild Albrecht Dürer,
seine Kleidung ist lässig und exotisch, seine Haltung selbstbewußt. Doch seine Künstlerattitüde
ist nur möglich auf der Grundlage einer sehr durchsichtigen Dienstleistung: er malt den Bürger
und hebt dadurch dessen gesellschaftliches Prestige. Der recht mäßig gereimte Text unterstreicht
diese Deutung. Hier heißt es über den Künstler:

> Zwar geht auch seine Kunst nach Brod,
> Es thut es nicht allein
> Bei Ruhm und Ehre, aber Noth
> Unsterblich einst zu sein.
> Doch findet auch Unsterblichkeit
> Beim guten Bürger Statt:
> Der Künstler malt ihn, groß und breit.
> Und ißt dafür sich satt.

Von dieser Symbiose leben beide Teile: der Bürger nutzt das Bild als „symbolisches Kapital"[52],
das ihn in die bessere Gesellschaft einrücken läßt, der Maler sichert sein Leben außerhalb der
gängigen Norm gerade dadurch ab, daß er den Wettbewerb im Rahmen bürgerlicher Konventio-
nen unterstützt.

Der Absturz des Malers aus der Höhe der Ideale in einen prosaischen Alltag ist hier verschlei-
ert. Insgesamt war das Portraitieren eine zwar häufige, aber ungeliebte Aufgabe.

Die Kunst sinke „von ihrer religiösen Bestimmung zum Gegenstande eines verfeinerten Luxus
herab", klagte Akademiedirektor Wilhelm von Schadow in seinem Alterswerk „Der moderne
Vasari" 1854. „Aber auch eine solche Epoche, ein solches Surrogat wird nicht lange vorhalten,

---

49 Clasen, Kunstverein für die Rheinlande 1845, S. 20f.

50 Geismeier, Biedermeier 1979, S. 112. Zum Portrait auch: Hoffmann, Darstellung des Bürgers 1935; für
   Berlin: Gläser, Bildnis Biedermeier 1932.

51 GStAPK Berlin, Rep. 76 Ve, Sekt. 17, Abt. X, Bd. II, Bl. 155. Berichts des Senat über die Kunstausstellung 1826.

52 Zur sozialen Distinktion mit Mitteln der Kunst: Bourdieu, Die feinen Unterschiede 1979.

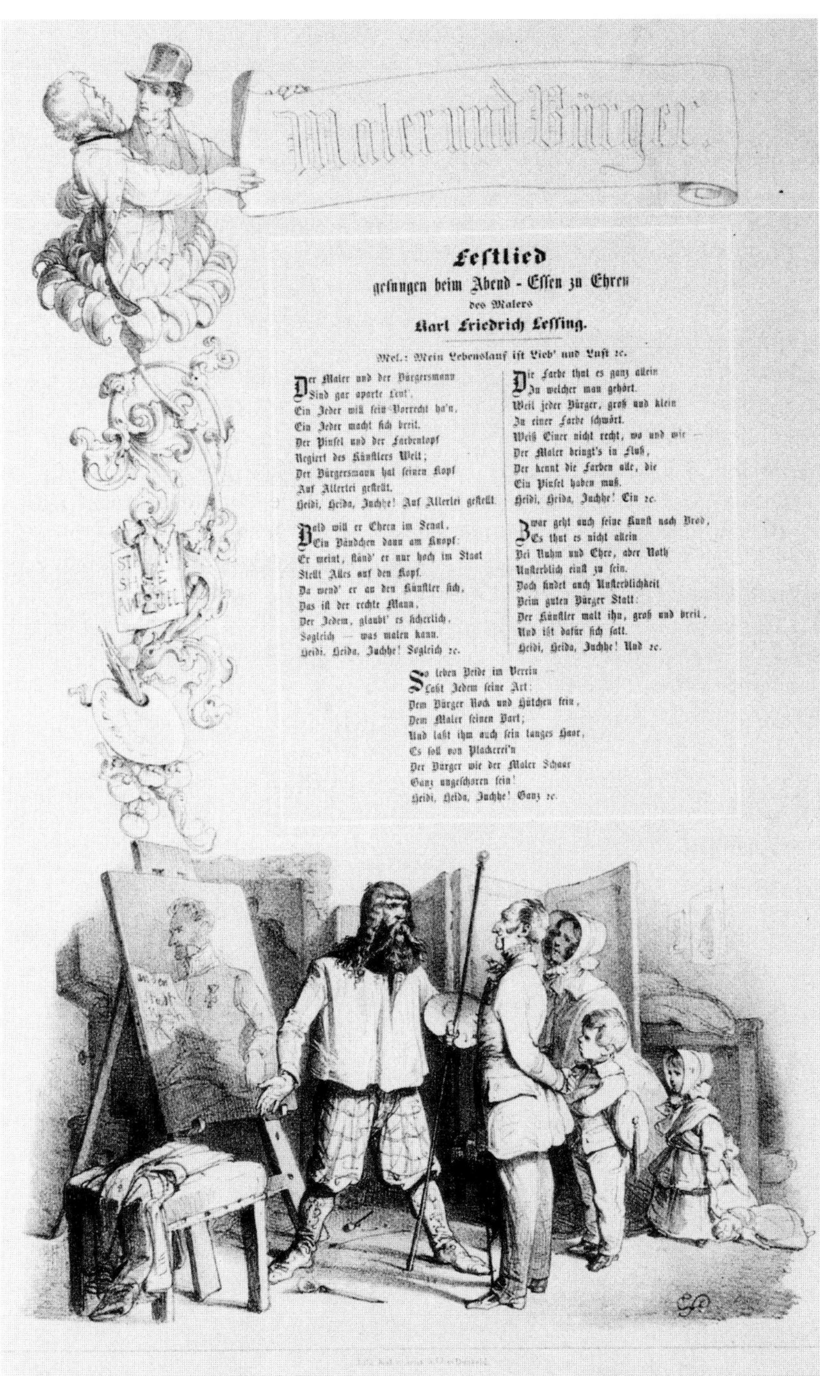

Abb. 1 Ernst Fröhlich, Maler und Bürger. Festlied gesungen bei einem Abendessen zu Ehren des Düsseldorfer Malers Karl Friedrich Lessing. Lithographie o. J. [um 1858?].

und wir sehen jetzt die Häuser der reichsten Banquiers und Fabrikherren nur mit kostbaren seidenen Tapeten geschmückt, auf welchen höchstens die meist mittelmäßigen, langweiligen Portraits ihrer Familienmitglieder prangen".[53]

Die idealistische Ästhetik, die sich vehement für die „hohe Kunst" einsetzte, fand ihre Grenzen im Markt, der gängigere Ware forderte. Kleinformatigere Landschaften und eingängige Genrebilder waren ein genehmer und erschwinglicherer Wandschmuck als schwer verdauliche Mythologien und Historienbilder, die weitgehend den großen Sammlungen und − im Fresko − öffentlichen Räumen vorbehalten blieben. Dies wird in den Ausführungen über das Ausstellungswesen und den Kunsthandel später im Detail ausgeführt.

„Ein Künstler ist ein solcher, der von der Ausübung der Kunst ein Gewerbe macht", definierte der Jurist Johann Hermann Detmold 1834 bewußt prosaisch in seiner satirischen Anleitung für die Kunstkennerschaft.[54] Natürlich wollte ein durchglühter Ästhet das so nicht sehen. Doch bleibt die Tatsache bestehen, daß ohne eine Gruppe von Käufern der Kunst der materielle Boden gefehlt hätte. Die Kunst wurde finanziert, um gesellschaftlichen Bedürfnissen abzuhelfen: sie sollte erfreuen, unterhalten, das private Leben bereichern und im gesellschaftlichen Verkehr das eigene Prestige heben; in ihren höheren Funktionen, vor allem in den allen zugänglichen „Denkmälern", sollte sie erheben und Werte schaffen, die aus Klassik, Christentum und Historie zu gewinnen waren. In diesem hier notwendig verkürzten Spannungsfeld, das im folgenden Teil weiter differenziert wird, entwickelte sich der Berufsstand des bildenden Künstlers, der nun in einer idealtypischen Chronologie − von der Ausbildung bis zur Altersversorgung − rekonstruiert werden soll. Schon in der Frage nach der Berufswahlentscheidung bündelten sich die gesellschaftlichen Einschätzungen. Das Prestige des Berufsstandes, die wirtschaftlichen Erfolgsaussichten und die oft unrealistischen Hoffnungen der Kunstschüler waren gegeneinander abzuwägen.

---

53 Schadow, Vasari 1854, S. 115.
54 Detmold, Kunstkenner 1834, S. 23.

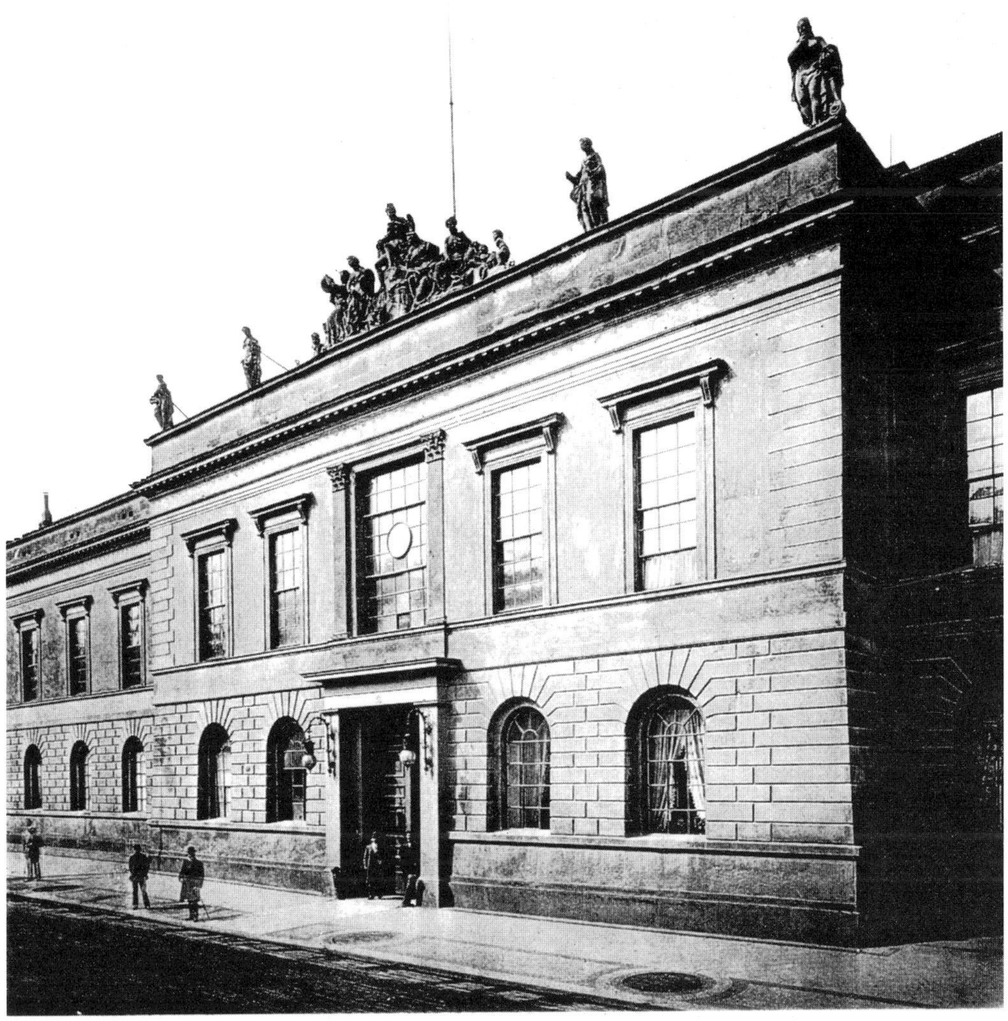

Abb. 2 Die alte Akademie der Künste in Berlin Unter den Linden. Foto der Königlichen Meßbildanstalt um 1908.

III. Die Sozialisation des Künstlers

1. Berufswahlprozeß

1828 ließ die Berliner Kunstakademie eine ernste „Warnung, nicht ohne inneren Beruf sich den Künsten zu widmen" erscheinen.[55] Die immere liberalere Unterstützung der Eleven[56] werde „ohne Zweifel den schon jetzt fast unglaublichen Andrang unbemittelter junger Leute zu der Künstler-Laufbahn noch vermehren". Die Erfahrung lehre, „dass viele Unberufene diese Laufbahn erwählen, alles Abmahnens unerachtet dabei beharren, und wenn die etwanigen Unterstützungen, welche sie sich zu verschaffen gewusst haben, endlich aufhören, sich im Elend befinden, und zu spät bereuen, nicht besserem Rathe gefolgt zu seyn."

Kaum ein Beruf würde leichtsinniger betreten, heißt es in einem Faltblatt der Akademie über die Lehrinstitute.[57] Die bloße Lust am Zeichnen, die schwächliche Konstitution eines Knaben, der für anderes nicht tauglich erscheine, der „Schein der Ehre" der Akademie und der Fehlschluß, mit der Aufnahme als Schüler sei eine Versorgung verbunden, scheine vielen für eine Bewerbung hinreichend.

Um diesen Andrang zu steuern, errichtete die Berliner Akademie mehrere Hürden. Die erste war die Mappenprüfung. Gottfried Schadow, Direktor 1816 bis 1850, bemerkte 1840 in einem Brief, er habe mit Hilfe der Professoren Hampe und Wach 'die neuen Kunstrecruten abschreckend immatriculiert, auch wegen Mangel an Platz abgewiesen, aus den Provinzen die Anträge der dortigen Genies beantwortet und Furcht und Grauen vor der Kunst verbreitet.'[58]

In der Tat war die Ausbildung zum Künstler teuer und mit vielen Risiken verbunden. Ein talentvoller, fleißiger und folgsamer junger Historien- oder Genremaler brauche erfahrungsgemäß eine Studienzeit von sechs bis sieben Jahren, ehe er in der Lage sei, sich sein Brot zu erwerben, bemerkte der Direktor der Düsseldorfer Kunstakademie, Wilhelm von Schadow. Selbst bei äußerster Einschränkung seien jährlich 200 Taler für Wohnung, Kleidung und Lebensunterhalt nötig, und etwa mögliche Nebeneinkünfte würden vermutlich durch die anfallenden Modellkosten wieder verbraucht.[59] 200 Taler, das war soviel wie manche pauperisierte, am

---

55 Gottfried Schadow; Christian Friedrich Tieck, Berliner Kunstblatt 1 (1828) S. 165 f.

56 Gemeint sind hier die neugestifteten Reisestipendien (s. u.).

57 Nachricht über die bei der königlichen Akademie der Künste bestehenden Lehrinstitute, Berlin o.J. [1828], in: PrAdK, Nr. 6, Fiche 1.

58 Schadow, Briefe 1985, S. 78.

59 LHA Koblenz, Best. 403, Nr. 14047, Bl. 67 f.; 29. 3. 1856 an den Oberpräsidenten in Koblenz zur Frage, wie ein Sohn eines Schreinermeisters zu fördern sei. Schadow bemerkt in: Vasari 1854, S. 144 „das größte Genie bedarf vier bis fünf Jahre, bevor es im Stande ist, sich einigermaßen verständlich dem Publikum zu äußern."

Rande des Existenzminimums lebende Handwerker im Vormärz jährlich verdienten[60]. Auch andere Quellen lassen diese Angabe realistisch erscheinen[61].

Die Muse der bildenden Kunst, so bemerkte ein Rezensent im Berliner Kunst-Blatt 1829, könne man sich nicht zur linken Hand antrauen wie die der Literatur und verwies sicherlich zu Recht auf die ungleich größeren technischen Voraussetzungen des Berufs des Malers.[62] Eine gefährliche Spezialisierung war notwendig. Die Konsequenzen der Berufswahlentscheidung gingen Vielen zu spät auf, obwohl es eine hergebrachte Ansicht war, „dass der Beruf zum Künstler so gar gefahrvoll sei und dass ein Jüngling, welcher dereinst Ansprüche auf das Leben machen wolle, besser thue, wenn er bei Zeiten eine sichere Bahn einschlage. [...] Wie mancher, der beim Beginn seiner Laufbahn von unsterblichen Werken und immer grünen Lorbeern der Kunst träumte, sah sich im späteren Alter genöthigt, als Portraitmaler von Flecken zu Flecken zu reisen oder die ungelenke Hand roher Schulbuben zu reinlichen Strichen anzuleiten!"[63]

Immer begann die Laufbahn mit einem regen Interesse für das Zeichnen, das der Schulunterricht, der Besuch von Handwerkerkursen der Provinzialkunstschulen oder Privatunterricht bei einem Künstler förderten. Der Berliner Kupferstecher Eduard Mandel (1810–1882) bemerkte in seinem Lebenslauf für das Archiv der Akademie der Künste:[64] „Mein Vater, welcher Verfertiger musikalischer Instrumente, konnte seiner zahlreichen Familie wegen meine sich frühzeitig entwickelnde Neigung zur Kunst nicht unterstützen. Ich besuchte verschiedene Privatschulen bis zu meinem vierzehnten Jahre, in welchen mir stets das Zeichnen die liebste Beschäftigung war. Nachdem ich jedoch eine Wahl für meinen künftigen Stand treffen sollte, wäre mir freilich die Künstlerlaufbahn die erwünschteste gewesen, da aber hierzu Mittel nötig waren welche die Kräfte der Eltern überstiegen, sollte ich meine Wahl ändern, dies wurde mir aber sehr schwer." In der Not zeichnete er mit der Feder verschiedene Gegenstände in Form eines Quodlibets, ahmte Kassenbillets, Kupferstiche und anderes nach, Arbeiten, die der Vater dem preußischen König übersandte, der dem Sohn ein Ausbildungsstipendium gewährte.

Ähnlich schildert der spätere Marinemaler Wilhelm Krause seine Anfänge. Der 1803 geborene Sohn eines „Bürgers und Handelsmannes" besuchte das Gymnasium in Dessau, wo er durch Karl Wilhelm Kolbe bis zum 15. Lebensjahr Zeichenunterricht erhielt. Nach dem Ende der Schulzeit sollten die Eltern für dessen Fortsetzung zwei Taler monatlich bezahlen; bereits eine Summe, die sie nicht aufbringen konnten und die der Gymnasialdirektor dem fleißigen Schüler daher erließ. Der Maler Kolbe unterrichtete ihn privat bis zum 18. Lebensjahr und verschaffte ihm ein mit 500 Talern stattliches Stipendium des Herzogs von Dessau, mit dem Krause nach Dresden abreiste, um sich bei Caspar David Friedrich zum Landschaftsmaler ausbilden zu lassen. Der wies ihn

---

60 Saalfeld, Handwerkereinkommen bis Mitte 19. Jahrhundert, 1970, S. 78 gibt das Existenzminimum für eine fünfköpfige Handwerkerfamilie in Städten mit hohem Preisniveau zwischen 1820 und 1840 mit 200 Talern an. Vgl. mit weiteren Belegen das Kapitel VII 2.a (Künstlereinkommen).

61 Ahlborn, Erinnerungen 1935, S. 37 gibt für 1822 an, in Berlin habe er in anderthalb Jahren 300 Taler ausgegeben; Pietsch, Aus Akademiker-Jahren 1896 gibt für die vierziger Jahre sein monatliches Einkommen mit 15–20 Talern an; öffentliche Stipendien (s. u.) schwankten zwischen 100 und 250 Talern jährlich, bei Reisestipendien bis zu 600 Talern (GStAPK Berlin, 2.2.1., Nr. 19854).

62 Berliner Kunst-Blatt 2 (1829), S. 231.

63 F. Th., Über den Beruf und die Bildung des Künstlers, in: Museum 4 (1836) S. 1–6, hier 1. Der Verfasser vertritt die Ansicht, daß das Problem vor allem darin bestehe, daß die Künstler nach ihrer Ausbildung zu sehr am Geniebegriff hängen würden, um sich auf einträgliche kunsthandwerkliche – dem Talent angemessene -Arbeiten einzulassen.

64 PrAdK, Personalnachrichten.

jedoch schroff ab, ohne überhaupt seine Arbeitsproben anzusehen. Krause studierte privat in Dresden, und es gelang ihm eine Verlängerung seiner Unterstützung, indem er dem Herzog ein kleines Gemälde schickte. Im 3. Jahr allerdings blieben weitere Zahlungen aus, und die Existenz des Kunsteleven wurde „höchst kümmerlich", ehe er mit dem Eintritt beim Dekorationsmaler Gropius in Berlin ein Auskommen fand.[65]

Natürlich blieb ein Stipendium aus einer Hofkasse die Ausnahme.[66] So waren eine gewissen Wohlhabenheit der Eltern oder eine verbissene Zielstrebigkeit des Sohnes notwendig, um eine Künstlerlaufbahn zu eröffnen. Als Beispiel hierfür sei der Landschaftsmaler Wilhelm Ahlborn (1796–1857) genannt. Der Vater war Schneidermeister und 'wand sich bei zunehmenden Lebenssorgen mühsam durch'.[67] Der Sohn Wilhelm besuchte in Hannover die Pfarrschule und nahm schon als kleiner Junge am unentgeltlichen Zeichenunterricht für Lehrlinge und Gesellen teil. Der Vater schickte ihn sogar, „obgleich ihn die Ausgabe bedenklich machte", zu einem Zeichenmeister in den Privatunterricht.[68] Als die Schulzeit vorüber war, wurde der Sohn Lehrling bei einem Zimmermaler. „Fünf Jahre Lehrzeit! Fünf Jahre Farben reiben, Türen und Fenster, Gartenstühle und Tische streichen, Striche auf die Wände ziehen, zur Abwechslung einmal etwas ordinäre Malerei ... ich war unbefriedigt in allem und wollte mehrmals aus der Lehre fort, aber mein Vater verlangte, daß ich bliebe, ich dürfe ihm sonst nicht mehr ins Haus kommen."[69] Mit 20 Jahren begann die Zeit der Wanderschaft, die Ahlborn bald nach Berlin führte. Er trat bei einem Zimmermaler Sievers, der auch Landschaften ausführte, in Dienst. Am Sonntag kopierte er auf der Gemäldegalerie des königlichen Schlosses, kam bald darauf auch montags, ohne immatrikulierter Eleve der Kunstakademie zu sein, was seinen Lohn als Maler verringerte, und bewarb sich mit 24 Jahren, 150 gesparte Taler in der Hinterhand, bei der Akademie, wo ihn Gottfried Schadow recht ungnädig empfing: „Ich hätte ja mein Brod, und was ich da gemacht [...] sei so schon gut genug für die Leute."[70] Vom Hof in Hannover wurde von den akademischen Lehrern ein einmaliges Stipendium von 150 Talern erwirkt; Ahlborn studierte im Landschaftsfach bei Peter Ludwig Lütke und trat ins Unterrichtsatelier Wilhelm Wachs ein. Er hatte sich durchgesetzt. Er kopierte verschiedene Bilder Karl Friedrich Schinkels, darunter die „Blüte Griechenlands",[71] 1827 war das erste große eigene Gemälde fertig, eine Ansicht Potsdams, das der König kaufte. Es gab Aufträge für Rom. Mit 31 Jahren ging es ins Land der Träume – nach Italien.

Ähnlich verlief der Aufstieg des Düsseldorfer Landschaftsmalers Johann Wilhelm Schirmer (1807–1863), dem Sohn eines Buchbinders aus Jülich. In seinen Erinnerungen spricht er von der

---

65 PrAdK, Personalnachrichten; Krause entdeckte sein Gesangstalent und wurde Sänger am Königstädter Theater mit einem Jahresgehalt von 360 Talern. 1830, nach fünf Jahren, verließ er die Bühne, um sich ganz der Malerei zu widmen.

66 Zu den Stipendien vgl. III.4.

67 Ahlborn, Erinnerungen 1935, S. 12.

68 Ebd. S. 14. Vgl. dagegen die Jugenderinnerungen des Düsseldorfer Landschaftsmalers Andreas Achenbach (1815–1910) S. 3f.: „da unsre Verhältnisse sehr mittelmäßig geworden, mußte ich anfangen, an meinen Unterhalt zu denken, und dabei schien mir das Höchste und zugleich Praktischste: „Anstreicher". Davon konnte ich leben und doch meiner Liebe zur Kunst nachgehen. Maler zu werden, habe ich damals nicht gedacht".

69 Ebd., S. 16.

70 Ebd., S. 32. Zur schroffen Behandlung von Bewerbern durch Schadow vgl. auch Pietsch, Aus meinem Leben 1896, S. 322.

71 Vogt, Blick in Griechenlands Blüte 1985.

„Dürftigkeit, ja Armut" des elterlichen Hauses.[72] Mit 13 Jahren trat er beim Vater förmlich in die Lehre, was täglich 14 Stunden Arbeit in der Werkstube bedeutete.[73] In jeder freien Minute saß er am Zeichenbrett. „Von einem Künstlerstande als erlernten und auszuübenden Beruf wußte man nichts. Zudem verhinderte der Vater es absichtlich dergleichen Anregungen bei mir in Aufnahme kommen zu lassen."[74] Im März 1825 machte sich Schirmer dennoch auf, „um in Düsseldorf, das endliche Ziel aller meiner Wünsche, die dortige Kunstakademie zu besuchen".[75] Er trat in eine Papierhandlung und Buchbinderei ein, arbeitete dort halbtags für Kost und Logis, erreichte die Aufnahme in die Kunstakademie und löste nach drei Monaten seinen Vertrag. „Es ist keiner auf der Akademie, der so sparsam lebt wie Dein armer Bruder", schrieb er im Juli an seinen Bruder Gottlieb nach Hause.[76] Von fünf Uhr morgens bis sieben Uhr abends saß er an der Staffelei und wähnte sich „als junges Genie glücklich wie im Paradiese [...] – wenn mich nur nicht immer so sehr gehungert hätte."[77] In den Briefen nach Hause ist überwiegend die Rede von seiner Sparsamkeit und Nebenverdiensten durch Portraitieren und Kopieren, Erteilen von Unterricht und Stempelschneiderei, um die Eltern zu entlasten. Akademiedirektor Schadow griff ein und verschaffte dem begabten Eleven Aufträge. Nach dreieinhalb Jahren konnte er den Eltern schreiben, „daß ich jetzt sehr gut auskomme,[...] und daß mein künftiges Auskommen noch besser geht, liegt nur an mir selbst, denn meine Arbeit gefällt, und es werden mehr Bilder gesucht, als wir malen können."[78] Dem Bruder Gottlieb, den es nun zum Künstlertum drängte, riet er jedoch zur Vorsicht: „Bedenke, wenn Du als Maler ein Jahr gelebt hast, so hält es sehr schwer zu einer mechanischen Beschäftigung zurückzukehren; und als Maler nachher erst sein Unvermögen einzusehen, je etwas leisten zu können, ist noch schrecklicher."[79]

In seiner lithographischen Serie „Künstlers Erdenwallen" hat der 18jährige Adolf Menzel 1834 die Emanzipation des Künstlers aus der Sphäre des Handwerks geschildert: Heimlich übt sich ein Lehrling nachts im Zeichnen, indem er Blüchers Büste kopiert (Abb. 3). Die Vignette am Fuß des Blattes zeigt eine Champagnerflasche, aus der der Pfropfen springt: der Genius läßt sich nicht unterdrücken. Die Eltern verbrennen die heimlichen Erzeugnisse des Sohnes (Abb. 4), der grimmig in der Schusterwerkstatt sitzt, es folgt die Flucht in die Freiheit (Abb. 4 rechts) und der Besuch der Akademie (Abb. 5). Diese Abfolge mag etwas schematisch erscheinen, ganz aus der Luft gegriffen ist sie, wie die Beispiele gezeigt haben, nicht. Der junge Menzel selbst gehörte zu der Gruppe derjenigen Künstler, die sich aus dem Berufsstand selbst rekrutierten. Der Vater betrieb in Breslau eine schlechtgehende lithographische Werkstatt, in der der Sohn aushalf[80] und siedelte 1830 nach Berlin über; wohl auch, um den Besuch der Akademie zu ermöglichen, die der junge Adolf aber nur wenige Wochen besuchte, weil ihn der Unterricht abschreckte. Menzel bildete sich als Autodidakt weiter. Der Durchbruch kam durch

---

72 Schirmer, Lebenserinnerungen 1956, S. 14.

73 Ebd., S. 25.

74 Ebd., S. 26.

75 Ebd., S. 29.

76 Ebd., S. 93 f. Brief vom 28. 7. 1825.

77 Ebd., S. 38.

78 Ebd., S. 87. Brief vom 31. 12. 1828.

79 Ebd., S. 87 f. Brief vom 15. 1. 1829.

80 Aufschlußreich dazu neue Quellen: Maué, Briefe der Familie Menzel 1829, 1982. Für die weitere Laufbahn: Menzel, Briefe 1914 (ab 1836).

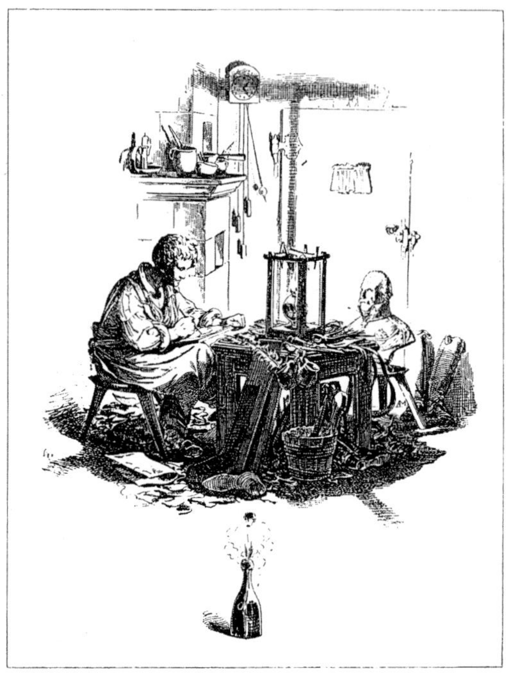

Abb. 3 Adolph Menzel, Federlithographie „Trieb" aus der Folge „Künstlers Erdenwallen", 1834.

den 1839 erteilten Auftrag, Franz Kuglers „Leben Friedrichs des Großen" zu illustrieren, eine Aufgabe, der sich der hochbegabte Künstler mit rastlosem Fleiß, großem Ehrgeiz und überragendem Erfolg widmete.

Wir kennen andere später berühmte Maler, die sich aus dem Künstlerstand selbst rekrutierten, z. B. den Dresdener Landschaftsmaler und Illustrator Ludwig Richter[81] oder Wilhelm von Kügelgen[82], Sohn eines erfolgreichen Portrait- und Historienmalers. Der berühmte Peter von Cornelius war der Sohn des Düsseldorfer Galerie-Inspektors Aloys Cornelius; Gottfried Schadow ebnete dem Sohn Wilhelm die Laufbahn, so daß es zu einer merkwürdigen Konstellation kommen konnte: der Vater war Direktor der Berliner, der Sohn der Düsseldorfer Akademie.

Um eine statistische Grundlage für die Analyse der sozialen Herkunft zu gewinnen, wurde George Gropius' publiziertes „Verzeichniß in Berlin lebender Künstler" zugrundegelegt.[83] Hier

---

81 Richter, Lebenserinnerungen ND 1980.
82 Kügelgen, Jugenderinnerungen 1909. Als Maler war Wilhelm von Kügelgen wenig erfolgreich. Mit seinen „Jugenderinnerungen eines alten Mannes", die heute noch zu den lesenswertesten Künstlerbiographien des 19. Jahrhunderts gehören, wurde er bekannt.
83 In: Centralblatt der deutschen Kunstvereine 2 (1840) S. 98f. Die Kunstakademie in Düsseldorf führte den Beruf des Vaters in ihren Immatrikulationslisten nicht, die Kunstakademie Berlin nur in einigen Klassen, so daß eine Analyse ausgehend von den Akten sich nicht anbot. Die Berufe der Väter der Gropius-Liste wurden ermittelt mit Hilfe von: Thieme-Becker, Lexikon der Kunst, ADB, NDB; Personalnachrichten PrAdk (systematische Fragebögen wurden von der Berliner Akademie erst nach dem Untersuchungszeitraum an neue Mitglieder ausgegeben, so daß auch hier nicht immer der Stand des Vaters verzeichnet ist). Die Klassifikation nach Schichten nach Schüren, Soziale Mobilität 1989. Schürens Zuordnung des Berufs des Kammerdieners (Untere Unterschicht) erscheint mir hierbei fragwürdig, wurde aber beibehalten.

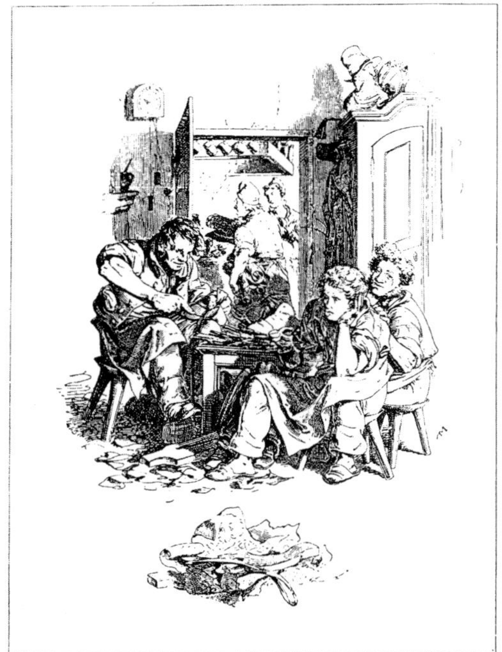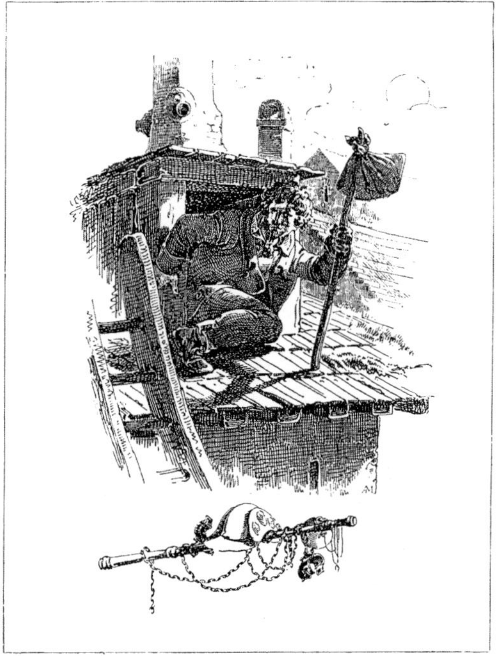

Abb. 4 Adolph Menzel, Federlithographien „Zwang" und „Freiheit" aus der Folge „Künstlers Erdenwallen", 1834.

sind 106 Namen derjenigen verzeichnet, die 1840 als etabliert gelten konnten. In 45 Fällen war der Beruf des Vaters zu ermitteln (Tabelle I).

Bedenkt man die Kosten der Ausbildung, ist der Mangel an Kandidaten aus der Unterschicht nicht weiter verwunderlich. Relativ hoch ist mit acht die Zahl der Väter, die selbst einem künstlerischen Beruf nachgingen. Daneben tritt eine größere Zahl von Kunsthandwerkern auf, wie z. B. Goldschmiede, Seidenwirker, Goldsticker, bei denen künstlerisches Interesse vorausgesetzt werden kann. Die Kunstakademie Berlin hatte in ihrer Neugründungsphase nach 1786 vor allem die Förderung der Gewerbe zu bewerkstelligen und vergab an Handwerker den Titel „akademischer Künstler", der für viel Verwirrung sorgte, weil er gerade nicht die Mitglieder der Kunstakademie, die als Ehrenkorporation auch eine „Genossenschaft der Meister"[84] war, bezeichnete. In manchen Fällen war der Lebenslauf des Sohnes eine „Stellvertreterkarriere", die der künstlerisch interessierte Vater nicht hatte machen können, wie z. B. im Fall des Genremalers Paul Meyerheims, dessen Vater ein künstlerisch interessierter Stubenmaler war.[85] Zugleich zeigt sich jedoch, daß auch Väter aus der oberen Mittelschicht und der Oberschicht bereit waren, ihre Söhne den Künstlerberuf ergreifen zu lassen. Bedenken gab es auch hier. Die Furcht vor materieller Unsicherheit, die Aufsteiger aus dem Handwerk geplagt haben mag, stellte sich in den gehobenen Schichten als Gefahr sozialen Abstiegs dar.

Als Beispiel aus „gutem Haus" sei Karl Begas (1794−1854) genannt. Der Vater war Landge-

---

84 Diesen Ausdruck prägte Franz Kugler in den vierziger Jahren.

85 Meyerheim, Selbstbiographie 1880.

Tabelle I: Berufe der Väter von Kunstschülern

1. Untere Unterschicht Kammerdiener	*1*	*2,2 %*
2. Mittlere Unterschicht	*–*	*–*
3. Obere Unterschicht Lithograph Dekorationsmaler Goldschmied Goldsticker Instrumentenbauer Tischler Weber Tuchmacher Mechaniker Kirchenbediener	*10*	*22,2 %*
4. Untere Mittelschicht Miniaturmaler Landschaftsmaler und Radierer Blumenmaler Schauspieler Kammermusikus Seidenwirker 2 Seidenwirkermeister Seidenknopfmachermeister 2 Schneidermeister Seilermeister Böttchermeister Handelsmann	*14*	*31,1 %*
5. Obere Mittelschicht Architekt und Baumeister Architekt und Maler Hofbaumeister und Bildhauer Maskenfabrikant Kapellmeister Buchhalter K.P.M. Gutspächter 2 Hütteninspektoren Kauf- und Handelsherr	*10*	*22,2 %*
6. Oberschicht Fabrikant von Baumwollwaren Bankier Kriegsrat Gutsbesitzer Landgerichtspräsident Pfarrer Historiker 3 Offiziere	*10*	*22,2 %*
	45	*100 %*

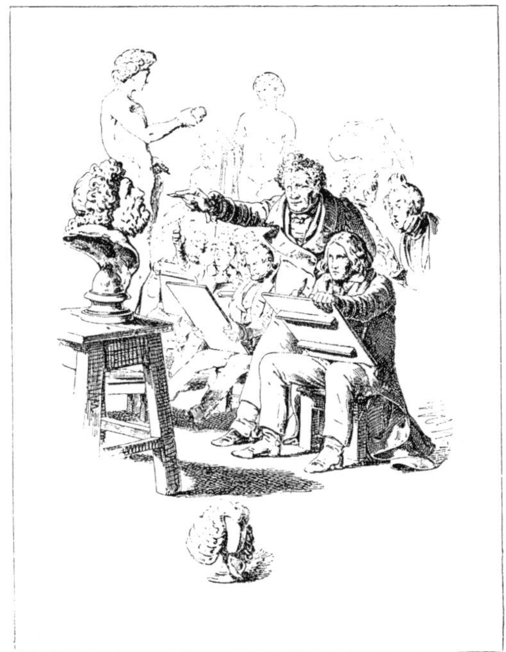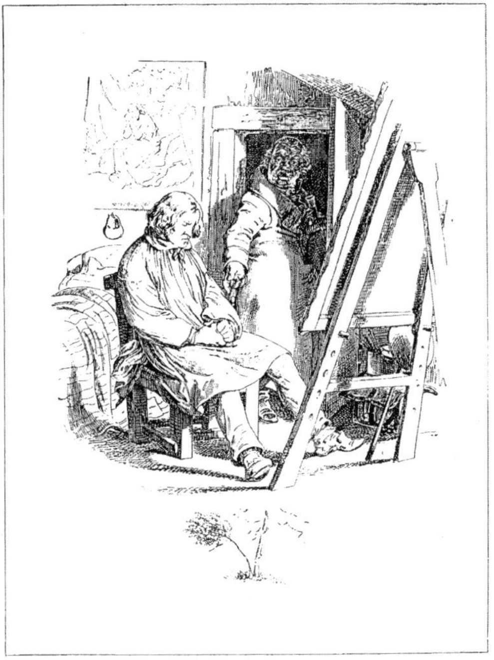

Abb. 5 Adolph Menzel, Federlithographien „Schule" und „Selbstkampf" aus der Folge „Künstlers Erdenwallen", 1834.

richtspräsident in Köln. „Meine Eltern taten [...] alles für meine Erziehung. Es war jedoch nicht ihr Wunsch, daß ich Künstler werden sollte, weil es allem, was damals im Lande malte, wohl aus guten Gründen ziemlich schlecht ging".[86] Ganz ähnlich äußert sich Julius Hübner (1806–1882) in seinen Erinnerungen, dessen Vater Stadtdirektor des Städtchens Oels in der Nähe von Breslau war: „Man hat heutzutage [...] keinen Begriff mehr davon, was es damals heißen wollte, guter Leute Kind zum Maler zu bestimmen, zumal in Kreisen, wie sie doch in einer kleinen Provinzialstadt nur vorhanden sein konnten, wo man allerdings keine anderen Maler, als die Stubenraphaele jener Zeit kannte, deren bürgerliche Stellung [...] keineswegs eine angesehene sein konnte. Mein Vater hatte mich aus eigener Neigung zum Theologen bestimmt."[87]

Eine Herkunft aus hohem Stand brachte deutliche Startvorteile mit sich: die Eltern konnten Privatunterricht und u.U. auch die Berufsausbildung bezahlen. Kontakte innerhalb der Oberschicht förderten die Karriere. Eine gute Erziehung erleichterte im Berufsleben den Umgang mit den oft gutbetuchten Kunden. Vater Begas schickte den achtzehnjährigen Sohn nach Paris, wo er in das berühmte Ausbildungsatelier des Malers Jean Antoine Gros' eintrat. 1814, in der Krise der napoleonischen Kriege, bewilligte der preußische König dem jungen Begas ein dreijähriges

---

86 Athanasius Raczynski zit. n. Fabeck, Begas 1968, S. 14f.

87 Hübner, Aus meinem Leben 1872, S. 444. Ein Bildnismaler, der als Jurist nach Oels versetzt wurde, regte Hübner doch dazu an, die Künstlerlaufbahn zu ergreifen. Er besuchte die Kunstakademie in Berlin und trat als einer der ersten Schüler in das Unterrichtsatelier Wilhelm Schadows ein. 1839 wurde er Lehrer, 1842 Professor an der Kunstakademie Dresden.

Stipendium; Grundlage für die Ausbildung zum Historienmaler, die Begas 1821 die Akademie-mitgliedschaft, 1826 den Professorentitel und 1829 eine Professur für Komposition und Gewandung an der Berliner Kunstakademie einbrachte. Von der Förderung junger Künstler durch den Hof wird noch die Rede sein. Auch die Hochschätzung der Kunst im Bildungsbürgertum konnte die Berufswahlentscheidung beeinflussen. So sandte der Medizinalrat Dr. Ebers, Vorsitzender des Schlesischen Kunstvereins, der auch in den preußischen Ostprovinzen den Kunstbetrieb in Gang bringen wollte,[88] seinen Sohn Hermann an die Düsseldorfer Malerschule, wo er als Genremaler unter Schadows Leitung allerdings nicht gerade in ideale Höhen austieg.[89]

Manchmal waren mit der Künstlerlaufbahn größere Umwege verbunden. So führte die Karriere des berühmten Landschaftsmalers Karl Blechen (1798−1840), dem Sohn eines Steuereinnehmers[90], über eine Ausbildung „in dem leider für ihn verfehlten Fach als Bankier" im Alter von 25 Jahren zum Besuch der Akademie und zur Anstellung als Dekorationsmaler des Königstädter Theaters, „um doch vorläufig eine gewisse Existenz zu erlangen". 1827 kündigte er, und seine Lage war, wie er selbst schreibt, „wie immer, nicht günstig". 1831 wurde er Professor für das Landschaftsfach an der Berliner Akademie.[91]

Die Schilderung der Karrieren mag den falschen Eindruck erweckt haben, daß die Laufbahn der Künstler nur in der Ausbildungszeit mit Härten verbunden war. Die Zahl der etablierten Künstler war aber im Vergleich mit den Elevenzahlen der Akademien gering; die Konjunktur auf dem Kunstmarkt war keineswegs immer günstig, und wohl nur in den zwanziger und dreißiger Jahren des 19. Jahrhunderts konnte man hoffen, die neuen Kunstvereine und das neue bürgerliche Publikum würde die Abgänger der Kunstschulen versorgen können. Ohne einen gutverdienenden Vater, ein Stipendium oder einen Gönner traten oft erhebliche Durststrecken ein. Dies illustriert z. B. die Lebensbeschreibung des Lithographen Friedrich Julius Tempeltey[92] (1802−1870). Der Sohn eines Zimmermalers wurde mit 15 Jahren Schüler der Akademie, arbeitete aber noch einige Jahre im Beruf des Vaters, da er unbemittelt war. Ab dem 20. Lebensjahr widmete er sich der Lithographie, die ihn als neue Reproduktionstechnik anzog und wirtschaftlichen Erfolg versprach. Eine Stelle als Zeichenlehrer am Friedrich-Werderschen Gymnasium vermittelte ihm ein Auskommen, das „zum Fortschreiten in der Kunst nicht besonders geeignet schien". Nach zwölf Jahren gab er diese Tätigkeit auf, um Reproduktionen nach Gemälden zu liefern; Arbeiten, die er sehr genau nahm, und die ihm „Entbehrungen und Aufopferungen" abforderten. „Schon wollte er daran verzweifeln, ob er den Gang den er eingeschlagen, noch ferner mit Energie würde verfolgen können," schreibt Tempeltey über sich selbst, „da fühlte er sich für ihn noch gerade zur rechten Zeit, durch Rath, Anerkennung und gütige, aufmunternde Theilnahme von Seiten des Herrn Professor Begas erquickt und gehoben". Mit 41 Jahren wurde er ordentliches Mitglied der Akademie der Berliner Akademie der Künste.

---

88 Über die Bildung eines freien Kunstvereins in Schlesien. Vorlesung vom 30. 11. 1832, in: GStAPK Berlin, Rep. 76 Ve, Sekt. 8, Abt. IV, Nr. 1, Bl. 13−25.
89 Raczynski, Geschichte neuere deutsche Kunst I 1836, Abb. S. 232; angeführt in der Schülerliste S. 114.
90 Im zeitgenössischen Deutsch: Akzise-Officiant.
91 Blechen 1835 über sich in: PrAdK, Personalnachrichten; auch in: Rave, Blechen 1940, S. 37f.
92 PrAdK, Personalnachrichten.

2. Ausbildungsstätten

a) Künstlerausbildung in Berlin

Nicht immer führte der Weg der angehenden Künstler auf die Kunstakademien, die erst im Verlauf des 19. Jahrhunderts ein weitgehendes Monopol erringen konnten. Die Tradition der Werkstattausbildung wirkte fort, und manche später bekannte Künstler, wie z. B. Adolf Menzel oder Theodor Hosemann, betraten die Akademien gar nicht oder nur zu Nebenstudien.

Die organisatorischen Voraussetzungen für eine gründliche akademische Ausbildung waren im 18. Jahrhundert in Preußen vor 1786 nicht gegeben. Nach ihrer Gründung im Jahr 1696 und glänzenden Anfängen ging es mit der Berliner Kunstakademie, die nach dem Pariser Vorbild organisiert war, schnell bergab. Der „Soldatenkönig" Friedrich Wilhelm I., der 1713 bis 1740 regierte, obwohl selbst malender Dilettant, strich die Etats der Anstalt bis auf klägliche 300 Taler, und auch sein Sohn Friedrich II. (1740–1786) hatte für die vernachlässigte, zur Zeichenschule herabgesunkene Einrichtung kaum mehr als zynische Kommentare übrig. Als Kostprobe mag die Antwort des Monarchen an Direktor Christian Bernhard Rode[93] genügen, dem Friedrich auf einen Antrag um Erhöhung des Etats mitteilte, „dass das so weit wohl ganz gut ist, aber höchst dieselben, haben noch nicht einen gesehen der nur passabel herrausgekommen, aus ihrer Anstalt, dass muss doch woran liegen und nicht der gehörige Fleiss angewendet werden".[94]

Der preußische König zog vor allem die ausländischen Künstler ins Land.

Auch die einheimischen Kräfte selbst schätzten die Lage keineswegs günstig ein. Der berühmte Kupferstecher Daniel Chodowiecki, der energisch eine Reorganisation der Akademie anzuregen suchte, sprach selbst vom „Verfall der Künste".[95] Zum vollwertigen Künstler konnte man sich an dieser Kunstschule zunächst kaum ausbilden, da sich die Akademie auf die zeichnerischen Grundlagen und ein privat organisiertes Aktzeichnen der Akademiker beschränkte. Ihren Mitgliedern war der Abglanz einstigen Ruhmes, der Status der Institution weiterhin wichtig, doch es gelang ihnen nicht, die Anstalt aus eigenen Kräften zu reformieren. Immerhin beauftragte Friedrich II. 1786 Freiherrn Friedrich Anton von Heinitz (1725–1802) damit, die Gründe für den desolaten Zustand zu erforschen. Diesem Kurator gelang es mit einem merkantilistischen Argument doch noch, die Aufmerksamkeit des Monarchen zu wecken: „Nach eingezogener genauen Erkundigung von denen in Euer Königlichen Majestät Staaten befindlichen Künstlern, bekräftiget es sich, daß darin eine große Zahl guter und geschickter Künstler ist, und durch solche viel fremdes Geld ins Land kömmt."[96] Die Akademie als Leiterin der edlen Volksindustrie, als Schule der Gemeinnützigkeit, – mit dieser Begründung brachte Freiherr von Heinitz die Akademiereform energisch in Gang.

Das 18. Jahrhundert hatte eine Welle von Akademiengründungen und Reorganisationen mit sich gebracht. Während um 1740 in ganz Europa etwa 25 Akademien tätig waren, hatte sich die Zahl um 1790 auf über 100 erhöht. Ihre Instrumentalisierung im Rahmen des Merkantilismus war

---

93 Nachfolger von Blaise Nicolas Le Sueur (1757–1783 im Amt), Direktor 1783–1797.

94 Potsdam, 11. 2. 1785; Müller, Akademie Berlin 1896 (quellengesättigte Darstellung bis zur Wiederherstellung unter Friedrich Wilhelm II.), S. 150. Erste Reformüberlegungen fallen in die Zeit um 1770 (vgl. S. 129 ff.).

95 Müller, Berliner Akademie 1896, S. 119 f.

96 Heinitz an den König am 29. 4. 1786 in einem Brief zur Wichtigkeit des Urheberschutzes, in: GStAPK Berlin, Rep. 76 alt, Abt. III, Nr. 18, Bl. 5.

weit verbreitet[97]. Zugleich stärkte die Aufklärung und die auf festen Regeln fußende Ästhetik die Aufassung von der Lehrbarkeit der Kunst.

Im Berliner Reglement von 1790 schlug sich der zeittypische Diskussionsstand über die Aufgaben einer Akademie nieder, die die nachrückende Generation der Nazarener nicht mehr teilen konnte. So standen nach der Reorganisation der Düsseldorfer Akademie ab 1819 im Vormärz in Preußen zwei Ausbildungsstätten im Wettbewerb, die grundsätzliche Unterschiede aufwiesen. In der Folge sollen sie herausgearbeitet werden. Düsseldorf wurde die eigentliche Malerschule des Staates, eine moderne Ausbildungsstätte mit Meisterateliers, die aus ganz Europa Schüler anzog. Die Berliner Zentrale konzentrierte sich dagegen weitgehend auf den höheren Zeichenunterricht und die Hilfswissenschaften, wie z. B. Anatomie, Perspektive und Kunstgeschichte, überließ die für Berlin wichtige Bildhauerausbildung den ausgelagerten Werkstätten und sah sich dem Vorwurf ausgesetzt, sie entließe ihre Schüler ohne die Fertigkeit zur Malerei.[98]

Das Reglement von 1790 formulierte die Doppelaufgabe der Institution, die „auf der einen Seite zum Flor der Künste [...] überhaupt beytrage, als insbesondere den vaterländischen Kunstfleiß erwecke, befördere, und durch Einfluß auf die Manufakturen und Gewerbe dergestalt veredle, daß einheimische Künstler in geschmackvollen Arbeiten jeder Art, den auswärtigen nicht ferner nachstehen."[99] Vom System der Handwerkerausbildung durch Unterricht im Zeichnen und Modellieren soll hier nicht ausführlich die Rede sein. Die Akademiker sahen zwar klar, daß sie mit der Betonung des ökonomischen Nutzens ihre Institution sichern konnten, sie bemühten sich aber zugleich, zwischen Handwerkerfortbildung und der Künstlerausbildung eine klare Trennungslinie zu ziehen.

So erklärte Johann Wilhelm Meil 1787: „Geht man mit einem, für ein Handwerk bestimmten Knaben [...] so weit, daß er die Gestalt des Menschen richtig und gut nachzeichnen und den Werth derselben hat einsehen lernen, dann wird der Reiz für Kunst für ihn schon zu groß, und er wird nun aus Stolz kein Handwerker, weil er sich dadurch zu erniedrigen glaubt. Man muß daher die Knaben, wenn sie nicht außerordentliche Fähigkeiten zur Kunst zeigen, vor diesen Reizen zu hüten suchen, weil es doch allemal besser ist, dem Staate viele arbeitende Handwerker, als viele müßige sogenannte Künstler, zu ziehen".[100]

So war es nur folgerichtig, wenn im für den Elementarunterricht 1803–1806 herausgegebenen Zeichenwerk der Akademie zum Einsatz in den neugegründeten Provinzialkunstschulen[101] in der

---

97 Pevsner, Akademien 1940/1986 (das Standardwerk zum Thema), S. 144 und 157.

98 Hierzu mehr im Abschnitt über die Pläne zur Akademiereform.

99 Faksimile in: Müller, Akademie zu Berlin 1896, S. 184–198.

100 Gedanken zu einer Zeichenschule für Handwerker 1787. S. 164f. Ganz ähnlich gegen eine Überausbildung eines Schwarms „unnützer Künstler, die [...] elend herumhungern, und keinen gebildeten Menschen befriedigen": Genelli, Idee einer Akademie 1800, S. 13.

101 Akademie der Künste zu Berlin (Hg.), Elementarzeichenwerk 1803–06; zum Gesamtunternehmen s. vor allem die Vorrede, S. I–V. Provinzialkunstschulen wurden gegründet in Königsberg (1790), Breslau (1791), Halle (1791), Magdeburg (1793), Danzig (1803) Erfurt (1804). Zu ihrer Organisation: v. Heinitz, Grundsätze zur zweckmäßigen Organisation der bereits existierenden und neu zu errichtenden Kunst- und Handwerksschulen mit bes. Hinsicht auf die Unterweisung der Bauhandwerker, in: GStAPK Berlin, 76 alt, Abt. III, Nr. 148, Bl. 66–71. Mit nur zwei Lehrern, einen für die architekt. Wissenschaften, einen für die freie Handzeichnung, konnten die Provinzialkunstschulen höheren Ansprüchen nicht gerecht werden. Die Berliner Akademie der Künste betonte im Elementarzeichenwerk (4. Heft, S. IX): „Der gründliche Unterricht in der freyen Handzeichnung der menschlichen Figur ist mit so großen Schwierigkeiten verknüpft, daß er nur in der Kunst-Academie der Hauptstadt ertheilt werden kann."

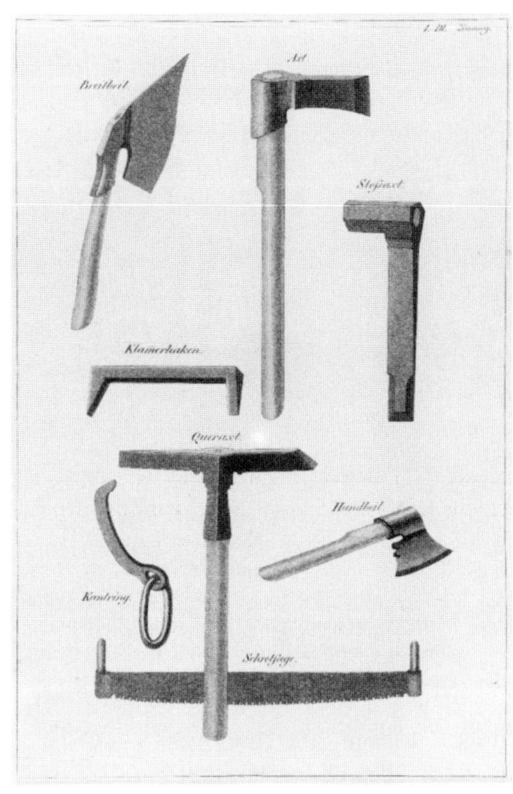

Abb. 6 Vorlageblatt für Maurer- und Zimmergewerke aus dem Elementar-Zeichenwerk der Berliner Akademie der Künste. Aquatinta, 1806.

Abteilung für das Bauhandwerk Breitbeil, Stoßaxt und Schrotsäge als Vorlagen erschienen (Abb. 6), um schon auf diese Weise die Zeichner auf die Sphäre ihrer Berufung zu verweisen.

Zur Reaktivierung der Kunstakademie gehörte ein Bündel vielfältiger Maßnahmen: der Lehrkörper wurde neu besetzt, der Etat erhöht, eine „Monatsschrift" gegründet,[102] die freilich bald wieder einging, der akademische Senat zu wöchentlichen Sitzungen und zur Beratung der Kunstprodukte verpflichtet, die Anzahl akademischer Ehrenmitglieder erweitert, um der Anstalt Renommee zu verschaffen, eine jährliche Kunstausstellung eingeführt[103] und Preise für hervorragende Arbeiten ausgesetzt. Die Berliner Akademie hatte drei Funktionen: Sie war eine Ehrenkorporation verdienter Meister und oberster Rezensent[104], Handwerkerfortbildungsanstalt und in ihrer dritten, hier zur Debatte stehenden Funktion, Ausbildungsstätte für angehende Künstler.

Leonardo da Vinci (1452−1519) hat in seinem „Buch von der Malerei" eine Didaktik formu-

---

102 Monatsschrift der Akademie der Künste und mechanischen Wissenschaften zu Berlin 1 (1788), 2 (1889) mit zahlreichen Beiträgen über den gesellschaftlichen Nutzen der Akademie.

103 Vgl. Kap. VI.2. Die Akademie-Kataloge erschienen gedruckt und sind als Reprint zugänglich: Kataloge Akademie 1786−1850, 1802 mit einem historischen Überblick über die Akademiegeschichte, S. VII−XXXVI.

104 Toelken, der Sekretär der Akademie (Rede 1844, S. 22), bemerkt kritisch, daß diese Geschmacksaufsicht niemals in Kraft trat, da sich die Oberbehörden passiv verhielten und auch die „sich beeinträchtigt glaubende Mehrzahl schwächerer Künstler" auf die Wahrung ihrer Selbständigkeit Wert legte.

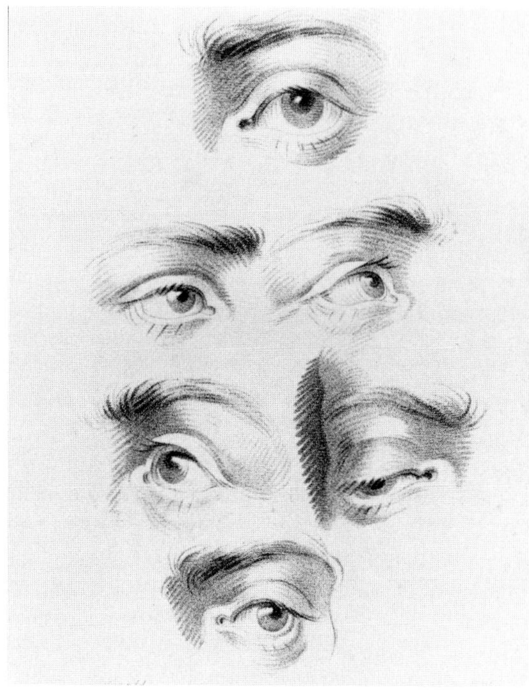

Abb. 7 B. N. Le Sueur und D. Berger, Studienblatt zu Augenpartien aus dem Elementarzeichenwerk der Berliner Akademie der Künste.
Aquatinta, [1803–1806].

liert, die bis ins 19. Jahrhundert das Grundprinzip des akademischen Unterrichts geblieben ist:
„Zeichne zuerst Zeichnungen von einem guten Meister ab, der in Kunst nach der Natur und nicht
in Manier gereift ist. Darauf zeichne nach dem Runden, im Beisein der Zeichnungen, die nach
demselben Runden abgezeichnet worden war[en], und danach dann nach einem guten Naturvor-
bild das du dir einlernen sollst."[105] Über die Vorlageblätter führte das Studium zu den Gipsvorla-
gen, dem „Runden", zum Aktstudium nach der Natur, das die höchste Stufe akademischer
Ausbildung darstellte.

Der Unterricht begann in drei Freihandzeichenklassen. In der ersten studierten die Schüler
Anfangsgründe, Blumen und Ornamente, in der zweiten Köpfe, Hände und Füße und in der
dritten ganze Figuren nach Vorlageblättern. In additiver Methode sollten die Einzelteile vor dem
Ganzen studiert werden. Als Illustration kann hier das Vorlageblatt Le Sueurs[106] zum Studium
der Augenpartie im Elementarzeichenwerk der Akademie dienen (Abb. 7). 1829 wurde dieser
Unterricht aus dem akademischen Lehrplan ausgegliedert und eine besondere Zeichenschule
gegründet.[107] Die Akademie erklärte: „Erst in den höheren Klassen beginnt die Laufbahn des

---

105 Leonardo da Vinci, Das Buch von der Malerei, H. Ludwig (Hg.), Wien 1882, S. 74. Die Nachahmung
der Antike wurde gefördert durch die Rezeption der Theorien Johann Joachim Winckelmanns
(1717–1768); vgl. z. B. Gedanken über die Nachahmung, in: Sämtl. Werke, Bd 1, Donaueschingen
1825.
106 Blaise Nicolas Le Sueur war Direktor der Akademie von 1757–1783. Seine Vorlageblätter wurden aber
noch 1803–06 ins Elementarzeichenwerk aufgenommen.
107 Toelken, Neue Organisation der unteren Lehrklassen der Akademie Berlin 1829.

sich bildenden Künstlers".[108] Zugleich richtete der Senat eine „Vorbereitungs-und Prüfungsklasse" ein, in der nach Gips gezeichnet wurde. Nach dem 17. Lebensjahr war eine Aufnahme nicht mehr möglich. Diese Neuregelung widersprach der bisherigen Praxis. Von 129 Schülern, die 1831 die Vorbereitungsklasse besuchten und für die eine gewisse Kulanzregelung galt, waren nur 35 unter 17 Jahren, 30 über 20 Jahre alt. Die Akademie versuchte jedoch, mit verschärften Vorschriften den Andrang zu regulieren.[109] Sechs Wochen, maximal drei Monate konnte man in der Prüfungsklasse bleiben, dann verfügte der Senat über Abweisung oder Immatrikulation, zunächst für drei Jahre.[110]

Den immatrikulierten Eleven führte der weitere Weg in die Gipsklasse, in der nach antiken Statuen gezeichnet wurde. Das auf allen Akademien verbreitete Studium klassischer Statuen gehörte zum prägenden Bestandteil des Lehrplans.[111] Einerseits sollte das Vorbild getroffen werden und das Gipszeichnen so eine Schule der Genauigkeit sein, andererseits war das Vorbild bereits künstlerisch geformt, „gerundet", und der Eleve wurde durch das Kopieren auf klassische Werte eingeschworen: nicht Nachahmung der Natur, sondern ihre Stilisierung war gefordert. Auf diese Weise entsprach das Kopieren der Vorbilder den in Berlin dominanten Strömungen: dem „Biedermeierrealismus", der Genauigkeit und handwerkliche Gediegenheit verlangte, aber auch dem lange vorherrschenden Klassizismus.

Daneben bot die Akademie Geometrie und Perspektive, Proportionslehre und Anatomie als Grundlagen an. Wer diesen Unterricht versäumte, wurde nach dem Ausbildungsreglement zu den höheren Fächern, zu Kompositionslehre und Gewandstudien[112] sowie zum allabendlichen stattfindenden Aktzeichnen (Abb. 8) nicht zugelassen. Angebote zur Kunstgeschichte, zur Mythologie und Ästhetik, zum Tierzeichnen und zu speziellen Techniken wie Kupferstich, Holz- und Formschneiden, Schrift- und Kartenstechen, Metallziselieren ergänzten das Angebot. Für die Schüler gab es die Möglichkeit, im Königlichen Schloß oder in der Potsdamer Galerie Gemälde zu kopieren. Eine Gelegenheit zum Studium nach der Natur − abgesehen vom Akt − fehlte jedoch bis 1850 vollständig, und auch das Landschaftsfach wurde, sieht man von regelmäßigen Exkursionen ab, nach Vorlageblättern betrieben.

Die Schülerzahlen der Akademie liegen nur für einzelne Kurse vor. 1790 studierten in den Elementarklassen 131 Schüler, darunter 55 Dilettanten[113]. 1829 war die Gesamtzahl auf 183 geklettert[114]. Nach der Abtrennung der besonderen Zeichenschule waren jedoch diese Studenten

---

108 G. Schadow; Chr. F. Tieck, Warnung, sich nicht ohne inneren Beruf den Künsten zu widmen 1828, S. 166.

109 Bericht H. Dählings vom 18.3.1831 über die Vorbereitungsklasse, in: Zur Jubelfeier 1896, S. 65.

110 Reglement für die Eleven vom 14.3.1838, in: Zur Jubelfeier Kunstakademie Berlin 1896, S. 67−69.

111 Zum Lehrplan, der sich im Verlauf der Zeit veränderte und hier nur im Überblick behandelt werden kann, am ausführlichsten: Zur Jubelfeier 1896 (u. a. S. 104f.); Vgl. auch Volkmann, Akademie der Künste, in: AK Berlin zwischen 1789 und 1848, 1981, S. 315−52, bes. 321−25; Die Kunstakademie zeigte ihr Angebot in den Kunstblättern an, z. B. Museum 5 (1837) S. 81f.; Lehrpläne in PrAdK, Nr. 8; gedruckte Dokumente in: Akademie der Künste, Materialien zur Geschichte 1991, S. 110−140 (u. a. Lehrpläne 1804/05; 1814/15).

112 Kompositionsunterricht wurde 1788 von Meil erteilt, danach war davon bis zur Einrichtung der Professur für Composition und Gewandung 1829 (Karl Begas) nichts mehr zu hören. Zur Jubelfeier 1896, S. 89.

113 Der Begriff hatte im Untersuchungszeitraum noch keinen negativen Beigeschmack.

114 Zur Jubelfeier 1896, S. 62. Zu den Schülerzahlen im 18. Jahrhundert vor der Reform, S. 26: 1740: 40; 1758: 80; 1772: 90; dort auch eine Tabelle der jährlich neu hinzugekommenen Schüler 1757−1785.

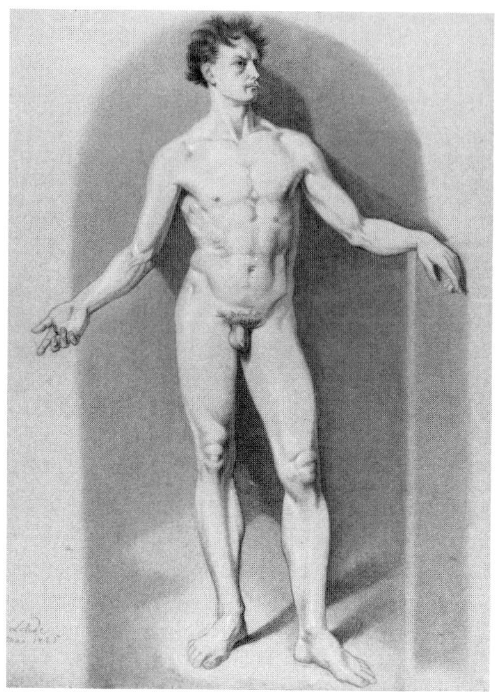

Abb. 8 Ludwig Lohde, Akt. Schwarze Kreide und Rötel, weiß gehöht, 1825.

noch nicht ordentliche Eleven der Akademie. Ab 1826/27 teilte die Akademie dem Kultusministerium genaue Angaben über die einzelnen Klassen mit (Tab. II).[115]

Auffällig ist die außerordentlich hohe Anziehungskraft der Angebote der Kunst- und Gewerkschule, die in den Fächern des Handzeichnens, Modellierens und architektonischen Reißens in manchen Jahren mehr als 1000 Schüler zählte. Dies zeigt deutlich, daß das System der Handwerkerschulung, 1790 ein wichtiges Anliegen der Reformer, auch im 19. Jahrhundert lebendig blieb. Um Eleven der Akademie handelte es sich dabei aber nicht. Während in der Elementarklasse auch nach der Reform weiterhin jährlich etwa 200 Schüler zeichneten, war die Prüfungsklasse, die zur Immatrikulation an der Akademie im eigentlichen Sinn führte, bis 1850 im Durchschnitt jährlich mit 23 Anwärtern besetzt, aus denen sich die Kunstschüler nach sechswöchiger bis dreimonatiger Probezeit überhaupt nur rekrutieren konnten.[116] In den Grundlagenfächern, dem anatomischen Zeichnen und dem Gipszeichnen, stieg die Schülerzahl selten über 80. Am Aktstudium, dem „Zeichnen und Modellieren nach dem Leben", nahmen zwischen 23 und 72 Personen teil. Der Malunterricht auf dem königlichen Schloß war nicht sehr beliebt (8–26 Schüler); schon eher das Landschaftszeichnen, das in den dreißiger und vierziger Jahre viele Eleven besuchten (30–71), das aber danach an Attraktivität verlor. Auch kunsthistorische Vorlesungen konnten große Schülerzahlen anziehen, doch schwankten die Zahlen stark.

Alles in allem zeigt die statistische Analyse, daß sich die Akademie als Selektionsinstanz

---

115 Daten aus der Akte: GStAPK Berlin, Rep. 76 Ve, Sekt. 17, Abt. VIII, Nr. 1, Bd. 2.

116 Eleven-Reglement vom 14. 3. 1838, in: Zur Jubelfeier 1896, S. 67–69. Es ist trotz der Vorschriften nicht auszuschließen, daß ältere Schüler bei besonderer Begabung ohne Eintritt in die Vorbereitungsklasse aufgenommen wurden.

Tabelle II: Schülerzahlen der Kunstakademie Berlin und der Kunst- und Gewerkschule 1827–1850

	1827	1833	1834	1835	1836	1837	1838	1839	1840	1841	1842	1843	1844	1845	1846	1847	1848	1849	1850
Schüler Kunst- und Gewerkschule WS	500	687	733	826	817	906	960	1093	1121	1135	1222	1388	1393	1378	–	1346	1206	942	822
Prüfungsklasse	–	33	6	22	14	30	7	11	17	19	37	40	35	26	28	20	18	29	28
Freies Handzeichnen	203	186	248	220	243	234	210	229	196	219	209	201	186	233	123	116	78	127	135
Anatomisches Zeichnen	–	48	47	51	66	72	75	79	71	51	54	42	28	36	38	20	8	12	16
Gipszeichnen	27	38	36	44	43	59	79	87	104	82	66	56	56	74	64	42	20	29	34
Landschaftszeichnen	15	41	42	49	44	30	43	37	51	67	55	47	54	21	26	26	19	20	16
Kupferstich	9	7	7	7	7	7	8	8	8	7	7	4	3	4	6	3	3	3	3
Schrift/Kartenstechen	3	1	1	1	–	–	8	8	7	8	–	2	2	1	2	6	–	–	–
Form/Holzschneiden	2	4	5	7	7	7	8	8	7	8	9	7	8	8	7	6	5	3	3
Ziselieren/Metall	18	1	–	–	–	–	1	3	3	4	5	8	7	6	7	5	4	4	5
Zeichnen/Modellieren nach dem Leben	23	40	36	–	43	44	36	34	40	36	35	32	28	37	33	45	38	25	23
Zeichnen/Malen im königl. Museum	–	13	22	20	20	14	26	20	34	24	23	17	11	14	12	8	9	21	15
Tierzeichnen	18	11	10	12	17	11	16	16	28	20	20	10	1	7	4	8	7	12	13
Composition/Gewandung	–	12	8	10	18	13	26	14	12	–	–	7	7	4	3	3	–	7	5
Theorie Schöne Künste	Angebote nur im Wintersemester: 4–34 Hörer (1832–1837)																		
Osteologie/Knochenlehre	–	8	6	4	15	–	16	12	16	11	11	15	25	19	–	8	–	–	2
Kunstgeschichte	–	–	20	–	31	8	8	12	4	8	21	91	27	–	–	–	13	8	10
Mythologie	–	–	–	–	–	11	12	19	–	9	–	–	–	–	–	–	13	10	6

41

Abgangs-Zeugnifs.

Der

gebürtig aus

alt

welchem am   die akademische Matrikel ertheilt

worden, hat an folgenden Vorträgen und Übungen bei der Kö-

niglichen Akademie der Künste Theil genommen:

Zeichnen und Malen nach dem lebenden Modell

Modelliren nach dem lebenden Modell

Zeichnen und Malen auf der Königl. Bildergallerie

Composition und Gewandung

Zeichnen nach Gyps-Abgüssen

Anatomie

Perspective und Optik

Landschaft-Zeichnen

Zeichnen der Thiere

Zeichnen nach anatomischen Vorbildern

Kupferstechen

Holz- und Formstechen

Schrift- und Kartenstechen

Aesthetik

Kunstgeschichte

Mythologie

Lehre von den Gebäuden

Projections-Lehre

Die Säulen-Ordnungen etc.

Ornament-Zeichnen

Als specieller Schüler arbeitete derselbe während

in dem Atelier des

In Betreff der sittlichen Führung desselben

Berlin den

Directorium und Senat
der Königlichen Akademie der Künste.

Abb. 9 Abgangszeugnis der Berliner Kunstakademie

verstand, die durch eine begrenzte Aufnahme von Eleven den Nachwuchs einzudämmen suchte. Zugleich bot sie jedoch den Schülern ein Angebot, das nicht die ganze Bandbreite der vom Künstler geforderten Fähigkeiten entwickelte. Das wird die Attraktivität der Ausbildung vermindert haben. Die Bildhauerausbildung fand, obwohl Gottfried Schadow 1816−1850 Direktor war, ganz außerhalb der Akademie statt. Im Bereich der Malerei waren die Defizite im Angebot unverkennbar. Die Hochschätzung der Zeichnung als Ausbildungsmittel entsprach zwar der akademischen Tradition, doch war ihre einseitige Förderung dem Kunstmarkt und den praktischen Berufsanforderungen wenig angemessen. Die Akademie verwies hier auf das Zusatzangebot, die Unterrichtsateliers.

Die Lehre der Kunstakademie allein reiche nicht hin, um Maler, Bildhauer, Kupferstecher und Baukünstler auszubilden, erklärte Gottfried Schadow 1828 selbst.[117] Schon im Jahr 1800 hatte

---

117 Schadow; Tieck, Warnung, nicht ohne inneren Beruf sich den Künsten zu widmen 1828, S. 165.

Hans Christian Genelli eine klare Trennlinie zwischen der Lehre der Kunsttechniken und der Bildung des Künstlers gezogen. Der Architekt leitete seine Denkschrift für den Freiherrn von Heinitz mit einer harschen Akademiekritik ein. Der „unvorherschreibbare Flug der Phantasie" würde in solchen Institutionen gefesselt, die Kunst in die „engen Grenzen armer Theorien" gezwängt, der Geschmack der Nation dadurch vernichtet.[118] Die Akademie habe sich auf die Vermittlung der „Hilfskenntnisse" zu beschränken. Der Unterricht in dem Eigenthümlichen jeder Kunst hingegen dürfe nur „privatim" gelehrt werden. „Der isolierte Lehrer erkennt leichter die Geisteswendung und die Talente seines vertrauten Schülers". Jeder Meister sei daran interessiert, „Schüler recht bald zu produziren; und der geistreiche Schüler lässt sich von der Art seines Lehrers schwerlich ganz unterjochen".[119] Hier lag die theoretische Begründung für ein duales Ausbildungssystem. Die akademischen Künstler sollten in ihren eigenen Ateliers Schüler erziehen, „deren geringste Zahl festgesetzt ist, die sie aber nach eigener Willkühr wählen und ausstossen"[120], die Akademie die technischen Grundlagen vermitteln und Leistungen übernehmen, die einzelne Künstler überfordert hätten. Aufstellung antiker Gipse, Unterhaltung des Aktsaales, Ausstellung, Sammlung und Prämierung von Kunstwerken gehörten zu diesen Aufgaben.

Das Eleven-Reglement machte es jedem Schüler zur Pflicht, „für sein besonderes Kunstfach sich der speciellen Leitung eines ordentlichen Mitgliedes der Akademie anzuvertrauen".[121] Die Unterrichtsateliers waren organisatorisch jedoch nur locker mit der Akademie verbunden. Obwohl sie Teil des Ausbildungssystems waren, erhielten sie keine systematische staatliche Unterstützung.[122] Die dort tätigen Meister waren oft in ihrer Karriere vom König systematisch gefördert worden. Sie konnten auch ohne Lehramt an der Akademie den Professorentitel führen, wie dies z. B. bei Wilhelm Schadow und Wilhelm Wach ab 1820 der Fall war.[123] Wach forderte für den privaten Unterricht in seinem Atelier in manchen Fällen immerhin zwei Friedrichsdor, etwa elf Taler, monatlich. „Was die Resultate sein werden, kann ich so wenig wie irgend Jemand vorherzitieren, bei Talent, Fleiß und Ausdauer kann man viel, − ist dies mit der göttlichen Gabe, dem Genie verbunden, das Außerordentliche erwarten", schrieb der Maler an den Vater eines bei ihm aufgenommenen Schülers.[124]

1835 erläuterte Kultusminister Altenstein in einem Brief an den König die Bedeutung der Unterrichtsateliers, die für die Künstlerausbildung nicht nur sehr zweckmäßig, sondern gewissermaßen notwendig sei, „indem hierdurch der bei der Akademie empfangene Unterricht mit der speciellen Leitung eines Meisters vereinigt zur practischen Anwendung befördert und der vorhandenen Kunstanlage eine sichere Richtung gegeben wird." Er beeilte sich hinzuzufügen, daß

---

118 Genelli, Idee einer Akademie 1800, S. 6.

119 Ebd., S. 20 f.

120 Ebd., S. 23.

121 Reglement von 1838, § 8; in: Akademie der Künste (Hg.), Materialien zur Geschichte 1991, S. 136 f.

122 GStAPK Berlin, Rep. 76 Ve, Sect. 17, Abt. VII Nr. 17, Bl. 93−93 a R. Antrag Wachs an das Kultusministerium, sein seit 1819 geführtes Unterrichtsatelier zu unterstützen. Dabei kam nur eine Belobigung und eine einmalige Unsterstützung von 100 Talern heraus (Bl. 94).

123 Zum Titel vgl. Kapitel VII.2b. Auch Wilhelm Hensel erhielt den Professorentitel, als er 1830 in Berlin ein Unterrichtsatelier einrichtete, die zugleich beantragte finanzielle Unterstützung allerdings blieb aus. GStAK Berlin, Rep. 76 VIII, Sect. L Lit H Nr. 53, Bl. 84 ff.

124 Brief o. D. an Herrn Stobwasser, Berlin, in: Nationalgalerie Berlin, Archiv, Autographen-Sammlung Wach, 301. Hier wird der Preis von 2 Friedrichsdor genannt (1 FD = 5.66 Taler). Manche Schüler, wie z. B. Wilhelm Ahlborn, hatten allerdings nichts zu bezahlen, sondern wurden sogar durch Aufträge unterstützt.

44

mit der beantragten Einrichtung eines neuen Ateliers keineswegs die von der Kunstakademie
geförderte Selektion außer Kraft gesetzt werde: Jeder Vorsteher eines Ateliers würde sicherlich
nur begabte Schüler aufnehmen, um nicht auf der jährlichen akademischen Ausstellung der
Schülerarbeiten durch 'Beweise eines schlechten Erfolges' bloßgestellt zu werden.[125]

Die Unterrichtsateliers prägten die angehenden Künstler in entscheidender Weise. Hier waren
sie dem Einfluß eines etablierten Malers[126] ausgesetzt, der sich im Historienfach durchgesetzt
hatte. Unter seiner Anleitung wurden oft auch die Anfangsgründe der Kunst erlernt. Vor allem
zur Ausbildung in der Malerei waren die Ateliers in Berlin von großer Bedeutung. Hier wurden
Naturstudien gemacht und Kompositionsaufgaben gestellt. Manche Schüler erhielten Gelegenheit, für den Lehrer Aufträge zu erledigen.

Mit seinem Beispiel konnte der Lehrer beim Schüler einen tiefen Eindruck hinterlassen. So
berichtet der Landschaftsmaler Wilhelm Ahlborn über die Aufnahme ins Atelier von Wilhelm
Wach: „Von ihm hatte ich gehört wie von Rafael. Die große Güte dieses Meisters war mein
heimlicher Stolz. [...] Die größte Verehrung für ihn wird bis zu meinem Tode dauern."[127] Eine
solche persönliche Verbindung gestattete es dem Lehrer, seine künstlerischen Grundüberzeugungen fortzupflanzen, z. B. seine Auffassung vom hohen Rang der Historienmalerei, die dem
Schüler später zur Bürde werden konnte, da auf dem Kunstmarkt Landschaften und Genrebilder
weit eher gefragt waren. Wilhelm Ahlborn berichtet vom Vorwurf „gänzlichen Unterdrückens
der Eigentümlichkeit" der Schüler, der Wilhelm Wach gemacht wurde. Er wendet jedoch ein:
„Wer einen guten Funken hat, verliert ihn nicht."[128] Eine enge Bindung an einen Meister war für
einen Schüler mit der Gefahr des Epigonentums verknüpft. Die grundlegenden künstlerischen
Normen überdauerten im 19. Jahrhundert die Generationen nicht mehr. So konnten die Nazarener mit ihrem christlichen Weltbild zwar die akademische Lehre prägen, ihre Schüler aber
wurden zu Verfechtern einer untergehenden Kunstauffassung, wenn sie nicht neue Wege gingen.

b) Künstlerausbildung in Düsseldorf

Die Ideen der Nazarener, ihr christlich-restauratives Gesellschaftsideal und ihre antiakademi-
sche Grundhaltung bestimmten die Diskussion, als Preußen − dreißig Jahre nach der Berliner
Neuordnung − eine zweite ähnliche Reform in Angriff zu nehmen hatte. 1815 fiel mit den
Rheinlanden auch die 1773 gegründete[129] Düsseldorfer Kunstakademie an Preußen, die längst
bedeutungslos geworden war. Die hervorragende kurfürstliche Gemäldesammlung hatte der
bayrische König, Maximilian I. Joseph, 1805 nach München abgezogen, auch der Akademiedirektor Johann Peter Langer war dorthin gefolgt, und nur wenige Lehrer hielten am Rhein den
Betrieb aufrecht. Zu Beginn der Reformüberlegungen waren dort nur noch ein Architekt, ein

---

125 GStAPK Berlin, 2.2.1., Nr. 20374, Bl. 97−99. Abgelehnter Antrag Altensteins vom 9.7.1835 an den
    König, die Einrichtung eines weiteren Unterrichtsateliers durch Karl Begas zu finanzieren.
126 Zu nennen sind hier z. B.: Wilhelm Schadow vor seinem Amtsantritt in Düsseldorf (1826), Wilhelm
    Wach, Wilhelm Hensel, August v. Kloeber.
127 Ahlborn, Erinnerungen 1935, S. 35.
128 Ebd., S. 94.
129 Dieses Datum nach: Heinz Peters, Wilhelm Lambert Krahe und die Gründung der Kunstakademie
    Düsseldorf, in: Trier (Hg.), 200 Jahre Kunstakademie Düsseldorf 1973, 1 ff.

Kupferstecher und ein Inspektor tätig.[130] Im Zuge der Neuordnung der Verwaltung büßte Düsseldorf fast alle seine übergeordneten Behörden ein.[131] Es war auch eine versöhnliche Geste Preußens, dort wenigstens die Kunstakademie zu erhalten, praktisch neu zu gründen.[132]

Die heranwachsende Künstlergeneration hatte allerdings von einer solchen Einrichtung generell keine hohe Meinung. In Briefen aus Rom nannte Peter von Cornelius eine Akademie eine „Hydra, die bekämpft werden muß, ehe ein Anfang, ein neues Fundament zu einer bessern Kunst kann gelegt werden", eine „negative eklektische Kunstrumpelkammer", ein „todtes Räderwerk".[133] Die Nazarener, die die Wiener Akademie verlassen hatten und 1810 nach Rom zogen, um sich auf eigene Faust im Land der Kunst fortzubilden, stellten später dennoch die Direktoren bedeutender Kunstschulen in Deutschland. Im Amt fanden sie sich mit dem System des achtzehnten Jahrhunderts zur Elementarbildung weitgehend ab und führten -nach Pevsners Urteil − „Neuerungen nur dort ein, wo sie persönlich interessiert waren, das heißt in den Schulen für Fortgeschrittene und Graduierte".[134]

Peter von Cornelius hatte im preußischen Legationsrat Niebuhr einen energischen Fürsprecher. In wiederholten Briefen an Kultusminister Altenstein warb er für den Nazarener, der sich − als gebürtiger Düsseldorfer − als Kandidat für den Direktorenposten in seiner Heimatstadt anbot. Der Maler hatte 1819 für die Münchener Glyptothek im Auftrag des bayrischen Kronprinzen Fresken entworfen und drohte dem preußischen Staat ganz verloren zu gehen.[135] Cornelius wollte einerseits den ehrenvollen Münchener Auftrag nicht fahrenlassen, andererseits war die Aussicht auf eine feste Anstellung und das Gefühl, Niebuhr und dem Vaterland verpflichtet zu sein, Grund genug, den Ausgleich mit Preußen zu suchen.[136] Ein etwas unglücklicher Kompromiß wurde gefunden. Cornelius sollte für eine Übergangzeit im Sommer in der bayrischen Hauptstadt malen und im Winter in Düsseldorf sein. Das Münchener Projekt zog sich hin, der preußische Kultusminister forderte 1822 eine Aufgabe der Verpflichtungen in Bayern, da die „Abwesenheit von Düsseldorf das Gelingen der Würksamkeit der dortigen Schule durch diese

---

130 Karl Friedrich Schaeffer, Johann Friedrich Thelott und Lambert Cornelius, Bruder v. Peter v. Cornelius.

131 Weidenhaupt, Düsseldorf 1806−1856, 1988, S. 349 f.

132 Die Geschichte der Düsseldorfer Malerschule ist in jüngster Zeit in mehreren Darstellungen umfassend aufgearbeitet worden: AK Düsseldorfer Malerschule 1979; Eduard Trier; Willy Weyres (Hg.), Kunst des 19. Jahrhunderts im Rheinland, Düsseldorf 1979; wenig innovativ: Deshmukh, Düsseldorf Academy 1983; mit guter Kenntnis der Quellen: Mai, Düsseldorfer Kunstakademie 1984; zu den politischen Implikationen auf Grundlage vielfältiger früherer Forschungen aus sozialistischer Sicht: Hütt, Düsseldorfer Malerschule 1984 (in vielen Passagen identisch mit der Erstauflage 1964); darauf kritisch bezugnehmend: Großmann, Düsseldorfer Malerschule 1985; knapp zusammenfassend: Börsch-Supan, Deutsche Malerei 1988, S. 87−97. Als Quellenwerke wichtig sind weiterhin die zahlreichen Darstellungen aus dem 19. Jahrhundert (vgl. Literaturverz.)

133 Förster, Peter v. Cornelius I 1874, S. 149 und 142; Alfred Kuhn, Peter v. Cornelius und die geistigen Strömungen seiner Zeit, Berlin 1921, S. 269.

134 Pevsner, Geschichte Kunstakademien 1940, S. 223.

135 Schreiben Niebuhrs aus Tivoli vom 8.10.1819 an Altenstein, in: SBPK, Autographen, B.G. Niebuhr, Bl. 11 f. Niebuhr empfiehlt die Ausführung der Entwürfe im Berliner Schloß.

136 Cornelius an Altenstein, 29.10.1819 aus München, SBPK, Autographen 2 n 1819 (1) Cornelius. Hier spricht der Maler von zwei Sommern, die er von Düsseldorf abwesend sein müsse.

Unterbrechung zweifelhaft mache."[137] Als Cornelius 1824, nach dem Tod Langers, auch noch die Stelle des Akademiedirektors in München angeboten wurde, hatte dieses sich hinschleppende Interregnum ein Ende. Die Düsseldorfer Anstalt war wieder ohne Direktor.

In einer Denkschrift[138] entwickelte Cornelius 1821 seine pädagogische Konzeption. Er wollte die Anstalt „bewahren vor jenem schulplanmäßigen Erdrücken und Verschüchtern des Geistes, dem Verschränken und Verbilden des Gefühls durch falschen Regelzwang und durch Zurückdrängen des Eigenthümlichen in eine aufgestellte Norm." Dem Talente genüge ein Wink, dem Nichttalent keine noch so sorgsam ausgedachten Lehrmethoden. Obwohl Cornelius' Amtszeit keine tiefgreifenden Spuren hinterlassen hat, sollte man nicht übersehen, daß sich schon unter seiner Leitung die systematische Dreigliederung in eine Elementarklasse, eine Vorbereitungsklasse und eine „eigentliche Kunstschule" findet, die später unter Wilhelm Schadow mit Erfolg beibehalten wurde. Besonderen Wert legte Cornelius auf die eigene Erfindung der Schüler. „Erregung und Bildung des Produktionsvermögens" war das erste Ziel. In der „obern Klasse der ausgebildeteren Schüler helfen diese dem Meister, und nehmen dafür wieder den Meister in Anspruch, wo sie ihn bedürfen, um eigene Werke auszuführen."

Aus Italien hatte Cornelius die Begeisterung für die Freskomalerei mitgebracht. Durch den Schmuck der Gebäude sollte die Kunst dem Publikum geöffnet, das religiöse Leben erneuert und auch der kunstlose Norden, nach Jahrhunderten des Verfalls, zu einer zweiten Renaissance und nationalen Blüte geführt werden.[139] Cornelius warb für Aufträge in den Rheinlanden: Schüler malten die Aula der Universität Bonn aus, Entwürfe für den Schwurgerichtssaal des Koblenzer Landgerichts und das Schloß des Freiherrn vom Stein in Cappenberg entstanden. Im Schloß Heltorf bei Düsseldorf wurde ein Freskenzyklus zur Verherrlichung des Kaisergeschlechtes der Hohenstaufen in Angriff genommen. Doch viele dieser Aktivitäten brachen mit dem Fortgang des Direktors aus Düsseldorf ab.[140]

Auch der Kultusminister erwartete von der Wiederbelebung der Freskomalerei „sehr viel für das Wiedererwachen der Kunst überhaupt",[141] doch in den Verhandlungen über die Neubesetzung des Direktorenpostens bemerkte Friedrich Wilhelm III.: „Die Fresco-Malerei muß [...] auf der Kunstschule in Düsseldorf nur Nebensache bleiben." Im Inland biete sich für diese teure Technik nur beschränkte Anwendungsmöglichkeit, „auf eine Schule für das Ausland kann aber kein besonderer Werth gelegt werden."[142]

Mit Wilhelm Schadow fand man den geeigneten Nachfolger für die Direktorenstelle. Seine pädagogische Begabung hatte der Maler im Berliner Unterrichtsatelier bereits bewiesen. Er hatte in Italien in Fresko gearbeitet, malte aber überwiegend in Öl, er war durch zahlreiche Portraits bei Hof bekannt, hatte sich auch im Historienfach bewährt und garantierte als Sohn des Berliner Akademiedirektors gute Kontakte zur Hauptstadt.

---

137 Cornelius am 10.9.1822, in: SBPK, Autographen 2 n 1819 (1) Cornelius. Weitere Briefe des Malers im Heine-Institut Düsseldorf, 4.9.1824 zum Ruf nach München.

138 Denkschrift vom 6.6.1821 [mitverfaßt von Ignaz Mosler], in: Most, Geschichte Düsseldorf II 1921, S. 497–500. Dort, S. 210ff., auch eine gründliche Darstellung der Umstände der Reform; vgl. Tucholski, Schadow, Diss. 1984, S. 265–69.

139 Frank Büttner, Peter v. Cornelius in Düsseldorf, in: AK Düsseldorfer Malerschule 1979, S. 48–55.

140 Zu Ende geführt wurden die Fresken in Heltorf, dazu: Dieter Graf, in: AK Düsseldorfer Malerschule 1979, S. 112–121. Die mit Hermann begonnene Ausmalung der Bonner Aula beendete Goetzenberger 1834, die Entwürfe für Koblenz und Cappenberg blieben unausgeführt.

141 Altenstein an den König, 24.11.1824, in: GStAPK Berlin, 2.2.1. Nr. 20405, Bl. 4f. Schnorr von Carolsfeld wurde als Nachfolger vorgeschlagen.

142 Randnotiz auf dem zitierten Schreiben Altensteins.

Schadow selbst schildert in seinen Erinnerungen die Verhältnisse, die er bei seiner Ankunft Ende 1826 in Düsseldorf vorfand, als äußerst trostlos; vielleicht auch, um die Schwierigkeiten seiner Aufgaben gehörig herauszustellen: „Hätte mir nicht damals der Jugendmut die Brust geschwellt, ich würde die Fahne haben sinken lassen. Im Innern war das Schloß [Akademiegebäude, J.G.] noch verkommener als im Aeußern. Die Räume sahen düster und vernachlässigt aus. Teils standen sie leer, teils waren sie von talentlosen Schülern besetzt; die begabten hatten Cornelius nach München begleitet, nur Schirmer, welcher der Akademie zu großer Ehre gereichen sollte, und Stilke waren zurückgeblieben. [...] Außer einigen schlechten Malern fand ich noch schlechtere Malerinnen in der Akademie vor, die ich von nun an vom Unterricht ausschloß. [...] Lehrmittel waren fast gar keine vorhanden und die wenigen in größter Unordnung. Alles aber hätte sich verschmerzen lassen, wären nur passende Lehrer dagewesen! Als ich mich der vorgefundenen nach viel Not und Verdruß entledigt hatte, war es mir, als sei der Hemmschuh vom Wagen genommen. Ich mußte alles neu einrichten, sowohl künstlerisch als in der Verwaltung."[143]

Schadows Erfolge als Lehrer waren außerordentlich. Die Düsseldorfer Akademie wurde die wichtigste Malerschule in Preußen, konnte mit München und Antwerpen konkurrieren und zog auch zahlreiche Schüler aus dem Ausland an.[144] Eine ausgeprägte pädagogische Begabung mischte sich bei dem Maler mit berechtigten Zweifeln an seiner künstlerischen Potenz. Seine größten Leistungen lagen im Portraitfach, das in seiner Wertskala allerdings weit unter der Historienmalerei rangierte, die ihm, ganz im Einklang mit seiner künstlerischen Konzeption, zur gedankenschweren Ideenmalerei mißriet. Louise Seidler beschrieb Schadow als „rastlos fleißig, aber unter unaufhörlichem Seufzen und Stöhnen." Er martere sich beim Schaffen wahrhaft ab.[145] „Es ist als ob die Idee des mangelnden natürlichen Genies, dieses Schatzes, zu dem uns der Schlüssel fehlt, uns gleich einem Gespenste zu Tode hetzen möchte!" So schätzte sich Schadow 1830 selbst ein.[146] Dieser Mangel, den auch die Zeitgenossen zunehmend registrierten[147], zwang den Maler zum methodischen, reflektierten Arbeiten. Sein Interesse an der Theorie wurde durch das akademische Lehramt noch verstärkt.

1845 faßte Schadow seine über lange Zeit gewachsenen Überzeugungen in einigen Grundprinzipien zusammen, die seine Lehrweise charakterisieren:[148] „1. Eine poetische Idee oder (insofern es sich von bloßer Nachahmung handelt) wenigstens eine poetische Auffassung muß einem jeden Kunstwerk zu Grunde liegen". Für den Maler war ein Kunstwerk eine gemalter Gedanke, nach dessen Höhe ein Gemälde zu bewerten war. Der höchste Gegenstand der Malerei war die Religion: „die Poesie, ihrer Natur nach, angeweht vom Hauche der Gottheit, verfällt ohne [das Christentum] in das dämonische Gebiet und dient zur Aufreizung zügelloser Begierden und Leidenschaften".[149] Um eine Idee zu verwirklichen, sie anschaulich zu machen, waren Naturstu-

---

143 Schadow, Jugend-Erinnerungen 1891, Nr. 755.

144 Vor allem aus skandinavischen Ländern, Holland, Polen und den USA. 1827 studierten 21, 1836 43 Ausländer an der Akademie, um 1850 war der Höhepunkt erreicht (Hütt, Düsseldorfer Malerschule 1984, S. 133).

145 Seidler, Erinnerungen 1922, S. 137 über Schadow im römischen Atelier.

146 Brief an Julius Hübner, 1.4.1830, Heine-Institut Düsseldorf.

147 Karl Immermann, Werke IV 1973 (Düsseldorfer Anfänge) S. 641 f.: „Kläglich dreht sich das Urteil über die Werke des Mannes [...], krümmt sich und windet sich, um das öffentliche Geheimnis nicht laut werden zu lassen: daß Schadow kein Genie sei."

148 Schadow, Düsseldorfer Malerschule 1845, S. 57f.

149 Schadow, Einfluß Christentum 1842, S. 5; zur Ideenmalerei auch: Vasari 1854, S. 39 und 80−87.

dien und technische Kenntnisse notwendig. Deshalb achtete Schadow in der Kunstlehre auf eine ausgewogene Mischung von ideellem Anspruch, ohne den die Natur seiner Ansicht nach trivial blieb, und Modellstudium, ohne das auch der höchste Gedanke zur Peinlichkeit zu mißraten drohte: „Wir haben leider Bilder entstehen sehen, die, unter Thränen der Rührung gemalt, dennoch uns den seltsamen Anblick schiefer Gesichter mit unnatürlich verdrehten Augen zeigten."[150] Das Studium der Antike, das der traditionelle akademische Lehrplan so hoch bewertete, sollte nicht einseitig betrieben werden.

Zugleich erkannte der Maler aber auch, daß die Malerei höchster Sujets nicht jedem Kunstschüler lag; ganz abgesehen davon, daß der Kunstmarkt Schadows Wertungen nicht folgte. Das zweite Prinzip lautete daher: „Eine wahrhaft glückliche Conception, wie Emanation eines Gegenstandes ist nur dann möglich, wenn der Künstler ein lebendiges Organ für diesen speziellen Gegenstand in sich trägt. [...] die Empfindung des Beschauers [...] ist nichts, als der Reflex der begeisterten Empfindung des Künstlers." Dieser Leitsatz entsprach Schadows Praxis, die Schüler auf das ihnen gemäße Gebiet hinzulenken. Ein „lebendiger Bauer" sei mehr wert als ein „todtgeborener Held", formulierte er in den Erläuterungen seines dritten Grundsatzes: „Leben in der Auffassung und Darstellung ist der erste und unerläßlichste Beding eines Kunstwerkes."

Er hatte einen scharfen Blick für die spezifische Begabung und war nicht so engstirnig, jeden in das Historienfach zu drängen. Johann Wilhelm Schirmer berichtet über eigene fruchtlose Versuche, einen Evangelisten Matthäus zu malen: „Ich sehe, daß ich kein Talent habe, ich muß mich totschießen!" „Da wärst Du ein rechter Affe", habe Schadow geantwortet, sich Schirmers Landschaftsstudien zeigen lassen und auch gleich den Wunsch geäußert, eines der Blätter gemalt zu sehen, „ich sollte es nur frisch versuchen."[151] Diese Liberalität lag im Streit mit einem zunehmenden Dogmatismus in den Grundauffassungen. 1841 verstieg sich Schadow zu einer Aussage, die verdächtig nach Kunstlenkung roch: nur diejenigen dürften nach der Prüfungszeit die Akademie weiter frequentieren, welche in der Historienmalerei, den höheren Fächern, arbeiteten, „oder in den niederen sehr exillirten". „Als ihm nun bescheiden das unzuläßliche, anstößliche dieses Satzes eingeworfen wurde, überkam ihn ein großer Eifer, u[nd] in der Hitze sagte ers grad heraus, daß er einmal das Publikum auf den wirklich bestehenden, großen Unterschied zwischen der höchsten, u[nd] der Profanen Malerei recht habe hin weisen wollen!"[152]

In den ersten fünf Jahren von Schadows Direktorat bildeten sich die Grundstrukturen des Ausbildungsganges heraus, die auch später verbindlich blieben. Die Anstalt sollte „die Vortheile der Werkstätten der Meister des 14ten und 15ten Jahrhunderts mit denjenigen Vortheilen vereinigen, welche die ersten öffentlichen Akademien beabsichtigten".[153] Ab dem zwölften Lebensjahr war parallel zur weiteren Schulbildung die Aufnahme in die Elementarklasse möglich, in der nach der herkömmlichen Didaktik durch Kopieren von Vorlageblättern, Gips- und Naturstudien die zeichnerischen Grundlagen vermittelt wurden. Nach spätestens zwei Jahren folgte bei entsprechender Begabung der Aufstieg in die Vorbereitungsklasse. Hier ging das Gipszeichnen weiter, doch kamen Studien nach dem lebenden Modell hinzu. Das Malen wurde durch Kopie-

---

150 Schadow, Ausbildung des Malers 1828.
151 Schirmer, Lebenserinnerungen 1863/ 1956, S. 57 f.
152 Schroedter, Briefe S. 42 f. (30.7.1841).
153 Schadow, Über die zweckmäßige Organisation hiesiger Akademie und Bericht über den jetzigen Zustand derselben vom 2.9.1831, in: HStA Düsseldorf, Reg. Düsseldorf, Präs. 9, 1526, Bl. 122 ff.; Schadow über den Zustand 1827, ebd. Bl. 205 ff.; Transkriptionen in: Tucholski, Wilhelm Schadow, Diss. 1984, S. 323–338.

ren, dann durch Studien „nach der Natur von Köpfen in Lebensgröße, von einzelnen Körpertheilen und von ganzen Figuren im kleineren Maßstabe" geübt.[154] Die üblichen akademischen Kenntnisse, z. B. in der Anatomie oder Kunstgeschichte, waren ebenfalls Teil des Lehrplans[155] in der Vorbereitungsklasse, in der die Schüler maximal vier Jahre bleiben durften.

In der Klasse der „ausübenden Eleven" folgte die Anwendung der erworbenen Kunstmittel auf eigene Erfindungen. Ein Schüler „erhält gleichsam dadurch seine eigene Werkstatt und tritt in den Kreis der schaffenden Künstler", formulierte Schadow.[156] „Die Aufgabe des Lehrers ist hier [...], mit Achtung der jedem Zögling verliehenen Eigenthümlichkeit, rathend, warnend und leitend diesen zum klaren Bewußtsein seiner Anlagen und Kräfte zu bringen, [...] Er wird ihn nach Umständen an seinen eigenen Arbeiten Theil nehmen lassen, ihm die Ausführung von Aufträgen, die an die Akademie gelangen, zuweisen und ihn auf jede Weise Gelegenheit geben, sich so weit zu fördern, daß er bei seinem Austritte [...] selbständig arbeiten und seinen Weg ohne Wegweiser finden könne."[157]

Das war freilich eine etwas idealistische Beschreibung der Praxis. Andreas Achenbach berichtet in seinen Erinnerungen von seiner ersten Zeit in der Malklasse. Mit zwei Malerfreunden hatte der Landschaftsmaler ein Atelier in der Akademie erhalten. „Schirmer [der Lehrer für Landschaftsmalerei, J.G.] kam sehr selten, Dr. Schadow noch seltener. Dann wurde, wenn nichts sichtbar, nur geschimpft und mit Wegschicken gedroht. [...] Da keiner von uns den Trieb zur Ordnung hatte, wir tun konnten, was wir wollten, kamen wir in ein grenzenlos faules Leben hinein. [...] Öfter gingen bei [...] Gelagen Staffeleien, Stühle und Holzböcke nach dem Takt des Gesanges zum Fenster hinaus."[158] Diese Zeit hielt allerdings nicht lange an. Achenbach, dem in dem verwahrlosten Akademieatelier nichts einfiel, malte vom Fenster des elterlichen Haus sein erstes größeres Bild nach der Natur: einen Blick auf die Akademie (Abb. 10). In der Malklasse war der Aufenthalt auf maximal fünf Jahren begrenzt. Danach war es jedoch möglich, im Akademiegebäude in der Meister-Klasse ein preiswertes Atelier zu behalten. Die hervorragenden Schüler wurden dadurch an die Akademie gebunden.

Es gelang Wilhelm Schadow, mit vergleichsweise wenig Lehrern einen umfassenden Lehrbetrieb zu organisieren. Als er in Düsseldorf eintraf, fand er an der Schule nur wenige ihm genehme Künstler vor. Die Lehrer in der Elementarklasse, Karl Mosler (1788−1860) und Joseph Wintergerst (1783−1867) waren durch ihre Romaufenthalte und ihre Nähe zu den Nazarenern mit seinen künstlerischen Anliegen vertraut. Der ebenfalls von Cornelius berufene Heinrich Christoph Kolbe (1771−1836), der seine entscheidende Prägung in Frankreich erfahren hatte, war von Schadow dagegen „nicht unbedingt zu loben".[159] Die Differenzen steigerten sich bis zum offenen Zerwürfnis, das mit der Suspendierung Kolbes 1832 ein Ende fand.[160] Nach und nach rückten Schadows eigene Schüler, die ihm aus Berlin an den Rhein gefolgt waren, in Lehrstellen ein und trugen so viel zur Geschlossenheit der Malerschule bei. Carl Ferdinand Sohn

---

154 Wiegmann, Kunst-Akademie Düsseldorf 1851, Abschnitt: Zweck, Einrichtung und Lehrplan der Akademie, S. 30 ff. [Buchausgabe 1856, S. 30−62]

155 Hierzu wie zu den Grundstrukturen des Ausbildungsgangs: Kunstakademie Düsseldorf, Schüler-Ordnung 1845.

156 Schadows Bericht von 1831, (Anm. 153).

157 Wiegmann 1851 (Anm. 154).

158 Achenbach, Jugenderinnerungen 1933, S. 6.

159 Schadow in seinem Bericht vom 18.1.1827, (Anm. 154).

160 Quellen hierzu bei: Hütt, Einfluß des preußischen Staates 1955, S. 60−64.

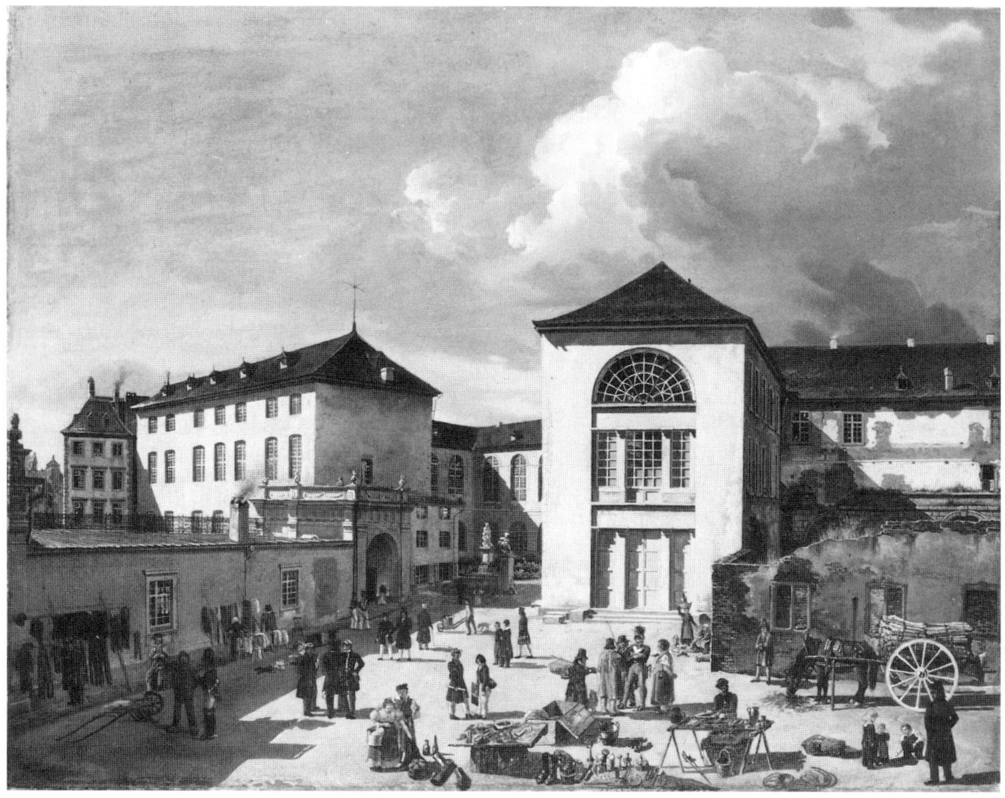

Abb. 10 Andreas Achenbach, Die alte Akademie in Düsseldorf. Öl auf Leinwand, 1831.

(1805–1867), zunächst Kolbes Stellvertreter, und Ferdinand Theodor Hildebrandt (1804–1874) unterrichteten in der Malklasse zunächst als Hilfslehrer, dann als ordentliche Professoren. Johann Wilhelm Schirmer (1807–1863) betreute ab 1830 die Landschaftsmaler und erhielt 1839 eine Professur. Ab 1844 übernahm der Schadow-Schüler Heinrich Mücke (1806–1891) Anatomie und Proportionslehre. Ein Kupferstecher und ein Architekt kamen hinzu.[161]

Mit dieser geringen Anzahl von Lehrern und einem sehr niedrigen Etat gelang es Schadow, eine der leistungsfähigsten Kunstschulen Europas zu betreiben[162] [Tab. III zu den Schülerzahlen].[163]

Dies war auch deshalb möglich, weil die am Ort bleibenden Schüler auch ohne Lehramt als

---

161 Prof. Keller als Nachfolger von Thelott, als Architekt ab 1839 Rudolf Wiegmann (1804–1865).

162 Die Etats im Vergleich: Düsseldorf zwischen 1823 und 1850 weitgehend gleichbleibend: 8450–9200 Taler (GStAPK Berlin, Rep. 76 Ve, Sekt. 18, Abt. II, Nr. 1, Bd. I–II); Berlin dagegen 1821–1851 mit erheblichen Steigerungen: 17.860 – 35.702 Taler (GStAPK Berlin, Rep. 76 Ve, Sekt. 17, Abt. II, Nr. 2, Bd. I–III), München um 1820 bereits: 33.000 Taler (GStAPK Berlin, Rep. 92, Altenstein, A VIb, Nr. 7, Bl. 27)

163 Statistische Grundlage: LHA Koblenz, Best. 403, Nr. 14051, Bl. 28f.(1830–40); HStA Düsseldorf, Regierung Düsseldorf, Präs. 1558f. Eigene Gesamtsummierung. Mehrfachnennungen eines Schülers in mehreren Klassen nicht auszuschließen.

Tabelle III: Schüler der Kunstakademie Düsseldorf 1831–50

	Meister-klasse	1. Mal-klasse	Land-schaft	2. Mal-klasse	Antiken-klasse	Kupfer-stich	Archi-tekten	Elemen-tarklasse	Gesamt
1831	–	30	–	39	–	2	12	50	133
1832	–	25	1	28	25	2	8	47	151
1833	–	36	2	29	34	2	10	53	186
1834	–	38	2	30	37	2	15	44	193
1835	–	40	3	33	37	2	13	75	232
1836	4	42	3	31	54	2	13	68	246
1837	28	33	2	32	45	8	13	58	237
1838	29	32	21	30	41	5	8	74	240
1839	26	33	18	25	46	6	13	56	223
1840	28	20	14	24	29	9	15	74	213
1841	26	19	9	21	39	10	21	56	201
1842	28	19	10	18	29	7	29	68	208
1843	26	17	12	19	23	4	14	74	189
1844	15	13	16	17	33	5	27	68	194
1845	15	17	15	17	30	5	28	54	181
1846	12	14	18	15	31	6	22	60	178
1847	14	12	19	18	28	7	26	57	181
1848	14	7	17	13	25	7	19	72	174
1849	10	6	17	16	20	8	18	59	154
1850	14	9	20	18	26	9	17	56	169

künstlerische Anreger der Schule erhalten blieben. Ohne je an der Akademie beschäftigt gewesen zu sein, entwickelte sich der Historien- und Landschaftsmaler Karl Friedrich Lessing (1808–1880) zum zweiten Haupt der Akademie, bei dem sich viele Schüler Rat holten. Anselm Feuerbach, der 1845 nach Düsseldorf kam, berichtet über Korrekturen bei beiden akademischen Künstlern. Für eine Skizze von Seeräubern erntete der bei Schadow 1846 wenig Lob: „Das erste war, daß er sagte, solche Ideen wären gut, um in einem Zyklus dazustehen, an und für sich fände er nichts Großes daran, es wäre Talent, aber keine Vernunft darin, das Edle und Große könne er mir nicht geben, das würde hervorgebracht durch den Heiligen Geist und durch noch etwas, was ich aber vergessen habe, und so fort; dann kam die falsche Meisterschaft. „Ja", sagte er: „Aber das ist jetzt modern, das ist jetzt die neue Mode, die jetzt unter den jungen Helden steckt, und für die ich keinen Pfennig gebe. Ja, wenn es nur ganz richtig gezeichnet wäre, was ich übrigens gar nicht verlange, und nur anspruchslose Art und Weise, sich auszudrücken". In diesen Worten scheint die ganze Wertewelt Schadows auf. Er beginnt seine Kritik mit der Würdigung der Idee, die ihm zu profan ist, und schreitet fort zur Technik, die bei dem 17jährigen Schüler sicherlich noch nicht sehr ausgereift gewesen sein wird. Wenn man schon stümpert, dann doch wenigstens mit Demut vor den heiligen Werten der Kunst und in Hoffnung auf Besserung. Der beleidigte Feuerbach ging am nächsten Abend mit derselben Zeichnung zu Lessing: „ha, welch ein Unterschied! Lessing ist der echte Künstler, was nutzen mir diese Lamentationen, ich komponiere, wie ich will, ohne mich an den sanctus spiritus zu kehren".[164]

Aus diesen Klagen sind ebenso deutlich die Versuche einer starren Normenvermittlung herauszulesen wie ihre Grenzen. Schadow fühlte eine pädagogische Mission in sich. Er wollte das Interesse für die höheren Gegenstände in den Schülern wecken und ihnen genügend Handwerk vermitteln, um sie zur Umsetzung zu befähigen. Doch nicht nur seine Autorität als Künstler, sondern auch als Lehrer ist in den vierziger Jahren zunehmend gesunken. Johann Wilhelm Schirmers Erinnerungen an die Zeit direkt nach der Ankunft Schadows in Düsseldorf sind noch ganz vom Geist der Verehrung durchtränkt: Er „war der väterliche Meister, wir seine Jünger und Brüder untereinander. Sein Religionswechsel bestimmte damals ebensowenig einen Einfluß auf seine Neigungen für oder wider Andersdenkende, als daß sein Interesse an Genre oder Landschaftsmalerei sich minder teilnehmend erwies bei denjenigen Talenten, die sich solchen Fächern gewidmet."[165]

Das nazarenische Sozialmodell einer Lebens- und Arbeitsgemeinschaft wirkte in Düsseldorf nach.[166] Die Künstler besuchten einander in den Ateliers, halfen sich gegenseitig bei den Bildern und verbrachten die Freizeit zusammen. Die Stadt mit etwa 30.000 Einwohnern um 1830 war überschaubar, wenn nicht gar provinziell. Im Rückblick sprach Müller von Königswinter von der „eigenthümlichen Einseitigkeit" und „inneren Abgeschlossenheit" der Schule, in der „die Ideen gewissermaßen ansteckend wirkten."[167] Wie in einem Treibhaus wuchsen in dieser Atmosphäre Produkte, die mit der größten Begeisterung aufgenommen wurden.[168] In einem Reisebericht erinnerte Franz Kugler 1845 an den „begeisterten Enthusiasmus [...], mit welchem das deutsche Publikum eine Reihe von Jahren hindurch die stets schöneren Leistungen der Schule aufnahm!" In der Gegenwart aber sei „eine sehr zweideutige Kühle" zu spüren, „Mißachtung und oft ein gar bitterer Tadel" zu hören, und das, wo doch die 'vorzüglichsten Talente im schönsten Ringen vorwärts begriffen seien'. Die Konzentration auf die biblische und profane Geschichte, auf die romantische Literatur passe nicht mehr in eine Zeit, die „Mark und sieghafte Fülle" verlange: „Die Glanzperiode der Düsseldorfer Schule war für Deutschland die Zeit geistiger Ruhe und Stille."[169]

---

164 Feuerbach, Briefe an die Mutter 1939, S. 60f. (15.11.1846). In seinem 1876 verfaßten Erinnerungen (Feuerbach, Vermächtnis 1989, S. 262−68) fällt das Urteil über die Schadow-Schule vernichtend aus. Hier heißt es: „An Direktor v. Schadow empfohlen wurde ich, als Schüler & Famulus in seinem eigenen Atelier internirt. Ein lebensmüder, kranker, barscher Mann mit feinem scharf geschnittenen Profile, stets seitwärts, gesenktem Kopfe, konnte Schadow bei guter & weicher Laune von hinreißender Liebenswürdigkeit sein. Seinem aristokratischen Wesen, wird er auch die Direktur zu danken gehabt haben, als Maler, war er eine Null."(S. 263)

165 Schirmer, Lebens-Erinnerungen 1863/1956, S. 56 über die Zeit vor 1831. 1814 konvertierte Schadow zum Katholizismus.

166 Betthausen, Künstlergemeinschaften 1986.

167 Müller von Königswinter, Düsseldorfer Künstler 1854, S. 3f.

168 Dazu generell: Radziewsky, Kunstkritik im Vormärz 1983. Zu einzelnen Bildern der Schule vgl. Kap. IX.

169 Kugler, Gegenwärtige Lage der Düsseldorfer Schule 1845, S. 500f.

Selbst Wilhelm Schadow sah Bezüge zu den allgemeinen Zeitströmungen: „Die inneren Zerwürfnisse dieser Schule, welche mehr, als man auf den ersten Blick glauben sollte, mit den religiösen und politischen der Zeit überhaupt zusammenhängen, erschütterten sie momentan, und raubten ihr manches bedeutende Talent."[170]

Konfliktstoffe gabe es genug:[171] Karl Immermann, der im Düsseldorfer Geistesleben als Leiter des Theaters und Dichter eine hervorragende Rolle einnahm, und mit der dem Juristen eignen intellektuellen Schärfe urteilte, formulierte: „Die Schule hatte einen Grundfehler, sie besaß schon von den ersten Anfängen eine Vorstellung von sich, von ihrer Mission, von der sogenannten Würde der Kunst."[172] Mangel und Vorzüge lagen in dieser Orientierung: die Kunstschüler erlernten nicht nur das Handwerk, sie waren auch mit Normen konfrontiert, die zur Stellungnahme zwangen und sie dazu anregten, einen eigenen Standpunkt einzunehmen, wenn sie Schadows zunehmend anachronistische Hochschätzung des weltanschaulichen Auftrags des Künstlers nicht teilen wollten. Zu Beginn war der Akademiedirektor in einer unbestrittenen Vorrangstellung, in der er Toleranz zeigte, ohne seine Grundüberzeugungen zu verleugnen. Von seiner Italienreise 1830/31 kehrte er, wie Immermann spöttisch bemerkte, mit „übermaltem Geiste" zurück, entschlossen, seine künstlerischen Normen forcierter durchzusetzen.

Da der engere Kreis um Schadow aus seinen Berliner Schülern bestand, wurde der Vorwurf einer Bevorzugung der „Ostländer" laut. Anton Fahne veröffentlichte eine polemische Schrift, in der er die systematische Benachteiligung der Rheinländer nachzuweisen suchte, bei der Vergabe der begehrten Studienplätze, bei der Ausbildung und der Ankaufspolitik des Kunstvereins.[173] Auch unter den Schülern machte sich Unzufriedenheit breit. Eine Gruppe von Eleven, darunter Andreas Achenbach, Johann Peter Hasenclever und Johann Wilhelm Preyer versuchten ihr Glück in den dreißiger Jahren in München, kehrten allerdings bald an den Rhein zurück; Alfred Rethel wanderte 1836 nach Frankfurt ans Städelsche Kunstinstitut. Fahnes Behauptung, alle rheinischen Schüler hätten beschlossen, die Akademie zu verlassen[174], war aber eine Übertreibung.

Die oppositionelle Haltung der nachwachsenden Generation spiegelt sich in der 1836 entstandenen „Atelierszene" (Abb. 11)[175], einem Gemeinschaftswerk von sechs Akademieschülern. Johann Peter Hasenclever (Bildmitte) stellt sich darauf mit seinen Freunden in bewußten Gegensatz zur akademischen Schulmeinung. Der Gipsguß des borghesische Fechter, eines der obligatorischen Studienobjekte und Sinnbild der traditionellen Werte, ist beiseite gestellt worden und schaut wie empört auf die satirische Genreszene, die die jungen Eleven vor seinen Augen als lebendes Bild erstehen lassen. Der Malstock wird zum Speer, mit Weinflasche und volkstümlicher Verkleidung verweist die Gruppe auf die in Düsseldorf verbreiteten Ritter- und Räuberszenen des literarischen Genres. Die Requisiten der akademischen Tradition werden profaniert:

---

170 Schadow, Düsseldorfer Malerschule 1845, S. 60.

171 Zusammenfassung bei Tucholski, Schadow, Diss. 1984, S. 262−89. Die dort vertretene Wertung, Schadow sei sehr stark durch ministerielle Vorgaben eingeschränkt worden, teile ich nicht.

172 Karl Immermann, Werke IV 1973, S. 647 (Düsseldorfer Anfänge).

173 Fahne, Düsseldorfer Maler-Schule 1837 und zur weiteren Stützung seiner Argumente in dem folgenden Streit: Meine Schrift 1837.

174 Fahne, Düsseldorfer Malerschule 1837, S. 48.

175 Literatur: AK Düsseldorfer Malerschule 1979, Nr. 91; Soiné, Hasenclever, Diss. 1987, S. 69−82 betont den oppositionellen Gehalt des Bildes. So wird der Ankauf durch den Kunstverein für die Rheinlande und Westphalen 1836 nicht als offizielle Anerkennung gewertet, sondern die Deutung nahegelegt, daß dadurch die Opposition beschwichtigt und größere Publizität vermieden werden sollte (S. 80).

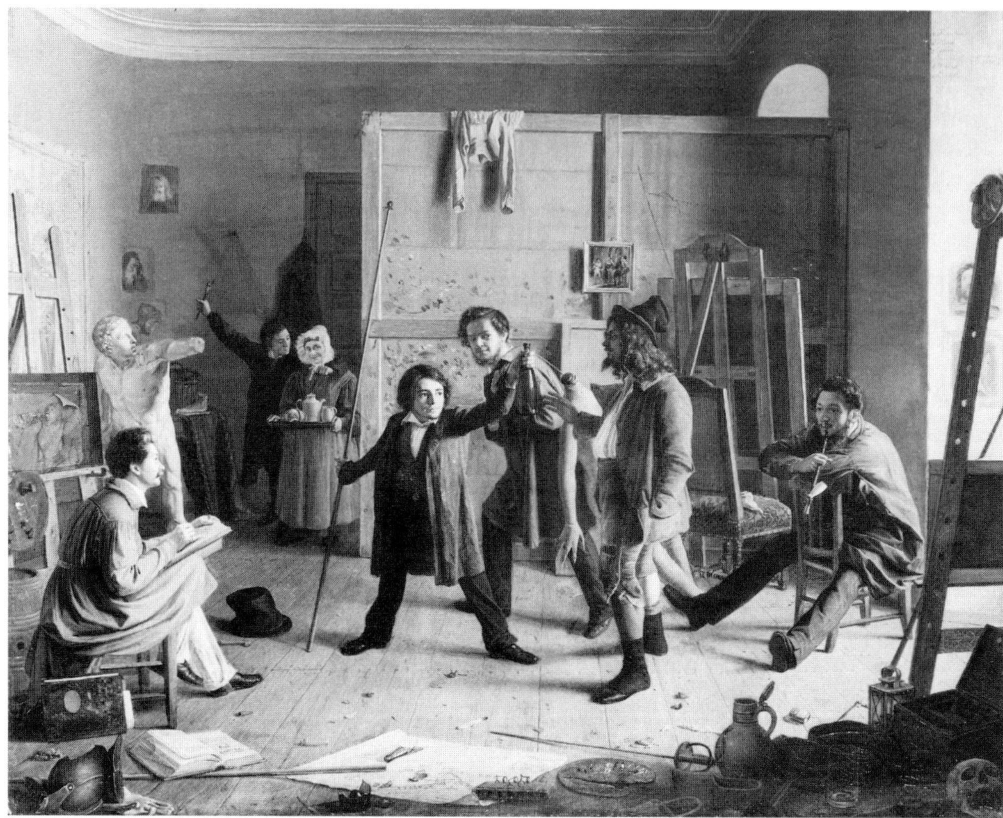

Abb. 11 Atelierszene, Gemeinschaftsbild von Johann Peter Hasenclever und Kommilitonen. Öl auf Leinwand, 1836.

Hasenclever schleift eine kopflose Gliederpuppe durch den Raum, Symbol eines leblosen Studiums. Stattdessen lernt man direkt vom Leben. Der Boden ist übersät mit allerlei Gerümpel, darunter ein aufgeschlagenes Buch mit der Aufschrift „Sibiria altera pars", die darauf hindeutet, wie sich die Maler selbst sehen, als Verbannte aus dem Tempel der Kunst. Es sollte sich zeigen, daß dieser Generation der Genremaler weit eher die Zukunft gehörte als Schadows engeren Schülern im Fach der religiösen Historie. Der Akademiedirektor selbst registrierte die Widersprüche. 1841 schrieb er in einem Brief an Julius Hübner nach Dresden: „Die Genremalerei [...] nimmt immer mehr ueberhand u[nd] hatt eigentlich die Vollkommensten zu Representanten [...] ich zweifle daran, ob man so geistvolle Maler in der Art anderwo findet."[176] Die Gattungshierarchie, von der noch ausführlicher die Rede sein wird, begann sich zu zersetzen.

Politische Gegensätze verschärften zusätzlich die Spannungen. Schadows Harmonieideal, das sich auch in der gefühlsbetonten, doch stark reflektierten, weichen und konfliktarmen Malerei seiner Schule in den dreißiger Jahren abbildete, geriet unter Druck. Als sich Karl Friedrich Lessing Themen aus den Konfessionskriegen der Hussiten zuwandte, kam es zum Bruch.[177]

---

176 4.6.1841, Heine-Institut Düsseldorf.
177 Vgl. Kap. VIII.

Schadow, der sich in einer Denkschrift selbst für die Beilegung des Mischehenstreites des preußischen Staates mit der katholischen Kirche engagierte,[178] schien das Thema Lessings „aus dem Parteihaß hervorgegangen".[179]

Die Zeit folgte Schadows Idealen nicht. Die Kirchenmaler seiner Schule konnten zwar mit der 1843–1852 ausgeführten Ausmalung von St. Apollinaris in Remagen einen letzten Triumph feiern, doch war ihre Isolierung schon in dieser Zeit unübersehbar.

Die Düsseldorfer Akademie war weit mehr als eine Ausbildungsstätte. Wie in einem Brennglas bündelten sich hier sämtliche Einflüsse, die die Gesellschaft an die Kunst herantrug. Der 1829 gegründete Kunstverein sorgte für eine Verbreitung Düsseldorfer Gemälde in ganz Deutschland. Die Kunstkritik wirkte auf entscheidende Weise auf die Schule ein, umjubelte sie in den dreißiger Jahren und kritisierte später ihre konservative, „tatenarme" Malerei. Auf engem Raum stießen gegensätzliche Normen aufeinander. Die frühe Geschlossenheit einer homogenen Schülerschaft wurde zunehmend abgelöst durch Spannungen zwischen künstlerischen Fraktionen, die durch Generationskonflikte verschärft wurden. 1848 erlebte die Schule einen Politisierungsschub, der zur Zuspitzung der Auseinandersetzungen zwischen den konservativen Akademikern und der am Ort angesiedelten freien Künstlerschaft führte. Die preußische Kunstpolitik hat in der Ära nach Schadow, der 1859 in den Ruhestand trat, durch Berufung von konservativen Kräften ins Lehramt eine fruchtbare Weiterentwicklung für längere Zeit verbaut.[180]

c) Die Gründung der Kunstakademie Königsberg

Mit Berlin im Zentrum des Staates und Düsseldorf in der Rheinprovinz standen im Vormärz in Preußen zwei Kunstakademien zur Verfügung, die mehr Künstler ausbildeten, als der Markt problemlos ernähren konnte. Gerade in den vierziger Jahren, als im Kultusministerium alarmierende Anzeichen eines wachsenden Künstlerpauperismus registriert wurden[181], drängte der Oberpräsident der vereinigten Provinzen Ost- und Westpreußen, Theodor von Schön, auf die Gründung einer weiteren Kunsthochschule in Königsberg.[182] Zwar gab es auch im Osten Preußens Provinzialkunstschulen für Handwerker, auch Kunstvereine hatten sich dort gebildet, doch wer Künstler werden wollte, wanderte nach Westen, nach Berlin oder sogar nach Düsseldorf, und kehrte nur selten in die kulturell unterentwickelten Provinzen zurück.

Als sich 1841 in Königsberg die Fertigstellung einer „Kunsthalle" abzeichnete, die nicht nur das Museum aufnehmen, sondern auch der Raumnot der Provinzialkunstschule abhelfen sollte, erklärte der Oberpräsident: „Es ist die Aufgabe unseres Staates eine Kunstschule im vollen Sinne des Wortes errichten zu müssen".[183] Das Düsseldorfer Beispiel stand Theodor von Schön natür-

---

178 Memorandum über den Kölner Kirchenstreit, in: Schadow, Aus den Papieren, S. 147ff. 1837 hatte der König den Kölner Erzbischof Droste zu Vischering in Festungshaft genommen, da er darauf beharrte, in Mischehen seien Kinder katholisch zu taufen. Erst unter Friedrich Wilhelm IV. wurde der Konflikt, der in den Rheinlanden heftige antipreußische Affekte weckte, beseitigt. Vgl. Huber, Deutsche Verfassungsgeschichte II 1968, S. 185–265.

179 Brief an Julius Hübner 17.12.1840, Heine-Institut Düsseldorf.

180 Hütt, Düsseldorfer Malerschule 1984, S. 232ff.

181 Vgl. Kap. VII.c.

182 Detaillierter dazu: Großmann, Gründung Kunstakademie Königsberg 1990.

183 GStAPK Berlin, Rep. 76 Ve, Sekt. 20, Abt. I, Nr. 1, Bd. I, Bl. 81; 14.5.1841 an den Kultusminister. Zur Gründung auch: AK Kunstakademie Königsberg 1982.

lich vor Augen. Nun sollte sich im Osten wiederholen, was am Rhein so glänzend gelungen war: „Man könnte sagen, der Boden der Düsseldorfer Schule wäre klassisch und des lebhaften Sinnes für die Kunst wäre sie bei ihrer Entstehung schon gewiß gewesen, und dies habe den Fortgang erleichtert. Aber wie keinem gebildeten Volk der Sinn für die Kunst abgesprochen werden kann, so lebt er jetzt schon, bei den unbedeutenden Anregungen und Ausstellungen und beschränktem Besitz einzelner Kunstgegenstände in [der Provinz, J.G.] Preußen lebhaft auf und die jugendliche Kraft ist immer die schönste. So wäre Berlin die Haupt-Quelle zur Belebung des Kunst-Sinnes im Volke, und Düsseldorf und Königsberg, beide an den Extremen des Staates hielten auch da das Leben frisch.“[184]

In Berlin löste diese Initiative wenig Begeisterung aus. Erst nach längerer Diskussion zeigte man sich geneigt, das mit so viel Idealismus vorgetragene Projekt zu unterstützen.

An gewichtigen Gegenstimmen fehlte es nicht. „Professor Rauch“, so heißt es in einer Aktennotiz, „ist ganz gegen den [...] Antrag. Er ist überzeugt, daß eine Kunstschule nur da gedeihen kann, wo es viele Käufer und Besteller von Kunstwerken gebe. Nach Preußen [als Provinz] würde ein rechter Künstler sich nicht hinziehen lassen, weil diese Bedingungen dort ganz fehlten.“[185] Daß dieses Urteil durchaus die Verhältnisse traf, zeigt der erfolglose Versuch eines Malers, sich in Königsberg niederzulassen. Der 1795 geborene Johann Eduard Wolff wollte nach dem Studium in Berlin und Paris 1829 in seine Heimatstadt Königsberg zurückkehren. Er fürchtete, „daselbst von dem Ertrage seiner Arbeiten als Künstler nicht leben zu können, sofern der nothwendigste Unterhalt ihm nicht von Seiten der hohen Behörde gesichert werde.“[186] Mit vagen Versprechungen des Kultusministers Altenstein reiste er ab und kehrte, ohne je eine systematische Unterstützung erhalten zu haben, sieben Jahre später gescheitert nach Berlin zurück.

Um Schöns Vorschlag nicht rundheraus abzulehnen, empfahl der Kultusminister zunächst die Einrichtung eines Meisterateliers, um damit einen Anfang zu wagen. Er war aber der Ansicht, daß nur ein hochkarätiger Maler dem Vorhaben zum Erfolg verhelfen könne.[187] Als die Debatte über die Bestellung eines Künstlers in Gang kam, fehlte es nicht an großen Namen: Wilhelm von Kaulbach (München), Julius Hübner (Dresden), Karl Friedrich Lessing, Carl Ferdinand Sohn und Theodor Hildebrandt (Düsseldorf) — fast alle bedeutenden Schadow-Schüler waren im Gespräch, doch wen man auch fragte, die Maler ersten Ranges lehnten ab, weil sie „von einer isolirten Stellung, wie die in Königsberg sein würde, zu erhebliche Nachteile befürchteten“.[188]

Andere Düsseldorfer, die jedoch in Berlin nicht zur ersten Wahl gezählt wurden, bewarben sich, darunter auch Heinrich Mücke und Johann Peter Hasenclever. Eduard Steinbrück suchte seine Weitsicht vor allem dadurch zu beweisen, daß er die schlechten Chancen der ausgebildeten Künstler schonungslos ansprach: Er würde es zum ersten und heiligsten Grundsatz machen, nicht Berufene von der Künstlerlaufbahn abzuhalten. Auch die kleineren Kunstvereine hätten

---

184 GStAPK Berlin, 2.2.1., 20403, Bl. 46 f. (Brief Schöns vom 8.10.1841).
185 Ebd., Bl. 48.
186 GStAPK Berlin, Rep. 76 Ve, Sekt. 20, Abt. I, Nr. 1, Bd. I, Bl. 26 (Brief der Kunstakademie an das Kultusministerium, 9.6.1829); zum weiteren Verlauf Bl. 28—34 und 48—81a sowie GStAPK Berlin. XX. HA, Rep. 2, 2365, Bd. I, Bl. 1 f. Allgemein als biograph. Hilfsmittel: Heinrich Degen, Nachrichten von Königsberger Künstlern, in: Altpreußische Forschungen 1/1924, 2. Heft.
187 GStAPK Berlin, 2.2.1., 20403, Bl. 44 f. Gutachten Eichhorns für den König, 13.1.1842.
188 Ebd., Bl. 70—73, Eichhorn über den Stand der Berufungsverhandlungen an den König, 20.2.1845.

„eine Menge mittelmäßiger Talente zu künstlerischen Versuchen ermuntert [...], welche nun nicht mehr zurück können und wovon die meisten an den Folgen ihrer Übereilung, auch bey redlichstem Fleiße zu Grunde gehen werden."[189]

1845 rang sich der Kultusminister zu einem definitiven Berufungsvorschlag durch. Die Direktorenstelle erhielt Louis Rosenfelder, ein in Berlin im Atelier Wilhelm Hensels ausgebildeter Historienmaler, der sich der am höchsten bewerteten „geschichtlich-dramatischen Richtung" verschrieben hatte[190] und schon mit einigen Historienbildern auf den Berliner Ausstellungen aufgefallen war.

Die Gründung der Kunstakademie geriet in den Reformstau des auf die Revolution hintreibenden Staates. Ein endgültiger Etat wurde bis 1849 nicht verabschiedet, und zwei weitere Maler, die Rosenfelder eigenmächtig nach Königsberg gezogen hatte, um nicht auf einsamem Posten zu kämpfen, blieben bis dahin nahezu unbezahlt.[191] Bis zum Januar 1849 hatte die Akademie 36 Schüler aufgenommen[192]. Ihr eigentlicher Aufschwung folgte erst in den fünfziger Jahren, außerhalb des hier gesteckten Untersuchungsrahmens. Um 1860 waren in der Stadt etwa 20 Künstler angesiedelt. Auch Lovis Corinth besuchte später, 1876–1880, die Akademie. Den Bewohnern der Stadt stellte er kein günstiges Zeugnis aus: „über das Tun der Maler waren die guten Königsberger ebensowenig instruiert, wie über die Freimaurer, von denen sie glaubten, daß diese alle eines schönen Tages vom Satan geholt würden und zur Hölle abführen wie der Teufel mit dem Doktor Faust."[193]

d) Die Reformdiskussion über die Künstlerausbildung

Während die Ausbildung in der Düsseldorfer Malerschule als vorbildlich galt, geriet die Berliner Akademie in den vierziger Jahren in die Kritik. Wilhelm Herbig, „Geschichts- und Porträtmaler"[194], Senatsmitglied und akademischer Lehrer, äußerte: „Die Akademie verschafft den angehenden Malern nicht die technische Fertigkeit welche nöthig ist, damit sie bei ihrem Scheiden aus derselben befähigt seien, sich selbst zu ernähren."[195] Ignaz von Olfers, der Generaldirektor der Berliner Museen, erklärte 1846 zum Reformbedarf knapp, jede Veränderung, die nicht eine Fortbildung des bisher befolgten Systems sei, könne nur zum Besseren führen.[196] Zur gleichen

---

189 GStAPK Berlin Rep. 76, Sekt. 20, Abt. I, Nr. 1, Bd. I, Bl. 166–68; 7.12.1844.

190 Ebd. Bl. 170. Gutachten Carl Begas' über Rosenfelder im Vergleich zu Steinbrück; 13.1.1845. Bilder des Malers in: AK Kunstakademie Königsberg 1982.

191 Für das Landschaftsfach: August Behrendsen, Architekturmalerei: Hermann Gemmel; die bis 1849 mit 200 Talern sehr niedrige Besoldung der Maler wurde aus Notfonds bestritten.

192 Schülerliste in: GSTAPK, XX. HA, Rep. 2, 2365, Bd. V, Bl. 247. Der Lehrplan entsprach mit Kopieren, Gipszeichnen, Anatomie, Akt und Malerei dem üblichen Grundlagenprogramm einer Akademie. 1849/ 50 wurden ein Lehrer für die Gipsklasse und ein Kupferstecher angestellt.

193 Corinth, Meine frühen Jahre, Hamburg 1954.

194 So die Bezeichnung im Handbuch Hof und Staat

195 GStAPK Berlin, Rep. 76 Ve, Sekt. 17, Abt. I, Nr. 11, Bd. I, Bl. 314R., Herbig reicht dem Kultusministerium einen Vortrag vom 23.1.1845 („Unmaßgebliche Vorschläge und Bemerkungen, die Wirksamkeit des Königl. Akad. d. Künste betreffend") ein, eine der wenigen Äußerungen zu einem grundsätzlichen Reformbedarf aus der Akademie selbst. Herbig war dort seit 1831 Professor in der 2. Zeichenklasse, 1838 Leiter der Zeichenschule und Senatsmitglied, ab 1847 beauftragt mit dem Unterricht im Kopieren nach Gemälden (Nationalgalerie Berlin, Zentralarchiv, Friedrich Wilhelm Herbig, Bl. 424–29).

196 Brief an Kultusminister Eichhorn, 31.7.1846, in: GStAPK Berlin, 2.2.1., Nr. 20390, Bl. 6.

Zeit bemängelte der Kultusminister, daß Berlin „gegenwärtig kein einziges Unterrichts-Atelier von ausgezeichneter Bedeutung" besitze, und fast alle jungen Maler ihre höhere Ausbildung außerhalb suchen müßten.[197]

Die treibende Kraft in dieser Reformdebatte war der Kunsthistoriker Franz Kugler, den Kultusminister Eichhorn 1843 zur Bearbeitung der Kunstangelegenheiten ins Ministerium berufen hatte.[198] Mit großer Energie nahm der Kultusbeamte den Plan einer totalen Reform der Berliner Akademie in Angriff. Als Lehrer für Kunstgeschichte (ab 1835) und Senatsmitglied (ab 1842) hatte er die internen Verhältnisse kennengelernt. Kugler war nicht nur Historiker, er beobachtete aufmerksam die aktuelle Kunstentwicklung und sah seine Aufgabe als Kultusbeamter in der Lenkung des Kunstbetriebs durch Regelung der Ausbildung und Anregung von Beschäftigungsprogrammen für Künstler.

1845 bereiste er wichtige Akademiestädte in Deutschland, Belgien und Frankreich, um Anregungen für die Berliner Reform zu sammeln.[199] Im Dezember legte Eichhorn ein von Kugler unterschriftsreif ausgearbeitetes neues Statut dem König vor, das er zwar mit einzelnen Künstlern — mit Rauch, Wach, Begas, Stüler und Strack — beraten hatte, das jedoch ganz ohne Beteiligung der Akademie entstanden war.[200] Hier waren einige fundamentale Änderungen vorgesehen: der Direktor sollte nur auf drei Jahre gewählt werden, um „Frische und Lebendigkeit"[201] im Amt zu garantieren — eine klare Spitze gegen den zu dieser Zeit 82jährigen Gottfried Schadow — der Senat durch Rotation verjüngt, das Stipendienwesen vereinheitlicht, der Atelierunterricht innerhalb der Akademie angesiedelt, der Elementarunterricht vollständig von der Kunstakademie getrennt werden. So durchdacht viele Vorschläge auch waren, Kugler verschätzte sich bei der Bewertung der Kräftekonstellationen. Der Entwurf war von dem Anspruch getragen, die „höchste staatliche Intelligenz"[202] im Kultusministerium anzusiedeln und die Neuordnung von oben zu verfügen.[203] Friedrich Wilhelm IV. fiel sofort ins Auge, daß die Akademiereform ohne die Akademie stattfinden sollte, und er forderte die Stellungnahme Gottfried Schadows an, der keinen Reformbedarf sah.[204] Das reichte, um weitere Aktivitäten zu verschleppen, auch wenn der Kultusminister immer wieder auf Bearbeitung drängte. Die politische Tauwetterlage von 1848 brachte noch einmal breite Diskussionen[205] und für Kugler die Hoffnung, sein Vorhaben in die Tat umzusetzen, zumal der neue Kultusminister Adalbert von Ladenberg das Reformvorhaben nachhaltig unterstützte. Am Kompetenzgerangel zwischen akademischem Senat und Plenarversammlung scheiterten die Vorschläge ebenso wie an der konservativen Haltung des Königs, der ohne die ihm als Hofkünstler lange bekannten Honoratioren der Akade-

---

197 Eichhorn an den König, 31.8.1846, in: Ebd., Bl. 61–65, hier: 62V.

198 Koschnick, Kugler, Diss. 1985 mit ausführlicher Darstellung seiner Tätigkeit als Kultusbeamter mit Kenntnis der Merseburger Akten, S. 193–251. Die Darstellung fällt hier entsprechend knapp aus. Vgl. auch Treue, Kugler 1953.

199 Ergebnisse dargestellt in: Kugler, Kunstreise 1845.

200 GStAPK Berlin, 2.2.1., Nr. 20390, Bl. 7–51; o.D. [1.12.1845].

201 Ebd., Bl. 14.

202 Koschnick, Kugler 1985, S. 203.

203 In diesem Sinne interpretierbar ist die Wiedereinführung des Amtes des Curators, der mit dem amtierenden Kultusminister identisch sein sollte (Ebd., Bl. 8, § 2) und der die höheren Ämter zu besetzen hatte. Bei der Wahl des Direktors sollte der Senat das Recht haben, drei Kandidaten vorzuschlagen (Bl. 14, §12).

204 GStAPK Berlin, Rep. 76 Ve, Sekt 17, Abt. I, Nr. 11, Bd. I, Bl. 339–46; 11.6.1846.

205 Vgl. Kap. IX.4.

mie keiner Veränderung zustimmen wollte und immer weiter im alten Geist entschied, z. B. als er dem immerhin schon 77jährigen Bildhauer Christian Daniel Rauch 1854 das Direktorenamt aufzunötigen suchte.[206] So kam es, daß die Pläne zu einer grundsätzlichen Neuordnung praktisch unter den Tisch fielen, obwohl eine theoretische Diskussion in Gang kam.[207] Der frustrierte Kugler widmete sich nach 1848 poetischen Produktionen. Erst 1882 wurde unter Anton von Werner ein neues Statut verabschiedet.

3. Bildungschancen für Frauen

„Die Frau ist das milde Gestirn am häuslichen Himmel, von dem aus sich Wärme und Anmuth in allen Radien verbreiten, in dessen Strahlen sich alles verschönt und verfeinert, und das Gemeine nicht aushält." Dieses Klischee formulierte der Maler Adolf Schroedter in seiner pädagogischen Schrift über das „Zeichnen als ein ästhetisches Bildungsmittel, vorzugsweise für die Erziehung des weiblichen Geschlechtes" 1853.[208] Von Künstlerinnen war freilich darin nicht die Rede, sondern z. B. davon, daß einer Frau mit Formensinn „selten Mißgriffe in ihrer Toilette"[209] unterlaufen würden.

Gegen die Übung der „Empfänglichkeit für schöne Formen"[210] durch das Ornamentzeichnen − wie es Schroedter empfahl − war nichts einzuwenden; doch diejenigen, die in der Kunst mehr sahen als eine Betätigung des weiblichen Schönheitssinns in der Sphäre der Hauses, in die sich der Mann nach „ununterbrochenem Streit mit der Nothwendigkeit"[211] retten konnte, die hatten weit mehr Hürden zu überwinden als ihre männlichen Rivalen.

1827 äußerte sich Kultusminister Altenstein grundsätzlich zu den Nachteilen, mit denen Frauen zu kämpfen hatten: „Es ist nicht zu verkennen, daß dem Frauenzimmer die gründliche Ausbildung in der Kunst vielfach erschwert ist, besonders dadurch, daß es den öffentlichen academischen Unterricht überhaupt, vorzüglich aber das anatomische Zeichnen und das Studium nach dem lebenden Modell entbehren muß."[212] Ein Schüler käme durch seinen Zusammenhang mit der Akademie und dem Atelier eines renommierten Meisters leichter zu Aufträgen, und ehe sie nicht einen sicheren Ruf erlangt hätten, seien bei den Frauen auch die gezahlten Preise ungleich niedriger als bei den männlichen Konkurrenten.

Um 1830 standen etwa 7 % Künstlerinnen 93 % männliche Kollegen gegenüber[213]. Von der

---

206 Eggers, Rauch III 1886, S. 315.

207 Außer Kuglers nach und nach veröffentlichten Beiträgen u. a. Guhl, Reorganisation der Akademie 1849; Guhl, Wiss. Unterricht auf Kunstakademien 1851; Eggers, Organisation der Kunstangelegenheiten 1851; Grimm, Akademie − Staat 1859; Müller von Königswinter, Verhältnis Staat Künste 1861.

208 S. 2.

209 Ebd., S. 3.

210 Ebd., S. 16.

211 Ebd., S. 1.

212 GStAPK Berlin, 2.2.1, Nr. 20374, Bl. 51; Antrag vom 8.6.1827 auf Gewährung einer Unterstützung von 100 Talern für die Malerin Sophie Hartz auf drei Jahre (1805 geb.; vgl. Thieme-Becker); vgl. auch Bl. 40 (28.2.1825) mit dem Erstantrag und Bl. 66 (11.5.1830; Verlängerung um 5 Jahre), Bl. 93−94 (18.4.1835; Umwandlung in eine lebenslange Pension mit der Auflage, Frauen zu unterrichten).

213 Grundlagen dieser Schätzung, die durch genaue statistische Analyse der Beteiligung an den Akademie-Ausstellungen präzisiert werden könnte, sind folgende Angaben: Von 500 Beteiligten an der Kunstausstellung 1832 (Museum 3 (1833) S. 17) waren 31 weiblich (= 6,2 %); auch Gläser, Bildnis Berliner

systematischen Ausbildung an der Berliner Kunstakademie waren sie ausgeschlossen und konnten allenfalls nach Absprache mit den Lehrern einzelne Stunden besuchen, z. B. auf dem Schloß Gemälde kopieren oder die Gipse zeichnen.[214] Der Aktsaal mit den ausschließlich männlichen Modellen, sozusagen der Olymp der Ausbildungsstätte, blieb ihnen schon aus Gründen der Sittlichkeit verschlossen. Einzelne Lehrer lehnten Schülerinnen ab, so zeigte sich Professor Niedlich 1830 im Zeichnen nach Abgüssen den „Frauenzimmern nicht mittheilend", die sich nach Ersatz umzusehen hatten. Gottfried Schadow merkte generell an, daß Frauen „auch bei erworbener Geschicklichkeit, von so furchtsamen Naturell sind, daß sie ein Mann ermuntern und loben muß — andern theils, durch Ermüdung oder Zerstreuung wieder, leichtfertig arbeiten", was Anlaß zum Tadel gebe.[215]

Es war möglich, sich als Frau den Weg zum Künstlerberuf zu bahnen, doch es geschah unter kritischer Begutachtung durch den männlichen Blick. „An Ausdauer, Fleiß und Konzeptionsfähigkeit übertraf sie ihr Geschlecht" urteilte Wilhelm von Kügelgen gönnerhaft über Caroline Bardua (1781—1865), die den Unterricht seines Vaters in Dresden genossen hatte.[216] Die Malerin bildete sich bei Hans Heinrich Meyer, dem „Kunstmeyer", in Weimar. Sie verkehrte bei Goethe, der auch die Malerin Louise Seidler[217]entschieden förderte; sogar zum Portrait hatte er beiden gesessen, wohl wissend, daß dies in der Zukunft die Karriere fördern konnte. In Dresden kopierte Caroline Bardua auf der Galerie unter Anleitung Gerhard von Kügelgens, eines sehr gesuchten Portraitisten. Auch mit Anton Graff war sie gut bekannt. 1819 kam sie mit ihrer Schwester Wilhelmine nach Berlin, und die Anfänge waren glänzend. Ein Portraitauftrag jagte den nächsten, „Caroline war förmlich Mode geworden".[218] Anfang 1821 malte sie Prinzessin Wilhelm, den Prinzen und deren Kinder, zu ihrem Unglück parallel mit Wilhelm Schadow, der aus Rom zurückgekehrt war. 1822 hingen beide Portraits in bedenklicher Nähe auf der Akademieausstellung, die „Kritik säumte denn auch nicht, sich darüber auszusprechen — [...] Es war eine Zeit bitterer Kränkung".[219]

Es erwiesen sich die Nachteile einer unsystematischen Ausbildung. Die zeichnerischen Grundlagen hatte Caroline Bardua in Weimar beim Theoretiker Meyer nicht hinreichend erlernt. 1827 begann aus wirtschaftlicher Notwendigkeit ein Wanderleben. Die Schwestern Bardua, die zusammenwohnten und unverheiratet blieben, verbrachten den Sommer meist in einer auswärtigen Stadt, in der weniger Künstlerkonkurrenz drohte, z. B. in Heidelberg und Krefeld, legten die Überschüsse in preußischen Staatsschuldscheinen an[220] und lebten in Zeiten ohne Aufträge von den Zinsen.

Biedermeier 1932 nennt ein ähnliches Verhältnis: von 470 nachgewiesenen Portraitisten (1820—50) waren 32 (= 6,8 %) Frauen. Es ist nicht davon auszugehen, daß alle in den zitierten Unterlagen mitgezählten Künstlerinnen auch von der Malerei lebten. So ist bei der Akademie-Ausstellung trotz zunehmender Professionalisierung ein Anteil von begabten Dilettantinnen nicht auszuschließen, auch manche verheiratete Frauen sich weiter an den Ausstellungen beteiligten.

214 Zur Jubelfeier Kunstakademie Berlin 1896, S. 81. vermerkt, daß bis 1830 Damen an einzelnen Unterrichtsfächern teilnahmen. In den Schülerlisten zum Gemäldekopieren sind 1812/13 sind 2, 1814/15: 3; 1816/17: 8 Frauen verzeichnet. Auch beim Gipszeichnen in Monbijou waren Künstlerinnen vertreten.

215 Beide Zitate aus: GStAPK Berlin, Rep. 92 Altenstein B Nr. 34, Bl. 25—26, Gottfried Schadow am 22.7.1830 an Altenstein zu den Fortschritten der Künstlerinnen Sophie Hartz und Matthieu.

216 Bardua, Schwestern Bardua 1929, S. 32.

217 Sehr aufschlußreich: Seidler, Erinnerungen 1922.

218 Bardua, Schwestern Bardua 1929, S. 68.

219 Ebd., S. 78 ff.

220 Der Zinsertrag wird 1828 mit immerhin 420 Talern beziffert (Ebd., S. 116).

Nicht selten bahnte der Vater der Tochter den Weg in den Künstlerberuf. So war es bei Henriette Félicitas Tassaert (1766–1818), einer „Tochter unseres verdienstvollen Rectors [Hofbildhauer Jean Pierre Antoine Tassaert], und nunmehr Ehrenmitglied der Akademie", wie in den Annalen 1788 zu lesen war.[221] Sie hatte sich bei Johann Christoph Frisch und Daniel Chodowiecki zur Pastellmalerin und Schabkünstlerin ausgebildet.

Auch Chodowieckis Tochter Susette (1763–1819), die außer bei ihrem Vater auch in Dresden bei dem berühmten Portraitmaler Anton Graff gelernt hatte, wurde 1789 „als geschätzte Malerin in Oel, Pastell und Miniatur ordentliches Mitglied der Akademie"[222], eine Ehre, die nur sehr wenigen Frauen zu Teil wurde.[223] Die Mehrzahl der weiblichen Ehrenmitglieder waren Damen, bei denen der Adel mehr wog als eine dilettantische[224] künstlerische Beschäftigung.

Künstlerinnen bildeten wiederum Künstlerinnen aus, wie auch Kultusminister Altenstein positiv vermerkte. Als die Unterstützung von 300 Talern aus dem akademischen Etat für die Malerin Felicité Henriette Tassaert, verehelichte Robert, durch deren Tod frei wurde, bewarb sich Louise Claude (1798–1839), eine ihrer Schülerinnen, um die Nachfolge. Kultusminister Altenstein betonte in seiner Stellungnahme: „Daß weibliche Talente für die Kunst auch einer besonderen Pflege werth sind, ist immer verkannt worden". Er fügte hinzu: „Es ist wünschenswerth, daß eine ausgezeichnete Künstlerin hier in den Stand gesetzt werde, dem weiblichen Geschlecht, welches an den Unterricht in den Klassen der Akademie keinen Anteil nehmen kann, die erforderliche Anleitung zur höhern Ausbildung in der Kunst zu geben."[225] In ihrem Lebenslauf, den sie aus Anlaß ihrer Aufnahme 1833 bei der Kunstakademie hinterlegte, schildert die Malerin ihre vielfältige Ausbildung.[226] Sie lernte nicht nur bei Madame Tassaert, sondern auch bei Hofmaler Friedrich Georg Weitsch und erhielt ersten Unterricht in der Ölmalerei bei Heinrich Kretschmar. Von Gottfried Schadow erhielt sie die Erlaubnis, die Gipsabgüsse der Akademie zu zeichnen, „wo ich seiner Güte ein besonderes, von den Schülern der Akademie abgesondertes Zimmer verdankte". Sie malte auf der Bildergalerie im Schloß, reiste 1817 nach Dresden und wurde nach Wilhelm Schadows Rückkehr aus Rom Schülerin in seinem Atelier. Als ihr Tätigkeitsfeld bezeichnete sie „Portrait und Szenen aus dem gewöhnlichen Leben" und war damit bis zu ihrem Tod 1839 auf der Berliner Kunstausstellung vertreten. Nach ihrem Ableben blieb die Pension von 300 Talern zwar für Künstlerinnen erhalten, wurde aber unter vier Bewerberinnen aufgeteilt.[227]

---

221 Annalen der Akad. d. Künste u. mechan. Wissenschaften zu Berlin 1 (1788) S. 128; vgl. Thieme-Becker.

222 Müller, Akademie Berlin 1896, S. 113; vgl. Thieme-Becker XVI.

223 Bis 1850 enthält die Kartei der Akademie der Künste außer 11 Namen von Frauen aus dem höheren Adel folgende weitere Namen von Frauen, die ausdrücklich als Künstlerinnen gekennzeichnet sind: Malerin Ottilie Pauline v. Hornemann (EM 1791), Miniaturmalerin Louise Barbe de la Browe (EM 1794), Marie Louise Elisabeth Vigée-Lebrun (EM 1801), Kunststickerin Caroline Friesener (aoM 1806), Kunststickerin Caroline Goldschmidt (M 1806), Kunststickerin von Schlötzer, geb. Röderer (EM 1806), Kunststickerin Philippine v. Sandrart (M 1811), Louise Henry-Claude (M 1833); M = Mitglied, aoM = außerordentliches Mitglied, EM Ehrenmitglied. Vgl. auch die Liste in: Akademie der Künste, Materialien zur Geschichte 1991, S. 343 ff.

224 Im Sprachgebrauch des Untersuchungszeitraums ein Begriff ohne Abwertung.

225 GStAPK Berlin, 2.2.1., Nr. 20374, Bl. 31–34, hier: 33. Antrag vom 21.5.1823 an den König.

226 PrAdK, Personalnachrichten; 27.3.1833.

227 GStAPK Berlin, 2.2.1., Nr. 20374, Bl. 154–155; Antrag Altensteins vom 7.11.1839; Caroline Bardua und Julie Hüssener (Thieme-Becker VIII), die um 1836 Schülerin von Wilhelm Hensel gewesen war, erhielten 100 Taler, Sophie Hartz (Thieme-Becker), die ab 1825 100 Taler bezog, erhielt 50 Taler Zulage, wie auch Emma Mathieu, die ab 1836 eine Pension von 100 Talern bezog.

„Außer einigen schlechten Malern fand ich noch schlechtere Malerinnen, die ich von nun an vom Unterricht ausschloß", bemerkt Wilhelm Schadow über seine erste Düsseldorfer Zeit.[228] Dahinter verbarg sich offenbar kein unaufweichbares Vorurteil, denn der Maler hatte — wie auch Karl Begas[229] — in Berlin selbst Schülerinnen gehabt[230], und auch in Düsseldorf besuchten einige Frauen die Kunstakademie.[231] All das kann aber nicht darüber hinwegtäuschen, daß die Ausbildungschancen bis weit ins 19. Jahrhundert sehr ungleich verteilt blieben. Angesichts der massiven Benachteiligung konnten nicht alle begabten Frauen ein hohes künstlerisches Niveau erreichen oder halten. Denkt man jedoch z. B. an Anna Dorothea Therbusch (1721—1782) oder Elisabeth Vigeé-Lebrun (1755—1842), so wird deutlich, daß es bei günstigeren gesellschaftlichen Umständen zu ausgezeichneten künstlerischen Leistungen kommen konnte. Die Entwicklung bis 1850 brachte jedoch eher Rückschritte als Fortschritte mit sich, auch wenn Kultusminister Altenstein immer wieder auf die Benachteiligung der Frauen hinwies.

4. Stipendien

Der Etat der Kunstakademie Berlin erhielt nicht nur Gehälter für Lehrer, sondern auch Pensionen für Künstler, die „zur Verbreitung der Kunst und eines guten Geschmackes" beitrugen.[232] Aus diesem Fonds hatte der Kultusminister auch die Zahlungen für Künstlerinnen geleistet. Das Netz der Förderung durch „Hof und Staat" war aber keineswegs engmaschig geknüpft.[233] Zwar kam es immer wieder zu grundsätzlichen Überlegungen über die Ziele der Künstlerunterstützung, Pläne zu einem System staatlicher Kunstpolitik blieben aber in den Anfängen stecken.

Den Kunstakademien selbst stand zur Förderung unbemittelter Eleven ein recht kläglicher Etat zur Verfügung, der nur zu einmaligen kleineren Zuschüssen ausreichte.[234] Fortlaufende Zahlungen von fünf Talern monatlich erhielten in Berlin wenige „renumerierte Eleven", die für die Elementarzeichenklassen Vorlageblätter anfertigen mußten, zugleich aber Zugang zu allen Sammlungen und Lehrstunden hatten und von den Lehrern streng überwacht und entschieden gefördert werden sollten.[235] Nach französischem Vorbild vergab die Akademie Preismedaillen, z. B. für besonders gelungene Aktdarstellungen, um den Fleiß der Schüler zu beflügeln.

---

228 Jugend-Erinnerungen 1891, Nr. 755, S. 1.

229 Friederike Grade, Friederike Miethe, Clara Wilhelmine Oenicke (vgl. jeweils Thieme-Becker).

230 Außer Louise Henry z. B. noch Karoline Lauska (vgl. Thieme-Becker).

231 Z. B.: Elisabeth Jerichau-Baumann ab 1838 bei Sohn, sozialkritische Themen, vgl. Hütt, Düsseldorfer Malerschule 1984, S. 197; Louis Amy Blanc (Hütt, S. 277); Marie Hancke bei Stilke und Sohn, später verheiratet mit Prof. Rudolf Wiegmann (Thieme-Becker); Adeline Jäger-Heuser als Schülerin von Schadow und Stilke (Thieme-Becker);

232 GStAPK Berlin, 2.2.1., Nr. 20374, Bl. 33; 21.5.1823.

233 Ein systematischer Überblick ist wegen der unsystematischen Aktenführung schwer zu gewinnen. Zum Teil wurden Unterstützungsgesuche in eine einzelnen Personalakte, z.T. in Sammelakten abgeheftet. 1818 zahlte der König an fünf Künstler Unterstützungen (GStAPK Berlin, 2.2.1., Nr. 19854, Bl. 16; Mitteilung an Altenstein vom 24.2.1818). Die Akten zur Diskussion über allgemeine Grundsätze zur Künstlerunterstützung sind kassiert worden.

234 1828 in Berlin z. B. ein Fond von 300 Talern (GStAPK Berlin, 2.2.1., Nr. 19854, Bl. 152.); in Düsseldorf zwischen 1823 und 1858 Summen zwischen 223 und 723 Talern (GStAPK Berlin, Rep. 76 Ve, Sekt. 18, Abt. II, Nr. 1, Vol. I—II).

235 Vgl. Reglement von 1790, § 38. 1806 wurde ein gesondertes Reglement des Eleven-Instituts erlassen, das

Jede fortlaufende Unterstützung war jedoch an die Zustimmung des Königs gebunden. Der Sohn eines „einfachen Dorfschreiners", Peter Dörnenburg aus Homberg, wandte sich z. B. 1821 mit einem Gesuch direkt an Friedrich Wilhelm III. Sechs Jahre hatte er die Dorfschule besucht und wurde vom Pfarrer auf eine Laufbahn als Schullehrer vorbereitet. Zu seiner Ausbildung nach Düsseldorf gesandt, widmete er sich als Autodidakt fast ausschließlich dem Zeichnen. Zum Beweis seiner Fähigkeit reichte er die Kopie eines berühmten Kupferstiches ein, der von den befragten Künstlern sehr gelobt wurde. Der zum Gutachten aufgeforderte Peter von Cornelius bescheinigte Dörnenburg „Talent, welches sich bei günstigern Bedingungen ohne Zweifel glücklich entwickeln werde". Er wurde daher dem Akademiedirektor zur weiteren Prüfung und Ausbildung anempfohlen und erhielt zunächst eine Unterstützung von 200 Talern auf ein Jahr. [236]

Ähnliche Fälle kamen immer wieder vor. So beantragte Justizrat Kretschmer aus Stargard 1828 für seinen Sohn Hermann eine Unterstützung zur zweijährigen Ausbildung in Berlin. Der Kultusminister unterstützte das Gesuch mit Hinweis auf „die beschränkte ökonomische Lage des Vaters, der vergeblich versucht habe, den Sohn von der gewählten schwierigen Laufbahn zurückzuhalten". Bei der besonderen Prüfung durch Gottfried Schadow zeigte der Schüler gute Anlagen und erhielt zwei Jahre einen Betrag von 120 Talern. Ein drittes Jahr wurde nach einem ablehnenden Bescheid doch noch bewilligt, da der Vater die Möglichkeit verneinte, die Ausbildung seines Sohnes fortsetzen zu können, „welcher zu so glücklichen Hoffnungen berechtigte". [237]

Jedes neue Unterstützungsgesuch verwies auf die Planlosigkeit des gewählten Verfahrens. Direkt nach seiner Amtsübernahme stellte Kultusminister Altenstein aus Anlaß eines Antrags die Notwendigkeit dar, „Veranstaltungen zur unparteiischen und vollgültigen Prüfung der Verdienstlichkeit zu treffen" und je nach Ausbildungsstand „verschiedene Arten von Unterstützungen, Prämien, Vorschüsse zu größeren Arbeiten, Beiträge zu einem Aufenthalte im Auslande nach verschiedenen Gesichtspunkten und Abstufungen festzusetzen." [238] Doch dabei kam man nur langsam voran. Als der Landschaftsmaler Eduard Agricola 1826 um eine Unterstützung für eine Italienreise nachsuchte, gab der König dem Antrag zwar statt, erklärte aber zugleich, er „nehme [...] bey der großen Anzahl von Malern, welche in den letzten Jahren sich ausgebildet, und fast keinen Unterhalt haben, wenn Ich sie nicht beschäftige, überhaupt Anstand, dergleichen Unterstützungen auszusetzen, damit nicht junge Leute hierdurch von einem anderen Erwerbe, welcher sie reichlicher ernährt, abgehalten werden." [239] 1827 rief er eine besondere Kommission ins Leben, die nach strengen Maßstäben nur ausgezeichnete Leistungen fördern sollte. [240] Alexander von Humboldt, der sich in seinen Pariser Jahren bereits immer wieder um unbemittelte Künstler gekümmert hatte, übernahm den Vorsitz. Ihm stand mit dem Architekten und Maler Karl Friedrich Schinkel, dem Kunstgelehrten Alois Hirt, den Bildhauern Gottfried Schadow und Christian Daniel Rauch ein sehr hochrangiges Gutachterkollegium zur Verfügung.

---

die Einstellung von 4 Schülern und 4 Eleven vorsah. 1810 wurde aus Mangel an Finanzen die Zahl auf 2 Schüler (3 Taler) und 2 Eleven (5 Taler) reduziert. Näheres in: Zur Jubelfeier 1896.

236 GStAPK Berlin, 2.2.1, Nr. 19854, Bl. 30—37R. Zum weiteren Förderungsverlauf enthält die Akte nichts. Die Höhe der Unterstützungen zum Studium an einer preußischen Kunstakademie betrug in der Regel 100—200 Taler; Reisestipendien 250—500 Taler.

237 Ebd., Bl. 139—152; Zitate Bl. 152 (13.6.1828) und 148 (11.9.1829).

238 GStAPK Berlin, 2.2.1, Nr. 19854, Bl. 13f.; 10.2.1818 aus Anlaß eines Antrags von August Julius Hoppe, eine Italienreise zu unterstützen, was mit 500 Talern jährlich auf 2 Jahre auch geschah.

239 GStAPK Berlin, 2.2.1., Nr. 19854, Bl. 70; 10.6.1826 an Altenstein.

240 Kabinettsordre vom 23.7.1827, in: GStAPK Berlin, Rep. 76 Ve, Sect. I, Abt. XV, Nr. 86, Bl. 1.

Ganz so rigoros, wie es von ihnen erwartet wurde, urteilten die Mitglieder jedoch nicht. So stellte die Kommission in einem Gutachten über den Kunstschüler August Hüppe 1829 fest, daß dieser „aus Mangel an künstlerischen Anlagen, sich wohl nicht über die Mittelmäßigkeit erheben werde", schlug aber dennoch eine weitere Förderung für ein Jahr vor, „in der Betrachtung, daß ein junger Mann, der durch das ihm [ab 1827] ertheilte Gnaden-Gehalt bereits in eine Laufbahn getreten ist, welche ihn abgehalten hat, sich andere technische Kenntnisse zu erwerben" und in der Hoffnung, „daß er zu einem, seiner Provinz nützlichen Lehrer der Zeichenkunst sich ausbilden werde".[241] 1829 wurde die Bearbeitung von Unterstützungsgesuchen dem Senat der Kunstakademie direkt übertragen. Alexander von Humboldt war bei der Verhandlung entsprechender Anträge weiterhin anwesend.

Personalpolitische Erwägungen werden in einem Antrag Wilhelm Schadows 1829 deutlich, der für seinen Schüler Julius Hübner eine Unterstützung für die weitere Ausbildung in Italien beantragte und sie an die Bedingung knüpfen wollte, „daß derselbe sich dagegen verpflichte, nach seiner Rückkehr 4 bis 5 Jahre als Lehrer bei der Akademie mit einer angemessenen Renumeration zu fungiren." Mit einer nicht bedeutenden Ausgabe von 300 bis 400 Talern jährlich könne so ein „vorzüglich qualifizierter Lehrer" gewonnen werden. Hübner allerdings wollte sich nicht auf längere Zeit binden und lehnte diese Bedingungen ab.[242]

Seit 1810 hatte die Kunstakademie auf Einrichtung eines Wettbewerbs für Italienreisende gedrängt und 1825 eine erste Konkurrenz ausgeschrieben, die ab 1829 regelmäßig stattfand.[243] Dem Sieger winkte eine Unterstützung von 500 Talern jährlich, mindestens zwei, höchstens vier Jahre, wobei alle zwei Jahre Geschichtsmaler, im jeweils dazwischenliegenden Jahr Bildhauer und Architekten sich beteiligen konnten. Das gewählte Verfahren war umständlich und motivierte nicht besonders zur Teilnahme. Bewerbungsvoraussetzung war die Medaille im Aktsaal der Akademie oder ein besonderes Qualifikationszeugnis eines akademischen Lehrers. 1829 meldeten sich immerhin 17 Anwärter. Sie hatten zunächst eine Kompositionsaufgabe zu lösen: „Jason und Medea im Haine des Mars: Jason greift nach dem goldenen Vliesse, welches an dem heiligen Baum hängt: Medea hält noch die Zauberschale in der Hand; Amor ist triumphirend gegenwärtig. In der Ferne sieht man das Schiff und die Gefährten Jasons; letztere blos angedeutet." In der zweiten Ausscheidungsrunde wurden zehn Bewerber zu einem sechstägigen Aktmalen aufgefordert. Vier Bewerber wurden zur letzten Aufgabe zugelassen, für die in drei Monaten eine Kompositionsaufgabe in Öl zu lösen war.

Ein solcher Wettbewerb, wie ihn auch andere größere Akademien durchführten, sollte den Glanz der Anstalt erhöhen und den Fleiß der Eleven anspornen. Die Ausschreibung ermunterte jedoch in manchen Jahren so wenig Anwärter, daß der Wettbewerb entfallen mußte. 1834 meldeten sich nur drei Kandidaten, und die Akademie hatte die unangenehme Aufgabe, über die Gründe Spekulationen anzustellen: Das Bewußtsein, den Anforderungen nicht zu genügen, die Furcht vor Proben, „welcher die Eitelkeit, über alles der Art weit hinweg zu seyn, das Wort redet" und die Hoffnung, „auch ohne solche Mühe eine Unterstützung durch Fürsprache von

241 SBPK Handschriften, Nachlaß Alexander von Humboldt, Kl.K. 1a, Mpe 8i: Gutachten vom 5.11.1829.
242 GStAPK Berlin, 2.2.1., Nr. 19854, Bl. 85; Altenstein an den König, 9.1.1829; vgl. Bl. 98: 9.7.29, Ablehnung Hübners und der abgelehnte Vorschlag, unter gleichen Bedingungen Theodor Hildebrandt zu fördern.
243 Zum Wettbewerb 1825: Kataloge Akademie 1971, 1826, S. VI−XI; Ausschreibung des Wettbewerbs für 1829 in: Berliner Kunst-Blatt 2 (1829) 2. Heft; zur Durchführung 1829 und zur Vorgeschichte ebd., S. 177−82.

Gönnern zu erhalten".[244] Am wenigsten attraktiv war der Wettbewerb für Architekten, die sich durch einen längeren Italienaufenthalt aus ihrer Laufbahn gerissen sahen. Bis 1838 wurde nur ein solcher Preis vergeben.[245] Einen weitere Unterstützung für eine Italienreise für jüdische Künstler stiftete der Schriftsteller Michael Beer.[246] Der mit einmalig 500 Talern niedriger dotierte Preis wurde unter den Schülern der deutschen Akademien ausgeschrieben.

Obwohl der Preis der Berliner Akademie zur Reise nach Italien bestimmt war, sah doch die Akademie dort „nichts weniger als ein strenges Studium einheimisch" und gab deshalb gern dem Antrag mancher Bewerber statt, das erste Jahr in einem Pariser Unterrichtsatelier zu verbringen.[247] Der Stipendiat erhielt eine „Instruktion" mit Auflagen. So wurde dem Maler Theodor Kaselowsky 1836 u. a. vorgeschrieben, im ersten Semester einige gemalte Akte, im zweiten Semester eine beinahe lebengroße Figur, „nach eigener Wahl zu einer historischen Bedeutung erhoben", einzureichen, danach beliebige Werke eigener Erfindung zu liefern und keine „Arbeiten des artistischen Erwerbes" zu betreiben.[248]

Trotz der offiziellen Konkurrenz gingen beim Ministerium weiter Unterstützungsgesuche ein, z. B. von Landschaftsmalern, die sich nach den Statuten nicht beteiligen durften, für die jedoch der Aufenthalt im Süden keineswegs unwichtiger war als für die Historienmaler. In Italien konnte man, umgeben von Kunstaltertümern im klaren Licht des Südens, die Ausbildung vervollkommnen, dem Regelzwang der Akademie entgehen und sich ein Renommee erwerben, das nach der Rückkehr zum Kapital auf dem Kunstmarkt wurde.

5. Reisen

Hatten sich die Künstler durch die Grundlagen des akademischen Unterrichts durchgekämpft und einen freieren Umgang mit den künstlerischen Mitteln erworben, wuchs das Bedürfnis, die Kenntnisse auf Reisen anzuwenden, die „Kunstaltertümer" zu studieren und zugleich in Auseinandersetzung mit fremden Ländern die eigenen Überzeugungen zu überprüfen, zu erweitern und zu festigen. Auch der Berufsalltag wurde immer wieder durch Reisen unterbrochen, die schon wegen der langen Anfahrtszeiten mehrere Monate, manchmal sogar Jahre dauern konnten. Besuch bedeutender Kunstschätze − oft auch, um sie zu kopieren −, die Suche nach neuen, exotischen Sujets, die auf dem heimischen Kunstmarkt zu verwerten waren, Aufträge, auswärtige Ausstellungen und Ehrungen − all das konnten Anlässe zu Künstlerreisen werden, die nicht selten im künstlerischen Werk stilistische und thematische Umbrüche mit sich brachten. Diese Reiseziele waren vielfältig[249], und nur von den beiden wichtigsten soll hier die Rede sein, von Paris und Italien.

---

244 GStAPK Berlin, Rep. 76 Ve, Sekt. 17, Abt. V, Nr. 1, Bd. II, Bl. 57; Akademie ans Kultusministerium, 3.4.1834.

245 Ebd., Bd. III, Bl. 57−59.

246 Michael Beer, der 1833 starb, hatte in seinem Testament die Einrichtung des Stipendiums verfügt. 1836 wurde das Curatorium gebildet: PrAdK 132 (Statut); Ausschreibung mit Teilnahmebedingungen: Museum 4 (1836) S. 145 f.

247 GStAPK Berlin, Rep. 76 Ve., Sekt. 17, Abt. V, Nr. 1, Bd. II, Bl. 4.

248 Ebd., Bl. 144.

249 Vgl. Börsch-Supan, Deutsche Malerei 1988, S. 496−503 (Verzeichnis der Reiseziele der Maler außer Italien, Frankreich, den Niederlanden und Dänemark).

Manche Künstler suchten von Anfang an ihre eigentliche Ausbildung im Ausland. Nach allem, was zur Übermacht der französischen Kunst im 18. Jahrhundert gesagt worden ist, kann es nicht verwundern, daß Paris auch nach Reaktivierung der Berliner Kunstakademie 1786 ein attraktives Ziel für Kunstschüler blieb. 94 Preußen reisten 1780 bis 1840 an die Seine, 60 davon aus Berlin, 17 aus Düsseldorf.[250] Mindestens jeder zehnte Berliner Portraitmaler war zwischen 1820 und 1850 in einem Pariser Atelier tätig.[251]

Im 18. Jahrhundert war die Aufnahme in den Antiken- und Modellsaal der Pariser Akademie das Ziel vieler Eleven, doch seit 1787 bildete das Lehratelier des berühmten Klassizisten Jacques Louis David den Hauptanziehungspunkt. Auch nach der zwangsweisen Emigration des Malers, der in seinem monumentalen Staatsklassizismus Napoleon verherrlicht hatte und 1816 nach Brüssel ging, behielt das Atelier unter Atoine Gros bis in die späten zwanziger Jahre seine Anziehungskraft. Auch andere Künstler, wie z. B. Jean Auguste Dominique Ingres (1826–34), Louis Hersent und Paul Delaroche richteten Unterrichtsateliers ein, in denen ein strenges Studium nach dem lebenden Modell üblich war, das die Kunstschüler durch Studien in den gediegenen Museen der Stadt ergänzten.[252]

Dem Berliner Wilhelm Wach ging es 1816 auf, daß „ein wesentlicher Theil der Kunst hier so viel ausgebildeter ist als in Deutschland". In einem Brief an Friedrich Wilhelm III. brachte er jedoch zum Ausdruck, wie er „zugleich auch sehr lebhaft gefühlt habe, wie weit wir Deutsche dieses Volk noch in der Kunst übertreffen können und werden, sobald wir in Rücksicht größerer Unternehmungen uns selbst mehr vertrauen und das Studium der Natur mit mehr Fleiß und aus dem wahren Gesichtspunkt betreiben. Das einzige Mittel, das Wahre und Göttliche der Kunst auszudrücken, welches zu ahnden die innere Verdorbenheit diesem Volke nicht erlaubt."[253] Die durch die Befreiungskriege angestachelten Überlegenheitsgefühle verstärkten den Wunsch nach einem eigenen Nationalstil; eigenständige Strömungen bildeten sich jedoch stärker in der deutschen Kolonie Roms aus als im zersplitterten Deutschland selbst.

Vieles trennte die französische Malerei von der deutschen. Nicht vorsichtiges Lasieren, sondern pastoser Auftrag der Farbe, Mut zur Materialsprache kennzeichnete wichtige Strömungen in der Malerei, bei der – wie Ludwig Richter sich erinnerte – 'ungeheure Quantitäten von Farbe mit großen Borstenpinseln halbfingerstark aufgesetzt wurden', während die deutschen Landschaftsmaler über den Malkasten gebückt mehr zeichnend als malend in einem Linearstil den Umrissen bis ins Detail nachspürten.[254] Der monumentale Klassizismus Davids, die exotische Pracht, Grausamkeit und Erotik Delacroixs[255] – um hier nur Beispiele zu nennen – waren an französische Bedingungen gebunden. Im durch die Aufgabenstellung disziplinierten Portraitstil finden sich viele Parallelen. Die Wechselbeziehungen zwischen Berlin und Paris blieben während des ganzen Vormärz bestehen, französische Kunst erschien auf der akademischen Ausstellung in

250 Eigene Auszählung nach Beckers wichtiger Studie, Paris und die deutsche Malerei 1971, Liste 1. Aus Köln stammen weitere 7, aus der restlichen Rheinprovinz 5, aus Ostpreußen 5 Parisreisende. Von den insgesamt 94 preußischen Parisreisenden waren 37 auch in Italien. Beckers eigene statistische Auswertung (S. 16) zeigt, daß der größte Teil der Pariser Kunstschüler aus Berlin kam. 1760 – 1840 besuchten insgesamt etwa 320 deutsche Künstler die Stadt.
251 Gläser, Bildnis Berliner Biedermeier 1932, S. 132.
252 Becker, Paris und die deutsche Malerei 1971, S. 12–17. Die Studie gibt auch über stilistische Einflüsse umfassende Auskunft.
253 GStAPK Berlin, 2.2.1., Nr. 19827, Bl. 11 f. (22.2.1816).
254 Richter, Lebenserinnerungen ND 1980, S. 206.
255 Lankheit, Revolution und Restauration 1980, S. 129.

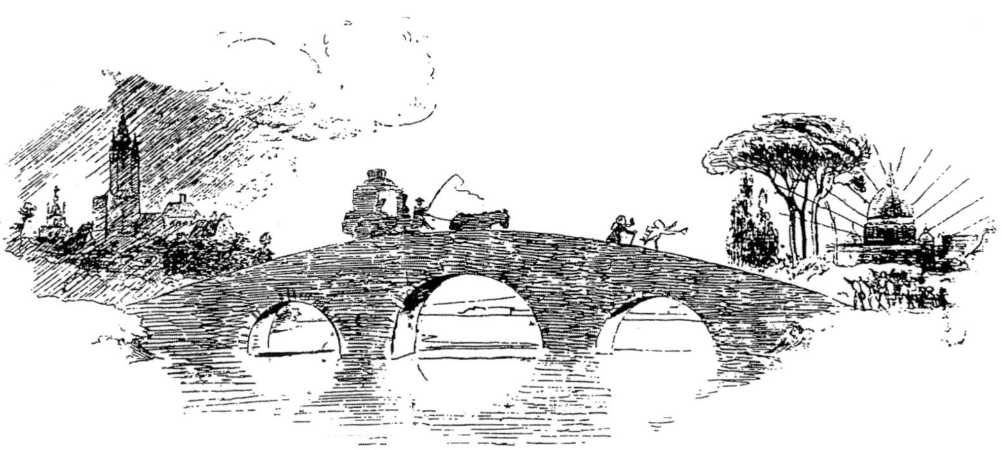

Abb. 12 Übergang über die Ponte Molle in Rom (Friedrich Noack, Das deutsche Rom, Rom 1912, Abb. 185).

der preußischen Hauptstadt ebenso wie in der Kunsthandlung Louis Sachses[256]; die Kontakte der Düsseldorfer dagegen waren eher sporadisch und haben in der Schule während der Schadow-Ära keine bleibenden Spuren hinterlassen.

War Paris die Elementarschule, so blieb Italien das Ziel der Sehnsucht. Als der Maler Friedrich Wilhelm Herdt 1823 beim König eine Reiseunterstützung beantragte, sprach er zugleich von der Erfüllung seines größten Glückes wie von der Hoffnung, durch Studien im Süden, „einst in die Zahl besserer Künstler aufgenommen werden zu können."[257] Die Konvention, die mit dem Romerlebnis den Durchbruch zum eigentlichen Künstlertum verknüpfte, war mit im Spiel, auch wenn in den Künstlerzeugnissen natürlich ideelle Motive im Vordergrund stehen. Die Romreise war für die höheren Stände im Vormärz eine Modepflicht.[258]

Die hohen Kosten der Fahrt nach Süden setzten dem Verlangen oft schwer überwindliche Schranken. Nicht nur das Reisegeld war aufzubringen, auch hohe Lebenshaltungskosten, die Gottfried Schadow 1816 mit jährlich mindestens 500 Talern bezifferte.[259] War ein Künstler nicht mit einem Stipendium ausgerüstet und reiste nur mit einem notdürftig zusammengesparten Reisegeld ab, drohte ihm die in Rom unter Künstlern übliche Verschuldung am Ort der Sehnsüchte, die nicht selten zur Abreise zwang.[260] So berichtet Karl Begas 1824 vom Maler Peter Rittig, der „vor einigen Monathen ein großes Bild angefangen, die Himmelfahrt Christi vorstellend, [...] eben seiner Lage wegen, dem Augenblicke entgegen sieht, wo er diese Arbeit, welche alles Gelingen verspricht, einstellen muß, um mit geborgten Mitteln Rom zu verlassen, und

---

256 Vgl. Kap. VI.4.

257 GStAPK Berlin, 2.2.1., Nr. 19627, Bl. 17f. (8.11. 1823) Das Gesuch des recht unbegabten Malers, der sich immer wieder mit Unterstützungsgesuchen an den König wandte, wurde abgelehnt.

258 Noack, Deutschtum in Rom I 1927, S. 402; trotz nationalistischer Interpretationen wegen der ausgezeichneten Quellenkenntnis des Verfassers und des systematischen Verzeichnisses der deutschen Romreisenden im 2. Band bis heute ein Standardwerk.

259 GStAPK Berlin, 2.2.1., Nr. 20030, Bl. 124; Unterstützungsgesuch Gottfried Schadows für seinen Sohn Wilhelm vom 10.5.1816.

260 Noack, Deutschtum in Rom I 1927, S. 499f.

anderswo eine vielleicht noch unsicherere Existenz aufzusuchen". [261] Es war durchaus üblich, daß der König die Italienreise bei vielversprechenden Talenten oder verdienstvollen Künstlern mit Aufträgen unterstützte. [262]

Über den Wert des Italienerlebnisses waren die Meinungen keinesfalls ungeteilt. „Künstler [...], deren mannigfache Talente noch nicht zur Sicherheit concentrirt sind, möchten in jener Wunderwelt leichter sich selbst verlieren, als finden, was sie suchen", warnte die Zeitschrift „Museum" 1833[263] Die Fülle der Kunstschätze verunsicherte so manchen, wie z. B. den Landschaftsmaler Wilhelm Ahlborn, der „durch das Schauen anderer, größerer Kunst recht kleinmütig" wurde und nur mit Angst an eine neue Arbeit ging. [264] Welche gewaltige Prägekraft aber das Italienerlebnis tatsächlich entfalten konnte, dafür ist Carl Blechen ein imposantes Beispiel, dessen nur knapp einjährige Reise in den Süden im Werk eine tiefe Spur hinterließ. [265]

Italien war der Ort, um „entbunden aller regelmässigen Studien, besonders einer so zwingenden Ordnung, als sie daheim ein akademischer Cursus auferlegte, frei von jeder Art von Aufsicht, seinem Hange und der Gunst des Augenblicks nachzugehen." [266] Die römische Künstlerrepublik wurde der Ort der Konzentration der Kräfte, der in Deutschland fehlte. Hier entwickelten die Nazarener das Ideal einer christlichen Kunst und einer nationalen öffentlichen Freskenmalerei, das nach 1820 die akademische Lehre zu durchdringen begann. Argwöhnisch beobachtete man im nüchternen Berlin die Entwicklung dieser Kunstrichtung, die dort nie richtig Fuß fassen konnte. [267] In einem Unterstützungsgesuch an den König äußerte Gottfried Schadow die Ansicht, sein Sohn Wilhelm sei in Rom „durch Kränklichkeit in eine religiöse Schwärmerei verfallen, so daß es ihm die wo[h]ltätigste Empfindung ist, biblische Gegenstände darzustellen", verknüpfte diese Bemerkung allerdings mit der Bitte für den Auftrag zu gerade einem solchen Bild. [268] Karl Begas wandte sich 1823 an seine Verlobte: „es scheint [...], daß man mich in Berlin zum aller vollkommensten Nazarener gemacht hat [...], doch sey außer Furcht, es ist nicht so". [269]

Auch wenn viele Italienfahrer am Tiber blieben, war das Künstlerleben doch von einem ständigen Kommen und Gehen überschattet. 1200 Künstler hat Friedrich Noack zwischen 1815 und 1848 dort gezählt, der jährliche Zuzug aus dem Norden betrug mindestens 30 und erreichte 1842 sein Maximum mit 54. 1845 waren in der ewigen Stadt 200 deutsche Künstler anwesend, darunter 155 Maler. [270] Politische Umbrüche haben die Reise in den Süden stark beeinflußt. Die Besetzung Roms durch die Franzosen 1798 bedrohte die deutsche Kolonie; zaghaft setzte in der unsicheren Zeit der napoleonischen Kriege der Besucherstrom im 19. Jahrhundert wieder ein und führte ab 1815 zu einer Blüte, die nach 1848 nicht wieder erreicht wurde.

Bei der Anreise studierten zwar die Künstler auch die norditalienischen Kunstschätze, doch die meisten wählten Rom als festes Standquartier, um im Sommer Ausflüge in die nähere und

---

261 GStAPK Berlin, 2.2.1., Nr. 19519, Bl. 49 f. (15.8.1824).

262 So z. B. beim Berliner Landschaftsmaler Wilhelm Schirmer, der für eine Italienreise 1845 „alles was ich vermochte zusammengespart hatte". Der Generaldirektor der Berliner Museen schlug eine Unterstützung durch zunächst zwei Bestellungen vor. GStAPK Berlin, 2.2.1., Nr. 19766, Bl. 23 u. 25.

263 Museum 1 (1833) S. 51.

264 Ahlborn, Erinnerungen 1925, S. 57.

265 Schuster (Hg.) AK Carl Blechen 1990, bes. 39−43.

266 Schreiben eines deutschen Künstlers aus Rom, in: Berliner Kunstblatt 2 (1829) S. 247−50, hier 247.

267 Geismeier, Biedermeier 1979, S. 88.

268 GStAPK Berlin, 2.2.1., Nr. 20030, Bl. 206 f. (25. 3. 1817).

269 Nationalgalerie Berlin, Autographen Karl Begas, 25.1.1823.

270 Noack, Deutschtum in Rom I 1927, S. 461−63.

weitere Umgebung, in die Albanerberge, die Pontinischen Sümpfe, nach Terracina, den Golf von Neapel, Pästum und Sizilien zu unternehmen. Schon die obligatorische Begrüßung eines Anreisenden durch ein Fest der römischen Künstler, für das sich ebenso feste Bräuche ausbildeten wie für die Verabschiedung,[271] integrierte die Fremden in die deutsche Künstlerkolonie. Einen Stützpunkt boten neben dem berühmten Café Grecco die Ateliers der ortsansässigen Größen, wie z. B. des Bildhauers Bertel Thorwaldsen. Auch die Häuser der zeitweilig am Ort lebenden Preußen, z. B. Caroline und Wilhelm von Humboldt, und die preußische Gesandtschaft mit ihrer eigenen Kapelle, die in der Hochburg des Katholizismus manchen vor den Verlockungen der durchaus nicht seltenen Konversion bewahrt haben mag, bildeten ein soziales Gefüge, das in ständiger Veränderung begriffen war.

Die künstlerische Arbeit entwickelte sich in der Spannung zwischen dem Studium vorbildhafter Kunstwerke und aktuellen Eindrücken. Gerade für Strömungen, die einem Rekonstruktionsideal nachstrebten und für die Raffael den Gipfelpunkt abendländischer Kunstentwicklung darstellte, waren die italienischen Museen von entscheidender Bedeutung. Hier kopierte man die Werke der alten Meister — oft im Auftrag der heimischen Mäzene, die für die eigenen Sammlungen Kopien keineswegs verschmähten und hohe Preise dafür bezahlten. Für die Landschafts- und Genremaler war die südliche Sonne (Abb. 12), die klassischen Motive in der Stadt selbst, die Anregungen des Umlandes und das Leben der Einheimischen Anlaß zur künstlerischen Arbeit.

Die Ausstellungsmöglichkeiten in der Stadt waren zunächst ungünstig. Schon das Lokal vermittle „einen schlimmen Begriff von unserer Kunst in Rom", bemängelte das Berliner Kunstblatt 1828. In einem kleinen unansehnlichen Häuschen in der Via Margutta würden in einigen niedrigen Zimmerchen die Arbeiten mit einer Anspruchslosigkeit zur Schau gestellt, die den meisten Künstlern „nichts weniger als eigen und natürlich" sei, das Licht sei ungünstig und manche Bilder wegen Armut des Urhebers nicht einmal anständig gerahmt.[272] 1829 erließen 58 Künstler, fast ausschließlich Deutsche und einige Skandinavier, den Aufruf zur Gründung eines Kunstvereins, um eine fortwährende Ausstellung der entstehenden Werke zu gewährleisten. Die daraufhin gegründete „Società degli Amatori e Cultori delle Belle Arti" verbesserte die Situation ab 1830.[273]

Dennoch blieben die materiellen Verhältnisse schwierig, die Künstler waren vom heimischen Kunstmarkt entfernt, und ein ausreichender Ersatz fand sich in der ewigen Stadt bei der großen Zahl der verweilenden Maler nur selten. Wenn die Stipendien ausgelaufen, die Aufträge abgewickelt, die Ersparnisse aufgebraucht waren, wurde es Zeit, in die Heimat zurückzukehren, um dort die eigenen Arbeiten auszustellen, zu verkaufen und nach den Italienerfahrungen, sozusagen dem Ritterschlag im Künstlerleben, in ein Amt zu streben. Carl Blechen, der Ende 1829 nach Berlin zurückgekehrt war, bewarb sich im Mai 1831 auf die Professur für Landschaftsmalerei an der Akademie mit dem Hinweis, er habe sich durch seine Ausbildungsreise nach Italien finanziell ganz erschöpft, er sei verheiratet, aber erwerbe wenig. „Unter diesen Umständen würde durch die wohlwollende Gewährung meiner Bitte mir ein neues Leben gegeben werden, um mit erneuerter Kraft mich dem eifrigsten Weiterstreben hingeben zu können, anstatt ich sonst in den kräftigsten Tagen meines Lebens mich meines bisherigen Strebens und guten Willens, mitten auf begonnenem Wege von Sorgen gedrückt entsagen müßte."[274]

---

271 Ausführlich dargestellt ebd., S. 506—25.
272 Kunstausstellungen in Rom, in: Berliner Kunstblatt 2 (1828) S. 23—32, hier: 23f.
273 Noack I 1927, S. 500—503.
274 Rave, Blechen 1940, S. 25f.

IV. Der Künstler im Beruf

1. Arbeitsorte

Wenn die akademische Ausbildung zu Ende ging oder ein Künstler eine längere Reise unternommen hatte, stellte sich die Frage nach dem Aufenthaltsort für die Zukunft. Viel Persönliches konnte ins Spiel kommen, Bindungen an die Heimatstadt z. B. oder Heiratsabsichten, doch boten sich in der preußischen Kunstlandschaft dennoch nicht allzuviele Orte zur Niederlassung an. „Das neuerwachte Leben in der bildenden Kunst, welches unserem Jahrhundert den Glanz eines Cincequento verheißt, sammelt sich bis jetzt noch an wenigen einzelnen Punkten unseres Vaterlandes", erklärte Franz Kugler 1833, „noch scheinen jene, zumeist erst jugendlichen Talente einer wechselseitigen Verbindung und Reibung zu bedürfen [...] Erst wenn der Sinn und ein lebendigeres Interesse für die Kunst auch in den mehr abgeschiedenen Provinzialstädten Wurzel gefasst und Zweige getrieben hat, dürfen wir uns einer wahrhaften, nationellen Kunstbildung rühmen."[275]

Die Hauptzentren waren die Akademiestädte Berlin und Düsseldorf. Selbst über die Lebensbedingungen in diesen Orten fiel das zeitgenössische Urteil keineswegs immer günstig aus. Der junge Wilhelm Wach zog in einem Brief 1816 einen vernichtenden Vergleich mit Paris: „Wenn bey uns beynah gar keine Schule vorhanden ist, sondern alles unter der kümmerlichen Protektion einer Akademie u[nd] bey ihrem dürftigen Schein, den die jüngeren Künstler schon gar nicht mehr gelten lassen können u[nd] wollen, vegetirt, so ist hier alles befördert, interessiert und aufgemuntert durch Gouvernement".[276] Schon zuvor waren Stimmen häufig, die Berlin ein Mißverhältnis zwischen seinem Status als Hauptstadt und seinem kulturellen Angebot attestierten. So sprach „Berlin", eine Zeitschrift für „Freunde der schönen Künste, des Geschmacks und der Moden", 1799 vom „Mangel an Reichthum", der sich im Fehlen jeder aufwendigen öffentlichen Lustbarkeit zeige, bei der Mehrheit der Einwohner sei − trotz Kunstakademie und Vorlesungen über Ästhetik, der 'Mangel an Geschmack innigst zu beklagen'.[277] Wer aus der Retrospektive schrieb, beeilte sich, eine 'erstaunliche Dürre, einen niederschlagenden Mißwachs' in den Künsten festzustellen, wie z. B. Gustav Friedrich Waagen 1844 über die Zeit vor Schinkels Wirksamkeit[278]. Die napoleonischen Kriege hatten die Entfaltung der Kunst gebremst und durch hohe Kontributionen die Stadt finanziell ausgeblutet. Der eigentliche Aufschwung folgte erst in

---

275 Andeutungen über Bildung des Kunstsinnes im Volk 1833, S. 83.

276 Nationalgalerie Berlin, Autographen-Sammlung, Wach Nr. 301; 14. 8. 1816.

277 Berlin. Eine Zeitschrift für Freunde der schönen Künste, des Geschmacks und der Moden, 1. Heft, Berlin 1799, S. 7−24, hier: S. 11 und 20.

278 Waagen, Schinkel 1844, S. 316. Raczynski nannte Berlin in Hinblick auf das erste Jahrhundertviertel eine „Wüste" (Franke, Publikum und Malerei 1934, S. 15), Betthausen, Künstlergemeinschaften 1986, S. 18 spricht davon, daß die Berliner Kunstakademie in einer Region gegründet wurde, „die in künstlerischer Hinsicht Ödland war." Nach dem Urteil Wilhelm Schadows, Jugenderinnerungen 1891, Nr. 736

den zwanziger Jahren mit der Ausweitung des Ausstellungswesens und der Gründung des Kunstvereins (1825). Die Bilanz, die Wilhelm Schadow nach seiner Rückkehr aus Rom nach 1819 zog, fiel ziemlich nüchtern aus: Dresden, so bemerkte er, sei wohl die einzige Stadt, „wo ein bildender Künstler gern leben möchte". „Es ist nicht zu leugnen, daß hier [in Berlin] vielleicht mehr in der Kunst geschaffen wird, insbesondere in Bezug auf Bildhauerei, jedoch ist es nur der Hof, von dem die bedeutenderen Arbeiten ausgehn, das übrige Publikum fragt meist nur für die Kunst der Bühne und viel schlimmer, für den Bauch. Wer ist 2 Tage in Berlin u[nd] sieht nicht ein, daß Soldaten u[nd] Bühnenkünstler" dominieren. Die Stadt erschien ihm „so eklig wie gewöhnlich".[279]

Trotz aller Klagen — die Aufträge des Hofes und die Existenz der Kunstakademie boten erhebliche Standortvorteile. Die Stadt wuchs schnell, von etwa 170000 Einwohnern um 1800 kletterte die Zahl bis 1850 auf über 400000[280]. Berlin war nach dem Urteil Ilja Miecks im Vormärz eine „Musenstadt inmitten von Reaktion und Zensur, von Wohnungsnot, von stinkenden Rinnsteinen und lärmenden Dampfmaschinen."[281] Die Maler stellten hier nur eine verschwindende Minderheit dar; im öffentlichen Bewußtsein weit weniger bedeutsam als die Bühnenkünstler und in der Konkurrenz mit den Architekten und Bildhauern unterlegen. George Gropius verzeichnete 1840 in einer Liste „in Berlin lebender Künstler" 106 Namen.[282] Das große Einwohnerpotential bot Möglichkeiten, sich zu etablieren, z. B. als Portraitmaler. Auch die zahlungskräftigen Sammler, die Bilder höherer Gattungen kauften, vermehrten sich.[283] 1830 eröffnete das Königliche Museum, dessen Bestände jedoch im Vergleich mit der berühmten Dresdener Galerie oder den Münchener Sammlungen bescheiden waren. Eine bedeutende Ausstellungsmöglichkeit für zeitgenössische Kunst fehlte, sieht man von den großen Akademieausstellungen, die in der Regel alle zwei Jahre stattfanden, ab. Es war schwer, ein größeres Atelier zu finden, wie viele zeitgenössische Klagen belegen.

In der wachsenden Stadt stellte sich auch zwischen den Künstlern selbst ein Kommunikationszusammenhang nicht so einfach her wie in Düsseldorf. Die Kunstszene war vielfältig, aber auch zersplittert: die klassizistische Malerei, romantische und nazarenische Ansätze und ein biedermeierlicher Realismus[284] existierten im Vormärz parallel, es mangelte — wie Franz Kugler 1834 kritisch bemerkte, „an einem gemeinsamen, grossartigeren Mittelpunkte, an einer vorherrschenden Hauptrichtung".[285]

Ganz anders entwickelten sich die Dinge in Düsseldorf. Mit etwa 20.000 Einwohner um 1800, die sich bis 1850 verdoppelten, blieb die Stadt überschaubar.[286] Wilhelm Schadow gelang es

---

war die Malerei in Berlin bei seiner Rückkehr „in einem kläglichen Zustand, demgemäß die Kritik milde".

279 Nationalgalerie Berlin, Nachlaß Wilhelm Schadow, Nr. 251, o.D.
280 Ingrid Thienel, Städtewachstum im Industrialisierungsprozeß des 19. Jhs. Das Berliner Beispiel, Berlin 1973, S. 369. Zur Problematik genauer statistischer Angaben: Mieck, Berlin 1806—1847, 1988, S. 478f.
281 Berlin 1806—47, 1988, S. 538.
282 Centralblatt der deutschen Kunstvereine 2 (1840) S. 98—100.
283 Vgl. Kap. VI.4.c.
284 Klaus Lankheit, Über den frühen Realismus in Deutschland 1800—1850, in: AK Der frühe Realismus 1967, S. 25 spricht von den günstigsten Bedingungen, die in Deutschland für diese Kunsrichtung Berlin bot.
285 Franz Kugler, Privatsammlung Wagener 1834, S. 232.
286 Most, Geschichte der Stadt Düsseldorf II 1921, S. 18 nennt folgende Zahlen: 1801: 19 532; 1849: 40.412 Zivilpersonen. Weidenhaupt, Düsseldorf 1806—1856, 1988, S. 452: 1816: 22.675; 1853: 44.307.

zunächst, in der Akademie und in seinem Haus den Zentralisationspunkt zu bilden, der in Berlin fehlte. Die Stadt bot vielerlei kulturelle Anregungen. Immermanns Musterbühne (1834–1837), ein reges Musikleben – 1833–35 unter der Leitung von Felix Mendelssohn-Bartholdy – mit den Niederrheinischen Musikfesten ab 1818 gaben Impulse. Die bedeutende Galerie allerdings, die Anregungen vermittelt hätte, war der Stadt durch Verlegung nach München verlorengegangen. Für Kunstreisen nach Belgien, einem an Kunstschätzen reichen und in der aktuellen Kunstszene durch die Antwerpener Malerschule wichtigen Land, war der Standort günstig. Durch die Anwesenheit des Prinzen Friedrich im Schloß Jägerhof ab 1821 fiel auch auf die Kunstschule ein Abglanz höfischer Gunst, der sich in Einladungen zu Festen und Aufträgen niederschlug.

Das attraktive Angebot, ein Meisteratelier in der Akademie zu behalten, band viele Maler auch nach ihrem Studium an die Stadt. Die Kleinräumigkeit förderte den Zusammenhang der Künstler, die sich nicht selten sogar bei Gemälden gegenseitig halfen. Die Stadt hatte „einen eleganten Verkehr", war „nicht lärmend und handeltreibend", und eine verhältnismäßig große Zahl von Reisenden kam „nur aus geistigen Interessen", wie Schadow sich erinnerte, der den Boden günstig fand „zur Entwicklung eines Kunstinstituts."[287] Ein Abstecher auf einer Rheinreise bot sich für Touristen an, die Dampfschiffe der 1836 gegründeten stadteigenen Gesellschaft verkürzten die Wege in den Süden, und der Ausbau der Eisenbahnnetze in den vierziger Jahren verband die Stadt mit Elberfeld (1841), Köln (1845), Hannover und Berlin (1848). Der Kunstverein für die Rheinlande und Westfalen[288] schuf ab 1829 mit seinem erheblichen Finanzbestand für die zunächst relativ geringe Künstlerzahl gute Existenzbedingungen. Durch seine Kunstversendung erschloß er den überregionalen Kunstmarkt. Doch in den vierziger Jahren zeigten sich deutliche Wachstumsgrenzen. Immer mehr ehemalige Kunstschüler bevölkerten nun als niedergelassene Maler die Stadt und machten sich Konkurrenz. 1848 verzeichnete die Einkommensteuererliste der Stadt 71 Maler, 2 Zeichenlehrer, 6 Bildhauer und acht akademische Lehrer, 2,4 % der veranschlagten Steuerpflichtigen.[289]

„Außer denjenigen Künstlern, welche als Lehrer an der hiesigen Akademie beschäftigt sind oder als Schüler die verschiedenen Klassen benutzen, hat eine nicht unbeträchtliche Anzahl von Malern Düsseldorf zum Aufenthaltsorte gewählt", stellte der Regierungspräsident 1853 in einem Bericht fest. „Sehr viele derselben sind früher Schüler der Akademie gewesen und stehen noch fortwährend mit dem Direktor und den Lehrern derselben in Verbindung. Außerdem ist das hier obwaltende, durch die Akademie, den Kunstverein und andere Umstände hervorgerufene Kunst-Interesse, so wie die sich darbietende Gelegenheit zum Verkehr mit Kunstgenossen, Meistern und Schülern sich in der Kunst zu fördern, und die geschaffenen Werke auszustellen und zu verwerthen, was viele ausgezeichnete Künstler an den hiesigen Ort knüpft. Bei Manchen kommen noch Familien-Verhältnisse und andere gesellige und freundschaftliche Verbindungen hinzu; bei nicht wenigen mag aber auch der Mangel an erforderlichen Mitteln, sich anderswo fortzuhelfen und zu unterhalten, die Ursache sein, daß sie in hiesiger Stadt, wo sie bei Eltern oder Verwandten ein Unterkommen haben, fortwährend verweilen."[290]

Das von Helmut Börsch-Supan zusammengestellte Verzeichnis der „Maler außerhalb der

---

287 Schadow, Jugend-Erinnerungen 1891, Nr. 755, S. 2.
288 Vgl. Kap. VI.1.c.
289 Verzeichnis Einkommenssteuer Düsseldorf 1848.
290 HStA Düsseldorf, Reg. Düsseldorf, Präs. 1547, Bl. 48–52, hier: 48R-49; Bericht an das Kultusministerium vom 20.8.1853.

Hauptzentren" zeigt weitere Ansiedlungsschwerpunkte auf.[291] Eine wichtige Künstlerstadt in der Rheinprovinz war neben Düsseldorf Köln. 1836 verzeichnete Raczynski dort 15 Künstler.[292] Der 1839 gegründete Kunstverein belebte den Absatz und versuchte, durch seine Statuten die Übermacht der Düsseldorfer Schule einzudämmen. Aachen, Bonn, Koblenz, auch Münster in Westfalen hatten eine geringere Zahl an ortsansässigen Künstlern. Im Osten Preußens war die Kunstlandschaft noch dünner besiedelt. 1838 schrieb der Architekturmaler Johann Karl Schultz, Direktor der Danziger Provinzialkunstschule, an einen Düsseldorfer Freund: „mein Gebundenseyn am Orte und Alleinstehn ohne allen Geistesaustausch verwandter Menschen ist mir umso drückender, da ich seit einer langen Reihe von Jahren und in so hohem Grade besseres gewohnt bin, sowohl während meines Aufenthaltes in Rom, als auch in München und Berlin. Die größte Sehnsucht bleibt immer für Rom in meinem Herzen und ich wäre längst aus der Festung entsprungen, wenn meine Frau und fünf Kinder nicht so starke Ketten wären, die sich nicht sprengen lassen."[293]

Das wohl wichtigste Zentrum des Ostens war Breslau.[294] Auch in Schlesien erwachte nach Aussage des Kunstvereins ein „regeres Kunstleben, [...] wenn auch langsamer als an anderen Orten, wo Akademien und alle Arten von Kunstanstalten immer günstiger einwirken".[295] Eine eigene Kunstakademie wollte der Vorstand zwar nicht fordern, doch wünschte er sich, „daß es unseren nun auch im größeren Verhältnisse berühmten Landsleuten, einem Lessing, Hübner, Mücke u. a. gefallen möge, sich ihrem Vaterlande zuzuwenden und dort mit Beispiel und Unterricht voranzugehen."[296] Den mittlerweile bekannten Schadow-Schülern gefiel es allerdings keineswegs, die Düsseldorfer Schule zu verlassen, und so mußte sich der Breslauer Kunstverein auf Bestellungen in der Ferne beschränken. Preußen wurde durch das Versendungswesen der Vereine als einheitliche Kunstlandschaft überhaupt erst vorstellbar. Die kleineren Provinzstädte schlossen sich den Versendungszyklen an und kamen dadurch in den Genuß der Düsseldorfer und Berliner Meisterwerke, die Meister aber blieben fern.

2. Themenwahl

Nicht nur die Wahl des Arbeitsortes modellierte die Lebensläufe; für die praktische Ausübung des Berufes war die Entscheidung für bestimmte Themen von entscheidender Bedeutung. Die Kunstakademien vermittelten den Schülern die herkömmliche Hierarchie der Gattungen, der Kunstmarkt, den das Publikumsinteresse regulierte, legte freilich ganz andere Wertungen nahe.

Die idealistische Staffelung der Themen hat Wilhelm Scholz 1847 in einer satirischen Darstellung vorgeführt (Abb. 13): An der Spitze steht die Historienmalerei, darunter rangieren die Szenen aus dem Alltag, das „Genre", die Landschaft, das Seestück — hier angeführt als ein Beispiel für eine Fachmalerei, die sich mit recht speziellen Sujets beschäftigte.

---

291 Börsch-Supan, Deutsche Malerei 1988, S. 563—72.

292 Raczynski, Geschichte neuere deutsche Kunst I 1836, S. 273—81.

293 Heine-Institut Düsseldorf, Brief an Robert Reinick vom 26.3.1838.

294 AK Schlesien Biedermeierzeit 1987, S. 96—157.

295 GStAPK Berlin, Rep. 76 Ve, Sekt. 8, Abt. IV, Nr. 1, Bl. 3 f.; Gründungsvorstand des Breslauer Kunstvereins am 12.12.1827.

296 Dr. Ebers, Über die Bildung eines freien Kunstvereins für Schlesien, Breslau 1832 (in der gleichen Akte, Bl. 9—26), S. 22.

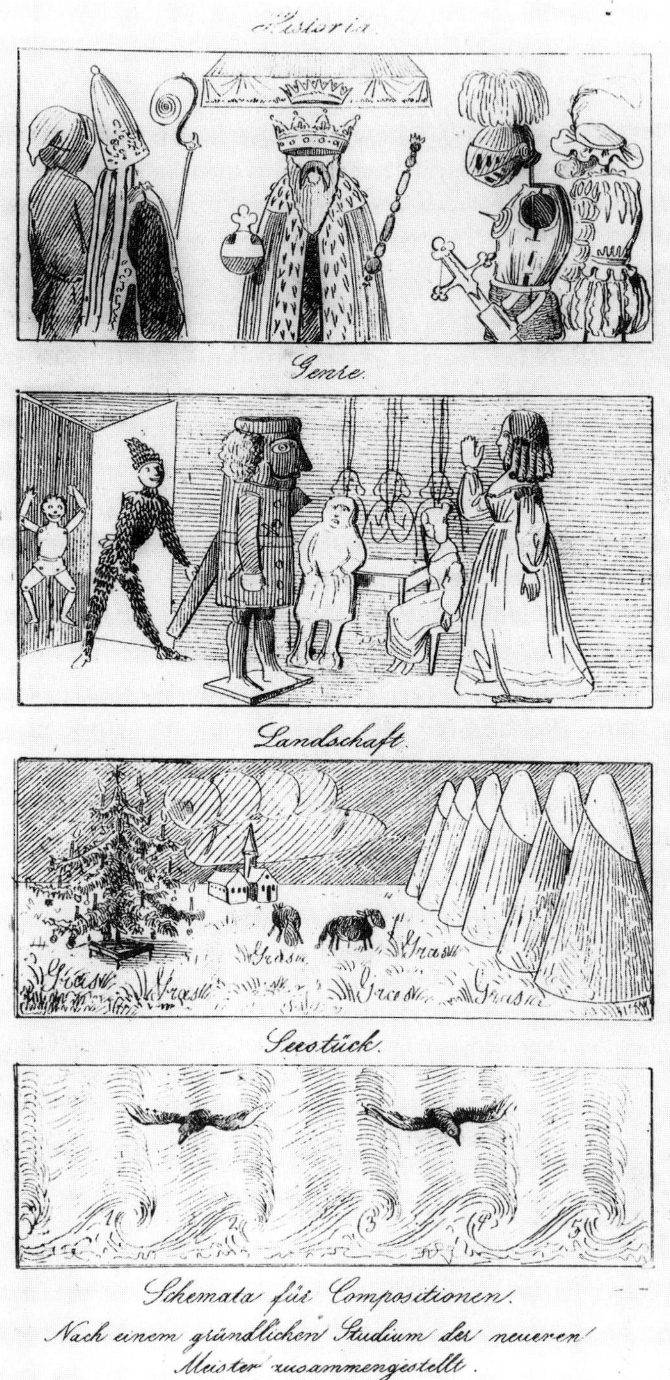

Abb. 13 Wilhelm Scholz, Schemata für Compositionen. Holzschnitt, 1847.

Ein besonderer Lehrstuhl für Genre- und Landschaftsmalerei sei überflüssig, erklärte Peter von Cornelius 1825 Ludwig I. in München: „die Gattungsmalerei ist eine Art von Moos und Flechtengewächs am großen Stamm der Kunst".[297] Ein Kunstschüler lernte auch in Preußen früh, daß, wer dem höchsten Ziel zustrebte, sich mit der biblischen oder profanen Geschichte zu beschäftigen habe.[298] Große Formate, mit Erfindungsgeist komponiert, schwierig durch die Verbindung von Figuren und Landschaft, zudem durch Transponierung in eine andere Zeit, für das Publikum meist schwer verdaulich, hoch in der Achtung, wenn auch — gemessen an der Arbeitszeit — nicht immer im Preis, das waren Merkmale der Historienmalerei. Sie bildete in der Hierachie, die die Pariser Akademie im 18. Jahrhundert kanonisiert hatte, die vornehmste Gattung und wurde von der Kunstkritik im Vormärz in ihrem Rang verteidigt. Durch die Präsentation im öffentlichen Raum, z. B. als Fresken in Schulen, Rathäusern, Museen und Residenzen,[299] kamen den Historienbildern eine oft gerühmte Bedeutung für die Kunstverbreitung zu. Hier wurden am ehesten die Versuche nationaler Sinnstiftung unternommen, von denen anfangs die Rede war. Die Blüte der historischen Wissenschaften verlieh auch der Darstellung der Geschichte einen hohen Rang. „Die Hauptgattung der Malerei ist die Historienmalerei", bemerkte Johann Hermann Detmold 1834 satirisch. „Nach dieser muß der Kunstkenner eine ungeheure Sehnsucht zu empfinden scheinen und die Abnahme der historischen Bilder sehr bedauern."[300]

Wilhelm von Schadow vergaß vielleicht etwas zu sehr seinen eigenen Anteil an der Entwicklung, wenn er über die jungen Talente urteilte: „In der bildenden Kunst beginnen sie mit dem jüngsten Gericht oder dem trojanischen Kriege, in der Poesie mit dem Trauerspiel und dem Heldengedicht. Daran läge auch nichts, wenn sie nur nicht verlangten, daß die besonnene Menschheit es ansehen, lesen oder sogar kaufen sollte." Ständig legte er doch seinen eigenen Eleven die Überlegenheit der historischen Sujets nahe. Er setzte fort: „Nach zehn Jahren kann man sie allerdings wohlfeiler haben. Der Maler ernährt sich von Genrebildchen, Landschäftchen oder Porträts (und ich schätze ihn keineswegs gering, wenn sie gut sind) [...] Die arge Presserin, die Noth, zwingt diese Leute meist in die ihnen von der Natur angewiesenen Schranken zurück."[301]

Unter hundert Talenten brächten fünfundsiebzig eine gute Landschaft zustande, fünfzig ein hübsches Genrebild oder Portrait, „und wenn 3 für Götter und Helden darunter sind, so ist es viel."[302] Nicht alle Schüler also ließen sich zu Historienmalern machen. In einer Übersicht führt Graf Athanasius Raczynski für das Jahr 1834 folgende Angaben über die gewählten Kunstfächer von 140 Eleven der Kunstakademie Düsseldorf an: bei 19 ist die Wahl noch unbestimmt, 31 studieren im Historienfach, die Mehrheit der Schüler ist mit niederen Gattungen eingetragen: sie malen Bildnisse (37), Landschaften (31), Genre (15), zum Teil in Verbindung mit Portraits (3), Tiere, Blumen und Stilleben (4).[303]

Dem Historienmaler haftete im Vormärz der Nimbus des Überlegenen an. Wer hier einmal

---

297 Briefentwurf Ende 1825, Heine-Institut Düsseldorf.
298 Mit zahlreichen Beispielen der Düsseldorfer Schule: Chapeaurouge, Geschichtsmalerei 1977.
299 Zu den öffentlichen Bildprogrammen im 19. Jahrhundert im Überblick: Wagner, Allegorie und Geschichte 1989.
300 Detmold, Kunstkenner 1834/ 1955, S. 28.
301 W. Schadow, Düsseldorfer Malerschule 1845, S. 58.
302 W. Schadow, Aus den Papieren 1911, S. 179.
303 Raczynski, Geschichte neuere deutsche Kunst I 1836, 113—18 [eigene Auszählung].

Erfolg gehabt hatte, tat sich schwer mit einer Umorientierung. So schrieb Raczynski über den Maler der Fresken in der Aula der Bonner Universität, Jacob Götzenberger: „Der Kreis, in welchem er sich bewegt, und zu welchem ihn seine Neigung vielleicht eben so sehr wie das Beispiel und die Lehren des Cornelius getrieben haben, liegt sehr hoch; es ist die Geschichtsmalerei; der Styl in seiner ganzen Großheit, umfassende Darstellungen, Frescogemälde."[304] Götzenberger erhielt einen Ruf nach Mannheim, aber keinen Auftrag: „kleine süße Bilderchen will ich nicht malen, lieber Kartoffeln essen und nach etwas Großem streben", schrieb er von dort 1836 an Kultusminister Altenstein: „wie glücklich wäre ich wenn ich je wieder unter dem Schutz Eurer Exzellenz etwas Großes auszuführen bekäme".[305]

Wie im Abschnitt über das Ausstellungswesen und die Kunstvereine näher belegt wird, war die Historienmalerei trotz ihrer Hochschätzung dennoch keineswegs die verbreitetste Gattung. „Die historische Seite der Kunst muß mit Wort u[nd] That verfochten werden, sonst wischt man sie mit dem großen Genreschwamm gänzlich weg", bemerkte Hofmaler Wilhelm Hensel 1837, der in seinem Unterrichtsatelier die traditionelle Wertung aufrecht erhielt. „Was soll man endlich mit den jungen Talenten anfangen, um sie für die Historie als das Schwerste und Höchste auszubilden?" Sein Schüler Ludwig Rosenfelder, der spätere Direktor der Königsberger Kunstakademie, hatte eine vielversprechende Skizze gemacht. „Aber der Mensch ist arm, wie soll er solch ein Bild auf eigene Gefahr, bei der jetzigen Moderichtung unternehmen."[306] Das kollektive Mäzenatentum der Kunstvereine oder die Huld des Monarchen oder anderer reicher Sammler war notwendig, um diese Gattung am Leben zu erhalten.

Die kleinformatigere, populärere Malerei eroberte unaufhaltsam den Kunstmarkt. „Genre" war in einer allgemeinen Bedeutung der Gegenbegriff zur Historienmalerei. Diderot hatte im 18. Jahrhundert die Genremaler als Gattungsmaler definiert, „die sich mit nichts als Bäumen, Früchten, Thieren, Wäldern, Bergen, Forsten beschäftigen", aber auch „als Diejenigen, die ihre Scenen aus dem häuslichen gemeinen Leben entlehnen".[307] Diese doppelte Bedeutung verlor sich auch in der schwankenden Begriffsverwendung im Vormärz nicht[308]: im allgemeinen Sinn war alles unhistorische genrehaft, der engere Genre-Begriff bezeichnete aber Szenen aus dem Volksleben, die meist eher von bürgerlichen Wunschbildern als von realen Gehalten geprägt waren. So schreibt Ludwig Pietsch über die Darstellungen des Berliner Malers Eduard Meyerheim: „Es ist, als ob diese Wirklichkeit, sobald er sie in sich aufgenommen, in eine klare, stille, friedliche Fluth eingetaucht worden wäre, die alles Widerwärtige, Harte, Finstere, alle Spuren des Druckes von Noth und Arbeit, des Neides und aller anderen bösen Leidenschaften von ihr genommen hätte".[309] Eine sozialkritische Spiegelung der Gegenwart im Genre blieb die Ausnahme und verlor sich nach 1848 mehr und mehr.

Wer sich als Maler für die Bearbeitung niederer Fächer entschied, hatte zwar mit weniger Ehre, aber größeren Verkaufschancen zu rechnen. Die kleinformatigeren Bilder mit populären Themen, die auch potente Sammler keineswegs verschmähten, ließen sich in kürzerer Zeit malen

---

304 Ebd., S. 309; zu den Bonner Fresken: Wagner, Allegorie und Geschichte 1989, S. 45−63.

305 Staatsarchiv Bamberg, Nachlaß Altenstein, G 36 Nr. 2435. Brief vom 20. 11. 1836.

306 Nationalgalerie Berlin, Autographensammlung, Brief vom 22.3.1837 an einen „Gönner und Freund", Kunstverein Stettin.

307 Denis Diderot, Versuche über die Malerey, Übersetzt von Carl Friedrich Cramer, Riga 1779, S. 125f.

308 Zum Genre: Teske, Genremalerei im Vormärz, Diss. 1976; Immel, Genremalerei, Diss. 1967 (241−309 zu Düsseldorf); Gohr, Rheinische Genremalerei 1979.

309 Meyerheim, Selbstbiographie 1880, S. 11.

als die Historiengemälde und entschädigten so den Künstler für den Verlust von symbolischem Kapital. Im unteren Teil der Gattungshierarchie zerfiel die Malerei in Fächer. Den Malern brachte zwar die Spezialisierung − etwa auf Jagdstilleben, Früchte und Blumen − den Makel der „Fachmalerei", doch zugleich war eine solche Einschränkung als eigene „Kennung" auf dem Kunstmarkt von Wert.

„Diese Gattung der Malerei ist jetzt die am besten und reichsten ausgefüllte", bemerkte das Allgemeine Organ für die Interessen des Kunsthandels 1841 über Landschaften und See-stücke.[310] Alltägliche Szenen mit ihrer Bindung an spezielle Szenen, humoristische und sentimentale Effekte verbrauchten sich schneller als Landschaftsdarstellungen mit ihrer allgemeinen Aussage.

Die größte Zahl der Aufträge fiel ins Portraitfach, das für die Maler der gesellschaftlichen Elite Prestige mit sich bringen konnte, aber meist keine höheren Weihen versprach. Wilhelm Schadow, der doch immerhin die beste Berliner Gesellschaft im Bildnis festhielt, sah sich 1821 „den oft sehr drückenden Launen der Personen, die ich male, *in einem Grade* bloßgestellt, die dem Künstler endlich alle Lust und Liebe zu seinem Fache vernichten müssen." Das stete und ununterbrochene Portraitieren vernichte den dichterischen Sinn. „Historische Arbeiten, die ohnehin selten vorkommen, werden aber so bezahlt, daß, wer nicht sonst eine Beihilfe hat, nicht Zeit genug gewinnt, sie gut auszuführen."[311]

---

310 1. Jahrgang, S. 109.
311 Brief an Kultusminister Altenstein vom 6.3.1821, GStAPK Berlin, Rep. 76 Ve, Sect. 4, Abt. XV, Litt A, Nr. 30, Bl. 1−2.

V. Der Einfluß von „Hof und Staat"

Nach seiner Rückkehr aus Rom wandte sich der Historienmaler Wilhelm Wach 1821 entschuldigend an den Kabinettsrat Albrecht, um sich zum Termin der Fertigstellung eines Altarbildes für eine Moskauer Kirche zu äußern: er habe einige kleine noch in Italien bestellte Bilder neben dieser großen Arbeit verfertigt, die er nicht gut habe ablehnen können, „da man so im Publicum den Glauben hat ich arbeite nur für Sr. Majestät, u[nd] nehme keine Arbeiten an, ein Glauben der mir künftig einmal schaden könnte, da Sr. Majestät ganz allein mich doch nicht immer beschäftigen kann und wird, und ich auf diese Weise ganz mit dem Publicum auseinander käme."[312]

Der Maler wollte nach beiden Seiten flexibel bleiben: offen für Aufträge von „Hof und Staat", aber auch für ein breiteres Publikum, das ihm mit dem Ankauf von kleinformatigeren Bildern ein Einkommen sichern konnte. Auch wenn der Vormärz eine Zeit der Verbürgerlichung der Künste war, die sich z. B. in der Gründung von neuen Museen, dem Anwachsen der Besucherzahlen in den Kunstausstellungen und in der Gründung von Kunstvereinen niederschlug, blieb doch das königliche Mäzenatentum auf dem Kunstmarkt von erheblichem Gewicht. Wie sehr ein Monarch die Kunst seiner Zeit prägen konnte, das zeigte Ludwig I. in München, dessen systematische Kunstpolitik während seiner Regierungszeit (1825–1848) nicht nur das architektonische Aussehen der Hauptstadt veränderte, sondern auch die Malerei in den Dienst der Versittlichung des Volkes und Vermehrung des „deutschen Sinnes", der Glorifizierung des Königstums und künftigen Andenkens an seine Person stellte.[313] Diese Vorgaben, verbunden mit Eingriffen in Motivauswahl und Komposition, gekoppelt mit der Bereitschaft zu großen Ausgaben, erwiesen sich als ein wichtiger Faktor der Kunstlenkung in Bayern.

In einer Zeit, in der die Legitimität der monarchischen Herrschaft „von Gottes Gnaden" vom aufstrebenden Bürgertum zunehmend kritisiert wurde, sollten die kulturellen Überhöhungen des Königtums die alte Regierungsform stärken. Auch Friedrich Wilhelm IV. berief sich auf die altständischen Ideale und Traditionen und stellte in seinen Plänen für ein Camposanto in Berlin die Künste in den Dienst der Hohenzollernverehrung. Da aber die preußische Regierung alle Erhöhungen der Staatsausgaben zu vermeiden suchte, waren der Kunstförderung im Interesse einer staatstragenden Idee enge Grenzen gesetzt. Auch der Wille, ein Programm zu formulieren und mit Entschiedenheit durchzusetzen, fehlte. Es blieb bei einigen Vorgaben für den Kunstbetrieb, die den Künstlern eine Richtung geben sollten, in der Praxis aber keine nachhaltige Prägekraft entfalten konnten.

---

312 GStAPK Berlin, 2.2.1., Nr. 19827, Bl. 42–43. (27.5.1821)
313 Gollwitzer, Ludwig I. 1986, S. 745–65.

1. Kunst und Gewerbe: Die Reaktivierung der Künstlerförderung im eigenen Land

In der Zeit des Protektorats des Freiherrn von Heinitz (1786–1802) blieb die Förderung des Handwerks durch die Pflege der Künste ein entscheidendes Paradigma. Mit dem merkantilistischen Argument der Gewerbeförderung hatte er das Mißtrauen Friedrichs II. „gegen die vaterländischen Werke"[314] überwunden und die Kunst in den Dienst der Gemeinnützigkeit gestellt.[315] Auch in der Regierungszeit Friedrich Wilhelms II. (1786–97), für den Gemälde nur eine untergeordnete Rolle spielten, der aber luxuriöses Kunsthandwerk schätzte[316], blieb diese Orientierung erhalten. Durch die „thätige Teilnahme" dieses Königs sah die Kunstakademie ihren „Wirkungskreis zur Verbreitung des guten Geschmacks" erweitert und definierte sich als „Depot desselben, für die nördlichen Gegenden".[317]

Trotz der Gründung von Provinzialkunstschulen, des Unterrichts für Handwerker durch Mitglieder der Kunstakademie in Berlin und der Aufgabe des akademischen Senats, in seinen Sitzungen auch Fabrikate aus Manufaktur und Gewerbe zu beurteilen, hatte der Auftrag zur Gewerbeförderung den Nachteil, daß er der akademischen Hochkunst keine eigene Perspektive eröffnete. „Bei der Untersuchung, durch welche Mittel der Geschmack einer Nation am sichersten gebildet werde, erscheinen die Kunstwerke selbst, als das erste und wirksamste von allen", erklärte die Akademie im Ausstellungskatalog 1806[318]. „Längere Gewohnheit des Genusses der vollkommneren Kunsterscheinungen läutert die Fertigkeit des Geschmacks." Das war eine recht doppeldeutige Argumentation. Nach einer schwer nachvollziehbaren „Sickertheorie" sollte die Kunst die Gewerbe dadurch fördern, daß sie nach ihren eigenen Gesetzmäßigkeiten Werke hohen Rangs hervorbrachte.

1817 äußerte sich Peter Beuth, der zwei Jahre später Direktor der „Technischen Deputation für das Gewerbe" wurde, kritisch: „Es ist ein Fehler, daß die Kunst- und Handwerksschulen zunächst von der Akademie der Künste ressortiren, deren Senat aus bloßen Malern, Kupferstechern und Bildhauern besteht, die weder von Handwerken noch am wenigsten etwas von der Verwaltung verstehen, und glauben, alles sey mit der freyen Handzeichnung und dem Bossiren [Modellieren; J.G.] geschehen".[319] Die „Vorbilder für Fabrikanten und Handwerker"[320] erscheinen ab 1821 unter reger Beteiligung des Architekten Karl Friedrich Schinkel unter Beuths Aufsicht und nicht als Projekt der Kunstakademie, wie noch das „Elementar-Zeichenwerk" zum Gebrauch in den Kunst- und Gewerkschule (1803–1806).[321] Dieser Vorgang zeigt deutlich, daß das Paradigma der Gewerbeförderung die akademische Kunst nur noch am Rande beschäftigte.

---

314 Schadow, Kunstwerke und Kunstansichten 1849 ND 1987 I, S. 14; vgl. Börsch-Supan, Friedrich des Großen Umgang mit Bildern 1988.

315 Der „Zielpunkt der Gemeinnützigkeit" wird immer wieder in der Monatsschrift der Akademie der Künste und mechanischen Wissenschaften zu Berlin beschworen, z. B. von J.C. Frisch (1 (1788) S. 67–75) in seinem „Fragment über die Idee, eine Akademie der Künste in Bezug auf Fabriken und Gewerke gemeinnütziger zu machen."

316 Börsch-Supan, Kunst in Brandenburg-Preußen 1980, S. 173.

317 Kataloge Akademie 1788, S. A2.

318 Kataloge Akademie 1806, S. IIIf.

319 Straube, Gewerbeförderung Preußens 1933, S. 16.

320 Hg. auf Geheiß des preußischen Ministers für Handel, Gewerbe und Bauwesen, Berlin 1821–1837.

321 Akademie der Künste zu Berlin (Hg.), Elementar-Zeichenwerk 1803–06.

2. Kunst und Vaterland: Friedrich Wilhelm III.

„Ihren erhabensten Zweck erreicht die Kunst, indem sie Geschichten der Vorwelt vor unser Auge stellt, und edle Vaterlandsliebe in unsrer Brust entflammt", erklärte die Kunstakademie 1793, während Preußen im ersten Koalitionskrieg gegen Frankreich im Feld stand.[322] Bernhard Rode, ab 1783 Direktor der Berliner Kunstakademie, hatte schon ab 1757 einen Zyklus zur brandenburg-preußischen Geschichte gemalt, doch ihm fehlten dafür höfische Aufträge, und die Skizzenhaftigkeit seiner Malweise wirkte zunehmend anachronistisch.[323] Daniel Nikolaus Chodowiecki griff in zahlreichen Radierungen die Geschichte des Landes auf, doch erst Friedrich Wilhelm III. propagierte die Bedeutung solcher Themen für die Belebung des Kunstinteresses. Weit eher als durch Gegenstände der alten Mythologie und Geschichte, äußerte er in einer Kabinetts-Ordre 1799, würde die Teilnahme des Publikums für die Werke der Kunst belebt, „wenn Gegenstände der vaterländischen Geschichte, welche reichen Stoff dazu bietet, besonders für die Historien-Maler und Zeichner ausgesucht würden."[324] Diese Formulierung, mit der der Monarch dem Kurator der Akademie nahelegt, den Künstlern Themen zu stellen, zeigt eine Tendenz zur Kunstlenkung. Der König stellt in Aussicht, „wenn etwas Vorzügliches und Vollendetes zur Ausstellung geliefert wird, einige der beifallswürdigsten Stücke, für meine eigene Rechnung an Mich zu behalten."

Freuen müsse man sich, „auch hier seinen geliebten König thätig zu finden, die Kunst zu befördern, und den Künstler zu leiten", las man im gleichen Jahr in „Berlin. Eine Zeitschrift für die Freunde der schönen Künste, des Geschmacks und der Moden"[325]. Durch vaterländische Themen würde die Kunst „ein vorzügliches Mittel den Patriotismus zu wecken und Gemeingeist zu befördern". Die Kunstakademie zeigte sich zumindest verbal auch gleich bereit, die monarchischen Vorstellungen in die Tat umzusetzen: „Indem die Kunst den erwünschten Befehl Friedrich Wilhelm des Dritten vollzieht, und sich dem Vaterlande weiht, tritt sie dem Herzen eines glücklichen Volkes um so näher, und darf um so gewisser auf Anerkennung ihrer Bemühungen rechnen."[326] Noch 1806 erklärte das Kuratorium, „daß, besonders die vaterländischen [...] Künstler, sich angelegen seyn lassen werden, bey Bearbeitung der von ihnen ausgestellten Kunstsachen der patriotischen Intention Seiner Majestät des Königs nach äußersten Kräften zu entsprechen und sich dadurch Allerhöchstdero vorzüglichen Beyfals [sic] theilhaftig zu machen."[327]

Es zeigte sich jedoch bald, daß sich zwar die Kunstakademie als Institution, weniger jedoch die einzelnen Künstler in den Dienst der königlichen Wünsche stellten. Auf der Akademie-Ausstellung von 1800 gab es zwar eine „Galerie vaterländisch-historischer Darstellungen" mit 24 Werken; 1802 hatte sich die Abteilung jedoch bereits auf 11 Werke verkleinert und entfiel ab 1804 ganz.[328]

---

322 Kataloge Akademie 1793, S. VI.

323 Büttner, Rodes Geschichtsdarstellungen 1988.

324 A. Cohnfeld, Ausführliche Lebens- und Regierungsgeschichte Friedrich Wilhelms III., Berlin 1840, S. 407 (17.8.1799), zit.n. Börsch-Supan, Vaterländische Kunst 1979, S. 79.

325 4. Heft 1799, S. 3–14 (hier: 5): Etwas über Gemählde aus der neuern Geschichte in Bezug auf eine Bekanntmachung Sr. Majestät Friedrich Wilhelms III. an die Künstler zu Berlin.

326 Kataloge Akademie 1800, S. VIIf.

327 Aufruf in der Haude und Spenerschen Zeitung, Abschrift vom 28.1.1806 in: GStAPK Berlin, Rep. 76 alt, Abt. III, Nr. 227, Bl. 30f.

328 Kataloge Akademie 1786–1850.

Die Liste der höfischen Galerie der von 1794−1836 erworbenen Gemälde[329] zeigt deutlich, daß im Längsschnitt die Themen der Landesgeschichte nur eine untergeordnete Rolle spielten. Selbst wenn man Szenen aus den Befreiungskriegen und zeitgenössische Militärszenen hinzurechnet, sind nur 5 % der verzeichneten Werke „vaterländische" Darstellungen. Daß Friedrich Wilhelm III. auch nach dem Versanden seiner ersten Initiative die grundsätzliche Wertschätzung für diese Gattung nicht verlor, zeigt jedoch der Kommentar, den er 1820 anläßlich der Besichtigung der neuen Deckengemälde für das Berliner Schauspielhaus gegenüber Wilhelm Schadow abgab: „Recht brav, gut gemacht! aber nicht immer griechische Sachen, sondern Sachen aus unserer Zeit, Schlachten aus den Befreiungskriegen malen". Schadow fügte in seinen Erinnerungen hinzu: „Wahrlich, er hatte recht. Das ewige Abnagen antiker Reste wird nichts Lebendiges zuwege bringen."[330]

Der plötzliche Tod Luises 1810 löste eine Fülle von künstlerischen Darstellungen aus, die die von Wilhelm III. sehr betrauerte Königin zum Tugendideal Preußens verklärten. In den politischen Krisen Preußens verbreitete sich Religiosität. Biblische Themen wurden auch in der Historienmalerei immer wichtiger und vom Hof nachhaltig gefördert.[331]

1816 faßte Friedrich Wilhelm III. den Plan, die Garnisonkirche in Potsdam gründlich renovieren zu lassen. Mit Luise hatte er hier regelmäßig den Gottesdienst besucht. Hier stand in einer Gruft der Sarg Friedrichs II., hier hatte man der Toten der Freiheitskriege gedacht. Es war − wie Gottfried Schadow bemerkte − „eine der feierlichsten Stätten unseres Vaterlandes".[332] Aus Anlaß der 300−Jahr-Feier der Reformation wurde die Kirche 1817 im klassizistischen Stil erneuert.

Der Umbau gab den Anstoß für einen königlichen Auftrag an die Kunstakademie, der als Beispiel der Kunstlenkung eine ausführlichere Analyse verdient. Am 12.12.1816 ging dort eine Liste für sechs Gemälde ein, auf der nicht nur die Themen aus dem neuen Testament, sondern auch die kunsthistorischen Vorlagen angegeben waren.[333] So sollte z. B. für die Geburt Christi Corregio, für dessen Tod Rubens, für die Himmelfahrt Raffael als Vorbild dienen. Der Senat der Akademie berief eine Sitzung ein und suchte die Künstler zur Bearbeitung der Einzelbilder aus: Weitsch, Hummel, Niedlich, Dähling, Schumann und Kolbe. Die Maler hätten die vorgeschriebenen Muster zu den Hauptfiguren „beinahe sämtlich im Originale gesehen", heißt es im Antwortschreiben an den König[334], für „eigentliche Copien" aber seien die verfügbaren Vorlagen zu schlecht. Schon am 2.1.1817 waren dem Schreiben Skizzen beigefügt, die der König überwiegend billigte, zum Teil modifizierte. Für das Bild der Auferstehung Christi von Schumann, das „ganz verfehlt" erschien, wurde ein neuer Entwurf angefordert. Der Brief an die Kunstakademie[335] enthielt auch die Mitteilung, „ganz eigentliche Copien" der angegebenen Vorlagen würden nicht erwartet, es sei ohne ängstlichen Fleiß in der Ausführung „dem Geiste der Meister entsprechend" zu arbeiten. Am 24.12.1817 wurden die Gemälde im Marmor-Parole-Saal des Schlosses dem König vorgestellt und am gleichen Tag an den Pfeilern der Garnisonkirche angebracht.[336]

---

329 GStAPK Berlin, Hausarchiv, Gemäldegalerie Rep. i4 C. Nr. 8.
330 Schadow, Jugend-Erinnerungen 1891, Nr. 742 (12.9.1891) S. 1. Der Maler hatte ein Bacchanal gemalt.
331 Börsch-Supan, Berlin 1810. 1987, S. 62 ff.
332 Schadow, Kunstwerke und Kunstansichten 1849 ND 1987 I, S. 122. Zur Kirche: Schwips, Garnisonkirchen 1964.
333 GStAPK Berlin, 2.2.1., Nr. 23450, Bl. 3−5.
334 Ebd., Bl. 6 f.
335 Ebd., Bl. 8 f. (20.1.1817).
336 Ebd., Bl. 18.

Zwei Tage zuvor gab Kultusminister Altenstein ein Gutachten zur Durchführung des Vorhabens ab[337]: „Der Hauptzweck Sr. Majestät des Königs ist wohl vollständig erreicht. Die Kirchen erhalten einen würdigen Schmuck durch vaterländische Künstler gefertigt. Die Kunst hat durch diesen ersten Versuch sehr gewonnen und eine schöne Richtung bekommen. Es würde sehr wohltätig seyn, wenn Sr. Majestät geruhen wollten durch eine neue Aufgabe die weitere Ausbildung des erst erwachten Kunstsinnes zu befördern. Eine solche neue Aufgabe würde noch ungleich befriedigendere Resultate haben." Erkennbar werden hier die Umrisse eines weiterreichenden Planes zur Kunstförderung, der Friedrich Wilhelm III. vorgeschwebt haben muß: die Belebung der religiösen Malerei durch vaterländische Künstler. Das war in einem protestantischen, eher bilderfeindlichen Land eine bemerkenswerte Neuerung. Vaterländisch wirkten die Gemälde auch deshalb, weil sie in der Garnisonkirche gegenüber von Trophäen aus den Befreiungskriegen − den eroberten Fahnen und französischen Adlern − angebracht waren.

Bald wurde offenkundig, daß Friedrich Wilhelm III. mit dem Ergebnis keineswegs zufrieden war. Die Zahlungsanweisung von 5.400 Talern für das Projekt an die Akademie enthielt den Hinweis, die Ausführung der gestellten Aufgaben sei nicht überall gelungen, im Allgemeinen aber verdienten die Künstler Belobigung.[338] Der Akademiedirektor Gottfried Schadow beeilte sich mitzuteilen, er „habe bei Ausführung dieser Gemälde nicht einwirken können" und empfahl in Zukunft „für dergleichen Gelegenheiten die fresco Malerei".[339] Die Frage der Kunstakademie nach den genauen Mängeln[340] blieb unbeantwortet.

Die Akademie warb unverdrossen für die Weiterführung einer derartigen Kunstförderung: „Solche Aufträge sind es, wodurch das Streben einer höhern Kunst Entwicklung gefördert werden kann; Aus denen den Künstlern verbliebenen ältern historischen sowohl Gemälden als Figuren ist zu ersehen: daß vom Publicum wenig zu erwarten ist und müssen die Künstler ihre Hoffnungen richten auf die Wirksamkeit Eines hohen Ministeriums, aus Allerhöchster Hand oder den Mitteln des Staats, diese höheren Zwecke zu erreichen."[341] Einen vergleichbaren Sammelauftrag vergab Friedrich Wilhelm III. jedoch nicht mehr. Schon 1823 wurden einige Gemälde in der Garnisonkirche ausgetauscht. Wilhelm Schadow lieferte eine „Anbetung der Hirten" und Karl Begas eine „Taufe Christi".[342] Damit waren nun auch vom König protegierte Historienmaler der jüngeren Generation in dieser vaterländischen Weihestätte vertreten.

In Zusammenarbeit mit dem Kultusministerium hatte der König einige Talente besonders gefördert, um für das Land künstlerischen Nachwuchs heranzuziehen. Hier zeigte sich die Modellierung der Lebensläufe durch ein länger anhaltendes Mäzenatentum, das die Maler auf das anspruchsvolle Feld der religiösen Historienmalerei lenkte. Zu dieser Gruppe gehörten Wilhelm Wach (geb. 1797), Wilhelm Schadow (1788), Karl Begas (1794) und Wilhelm Hensel (1794). Allen diesen Malern sicherte die königliche Unterstützung einen anerkannten Platz im

---

337 GStAPK Berlin, Rep. 92 Altenstein A VI, b Nr. 7, Bl. 5−6. Zu jedem Gemälde lieferte Altenstein eine kurze Kritik, so heißt es z. B. zu Niedlichs „Taufe Christi": „In dem Bilde erkennt man einen praktischen Künstler. Das Ganze ist keck und doch mit viel Manier gemalt. Das Fleisch ist gut gelungen. Die Köpfe haben aber keinen tiefen Ausdruck. Die Farbe des Gemäldes ist harmonisch und klar, aber nicht kräftig und das über das Ganze verbreitete Licht, genüget dem Gegenstand nicht."
338 GStAPK Berlin, 2.2.1., Nr. 23450, Bl. 25 (2.1.1818).
339 Ebd., Bl. 28 (12.1.1818).
340 Ebd., Bl. 36 (12.1.1818).
341 GStAPK Berlin, Rep. 76 Ve, Sekt. 17, Abt. X; Bd. I, Bl. 19R (Bericht über die Kunstausstellung 1818).
342 Beide Gemälde in Potsdam-Sanssouci. Staatliche Schlösser und Gärten. Das Gutachten von Schinkel, Rauch und Hirt zu beiden Bildern (11.3.1824) in: GStAPK Berlin, 2.2.1., Nr. 20030, Bl. 158.

preußischen Kunstbetrieb. Zunächst war es wichtig, die Aufmerksamkeit des Hofes auf sich zu lenken. Wilhelm Schadow gewann durch ein Portrait des Fürsten Radziwill, dem Gemahl einer Tochter des Prinzen Ferdinand, „den Beifall des Hofes, welcher geschmackbestimmend war"[343] und reiste nach Teplitz, um die österreichische Kaiserin zu malen. 1810 entstanden zwei Bildnisse der Königin Luise, eines davon im Totenhemd „in der Verklärung".[344] Mit einem staatlichen Stipendium konnte der Maler im November 1810 nach Rom aufbrechen, wo er sich der religiösen Historienmalerei zuwandte und den Nazarenern anschloß. Henriette Herz sah ihn „beim Abschiede von Berlin als einen zierlichen jungen Weltmann und eleganten Portraitmaler, der durch einige ähnliche Porträts vornehmer Personen schon eine Art von Ruf hatte, der ihn über Gebühr eitel machte."[345] Den Kummerkelch der Prinzessinenmalerei, stellte Schadow 1832 fest, „habe ich in meinem Leben auf das vollkommenste geleert".[346] Als akademischer Lehrer beharrte er auf der Notwendigkeit für einen Künstler, die Portraitmalerei zu beherrschen.[347]

Wilhelm Wachs[348] erstes Werk eigener Erfindung war ein Altargemälde, das der König 1810 für die Kirche von Paretz kaufte. Auch er verstand es, sich durch ein lebensgroßes Portrait Luises 1811 ins königliche Bewußtsein einzuschreiben.[349] Die Zeit als Soldat in den Befreiungskriegen unterbrach die künstlerische Arbeit, doch der Auftrag, die Kapelle für den griechischen Kultus im Schloß auszumalen, Unterstützungszahlungen und kleinere Aufträge während seiner Studienzeit in Paris (1815–1817) folgten. Im Anschluß erhielt Wach ein Zweijahresstipendium für eine Romreise. Im Bewilligungsschreiben hieß es: „Daß sie Ihre Zeit nützlich anwenden werden, daran habe ich keinen Zweifel, aber eben so gewiß rechne ich darauf, daß sie nach Verlauf dieser zwei Jahre ins Vaterland zurückkehren werden, wo eine Anstellung bey der Akademie der Künste wenn Ihre Ausbildung vollendet ist, Ihnen nicht [fehlen] wird."[350]

Auch beim Maler Karl Begas[351] läßt sich ein ähnliches Förderungsmuster nachweisen: Nach kleineren Ankäufen wurde dem Maler, von dem Alexander Humboldt berichtet, Baron Gros halte ihn für den talentvollsten Deutschen, der gegenwärtig in Paris studiere[352], ein dreijähriges Stipendium gewährt. 1821 erwarb der König ein großes Altarbild, das nach dem überschwenglichen Urteil aller herangezogenen Gutachter im Berliner Dom angebracht wurde.[353] Begas nutzte die Gunst der Stunde zu einem Antrag auf Gewährung einer Italienreise (1821–1824), für die er ein dreijähriges Stipendium erhielt.

Auch Wilhelm Hensel[354] lenkte die königliche Förderung auf das Feld der religiösen Historienmalerei. 1821 hatte er sich als künstlerischer Leiter eines Hoffestes hervorgetan und alle Mitwirkenden im orientalischen Kostüm in Aquarellen abgebildet. Auch an der Ausmalung des Schau-

---

343 Schadow, Jugend-Erinnerungen 1891, Nr. 704, S. 1.

344 Beide in Potsdam-Sanssouci, Staatliche Schlösser und Gärten.

345 Seidler, Erinnerungen 1922, S. 99.

346 Heine-Institut Düsseldorf, Brief vom 21.5.1832 an J. Hübner; vgl. Börsch-Supan, Schadow als Bildnismaler 1979.

347 Schadow, Vasari 1854, S. 177.

348 Eggers, Wach 1976. Zum Lebenslauf: PrAdK, Personalnachrichten.

349 Potsdam-Sanssouci. Staatliche Schlösser und Gärten.

350 GStAPK Berlin, 2.2.1. Nr. 19827, Bl. 27. Mitteilung des Kabinettssrats Albrecht an Wach vom 10.7.1816. [] unleserlich.

351 Fabeck, Begas 1968.

352 GStAPK Berlin, 2.2.1., Nr. 19519, Bl. 3f.

353 Ebd., Bl. 28f. Gutachten Schinkels, der die Domkirche als Ausstellungsort vorgeschlagen hat.

354 Lowenthal-Hensel, Bildnisse Hensels 1981.

spielhauses, das dem Nachwuchs unter Schinkels energischer Leitung Beschäftigung bot, war er beteiligt. 1823−1828 reiste Hensel mit dem Auftrag nach Rom, um Raffaels Transfiguration zu kopieren.[355] Nach der Rückkehr eröffnete er in Berlin ein Unterrichtsatelier.

Die Lebensläufe dieser Maler zeigen, daß in einzelnen Fällen das Mäzenatentum Friedrich Wilhelms III. entschieden auf die Karrieren eingewirkt hat. Allen Malern gelang es, sich im Kunstbetrieb Preußens einen festen Platz zu sichern. Als sie etabliert waren, den Titel eines Professors oder Hofmalers erhalten, ein Ausbildungsatelier eröffnet oder ein akademisches Lehramt angetreten hatten, lief jedoch die königliche Förderung aus, was die betroffenen Künstler in ihren weiteren Unterstützungsgesuchen schmerzlich registrierten. Als Karl Begas ein neues Atelier beziehen mußte, schrieb er von seiner „unbeschreiblichen Verlegenheit": „meine jetzige Lage wäre dieselbe wie vor 14 Jahren".[356] Doch Begas mußte sein Atelierhaus auf eigene Kosten bauen. Wilhelm Hensel fragte 1830 beim König an, „ob ich mich noch Ihrer Huld zu erfreuen oder dem Verlust Ihrer Gnade zu bangen habe, [...] zwei Jahre sind beinah verflossen ohne daß mir ein erneuter Ruf zur Verwendung meiner Kräfte ward. Alles in mir ist auf Wirksamkeit und Ausbildung des von Gott verliehenen Talentes gerichtet und nur in diesem Sinne hab ich mir Bitte und Vorstellung erlaubt, ja für Pflicht angesehn. Der Künstler kann die höchsten Zweige der Kunst nicht für sich pflegen, das Publikum ihm dazu nicht förderlich seyn, allein Ew. Majestät frommer Sinn hat die Bahn gefunden, indem er die Tempel Gottes mit seinen Ebenbildern zu Erregung der Andacht schmückt."[357] Doch erst 1835 kaufte der König für die Garnisonskirche wieder ein großes Werk des Malers, „Christus vor Pilatus". Er lenkte zwar die Künstler auf Aufgaben der Hochkunst hin, war jedoch mit Aufträgen sparsam. Für große Altargemälde fanden sich nur schwer andere Kunden. So waren die Maler darauf angewiesen, weiter Portraits zu malen, ein Feld, das kaum jemand liebte, und auf dem dennoch bedeutende Leistungen zu verzeichnen sind.

Die bisherigen Beispiele deuten auf einen gezielten Einsatz der königlichen Gelder für die Förderung der höheren Kunstgattungen hin. Der Bildhauer Christian Daniel Rauch jedoch vermißte eine Systematik in der Ankaufspolitik Friedrich Wilhelms III.: „Für die Kunst wird vom Könige auch der Familie viel getan. Aber leider nicht geordnet genug. Der gute beste König findet kaum Raum mehr um das zu bergen was ihm dargeboten wird. Schlafende und lauernde Banditen, Kaninchen und Hühner aufm Mist, Blumenstauden, heilige Familien, Pulverdampf, Friedrich's graue Landschaften etc. Von allem diesen würde man bei geregeltem öffentlichen, geschichtlich bezüglichen, großen Arbeiten, soviel haben als nöthig ist."[358] Die überlieferten Listen von den Ankäufen des Königs bestätigen, daß er seine Gunst auf alle Gattungen streute und die „hohe Kunst" nicht favorisierte. So kaufte Friedrich Wilhelm III. auf der Ausstellung 1832 vier Historienbilder, vier Architekturgemälde, eine Landschaft, aber auch vier Genrebilder mit Themen wie „Eine Lotsenfamilie im Innern ihrer Hütte" oder einen „Pferdestall".[359] In den überlieferten Listen von 1834, 1836 und 1839[360] ist das Verhältnis unausgewogen. Historienbilder fehlen ganz, und Architekturbilder, Landschaften und Genreszenen dominieren.

---

355 Hierzu zahlreiche Briefe in: GStAPK Berlin, 2.2.1., Nr. 19623.
356 GStAPK Berlin, 2.2.1., Nr. 19519, Bl. 71 (29.3.1830).
357 GStAPK Berlin, 2.2.1., Nr. 19623, Bl. 25 (9.7.1830).
358 Nationalgalerie Berlin, Rauch-Archiv IX A.a., Brief an Welcker o.D. (30er Jahre).
359 Museum 1 (1833) S. 7 f.
360 Museum 2 (1834) S. 427 f., Museum 4 (1836) S. 23 f. Liste 1839 in: Staatsarchiv Bamberg G 36 Nr. 3960 (Nachlaß Altenstein).

Regelmäßig besuchte der König die Kunstausstellungen der Akademie, begleitet von Direktor Gottfried Schadow, der mehrere der recht prosaischen Äußerungen des Monarchen in seinen Erinnerungen überliefert hat. Mit knappen Bemerkungen wie „Ist nicht übel" oder „Scheint mir nicht geraten" äußerte Friedrich Wilhelm III. seine Eindrücke, kommentierte Portraits von ihm bekannten Personen („20 Jahre jünger und doch ähnlich, alles was man verlangen kann") und ließ den begleitenden Kabinettsrat die Werke im Katalog anstreichen, über deren Preis Schadow später berichten sollte.[361] Die Ankäufe des Hofes machten auf den Ausstellungen in den dreißiger Jahren über 50 Prozent des Gesamtumfangs aus, ein deutliches Zeichen dafür, daß die monarchische Kunstpflege noch keineswegs überflüssig geworden war.[362] Auf jeden Fall fühlte der König die Verpflichtung, auf jeder Ausstellung Werke für mehrere tausend Taler zu erwerben.[363]

In seiner langen Regierungszeit kam so ein erheblicher Bestand in den königlichen Besitz. 780 Nummern verzeichnet die Liste der Gemäldegalerie von 1794–1836. Klassifiziert man die gekauften Werke nach Gattungen, ergibt sich folgendes statistische Bild:[364]

Architekturbilder, Landschaften	354	49.3 %
Historienbilder	152	21.1 %
Militärbilder	40	5.6 %
Portraits	93	13.0 %
Genre, Tierstücke	53	7.4 %
Blumen und Stilleben	26	3.6 %
Summe	718	100 %

Hinter dieser nüchternen Statistik verbergen sich sehr unterschiedliche Verbindungen einzelner Künstler zum König. In wenigen Fällen entwickelte sich ein Auftragsverhältnis, das die Künstler ganz in die Abhängigkeit zum Hof geraten ließ. Dies gilt für den Architekturmaler Wilhelm Barth (1779–1851), der mit der ungewöhnlich hohen Zahl von 113 Werken vertreten ist. Der Künstler beschickte die Berliner Akademie-Ausstellung selten[365] und bemühte sich auch nicht um den Ankauf seiner Werke durch Privatpersonen und Kunstvereine. Barth, dem 1825 auf seine Bitte hin der Titel eines „Hofmalers" verliehen wurde, lieferte eine geradezu enzyklopädische

---

361 Schadow, Kunstwerke und Kunstansichten 1849 ND 1987 I, S. 96, 107f., 123–25, 161f.

362 1832: 55 %; 1834: 53 %; 1838: 63 %. Der statistische Befund wird im Kapitel über das Ausstellungswesen genauer vorgestellt und diskutiert. Dort auch Angaben zu dem relativ geringen Anteil der Verkäufe auf der Akademieausstellung am Kunstmarkt allgemein.

363 Angaben für 1816–39 in: GStAPK Berlin, 2.2.1., Nr. 20528/29, z. B. 1816: 1651 Taler (288 Friedrichsdor und 12 Dukaten); 1832: 10.045 Taler (nach Museum 1 (1833) S. 7); 1839: 3912 Taler. Die Berechnungen werden erschwert durch viele parallel verwendete Währungen und die recht nachlässige Führung der entsprechenden Akten. Auf eine systematische Auswertung wurde daher verzichtet.

364 GStAPK Berlin, Hausarchiv Gemäldegalerie, Rep. i4 C. Nr. 8. Die Klassifizierung nach Titel erfolgte nach Aktennummern (z.T. sind unter einer Nummer mehrere Werke erfaßt) und ist in der Definition der Gattungen und der Zuordnung nach dem Titel der Werke nicht völlig objektiv durchzuführen, für den Gesamttrend aber sicher aussagekräftig. 62 Katalog-Nummer sind nicht klassifiziert, weil sie aus dem Bereich der Plastik stammen, bzw. die Titelangabe zu ungenau ist. Im Historienfach dominieren biblische Themen (116), während die antike Mythologie und Geschichte (16) nur schwach vertreten ist.

365 1822, 1826, 1830, 1840.

Serie von Architekturansichten aus Preußen von ungewöhnlich großen Abmessungen.[366] Sie standen in der Tradition barocker Vedutenmalerei und wurden auch unter Friedrich Wilhelm IV., dessen Geschmack anders gelagert war, weiterhin erworben.[367]

Friedrich Wilhelm III. hatte, wie Friedrich Eggers betonte, „für sorgfältig Durchgeführtes, mit gewissenhaftem Fleiß Vollendetes [...] eine besondere Neigung."[368] Für genaue Stadt-und Gebäudeansichten hatte er eine Vorliebe und förderte viele Architekturmaler. Unter ihnen erscheint heute Eduard Gaertner als der bedeutendste[369]. Ganz im Gegensatz zu dieser Wertung stehen die zeitgenössischen Kritiken, die dem Maler zwar maltechnisches Können, aber zu nüchterne Wiedergabe des Gesehenen und einen Mangel an künstlerischer Interpretation bescheinigen. Friedrich Wilhelm III. gehörte zu seinen wichtigsten Kunden − die Gemäldeliste verzeichnet 13 Werke −, doch der Maler bemühte sich auch um andere Abnehmer, belieferte den Kunsthändler Sachse und bürgerliche Käufer, obwohl er die Themen seiner Bilder meist im Hinblick auf einen möglichen Ankauf durch den König wählte. Den Tod Friedrich Wilhelms III. hat Sybille Gramlich als Einschnitt im Werk des Malers bewertet, der bedeutende stilistische Umorientierungen mit sich brachte und zu stärkeren Zugeständnissen an die Erwartung nach künstlerischer Inszenierung führte.[370]

Insgesamt bemühte sich der König, abonnementsartige Abnahmeverpflichtungen nicht entstehen zu lassen, die die Künstler in immer größere Abhängigkeit zum Hof gebracht hätten und aus sozialen Gründen zu einem fortgesetzten Ankauf zwangen. Immer wieder folgten auf die zahlreichen Ankaufsgesuche lakonische Ablehnungen oder einmalige Unterstützungszahlungen als Gnadengeschenke. Der König war durch seine Gutachter − darunter Karl Friedrich Schinkel, Wilhelm Wach und den Kunstgelehrten Aloys Hirt − nicht schlecht beraten. Weniger seine nüchterne Kunstpflege als das Zusammenwirken von Umständen, die der Hof nicht kontrollierte, führten zur Blüte der Kunst in seiner Regierungszeit.[371]

3. Restauration der Hochkunst?: Friedrich Wilhelm IV.

Mit Friedrich Wilhelm IV. bestieg 1840 ein Herrscher den Thron, bei dem sich schon in früher Jugend eine hohe künstlerische Begabung gezeigt hatte. „Sie haben die Neigung, sich ausschließlich, wenn Sie sich selbst bestimmen, nur mit der Kunst und namentlich mit dem ewigen Zeichnen zu beschäftigen. Diese Neigung überwiegt alle anderen", beklagte sich der Prinzenerzieher Johann Peter Friedrich Ancillon 1817.[372] Aus der Notwendigkeit, sich in die ihm zugedachte Regentenrolle zu fügen, zog es ihn fort in künstlerische Fluchträume der Phantasie. 1823, im Jahr seiner Verlobung, erträumte er sich in zahlreichen Zeichnungen einen Herrschersitz auf dem Tornow, einer Anhöhe bei Sanssouci. Ein Viadukt sollte zu dem Hügel führen, auf dem auf

---

366 Im Durchschnitt: 103x143 cm.

367 Gramlich, Architekturmalerei 19. Jh. 1990, S. 397−403.

368 Eggers, Rauch I, S. 95 im Zusammenhang mit dem Luisendenkmal.

369 Börsch-Supan, Deutsche Malerei 1988, S. 379 bezeichnet ihn als den bedeutendsten deutschen Architekturmaler des 19. Jahrhunderts.

370 Gramlich, Architekturmalerei 19. Jh. 1990, S. 326−55.

371 Börsch-Supan, Kunst in Brandenburg-Preußen 1980, S. 196.

372 Paul Haake, Johann Peter Friedrich Ancillon und Kronprinz Friedrich Wilhelm IV. von Preußen, München 1920, S. 19ff., zit.n. Blasius, Friedrich Wilhelm IV. 1992, S. 40.

mächtigen Substruktionen, durch zwei stolze Treppenläufe erschlossen, das an Palladio erinnernde „Belriguardo", eine ganz von ionischen Säulen umgebene Villa auf quadratischem Grundriß, thronen sollte.[373] Das war keine bescheidene Architekturvision, und sie sagt einiges aus über das sich formende Selbstverständnis des Thronfolgers, der die eigene Unsicherheit angesichts seiner zukünftigen Aufgabe[374] in solchen übersteigerten Plänen sublimierte. Die vom Vater lange verwehrte, nur zwei Monate dauernde Italienreise hinterließ beim Kronprinzen 1828 tiefe Eindrücke. Sein künstlerisches Interesse wurde auch danach weitgehend absorbiert von architektonischen Entwürfen,[375] die er im regen Umgang mit Karl Friedrich Schinkel diskutierte.[376]

Erst spät, mit 45 Jahren, kam dieser Herrscher an die Regierung. „Wie seit zwanzig Jahren der kunstsinnige junge Herr, so ist er iezt der mittelreiche König beides, projektirend zugleich aber auch anordnend und in Thätigkeit tretend", berichtet der Bildhauer Christian Daniel Rauch von einem Besuch in Sanssouci im August 1840.[377] Eine Fülle von bildhauerischen Projekten wurde in Angriff genommen[378], Skulpturen für das Schauspielhaus, das Museum, die Schloßbrücke und die Königswache. Obenan stand das Grabmal Friedrich Wilhelms III. Unter der Förderung des Königs wurde auch das immer wieder vertagte Reiterstandbild Friedrichs II. verwirklicht.

Die Malerei stand nicht im Zentrum der Interessen dieses künstlerisch begabten Herrschers. In sein Idealbild des christlichen Staates paßte die nazarenische Kunst, die in den vierziger Jahren bereits viel von ihrem idealistischen Schwung eingebüßt hatte. Philipp Veit, der sich aus der Leitung des Städelschen Kunstinstitutes in Frankfurt zurückgezogen hatte, erhielt den Auftrag zu einem „Jüngsten Gericht".[379] Direkt nach dem Regierungsantritt Friedrich Wilhelms IV. bot Peter v. Cornelius seine Dienste in Berlin an. „Daß in Ihrer begeisternden Nähe unter ihrem intelligenten und männlichen Volke, meine Kunst erst ihre wahre Stelle, Weihe, Vollendung und Würdigung finden wird, ist meine feste Überzeugung", schrieb der Maler mit dem ihm eigenen Pathos im August 1840 an den preußischen König.[380] Doch daß sein Stern im München Ludwig I. gewaltig gesunken war, verschwieg er. Die Ausmalung der Ludwigskirche mit einem monumentalen „jüngsten Gericht" (1836—39) hatte den bayrischen König und die Kritiker so wenig befriedigt, daß hier mit bedeutenden Aufträgen nicht mehr zu rechnen war. Christian Karl Josias Bunsen lobte in einem unterstützenden Schreiben an den König Cornelius als den „reichsten, ideenvollsten Künstler der Zeit" und den „einzigen disponirenden Geist einer großen Malerschule." An einer harschen Kritik der Berliner Verhältnisse ließ es Bunsen nicht fehlen. Er habe bisher in Europa keine schlechter eingerichtete Akademie gesehen. „Die Mehrzahl sind Nullen, viele Minusgrößen".[381] Seinem Wunsch gemäß erhielt Cornelius eine von der 'Akademie ganz gesonderte Stellung'[382], den Titel eines „Direktors" und das sehr respektable Gehalt von 3.600

---

373 Dehio, Friedrich Wilhelm IV. 1961, S. 23—34.

374 Blasius, Friedrich Wilhelm IV. 1992 spricht diesen Rollenkonflikt mehrfach an, vgl. z. B. S. 43—47, 244.

375 Dehio, Friedrich Wilhelm IV. 1961 stellt sie vor und geht vor allem aufgrund der Zeichnungen von einer engen Zusammenarbeit mit Schinkel aus. Vgl. auch: Stüler, F. W. IV. und die bildenden Künste 1861 und Engel, F. W. IV. und die Baukunst 1987.

376 So schon Waagen, Schinkel 1844, S. 402f.

377 Nationalgalerie Berlin, Rauch-Archiv IX. A.b., 14.8.1840 an Rietschel.

378 Beschrieben in: Eggers, Rauch IV 1887, S. 1—16.

379 Betthausen, Künstlergemeinschaften 1986, S. 205.

380 GStAPK Berlin, Rep. 92 Eichhorn, Nr. 47, S. 2 (15.8.1840).

381 Ebd., Bl. 23—24R (16.9.1840).

382 Ebd., Bl. 12—13 (Cornelius an Bunsen, 23.10.1840).

Talern. „König Friedrich Wilhelm IV. [...] und die Männer seines Vertrauens in seiner nächsten Umgebung waren fast die Einzigen in der preussischen Hauptstadt, denen gerade dieser Münchener Geist innig sympathisch und deren Streben darauf gerichtet war, den kritischen, glaubenslosen, nüchternen, philosophischen der Berliner zu bekämpfen und möglichst auszutilgen", bemerkte Ludwig Pietsch über die Berufung des Malers nach Berlin.[383]

Die Stimmung der alteingesessenen Akademiker, die sehr wohl den kunstpolitischen Gehalt dieser Berufung verstanden, schlug dem Nazarener entgegen. Oscar Begas notierte 1843 über das Urteil seines Vaters Karl Begas in sein Tagebuch: „Cornelius Bild (Christus in der Vorhölle) ist ausgestellt. Vater bedauert ihn, und wünscht er hätte es nicht gemacht. Es giebt einer gewissen Klasse gemeiner schonungsloser Witzler und Recensenten viel Spielraum, und leider haben die Vertheidiger auch nicht ein reines Gewissen."[384] Den Maler, der im Galeriegebäude des konservativen Sammlers Graf Athanasius Raczynski ein Atelier erhalten hatte, trieb es fort nach Rom[385], um sich dort der großen Arbeit für den König zu widmen: den Entwürfen für die Hohenzollerngruft, dem Camposanto auf der Museumsinsel.

Vom Plan eines „Belriguardo", eines neuen Sanssouci in Potsdam, hatte sich der König verabschiedet, doch an seinem zweiten großen Plan, dem Bau eines Doms in Form einer römischen Basilika auf der Spreeinsel direkt am Schloß, hielt er fest.[386] Hier ließ sich das Selbstverständnis des christlichen Staates, die Symbiose von Krone und Altar, veranschaulichen. Die Friedhofsanlage für die preußischen Könige mit vier Wänden im Format von 180×35 Fuß sollte Cornelius mit Fresken ausmalen, mit deren Entwürfen er sich bis zu seinem Tod (1867) beschäftigt hat. Doch auch hier zeigte sich, daß Friedrich Wilhelm IV. mit seinen Plänen zu spät gekommen war. Das Projekt, das einem anachronistischen Staatsverständnis entsprang, ließ sich nicht mehr durchsetzen.

Von der „Restauration der Hochkunst", wie sie sich schon in der Berufung Cornelius' nach Berlin als Programm andeutete, sprach Ignaz von Olfers, der Generaldirektor der Berliner Museen, in einem Gutachten, das der König dem Kultusminister als vertrauliche Verschlußsache 1846 zusandte. „Die *ernste, hohe* und *vaterländische Kunst,* welche sich dem Öffentlichen zuwendet, ist ein nothwendiger Theil der Volksbildung" formulierte Olfers. „Sie ist die wahre äussere Stütze und Beförderin des religiösen Sinnes". Staatsausgaben für Historienmalerei in Höhe von 120.000 Talern jährlich sollten das ermöglichen.[387] Im Neuen Museum, das Friedrich August Stüler 1843–50 errichtete, wurde diese Konzeption zum Teil verwirklicht. Wieder erhielt ein auswärtiger Historienmaler, der berühmte Cornelius-Schüler Wilhelm von Kaulbach, den Auftrag zu einem momumentalen Werk: der Darstellung der Weltgeschichte in sechs Bildern im Format von $6 \times 7,5$ Metern, die er in den Sommern von 1847 bis 1860 im Treppenhaus des Museumsbaues realisierte.[388]

Bei der teuren und anspruchsvollen Förderung einzelner Historienmaler allein konnte es

---

383 Pietsch, Akademiker-Jahre 1896, S. 324.

384 Tagebücher Oscar Begas, Berlin-Museum, Heft 1, Bl. 57 (22.10.1843).

385 Urlaubsgesuch von 1843 in: GStAPK Berlin, 2.2.1., Nr. 20374 (6), Bl. 266. Der Maler blieb dort 1843–44, 1845–46, 1853–1861 und starb 1867 in Berlin.

386 Zum Projekt: Brozat, Berliner Dom und Hohenzollerngruft 1985, S. 23–27. Die Arbeiten begannen 1844, kamen aber über Anfänge nicht hinaus.

387 GStAPK Berlin, Rep. 92 Eichhorn, Nr. 47, Bl. 3–9 (13.4.1846). Zur Person: Rave, Ignaz von Olfers, in: Ders., Kunst in Berlin 1965, S. 118–34.

388 Zu Kaulbachs Wandgemälden: Wagner, Allegorie und Geschichte 1989, S. 126–63.

jedoch nicht bleiben, sollte der Künstlerpauperismus, den Franz Kugler als vortragender Rat im Kultusministerium in drängenden Gutachten dem König vor Augen führte,[389] wirksam bekämpft werden. Die Ausmalung der Räume im Neuen Museum mit kleineren Darstellungen zum Gang der Weltgeschichte durch 30 verschiedene Berliner Maler und die Ausgestaltung der neuen Schloßkapelle im Berliner Schloß durch 17 Schüler Wachs, Schadows und Cornelius' bildeten in ihrer Breitenwirkung ein Gegengewicht. Auch die Fortführung des Ankaufes von Gemälden durch den Hof bot Möglichkeiten, in den Grenzen sparsamer Haushaltung für weniger bekannte Maler etwas zu tun. Eine grundsätzliche kunstpolitische Neuorientierung ging daraus nicht hervor. Eher zeigten sich, wie schon bei Friedrich Wilhelm III., die Grenzen einer Kunstlenkung durch den Hof, die nicht nur einen entschiedeneren Willen hierzu, sondern auch bedeutendere Ausgaben vorausgesetzt hätten, um zum sich immer mehr entfaltenden bürgerlichen Kunstmarkt ein Gegengewicht zu erhalten.

4. Der Einfluß des Kultusministeriums

Erst die Revolution von 1848/49 führte zur Umwandlung Preußens in einen Verfassungsstaat. Bis zu dieser Wende konnte sich der Monarch als Träger der Entscheidungsgewalt „vor Gottes Gnaden" ansehen, auch wenn er praktisch auf den Sachverstand der Bürokratie zurückgreifen mußte.

Die Kunstförderung war geeignet, dem König zu Ehre und Nachruhm zu gereichen. So war die sich anbahnende Entflechtung von Hof und Staat[390] gerade in diesem Bereich nicht leicht zu vollziehen, auch wenn sie schon vor 1848 auf dem Programm stand. 1819 zog der Kunstgelehrte Aloys Hirt in einem Gutachten für den König eine klare Trennungslinie: „Der Staat muß in seinen Anwendungen und Einrichtungen Gleichförmigkeit und Beständigkeit bezwecken. Ein Hof und König kann aber, wie jeder andere Particulier, eigene Neigungen und Liebhabereyen in der Kunst haben. Er mag die Historien-Malerey und Plastik, die Landschaft, Seestücke, Schlachten, Architektur- und Jagdstücke u.s.w. vorziehen. Eben so mag ein Fürst seine Lieblings-Mahler, seine Lieblingskünstler haben. Sehr mißverstanden würde es seyn, einem Fürsten solche Neigungen übel zu deuten. Nur muß der einmal festgesetzte Staats-Fonds [zur öffentlichen Kunstförderung, J.G.] darunter nicht leiden. [...] König und Hof handeln in solchen Fällen für sich als Particuliers, und bezahlen ihre besonderen Liebhabereyen aus eignem Beutel."[391] Das blieb jedoch Theorie. Der Einfluß des Monarchen auf die öffentliche Kunstpflege blieb erhalten, auch wenn er in vielen Fällen den Empfehlungen der Kultusbeamten und künstlerischen Gutachtern folgte.

Erst 1817 wurde das „Ministerium der geistlichen, Unterrichts-und Medizinal-Angelegenheiten" aus dem Innenministerium ausgegliedert[392], das — wie der umständliche Name signalisiert —

---

389 Vgl. Kap. VIII.2.

390 Vgl. dazu Kap. IX.4. zu Hoffnungen auf eine kunstpolitische Neuordnung 1848/49.

391 GStAPK Berlin, 2.2.1., Nr. 19886, Bl. 7. Zu Hirts Plan zur Gründung einer „Gesellschaft zur Belebung der Kunst in den Preußischen Staaten" vgl. Kap. VI b.

392 Seit dem 16.12.1808 war das Innenministerium im Rahmen der Aufsicht über den öffentlichen Unterricht für Kunstfragen zuständig, ab dem 27.10.1810 gab es für Kultus und Unterricht eine Abteilung mit eigenem Direktor. Das Amt des Prokurators für die Akademie, das nach dem Tod des Freiherrn von Heinitz 1802 Karl August Fürst von Hardenberg übernahm, entfiel 1809. Die Akademie war danach direkt dem Innenministerium unterstellt.

eine Fülle von Verwaltungsaufgaben zu erledigen hatte. Hier fehlten nicht nur eigene „Fonds" zu Aufträgen an die Künstler, sondern auch Zeit und besondere Beamte, um zur Förderung der Kunst systematische Pläne zu entwickeln.[393] Erst mit Franz Kugler[394] kam 1843 unter Kultusminister Friedrich Eichhorn (1840 − 1848) ein vortragender Rat in das Ministerium, der ausschließlich für Kunstfragen zuständig war.

1819 wandte sich der preußische General-Konsul Jakob Salomo Bartholdy mit der Bitte um Unterstützung der Nazarener in Rom an den ersten Kultusminister Karl Freiherr vom Stein zum Altenstein. „Noch habe ich für die Kunst wenig thun können, allein ich hoffe doch demnächst die nöthigen Fonds auszumitteln", heißt es im wohlwollend-unverbindlichen Antwortschreiben nach Rom. Über ein Jahr später bedauerte Altenstein, „daß die finanzielle Lage der Kunst und meine Geschäftslage mir noch nicht erlaubt haben, mich mit einer planmäßigen Anordnung dessen zu beschäftigen, was ich wünsche, daß zur Bereicherung unserer Sammlungen und zur Bildung unserer Künstler dort eingeleitet werde".[395] Aus diesen Äußerungen spricht durchaus das Selbstbewußtsein eines Beamten mit eigenem Handlungsspielraum. Doch in der Verwaltungspraxis war der Kultusminister an die Zustimmung des Königs gebunden. Alle Gesetzesinitiativen[396], Personalentscheidungen und Ausgaben waren mit dem Geheimen Zivilkabinett abzustimmen. Durch das Verschleppen von Anträgen wurden manchen Vorhaben der Schwung genommen, wie vor allem Franz Kugler in den vierziger Jahren schmerzlich erfahren mußte. Seinen hochfliegenden Plänen, das Kultusministerium zu höchsten staatlichen Kunstinstanz zu machen, folgte der Sturz in den prosaischen Alltag eines Amtes ohne Durchsetzungsmacht.

Die Aufsicht über die Kunstschulen des Staates und die Personalpolitik gab dem Kultusminister die Möglichkeit, in individuelle Lebensläufe einzugreifen und kunstpolitische Zielvorstellungen zu formulieren. So waren die Berichte des preußischen General-Konsuls Bartholdy aus Rom nicht ohne Folgen für die Berufungspolitik, die Peter von Cornelius und anschließend Wilhelm Schadow die Direktion der Düsseldorfer Akademie verschaffte. Unter Kultusminister Altenstein herrschte im Ministerium ein Geist, der auch in einer Zeit der Demagogenriecherei einen liberalen Grundzug wahrte. In zahlreichen Einzelfragen, bei der Stellenbesetzung, Gewährung von Urlaub und Titeln, bei der Vermittlung von Aufträgen waren die Beamten Verhandlungspartner der Künstler. Doch blieb ihr Einfluß begrenzt durch eine Finanzpolitik, die einer Ausgabenerhöhung energisch entgegensteuerte, und eine Machtstruktur, in der der Monarch das letzte Wort behielt.

---

393 Zur Kultuspolitik sehr knapp: Waetzold, Preußische Kunstpolitik 1817−1932, 1933. Wenig hilfreich: Müsebeck, Das preußische Kultusministerium 1918; Lüdicke, Kultusminister 1918. Aussagekräftig über die Strukturen am Beispiel der Rheinlande: Rave, Preußische Kunstpflege am Rhein 1936. Gegen die These einer systematischen Kunstpolitik des Kultusministeriums: Jaeschke, Politik, Kultur und Philosophie in Preußen 1983.

394 Koschnick, Kugler 1985. Zu den Plänen zur Akademiereform vgl. Kap. III.d.

395 GStAPK Berlin, Rep. 92, Altenstein B, Nr. 2, Bl. 3−4 (20.7.1819) und Bl. 6 (19.12.1820).

396 Von Belang ist hier z. B. das Gesetz vom 11.6.1837, betreffend den Schutz des Eigenthums an den Werken der Wissenschaft und Kunst gegen Nachdruck und Nachbildung, Allgemeines Landrecht I.11.§§ 1020. 1024−1036, in: Nachtrag zum Allg. Landrecht für die Preußischen Staaten, 2. Ausgabe, Berlin 1876, Bd. I, Nr. 422. Vgl. Kugler, Sicherung künstlerischen Eigenthums 1834.

VI. Künstler und bürgerliches Publikum

1. Die Kunstvereine

a) Motoren der Verbürgerlichung

Schon 1833, nur acht Jahre nach der Gründung des ersten preußischen Kunstvereins in Berlin, nannte Franz Kugler in seinen „Andeutungen über Bildung des Kunstsinnes im Volk" die Kunstvereine „die eigentlichen Träger der Kunst, wenigstens in Norddeutschland".[397] Tatsächlich waren diese Assoziationen der „Kunstfreunde" die wichtigsten Motoren der Verbürgerlichung des Kunstwesens im Vormärz. Sie haben durch ihr Ausstellungswesen und ihre Ankäufe zur Verbreitung und Finanzierung von Malerei und Grafik entscheidend beigetragen, den noch kaum organisierten Kunsthandel ersetzt und den Künstlern noch vor der Entstehung staatlicher Sammlungen zeitgenössischer Kunst Ausstellungsmöglichkeiten eröffnet.

„Um [...] die Kunst wirklich und wirksam unter die Leute zu bringen, muß auch von Seiten der Gesellschaft unmittelbar, nicht bloß durch ihren Stellvertreter, den Staat, eine Thätigkeit ausgehen", stellte das Kunst-Blatt 1832 in einem fingierten Briefwechsel über „Princip, Zweck und Nutzen" der deutschen Kunstvereine fest.[398] Ging es „Woldemar" dabei um die 'Durchdringung der Masse des Volkes mit dem göttlichen Geist der Kunst', so argumentierte sein Dialogpartner „Ludwig" gegen dieses 'demokratische Prinzip' und stellte die Frage: „wozu sollen wir in unreine Hände der Menge dasjenige legen, was unter den reinen auch jetzt noch seinen Schutz findet?"[399] Ließen sich durch Vereinsgründungen die Absicht der Kunstförderung und der Künstlerunterstützung wirksam in Einklang bringen? Diese schon hier gestellte Frage wurde zum Angelpunkt einer zunehmenden Kritik am Kunstvereinswesen. „Die Ueberschwemmung des gegenwärtigen Kunstmarktes und namentlich auch der Ausstellungen der deutschen Kunstvereine mit ideenlosen Compositionen, Genrebilderchen, von phantastisch-illusorischem Colorit und nachläßiger Zeichnung oder mit kleinlich-haushälterischem Sinne ausgeführt, geht ohne Zweifel von dem allgemeinen Kunstgeschmack der jetzt lebenden Generation aus und spricht ihm zugleich das Urtheil."[400] Dieser aristokratischen Stellungnahme Ludwigs setzte Woldemar die Überzeugung entgegen, in den mittleren Ständen finde sich mehr „klare Weltsicht und mehr sittliches Bewußtseyn" als in der 'moralischen Gesunkenheit bei den Einzelnen der hohen und höchsten Stände'.[401] In dieser Sichtweise galt es, die Kunst dem ausschließlichen Einfluß von Hof und Kirche zu entziehen und sie in die Gesellschaft hineinzutragen.

Bald folgten wichtige preußische Provinzstädte dem Vorbild von Berlin (1825) und Düsseldorf (1829) und gründeten eigene Kunstvereine: 1828 Halberstadt, 1831 Münster, 1832 Königsberg,

---

397 In: Museum 1 (1833), S. 83–85, 91–93, hier: 91.
398 Ueber die deutschen Kunstvereine, nach Princip, Zweck und Nutzen aufgefaßt, in: Kunst-Blatt 1832, S. 53–55, 57–60, 61–64, 65–67, 69–71, hier: 54.
399 Ebd., S. 59.
400 Ebd., S. 58.
401 Ebd., S. 62.

1833 Breslau, 1834 Potsdam, Stettin, Halle und Magdeburg, 1835 Danzig und Posen, 1839 Köln, 1840 Rostock und 1843 Greifswald/ Stralsund.[402] Trotz lokaler Besonderheiten geht ihr Erfolg auf ein Grundprinzip zurück: Die Mitglieder erwarben eine oder mehrere „Aktien", deren Preis zwischen zwei und fünf Talern variierte. Der Verein kaufte vom eingenommenen Geld Kunstwerke, die einmal im Jahr unter den Mitgliedern verlost wurden. Durch Ausstellungen, Verteilung von Reproduktionsgrafik als Jahresgabe und als „Nietenblätter"[403] an die in der Lotterie leer Ausgegangenen, Veranstaltung von Vorträgen und Unterhaltung von Vereinslokalen, z.T. mit eigener Kunstsammlung, sorgten die Vereine für die Verbreitung des Kunstsinnes im Volke, die die Vorstände in ihren Ansprachen immer wieder beschworen.

Trotz idealistischer Rhetorik war doch die Chance, für einen geringen Einsatz ein Kunstwerk zu gewinnen und auf jeden Fall eine Jahresgabe zu erhalten, ein wichtiger materieller Anreiz für die Mitglieder. Erst der Besitz lasse die tiefen Vorzüge des Werks empfinden, führte der Kunsthistoriker Carl Schnaase im Namen des Vorstands des Kunstvereins für die Rheinlande und Westfalen 1834 aus, um das Ansinnen der kleineren Kunstvereine abzuschmettern, angekaufte Werke vor der Aushändigung an die Gewinner zunächst längere Zeit auf Ausstellungstournee zu schicken.[404] Wilhelm von Humboldt hatte 1830 als Vorsitzender des Vereins der Kunstfreunde im preußischen Staate eine ähnliche Brücke zwischen Besitztrieb und dem Ideal der Kunstförderung geschlagen: „Die Vertheilung der Bilder in Privatwohnungen, auf welche sich unser Verein von seinem Ursprunge an beschränkt hat, gewährt unstreitig sehr grosse Vorzüge, wenn man die allgemeine Verbreitung eines geläuterten Geschmacks und den Einfluss künstlerischer Darstellung zur Absicht hat. Wenn die Kunst auf das Leben einwirken soll, muss man sie so enge, als möglich, mit dem Leben verbinden, und ein Gemälde wird nirgends so genossen, und so empfunden, als wo es Begleiter und Zeuge des ganzen häuslichen Daseyns ist".[405]

Für die Künstler freilich war diese Art der Kunstverbreitung wenig ehrenhaft. Wenn ein Bild dem Gewinner nicht gefiel, versuchte er es nicht selten zu Geld zu machen. Da Kunstvereine Bilder nicht aus zweiter Hand erwarben und auch Privatkäufer lieber beim Künstler selbst kauften, konnte ein solches Bild von einer Ausstellung zur anderen wandern, einen drastischen Preisverfall erleben und so den Künstler in Mißkredit bringen.[406] So mag sich folgender mürrische Kommentar der Kunstakademie Berlin aus den vierziger Jahren erklären: „Bei dem großartigen Schwung, welchen die Kunst genommen, muß es überhaupt sehr in Frage gestellt wer-

---

402 Die in den Quellen angegebenen Daten variieren gelegentlich um ein bis zwei Jahre. Ich folge hier: Börsch-Supan, Deutsche Malerei 1988, S. 254.

403 Vgl. Lucanus, Vereinsgaben 1839. Kölnischer Kunstverein, Einhundertfünfzig Jahre 1989, Bd. III.

404 Museum 2 (1834), Nr. 43 (Beilage), S. 355.

405 Kunstvereinsbericht vom 7. April 1830, in: Humboldt, Werke VI.2, Berlin 1907, S. 487−91, hier: 487f. Auch in seiner Rede von 1835 (Ebd., 599−608, hier: 604) kommt er auf das Argument zurück: „auf dem Privatbesitze [...] beruht grossentheils die Beförderung des Geschmacks und die Verbreitung der Liebe zur Kunst." Humboldt handelte selbst nach dieser Maxime. Am 12. 3. 1822 schrieb er an Fr. G. Welcker über den Bau seines Hauses in Tegel, „das vorzüglich den Zweck hat, unsere Marmor und Gipse zu stellen, doch nicht in einer Art Museum, wozu die Sammlung zu klein ist, sondern so, daß die Kunstsachen sich mit dem häuslichen Leben verbinden."(Freese (Hg.), W. v. Humboldt, 1986, S. 701.)

406 Diesen Vorgang schildert ein Aktionär in einem Brief an den Düsseldorfer Kunstverein; abgedruckt in: Correspondenz-Blatt des Kunstvereins für die Rheinlande und Westfalen 6 (1851), S. 3f. Er will damit den Verein dazu bewegen, „zur Verlosung nur solche Bilder anzukaufen, deren Größe kein Hinderniß ihrer zweckmäßgen Placirung in unsern gewöhnlichen Wohnzimmern ist." (S. 4)

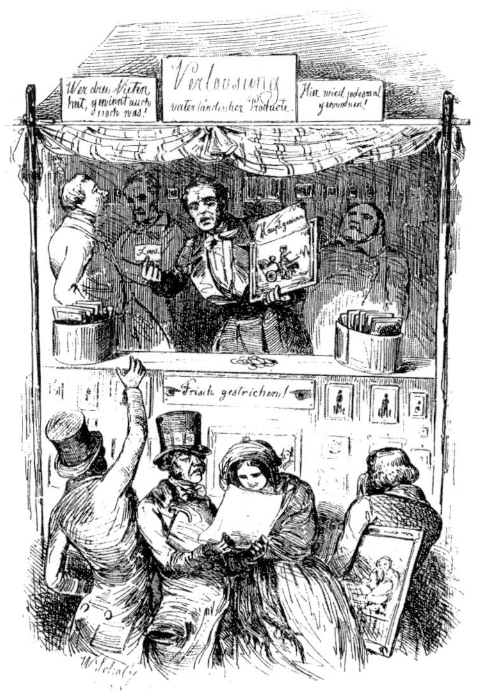

Abb. 14 Wilhelm Scholz, Verlosung vaterländischer Produkte. Holzschnitt, 1847.

den, ob die wesentlich lotterieartigen Kunstvereine ihre frühere Wichtigkeit noch ferner behaupten können."[407]

Wilhelm Scholz lieferte 1847[408] eine satirische Darstellung einer Verlosung (Abb. 14): Theodor Hosemanns „Hundefuhrwerk", nicht gerade ein Thema von hohem Rang, wird hier als Hauptgewinn angepriesen. Wie ein Schild an der Losbude angibt, sind die Bilder „frisch gestrichen", flüchtig hingeworfen, möglicherweise noch nicht einmal durchgetrocknet und vor allem kleinformatig. Wenn die Kunstvereine eine größere Zahl von Bildern verlosen wollten, waren sie zwangsläufig zu Kompromissen im Preis gezwungen und konnten nur kleinere Formate erwerben. Leicht geriet dabei die idealistische Zielsetzung der Kunstförderung ins Hintertreffen.

Nicht nur auf einen angemessenen Preis, auch auf den Publikumsgeschmack hatten die Ankaufskommissionen Rücksicht zu nehmen. Die Auswahl war ein Balanceakt zwischen künstlerischen Anliegen, volkspädagogischen Ansprüchen, Rücksichtnahmen auf unversorgte Künstler, den Kassenstand und die Geschmacksvorlieben der Mitglieder. Die Kunst drohe sich durch die Masse ephemerer und kleinlicher Bedürfnisse der Zeit in Millionen Duodez-Ausgaben in den Sand zu verlieren, schrieb der Maler Wilhelm Wach 1837 an den Vorsitzenden des Kunstvereins in Stettin.[409] Mit Schrecken habe er in Leipzig, Frankfurt und Köln sehen müssen, daß die Bilder in ihrer Mittelmäßigkeit den Charakter von „Mess-Waaren" angenommen hätten − „und was das Schlimmste ist, von Leuten von denen man sonst nur das Vortrefflichste [...] zu sehen gewöhnt ist." In die Einrichtung der Kunstvereine habe der Teufel ein Nest gebaut, „die Verführung den

---

407 GStAPK Berlin, Rep. 76 Ve, Sect. 4, Abt. IV, Nr. 60, S. 37r.
408 Kossak, Berliner Kunst-Ausstellung 1846, 1847, S. 120.
409 Nationalgalerie Berlin, Autographen, Wilhelm Wach 301, 20. 12. 1837.

dringenden Bitten derselben nachzugeben alle zwei Monathe ein Bildchen fertig zu halten," um
etwas zur nächsten Ausstellung geben zu können.

Der Vorwurf, die Vereine förderten nur die Kunstverflachung, wenn ihr Wirken in die Breite
zielte, stand immmer im Raum und setzte die Vorstände unter Druck. Ausgewählte Prestigeobjekte aus dem Bereich der Monumentalkunst, der Historienmalerei und hohe Qualitätsansprüche
bei der Reproduktionsgrafik sollten ihn entkräften. Friedrich Eggers holte 1856 zur breiten Verteidigung der ganzen Institution aus: Die Vereine würden in der Jury strenge Maßstäbe anlegen, in
den Lokalblättern eingehende Besprechungen anregen. Glaubte man den Kritikern, so müsse der
wahre Kunstfreund mit blutendem Herzen durch die Ausstellungen laufen und den Verfall der
deutschen Kunst betrauern. „Was geschieht statt dessen? Jeder Verein findet für die Mittel, welche
er zum Ankauf aufzuwenden hat, mehr Perlen gegenwärtig, als er bezahlen kann."[410]

Doch wie immer das Urteil auch ausfiel, die Bedeutung der Kunstvereine für die Finanzierung
der verbreiterten Künstlerschaft war unbestritten. Sie seien „gegenwärtig unleugbar die wesentlichsten Träger der Malerei; sie zuerst haben ihr wieder ein größeres Publicum gewonnen", stellte der
„Brockhaus" 1845 fest.[411] Sicherlich haben die Kunstvereine in den dreißiger Jahren große Hoffnungen geweckt: die mit ihrer Tätigkeit verbundene Ausweitung des Kunstmarktes lockte zahlreiche Schüler in die Ausbildungsstätten. Wie groß ihre Möglichkeiten zur Kunstförderung tatsächlich
waren, das soll bei der exemplarischen Analyse einzelner Vereine deutlich werden. Hier bietet sich
auch die Chance, die zum Teil beträchtlichen regionalen Unterschiede anzusprechen.

b) Der Verein der Kunstfreunde im preußischen Staate (Berlin)

Die Idee, die Kunst zur Sache der Bürger zu machen, war schon im 18. Jahrhundert Anlaß zur
Gründung verschiedener Kunstvereine. In London entfaltete die „Society for the Encouragement of Arts, Manufactures and Commerce" seit 1753 eine Tätigkeit, die auf dem Kontinent als
Vorbild wirkte. Gesellschaften der Künstler und Kunstfreunde bildeten sich z. B. in Leipzig
(1763), Zürich (1787), Nürnberg (1792) und Prag (1796).

Noch bevor in Deutschland eine zweite Gründungswelle in Gang kam, legte Hofrat Aloys Hirt
'mit voller Approbation des Ministers' Altenstein[412] dem König einen Entwurf zur „Bildung
einer Gesellschaft zur Förderung der Kunst in den preußischen Staaten" vor. „Die Kunst muß ins
Leben übergehen, und das Volk mit ihrem Zauber beseelen", heißt es blumig, aber zeittypisch zu
den Motiven.[413] Der Verfasser beklagt die geringe Aufmunterung der Kunst in evangelischen
Ländern und den Mangel an Käufern „auch bey den reicheren Classen". Ihr Kapital soll die neue
Gesellschaft aus einem relativ hohen Mitgliedsbeitrag von 25 Goldtalern bilden, für das noch
nicht einmal eine Gewinnchance eröffnet wird. Die Statuten sehen Reisestipendien von 500
Talern jährlich für die Künstler im Bereich der Malerei, Plastik und Architektur vor. Historienmaler und Bildhauer, nur die Vertreter der höchsten Gattungen also, sollen durch Aufträge
ermuntert werden; die vorgeschlagenen Preise von Gemälden liegen dabei je nach Größe zwischen 500 und 1000 Talern. Bei den Bestellungen von Kunstwerken aber müsse der Staat an der

---

410 Friedrich Eggers, Die deutschen Kunstvereine, in: Deutsches Kunstblatt 7 (1856), S. 337−41, hier: 338.
411 Allgemeine deutsche Real-Encyklopädie für die gebildeten Stände, Bd. VIII, Leipzig 9. Aufl. 1845,
      S. 436f.
412 Brief von Hirt an Christian Daniel Rauch, zit.n. Eggers, Rauch I, 1873, S. 211.
413 GStAPK Berlin, 2.2.1., Nr. 19886. Die Akte enthält neben einer allgemeinen Darstellung des Zweckes
      der Gesellschaft (Bl. 2−10 R) einen Statutenentwurf (Bl. 11−19). Zitat: 7 R.

Spitze stehen. Hirt rät, für Ankäufe im Haushalt eine fixe Summe von 6000 Talern vorzusehen und dafür jährlich sechs Werke, vier Gemälde und zwei Bildhauerarbeiten für je 1000 Taler zu bestellen.

Erst ein zweiter Anlauf hatte Erfolg. Künstler und Kunstfreunde sammelten sich um Wilhelm von Humboldt, um preußischen Künstlern durch Aufträge ein von Nahrungssorgen unbelastetes Studium in Rom zu ermöglichen.[414] Während seines Romaufenthaltes 1802—1808 hatte Humboldt nicht nur engen Umgang mit der dortigen Künstlerschaft, sondern half z. B. dem bald zum engsten Kreis der Familie gehörenden Bildhauer Christian Daniel Rauch aus Schulden heraus.[415] Karoline von Humboldt, in Kunstfragen eher die treibende Kraft, griff später mit Ankäufen auch Wilhelm Schadow und Wilhelm Wach unter die Arme.[416] Ein Kreis vertrauter und gut bekannter Kunstfreunde und Künstler hob 1825 das Unternehmen aus der Taufe: Neben Wilhelm von Humboldt die Bildhauer Rauch und Tieck, der Architekt Schinkel und der mit ihm befreundete Leiter der Einrichtungen zur Gewerbeförderungen, Beuth, beide ebenfalls italienerfahren, schließlich Maler und Honoratioren wie Wach, Wilhelm Schadow, Begas und Kolbe, Friebe und Jüngken.

„Auch dem Künstler von Talent fehlt es nicht selten an Bestellungen grösserer Arbeiten, und er sieht sich alsdann längere Zeit hindurch auf solche beschränkt, die weder der Kunst, noch ihm die eigentliche Befriedigung gewähren," hieß es im Vereinsprogramm aus dem Jahr 1825.[417] Damit aber würde die kostbare Studienzeit im Ausland mit Beschäftigungen zersplittert, die den Künstler seinem wahren Ziel nicht näher führten. Neben dem ersten Paragraphen des Vereinsstatuts, der die „Beförderung der Kunst und die Verbreitung des Antheils an derselben" als allgemeines Ziel formuliert, ist die wesentlichste Bestimmung: „Bis ihm seine Hülfsmittel eine Erweiterung seines Wirkungskreises erlauben, wird der Verein bei den Preisbewerbungen stehen bleiben, und auch diese wiederum für so lange nur auf die Künstler richten, die, um sich in ihrer Kunst zu vervollkommnen, Italien besuchen. Die Wichtigkeit, den Künstler gerade in der Periode seiner höheren Bildung und in dem Lande, welches ihm alle Mittel dazu darbietet, mit Arbeit zu beschäftigen, deren Zweck selbst allein die Kunst ist, rechtfertigt diese Beschränkung."[418] Diese Konzentration auf das „Italienerlebnis", der Begegnung mit dem Mutterland der Kunst, entsprach der klassizistischen Orientierung der Berliner Künstler, die besonders ausgeprägt in Bildhauerei und Architektur zu Tage trat. Beim Entwurf des Statuts konnte die Kulturelite, die

---

414 Programm des Vereins der Kunstfreunde im Preussischen Staate, in: Kunst-Blatt 6 (1825), S. 329 f; auch abgedruckt in: Humboldt, Werke V, 1906, 233—36; dort auch Teile der Jahresberichte bis 1835, dem Todesjahr Humboldts, in Bd. VI, 1907. Einzelne Informationen über die Frühzeit des Vereins könnten im Privatnachlaß Humboldts im Schloß Tegel enthalten sein, dessen Benutzung trotz intensiver Bemühungen jedoch nicht gestattet wurde. In der Werkausgabe fehlen die Kassenberichte des Vereins, die überliefert sind in: Verein der Kunstfreunde im preußischen Staate. Verhandlungen 1826 ff. Die Jahrgänge 1828, 1832 f., 1839—1840 sind in der wenig aussagekräftigen Akte im GStAPK Berlin, 2.2.1., Nr. 19927 enthalten; Jahrgänge 1841—1846, 1848, 1850 f., 1857 f., 1860 in der Staatsbibliothek Bamberg. Eine anonyme Vereinsgeschichte (gez."Ein Preuße") in: Allgemeines Organ für die Interessen des Kunst- und Landkartenhandels 6 (1846), S. 193—96. Die einzige, sehr knappe modernere Darstellung der Vereinsgeschichte in: Brommenschenkel, Berliner Kunstvereine 1942, S. 130—35.
415 Simon, Humboldts Verhältnis zur bildenden Kunst 1934/35, S. 241.
416 Ebd. 250 f.
417 Humboldt, Werke V, 1906, S. 234.; Kunst-Blatt 6 (1825), S. 329 f.
418 Statut für den Verein der Kunstfreunde im Preußischen Staate [vom 11. 1825]. Berlin 1829, S. 4; hier zitiert nach dem Exemplar im GStAPK Berlin, 2.2.1., Nr. 19927, Bl. 41—48, hier: 42 R.

sich im Vorstand zusammenfand, auf verschiedene Vorbilder zurückgreifen: Goethes Weimarer Preisaufgabe wurde in abgewandelter Form mit dem neuen Mittel der Kunstverlosung[419] verknüpft, das sich auch beim 1823 gegründeten süddeutschen Gegenstück, dem Münchener Kunstverein[420], findet.

Der Berliner Kunstverein ergänzte die höfische Kunstförderung, ohne zu ihr in Opposition zu stehen. Dafür spricht nicht nur die Übernahme des Protektorats durch Friedrich Wilhelm III.[421], sondern auch die Mitgliedschaft von 25 königlichen Hoheiten, Herzögen und Fürsten, von denen im Jahresbericht von 1841[422] die Rede ist.

Trotz teilweise beträchtlicher Mitgliedsbeiträge vom Hof, 1841 z. B. 600 Taler vom königlichen Ehepaar, war doch die große Zahl der Beteiligten mit nur einer Aktie die wesentliche Finanzquelle der Assoziation. Bis 1831 kletterte die Mitgliederzahl auf 1.370 und erreichte 1843 mit 2.459 ihr Maximum im Vormärz.[423] Damit waren die Berliner Kunstfreunde hinter dem Düsseldorfer Kunstverein die zweitgrößte derartige Organisation in Preußen.

Der Verein konzentrierte sich zunächst auf die Preisbewerbungen und die Vergabe von Aufträgen an preußische Künstler in Italien. In der Regel gab der Vorstand den dort studierenden Malern ein klar definiertes Thema, meist aus der antiken Mythologie, z. B. 1826 die „Befreiung der Andromeda, [...] und zwar in dem Augenblick, wo Amor, nach vollendetem Kampfe, die Gefesselte löst, um sie dem Perseus zuzuführen."[424] Es gehöre zu der Vollendung des Künstlers, Gegenstände wählen als auch gegebene behandeln zu können. Die Freiheit habe, so führte Wilhelm von Humboldt aus, „das Eigenthümliche, dass sie mit den Fesseln wächst, die sie sich anlegt."[425] Ein Versuch, die Künstler lediglich auf den Stoffkanon der griechischen Mythologie, des alten Testamentes oder die Dichter Dante, Ariost und Tasso festzulegen[426], brachte so schlechte Ergebnisse, daß der Vorstand auf eine Ausführung der Skizze in Öl, die sonst dem Künstler 600 Taler und mehr einbringen konnte, verzichtete.[427] Nach fünf Jahren beurteilte der Vorstand den Erfolg der Preisbewerbungen insgesamt skeptisch. Die Ungewißheit des Erfolges und die Abneigung, sich einer vergleichenden Beurteilung zu unterwerfen, waren die vermuteten Gründe für eine schleppende Beteiligung, die in den folgenden Jahren offenbar dazu führte, daß man die Preisaufgaben fallen ließ.[428]

Das zweite Mittel zur Künstlerunterstützung, die Vergabe eines Auftrages, sollte für

---

419 § 27 des Statuts GStAPK Berlin, 2.2.1., 19927, Bl. 46) lautet: „Jedes inländische, einheimische oder auswärtige Mitglied hat [...] ein Anrecht an die von dem Verein durch Bestellung oder Ankauf erworbenen Kunstwerke, die unentgeldlich unter ihnen verloost werden sollen."

420 Dazu die bisher wichtigste Studie über einen einzelnen Kunstverein, die zugleich wesentliche Strukturmerkmale diese Vereinstyps klar herausstellt : Langenstein, Münchener Kunstverein 1983; zur Verlosung speziell: S. 80ff.

421 GStAPK Berlin, 2.2.1., Nr. 19927, Bl. 10 (Genehmigung der Statuten und Übernahme des Protektorates am 11.6.1825).

422 Verein der Kunstfreunde, Verhandlungen 1841, S. 21.

423 Zahlen nach den jeweiligen Jahresberichten. Auf die Problematik einer detaillierten Analyse der Mitgliederschaft wird im Abschnitt zum Kunstverein für die Rheinlande und Westfalen (Kap. VI.1.c) eingegangen.

424 Humboldt, Werke VI, 1907, S. 249.

425 Ebd., S. 250.

426 Kunstvereinsbericht vom 1.2.1828, ebd., S. 53.

427 Kunstvereinsbericht vom 30. 12. 1828, ebd., S. 90.

428 Kunstvereinsbericht vom 7. 4. 1830, ebd., S. 489. 1831 folgte noch eine Preisbewerbung für Bildhauer

anspruchsvollere Aufgaben Sicherheit schaffen: „Jedes grössere Bild erfordert einen so beträchtlichen Zeitaufwand, eine mit so mancher, auch von denen, welche gern Bilder besitzen, nicht immer gehörig gewürdigte Aufopferung des Künstlers verbundne Anstrengung, dass dieser sich, ohne bestimmtere Aussicht, auch einen äussren Gebrauch davon zu machen, nur schwer dazu entschließen kann."[429] Bei der Auftragsvergabe wartete man entweder die Vorschläge der Künstler ab oder machte nur vage Vorgaben (z. B. Figurenkomposition mit zwei bis drei Personen von vier Fuß Länge)[430], damit die künstlerische Freiheit gewahrt blieb.

Die Künstler lieferten ihre Bilder so schleppend ab, daß sich die Klage darüber in den Jahresberichten fast stereotyp wiederholte.[431] Offenbar haben die mit einem Vorschuß versehenen Maler die Arbeit immer wieder zurückgestellt, wenn ein lukrativer Auftrag ihnen dazwischen kam. 1843 z. B. bestellte der Verein beim Berliner Hofmaler Wilhelm Hensel eine Darstellung von „Frauen aus der römischen Campagna am Brunnen", 1846 erst wird der Eingang des Bildes vermerkt. Schon 1828 lobte Wilhelm von Humboldt die entschiedenen Vorzüge des Ankaufes von fertigen Bildern, die man bereits kunstverständig begutachten könne. Um aber an die Ausführung einer Idee zu gehen, brauche der Künstler Sicherheit.[432] Schon weil die Wettbewerbe dem Gewinner eine Bestellung in Aussicht stellten, konnten die „Kunstfreunde" auf eine Auftragsvergabe nicht verzichten.

Die meisten Gemälde kaufte der Verein jedoch auf den Akademieausstellungen. Im Jahr des höchsten Mitgliederstandes im Vormärz, 1843, reichte der Etat aus, um 33 Ölgemälde für insgesamt 5.375 Silbertaler zu erwerben.[433] „Der wohl nicht ganz richtige Weg, die Kunst durch das Mittel der Lotterie befördern zu wollen, fing an sich dadurch geltend zu machen, daß die Gewinner theils über das große Format im Verhältniß zu den kleinen Räumen des Privatmannes, theils über den zu großen Ernst des Dargestellten klagten", bemerkte die Haude- und Spenersche Zeitung 1846 in einer Geschichte des Vereins.[434] Im Jahresbericht von 1842 verteidigte der Vorstand sein „hohes und geistiges" Ziel; bei der Anschaffung von Kunstwerken in Privatbesitz könne aber „mehr auf die heitere Seite der Kunst und den Bedarf des Hauses Rücksicht genommen werden; dass hierunter niemals das Matte, Gemeine, Unkünstlerische fallen könne, bedarf kaum der Erwähnung."[435]

Schon die illustre Zusammensetzung des Vorstandes garantierte ein hohes Niveau der Vereinskäufe. Im Gründungsvorstand waren mit Rauch, Tieck, Wach, Wilhelm Schadow, Begas und Kolbe Künstler ersten Ranges vertreten, die eine „Geschmacksaufsicht" garantierten. Wilhelm von Humboldt versah in den Reden zu den Jahresversammlungen die Kunstfreunde mit einem idealistischen Programm. Doch bereits 1830 gab er unter der Hand den Vorsitz an Christian Peter Beuth, den Leiter der preußischen Gewerbeförderung und Freund Schinkels, ab: „Es war [...] nöthig, daß derjenige, welcher dirigirte, von selbst auf Mittel sann, der Sache wieder mehr Kraft

---

(ebd., S. 554) Von weiteren Ausschreibungen ist zumindest in den überlieferten Berichten nicht mehr die Rede.

429 Wilhelm von Humboldt in der Vereinssitzung vom 29. 1. 1826, Werke V, 1906, S. 251.

430 Kunstvereinsbericht vom 1. 2. 1828, Humboldt, Werke VI, 1907, S. 55.

431 Humboldt, Werke VI, 1907, S. 575 (1832), 584 (1833), 601 (1835); Verhandlungen 1841, S. 4; 1843, S. 1; 1844, S. 1; 1846, S. 1; 1848, S. 5.

432 Werke VI, 1907, S. 89.

433 Verhandlungen 1843, Kassenbericht.

434 Ein Preuße: Zur Geschichte des Vereins der Kunstfreunde im Preußischen Staate, in: Allgemeines Organ für die Interessen des Kunst- und Landkartenhandels 6 (1846), S. 193—96, hier: 194.

435 Verhandlungen 1842, S. 1.

98

und Thätigkeit zu geben, die Nothwendigkeit war um so größer als Schadow mit dem Düsseldorfer Verein gegenübersteht. Zu dem Allen war ich nicht tauglich. Es fehlt mir großentheils die Sachkunde, und ich beschäftige mich nur nebenbei mit diesen Gegenständen. Beuth aber lebt und webt darin".[436] 1838 übernahm der Generaldirektor der Berliner Museen, Ignaz v. Olfers, den Vereinsvorsitz.[437] Damit hatte ein konservativer Kulturpolitiker das Steuer in Händen, der sich vehement für die „ernste und hohe Kunst" einsetzte.

Doch 1845 machte sich eine Kommission zur Revision der Statuten daran, dem Vorstand das Heft aus der Hand zu nehmen. Er sollte von elf auf sechs Mitglieder verkleinert werden und wichtige Befugnisse an einen vergrößerten, fünfzehnköpfigen Ausschuß (darunter acht Künstler) abtreten. Alle zwei Jahre war ein Rotationsverfahren zum Austausch von einem Drittel seiner Mitglieder vorgesehen. Hatte bisher dieser Ausschuß nur bei erheblichen Geldausgaben (Bestellungen über 2000 Taler und Verwendung der Fonds für öffentliche Kunstwerke) hinzugezogen werden müssen, so wurde er nach dem neuen Entwurf zum Beirat in Geschmacksfragen, den der Vorstand in jedem Fall zu konsultieren hatte.[438] Die fast völlige Neubesetzung des Vorstandes 1846 mit dem Geheimen Ober-Finanzrat v. Viebahn an der Spitze läßt darauf schließen, daß die vorher jahrelang amtierenden Mitglieder die Revision des Statuts als Mißtrauensvotum und Kränkung empfanden.[439]

Ab 1844 sorgten die Kunstfreunde durch den Abdruck der Bildtitel im Kassenbericht für eine größere Durchschaubarkeit der Ankaufspolitik. Von den bis 1850 erworbenen Gemälden und Aquarellen waren Landschaften und Genrestücke (je 40) zusammen mit den Architekturstücken (29) deutlich in der Überzahl, während der Verein nur zwei Stilleben kaufte und die Historienbilder (10) vernachlässigte. Der erreichte Durchschnittspreis lag mit 193 Talern deutlich unter dem Niveau vor 1840 (1832: 267 Taler; 1838: 238 Taler), was darauf schließen läßt, daß der Verein nun kleinere Formate bevorzugte.[440]

Beim Ankauf von Werken der Bildhauerei hielt sich die „Kunstfreunde" stärker zurück, da

---

436 Brief Humboldts an Rauch vom 30.1.1830, Nationalgalerie Berlin, Archiv Rauch IX.B.b.2 (Briefe Wilhelm v. Humboldts, Nr. 14)

437 GStAPK Berlin, 2.2.1., Nr. 19927, Bl. 96. Als Grund wird Arbeitsüberlastung Beuths angegeben.

438 Gegenüberstellung des Statuts vom 4.3.1840 und dem Entwurf des revidierten Statuts vom 16. 11. 1845. Beilage zu den Verhandlungen 1846. (Auch in: GStAPK Berlin, 2.2.1., Nr. 19927, Bl. 194−201; Vorentwurf: 14. 8. 1844 (Bl. 180−185); Genehmigung eines revidierten Statuts (liegt nicht bei) am 6.2.1847 (Bl. 206).

439 Zumindest seit 1841 gehörten zum Vorstand (nach den Verhandlungen 1841 ff.): Generaldirektor v. Olfers, der Geheime Oberregierungsrat Kortüm, L.A. Funke, Stadtrat Keibel, die Künstler: Rauch, Tieck, Wach, Begas, Kolbe, Krüger und Stüler. 1846 waren nur Keibel und Kolbe wieder vertreten, neu hinzu kamen: Regierungsrat Schweder, Kunsthändler Kommerzienrat Sachse, die Maler: Henning, Hensel, v. Klöber, der Kupferstecher Lüderitz, Hofbaurat Schadow und Bildhauer Wredow. 1850 übernahm der aus Düsseldorf kommende Jurist Carl Schnaase, der als Kunsthistoriker und als jahrelanges Mitglied des Kunstvereins für die Rheinlande und Westfalen Sachkenntnis hatte, den Vorsitz. Aus den Listen der Mitglieder geht hervor, daß die Wahl der Verwaltungsorgane so vorgenommen wurde, wie die Kommission zur Revision des Statuts es 1845 vorgeschlagen hatte.

440 Verhandlungen 1832, 1838, 1844−1850 (Kassenberichte). Die von mir aufgrund des Titels vorgenommene Klassifizierung nach Gattungen ist vielleicht im Einzelfall fragwürdig, in der Gesamtsumme jedoch aussagekräftig. Stadtansichten wurden zu den Architekturstücken gerechnet; die Historiengemälde lassen sich weiter untergliedern in: 2 Bilder biblischer Historie, 7 zur weltlichen Historie und Mythologie, 1 Bild nach literar. Vorlage.

hier für einen geringen Preis allenfalls ein Gipsabguß oder eine kleine Bronzefigur zu haben waren.[441] Aus dem Fond für die Förderung von öffentlichen Kunstwerken, der nach dem Vorbild des Düsseldorfer Vereins eingerichtet wurde,[442] flossen immer wieder Summen an Bildhauer, ab 1839 z. B. für den Guß der Amazonengruppe von Kiß, die heute noch vor dem Alten Museum steht, als Zeuge des erwachten deutschen Gemeinsinns, „der sich durch das mäkelnde Geschwätz über Monumentomanie nicht irre machen läßt in der Verherrlichung seiner Heroen, [...] unbekümmert um das Geräusch der Menge, die nicht einmal eine Menge ist."[443] So klang die aristokratische Polemik Ignaz v. Olfers gegen seine Kritiker. Er hat bei der Übernahme des Vorsitzes die neue Bestimmung zur Förderung der öffentlichen Kunst eingeführt.[444]

Anders als in Düsseldorf war der Verein der Kunstfreunde an der Veranstaltung von Jahresausstellungen nicht beteiligt und zeigte sich auch zur Kooperation mit den Provinzialvereinen wenig bereit.[445] 1842 eröffneten die Kunstfreunde jedoch nach dem Vorbild der Vereine in München, Dresden und Leipzig ein für die Mitglieder, ihre Familien und Freunde zugängliches Lokal[446], um für Künstler eine zeitlich begrenzte Ausstellungsmöglichkeit zu schaffen und eine eigene Sammlung zu zeigen, die in der Zukunft zusammengetragen werden sollte. Dem Vorwurf, die Werke durch die Lotterie in alle Winde zu verstreuen und durch Ankauf gefälliger Kleinformate das Mittelmaß zu fördern, ließ sich vor allem durch anspruchsvollere Ankäufe für die permanente Sammlung entkräften. Dabei griff der Verein tief in die Tasche. So erhielt Historienmaler Julius Schrader für sein Ölgemälde der „Übergabe von Calais an Eduard III." die sehr ansehnliche Summe von 4500 Talern.[447]

Bei den Jahresgaben, die der Verein an seine Mitglieder kostenlos verteilte, kam es darauf an, zwischen künstlerischen Ansprüchen und dem Publikumsgeschmack zu vermitteln.[448] Da ein Stich mehrere Jahre in Arbeit war, verschlang er erhebliche Mittel. Die gefällige Jahresgabe für 1844, „Kinder mit Blumen spielend" nach Eduard Magnus, kostete z. B. 3.524 Taler und damit mehr als ein Sechstel des Jahresetats.[449] Bei der Auswahl setzten sich zunehmend Vorbilder der

---

441 Zur Förderung der Bildhauer: Wilhelm v. Humboldt, Werke VI, S. 57 (zu hohen Marmorpreisen), 91; zu Wettbewerben für Bildhauer: S. 554. 577, 586, 593. Zu den Ankäufen vgl. Kassenberichte in den Verhandlungen.

442 Statuten vom 4.3.1840, § 4. Im Statut von 1825 fehlt eine solche Bestimmung.

443 Ebd.

444 Zur Geschichte des Vereins der Kunstfreunde im Preußischen Staate, in: Allgem. Organ f. d. Interessen d. Kunst- und Landkartenhandels 6 (1846), S. 193−196, hier: 194.

445 Vgl. z. B. Verhandlungen 1839, S. 15 (GStAPK Berlin, 2.2.1., Nr. 19927, Bl. 109) mit der Ablehnung, sich am Erwerb eines bedeutenden Figurenbildes für die Cyclusausstellungen zu beteiligen. Hierzu heißt es: „Wir sind weit entfernt, den Provinzial-Vereinen ihren erfolgreichen guten Einfluß, welchen sie zur Verbreitung und Belebung wahren Kunstsinnes geübt haben und üben, zu bestreiten [...]; wir können uns indessen nicht überzeugen, dass die Bilderwanderung in dem Maasse, wie es hier vorgeschlagen wird, erweitert und systematisirt, noch jetzt nöthig seien, und nicht vielleicht sehr bald zum Nachtheil der Kunst und der Künstler ausschlagen möchten." (S. 16f.)

446 zunächst am Werderschen Markt; Umzug 1846 (Ort nicht angegeben).

447 Verhandlungen 1850, Kassenbericht, S. 7. Hier ist auch eine Abschlagszahlung von 1200 Talern an Adolf Menzel für sein Gemälde „Friedrich der Große unter seinen Freunden" angeführt.

448 Die Themen der Stiche sind den Kassenberichten der Verhandlungen zu entnehmen. Bis 1845 wurde alte und neue Kunst gemischt. Die Kommission zur Revision des Statuts forderte 1845 die Auswahl von Werken neuerer Kunst zur Reproduktion (Statutenentwurf vom 16. 11. 1845, § 5.2; vgl. Protest des alten Vorstandes vom 15. 4. 1846), die ab 1844 in der Praxis beobachtet werden kann.

449 Verhandlungen 1842−1844.

zeitgenössischen Kunst durch. Für den Künstler ließ sich die Auswahl eines seiner Werke zur Reproduktion als erheblicher Prestigegewinn verbuchen.

1842, als die Mitgliederzahl der Kunstfreunde fast ihr Maximum erreicht hatte (1842: 2.324; 1843: 2.459), schätzte der Vorstand seine Möglichkeiten der Kunstförderung immer noch zurückhaltend ein: „Der Verein der Kunstfreunde kann mit seinen beschränkten Mitteln nicht selbständig etwas Umfassendes schaffen wollen".[450] Diese zeitgenössische Selbsteinschätzung ist auch aus heutiger Sicht nicht in Frage zu stellen. Mit Ausgaben von 10.550 Talern für Malerei, Plastik und Reproduktionsgrafik[451] im Jahr 1842 war der Verein zwar auf dem Berliner Kunstmarkt ein wichtiger Käufer, aber für die dortigen Künstler — 106 nach einer Liste von 1840[452] — kein Garant für eine sichere Existenz des gesamten Standes. Zudem gingen mit den Mitgliederzahlen auch die Einnahmen nach 1843 drastisch zurück. 1851 verzeichnete Carl Schnaase einen kontinuierlichen Schwund der Aktionäre auf zwei Drittel des Niveaus von 1844: „Wir sehen daraus, dass nicht bloss die Ereignisse der Jahre 1848 und 1849 und die Unsicherheit der gegenwärtigen Zustände diese Einbusse verursacht haben, sondern dass schon früher die Theilnahme des Publikums für unsere Sache sich vermindert hat." Trotz mancher Bedenken erschien ihm weiterhin die Existenz der Kunstvereine „höchst wünschenswerth, um die materielle und technische Existenz der Kunst und ihren Zusammenhang mit dem empfänglichen Theile des Publikums einigermassen zu sichern."[453]

c) Der Kunstverein für die Rheinlande und Westfalen (Düsseldorf)

Der schnelle Aufstieg der Düsseldorfer Malerschule ist in hohem Maß dem größten preußischen Kunstverein zu verdanken. Während die Künstlerschaft sich am Ort nur langsam vermehrte, bildete sich dort 1829 ein Assoziation der Kunstfreunde, die 1830 schon 1590 Aktien[454] zu fünf Talern absetzen konnte und der daher von Anfang an ein beachtlicher Betrag für die Kunstförderung zur Verfügung stand. Die Gunst der Privatkäufer und das schnelle Wachstum des Vereins schufen geradezu ideale Entwicklungsbedingungen für die Düsseldorfer Malerei in den dreißiger Jahren. Daß der Düsseldorfer Verein nicht nur rein idealistische Zwecke verfolgte, sondern der Aspekt der Künstlerunterstützung im Zentrum der Überlegungen stand, zeigen die Erinnerungen Wilhelm Schadows an seine Ankunft in Düsseldorf 1826: „Das kleine Düsseldorf, dessen Bevölkerung noch nicht die Zahl 30000 erreichte, hatte einen so hohen Procentsatz geistiger Elemente aufzuweisen, wie sich dessen wohl nur noch Weimar rühmen konnte. Zwar regte sich der Kunstsinn hier sowohl wie in andern Städten noch wenig, auch fehlte es an Leuten, vermögend genug, um den Luxus sich erlauben zu dürfen, Bilder anzuschaffen. Und was das Schlimmste war, der von den Kriegen erschöpfte Staat entbehrte der Mittel zur Ausführung monu-

---

450 Verhandlungen 1842, S. 1.

451 Verhandlungen 1842, S. 11 f. Kassenbericht. Von der Gesamtsumme von 12.063 Talern sind die Posten abgezogen, die als Verwaltungskosten nicht an Künstler oder Kunsthandwerker flossen.

452 George Gropius: Verzeichniss in Berlin lebender Künstler, in: Centralblatt der deutschen Kunstvereine 2 (1840), S. 98–100 (ohne Anspruch auf Vollständigkeit erstellt).

453 Verhandlungen 1851, S. 1 und 4. In den fünfziger Jahren stieg der Mitgliederstand wieder an und erreichte 1860 die Zahl 1.913. Damit blieb der Verein jedoch deutlich unter dem Maximum von 1843 (2.459).

454 Verhandlungen des Kunstvereins für die Rheinlande und Westfalen [im Folgenden zit.: Verhandlungen] 3 (1831) S. 49.

mentaler Arbeiten. Um beiden Uebelständen in etwa abzuhelfen wurde der rheinisch-westfälische Kunstverein gestiftet, welcher durch seine Ausstellungen und durch die Verteilung guter Kupferstiche an die Mitglieder die Masse der Bevölkerung aus ihrer Gleichgültigkeit aufrüttelte und Gelegenheit zu größern Arbeiten in Kirchen und öffentlichen Gebäuden geben sollte. Es war damals meine drängenste Sorge [...] den jungen Malern eine angemessene Beschäftigung zu verschaffen. Wieviele herrliche Talente sind schon an der Gleichgültigkeit des Publikums gescheitert! Wie manche Kunstblüte welkte dahin, ehe sie sich erschlossen! Bei fortgesetztem Mißlingen erfaßt [einen] erst so schaffensfrohen Künstler ein Kleinmut, der noch gewisser als Hochmut zum Untergange führt."[455]

Zwar hatten die nach Düsseldorf gezogenen Künstler Kunstvereinspläne schon mehrfach diskutiert[456], der unmittelbare Anstoß zur Gründung jedoch kam aus der Verwaltungsbürokratie. Regierungsrat Fallenstein trug den Vorschlag Prof. Karl Mosler von der Kunstakademie vor. Mosler befürchtete von Anfang an „eine kleinliche und nachtheilige Beförderung von solchen Kunstwerken, die nothwendig von den niedrigsten Moderücksichten und dem Geschmacke des Tages abhängig werden müßten", wenn nicht die Förderung monumentaler Kunst im Statut verankert würde und machte sich an den Entwurf:[457] „nur wenn die Kunst mit dem öffentlichen Bedürfnisse, mit dem Volksleben befreundet bleibt, wird sie [...] Popularität vereinigt mit Idealität zeigen; [...] Nicht, damit einige Reiche und Vornehme sich allein ihrer erfreuen, ward sie dem Menschengeschlecht geschenkt, sondern damit das ganze Menschengeschlecht an ihr sich erhebe und begeistre, und in ihren Offenbarungen eine heitre Lösung der Räthsel finde, die das Leben Jedem vorlegt [...] Volks-Denkmale sind Volks-Heiligthümer, die Nation tröstet, entzückt sich an ihnen."[458] Regierungspräsident v. Pestel, der auch erster Vorsitzender wurde, warb für die Idee der Vereinsgründung beim Oberpräsidenten in Koblenz. Ganz offensichtlich wurde in seinen Vorschlägen der Charakter des neuen Instituts als Künstlerversorgungsanstalt, die 'dem tüchtigen Künstler den Absatz seiner Werke sichern solle'. 26 Bilder, so rechnete v. Pestel vor, hätten die Düsseldorfer 1828 nach Berlin zur Ausstellung geschickt. Um alle Werke zu einem Durchschnittspreis von 200 Talern zu kaufen, brauche man nur 550 Mitglieder mit einem Jahresbeitrag von zehn Talern. Nun gelte es, 'alle tüchtigen Männer der Provinzen als Hüter des Guten und Schönen' zu gewinnen.[459] An Weihen von oben[460] und den nötigen Aufrufen im Amtsblatt fehlte es nicht. „Unter den zahlreichen Theilnehmern befinden sich Ihre Königlichen Hoheiten

---

455 Schadow; Jugenderinnerungen 1891, 755, S. 1.

456 Zunächst 1818 im römischen Haus des preußischen Gesandten Niebuhrs, der mit Wilhelm Schadow, Peter v. Cornelius und Karl Mosler über die Gründung eines gesamtdeutschen Kunstvereins nach englischem Vorbild diskutierte und einen „fehlgegriffenen" und daher erfolglosen Plan an Wilhelm v. Humboldt nach Berlin schickte. (Vgl. Karl Moslers Erinnerungen über die Gründungsumstände. Mitgeteilt an Lorenz Clasen und wörtlich abgedruckt in: Clasen, Kunstverein für die Rheinlande 1845, S. 11 f.) In diesem Zusammenhang sind auch die Erfahrung von Bedeutung, die Wilhelm Schadow als Gründungsmitglied des Berliner Kunstvereins sammeln konnte.

457 Ebd.

458 Andeutungen über den Zweck des Kunst-Vereins für die Rheinlande und Westfalen (1829), abgedruckt in: Fahne, Düsseldorfer Maler-Schule 1837, 12−18, hier: 14.

459 LHA Koblenz, Best. 403, Nr. 14069, Bl. 5−6: „Vorschlag zu einem Kunstverein für das Rheinland und Westphalen und in Beziehung auf die Akademie zu Düsseldorf", hier: Bl. 5. Im Begleitschreiben an den Oberpräsidenten v. Ingersleben vom 17.12.1828 gibt v. Pestel an, daß ihn der Plan schon lange beschäftigt.

460 Übernahme des Protektorates durch Prinz Friedrich v. Preußen; Portofreiheit; vgl. ebd., Bl. 16. Geneh-

die Prinzen Friedrich und Alexander von Preußen, ersterer als Protektor des Vereins, 10 Herzöge und Fürsten, 1 Erzbischof, 3 Bischöfe, 13 Grafen, 3 Minister und Oberpräsidenten, 4 Generäle und 3 Regierungspräsidenten", meldete das Kunstblatt im Gründungsjahr 1829.[461]

Von einer „Theilnahme [...], die, von den Stufen des Thrones herab durch alle Klassen der Gesellschaft reichend, uns heute versammelt hat", sprach Regierungspräsident v. Pestel in der ersten Generalversammlung.[462] Das war freilich stark übertrieben. Zwar weisen die Mitgliederlisten auch Berufe wie Vergolder, Hausmeister, Schreiner und Kassenschreiber aus, doch die erdrückende Mehrheit der Aktionäre ist dem gehobenen Wirtschafts-und Bildungsbürgertum sowie dem Adel zuzurechnen.[463]

Die Zahl der Aktien wuchs von 1590 (1830) rapide an und erreichte im Verwaltungsjahr 1839/ 40 mit 3685 den Höchststand im Vormärz.[464] Die Einnahmen beliefen sich um 1840 auf etwa 20 000 Taler.[465]

Der Kapitalbestand des Vereins war von so erheblicher Höhe, daß der Kritiker Anton Fahne darin Mittel sah, „die richtig verwandt und zweckmäßig vermehrt, der Zeit einen neuen Raphael entlocken, die aber auch, mißbraucht, aus der Academie nur eine große Fabrik schaffen werden".[466]

Um das zu verhindern, legten die Düsseldorfer Kunstfreunde von Anfang an ein Viertel der Mitgliedsbeiträge[467] für anspruchsvolle Projekte der Monumentalkunst beiseite. Durch diesen

---

migung der Statuten durch Kabinettsordre vom 28. 5. 1830 (vgl. die insgesamt wenig aussagekräftige Akte im GStAPK Berlin, 2.2.1., Nr. 20016, Bl. 2).

461 Kunst-Blatt 10 (1829), S. 137f.

462 Kunstverein für die Rheinlande und Westphalen, Verhandlungen [im Folgenden zit.: Verhandlungen] 1 (1829), Rede zur Eröffnung der Generalversammlung, S. 3−7, hier: 4.

463 Verhandlungen 1 (1829); Mitgliederliste für 1829. Um diesen Eindruck zu bestätigen, wäre ein erheblicher Aufwand nötig. Die Mitgliedschaft der Kunstvereine ließe sich sozial klassifizieren (z. B. nach der Berufsklassifikation von Schüren, Soziale Mobilität 1989, S. 313−61). Dies würde aber eine Auswertung von tausenden, z.T. ungenauen Berufsangaben voraussetzen. Eine detaillierte Analyse der Gründungsmitglieder des Kölner Kunstvereins von 1839 findet sich in: Kölnischer Kunstverein, Einhundertfünfzig Jahre IV 1989, Dateien S1.kkv − S4.kkv, jedoch ohne Interpretation der Daten. Eine grobe Zusammenfasung der Mitglieder zu sozialen Gruppen liegt vor zum Kunstverein Karlsruhe (Sternberg, Karlsruher Kunstverein 1977, S. 69 für die Jahre 1818, 1823, 1841, 1854, vgl. auch S. 129f.). Es wird hier ein Arbeiteranteil von 0−1 % und ein maximaler Handwerkeranteil von 11,5 % (1841) verzeichnet (1823 noch 0,5 %, 1854 gesunken auf 1 %). Langenstein (Münchner Kunstverein 1983, S. 92; vgl. 120ff. zur Ausgrenzung von Personen in untergeordneten, abhängigen Beschäftigungsverhältnissen, die den Forderungen einer „gebildeten Gesellschaft" nicht entsprachen) beläßt es bei einer Analyse der Gründungsmitglieder (238 Personen, davon nur sechs Kleingewerbetreibende und keine Arbeiter). Eine vergleichende Analyse der Mitgliederschaft um 1839/40 wäre aufgrund vorliegender Listen in den Verhandlungen der Vereine von Berlin und Düsseldorf möglich.

464 Verhandlungen 2 (1830) S. 49 und 11 (1839/40) S. 20. Die im Kassenbericht angegebenen Zahlen, die hier in der Regel zitiert werden, liegen unter den in den Generalversammlungen genannten, da ein gewisser Teil der Aktien uneingelöst liegenblieb (1838/39 z. B. 83). Der Sekretär unterschied bei seiner Berichterstattung nicht zwischen Zahl der Aktionäre und Zahl der ausgegebenen Aktien. Dies ist jedoch notwendig, da ein Mitglied mehrere Aktien erwerben konnte.

465 Verhandlungen 11 (1839/40) S. 20: 19 570 Taler; Einnahmemaximum im Vormärz 1840/41 mit 21 132 Talern. (12 (1840/41) S. 23).

466 Fahne, Düsseldorfer Maler-Schule 1837, S. 24.

467 Nach Abzug der Verwaltungskosten.

Fond sollte es möglich sein, den Ausfall staatlicher und kommunaler Förderung für größere Projekte zu kompensieren, die die Münchener Künstlerschaft unter Ludwig I. in so reichem Maße genoß. „Gerade die höhern, künstlerischen Gedanken, diejenigen, welche mit den heiligen und ernsten Gefühlen verbunden sind, mit der Andacht, der Vaterlandsliebe, der Verehrung großer Männer, finden ihren vollsten Ausdruck nur in solchen öffentlichen Werken." Mit Bemerkungen wie dieser verteidigte der Kunsthistoriker und Jurist Carl Schnaase als Vorsitzender 1840 die verfolgte Ausgabenpolitik, nicht ohne den Hinweis zu vergessen, eine solche Kunst sei auch den ärmeren Klassen des Volkes zugänglich.[468]

In der Praxis sorgte der Kunstverein für die Ausstattung von Kirchen durch Fresko- und Staffelmalerei, förderte die Projekte eines vaterländischen Historismus wie die Ausgestaltung des Kaisersaals im Frankfurter Römer und die Entstehung der Karlsfresken im Aachener Rathaussaal und bezuschußte Anschaffungen öffentlicher Museen.[469] Noch im Gründungsjahr beschloß der Verwaltungsausschuß die erst 1844 abgeschlossene Ausmalung des Elberfelder Rathauses mit Fresken, um auf diese Weise den zahlreichen Bankiers und Fabrikanten unter den Mitgliedern seine Reverenz zu erweisen.[470]

In der Praxis war die Förderung der Monumentalmalerei mit vielen Problemen behaftet. Es fehlte an „Anträgen öffentlicher Anstalten"[471], so daß die Rücklagen des „Fonds zur Verwendung für öffentliche Zwecke" immer weiter anstiegen.[472] Zwar kaufte der Verein auch einige bedeutende Gemälde des Landschaftsfaches und einer populären Historienmalerei für den Galeriesaal der Kunstakademie[473], doch die Genremaler waren von diesen Pfründen ausgeschlossen und witterten eine einseitige Bevorzugung des engeren Schadowkreises. Auch die Verlosung von Bildern unter die Mitglieder mußte durch die Förderung der Monumente spärlicher ausfallen. So formierte sich der Widerstand einer Gruppe mit dem Ziel, „die bestehende Verwaltung sammt dem Statut − insbesondere dessen Bestimmungen rücksichtlich der öffentlichen Fonds − über den Haufen zu werfen."[474]

In der Tat war die Vereinsverfassung alles andere als demokratisch. Die Ankaufspolitik steuerte ein Ausschuß, dessen Mitgliederzahl nicht geregelt war und dessen Mitglieder sich wegen der Ungenauigkeit der Bestimmungen als lebenslänglich gewählt ansehen konnten.[475] Es gelang der

---

468 Rede vor der Generalversammlung 1840, Verhandlungen 11 (1839/40), S. 3−6, hier: 4.

469 Vgl. die Liste der vom Verein gestifteten und geförderten Kunstwerke zu öffentlichen Zwecken in dem noch heutige gültigen Überblick von Eberlein, Geschichte des Kunstvereins 1929, S. 53−59. Genaueren Aufschluß über die verausgabten Mittel und auch kleinere Projekte vermitteln die Kassenberichte in den Verhandlungen und im Correspondenz-Blatt des Vereins.

470 Vgl. Schnaase, Freskogemälde Elberfeld 1845.

471 Verhandlungen 5 (1834), S. 5.

472 Maximum: 16 224 Taler 1840/41; Ausgaben in diesem Jahr: 830 Taler (Verhandlungen 2 (1840/41), S. 28). In der Krisenzeit bis 1850/51 schrumpfte der Etat nur auf das Niveau von 12 805 Taler (Correspondenz-Blatt 6 (1851), S. 49.

473 1838/39: Sohns „Tasso und die beiden Leonoren" (1333 Taler), 1841/42: Schirmers „Italienische Waldlandschaft" (850 Taler), 1842/43: A. Achenbachs „Hardanger Fjord" (1416 Taler), 1847/48: Tidemands „Haugianer" (775 Taler zum Gesamtpreis v. 1550 Talern).

474 Der Kunstverein für die Rheinlande und Westphalen und seine Gegner, in: Correspondenz-Blatt 1 (1845), S. 45−50, hier: 45.

475 Unrevidiertes Statut in: Verhandlungen 8 (1836/37), S. 16−22. Zu der Unklarheit der Bestimmungen und dem Plan zur Revision: Verhandlungen 13 (1841/42), Anlagen „Einladung zur General-Versammlung ... zum 30.10.1841" und „Entwurf des Statuts".

104

Vereinsführung im Oktober 1841, die Abwahl des gesamten Verwaltungsausschusses abzuwenden und eine konservativ zusammengesetzte Kommission zur Statutenrevision einzusetzen.[476] Die Neufassung sah ein jährliches Ausscheiden eines Drittels der Mitglieder vor, so daß von nun an − trotz der Möglichkeit zur Wiederwahl − eine Veränderung in der Zusammensetzung eintreten konnte.[477] Die Bestimmungen über die Monumentalkunst, die den Düsseldorfer Verein von anderen Kunstvereinen unterschieden und von den Gründern als sein Herzstück betrachtet wurden, blieben jedoch in Kraft.

Aus einer Generalabrechnung aller Ausgaben des Vereins bis zum Jahr 1848 geht hervor, daß die Zahlungen für öffentliche Monumente mit 24 672 Talern weit hinter den Ankaufssummen für die Lotteriepreise (144 074 Taler) und die Ausgaben für die Vereinsblätter (55 304) zurückblieben.[478] Schon aus diesen Summen ist zu ersehen, daß auch die Düsseldorfer vom gängigen Kunstvereinsprofil nicht entschieden abwichen. Von Anfang an nahm der Vorstand Rücksicht auf den gängigen Publikumsgeschmack und die häuslichen Bedürfnisse. Alle Gattungen waren zum Ankauf zugelassen. Die Werke sollten allerdings „Geist und Originalität der Erfindung" sowie „Tiefe und Gründlichkeit der Ausführung" aufweisen.[479] Bei der statistischen Auswertung der Rechnungen von 1830 bis 1850/51 im Fünfjahresrhythmus zeigte sich folgende Verteilung:[480] Im Vordergrund standen bei den Ankäufen die Landschaften (68), die der Vorstand als besonders geeignet ansah, „nach dem heutigen Stande des Kunstgefühls [...], den Ansprüchen des Privatlebens zu genügen."[481] Dazu kamen 14 Bilder in der verwandten Gattung des Architekturbildes. An zweiter Stelle folgten Genredarstellungen (50). Die Historienbilder standen zwar an dritter Stelle (34), wurden aber vom Düsseldorfer Auswahlausschuß noch weit eher gekauft als vom Berliner. Stilleben und Tierstücke (15) spielten eine eher untergeordnete Rolle. Der Verein scheint sich bemüht zu haben, seinen Finanzstock auf alle in Düsseldorf ansässigen Maler einigermaßen gleichmäßig zu verteilen und sah gerade in Krisenjahren eine soziale Verpflichtung: „Die Noth klopft an manche Thüre, die Sorge beengt manches Herz, das schöner Erhebung fähig wäre. Für unsern Verein entsteht dadurch die Verpflichtung, mit Anstrengung aller Kräfte thätig zu sein", bemerkte Karl Schnaase als Vorsitzender 1848.[482]

---

476 Mitglieder genannt in: Verhandlungen 13 (1841/42), S. 4.

477 Revidiertes Statut in: Verhandlungen 13 (1841/42), S. 15−20. Die Diskussionsvorlage der Kommission (aufzufinden in der Kapsel: Kunstverein für die Rheinlande ..., Kleine Veröffentlichungen, UB Düsseldorf) weist erhebliche Abweichungen auf. So schreibt sie die auch im revidierten Statut nicht erläuterten Anteile fest auf 50 % für Ankäufe für die Verlosung, je 25 % für Kunstwerke mit öffentlicher Bestimmung sowie Kupfer- und Stahlstich.

478 Die Wirksamkeit des rheinisch-westfälischen Kunstvereins seit seiner Gründung bis jetzt, in: Correspondenz-Blatt 6 (1848), S. 9−11. Augeschlüsselt: Zur Verlosung kamen 740 Ölgemälde, 211 Kupfer- und Stahlstiche, 157 Lithographien, 6 Werke der Bildhauerkunst, ein Gipsmodell und eine Handzeichnung, sowie 69 Druckwerke. Die Summe für die Monumente wurde durch die verpflichtenden Zuschüsse der Kommunen, Korporationen usw., an die die Werke fielen, um 16 934 Taler aufgestockt.

479 Verhandlungen 1 (1829), S. 8f.

480 Klassifizierung durch J.G. Die Trennung von Architekturbildern und Landschaften ist nicht präzise möglich, da auch Architekturbilder z.T. als Landschaften geführt werden. Zugrunde lagen die Jahresabrechnungen von 1830, 1835/36, 1839/40, 1844/45 und 1850/51 in den Verhandlungen und im Correspondenz-Blatt. Die Anteile der einzelnen Gattungen entsprechen auch in den einzelnen Jahren etwa dem Gesamtschnitt.

481 Karl Schnaase in der General-Versammlung vom 8. 8. 1846, in: Correspondenz-Blatt 2 (1846), S. 53.

482 Correspondenz-Blatt 4 (1848), S. 23.

Die gezahlten Preise allerdings schwankten je nach Thema, Format, Renommee des Malers und der allgemeinen Konjunktur erheblich. Sie lagen etwa zwischen 50 und tausend Talern, wobei ein Durchschnitt von 200 Talern als realistisch angesehen werden kann.[483] Es wäre aber ein Trugschluß anzunehmen, daß nur mit der traditionell hoch bewertete Historie Spitzenpreise zu erzielen waren. Die höchste Summe im Ankaufsjahr 1845/46 − 1000 Taler − erhielt z. B. Karl Hübner für sein sozialkritisches Gemälde „Das Jagdrecht".[484]

Als Käufer war der Düsseldorfer Kunstverein für die Maler am Ort von ganz erheblichem Gewicht. Bedenkt man, daß auf der Düsseldorfer Jahresausstellung selten mehr als 200 Bilder gezeigt wurden[485]und daß der Verein andererseits jährlich etwa 30 bis 50 Bilder erwarb, so wird klar, daß er in der Stadt ein Künstler-Versorgungsinstitut von zentraler Bedeutung war. Den Malern gelang es, ihren Einfluß auf die Führung der Geschäfte zu sichern und dafür zu sorgen, daß der Löwenanteil der Zahlungen der eigenen Kunstschule zugute kam.

1840 war der Kunstverein für die Rheinlande und Westphalen auf dem Höhepunkt seiner Entwicklung. Dann setzte, mitbedingt durch die inneren Querelen, ein bis 1850 anhaltender Abstieg ein, und die Zahl der ausgegebenen Aktien sank von 3685 (1839/40) auf 2410 (1850/51)[486]. Die Zahl der Privatkäufer ging ebenfalls zurück: Die Düsseldorfer Malerschule hatte eine zunehmend schlechtere Presse[487], und die Ernteausfälle der vierziger Jahre verknappten das Geld ebenso wie der verstärkte Kapitalbedarf für Investitionen − z. B. für den Eisenbahnbau. In dieser Lage kam dem Kunstverein, dessen Handlungsspielraum sich schleichend verkleinerte, eine besondere Bedeutung zu.

1845 klagte der humoristische Genremaler Adolph Schroedter über die „Zurücksetzung u[nd] Verlassenheit", in der die Düsseldorfer Schule jetzt dahinsieche. Abgesehen vom Grafen von Fürstenberg mit seinem Großauftrag für die Ausmalung der Kirche in Remagen, sei „der hiesige Kunst Verein der einzige Besteller u[nd] Käufer, u[nd] der zur Beschaffung größerer, öffentlicher Arbeiten verpflichtet ist. [...] Der Kunst Verein hat also den entschiedensten Einfluß auf die Gestaltung, resp. den Fortschritt der Schule; mehr oder minder müssen sich Alle bequemen, dessen Anforderungen zu entsprechen, um ihn als Abnehmer zu gewinnen; u[nd] da der Kunst Verein vorzugsweise viel Bilder zur Verlosung braucht, also auf Wohlfeilheit u[nd] klein Format viel größre Rücksicht zu nehmen hat als sich mit der Förderung der Kunst verträgt, − so sind

---

483 Die Preisdurchschnitte schwanken erheblich: Im Gründungsjahr 1829 lag der Durchschnittspreis für ein Werk bei 143 Talern, ab 1840 wurde die Marke von 200 Talern z.T. deutlich durchbrochen (1839/40: 225 Taler; im Spitzenjahr 1841/42: 273 Taler; 1846−49 − zur Zeit der wirtschaftlichen und politischen Krise − sinkt das Preisniveau [1846/47: 201 Taler; 1847/48: 202 Taler; 1848/49: 153 Taler], was mit dem Bemühen des Vorstands erklärt werden kann, möglichst viele Maler abzusichern.

484 Abb. 18 dieser Arbeit; Correspondenz-Blatt 2 (1846), S. 64. Ähnliches wiederholte sich 1846/47 (Schrödter für den Fries „Bauerntanz und Gelag" 1000 Taler) und 1847/48 (Jordan 1000 Taler für „Rettung aus dem Schiffbruche"). Solche hohen Preise wurden allerdings nur selten bezahlt. Der statistische Durchschnitt liegt bei 195 Talern, wenn man von der Summe von 144 074 Talern für 740 Ölgemälden ausgeht (Vgl. die schon zitierte Abrechnung im Correspondenz-Blatt 4 (1848), S. 11. Bei der Durchschnittbildung sind allerdings die billigeren Kupferstiche, wenige Bildhauerarbeiten und Druckwerke nicht berücksichtigt).

485 Vgl. Kunstverein für die Rheinlande und Westphalen: Verzeichniß der Kunstwerke auf der Ausstellung [Jahr], UB Düsseldorf H.M.X. 10 [Lücken: 1830−32, 1836, 1841], Maximum 1837 mit 243 Werken.

486 Zahlen der tatsächlich eingelösten Aktien nach den Kassenberichten in den Verhandlungen und im Correspondenz-Blatt. Die in den Generalversammlungen genannten Zahlen liegen etwas höher.

487 Vgl. dazu Kap. VI.3.

Viele gezwungen, gegen ihre Neigung u[nd] ihren Beruf kleine Kabinetstücke zu malen, deren Inhalt sie selbst nicht tief berührt hat".[488]

Der Verein schaffte nicht nur die materiellen Voraussetzungen für die Kunstproduktion, er wirkte — so Schroedters Vorwurf — auch auf die Form der Werke ein. Diese Ansicht war offenbar so verbreitet, daß sich Karl Schnaase als Vorsitzender in der Generalversammlung 1845 zu einer Grundsatzerklärung genötigt sah: „Die Verwaltung des Vereins würde ihre Kräfte überschätzen und Gefahr laufen, auf falsche Bahnen geleitet zu werden, wenn sie sich einen Einfluß auf die innere, geistige Entwickelung der Kunst anmaaßte. Sie bildet nur eine Vermittelung zwischen dem Publikum und dem Künstler, sie ist nur behülflich, der Kunst die äußern Bedingungen der Thätigkeit zu verschaffen, sie überläßt es dem Geiste der Zeit und dem Talente, ihre Richtung zu bestimmen."[489] Eine solche Vermittlung war aber ohne einschneidende Entscheidungen unmöglich: Kaufte man überwiegend anspruchsvolle Großformate, begannen die Aktionäre zu klagen[490], verloste man kleine Bilder für die bürgerliche gute Stube, beschwerten sich die Künstler.

Ein wesentliches Mittel, um die Mitglieder zufriedenzustellen und dem Verein den Erfolg zu sichern, war die Verteilung populärer grafischer Jahresgaben.[491] Die Chance, ein Kunstwerk zu gewinnen, war bei dem hohen Wert der Bilder so gering, daß ohne eine solche Anerkennung für stetige Beitragszahlungen der Elan der Aktionäre bald erlahmt wäre. Kein anderer Zweig beschäftige die Verwaltung in so hohem Maße, versicherte Karl Schnaase 1845.[492] Es war schwierig, für die große Zahl der Berechtigten Drucke von guter Qualität zu beschaffen, zugleich mußte bei der Auswahl der Vorbilder der Geschmack der Mehrheit getroffen und dennoch ein hoher Qualitätsmaßstab angelegt werden. In der Reproduktionsgrafik spiegelt sich die Geschichte der Düsseldorfer Malerschule wider: In den dreißiger Jahren standen historische Rührstücke nach literarischen Themen und religiöse Motive im Vordergrund, die auf diese Weise weite Verbreitung fanden; in den vierziger Jahren verschwand die religiöse Historie zwar nicht ganz, aber Genre und weltliche Historie bekamen das Übergewicht. Eine besondere Anstrengung erforderte der 1841 beschlossene Nachstich von Raffaels „Disputa" durch den Düsseldorfer Joseph Keller, ein Unternehmen, das sich zwölf Jahre hinzog und die enorme Summe von 25 000 Talern verschlang.[493]

Dieses Projekt entsprach ganz dem Anliegen der konservativen Vorstandsmitglieder, „die ernste, großartige Richtung der Kunst zu fördern und gegen das Andrängen des frivolen Tagesgeschmackes in Schutz zu nehmen", das Rudolf Wiegmann — 1842 bis 1864 Vereinssekretär — rückblickend 1857 in einem Brief an den Oberpräsidenten in Koblenz als sein wichtigstes Anliegen bezeichnete.[494] Gegen eine solche Pflege akademischer Hochkunst durch den Kunstverein

---

488 Brief vom 20. 10. 1845 an einen Freund, in: Schroedter, Briefe, S. 242 f.

489 Correspondenz-Blatt 1 (1845), S. 77.

490 Vgl. z. B. den Brief eines Mitglieds an den Sekretair des Kunstvereins, im Correspondenz-Blatt 7 (1851), S. 3 f.

491 Vgl. zur Reproduktionsgrafik dieser Art allgem.: Kölnischer Kunstverein, Einhundertfünfzig Jahre (AK) 1989, III.

492 Correspondenz-Blatt 1 (1845), S. 78.

493 Vgl. Schnaase, Stich Disputa 1845; Eberlein, Kunstverein für die Rheinlande 1929, S. 44, dort auch auf S. 60 ff. ein Verzeichnis aller vom Verein ausgegebenen Reproduktionen und Verlagswerke.

494 Brief vom 25. 1.. 1857 an Oberpräsidenten Kleist-Retzow, in: LHA Koblenz, Best. 403, Nr. 14051, Bl. 177−182. Kleist-Retzow stellte sich klar auf die Seite der Akademiker, die sich auch in den schlimmsten Jahren durch patriotische und durch und durch ehrenwerthe Gesinnung ausgezeichnet hätten; der

formierte sich eine Opposition, gegen die sich Wiegmann als 'Märtyrer des Rechts und seiner Pflicht' stemmte. Seit vielen Jahren, verstärkt aber seit 1848, habe sich die Gegnerschaft bemüht, den Fond für die Monumentalkunst abzuschaffen, im Ankaufsausschuß die Majorität zu gewinnen und so „Richter und Ankäufer ihrer eigenen Bilder" zu werden. Auch das Correspondenz-Blatt als Propagandaorgan der Konservativen war den Gegnern ein Dorn im Auge. Der Kunstverein verlor an Macht, als mit der Gründung einer „permanenten Kunstausstellung" durch Eduard Schulte 1850 in Düsseldorf sein Ausstellungsmonopol gebrochen wurde. Seine Mittel aber waren zu bedeutend, um ihn ganz der akademischen Künstlerschaft zu überlassen. 1864 legten Wiegmann und der Geheime Justizrat Friedrich, als Vorsitzende zermürbt, die Ämter nieder. Damit war der Weg frei für eine Übernahme der Verwaltung durch die Opposition.[495]

Je mehr der Einfluß der Akademiker der Schadow-Ära schwand, desto bedrohter war die feine Balance der Interessen, um die sich der Vorstand schon in den vierziger Jahren bemühen mußte. Waren die kleineren Vereine in der Provinz eher Abnehmer einer fernab entstehenden Produktion, so stießen in Düsseldorf die gegensätzlichen Interessen von akademischen Lehrern, freien Künstlern, Kritikern und Aktionären direkt aufeinander.

d) Das Netz der Vereine in Preußen

Auch wenn die Assoziationen in Düsseldorf und Berlin weitaus mehr Mitglieder besaßen, waren die anderen preußischen Vereine im Vormärz von erheblicher Bedeutung. Sie sorgten durch ihr effektives Versendungssystem für die Verbreitung der Kunst in den Provinzen und erschlossen den in den Akademiestädten konzentrierten Künstlern einen weiteren Markt; „welch' ein Wandern der Bilderkisten auf den Eisenbahnen! Man möchte glauben, es geht kein Zug ab, der nicht Kunstwerke mit sich führte. Wer nicht zu ihnen kommt, zu dem kommen sie. Was nicht durch seine monumentale Natur gehalten wird, begiebt sich auf die Reise und selbst Freskowände [...] senden ihre Kartons hinaus oder bedienen sich der unablässig thätigen vervielfältigenden Künste, um sich zur allgemeinen Kenntniß zu bringen," schrieb Friedrich Eggers 1856[496]. Auch schon in der Postkutschenzeit fuhren die in Kisten eingeschraubten oder aufgerollten Gemälde quer durch die ganze Monarchie von Düsseldorf nach Königsberg.

Die Anzahl der Mitglieder der Provinzialvereine kann als Indiz für das Kunstinteresse in einzelnen Landstrichen gelten. Den etwa 5.700 Aktionären der Vereine in Düsseldorf und Berlin standen um 1839 etwa 7650 Mitglieder der kleineren Assoziationen gegenüber.[497] Davon entfal-

---

Malkasten und der Unterstützungsverein erscheint ihm dagegen als Hort unzuverlässiger, 1848 republikanischer Elemente. (Bl. 99 f.) Daher versuchte der Oberpräsident, eine Erlaubnis für eine Bilderverlosung zugunsten des Malkastens zu versagen, die jedoch nach königlicher Intervention gewährt wurde.

495 Zu den anhaltenden Streitigkeiten vgl. die ausführlicheren Darstellungen von Eberlein, Kunstverein für die Rheinlande 1829, S. 15–23 und Hütt, Düsseldorfer Malerschule 1984, S. 228–232.

496 Die deutschen Kunstvereine 1856, S. 337.

497 Ausgangspunkt für die Statistik war: Raczynski, Deutsche Kunst, Bd. III 1841, S. 388. Der Verfasser nennt hier die Zahl der Aktionäre, die Aktienpreise und die Haupteinnahme der Vereine, wobei jedoch die Angaben von 1834 bis 1838 variieren und der Kölnische Kunstverein noch fehlt. Um 1838 ist das Kunstvereinswesen bereits recht gut entwickelt. Der Zeitpunkt des statistischen Vergleichs ergibt sich aus günstiger Materiallage für den Zeitraum 1836–1840. Ungenauigkeiten der eigenen Statistik enstehen dadurch, daß manche Vereine die Zahl der Aktionäre, manche die oft höhere Zahl der ausgegebenen Aktien nennen. Die Angaben geordnet nach Vereinsgröße (in Klammer das Jahr und ggf. die von Raczynski abweichende Quelle): *Düsseldorf*: 3.512 ausgegebene Aktien; 3.081 Mitglieder (1838, Kunst-

len 1.336 auf den 1839 gegründeten Kölnischen Kunstverein.[498] Da jedoch die kleineren Vereine einen geringeren Aktienbeitrag von zwei bis zweieinhalb Taler erhoben, während die Düsseldorfer, Berliner und Kölner fünf Taler zu bezahlen hatten, war ihr Kapital weit geringer. Errechnet man aus der Zahl der Aktionäre ein fiktives Einkommen,[499] so ergibt sich, daß die Vereine in Berlin, Düsseldorf und Köln um 1839 mit 35.625 Talern das Übergewicht hatten, während Breslau, Danzig, Halberstadt, Halle, Königsberg, Magdeburg, Münster, Posen, Potsdam und Stettin gemeinsam nur 13.035 Taler für die Kunst aufbrachten.

Die Vorstände der kleineren Vereine erkannten bald, daß nur durch einen Zusammenschluß auch in der Provinz bedeutende Ausstellungen zustande kommen konnten. Auf der ersten gemeinsamen Konferenz in Berlin 1834 wurden zwei Ausstellungszyklen organisiert. In ungeraden Jahren sollten die Bilder in den Vereinen östlich der Elbe (Königsberg[500], Stettin, Breslau[501], Posen und Danzig) zirkulieren, in den geraden Jahren im westlichen Zyklus zu sehen sein, dem sich die Städte Magdeburg, Halberstadt[502], Halle, Braunschweig, Kassel, Münster[503] und Hannover anschlosen.[504] Durch eine solche Zusammenfassung war es möglich, die Transportkosten erheblich zu senken und die Ausstellungen für die einreichenden Künstler attraktiver zu gestalten.

Auch wenn der Gewinn auf einer langen Ausstellungstournee erwirtschaftet werden mußte, die immer wieder auch zu Transportschäden an den Bildern führte, war das finanzielle Resultat

---

verein für die Rheinlande und Westphalen, Jahresbericht 1838/39), *Berlin*: 2.205 Mitglieder (1838); *Köln* 1.336 Aktien (1839; Kunstverein Köln, Einhundertfünfzig Jahre 1989 V, S. 40), *Stettin* 1.222 Aktien (1839, GStAPK Berlin, 92, Altenstein, A VI b, Nr. 7, Bl. 102); *Posen* 1.160 Mitglieder (1837), *Königsberg* 951 Mitglieder (1838, Central-Blatt der deutschen Kunstvereine 1 (1839) 42−45); *Magdeburg* 639 Aktien (1838, Central-Blatt der deutschen Kunstvereine 1 (1839), S. 37); *Breslau* 526 Mitglieder (GStAPK Berlin, Rep. 76 Ve, Sekt. 8, Abt. IV, Nr. 1, Bl. 256), *Potsdam* 519 Mitglieder (1838), *Danzig* 514 Mitglieder (1837), *Halle* 288 Aktien (1837, Central-Blatt der deutschen Kunstvereine 1 (1839), S. 22−30), *Halberstadt* 284 Mitglieder (1838), *Münster* 212 Mitglieder (1838/39, Matsche von Wicht, Der Westfälische Kunstverein 1981, S. 10).

498 Die Geschichte dieses wichtigen Vereins in Preußen ist gut aufgearbeitet in: Kunstverein Köln. Einhundertfünfzig Jahre (AK), 1989. In Bd. V, S. 40f. Daten zur Wirksamkeit ab 1839: In den ersten zehn Jahren kaufte der Vereine selbst für 61.245 Taler Bilder an und löste durch seine Ausstellungen weitere Käufe durch Privatkäufer, die Stadt und den Museums-Verein in Höhe von 24.310 Talern aus.

499 Nicht für alle Vereine sind Kassenberichte überliefert. Die fiktive Summe ergibt sich aus der Multiplikation der Zahl der Aktionäre/ Aktien mit dem Aktienbetrag, der in Klammern in Talern genannt wird. Die tatsächlichen Einkommen fallen höher aus als in diesem Modell, z. B. weil ein Aktionär mehrere Aktien erwerben konnte und ein Verein durch Ausstellungsorganisation Nebeneinnahmen hatte. Dennoch reicht die Genauigkeit aus, um eine Vorstellung vom Kapitalstock der Vereine zu vermitteln, die nach der Höhe ihrer Mittel folgen: *Düsseldorf* (5) 17.560, *Berlin* (5) 11.025, *Köln* (5) 6.680, *Stettin* (2) 2.444, *Posen* (2) 2.320, *Königsberg* (2) 1.902, *Magdeburg* (2) 1.278, *Potsdam* (2) 1.038, *Danzig* (2) 1.028, *Halberstadt* (2.5) 710, *Halle* (2) 576, *Münster* (2) 424.

500 Hierzu u. a.: Hagen, Kunstverein Königsberg 1849; Anderson, Kunstverein Königsberg 1931.

501 Hierzu viel brauchbares Material in der Akte: GStAPK Berlin, Rep. 76 Ve, Sekt. 8, Abt. IV, Nr. 1.

502 Material in: GStAPK Berlin, Rep. 76 Ve, Sekt. 9, Abt. IV, Nr. 1.

503 Der relativ unbedeutende Verein ist sehr gut dokumentiert in: Matsche v. Wicht, Kunstverein Münster 1981, der Archivbestand ist erhalten, vgl. Frese, Archiv des westfälischen Kunstvereins 1981.

504 Friedrich Lucanus, der Vorsitzende des kleinen Kunstvereins Halberstadt organisierte die erste Konferenz mit dem Berliner Verleger George Gropius. Er berichtete darüber in: Kunst-Blatt 15 (1834), S. 381−83.

beachtlich. Der östliche Zyklus hatte im Jahr 1837 Verkäufe von 32.000 Talern zur Folge[505], der westliche Zyklus erbrachte im folgenden Jahr 30.272 Taler für 234 verkaufte Werke[506] und übertraf damit sogar die wichtige Berliner Akademieausstellung (1838: 26.338 Taler).[507] „Unverkennbar tritt daraus hervor, dass diese Wirksamkeit keine unbedeutende ist, und dass sie die vaterländischen Künstler wohl ermuthigen kann, den Provinzialvereinen ihre Werke auch fernerhin anzuvertrauen", kommentierte der Hauptgeschäftsführer des westlichen Zyklus das Ergebnis. Es seien bei Weitem mehr kleine als große und viel ausländische, namentlich niederländische Bilder gekauft worden. Dies sei darauf zurückzuführen, daß deutsche Künstler erster Größe den Vereinen noch zu selten verkäufliche Werke überließen.[508]

Die Kunstvereine schlossen Abkommen, um sich auch bedeutende Gemälde zu sichern. So heißt es im Tagungsbericht des westlichen Zyklus 1838: „Jeder Verein verpflichtet sich, alle zwei Jahre ein grösseres Figurenbild von einem anerkannten Künstler zu erwerben und solches nicht eher zu seiner letzten Bestimmung gelangen zu lassen, als bis es auf den Ausstellungen der zur Gegenseitigkeit verpflichtenden Vereine gewesen. Diese Maasregel schien nicht nur die Kunst vor einer zu grossen Zersplitterung der Kräfte in Ueberhandnahme der vielen kleinern Bilder zu sichern, sondern auch den Ausstellungen eine nicht unbedeutende Anzahl grosser und ausgezeichneter Kunstwerke zu verbürgen."[509]

Die großen Vereine in den Metropolen der Kunst behandelten die kleineren Assoziationen mit wohlwollender Herablassung. Ihr Interesse, eigene Erwerbungen monatelang durch die Provinz reisen zu lassen, war gering.[510] Ausleihverkehr bedeutete Verwaltungsaufwand, Beschädigungsgefahr und Klagen ungeduldiger Gewinner. Die Berliner Kunstfreunde rühmten 1839 zwar den guten Einfluß der Provinzialvereine „zur Verbreitung und Belebung des wahren Kunstsinnes", fuhren in ihrem Beschluß jedoch fort: „wir können uns indessen nicht überzeugen, dass die Bilderwanderungen in dem Maasse, wie sie hier vorgeschlagen wird, erweitert und systematisirt, noch jetzt nöthig seien, und nicht vielmehr sehr bald zum Nachtheil der Kunst und der Künstler ausschlagen möchten."[511]

Trotz der Trennungen zwischen den großen Assoziationen in den Metropolen und den kleineren Provinzialvereinen bildeten sie gemeinsam ein wirkungsvolles Netz zur Versorgung des ganzen preußischen Staates mit Kunstwerken. Das Allheilmittel der bürgerlichen Gesellschaft zur Selbstorganisation ihrer Interessen, die Vereinsbildung,[512] bewährte sich auch auf dem Feld der Kunstpflege. Es gelang den Bürgern, ein kollektives Mäzenatentum zu organisieren, das das

---

505 Central-Blatt der deutschen Kunst-Vereine 1 (1839), S. 2.

506 Einige Resultate der Ausstellungen der verbundenen westlichen Kunst-Vereine im Jahre 1838, in: Centralblatt der deutschen Kunstvereine 1 (1839), S. 23–30.

507 Centralblatt der deutschen Kunstvereine 1 (1839), S. 3–6.

508 Ebd., S. 23.

509 Beschluß der westlichen Kunstvereine in Braunschweig 1838, in: Centralblatt der deutschen Kunstvereine 1 (1839), S. 38.

510 So wandte sich der Düsseldorfer Verein bei der Diskussion der Zyklusidee 1834 gegen Ausleihen nach Königsberg, Breslau, Halberstadt, Hannover, Braunschweig und Magdeburg. Man fühle sich mehr den Städten des Rheinlandes ohne Kunstverein verpflichtet wie Aachen, Bonn, Koblenz, Köln und Trier. Von Ausleihen in diese Orte versprachen sich die Künstler offenbar ein besseres Verkaufsergebnis (Museum 2 (1834), S. 355).

511 Mitgliederversammlung vom 7.5.1839, Protokoll in: Centralblatt der deutschen Kunstvereine 1 (1839), S. 101–108, hier 107.

512 Nipperdey, Verein als soziale Struktur 1972, S. 3.

Monopol der alten Eliten auf das „Luxusgut" Kunst brach. Dies war, wie am Beispiel Berlins und Düsseldorfs zu sehen war, keineswegs ein dramatischer Prozeß. Hof und Staat unterstützten diesen Vorgang, der einerseits bürgerliche Energien band, andererseits auch das Prestige der alten Mächte durch die freizügige Gewährung der Partizipation an der Welt des „Schönen und Guten" erhöhte.

Um 1850 war das Kunstvereinswesen auf einem ersten Tiefstand. Nachteile dieser Künstlerversorgung durch das Lotteriewesen waren deutlich zu Tage getreten. Finanzielle Grenzen wurden ebenso sichtbar wie Gefahren für die künstlerische Qualität. So erschienen die Kunstvereine den zeitgenössischen Kritikern als „Spitäler der Kunst", weil sich bessere Kunden eben nicht zeigen wollten, und − analog zu den vielen Sozialvereinen der bürgerlichen Gesellschaft − als 'Rettungsvereine für verwahrloste Bilder'.[513]

2. Kunstausstellungen

„Unsere Festzeit ist wieder angebrochen. Aeltere Geschlechter hatten ihre rauschenden Jahresfeste, [...] wir haben die Kunstausstellung, wo wir unsere Sinne lüften und reinigen, erfrischen und erweitern." Mit solchem Jubel begann das Rezensententeam der Zeitschrift „Museum" 1836[514] seinen mit 90 Seiten geradezu endlosen Bericht über eine Ausstellung, wie man sie in Berlin bisher noch nicht erlebt hatte, und die, wie die Kunstakademie hervorhob, „durch innern Kunstwerth und äußern Glanz" alle früheren in den Schatten stellte.[515] 111.954 Besucher[516] drängelten sich an 71 Tagen vorbei an 1683 Werken. 626 Künstler waren beteiligt, darunter 348 aus Berlin und 113 aus Düsseldorf, 34 aus anderen preußischen Städten.[517] „Die Kunstausstellung ist so reich an Kunstwerken wie wir sie nie sahen", schrieb Christian Daniel Rauch im Oktober an seinen Bildhauerkollegen Ernst Rietschel nach Dresden. „Was würde geschehen hätte die Kunst einen gewichtigeren Zweck in unseren Tagen?"[518]

Ohne Frage war die Ausstellung von 1836 zumindest statistisch die erfolgreichste im ganzen Vormärz. Nachdem die Kunst sich seit 1786 zunächst nur langsam aufwärts entwickelt hatte, dokumentierte dieses Massenereignis auf eindrucksvolle Weise einen Fortschritt in der Kunstverbreitung, wie er 50 Jahre zuvor, bei der ersten Ausstellung der reaktivierten Berliner Kunstakademie, noch ganz undenkbar erschienen wäre. In den Provinzstädten hatten die Kunstvereine die Rezeption und den Verkauf angefacht und waren dadurch zu den wichtigsten Veranstaltern von Ausstellungen in der gesamten Monarchie geworden.

Je mehr die traditionellen Mäzene − vor allem der Hof und einzelne Adelige und Großbürger

---

513 Kossak, Berliner Kunstausstellung 1846, S. 120.

514 Bericht über die Berliner Kunstausstellung, in: Museum 4 (1836), S. 305 ff., hier: 305.

515 Bericht der Kunstakademie über die Ausstellung 1836 an den Kultusminister, 19. 12. 1836, in: GStAPK Berlin, Re. 76 Ve, Sekt. 17, Abt. X, Bd. IV, Bl. 31−40.

516 Diese Zahl nennt Raczynski, Geschichte der neueren deutschen Kunst, III, S. 389. Die Akten des Kultusministeriums enthalten in der Regel nicht die Besucherzahlen, sondern die Einnahmen. Für 1836 sind für den Billetverkauf 16.656 Taler angegeben (GStAPK Berlin, Rep. 76 Ve, Sekt. 17, Abt. X, Bd. IV, l. 31−40; Mit Geschenken des Königlichen Hauses und Katalogverkauf: 18.659 Taler). Da der Eintritt 7 Silbergroschen betrug (30 Silbergroschen = 1 Taler), ergibt sich die Zahl von 71.382 zahlenden Besuchern. Es gab aber offenbar viele Freikarten (vgl. Feist, Deutsche Kunst 1760−1848, 1986, S. 255).

517 Angaben im Bericht der Kunstakademie an das Kultusministerium, a.a.0.

518 Brief vom 22. 10. 1836, in: Rauch, Briefwechsel I, 1890, S. 375.

– durch die Zahl der angebotenen Werke überfordert wurden, desto größeres Gewicht kam den öffentlichen Kunstausstellungen als Verkaufsmessen für diejenigen Künstler zu, die sich ihre Aufträge nicht in direkten Verhandlungen mit Auftraggebern hatten sichern können. Sie schufen Werke, ohne den Abnehmer bereits zu kennen, und hofften nicht selten vergebens auf Interessenten. Das Ausstellungswesen[519] förderte die Durchsetzung neuer Marktstrukturen. Die Selbstdarstellung und geschickte Plazierung wurden wichtiger, um sich von der anonymen Masse abzuheben. Für einen Künstler, dem dies nicht gelang oder der schlechte Kritiken erntete, konnte diese Konkurrenzsituation existenzgefährdend sein.

Die Ausstellung der Berliner Kunstakademie[520] entwickelte sich zur bedeutendsten preußischen Gesamtschau und hatte für Künstler, Käufer und Kultusbeamte die Funktion eines Gradmessers für den Entwicklungsstand der bildenden Kunst und das Publikumsinteresse. Aus diesem Grund steht sie im Zentrum der folgenden Überlegungen.

Von Anfang an war mit der Reaktivierung der Akademie als oberster preußischer Kunstbehörde der Auftrag verbunden, die Kunstleistungen der Akademiker und überhaupt der bedeutenderen Künstler der Monarchie auf regelmäßigen Ausstellungen zu präsentieren[521]. Mit 332 Exponaten, darunter Schülerarbeiten, Werken von Dilettanten[522] und bereits verstorbenen Künstlern waren die Anfänge 1786 freilich bescheiden, und die Berliner Künstler beeilten sich festzustellen, man habe eine solche öffentliche Prüfung sobald noch nicht vermutet, und also sich gehörig dazu vorzubereiten nicht Zeit genug gehabt.[523]

Im Jahr 1804, bevor die napoleonische Besetzung Preußens den Kunstbetrieb stagnieren ließ, legte der Maler Peter Lüttke dem akademischen Senat einen Plan zur systematischen Erweiterung des Ausstellungswesens vor, der hier als Indikator des Kunstinteresses in der Gesellschaft Aufmerksamkeit verdient. In der Jahresausstellung war die Zahl der Exponate auf die bisher unerreichte Marke von 601 Werken geklettert. Immer noch befanden sich darunter Gegenstände des Kunstgewerbes wie „Uhren, Lackiererarbeiten, andere in Kork, Silhouetten auf Porzellantafelgeschirr, musikalische Instrumente, Teppiche, Öfen, Gefäße von Glas"[524], außerdem Schüler- und Dilettantenarbeiten. Immerhin fanden sich 21.367 Besucher zur Besichtigung in der Kunstakademie Unter den Linden ein.[525] Die Frage war also nicht ganz abwegig, ob nicht eine größere Ausstellungsdichte erfolgversprechend sei. Aufgabe der Kunstausstellung, so führte Lüttke aus, sei es, „den gemachten Künstler sowohl als den Angehenden für die in irgend einem Fache der bildenden Künste abgelegten Beweise seines Genies schadlos zu halten, für alle Partheilichkeit gegen seine Arbeiten sicher zu stellen, mehrere Aufmunterung in ihm anzufachen," und dem

---

519 Dazu allgemein: Koch, Kunstausstellung 1967 (vor allem bis zum 18. Jh.), im Überblick: Mai, Expositionen 1986, S. 11–50., eine Übersichtstabelle der stattgefundenen Ausstellungen bietet Börsch-Supan, Deutsche Malerei 1988, S. 504–508. Zur für Preußen z.T. vorbildhaften Entwicklung in Frankreich: Crow, Painters and Public Life in Eighteenth-Century Paris 1985.

520 Vgl. hierzu die grundlegende Einführung von Börsch-Supan, Kataloge Akademie-Ausstellungen ND 1971, Bd. 1, S. 8–24. Aus den Akademiekatalogen schöpft auch: Franz Kugler, Kunstausstellungen zu Berlin 1836.

521 Vgl. Börsch-Supan, Anfänge der Berliner akademischen Kunstausstellungen 1965.

522 Das Wort hatte zu dieser Zeit keinen abwertenden Klang. Eigene Versuche der nichtprofessionellen „Liebhaber" der Kunst – z.T. von beachtlichem Nivau – wurden gern gesehen und gezeigt.

523 Katalog Akademie-Ausstellung 1786, Vorwort; Zur Ausstellung vgl. Börsch-Supan, Anfänge der Berliner akademischen Kunstausstellungen 1965.

524 Schadow, Kunstwerke 1849, ND 1987 I, S. 63 (1802).

525 Dies ist die erste mir bekannte Zahl, aus: GStAPK Berlin, Rep. 76 alt, Nr. 226, nicht paginiert.

Publikum mehr Empfänglichkeit für die Künste einzuflößen.[526] Der Maler argumentiert hier ganz im Interesse des eigenen Berufsstandes. Ein dichterer jährlicher Ausstellungsrhythmus sollte dem akademischen Senat die Mittel verschaffen, um Kunstwerke in Auftrag zu geben und diese in einer „National Industrie Gallerie", einer permanenten Ausstellung, zum Verkauf anzubieten. Der Plan zielte vor allem darauf ab, den schlecht besoldeten Akademikern eine zusätzliche Einnahmequelle zu sichern und wurde dementsprechend zunächst positiv beurteilt.[527] Doch grundsätzliche Bedenken setzten sich schließlich durch. Das Publikum sehe bislang die Akademieausstellungen als „eine Art von Festivität" an, „wo sich jeder hindrängt, um sich – wenn auch nicht an Kunstsachen, doch an den versammelten Menschen – zu vergnügen", hieß es im abschlägigen Gutachten des Architekten Heinrich Gentz. Schon in England hatte er wahrgenommen, daß das Publikum nicht nur kam, um zu sehen, sondern auch, um gesehen zu werden, und in den Dauerausstellungen in London gähnende Leere herrschte.[528]

Nur gut besuchte Veranstaltungen konnten aber den finanziellen Ertrag bringen, der dem akademischen Senat stets wichtig war. Einerseits summierten sich die Gelder für den Eintritt[529] und den Katalogverkauf beachtlich, andererseits war die öffentliche Zurschaustellung des Geleisteten immer auch ein starker Anreiz zum Ankauf. Während der napoleonischen Besetzung Preußens lag auch das Kunstleben am Boden. Durch Einquartierung französischer Soldaten, ausbleibende Kunstkäufe und Gehaltszahlungen gerieten die Künstler in finanzielle Schwierigkeiten. In dieser Lage hofften sie auf eine bedeutende Zuwendung aus den Ausstellungsüberschüssen. Es sei jetzt weniger wichtig, die Fortschritte der vaterländischen Kunstindustrien an den Tag zu legen, „als den nothleidenden Künstlern einige Unterstützung zu verschaffen", teilte der Geheime Oberfinanzrat Sack dem König 1808 mit.[530] Wie stark das Kunstinteresse von den politischen Rahmenbedingungen beeinflußt war, zeigt der dramatische Einbruch der Besucherzahlen. 1806 sank die Zahl der verkauften Billets auf 9011, 1808 gar auf 4463. Der an die Künstler der Akademie verteilte Überschuß, (1806: 920 Taler; 1808: 468 Taler)[531] war kaum geeignet, um sie in der Krisenzeit nennenswert zu entlasten. Auch als später die Gewinne bedeutend anstiegen, blieben die Ausschüttungen an die beteiligten Künstler, deren Zahl stetig zunahm, von untergeordneter Bedeutung.[532]

---

526 Lütke, Plan zu einer alljährlich abzuhaltenden und damit verbundenen permanenten Kunstausstellung, Im Monat November 1804, in: GStAPK Berlin, Rep. 76 alt, Abt. III, Nr. 227, Bl. 1–5R, hier: 1.

527 Beratungsprotokolle des Senats in: GStAPK Berlin, Rep. 76 alt, Abt. III, Nr. 227, Bl. 6–7R. Auf Bl. 7 heißt es: „Die Mehrzahl der Mitglieder waren dafür gestimmt, den Lüttekeschen Plan in Ausübung zu bringen; indem mancher mit Lust was unternehmen würde, was jetzt liegen bleibt, wenn er eine gewisse Aussicht auf Entschädigung vor sich sähe."

528 Gutachten Heinrich Gentz, Berlin, 17. 4. 1805, in: GStAPK Berlin, Rep. 76 alt, Abt. III, Nr. 227, Bl. 16–18. Gentz schließt sich hier den Bedenken des Rector Weitsch an. Er verweist auf die Londoner „Skakspear-Gallery, welche [als permanete Ausstellung] unstreitig die besten Kunstwerke der englischen Schule enthält", die unbeachtet bleibe.

529 1808 z. B. 4, 1836 7 Silbergroschen.

530 Königsberg, 2. 6. 1808, in: GStAPK Berlin, Rep. 76 alt, Abt. III, Nr. 227, Bl. 313–313R. Friedrich Wilhelm III. sprach in seinem Antwortschreiben (ebd., Bl. 314) die Überzeugung aus, daß die Produkte der Künstler „doch gewiß zeigen, daß die Kunst dem Unglück nicht erliegt."

531 Listen der Renumerationen: GStAPK Berlin, Rep. 76 alt, Abt. III, Nr. 227, Bl. 215 und 336.

532 Zwar wurden z. B. 1834 – einem erfolgreichen Jahr – 7853 Taler ausgeschüttet, doch die Zahl der einreichenden Künstler stieg ebenfalls bedenklich an, und so erhielten die 241 Empfänger im Durchschnitt nur 32 Taler. GStAPK Berlin, Rep. 76 Ve, Sekt. 17, Abt. X, Bd. III, B. 143–54.

Obwohl die vergebenen Gelder nie eine beachtliche Höhe erreichten[533], bot der Verteilungs-plan doch die Chance, Hierarchien festzulegen. Als sich z. B. der Maler Adolf Henning 1843 darüber beschwerte, daß er von der 2. Renumerationsklasse (50 Taler) in die dritte (30 Taler) abgesackt sei, ließ die Akademie vernehmen, dies sei absichtlich geschehen, „um dem erst das Jahr vorher zum Mitglied der Akademie aufgenommenen talentvollen und fleißigen Maler bemerklich zu machen, daß der Senat die in der Mehrzahl der von ihm 1840 und 42 ausgestellten zahlreichen Portraits hervortretende ungründliche Behandlungsweise nicht billige."[534]

Die napoleonische Krisenzeit hatte einen Schuldenberg bei Staat und Bürgern hinterlassen, der den Ankauf und damit auch die Kunstproduktion in Grenzen hielt.[535] Bis 1820 überschritt die Zahl der Exponate[536] nur selten die Marke von 600 (1804: 601; 1812: 629). Auch die Einnahmen, sofern sie überliefert sind, lassen darauf schließen, daß sich die Besucherzahlen nicht drastisch erhöht haben.[537] „Die Zahl der ausgestellten Kunstwerke war groß", berichtete der akademische Senat dem Kultusministerium 1818, „doch bestand die Mehrheit in Bildnissen als dem einzigen Kunstfache in welchem, vom Publikum, der Künstler Bestellungen, sich zu erfreuen hat."[538] Gottfried Schadow fühlte sich schon angesichts der 518 Exponate zur Besorgnis veranlaßt, „daß wir an die Grenzen des Übermaßes geraten sind, so daß der Eintritt in die Laufbahn des Künstlers mit Bedacht geöffnet werden sollte."[539] All das fällt in die Zeit, in der die Kunstvereine noch nicht ihre Tätigkeit aufgenommen hatten.

Es zeigt den folgenden Aufschwung an, daß Gottfried Schadow über das Jahr 1828 berichtet, daß „die eigendlichen Kunstarbeiten jetzt die Räume hinreichend füllten". Die Gewerbeerzeug-nisse wurden von diesem Zeitpunkt an beschränkt auf Produkte der durch das Patent „akademi-scher Künstler" ausgezeichneten Handwerker.[540] Auch die Schülerarbeiten der Akademie und der Provinzialkunstschulen wurden in der folgenden Zeit auf einer gesonderten Ausstellung gezeigt.[541] In den zehn Jahren zwischen 1820 und 1830 verdoppelte sich in etwa die Zahl der Exponate (1820: 543; 1830: 1344) und der Besucher (Einnahmen 1820: 6.865 Taler; 1830: 12.278) – eine beachtliche Zuwachsrate, die auch auf das Wirken der Kunstvereine zurückging und Hoffnungen für die Zukunft weckte.

---

533 1834 z. B. wurden 7.853 Taler ausgeschüttet. Bei der großen Zahl von 241 Empfängern blieben für den einzelnen im Durchschnitt aber nur 32 Taler (GStAPK Berlin, Rep. 76 Ve, Sekt. 17, Abt. X, Bd. III, Bl. 143–54). In den Akten finden sich die Verteilungspläne, da das Kultusministerium ab 1821 die Verteilung der Gelder überwachte. Die ausgezahlte Höchstsumme für einen einzelnen Künstler lag in der Regel je nach Jahresüberschuß zwischen 40 und 100 Talern.

534 Brief der Kunstakademie an das Kultusministerium vom 3.3.1843, in: GStAPK Berlin, Rep. 76 Ve, Sekt. 17, Abt. X, Bd. V, Bl. 181 f.; Beschwerdebrief Hennings in der Anlage Bl. 183 f.

535 Zu den katastrophalen ökonomischen Folgen: Mieck, Berlin 1806–47, 1988, S. 427–38 und 449 f.

536 Die Statistik der gezeigten Werke ist zu finden im Vorwort Börsch-Supans, in: Kataloge Akademie-Ausstellungen ND 1971, S. 8; Daten bis 1830 auch im Katalog von 1830 ebd., S. XIII mit geringfügigen Abweichungen in den Daten, besonders 1822 (757 Werke statt 668).

537 Die Einnahmen, sofern sie aus den Akten des Kultusministeriums hervorgehen, betrugen in Talern (in Klammer die Zahl der verkauften Billets, sofern sie angegeben sind) 1804: 4166 (21.367), 1806: 1880 (9011), 1808: 920 (4463), 1810: 4027 (20.516), 1812: 4063, 1814: 3808, 1820: 6.865. (GStAPK Berlin, Rep. 76 alt, Abt. III, Nr. 227; und Rep. 76 Ve, Sekt. 17, Abt. X, Bd. I).

538 GStAPK Berlin, Rep. 76 Ve, Sekt. 17, Abt. X., Bd. I, Bl. 19.

539 Schadow, Kunstwerke 1849, ND 1987, Bd. I, S. 127.

540 Ebd., S. 170.

541 Kataloge Akademie-Ausstellungen ND 1971, 1828, S. XI; vgl. 1830, S. IX.

Im Jahr 1826 machte der akademische Senat im Bericht an das Kultusministerium interessante Beobachtungen zum Verhältnis der Gattungen auf der Kunstausstellung, die auf die im Vormärz nie aufgelöste Kluft zwischen Publikumsgeschmack und offizieller Wertschätzung hinweisen: „Vorzugsweise gern würde ein großer Theil der Künstler des höhern Kunstfach[s] die Darstellung historischer Gegenstände bearbeiten, allein sie können dieß bis jetzt nur noch unter den ungünstigsten Umständen". Daher sei die Anzahl historischer Gemälde auf der Ausstellung so gering. „Die Bildnißmalerey ist bis jetzt gewissermaßen das einzige Kunstfach gewesen, welches als Erwerbszweig hat betrachtet werden können; allein nicht jeder Künstler hat Neigung oder Talent dazu, und das höhere Kunstfach ausschließlich bearbeiten zu können fehlt es den meisten Künstlern an Gelegenheit und Mittel; welches wohl die Ursach sein mag, daß sie sich mehr als sonst auf die Landschaft und Genremalerey legen, weil diese Kunstfächer anfangen, ihnen einigermaßen einen Erwerbszweig darzubieten, wenigstens scheint dieß daraus hervorzugehen, daß bei der dießjährigen Ausstellung in weit größerer Anzahl wie bei den früheren Verarbeitungen dieser Art Gegenstände eingeschickt werden, und sehr erfreulich ist es, daß sehr gelungene, und werthvolle Arbeiten sich darunter befinden."[542]

Es zeigt sich, daß die Ausstellung schon von den Zeitgenossen nach den Marktkategorien von Angebot und Nachfrage bewertet wurde. Die Maler verzeichnen deutlich die Differenz zwischen der offiziell propagierten, aber selten gekauften Historienmalerei und den weniger ehrenvollen, aber populäreren Gattungen, die das Publikum bevorzugte. Das Kaufverhalten war ein Faktor, das die Maler bis in die Wahl von Format und Thema beeinflußte, also die Kunstwerke in ihrem Kern betraf.

„Es läßt sich nicht zweifeln, daß die Kunst anfängt, den Volksgeist zu sich heran zu ziehen und zu befriedigen, also nationell zu seyn", kommentierte der akademische Senat die Ausstellung von 1832, die viele Kunstkäufe und Bestellungen auslöste. Dennoch sprach er von dem „entmuthigenden Widerspruch" zwischen dem glänzenden Schauspiel und den geringen Auszahlungen aus den Überschüssen für die einzelnen Künstler, „indem ungeachtet des in allen Ständen wachsenden Kunstsinnes, die eben dadurch angefeuerte Production immer noch bei weitem schneller sich vermehrt, als die Theilnahme der Beschauer und Käufer."[543]

Der Erfolg von 1836 bewog Friedrich Wilhelm III., einen jährlichen, nicht wie bisher zweijährigen Ausstellungsrhythmus anzuordnen. Das Einzelbild sollte nicht in der Masse untergehen.[544] Die 1838 bis 1840 eingeführte dichtere Abfolge bewährte sich nicht. Die Einnahmen sanken bis 1840 kontinuierlich bis auf ein Drittel des Niveaus von 1836 ab[545], während die Zahl der gezeigten Exponate weit weniger stark zurückging.[546]

„Nicht allein hier in Berlin, sondern an allen Orten, wo die Kunst in neuerer Zeit entschiedener und freier hervorgetreten, wird die Abnahme der erkünstelten, gewaltsam heraufgeschraubten Theilnahme des Publikums bemerkbar geworden sein", schrieb das Allgemeine Organ für die

---

542 Bericht des Senats an das Kultusministerium vom 28. 11. 1826, in: GStAPK Berlin, Rep. 76 Ve, Sekt. 17, Abt. X, Bd. II, Bl. 153−56, hier: 155−155 R.

543 GStAPK Berlin, Rep. 76 Ve, Sekt 17, Abt. X, Bd. III, S. 109−118, hier: 110 und 111; vgl. auch Kataloge Akademie-Ausstellungen ND 1971, 1830, S. VIII.

544 Kabinettsordre vom 28.1.1837, GStAPK Berlin, Rep. 76 Ve, Sect. 17, Abt. X., Nr. 1, Bd. V, Bl. 55.

545 1836: 18.659 Taler; 1838: 12.638; 1839: 8.840; 1840: 6.633 (GStAPK Berlin, Rep. 76 Ve, Sekt. 17, Abt. 10, Bd. IV, Bl. 139−149 und V, Bl. 68−75).

546 *1836*: 1683; *1838*: 1506; *1839*: 1320; *1840*: 1235 (Kataloge Akademie-Ausstellungen ND 1971, S. 9)

Interessen des Kunsthandels 1841.[547] Graf Athanasius Raczynski, ein bekannter Berliner Kunstsammler, empfahl als Gegenmaßnahme strenge Auswahl, eine Prüfungs-Kommission mit geheimer Abstimmung über die Annahme von Werken.[548]

Im Ausstellungsrummel verflache die Kunst, lautete nun der Vorwurf. Es ist bezeichnend für den bildungsbürgerlichen Idealismus der Zeit in welchem Ton die Diskussion ausgetragen wurde. „Es ist wahr, die Künstler verkaufen nun leichter; aber arbeiten sie nun nicht auch häufiger auf den Verkauf? Das ist schlimm und doch nicht zu verkennen. Dieses ewige Drängen, dieses Ausrufen, dieses Klimpern mit Gold, es verjagd die Stille in ihrer Seele, das einsame Lauschen, das zeitvergessene Ringen und Schaffen, das stille und demüthige Erwarten nach höherer Erleuchtung. [...] alles überliefert sich der Geschwätzigkeit der Journale, der Schaulust des Haufens, den Hetzungen des Ehrgeizes, der Macht des Goldes. Es ist eine Zeit der Prostitution."[549] Das idealistische bürgerliche Künstlerklischee kam unter die Räder eines hektischen Kunstbetriebs. Sogar der Senat der Berliner Akademie bemerkte einen deutlichen Rückgang der vorzüglichen Werke. Die jährliche Ausstellung sei „als Gelegenheit zum Absatz eine Aufforderung noch mehr und schneller zu produciren".[550] Man kehrte auch deshalb zur zweijährigen Abfolge zurück.

1842 ermahnte Friedrich Wilhelm IV. die Akademiker beim Rundgang, beim Anblick 'manch schwächlicher Bilderchen', dergleichen nicht zuzulassen. Ihre Aufgabe sei es, den Geschmack zu bilden.[551] 1844 erwähnt Franz Kugler die Existenz einer Jury.[552] Was unter aller Kritik war, das schob sie in die sogenannte „Todtenkammer" ab.[553]

Der zweijährige Rhythmus führte zu einer Stabilisierung. Die bekannten Zahlen deuten darauf hin, daß etwa 70−80.000 Besucher in den vierziger Jahren die Ausstellung gesehen haben dürften.[554] 1848 freilich hatten die meisten Berliner mit der Revolution zu tun und blieben fern.[555] Die Zahl der gezeigten Werke aber stieg weiter an bis auf ein Maximum von 1870 (1844). Es zeigte

---

547 1 (1841), S. 41 f. in dem Artikel: Über die Kunst-Ausstellungen in Berlin, und die Mittel, das Interesse des Publikums wieder dafür zu gewinnen (S. 37 ff.).

548 Ebd., S. 37 f.

549 Über Kunstausstellungen im Allgemeinen, in: Museum 5 (1837), S. 353−56, 363−65, 372−74, hier: 363 f.

550 Bericht an den Kultusminister zur Ablehnung einer Ausstellung für 1841 vom 8.4.1841, GStAPK Berlin, Rep. 76 Ve, Sekt. 17, Abt. X, Bd. V, Bl. 95−97.

551 Schadow, Kunstwerke 1849, ND 1987, S. 230; „das Schlechte, und besonders das Mittelmäßige überwiegt" urteilte auch Jakob Burckhardt, Kunstausstellung Berlin 1842, S. 1. „Nicht die ganze Schuld fällt auf den Künstler; die zerrissene Zeit hat einen großen Theil daran. Sie ist es, die dem Menschen seinen freien, richtigen Blick verwirrt und verschiebt, ihn auf Bahnen hetzt, die seinem Innern nicht gemäß sind, ihn mit all den furchtbaren geistigen und materiellen Bedrängnissen an sich selbst irre macht ohne Unterlaß."

552 GStAPK Berlin, Rep. 76 Ve, Sect. 17, Abt. I, Nr. 11, Bd. I, Bl. 34R. Hier wird erwähnt, daß neben den Comissairs aus dem akademischen Senat noch vier weitere Mitglieder der Künstlerschaft in eine Jury berufen worden sind. Diesmal sei das Publikum viel weniger mit schlechten Bildern behelligt worden.

553 Franz Kugler, Berliner Briefe 1848, S. 658 spricht von dem Einkehren von absoluter Ausstellungsfreiheit im Revolutionsjahr und verweist auf diese − nun überflüssige − Einrichtung.

554 Genaue Zahlen sind nicht überliefert. Die in den Akten genannten Einnahmen betrugen 1842: 13.041 Taler und 1844: 11.384 Taler. 1836 lagen die Einnahmen bei 18.659 Talern (111.954 Besucher). Die Gewerbeausstellung in Berlin 1844 hatte in 10 Wochen 236.997 Besucher (Mieck, Berlin 1806−47, 1988, S. 584).

555 Franz Kugler, Berliner Briefe 1848, S. 657: „Es ist, als ob einem ganzen Volke ein glänzendes Fest

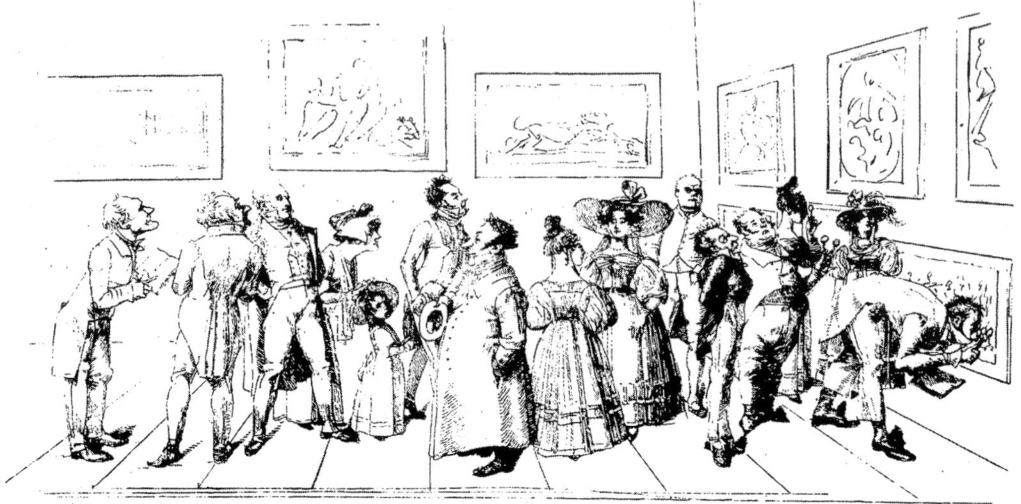

Abb. 15 Johann Gottfried Schadow, Das Publikum auf einer Kunstausstellung. Zinkdruck, 1831.

sich auch im Ausstellungswesen − wie schon bei den Kunstvereinen −, daß trotz zunehmender Künstlerzahlen das Publikumsinteresse zunächst nicht weiter zu steigern war.

Mit welchen Erwartungen kamen die Besucher? Die große Berliner Ausstellung war im gesellschaftlichen Leben Berlins ein herausragendes Ereignis, um das sich das Gespräch drehte. „Da sind so viele Menschen, die gesehen sein wollen und sich vor Eure Augen stellen", klagte ein Besucher 1844. Es sei dort eigentlich nichts schwerer, als ein Bild zu sehen zu bekommen.[556] Gottfried Schadow hat 1831 die Besucher der Kunstausstellung in einem satirischen Kupferstich dargestellt (Abb. 15) Mit dem gedruckten Verzeichnis in der Hand erscheinen sie hier wie auf einer Bühne, kleinlich inspizierend, diskutierend und mit sich selbst und ihrer Toilette beschäftigt.

Über die Zusammensetzung des Publikums kann man keine präzisen Aussagen machen. Die großen Besucherzahlen sind nur zu erklären, wenn man davon ausgeht, daß die Ausstellungen auch Mittel- und Unterschichten anzogen. Anton Fahne bemerkte 1837 über die Verhältnisse im Rheinland: „Wer Wallraffs Museum [in Köln, J.G.; ...], wer die Düsseldorfer Kunstausstellungen besucht hat, weiß, daß alle Klassen, und Menschen von jedem Stande und Alter sich hier um die Werke der Kunst zu versammeln pflegen."[557]

„Wie gewöhnlich richtet sich die Aufmerksamkeit zu den Porträts und unter diesen besonders zu den Bildnissen nach dem Leben", charakterisierte Gottfried Schadow das Publikumsinteresse

---

bereitet sei. Aber das Volk ist aussen geblieben. [...] Die armen Künstler, denen solche Aufstellung ihrer Werke zugleich als Markt dienen soll, werden von den leeren Räumen so wenig erbaut sein, wie Kaufmannsstand und Gewerbe von der diesjährigen Leipziger Messe."

556 Van Snyders, Raczynski's Gemäldegalerie 1844, S. 181.

557 Fahne, Düsseldorfer Malerschule 1837, S. 17; zur Besucherproblematik kurze Bemerkungen bei Geismeier, Besucheranalyse in der Frühzeit der Museen 1981.

1844[558]. Die Bildnisse waren auf jeder Ausstellung zahlreich vertreten, 1848 z. B. waren unter 1370 Gemälden und Zeichnungen 420 Portraits. Diese Bilder entstanden nach Auftrag und waren entsprechend auf der Kunstausstellung bereits verkauft. Dennoch war es eine gute Werbung für die zahlreichen Portraitmaler[559], sie öffentlich zu zeigen. Außerordentlich beliebt waren Landschaften, 1848 z. B. waren dies, Marinebilder und Architekturen eingeschlossen, 443 (1836 ohne Architekturstücke 320 von 1683 Werken). Als ein beliebter Wandschmuck wurden sie auch von den Kunstvereinen mit Vorliebe verlost. An dritter Stelle in der Gunst folgten die Genrebilder, 1836 z. B. etwa 225. Militärstücke, Jagdbilder, Pferde- und Viehdarstellungen waren ebenso wie Stilleben, Frucht-und Blumenbilder eher Spezialaufgaben für eine kleinere Zahl von „Fächlern". Die offiziell so hoch bewertete Historienmalerei hatte statistisch nie das Übergewicht (1836: 70 Werke).[560]

Das bürgerliche Publikum interessierte sich mehr für die Inhalte als für die Form der Werke.[561] War aber der Inhalt kompliziert, wie bei der mythologischen und historischen Malerei, erschwerte dies den Zugang. Die Gattung war eher geeignet für ein Bildungsbürgertum im engeren Sinne, das entweder das nötige Vorwissen mitbrachte oder bereit war, sich den Inhalt – z.T. durch gedruckte Erläuterungen – erklären zu lassen.

Eine große Rolle spielte im Urteil des Publikums die „fleißige Durcharbeitung" und handwerkliche Gediegenheit. Solche Bewertungskategorien paßten ganz in die allgemeine bürgerliche Wertewelt, in der Ordnung, Fleiß und Solidität ein große Rolle spielten.[562] Nachdem das 18. Jahrhundert noch genialische Skizzenhaftigkeit hervorgebracht hatte, konnte es nun kaum genau genug sein: „Das Kunstwerk ist erst da, wenn es vollendet ist", lehrte Wilhelm Schadow in Düsseldorf. „Je treffender die Ausführung, desto tiefer war der Geist des Künstlers, desto unermüdlicher zeigte sich sein schaffendes Vermögen."[563] Erkennbarkeit und Genauigkeit in der Stoffwiedergabe forderte das Publikum, das bei seinen ersten Gehversuchen in der Kunstrezeption darin einen sicheren Maßstab für den Kunstwert zu haben glaubte.

Bilder mit einem aufsehenerregenden Thema konnten sich aus der Masse herausheben und die Aufmerksamkeit der Kritik und des Publikums auf sich ziehen. So geschah es auf der Akademieausstellung von 1836 mit Theodor Hildebrandts Darstellung der „Ermordung der Söhne Eduards IV." Leise und blutgierigen Auges, im schmutzigen Lederkoller und grobem Friesrocke nähern sich die Mörder, um die 'in holdseligem Frieden ruhenden Knaben' mit einem Kissen zu erstikken. (Abb. 16). Franz Kugler hob in seiner Kritik ausdrücklich die „ausserordentliche Naturwahrheit in allen einzelnen, auch den geringfügigsten Theilen der Darstellung" hervor. Das

---

558 Schadow, Kunstwerke 1849, ND 1987, Bd. I, S. 236. Vgl. auch den Artikel „Portraitjammer", in: Allgemeines Organ für die Interessen des Kunsthandels 1 (1841), S. 106.

559 Zu der im Berliner Biedermeier sehr wichtigen Portraitmalerei vgl. die Studien von Gläser 1922 und 1932.

560 Die Daten für 1848 bei: Kugler, Berliner Briefe 1848, S. 658f.; für 1836: Bericht über die Berliner Kunst-Ausstellung 1836, in: Museum 4 (1836) S. 305ff., hier: 306. Zu den im Haupttext nicht zitierten Gattungen liegen dort folgende Zahlen vor: 30 Militärstücke, 18 Jägerstücke, 13 Pferde- und 20 Viehstücke, 30 Stilleben, Frucht- und Blumenbilder.

561 Franke, Publikum und Malerei 1934, S. 19. Die Studie ist veraltet und methodisch fragwürdig, da wichtige Quellengruppen, wie die Kunstblätter und Tagesblätter nicht verarbeitet sind und der Verfasser vielfach aus 2. Hand schöpft. Seine Bemerkungen bleiben oft hypothetisch.

562 Zur Genese des Tugendkatalogs vgl. Münch, Ordnung 1984.

563 Wilhelm Schadow, Gedanken über eine folgerichtige Ausbildung des Malers, in: Raczynski, Geschichte neuere deutsche Kunst, I, 1836, S. 318ff., hier: 330.

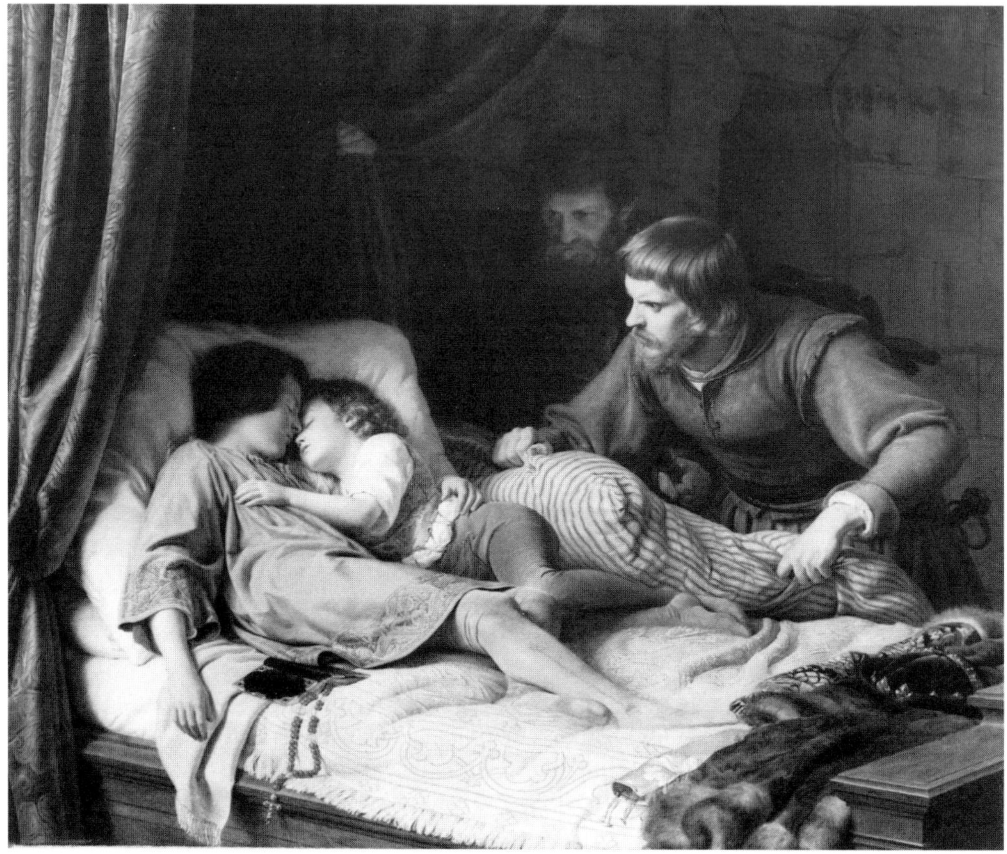

Abb. 16 Theodor Hildebrandt, Die Ermordung der Söhne Eduards IV. Öl auf Leinwand, 1835.

Eichenholz des Bettgestelles, die Federkissen, der Samt und das Pelzwerk usw., alles „dringt in vollster Darstellung seiner Eigenthümlichkeit vor unsre Augen."[564] Mehr war nicht zu verlangen: ein historisches Thema, genrehaft verpackt und mit größter Solidität gemalt.

1846 fiel Carl Hübners Darstellung „Das Jagdrecht" dem Publikum deutlich ins Auge. Wie schon bei der Darstellung des Weberelends 1844 widmete sich der Maler einem sozialkritischen Thema: Ein Bauer hat gesetzwidrig ein Wildschwein erlegt, um sich vor der Verwüstung seiner Felder zu schützen. Auf Befehl des Junkers gab der Förster einen Schuß auf den Wilderer ab, der — die Augen schon gen Himmel gekehrt — in die nahegelegene Hütte flüchtet. Wilhelm Scholz hat das andrängende Publikum vor diesem Bild 1846 dargestellt, das der Düsseldorfer Kunstverein für den sehr hohen Preis von 1000 Talern bereits gekauft hatte[565] und nach Berlin sandte. (Abb. 17 und 18) „Das ist kein Bild mehr; das ist die Wirklichkeit, [...] das ist der wahre Spuk des blutigen Mittelalters in der Gegenwart des neunzehnten Jahrhunderts. Diese Geister laßt uns

---

564 Bericht über die Berliner Kunstausstellung 1836, in: Museum 4 (1836), S. 305 ff., hier: 307 f. Die hier gebrachte Bildbeschreibung greift Formulierungen des Quellentextes paraphrasierend auf.
565 Kunstverein für die Rheinlande und Westphalen, Correspondenz-Blätter 2 (1846), S. 66.

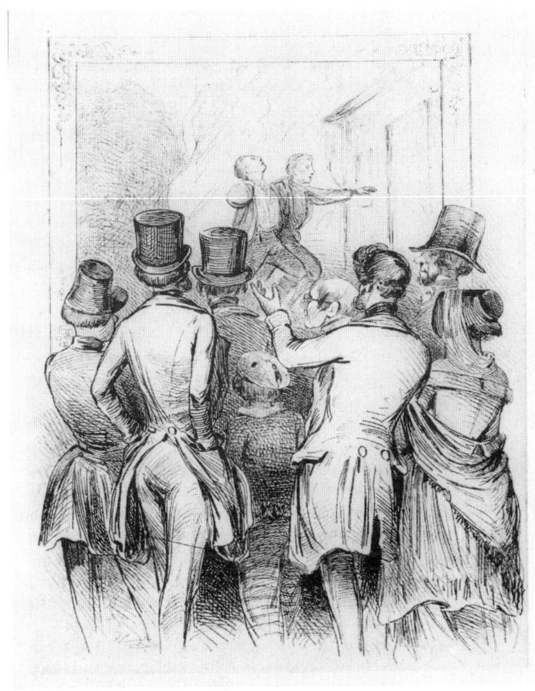

Abb. 17 Wilhelm Scholz, Hübners „Jagdrecht"
auf der Berliner Kunstausstellung. Holzschnitt
1847.

bannen, Kameraden!", kommentierte Ernst Kossak ironisch dieses Kunstereignis.[566] Die Erwartungen des Publikums engten den Handlungsspielraum der Künstler ein. Gerade wenn sie ein Werk ohne Auftrag schufen, war ihr Erfolg davon abhängig, in wie hohem Grad sie den Geschmack der Ausstellungsbesucher trafen und sie in der Lage waren, sich aus der Masse herauszuheben. Die Rücksichtnahmen bestimmten die Werke in Form und Inhalt mit. Über die Farbwahl schrieb z. B. Rudolf Wiegmann 1848: „unter einer größeren Zahl nebeneinander hängender Bilder werden die effektvollsten, sowohl dem Licht, als der Farbe nach, vor den übrigen weniger wirkungsreichen sich geltend machen."[567] Daher fördere das Ausstellungswesen den Kolorismus.

Ein Beispiel für eine mißlungene Marktprognose bietet der Bericht des in Düsseldorf ausgebildeten Malers Carl Eybe (1813–1893) an seinen weiterhin am Rhein ansässigen Freund Hermann Becker. Der sicherlich nicht besonders begabte Künstler beschreibt freimütig seine Überlegungen. Zum Thema wählte er sich „Susanna im Bade", ein historisches Sujet mit erotischem Anklang, zeichnete den Kopf „mehr naturalistisch, weil die Leute das Stilisierte nicht verstehen", garnierte die Landschaft gefällig mit durchfallenden Lichtern und einem Springbrunnen. Das Urteil der Kritik lautete: „Ein sorgfältig durchgeführtes Bild aber keine Susanna." „Ich dachte, das ist eine Person die kann man darstellen wie man will," beklagte sich der Künstler „ein badendes Frauenzimmer; ... Wenn sich doch ein Sonderling fände, der meiner Ansicht ist, viel

---

566 Kossak, Berliner Kunstausstellung 1846, 1847, S. 57.
567 Kunstverein für die Rheinlande und Westphalen. Correspondenz-Blatt 4 (1848), S. 10.

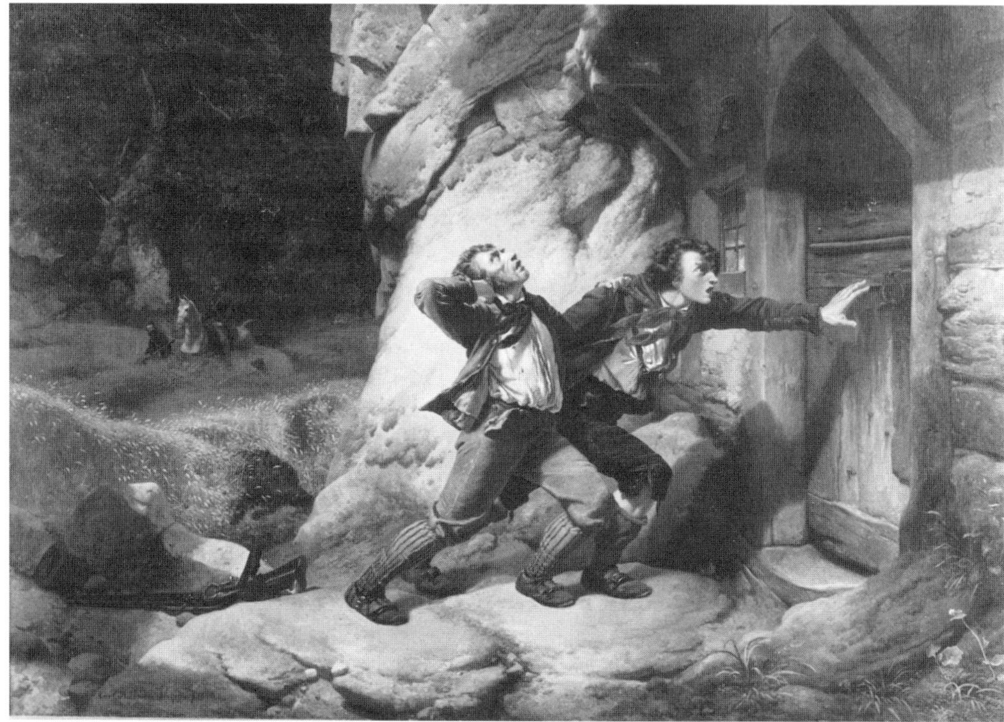

Abb. 18 Carl Wilhelm Hübner, Das Jagdrecht. Öl auf Leinwand, 1846.

Geld hat und Bilder kauft, sonst bin ich geprellt."[568] Das Bild wandert unverkauft von Hamburg nach Wien und über Bremen wieder an die Elbe. Am Schluß seiner Schilderungen bemerkt er „Nächstes Frühjahr ist hier große Ausstellung, ich werde meine ganze Galerie [unverkaufter Bilder, J.G.] hinkommen lassen".[569]

Die Kunstausstellungen waren der letzte Rettungsanker für diejenigen Künstler, die sonst nichts verkaufen konnten. Es war nicht etwa eine Restgruppe von Unbegabten, die sich dort nicht oder nur schwer durchsetzen konnte. „Ganze Ladungen kommen unvermindert von den Ausstellungen zurück, u[nd] ich kenne doch Viele, die stets in der Hoffnung malen, ihre Erzeugnisse zu verkaufen!", bemerkt der bekannte Maler humoristischer Genreszenen, Adolph Schroedter, 1845 in einem Brief an seinen Berliner Freund Wilhelm Nerenz.[570] „Ist so ein unglücklich Bild erst Eine Kunstparade unverkauft passirt, so klebt ihm ein schwervertilgbarer Makel an, den kaum ein resigniertes Uebermalen abwaschen kann," schreibt er 1852 nach Berlin, wo sein Bild „Triumphzug des Königs Wein"[571] auf einen Käufer wartet. Der Erfolg bleibt aus und das „schöne verkannte Bild" wird weiter zum Danziger Kunstverein dirigiert. „Die große Ausstellung liegt uns wohl noch in den Gliedern, − wir haben beiderseits Niederlagen erlitten, haben

---

568 Stadtarchiv Düsseldorf, Nachlaß Hermann Becker, Brief Carl Eybes, Mai 1853.
569 Ebd., Brief vom 17. 11. 1853.
570 Schroedter, Briefe, S. 56.
571 Zitat ebd., S. 104. Vgl. Deutsches Kunstblatt 3 (1852) S. 432; Öl auf Leinwand 79 × 324 cm.

unsre geliebten Bilder zurückerhalten, u[nd] sind nun moralisch nicht im Stande, uns in die Augen zu sehen," heißt es einige Wochen später.[572] Zwei Bilder läßt Schroedter von Ort zu Ort wandern, „sie zieren, wie man mir bereitwillig erzählt, die Ausstellungen, keiner aber fühlt sich veranlaßt, die wohlverdienten tausend Taler dran zu legen u[nd] sich damit einen Saal zu zieren." In einem Anfall von Selbstironie heißt es abschließend: „Ergo will ich mich hinführo von der Sentimentalität, selbst von gesunder lyrischer Poesie, [...] entfernen u[nd] nur Humor, ganz ordinaire Komik [...] malen, mich in Gemeinheit wälzen, u[nd] -im Stillen wo mich niemand sieht u[nd] versteht, meine goldnen Träume beweinen, wie Chriemhild die gefallenen Niebelungen."[573]

Hier wird der typische Regelkreis der Kunstproduktion sichtbar. In beiden Fällen hofften die Künstler auf einen Verkaufserfolg und berücksichtigten bei der Schaffung des Werks den allgemeinen Geschmack. Auf großen Ausstellungen stellten sie sich dem Publikum und der Kritik. Blieb der Verkauf aus, wurde das Werk zu den Kunstvereinen auf die Wanderschaft geschickt, ja sogar – wie dies mit Düsseldorfer Bildern ab 1849 häufig geschah – nach Amerika gesandt.[574]

Die Ausstellung war der „Schauplatz einer Werteinschätzung", Kunst hing vom Urteilkonsens der Menge ab.[575] Auch diejenigen Bilder, die bereits im Vorfeld einen Käufer gefunden hatten, mußten diesem Forum der Kritik standhalten, sollte der Ruf des Künstlers nicht Schaden leiden. Unmittelbare Folgen spürten diejenigen, die nichts verkauften.

1846 war auf der Berliner Ausstellung nach einer Schätzung von Franz Kugler mehr als die Hälfte der 1406 gezeigten Gemälde verkäuflich. Als Privatbesitz – also bereits verkauft – waren 406 Portraits und 218 andere Bilder bezeichnet. Kugler vermerkt, die Neigung von Privatpersonen zum Ankauf sei äußerst gering gewesen und die wesentliche Hoffnung der Künstler beruhe einstweilen auf den Kunstvereinen.[576] Nur fünf bis zehn Prozent der Exponate würden auf den deutschen Kunstausstellungen verkauft, war im gleichen Jahr in einem generalisierenden Artikel im Blatt des Düsseldorfer Kunstvereins zu lesen, eine Angabe, die man als realistisch ansehen kann.[577]

Für die dreißiger Jahre liegen einige Statistiken vor, die es erlauben, die wirtschaftliche Bedeutung der Berliner Akademieausstellung zumindest in diesem Zeitraum einzuschätzen.[578] Wäh-

---

572 Schroedter, Briefe, S. 107.

573 Ebd., S. 107f.

574 Die „Düsseldorf Gallery" wurde am 18. 4. 1849 in New York eröffnet. Vgl. Stehle, Düsseldorf Gallery 1974.

575 Mai, Expositionen 1986, S. 15f.

576 Kugler, Kunstausstellung Berlin 1846, S. 576. Die Zahl ausdrücklich als verkäuflich bezeichneten Werke betrug 455.

577 Kunstverein für die Rheinlande und Westphalen. Correspondenz-Blatt 2 (1846) S. 2.

578 Es ist nicht unwahrscheinlich, daß Kultusminister Altenstein die Zusammenstellung der Verkaufsergebnisse der Kunstausstellungen anregte, um einen Überblick über den Kunstabsatz in Preußen zu gewinnen. Zumindest sind in seinem Privatnachlaß (Staatsarchiv Bamberg, G. 36, Nr. 2187 und 3960) die Verzeichnisse der Verkäufe von 1832 und 1839 erhalten. Gedruckt liegen folgende Statistiken vor: 1832 (Museum 1 (1833), S. 7f.), 1834 (Ebd. 2 (1834), S. 427f.), 1836 (Ebd. 5 (1837), S. 23f.; jedoch ohne Preisangabe) 1838 (Centralblatt der deutschen Kunstvereine 1 (1839) 1, S. 3–6). Um die Verkaufsangaben vergleichbar zu machen, war eine Umrechnung in die Buchführungseinheit der Zeit (Silbertaler) notwendig. Sie erfolgte nach den Angaben in: J.C. Nelkenbrechers allgemeines Taschenbuch der Maaß-, Gewichts- und Münzkunde, F. Wolff (Hg.), 16. Aufl. Berlin 1842. Dabei gilt folgende Umrechnung: Buchführungseinheit: Preußische Silbertaler (1 Taler = 30 Silbergroschen, 1 Silbergroschen = 12

rend im Gedränge des Ausstellungswesens die Kunst tatsächlich einem breiten Publikum geöffnet wurde, blieb beim Ankauf ein elitärer Kreis unter sich. Die Zahl der angekauften Werke sank von 7.2 % der insgesamt ausgestellten (1832) kontinuierlich ab (1834: 6.4 % − 1838: 6.1 %) auf den Tiefstand von 3.2 % (1839). Mehr als die Hälfte der verausgabten Summen (1832: 55 % − 1834: 53 %, 1838: 63 %) kam in den dreißiger Jahren nach wie vor vom Hof. Der Verein der Kunstfreunde im Preußischen Staate finanzierte etwa ein Viertel des Umfangs (1832 und 1838: 24 %; 1834: 23 %), den Rest, also maximal ein Viertel, bezahlten einige vornehme Privatkäufer (1832: 21 %; 1834: 24 %, 1838: 12 %). Der Hof legte im Durchschnitt höhere Summen für ein Werk an, nämlich 342 Taler, während die Kunstvereine nur 222, die Privaten 145 Taler bezahlten.

Der Umfang der Kunstverkäufe schwankte zwischen 20.585 (1832) und 27.338 (1838) Talern[579], im Durchschnitt waren es 22.055 Taler. Geht man von etwa 500 beteiligten Künstlern aus[580], dann entfielen auf jeden im Durchschnitt 44 Taler, was eine bescheidene Summe ist. Wenn auch in den dreißiger Jahren schon die Hälfte der Werke verkauft worden ist, wie dies Kugler in den vierziger Jahren annahm, dann hätten die Künstler im Vorfeld schon weit besser verdient als auf der Ausstellung selbst. Das allerdings läßt sich nur vermuten. Offensichtlich ist, daß diese Verkäufe die Künstler nicht ernähren konnten und die Chance, ein Werk zu verkaufen, statistisch gering gewesen ist.

Die überwiegende Zahl der Künstler, die dort Werke anboten, ging leer aus und erhielt allenfalls einen Betrag aus den Überschüssen.

Diese Zahlen zeigen deutlich, daß die Verbürgerlichung der Kunst ihre Grenzen hatte, wenn es um die Aufträge ging. Die Rezipientenschicht verbreitete sich weit mehr als die Elite der Finanziers. Kunst blieb ein Luxusgut für eine kleinere Gruppe, darunter bekannte Sammler wie Senator Jenisch in Hamburg oder Konsul Wagener in Berlin. Die Beschäftigung mit Kunst allerdings wurde durch die Ausstellungen in einem großen und bisher nie dagewesenen Maß angeregt.

Wegen der Diskrepanz zwischen Publizität und Verkaufschancen wurde die Berliner Ausstellung für die große Künstlerkolonie in Düsseldorf zeitweilig uninteressant. Die rheinischen Künstler fühlten sich außerdem durch ungünstige Plazierung ihrer Bilder benachteiligt. 1839 wies das Kultusministerium sie nachdrücklich darauf hin, daß der Ausstellung eine „höhere auf das Staatsleben bezügliche Bedeutung" zukomme und mahnte zu regelmäßiger und rechtzeitiger Einreichung von Werken.[581] 1840 zogen sie es jedoch immer noch vor, ihre Gemälde im Badeort Aachen zu zeigen, wo offensichtlich ein zahlungskräftigeres Publikum verkehrte. Ihre Bilder erreichten erst Berlin, als dort die Ausstellung schon fast vorbei war.[582] 1842 wurde für die Düsseldorfer ein eigener Saal reserviert, und damit fanden die Verstimmungen ein Ende.[583]

Pfennig); Goldtaler= Silbertaler + 13.33 % (sog. Agio Mehrwert für den Metallunterschied). 1 Friedrichsdor = 5 Goldtaler (Umrechnungsformel: Friedrichsdor × 5.66 = Silbertaler), Franz. Francs wurden umgerechnet: 1 Franc= 95 Pfennig der Silberwährung (Umrechnungsformel: Francs × 0.264 = Silbertaler).

579 Berücksichtigt sind hier 1832, 1834 und 1838.

580 Für die dreißiger Jahre liegen mir folgende Daten aus den Berliner Akten vor: 1830: 486; 1832: 470; 1836: 655; 1839: 496. Das sind im statistischen Mittel 526.

581 GStAPK Berlin, Rep. 76 Ve, Sekt. 17, Abt. X, Bd. IV, Bl. 188f.

582 Ebd., Bl. 51f.

583 Ebd., Bl. 123f.

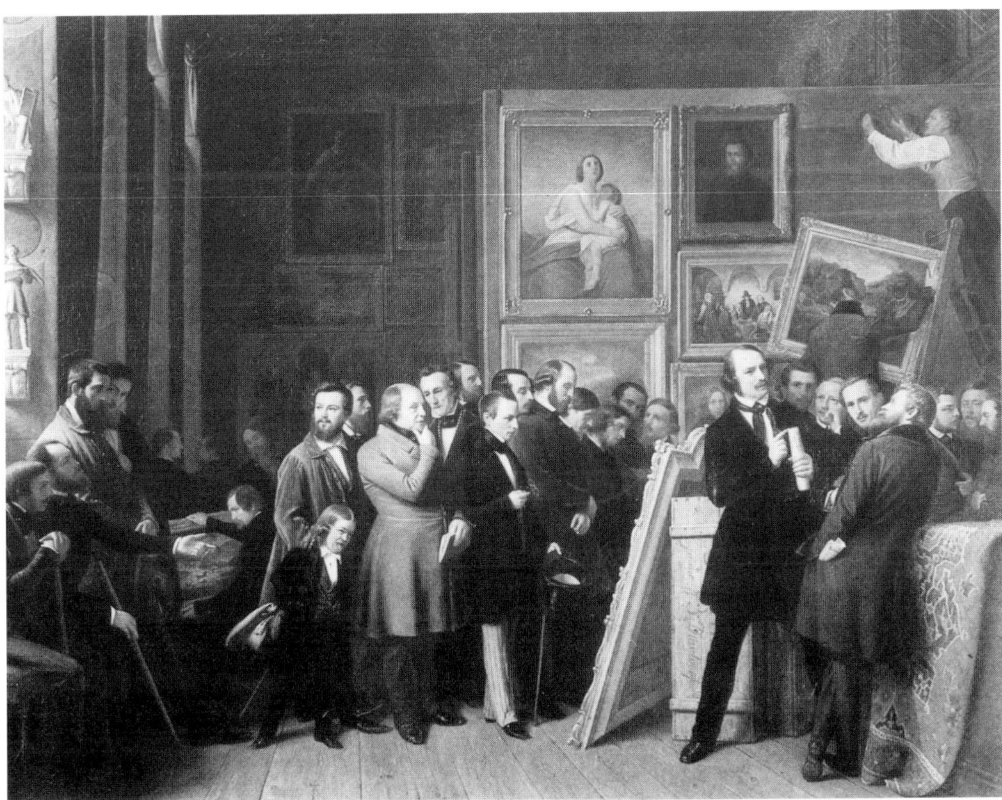

Abb. 19 Friedrich Boser, Bilderschau der Düsseldorfer Künstler im Galeriesaal der Kunstakademie. Öl auf Leinwand, 1844.

Die Berliner Akademieausstellung war zwar die größte und wichtigste Kunstschau in Preußen, doch sie war keineswegs die einzige Gelegenheit, neu entstandene Werke zu sehen. Dem Berliner Vorbild entsprechend präsentierten die Düsseldorfer Künstler ihre eigene Produktion im Galeriesaal der Akademie. Friedrich Bosers Darstellung aus dem Jahr 1846 (Abb. 19) vermittelt einen Eindruck vom Betrieb vor der Eröffnung. Wie auf den Ausstellungen der Zeit üblich, werden die Wände ohne Zwischenraum mit Gemälden geradezu tapeziert. Dabei sind die Gattungen nicht getrennt. Ausschlaggebend ist allein eine platzsparende Präsentation. Im Vordergrund sieht man die Honoratioren des Düsseldorfer Kunstvereins und die ortsansässigen Künstler bei der kritischen Begutachtung einiger Werke. Die Düsseldorfer Jahresausstellung blieb stets überschaubar. Die Zahl der gezeigten Werke schwankte im Vormärz zwischen 109 (1829; 1844) und 243 (1837)[584]. Das Gros stammte von Düsseldorfer Künstlern, die sich hier in einem kleinstädtischen Rahmen von der Konkurrenz abschotten konnten.

Da die Kunstvereine in der Regel Portofreiheit gewährten, bot sich für die Maler die weitere

---

584 Vgl. Kunstverein für die Rheinlande und Westfalen. Verzeichnis der Kunstwerke in der Ausstellung, 1829ff. (jährlich) in der UB Düsseldorf, Lücken (1831, 1832, 1836) können durch den Bestand im Kunstmuseum Düsseldorf geschlossen werden.

Chance, ihnen neue Werke zu leihen und auf der langen Wanderschaft durch die Monarchie auf
Käufer zu hoffen. Die Vereinsausstellungen waren keinesfalls klein, die Zahl der Exponate lag
häufig über 500.[585]

Am Beispiel der Berliner Kunstausstellungen sind wichtige Strukturen des Ausstellungsbe-
triebs der Zeit deutlich geworden. Der Typ der Großausstellung, der den einzelnen Künstler der
Konkurrenz aussetzte, war zwar am wichtigsten, er wurde jedoch ergänzt durch andere Präsen-
tationsformen: So z. B. die Atelierausstellung, die vor allem Bildhauer veranstalteten[586], wenn
ein großes Modell oder Werk fertig wurde, die Einzelausstellung eines erfolgreichen Historienbildes, die permanenten Bilderschauen des Berliner Kunstvereins oder des nicht weit entwickelten Kunsthandels oder Sonderformen wie die Präsentation der Transparentbilder aus fernen
Ländern, die die Gebrüder Gropius im Berliner Diorama nach Pariser Vorbild zeigten, und die
mit unterschiedlicher Beleuchtung und Musikbegleitung alle Sinne ansprachen.[587] Dies war für
die städtische Bevölkerung von großer Anziehungskraft.

Was die Künstler im Vormärz vermißten, war ein fester öffentlicher Ort für ihre bedeutendsten
Schöpfungen. Kunstwerke waren ständig auf Reisen, die Ausstellungen meist nach einigen
Wochen vorbei. Zwar begannen manche Kunstvereine, eigene Bildersammlungen anzulegen,
Mäzene wie Graf Athanasius Raczynski öffneten ihre Privatsammlungen für Besucher, doch
gerade die Künstler erhofften mehr: eine Nationalgalerie, die über einen bedeutenden Ankauf-
setat verfügen konnte und zumindest die Glanzstücke auf Dauer einer breiten Öffentlichkeit
zugänglich machte. Ein Zentralisationspunkt, so erwartete man, würde den Ruhm der zeitgenössischen Künstler vermehren und die Werke der Willkür der Privatbesitzer entziehen.

Einer der bekanntesten Berliner Maler, Wilhelm Wach, unterstützte den Plan zur Gründung
einer Nationalgalerie, den der General-Leutnant a.D. von Minutoli dem Kultusministerium mit
dem Ziel vorlegte, die „Werke vaterländischer Kunst dem Zerstreutwerden und der Vergessen-
heit zu entziehen".[588] Das Gutachten des Innen-und Kultusministers hierzu war eindeutig nega-
tiv. Der Entwurf schien zu überdimensioniert, um nicht durch die Ausführung bloßgestellt zu
werden. Gerade an der Verteilung der Werke in der ganzen Monarchie war dem Kultusminister
gelegen, um das allgemeine Kunstinteresse anzuregen. Die Idee der Gründung einer Nationalgalerie[589] verschwand jedoch nie ganz aus der Diskussion. Ab 1844 war der königliche Besitz
zeitgenössischer Werke im Schloß Bellevue öffentlich zugänglich.[590] Doch das war angesichts der
höchst unsystematischen Sammeltätigkeit bei Hof nur ein schwacher Trost.

1848 sollte der Staat sich der Sache annehmen, nachdem die Monarchie in die Defensive
geraten war. Die Düsseldorfer Maler wandten sich mit einem Aufruf an die Künstler Deutsch-

---

585 Beispiele: 1838: Magdeburg: 662; Halberstadt: 680; Halle: 663; Münster: 291 (Centralblatt der deutschen Kunstvereine 1 (1839) 1, S. 24); Köln 1839 im Gründungsjahr des Kunstverein: 540 (AK Kölnischer Kunstverein 1989, V, S. 41 mit jährlichen Daten der ausgestellten Werke).

586 1817 z. B. stellte Gottfried Schadow das Modell seines Blücherdenkmals im eigenen Atelier aus und
nahm an Eintrittsgeldern 1200 Taler ein, soviel wie ein sehr gut bezahltes Ölbild kostete. Vgl. Geismeier,
Biedermeier 1979, S. 109.

587 Über die Kunstgattung z. B.: Seidel, Ueber Panoramen 1828.

588 GStAPK Berlin, 2.2.1., Nr. 20419, Bl. 8−11 R. Gutachten des Innen- und des Kultusministers über den
Antrag auf Gründung einer Nationalgalerie vom 12.4.1837, hier: Bl. 8 R. Das erste Gesuch in dieser
Sache stammt vom 30.3.1835 (Bl. 1). Vgl. auch GStAPK Berlin, Rep. 76 Ve, Sect. 4, Abt. XV, Nr. 60.

589 Vgl. Eberlein, Vorgeschichte und Entstehung Nationalgalerie 1930; Rave, Geschichte National Galerie
1968.

590 Schröter, Maler und Galerie 1954, S. 63.

lands.[591] Kunst sollte endgültig eine „Nationalsache" werden, die Paulskirche Galerien in den Bundesstaaten einrichten und so auf eine großzügige öffentliche Kunstförderung zusteuern, wie sie in Frankreich und Belgien bereits existierte. Doch erst als Preußen das Reich geeint hatte, wurde auch die Nationalgalerie Wirklichkeit. Sie wurde 1876 auf der Berliner Museumsinsel eröffnet.

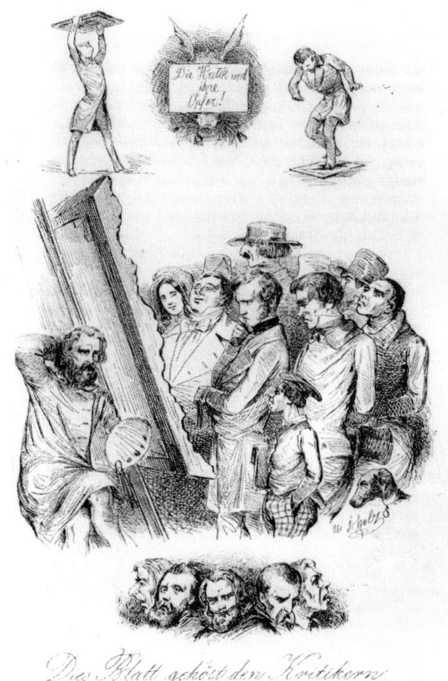

Abb. 20 Wilhelm Scholz, Dies Blatt gehört den Kritikern. Holzschnitt, 1847.

3. Kunstkritik und Kunstpublizistik

„Was nicht in Druck eingerückt ist, das ist so gut wie gar nicht dagewesen, und somit wird die Kunstausstellung erst wahrhaft öffentlich und sichtbar durch uns literarische Postillions," bemerkte ein Rezensent der Berliner Zeitschrift „Museum" 1834[592]. Mit der Bilderflut und dem Anwachsen der Besucherzahlen stieg auch der Bedarf an einer kritischen Bewertung des Gezeigten durch die „Kenner". Sie verstanden sich nicht selten als Mitgestalter, die durch ihre Ratschläge die Künstler auf den rechten Weg zu lenken oder zurückzuführen hatten und gewannen einen erheblichen, wenn auch nicht quantifizierbaren Einfluß auf die Kunstproduktion.

Wo größere Kunstausstellungen stattfanden, da erschien auch gleich ein Kunstblatt,[593] um das noch unerfahrene breitere Publikum zu orientieren. „Mancher hat es bei der ersten Ausstellung

---

591 Aufruf der Düsseldorfer Künstler vom 20.4.1848 an die Künstler Deutschlands (gedruckter Aufruf), in: Stadtarchiv Düsseldorf, Nachlaß Hermann Becker.
592 Bericht über die Berliner Kunst-Ausstellung, in: Museum 2 (1834), S. 297.
593 Vgl. Kugler, Ausstellungsliteratur 1837.

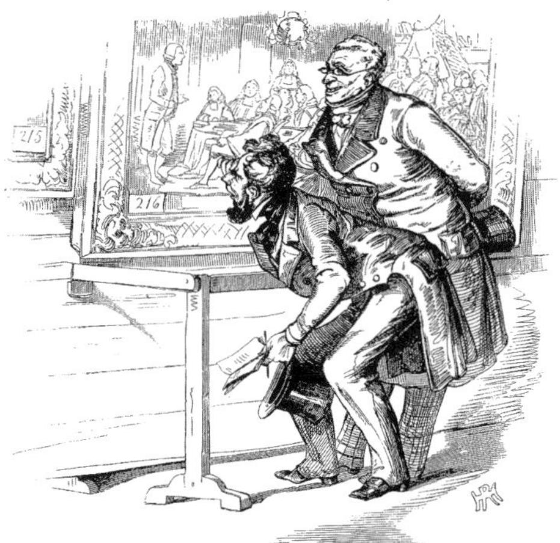

Erster Kritiker:*)

Nr. 316. Ah! C. F. Lessing. „Huß vor dem Concilium zu Costnitz." Magnifique in der That! wie sich alles in der Haltung losreißt, und durch die hohle Hand betrachtet, ist die Luftperspective köstlich, und die Conture wahrhaft — betrachten Sie den Character der linken Hand, die — ich bitte Sie, das Ensemble, der Vorwurf, die Staffage! meisterhaft!

Zweiter Kritiker:

Meisterhaft! und was mag der Goldrahmen wohl gekostet haben? —

Abb. 21 Henry Ritter, Kunst-Kritik. Holzschnitt, 1847. Die „Kritiker" betrachten Johann Peter Hasenclevers „Jobs im Examen", nicht Lessings „Huß" — wie sie meinen.

gewiß sehr bedauert, daß er kein Kunstkenner war. Er trat schüchtern und ängstlich in die mit Bildern geschmackvoll dekorierten Zimmer. Er macht vielleicht auf Bildung Anspruch und muß daher ein Urteil abgeben." So schrieb der Jurist Johann Hermann Detmold einleitend in seiner satirischen Schrift „Die Kunst, in drei Stunden ein Kunstkenner zu werden".[594] Er lieferte den Lesern eine praktische Kritikerphraseologie, mit der man sich den Rücken freihielt zum Rückzug, falls sich etwa beim Gesprächspartner Widerspruch regen sollte.

Praktikabler war es, das Urteil den Kunstzeitschriften, eigens erschienenen Büchern oder den zahlreichen Feuilletons der Tageszeitungen zu entnehmen, die mit dem Aufschwung des Ausstellungswesens an Gewicht gewannen und in der Mehrzahl überhaupt erst entstanden. Während die akademische Regelkritik in Frankreich auf den Ausstellungen des Pariser Salons bereits im 18. Jahrhundert eine wichtige Institution gewesen war,[595] kam die Kunstkritik in Deutschland auf breiter Ebene erst im 19. Jahrhundert in Gang. Während zunächst überwiegend konservative Fachgelehrte das Feld beherrschten, mischten sich in den späten dreißiger Jahren verstärkt Laien und Journalisten in die Diskussion ein.[596] Nicht nur der Informationsbedarf und die Unsicherheit beim Publikum, auch die zunehmenden Richtungskämpfe der Künstler in der sich differenzierenden Gesellschaft förderten die Verbreitung der Kunstkritik. Viele durch die Zensur aus dem Feld

---

594 Hannover 1834.

595 Vgl. Dresdner, Kunstkritik 1915, S. 180—234.

596 Frank, Kunstkritik 1988 bietet einen gründlichen Überblick über die Maßstäbe der Kunstkritik 1750—1850, die hier nicht behandelt werden sollen. Auch er betont, daß die Kritik im Zusammenhang mit der Verbürgerlichung der Kunst in den dreißiger Jahren zu einer wichtigen Vermittlungsinstanz wurde (S. 183—88 und These 42 im Anhang).

Worte und Gedanken.

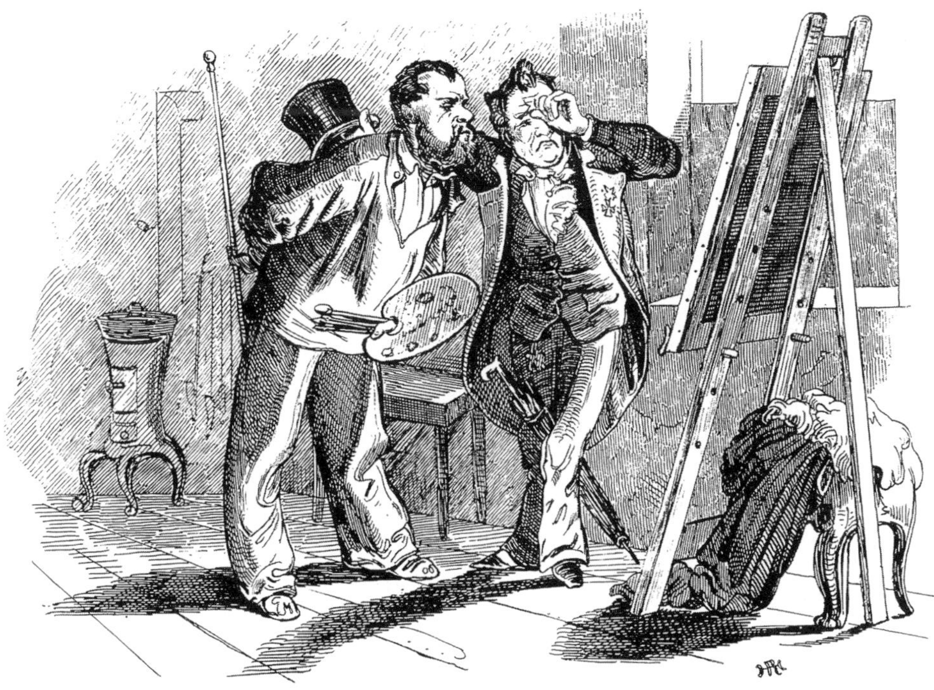

Kunst-Protector. Aber liebster Freund, durch die hohle Hand gesehen scheint mir die Verkürzung
      des linken Arms nicht völlig richtig und der große Zeh outrirt; ändern Sie dies und das
      Bild ist magnifique!
Künstler. Ich bewundere Ihren Scharfblick, der selbst Fehler entdeckt, die dem Künstler entgangen
      sind; ich danke Ihnen herzlichst für die Correctur.
      (Der eingebildete Tropf, hätte er mir das Bild nicht bestellt, ich hätte ihm bewiesen,
      daß er weniger von der Kunst versteht als meine Waschfrau.)

Abb. 22 Henry Ritter, Worte und Gedanken. Holzschnitt, 1849.

der Politik abgedrängten Literaten wandten sich den gesellschaftlichen Modethemen zu und
ließen auch in ihren „Tendenzkritiken" der Kunst politische Inhalte einfließen.[597] Nicht die oft
sehr komplizierten und wandlungsfähigen Kriterien der Wertung sollen hier zur Diskussion
stehen, sondern der Einfluß der Kritik auf die Künstler.

„Hölzerne Rezensenten, die nicht sehen und nicht fühlen, die aber sagen: „Hunger tut weh —
geschrieben muß sein", sind bemüht, das Publikum durch ihr Urteil irrezuleiten, und in Berlin
findet sich ein großer Teil Leser, die das Heruntermachen unterhaltend und pikant finden, unter

---

597 Vgl. zur Politisierung der Kunstkritik die sehr anregende Studie von Radziewsky, Kunstkritik im Vor-
    märz 1983 und Frank, Kunstkritik 1988 mit ergänzenden Bemerkungen zu Berlin. Frank hat erstmals auf
    den Junghegelianer Julius Leopold Klein aufmerksam gemacht (S. 207 f.), dessen Tendenzkritiken als
    „Berichte über die Berliner Kunstausstellung" 1838, 1839, 1840, 1842 erschienen und im Nachlaß Varn-
    hagen von Enses erhalten sind.

denen sich reiche Leute befinden, die sich dadurch gerechtfertigt fühlen, wenn sie Kunstarbeiten nicht kaufen. Aber auch die Maler, die nicht malen können, haben daran ihre Freude." Diese Einschätzung Gottfried Schadows aus dem Jahr 1849[598] faßt den Unmut des ganzen Berufsstandes über das literarische Heckenschützentum der Kritiker zusammen.

Kunstkritik war für die Künstler unverzichtbar: Publizität war notwendig, um auf den Massenausstellungen aufzufallen und sich auf dem Markt günstig zu plazieren. Schon die Nichtbeachtung durch die Kritiker war bedenklich, wiederholte negative Einschätzungen untergruben die Existenz. „Ich sah wohl schon Künstler, Familienväter, nach Durchlesung einer witzigen, boshaften und trefflich stylisierten Kritik ihrer Werke, welche mit allem ihnen zu Gebot stehenden Talente und Kenntnissen geschaffen waren, von tiefem Schmerz ergriffen", schrieb der Düsseldorfer Akademiedirektor Wilhelm v. Schadow 1845.[599] „Es war nicht der Schmerz beleidigter Eitelkeit, nicht einmal der Schmerz des verletzten gerechten Künstlerstolzes, es war die tiefe Besorgniß ihrer zukünftigen Existenz. Welcher Künstler weiß nicht, daß auf seinem Ruf sein Erwerb beruht!"

Bei einer so erheblichen Geldausgabe, wie sie mit der Erwerbung eines größeren Werkes verbunden war, wünschten sich die Käufer Sicherheit, die länger anhaltende positive Kritiken am ehesten versprachen. Man kann sich vorstellen, wie vernichtend es für den Maler gewesen sein muß, daß Franz Kugler 1848 im renommierten „Kunstblatt" folgendes Urteil abgab: „E. Ratti war ein Künstler, der allerdings zwar nicht mit blendenden, aber mit solchen Leistungen auftrat, die immerhin bedeutende Erfolge erwarten liessen. Ich entsinne mich namentlich aus ziemlich früher Zeit des Bildes eines alten Dorfmusikanten, das er in ganz allerliebster Weise aufgefasst und behandelt hatte. Er hat diese Hoffnungen aber systematisch beseitigt. So befindet sich auf der gegenwärtigen Ausstellung von ihm ein grosses Bild, Maria Magdalena am Grabe des Herrn, das alle Symptome künstlerischer Nullität an sich trägt, obgleich selbst über diese anspruchsvolle Fadheit der wehmütige Hauch eines zwar untergegangenen, einst aber wirklich schönen Talentes noch immer hinspielt."[600] Auch gegenteilige Töne schlägt der Rezensent einige Seiten später an, wenn er über den in Düsseldorf ansässigen norwegischen Maler Adolph Tidemand schreibt: „Der Künstler [...] ist mit diesem Bilde [Andacht der Haugianer][601], das zu den Glanzpunkten unsrer Ausstellung gehört und sich eines nicht ermüdenden Beifalls erfreut, plötzlich in die Reihe der Meister unsrer Zeit eingetreten."[602]

Die Kunstkritik war für die Künstler eine gefährliche Instanz, die sie zu kontrollieren suchten. Wilhelm Schadow z. B. trat 1830 vor den Kunstverein für die Rheinlande und Westphalen, um die Mitglieder über den „ächten Geist der Kunst-Kritik" aufzuklären.[603] Jede Kritik sei ein Angriff auf das geistige Besitztum des Künstlers und ohne gerechte Begründung als „absichtlicher Raub" zu betrachten. Der gern theoretisierende Akademiedirektor empfahl den Kritikern gemäß der eigenen Kunsttheorie zunächst den einem Werk zugrunde liegenden Gedanken zu würdigen, dann seine Verwirklichung in Form und Farbe, die natürliche Stellung der Figuren und die richtige Zeichnung zu begutachten, all dies aus dem „Geiste der Liebe, dem Bedürfniß nach Wahrheit, dem Streben nach Vervollkommnung".

598 Kunstwerke und Kunstansichten 1849, S. 90.
599 W. Schadow, Über Kunstkritik 1845, S. 19.
600 Berliner Briefe 1848, S. 663.
601 AK Düsseldorfer Malerschule 1979, Nr. 256.
602 Berliner Briefe 1848, S. 673.
603 Von dem Geist echter Kunstkritik 1830, S. 11.

Die Kritik überhäufte in den dreißiger Jahren die Düsseldorfer Maler mit Lobeshymnen. Elke Radziewsky bezeichnete die ganze Schule als „Produkt der Kunstkritik" und Resultat geschickter Werbung.[604] Noch ehe die Düsseldorfer Bilder am Ausstellungsort angelangt waren, eilte ihnen der literarische Ruhm voraus und versetzte das Publikum in gespannte Erwartung. Die überschwenglichen Reaktionen ließen die Maler am Rhein in einem lyrischen Quietismus erstarren, einer bewegungsarmen Zustandskunst der Welt der Sage und Geschichte, der Gretchengestalten, Raubritter und Mönche, die in den vierziger Jahren dem Zeitgeist nicht mehr entsprach und zunehmend Kritik auslöste.[605] So ergriff der Junghegelianer Arnold Ruge z. B. energisch Partei für die Richtung Karl Friedrich Lessings, der als einflußreicher und berühmter Historienmaler einer neuen Richtung in der Kunstschule zum Vorbild wurde, obwohl er kein Lehramt innehatte: „Die energische Historienmalerei, wie sie in Lessings mit Recht so berühmten Hussiten[606] und seiner Leonore auftritt, wirft die Stille und impotente Herzensherrlichkeit weg, studiert das Leben und seine ausgeprägten Bilder."[607] 1845 schritt der Kreis um Schadow in Düsseldorf zur propagandistischen Gegenwehr und schuf das „Correspondenzblatt des Kunstvereins für die Rheinlande und Westphalen". „Wir haben seit einigen Jahren und insbesondere ich selbst die Presse so entschieden gegen uns, daß wir endlich zum Mittel geschritten sind [,] uns selbst ein Kunstblatt zu creiren"[608] schrieb der Akademiedirektor 1845 an Julius Hübner nach Dresden. In Privatbriefen konnte er seine Meinung ungeschminkt ausdrücken: „Wie ein kräftiger Weizen troz Unkraut gedeiht u[nd] ich nie gehört habe, daß ein Hund an Flöhe oder ein römischer Bettler an Läuse gestorben, so glaube ich auch nicht, daß ein tüchtiger Geist an Rezensenten krepiert."[609]

1846 polemisierte Rudolf Wiegmann im neuen Propagandaorgan gegen die schon seit Jahren erscheinenden „Kritiken und Gelegenheitsschriften [...], die in den härtesten, einseitigsten und anmaßendsten Aussprüchen über die Düsseldorfer Künstler und deren Werke auf eine merkwürdige Weise übereinstimmten."[610] Die restaurative Zustandskunst erschien den Kritikern nicht mehr zeitgemäß. Unablässig stellten sie nun die Forderung, die Künstler sollten „nur solche Stoffe bearbeiten, welche unmittelbar an die Tagesfragen sich anknüpfen — kurz [...] politische,

---

604 Radziewsky, Kunstkritik im Vormärz 1983 weist auf zahlreiche Parallelen zwischen kunstkritischen Wertungsmaßstäben und gesellschaftlichen Kräfteverhältnissen hin. So erscheint ihr die Betonung der Ruhe in der Düsseldorfer Kunst in den dreißiger Jahren als Ausdruck eines restaurativen Denkens der Maler und Kritiker und die Schule als bewußt aufgebautes Bollwerk gegen Strömungen des „Jungen Deutschland" (S. 47 ff.). Der Wandel der kunstkritischen Maßstäbe wird so gut nachgezeichnet, daß hier der Verweis auf diese Arbeit genügen sollte.

605 Kritische Stimmen z. B.: Bei Hegel schon 1826—30; dazu: Gethmann-Siefert, Kritik an den Düsseldorfer Malerschule bei Hegel 1984; Ruge, Düsseldorfer Malerakademie 1838; Püttmann, Düsseldorfer Malerschule 1839 vermittelnd zwischen idealistisch-humanistischer Bildungstradition und der Forderung nach Zeitgemäßheit [Vgl. Rezension: Ruge, Püttmann 1839]; Kinkel, Weltschmerz und Rococo 1841 und Socialismus in der Malerei 1850; Einige Worte der Kritik über Düsseldorf 1842 [Anonym]; Müller von Königswinter, Düsseldorfer Künstler 1854 [mit deutlicher Vorliebe für die Generation nach Schadow]; Vgl. generell die ausführliche Zusammenfassung bei Radziewsky, Kunstkritik im Vormärz 1983, S. 87 ff.

606 Zum Bild vgl. Kap. VIII.1.

607 Ruge, Zeitgeist in der Düsseldorfer Akademie 1838, S. 192.

608 Brief vom 13.1.1845, Heinrich-Heine-Institut Düsseldorf.

609 Brief Schadows an Julius Hübner, 26. 12. 1846, Heine-Institut Düsseldorf. Auch offiziell äußerte sich der Akademiedirektor weiter zur Kunstkritik: Schadow, Über Kunstkritik 1845 und Vasari 1854, S. 96 ff.

610 Stimmen aus Berlin über die Düsseldorfer 1846, S. 43.

socialistische, communistische − ja mitunter [...] schlechtweg oppositionelle Kunstwerke schaffen."[611] Ein Teil der Maler folgte der Zeitströmung und schuf sozialkritische, zumindest verständliche genrehafte Darstellungen[612], doch der konservative Flügel um Wilhelm Schadow versteifte sich auf die herkömmlichen Werte.

Es ist schwer zu beurteilen, welchen Einfluß die Kunstkritik auf die Kunstproduktion tatsächlich gehabt hat. In den dreißiger Jahren ist sie den Künstlern eher gefolgt, als ihnen den Weg weisen zu wollen. In den vierziger Jahren trug sie an die Düsseldorfer Maler Forderungen heran, denen nur ein Teil der Künstler genügen konnte. Sie reagierte auf künstlerische Umbrüche ebenso wie auf einen Wandel der Publikumserwartung, den sie in pädagogischer Absicht auch hervorzurufen suchte.

Die Künstler erkannten durchaus den propagandistischen Wert positiver Kritik, fühlten sich aber meist übel behandelt. Manche reagierten mit Antikritik[613], z. B. in zeichnerischer Form, mit Briefen an die Kritiker und Verweigerung von Ausstellungsbeteiligungen. Je mehr sich offene Marktstrukturen bildeten, desto wichtiger wurde die Presse und Publizistik zur Meinungsbildung. 1846 klagte der Berliner Bildhauer Christian Daniel Rauch: „Die Kunst im Norden wozu wir gehören ist kaum Nothdürftig durch die Öffentlichkeit vertreten, und es mögte wohl an der Zeit sein in redlich strenger Art dieß ins Werk zu setzen und ihrem schwankenden schwach basirten Zustande einen Stützpunkt zu gewähren, den München durch deßen beharrlichen Charakter Kunstkönig [Ludwig I.] mit consequenter Beschäfftigung in breiter Basis herstellt, und durch eine schreibthätige Kunstwache, Trompetervedetten und Ausrufer hier die weiteste Ferne so praktisch für Gegenwart und Geschichte unterstützt und angefeuert, wird."[614] Ein eigenes Kunstblatt konnte sich in Berlin über längere Zeit nicht halten. Das von Franz Kugler redigierte „Museum" stellte mit dem fünften Jahrgang 1837 sein Erscheinen aus Mangel an genügend Abonnenten ein.[615]

4. Kunsthandel und Käufer

a) Verkaufsorte

Während das Ausstellungswesen und die Kunstpublizistik einen beachtlichen Auschwung nahmen, begann sich der Kunsthandel nur sehr allmählich zu organisieren. Die Künstler zogen es vor, in direkten Verhandlungen mit den Kunden ihre Werke anzubieten und die neuesten Schöpfungen im eigenen Atelier zu zeigen. Agenten waren vor allem in Sonderfällen notwendig: bei Kontakten ins Ausland, für die im Vormärz noch seltene Präsentation von Werken verschiedener Maler in einer „permanenten Ausstellung" und die Bereitstellung eines breiten Angebots an

---

611 Wiegmann, Kunst-Kritik 1845, S. 26. Vgl. Radziewsky, Kunstkritik 1983, S. 131 ff.

612 Vgl. dazu vor allem Hütt, Düsseldorfer Kunst und demokratische Bewegung, Diss. 1957, sowie − leichter zugänglich aber knapper -Hütt, Düsseldorfer Malerschule 1984.

613 Zur Antikritik vgl. Fassmann, Kunstkritik in der Antikritik 1952.

614 Brief an Rietschel, 6.3.1846, Nationalgalerie Berlin, Raucharchiv, IX. A. b., Nr. 124.

615 Zu den ständigen finanziellen Schwierigkeiten vgl. GStAPK Berlin, 2.2.1., 19608 (betr. Gebrüder Gropius), Bl. 23−25 und 54−58. Als Vorläufer des „Museum" nennt Gropius (Bl. 24) folgende Berliner Kunstzeitschriften: Monatsschrift der Akademie der Künste, 1788/89; Berlin. Eine Zeitschrift für Freunde der Künste 1799; Tablettes d' un amateur des arts 1803; Berliner Kunstblatt 1828/29.

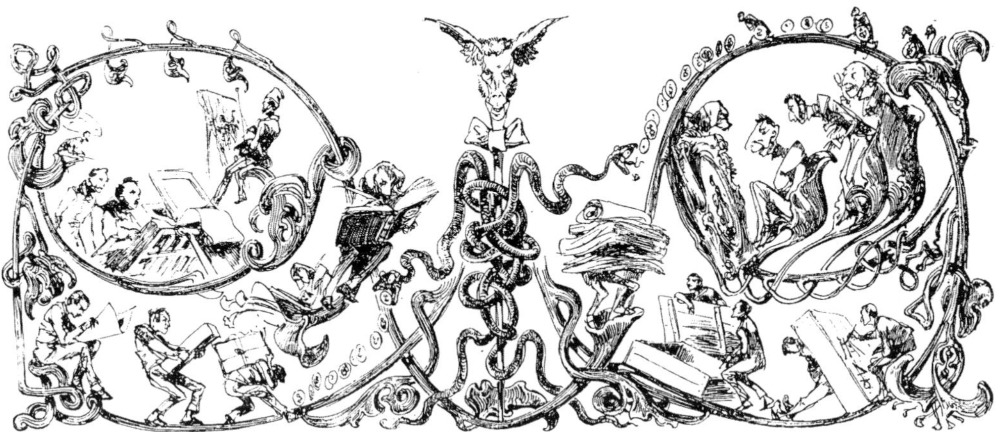

Abb. 23 Adolph Menzel, Briefkopf für die Kunsthandlung Sachse [nicht verwendeter Entwurf]. Federlithographie um 1838/39.

Reproduktionen, die oft mit dem Buchhandel verbunden war. Auch wenn der Kunsthandel bisher weitgehend unerforscht geblieben ist, kann man davon ausgehen, daß er im Vormärz noch eine untergeordnete Rolle im System der Kunstverbreitung gespielt hat und sich erst in der zweiten Jahrhunderthälfte stärker ausbreitete.[616]

Aufmerksamkeit verdient hier dennoch der Berliner Louis Friedrich Sachse, den Kern 1934 als den „Begründer des Berliner Kunsthandels" bezeichnet hat.[617] Nach einer Zeit als Privatsekretär Wilhelm von Humboldts ab 1819 endete Sachses Studentenzeit an der Berliner Universität jäh mit einer Verurteilung zu sechs Jahren Festungshaft wegen seiner Mitgliedschaft in einer geheimen polnischen Studentenvereinigung. Nach drei Jahren wurde er begnadigt und widmete sich der Lithographie, dem fortschrittlichsten Reproduktionsmedium der Zeit[618]. Sachse lernte in Berlin, Paris und sogar beim Erfinder dieser zukunftsweisenden Technik, bei Aloys Senefelder in München (1827). Er gab sich allerdings nicht mit der Gründung einer lithographischen Anstalt zufrieden, sondern faßte den Plan, „durch Austausch der besseren Kunstwerke lebender Meister aller Länder, wo die Kunst gepflegt wird, einen vergrößerten Kunstverkehr hervorzubringen", in der Absicht 'auf die Kunst selbst günstig einzuwirken', den 'Kreis der Ideen zu erweitern' und

---

616 Vgl. Lenman, Art Market 1989 zur zweiten Hälfte des Jahrhunderts; in München ist in der ersten Hälfte des Jahrhunderts der Handel ebenfalls noch wenig ausgebaut, vgl. Karl-Heinz Meissner, Der Handel mit Kunst in München 1500–1945, in: Walser, Kunsthandel München 1989, bes. S. 17–20; zum unterentwickelten Kunsthandel dort vgl. auch Langenstein, Münchner Kunstverein 1983, S. 46; grundsätzliche Überlegungen zur Vermarktung bei Drey, wirtschaftliche Grundlagen Malkunst 1910. Drey geht davon aus, daß zwar ein Kunstverlagshandel Ende des 18. Jhs. in Deutschland existierte, aber entsprechend dem Tiefstand der Malerei und der geringen Nachfrage kein Handel mit modernen Gemälden (S. 98).

617 Kern, Sachse 1934. Hier heißt es: „Einen eigentlichen Kunsthandel gab es ... in Berlin nicht vor den 30er Jahren des 19. Jahrhunderts." Kerns gründlich recherchierter Aufsatz ist bis heute der einzige wesentliche mir bekannte Beitrag zum Berliner Kunsthandel im Untersuchungszeitraum. Über Sachses Verbindungen zum Hof vgl. die Akte im GStAPK Berlin, 2.2.1., 19753; in der SBPK, Sammlung Darmstädter sind zahlreiche Briefe Sachses zu finden.

618 Senefelder erfand das Verfahren 1799, verbesserte es in der Folgezeit und publizierte 1818 sein „Vollständiges Lehrbuch der Steindruckerey".

'den Absatz für vaterländische Werke auszudehnen'.[619] Der Kunsthandel sollte also die Kunst nicht nur verbreiten, sondern − zumindest dem idealistischen Anspruch nach − die Produktion mitprägen. Sachse hat diesen Vorsatz bis zum Konkurs seiner Kunsthandlung 1875 mit großem Erfolg in die Tat umgesetzt. 1834 brachte er die ersten Aquarelle aus Paris nach Berlin. Bis 1838 hatte er im Gegenzug überwiegend preußische Kunstwerke von erheblichem Wert ins Ausland verkauft: für 18.732 Taler nach Rußland, für 12.500 Taler in die restlichen deutschen Staaten, für 8306 Taler nach Frankreich, Belgien und Holland und für etwa 2600 Taler nach England. Bedenkt man, daß auf den Berliner Kunstausstellungen dieser Zeit Ankäufe für etwa 20.000 Taler getätigt wurden[620], wird die erhebliche Bedeutung dieser Geschäftsverbindungen deutlich.

Nicht immer war eine Identität der Interessen des Kunsthändlers und der Berliner Künstlerschaft gegeben. 1838 wies die Ausstellungskommission der Akademie eine Reihe zu spät eingegangener Bilder aus Frankreich ab, obwohl sie Sachse 1835 aufgefordert hatte, möglichst wertvolle Kunstwerke des Auslandes beizusteuern.[621] Sachse hätte „nicht ein einziges historisches, nicht ein einziges unverkäufliches Bild zur Ausstellung gesandt", Händler hätten noch bis in die letzte Woche versucht, verspätet Bilder einzureichen, als sei die Ausstellung „ein öffentlicher Markt und der Kunsthandel ihr einziger Zweck".[622] Hier werden grundsätzliche Differenzen deutlich. Während sich die Akademie als Hüterin des guten Geschmacks und der hohen Kunst ansah, legten die Kunsthändler das Schwergewicht auf die Verkäuflichkeit der Werke. Doch Sachse förderte durchaus nicht nur das gängige Mittelmaß. 1835 z. B. unternahm er mit dem Landschaftsmaler Carl Blechen eine Reise nach Paris. Mit seiner genial-skizzenhaften Malweise, die immer weniger den Klischees des Publikums von der gängigen Landschaftsmalerei vom „sonnigen Süden" mit netter Staffage entsprach, eilte der Maler der Zeit voraus.[623]

In den Berliner Kunstblättern zeigten Berichterstatter von Zeit zu Zeit Gemäldeausstellungen der Kunsthandlungen an. Besonders hervorgehoben wird immer wieder die Sammlung Sachses, der eine reiche Auswahl von gefälligen Themen der Berliner und Düsseldorfer, aber auch französischer, flandrischer und englischer Künstler bereithielt und eine große Zahl von Aquarellen vorrätig hatte.[624] Die Zahl der Gemäldehandlungen blieb jedoch klein. Max Schasler verzeichnete 1856 neben Sachse noch Lepke als „sehr bedeutendes Lager und Ausstellungslokal von

---

619 Sachse in einem Brief vom 22. 11. 1838 an das Kultusministerium, in: GStAPK Berlin, Rep. 76 Ve, Sect. 17, Abt. X, Nr. 1, IV, Bl. 194−201.

620 1832: 20.585 Taler; 1834: 19.241; 1838: 26.338. Vgl. die vorhergehenden Bemerkungen zum Ausstellungswesen. Zu bedenken ist bei den Zahlen, daß Verkäufe von erheblichem Umfang schon vor Ausstellungsbeginn getätigt wurden.

621 Vgl. den bereits zitierten Beschwerdebrief Sachses, der den Vorgang ausführlich darstellt, hier: Bl. 194 R.

622 Stellungnahme der Kunstakademie zur Beschwerde Sachses ans Kultusministerium vom 14. 2. 1839, in: GSTAPK Berlin, Rep. 76 Ve, Sect. 17, Abt. X, Bd. V, Bl. 192−193.

623 Abdruck des stichwortartigen Reisetagebuchs bei Kern, Sachse 1934, S. 6f. Das „Museum" (5 (1837), S. 351) meldete folgendes: „In der Kunsthandlung des Hrn. L. Sachse, die, wie bekannt, durch den reichsten Wechsel an Werken der heutigen Kunst den Freunden derselben ein stets anhaltendes Interesse gewährt, sahen wir in der neueren Zeit mannigfach Gemälde von Blechen ausgestellt, die eine um so grössere Theilnahme erwecken mussten, als sie den Rest dessen ausmachen, was seit lange von diesem, in seiner Art so einzigen Meister gearbeitet ist, und die vielleicht die letzten Werke seiner Hand sein werden." Blechen starb nach längerer Krankheit 1840.

624 Das Central-Blatt der deutschen Kunstvereine 1 (1839) 1, 7f. nennt in einem Bericht über Gemälde in Kunsthandlungen außer Sachse noch Gropius, die Kunsthandlung Kuhr und Kupferstecher Lüderitz.

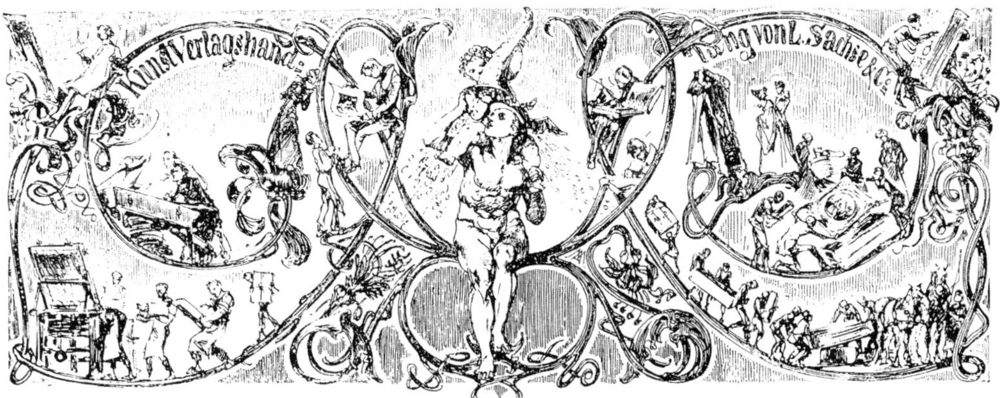

Abb. 24 Adolph Menzel, Langjährig gebrauchter Briefkopf für die Kunsthandlung Sachse. Federlithographie um 1838/39.

älteren und neueren Werken, namentlich der belgischen und französischen Schule", wo auch gute Kopien der deutschen Museen zu haben seien, schließlich Seemann als Händler mit 'modernen, meist kleineren Blättern.'[625]

In der Absatzkrise der vierziger Jahre kam es im Kunsthandel zu einem Entwicklungsschub. So eröffnete der Hofvergolder Kraus in Düsseldorf 1846, unterstützt von den Künstlern, eine „permanente Ausstellung". „Ein solches Institut ist bei der beträchtlichen Zahl hier ansäßiger Kunstfreunde und der großen Frequenz der von den Eisenbahnen und Dampfschiffen hierhergeführten Fremden ein um so fühlbareres Bedürfniß gewesen, als die Leistungen der doch oft und weithin genannten Düsseldorfer Malerschule, außer der kurzen Zeit der Ausstellung, nirgends unvollkommener gewürdigt werden konnten, als in Düsseldorf selbst."[626] 1848 kam die permanente Ausstellung der Buddeus'schen Buch- und Kunsthandlung (Eduard Schulte) dazu, der „gegen eine sehr mäßige Provision" die Vermittlung zwischen Käufer und Künstler übernahm: „Es ist dieses ungleich höher anzuschlagen, als man gemeinhin glaubt", kommentierte das Düsseldorfer Correspondenz-Blatt[627], „denn unter zehn Kauflustigen werden dem Künstler gegenüber neun die Frage nach dem Preise des Bildes, das ihnen ansteht, scheuen, weil möglicherweise die Forderung über ihre Erwartung oder ihre Kräfte gehen könnte und sie in diesem Falle sich genirt fühlen. Dem Kaufmanne gegenüber ist die Sache weniger delikat".

Es bot für die Düsseldorfer Künstler in der Krisenzeit der Revolution 1848/49 weitere Absatzchancen, daß der in Remscheid geborene Weinhändler Konsul Boker 1849 in New York die „Düsseldorf Gallery" eröffnete. Sobald Gemälde verkauft waren, forderte er aus der Stadt am Rhein neue Ausstellungsstücke an.[628] Die „Bilderemigration" nach Amerika bot immerhin eine

---

625 Schasler, Berlins Kunstschätze, 2. Abteilung 1856, S. 494 f.

626 Correspondenz-Blatt des Kunstvereins für die Rheinlande und Westphalen 2 (1846), S. 15. In den dreißiger Jahren tritt bereits ein Düsseldorfer Kunsthändler als Vermittler in Erscheinung, Carl M.A. Schaeffer (Nationalgalerie Berlin, Briefsammlung Wagener, 20. 2. 1837 Angebot eines Bildes von Rethel, 27. 11. 1837 Angebot eines Scheuren).

627 4 (1848), S. 16 f.

628 Stehle, Düsseldorf Gallery of New York 1974. Johann Gottfried Böcker, anglisiert John Godfrey Boker, betrieb die Galerie selbst bis 1857, die Nachfolger favorisierten nicht mehr die Düsseldorfer Malerei.

Absatzchance auf einem Markt, der von europäischen Konjunkturschwankungen unabhängig war und den die Kunstkritik schon wegen der Entfernung weniger beeinflußte.

Auch Louis Friedrich Sachse weitete seinen Kunsthandel 1853 zur permanenten Ausstellung – dem „Sachseschen Kunstsalon" – aus, durch den in den folgenden 12 Jahren über 4000 Gemälde von 1200 Künstlern wanderten.[629]

Neben wenigen Gemäldehandlungen gab es in der ersten Jahrhunderthälfte eine größere Zahl von lithographischen Anstalten und Kupferstechern, die christliche und monarchische Devotionalien wie z. B. „Friedrich Wilhelm III. auf dem Sterbebette, umgeben von sämmtlichen Mitgliedern der Königlichen Familie" zu sehr mäßigen Preisen – das genannte Blatt kostete z. B. ¾ Reichstaler -bereithielten. Die Themenpalette reichte von Bildern bekannter Persönlichkeiten über Landschaften bis zu rührseligen Genreszenen („Die gut bewachte Tochter", „Liebe Mama!"...) bis hin zu vereinzelten Vorstößen in die Historie.[630] Diese oft mit dem Buchhandel verknüpften Kunsthandlungen waren für die Prägung des Massengeschmacks von Bedeutung. Drucke wurden nicht nur in Läden angeboten, sondern gelangten auch durch Hausierer zu den Kunden.[631]

1843 erschien im Allgemeinen Organ für die Interessen des Kunsthandels ein satirisches Gespräch zwischen einem Künstler und einem Kunsthändler[632], der folgendes verlauten läßt: „In unserer Zeit muß ein Kunsthändler ein wohlassortirtes Lager für alle Stände beiderlei Geschlechts haben. In dem einen Fach finden Sie Kopien nach Raphael, die sixtinische Madonna, die drei Grazien; dicht daneben habe ich die neuesten Uniformen des Reserve-Regiments; in dem einen finden Sie Madonnen und Christusköpfe nach Carlo Dolce, Guido Reni, Murillo; in dem andern Manoeuvres-Pläne, Berliner Witze und französische Caricaturen." In dem Laden erscheint ein Künstler mit einer „Apotheose der Kunst". Er erhält die Antwort: „Malen sie Jagdrennen, malen Sie Eisenbahnzüge mit dampfenden Lokomotiven, malen Sie die märkische Schweiz [...] bedenken Sie: der Erste ist vor der Thür, die Miethe muß bezahlt werden. Der Winter scheint kalt zu werden; die Begeisterung erfriert, wenn Sie keine warme Stube haben; die Fingerspitzen sind kalt und können die Pallette nicht halten. Ihr Magen ist leer und drückt die Schwingen der Seele nieder – und mir geht es ebenso. Mein glänzendes Lokal ist in der frequentesten Gegend der Stadt und kostet mir bedeutende Opfer." So lautet der Vorschlag: Fügen sie sich in die Launen der Zeit „und ich bestelle ein mächtiges Bild bei Ihnen." Der Künstler beschließt am Tag daran zu arbeiten und Nachts seinen Träumen von der Würde der Kunst nachzuhängen. Wieviel historische Wahrheit steckt in diesem Bild? Sicherlich waren die Künstler gezwungen, eine Marktprognose anzustellen. Was sich nicht verkaufte, auf den Ausstellungen hängenblieb, mußte zur Selbstkorrektur führen, wenn nicht die Existenz gefährdet werden sollte. Die Maler waren jedoch überwiegend ihre eigenen Kunsthändler, die die Bedenken eher im Selbstgespräch zu klären hatten. Durch die Kunden im Atelier, Briefwechsel und

---

629 Kern, Sachse 1934, S. 7.

630 Die jährlichen Neuerscheinungen sind verzeichnet in: Allgemeines Organ für die Interessen des Kunsthandels, die Themen sind hier entnommen 1: (1841), S. 198–200, 202–204, 207 f. 1841 sind 15 Berliner (hier auch wieder Sachse) und 2 Düsseldorfer (Buddeus und Bötticherschen Buchhandlung) Anbieter vertreten. Einen Überblick über Blätter dieser Art bietet die Grafiksammlung des Märkischen Museums Berlin. Ein Teil ist nach den Verlagen sortiert, so daß hier z. B. auch die Produktion Sachses für die niederen Ansprüche deutlich wird.

631 Schenda, Bilderhändler 1984.

632 Gespräch Künstler – Kunsthändler 1843, S. 85 f.

Rückmeldungen der in anderen Städten für sie tätigen Künstler und Kunstvereine bekamen sie die Informationen über den Geschmack der Kunden. Der Kunsthandel setzt bereits eine gewisse Unüberschaubarkeit des Marktes voraus, der Vermittler nötig macht. In der zweiten Jahrhunderthälfte stieg die Produktion ebenso wie die Käuferzahl erheblich an, und die Trivialkunst begann sich stärker von der hohen Kunst abzulösen. Unter diesen Bedingungen konnte sich auch der Kunsthandel ausweiten.

b) Preisbildung

Spätestens bei der Festsetzung der Preise mußte den Rezipienten klar werden, daß es sich bei Kunstwerken nicht nur um geniale Schöpfungen von ideellem Wert, sondern auch um Waren handelte, die ihren – wenn auch manchmal schwer zu ermittelnden – Preis hatten. War die „Kennerschaft" mit dem Einsatz von Zeit ohne großen finanziellen Aufwand erreichbar, so forderte der gelegentliche Kunstkauf bereits einen gewissen Wohlstand, der Aufbau einer Sammlung ein erhebliches Vermögen. „Es sind [...] nur wenige Personen im Stande, sich die mit größerer Kunstfertigkeit gearbeiteten und die theureren Gegenstände des Luxus anzuschaffen, noch weniger aber Gemälde, Bildhauerarbeiten, Kupferstiche und dergleichen und dann: wählen sie immer solche, welche ohne große Kosten zu erlangen sind." Dies stellte der Vorsitzende des Kunstvereins für Schlesien 1832 in Breslau fest.[633] Zumindest der Bilderbesitz war an einen recht hohen sozialen Status gebunden und – wie im folgenden Abschnitt deutlich werden wird – ein Mittel zur sozialen Distinktion. Bei aller Demokratisierungsrhetorik blieb die Kunst durch ihren Preis an die begüterten Schichten gebunden.

Trotz der Schwankungen je nach Größe, Gattung und Künstler soll hier zur Veranschaulichung ein Durchschnittspreis angegeben werden: Ein Gemälde kostete auf der Berliner Ausstellung in den dreißiger Jahren durchschnittlich 240 Reichstaler[634] Von einer solchen Summe konnte eine fünfköpfige Handwerkerfamilie ein Jahr lang leben.[635] In bürgerlichen Kreisen konnte ein Bilderkauf schon ein bis zwei Monatseinkommen verschlingen.[636] Arbeitszeiten der Künstler für ein Bild von mehreren Monaten waren nicht selten, entsprechend teuer mußten die Werke ausfallen.

Die Preisfestlegung setzte Künstler und Kunden immer wieder in Verlegenheit. Eine Vielzahl von Faktoren mußte berücksichtigt werden: die Vorstudien, das Format des Bildes und die Anzahl der darauf abgebildeten Figuren, die bisher für ähnliche Werke erzielten Preise, das Renommee des Künstlers, aber auch das des Käufers, der mit dem Ankauf das Prestige eines

---

633 J.J.W. Ebers, Über die Bildung eines freien Kunstvereins für Schlesien, Breslau 1832, in: GStAPK Berlin, Rep. 76 Ve, Sekt. 8, Abt. IV, Nr. 1, Bl. 9–26, hier: 8.

634 Diese Zahl ergibt sich aus der Auswertung der Liste der Verkäufe aus den Ausstellungen der Kunstakademie Berlin 1832 (in: Museum 1 (1833), S. 7f.), 1834 (ebd. 2 (1834), S. 427f.) und 1838 (in: Centralblatt der deutschen Kunstvereine 1 (1839) 1, S. 3–6).

635 Saalfeld, Handwerkereinkommen bis Mitte 19. Jh. 1970, S. 78 gibt das Existenzminimum in Städten mit hohem Preisniveau mit 200 Talern an.

636 Um einen Vergleichsmaßstab zu geben, seien hier Beamtengehälter um 1850 (nach: Statist. Jahrbuch f. d. preuß. Staat 10 (1912), S. 678f.) in Talern angeführt: Unterbeamte wie Botenmeister, Kastellane, Kanzleidiener: 240–450; Kanzleisekretäre: 400–800; Registratoren, Rendanten, Kanzleidirektoren: 500–1500; Vortragende Räte: 2000–3000; Ministerialdirektoren und Unterstaatssekretäre: 4000, Minister: 10.000.

Malers erhöhen konnte. Da manche Werke erst nach Fertigstellung bezahlt wurden – zum Teil ohne Bestellung entstanden – und der Maler nicht immer einen Vorschuß erhielt, konnte eine aktuelle Notlage zu finanziellem Entgegenkommen zwingen.[637]

Die „Schwierigkeit, den pecuniären Werth der Erzeugnisse der bildenden Künste zu bestimmen", wollte Kultusminister Ladenberg 1850 mit einem Wettbewerb beseitigen. In der Revolutionszeit war der Ruf nach einer systematischen staatlichen Kunstförderung laut geworden. Ladenberg schrieb 1850 im preußischen Staatsanzeiger eine Preisaufgabe zur Frage aus, wie hoch in früheren Kunstepochen vor allem Werke von monumentalem Charakter bezahlt worden seien, für die sich allerdings kein Bearbeiter fand. Die Nationalzeitung gab dazu einen interessanten Kommentar: „Der Minister [...] will die schönen Künste befördern. Aber er muß zuvor einen Maßstab haben, um danach den Werth künstlerischer Schöpfungen genau abschätzen zu können. Demnach fragt sich: ist ein Künstler so viel werth, wie ein Kalkulator oder wie ein Registrator, oder gar wie ein Kanzleirath". Würde die Frage gelöst, dann sei es möglich, „eine amtlich approbirte Kunsttaxe zu entwerfen ähnlich wie unsere Medizinaltaxe".[638] Diese Formulierung zeigt die Unsicherheit in der Einschätzung des Künstlerstatus, die auch aus der Undurchschaubarkeit der Preisbildung und der tatsächlich erzielten Künstlereinkommen resultierte.

Die preußischen Könige behalfen sich bei der Preisbildung mit Gutachten, die im Staatsdienst tätige Künstler über die Arbeiten anderer Maler abgeben sollten. Für Friedrich Wilhelm III. waren in vielen Fällen der Architekt und Maler Karl Friedrich Schinkel, der Maler Wilhelm Wach und der Kunstgelehrte Aloys Hirt als Experten tätig, die oft nicht nur über den Preis, sondern auch über den Kunstwert eines Bildes ihr Urteil abzugeben hatten. Aus den zahlreichen Stellungnahmen dieser Art sollen hier zwei gegensätzliche Beispiele zur Veranschaulichung herausgegriffen werden:

Als der Maler und Restaurator Antonio Schrader dem König 1837 ungefragt die Darstellung eines russischen Wirtshauses anbot, gab Schinkel folgendes Gutachten ab: „Das Bild ist eines von denen welche für andere Personen und auch an sich weit weniger Werth haben als für den Autor selbst, welcher seine Zeit und seine Existenz während der Arbeit als einen festen Anhaltspunkt für die Abschätzung des Bildes ansieht." Der geforderte Preis von 80 Friedrichsdor [453 Taler] sei in dieser Beziehung angemessen und „der Verfertiger dabei nicht gerade üppig zu leben im Stande". Schinkel bemängelte jedoch „die geistlose Auffassung, den Mangel an Humor, die schwache Zeichnung, das Langweilige der Beleuchtung". Das Bild entbehre aller Werte, die ein gutes Genrebild ausmachten und so empfinde man Schmerz, „daß Seine Majestät gezwungen sein soll dergleichen Kunstwerke anzunehmen und bedeutende Summen dafür auszugeben, welche talentvolleren [...] Künstlern natürlich entzogen werden". Er empfahl den Preis „mit einiger Härte" zu ermäßigen, um klarzumachen, daß die Summe als ein Almosen zu betrachten sei, das gewisse Grenzen nicht übersteigen dürfe. Ein Ankauf wurde daraufhin abgelehnt.[639]

---

637 Eine Taxation sei anmaßend, stellte der Berliner Akademierektor Friedrich Georg Weitsch in einem Preisgutachten für Friedrich Wilhelm III. vom 26. 4. 1816 fest; die Preisbildung hänge vom Künstler selbst ab, „auch von der reputation seiner anerkanten Kunstfähigkeit, oder ob er nur der Mode seines Zeitalters angehört, auch an welchem Ort er lebt, wo ihm seine Arbeit schon selbst zu viel zu stehn komt [sic]"; Quelle im GStAPK Berlin, 2.2.1., Nr. 19827, Bl. 19.

638 Ladenbergs Brief an den preußischen Staatsanzeiger (8.1.1850), in: GStAPK Berlin, 76 Ve, Sect. I, Abt. XV, Nr. 151, Bl. 1f. Stichtag für die Einreichung ist der 31. 12. 1850; der Artikel der Nationalzeitung vom 28.1. 1850 ebd. in Abschrift.

639 GStAPK Berlin, 2.2.1., Nr. 19755, Bl. 74; Gutachten vom 2.4.1837.

Ganz anders verfuhr der König mit Wilhelm Hensel, der nach fünfjährigem Aufenthalt in Rom 1829 eine Kopie der Transfiguration Raffaels und das Ölbild einer Samariterin am Brunnen mit nach Hause brachte. Er honorierte auf Anraten des Kultusministers diese extrem aufwendigen Arbeiten mit einer Entlohnung von 600 Friedrichsdor [3396 Taler] und einem jährlichen Hofmalergehalt von 400 Talern. In die Preisbildung ging dabei ein, daß Hensel verschuldet zurückkehrte, eine Stelle an der Kunstakademie nicht frei war und seine Ansiedlung in Berlin wünschenswert erschien.[640]

Einen so hohen Preis zahlte selbst die königliche Kasse selten. Einen gewissen Einblick in die Preisbildung bieten die in den Kunstblättern abgedruckten Verkaufsergebnisse der Berliner Ausstellungen von 1832, 1834 und 1838. Faßt man alle drei Jahre zusammen, so ergibt sich ein Durchschnittspreis von 242 Talern pro Werk. Die weitere Differenzierung nach Kunden zeigt ein markantes soziales Gefälle auf: der Hof zahlte im Durchschnitt 343, die Kunstvereine 203 und die Privatpersonen 146 Taler. Während der König bereit war, für anspruchsvolle Werke 800 Taler auszugeben[641], so ging der Verein der Kunstfreunde im preußischen Staate über 600 nicht hinaus[642], bei Privatpersonen lag die nur einmal überschrittene Grenze bei 400 Talern.

Während die erwähnten Statistiken von der Berliner Ausstellung über alle Käufer Aussagen zulassen, bieten die Kassenberichte der Kunstvereine einen statistischen Längsschnitt. Hier wird — trotz erheblicher Schwankungen nach Jahrgängen — ein Durchschnittspreis von 200 Talern bestätigt, zugleich zeigt sich aber auch, daß die Vereine in Ausnahmefällen bereit waren, bis zu 1000 Taler für ein Einzelwerk auszugeben.

In vielen Fällen trat ein Künstler in Preisverhandlungen ein, bevor er sich an die Arbeit machte. Julius Bendemann hatte 1832 mit dem Gemälde „Die trauernden Juden im Exil" so großen Erfolg, daß der Kronprinz bei ihm ein Bild bestellen wollte. Der Maler bot eine Kopie — wie sie zu dieser Zeit durchaus üblich war — für 700 Taler an. Das entsprach dem Preis für das bereits fertiggestellte Monumentalformat von 183 × 280 cm. Für 1400 Taler wollte er ein neues Bild mit lebensgroßen Figuren malen, bei nur anderthalb Fuß großen Figuren den Preis auf 500 Taler ermäßigen.[643]

„Hier gilt keine Regel, kein Beispiel [—] der Zufall welcher den Liebhaber herbey führt entscheidet", klagte Eduard Steinbrück über die Preisbildung.[644] Im Januar 1836 schrieb er Konsul Wagener nach Berlin über einen grundsätzlichen Beschluß der Düsseldorfer Künstler, in

---

640 Altensteins Brief vom 20.1.1829 in: GStAPK Berlin, 2.2.1. Nr. 19623, Bl. 15—16R, die Personalakte gibt Aufschluß über die staatliche Förderung und ständige Geldsorgen Hensels: GStAPK Berlin, 2.2.1. Nr. 19623. Zum Maler: Neue dt. Biographie, Bd. 8; Lowenthal-Hensel, Preußische Bildnisse von Hensel 1981. Die Autorin bereitet eine weitere Publikation vor.

641 1832 z. B. für Herbigs Bild „Die drei Grazien" und Steinbrücks „Maria mit dem Kinde".

642 1832 für Hübners „Simson" und Daeges „Erfindung der Malerei", 1838 für Otto Völkers „Garda-See bei Desenzano".

643 Brief Wilhelm Schadows an Kultusminister Altenstein vom 27.10.1832, GStAPK Berlin, Rep. 92, Altenstein, B, Nr. 34, Bl. 41. Das Bild der Trauernden Juden in: AK Düsseldorfer Malerschule, Nr. 25. Preis in: Kassenbericht Verhandlungen des Kunstvereins für die Rheinlande und Westphalen 1832, S. 34; das Bild für den Kronprinzen „Jeremias auf den Trümmern von Jerusalem" 1835 Kriegsverlust) in: Friedrich Schaarschmidt, Zur Geschichte der Düsseldorfer Kunst, Düsseldorf 1902, S. 79.

644 Brief an Konsul Wagener vom 28. 10. 1836, Nationalgalerie Berlin (O), Künstler-Briefe I, Bl. 122. Hier heißt es zur Begründung: „Was soll man dazu sagen wenn Stilke für seine Jungfrau von Orleans (eine halbe Figur) 150 Luisd'or [849 Taler] bekommt, da er vor zwei Jahren von Radzynsky für sein großes Bild (die Kreuzfahrer) 50 Thaler weniger erhalten hat, oder daß Lessing, bey welchem der Name freilich

Zukunft mehr zu fordern. „Glauben Sie nicht [...], daß bey den bisher bestandenen Preisen ein Künstler mit Familie, nur einigermaßen anständig bestehen konnte.“[645] Je größer das Format, desto ungünstiger der Preis für den Maler. Wilhelm Schadow klärte den Sammler Wagener als Vermittler in einem Streitfall darüber auf, „daß große Bilder im Verhältnis geringer als kleine bezahlt werden, weil das Publicum, welches dergleichen verlangt, noch viel kleiner ist.“[646]

Von der Problematik, den tatsächlichen Verdienst der Künstler festzustellen, soll später noch die Rede sein. Grundsätzlich läßt sich aus den Preisbildungsmechanismen folgendes ableiten: War mit großen Gemälde mehr Ehre zu gewinnen, so bot die Arbeit an kleineren Bildern mehr finanzielle Sicherheit. Hier konnte man ohne großes Risiko parallel an mehreren Stücken arbeiten, während das Monumentalformat nicht nur langen Einsatz forderte, sondern oft auch eine finanzielle Durststrecke mit sich brachte. So trugen auch die Bilderpreise dazu bei, die künstlerische Produktion zu regulieren.

<h2 style="text-align:center">c) Sammler</h2>

Zwar war für wenige Taler eine Reproduktion zu haben und Zeichnungen, Pastelle und Aquarelle in der Regel auch für die Mittelschicht erschwinglich, wer jedoch Ölgemälde in größerer Zahl zusammentrug, der brauchte finanzielle Reserven. Die private Lebenswelt wurde durch Kunstwerke gehoben, in der eigenen verklärenden Sicht der Geist wie das Leben versöhnt – wie Franz Kugler 1830 dichtete[647] –, doch war die Motivation für den Kunsterwerb nicht nur von der reinen Liebe zum Schönen bestimmt. Der Kunstbesitz bot Möglichkeiten, das gesellschaftliche Prestige zu steigern: Portraits trugen das Selbstverständnis nach außen, eine gediegene Sammlung bewies Kennerschaft und Wohlstand, Muße und Geschmack. Abstufungen waren möglich. Vom Regelfall der Ausstattung der eigenen Wohnräumen mit einigen Glanzstücken reichte die Palette bis zum Bau eigener Gemäldegalerien, die mit den königlichen Sammlungen konkurrierten.

Schon im 18. Jahrhundert gab es in Berlin zahlreiche Sammlungen. Friedrich Nicolai führt in seiner Stadtbeschreibung 1786 vierzig „Privatpersonen“ mit Kunstbesitz an, von denen sich zehn auf Kupferstiche beschränkten.[648] Etwa die Hälfte davon waren Hof- und Staatsbeamte, eine starke Gruppe stellten die Bankiers und Kaufleute (8) und die Künstler (5). Der Besitz von Gemälden einheimischer Maler blieb aber die Ausnahme, und die meisten Sammler konzentrier-

---

mitwiegt, 300 Thaler für die kleine Landschaft (den See mit den Fischreihern) von dortigem Kunst-Verein bekommen woran er nicht länger als 10–11 Tage gemalt hat.“

645 Brief vom 17.1.1836, ebd., Bl. 89.

646 Brief vom 25. 10. 1836, ebd., Bl. 118/19. Baptist Sonderland hatte nach Absprache mit Schadow den Preis für ein Genrebild („Fähre“) mit 100 Friedrichsdor [566 Taler] beziffert (12.10., Bl. 116f.), ein „Preis der in solchen Maaßen die Grenzen der Billigkeit überschreitet, daß ich dafür kaum Ausdrücke haben will“, schrieb Wagener zurück (18.10., Bl. 117). Da nutzte auch nicht der Verweis des Malers, vom Verkauf des Bildes hänge seine ganze Existenz ab, da er mit seiner Hände Arbeit die Familie ernähren müsse.“ (15. 9.1836, ebd., Bl. 128) Wagener lehnte das Bild ab, das für 80 Friedrichsdor an den Düsseldorfer Kunstverein ging.

647 Kugler, Skizzenbuch 1830, Gedicht „Welt und Kunst“ über den Kampf des Neuen mit dem Alten. Es endet: „Wir müssen solchem Schmerz Gestalt gewinnen/ Zum Wort verklären unsres Busens Klage, – /Die Kunst versöhnt den Geist, versöhnt das Leben.“

648 Nicolai, Beschreibung Berlins und Potsdams 1786, S. 833–49 mit Beschreibung der Sammlungen.

ten sich auf ältere Kunstwerke, deren Ankauf der lebenden Generation nicht mehr nutzen konnte.[649]

Max Schaslers akribisches Verzeichnis der Berliner Kunstschätze[650] von 1856 zeigt die deutlichen Verschiebungen im Kunstbetrieb an. Die Zahl der Privatsammler hat sich nicht nur auf 94 erhöht, sondern auch die zeitgenössische Kunst das Hauptgewicht gewonnen. Sie ist in 76 Sammlungen vertreten, von denen einige auch ältere Stücke enthalten. Der Umfang konnte sich auf wenige Gemälde beschränken, aber auch bis zu 250 Kunstwerken reichen.[651]

Schon was über die Bilderpreise gesagt wurde, dürfte klarmachen, daß beim Sammeln eine vornehme Gesellschaft unter sich blieb. Dies bestätigt auch die soziale Klassifizierung der Sammler zeitgenössischer Kunst nach ihren Berufen: 67 % (49) gehörten der Oberschicht an, darunter sechs Mitglieder des Hochadels, eine starke Gruppe des Wirtschaftsbürgertums (5 Kommerzienräte, 7 Bankiers), viele Rentiers (8) waren darunter, eine größere Gruppe von höheren Verwaltungsbeamten wie Gerichts-, Stadt- und Sanitätsräten (11), Doktoren und Professoren (8). Die obere Mittelschicht war mit 14 % (10) schon deutlich geringer vertreten. Hier wurden wegen der ungenauen Berufsbezeichnung auch sechs Kaufleute eingeordnet, die zum Teil sicher der Oberschicht zuzurechnen wären. Kunstsammler aus der unteren Mittelschicht (17 %, 12) haben in der Regel eine berufliche Affinität zur Kunst, wie ein Hofjuvelier und ein Organist, acht sind selbst Künstler.[652]

Dieser statistische Befund besagt noch nicht, daß Kunstbesitz in den andern Gesellschaftsgruppen völlig unüblich war. Er wird sich aber auf kleinere Werke, zum Teil in anspruchsloseren Techniken, auf Portraits der eigenen Familie und einzelne, im Wohnraum besonders hervorgehobene Stücke beschränkt haben. Bilder von biedermeierlichen Interieurs lassen auch Schlüsse auf die Verbreitung von Kunstwerken zu. In der Oberschicht konnten großformatige Ölgemälde

---

649 Über die Sammler 1670–1870 vgl. Rave, Berliner Sammler 1959. Vgl. auch Calov, Museen und Sammler 1969, S. 45–47.

650 Schasler, Berlins Kunstschätze II 1856, S. 284–452 bietet einen ausgezeichneten Überblick über den Gemäldebesitz in Berlin. Schasler verzeichnet die Bestände der einzelnen Sammlungen zum Teil vollständig, zum Teil hebt er nur die für ihn bemerkenswerten Stücke hervor oder macht eine summarische Angabe wie „Zahlreiche Sammlung neuerer Gemälde verschiedener Schulen." Vgl. auch den knappen Überblick Schaslers, berliner Privatgallerien 1870.

651 Über 100: Bildergalerie Raczynski (122), Bildergalerie Wagener (248), Bildergalerie Ravené (124); Privatsammlungen: Rentier Bendemann (102), Stadtgerichtsrat Naumann (114), Ehepaar Parthey (153), Graf v. Redern (126), Rentier Wittich (112); Durchschnittliche 61 Bilder in nichtöffentlichen Privatsammlungen, bei denen Schasler Zahlen nennt.

652 Die Analyse im Detail: *Oberschicht*: 1 Prinz, 1 Baron, 2 Grafen; 1 Konsul; 1 Major, 1 General-Lieutenant; 5 Kommerzienräte, 7 Bankiers, 8 Rentiers, 1 Obertribunalrat, 1 Kammergerichtsrat, 1 Stadtgerichtsrat, 1 Kammergerichtsassesor, 1 Assesor, 1 Rechtsanwalt; 1 Oberregierungsrat, 1 Bergrat, 1 Stadtrat; 1 Sanitätsrat, 1 Medizinalrat; 8 Doktoren, 1 Professor, 1 Generalpost-Direktor (Summe: 49; 67 %); *obere Mittelschicht*: 6 Kaufleute, 1 Hofagent, 1 Ballettmeister, 1 Oberhofbuchdrucker (Summe: 10, 14 %); *untere Mittelschicht*: 8 Künstler, 1 Organist, 1 Hofjuvelier, 1 Redacteur, 1 Zimmermeister (Summe: 12, 17 %); *obere Unterschicht*: 1 Uhrmacher, *mittlere Unterschicht* 1 Frotteur. Klassifizierung der Berufe nach: Schüren, Soziale Mobilität 1989, S. 313–61. Kaufleute wurden abweichend nicht der unteren Mittelschicht zugerechnet, weil man sie wohl kaum als Krämer im Einzelhandel ansehen kann, nicht in jedem Fall aber als Mitglieder der Handelsbourgeoisie (Oberschicht), (vgl. Schüren S. 316, k); die Einordnung in die obere Mittelschicht wird hier als Kompromiß gewählt. Drei Sammler waren wegen fehlender Angaben nicht klassifizierbar.

die ganze Wand bedecken, während mit der sozialen Abstufung nach unten die Formate und die Dichte der Kunst in der „guten Stube" abnahm.[653]

Gelang es den Sammlern, durch ihr Ankaufsverhalten die Kunstproduktion zu regulieren? Überfliegt man die von Schasler gedruckten Listen der zusammengetragenen Werke, dann gewinnt man eher den Eindruck, daß sich die Wirkungen bestimmter Vorlieben einzelner Sammler neutralisierten. So finden sich in einer Sammlung oft alte und neue Werke; manche Kunstfreunde kauften auch ausländische Bilder − vor allem aus Frankreich, den Niederlanden und Belgien. Eine Vermischung von Düsseldorfer und Berliner Kunst erschien unproblematisch, Werke der Münchener Schule wurden ebenfalls erworben. In einzelnen Fällen sind ausgesuchte zeitgenössische Maler besonders stark vertreten. In der Sammlung Rentier Bendemanns z. B. waren Bilder seines in Düsseldorf berühmt gewordenen Sohns Eduard und seines Schwiegersohnes Julius Hübner zahlreich; die Bankiers Brose hatten allein 26 Gemälde des schon 1840 verstorbenen genialen Landschaftsmalers Carl Blechen zusammengetragen.[654]

Einzelne besonders wohlhabende Sammler konnten auf den Kunstbetrieb Einfluß nehmen. Von den beiden bedeutendsten soll hier die Rede sein[655]: von Graf Athanasius Raczynski und Konsul Wagener, dessen Sammlung später den Grundstock der preußischen Nationalgalerie bildete.

Der in Posen 1788 geborene Graf Athanasius Raczynski trat nach dem Sturz Napoleons und der Errichtung der russischen Herrschaft in Polen in den preußischen Staatsdienst ein. 1830−1834 war er als preußischer Geschäftsträger in Kopenhagen tätig, 1842−52 Gesandter in Lissabon und Madrid. Danach zog er sich ins Privatleben zurück. Von seiner ersten Italienreise 1820/21 brachte er Gemälde der Renaissance mit und beschloß kurz darauf, eine Galerie zusammenzutragen. Nach einer zweiten Italienreise 1828 rückten die zeitgenössischen Künstler stärker in sein Blickfeld. Raczynski begann, sich auch als Schriftsteller zu betätigen. 1836 erschien der erste Band seiner „Geschichte der neueren deutschen Kunst"[656], eine auf Kosten des Verfassers ungewöhnlich aufwendig gedruckte Prachtausgabe mit zahlreichen Stichen, Wilhelm Schadow gewidmet, zeittypisch in seinen Lobeshymnen auf die Düsseldorfer und für die Schule von propagandistischem Wert − trotz der Ignoranz der Fachgelehrten für das Werk. Die beiden Folgebände behandeln München und Berlin, die er wiederum berühmten zeitgenössischen Künstlern − Kaulbach und Schinkel − widmete.

Zunächst zeigte Raczynski seine Schätze im 1834 bezogenen Haus Unter den Linden 21, „in einem langen, hohen öden, vom oben her trübe beleuchteten Saal".[657] Die Sammlung enthielt,

---

653 Ohne diese Analyse systematisch durchzuführen, sei hier exemplarisch verwiesen auf: Geismeier, Biedermeier 1979, Abb. 80: Eduard Gärtner. Die Wohnung des Schlossermeisters Hauschild 1843, Märkisches Museum Berlin im Vergleich mit Abb. 208: Eduard Biermann, Salon der Prinzessin Elisabeth im Berliner Schloß, 1828, Staatliche Schlösser und Gärten Potsdam-Sanssouci.

654 Zu Bendemanns Sammlung: Schasler II 1856, S. 331−33; Zur Verteilung der Gemälde von Blechen in Berlin vgl. 346f.

655 Sammlungen des Frl. Mathilde von Waldenburg (Schasler II 1856, S. 431−33; 91 Stücke), testamentarisch 1848 der Kunstakademie Berlin vermacht und dort aufgestellt, und die erst ab Mitte der vierziger Jahre entstehende Sammlung Ravenés (Schasler II 1856, S. 310−14; 124 Werke) sind ebenfalls umfangreich und öffentlich zugänglich gewesen.

656 Hierzu: Börsch-Supan, Raczynski 1975.

657 Pietsch, Aus meinen Akademiker-Jahren 1896, S. 312 beschreibt den Eindruck, den Kaulbachs Hunnenschlacht auf ihn machte. Zur Galerie unter den Linden vgl. auch: Snyders, Raczynski's Gemäldegalerie 1844.

neben alten Italienern, Spaniern, Niederländern und altdeutschen Werken (insgesamt 51), eine Abteilung der „Cornelius-Overbeckschen Kunstrichtung" (11 Werke), eine vermischte Abteilung mit 33 Stücken überwiegend aus Düsseldorf und Berlin, sowie 29 französische, niederländische und polnische Bilder.[658] In seinen Notizen für eine Fortsetzung seiner Erinnerungen spricht Wilhelm Schadow von Raczynski als dem einzigen modernen Sammler, dessen Galerie doch noch etwas anderes als Genre- und Landschaftsbilder zeige. Er beschreibt im Alter in ungedruckten Notizen freimütig einen Besuch des „vornehmen Mäzens", der Cornelius, Schraudolph und Steinle lobt statt die Düsseldorfer und nichts kauft außer dem Bild eines Vogelnestes von Preyer. Das Resultat beim Akademiedirektor: „müde Beine, einen wüsten Kopf, viel Demütigung und nicht einen Pfennig Geld."[659]

Raczynski hatte durchaus vor, auf die Kunst seiner Zeit einzuwirken. Das Museum ist für ihn „Tempel des Geschmacks"[660] zur Bildung des Volkes, zur Stärkung seiner Sittlichkeit und Festigung des religiösen Sinns. Die konservativen Werte des Diplomaten der Restaurations-Periode bestimmten auch seine kulturpädagogischen Anliegen. Im Rahmen dieses Plans war es konsequent, daß er 1844–46 vor dem Brandenburger Tor eine neue öffentliche Galerie baute[661], in Eintracht mit Friedrich Wilhelm IV., der ihm den Baugrund vermachte und in einem Seitenflügel für Peter von Cornelius ein Atelier einrichten ließ (Abb. 25). Die Sammlung enthielt nicht nur Nazarener, sondern auch die vorbildhafte religiöse Kunst der Renaissance.[662] 1841 trat er vor den wissenschaftlichen Kunstverein, um über die Krise des Ausstellungswesens zu sprechen, empfahl eine Prüfungs-Kommission zur Ablehnung schlechter Bilder, sprach von der Verdüsterung des politischen Horizonts und dem Zurücktreten der „Interessen für die nur im tiefsten Frieden erblühende Kunst."[663] Dennoch fragt sich, ob er überhaupt eine Chance hatte, seine Ansichten auch zur Geltung zu bringen. Natürlich war es den Künstlern wichtig, in einer öffentlich zugänglichen Galerie vertreten zu sein. Doch mit nur 44 zeitgenössischen Ölgemälden des Inlands war Raczynski ein Mäzen, dessen Beitrag zur Finanzierung der modernen Kunst begrenzt blieb.

Eine weit größere Zahl von zeitgenössischen Bildern trug der Bankier Johann Heinrich Wilhelm Wagener (1782–1861) zusammen, der nach 1831 zum schwedisch-norwegischen Konsul ernannt wurde und sich ab diesem Zeitpunkt „Konsul Wagener" nennen konnte.[664] 262 Werke erwarb er von 1815–1859, die umfangreichste Privatsammlung zeitgenössischer Kunst in Preußen, die 1861 testamentarisch an den Staat fiel und den Grundstock der Nationalgalerie bildete.[665]

1815 hatte Wagener Karl Friedrich Schinkels Architekturvision eines gotischen Doms auf

---

658 Verzeichnis der Werke bei Schasler, Berliner Kunstschätze II 1856, S. 284–292. Zur Sammlung aus heutiger Sicht (mit Katalogteil): Kalinowski, Sammlung Raczynski 1992.

659 Schadow, Aus den Papieren 1911, S. 174. Ob die Szene über den Besuch des „Graf R." von Schadow erdacht wurde, bleibt unklar. Raczynskis nicht besonders zahlreiche Düsseldorfer Bilder stammen aus den dreißiger Jahren; vgl. Kalinowski, Sammlung Raczynski 1992.

660 Geschichte der neueren deutschen Kunst III 1841, S. 18.

661 Baubeschreibung und Abbildung in: Scheper (Hg.), Bauwerke und Kunstdenkmäler in Berlin, Bezirk Tiergarten 1955, S. 147–49; Kalinowski, Sammlung Raczynski 1992, S. 61–69.

662 Im Sinne eines schlüssigen Gesamtplans zur Beeinflussung der Künstler und der Gesellschaft durch eine neue Pinakothek interpretiert Ostrowska-Keblowska, Gallery Raczynski 1984 die Sammlung.

663 Raczynski, Kunst-Ausstellungen in Berlin 1841.

664 Zu Person und Sammlung: Keisch, (AK) Sammlung Wagener 1976; Rave, Sammlung Wagener 1950.

665 Zum Bestand: Kugler, Privatsammlung Wagener 1834; ders., Gemälde-Sammlung Wagener 1838; Bestandsverzeichnis 1856 bei Schasler II, S. 293–309; das letzte gesonderte Verzeichnis erschien 1873.

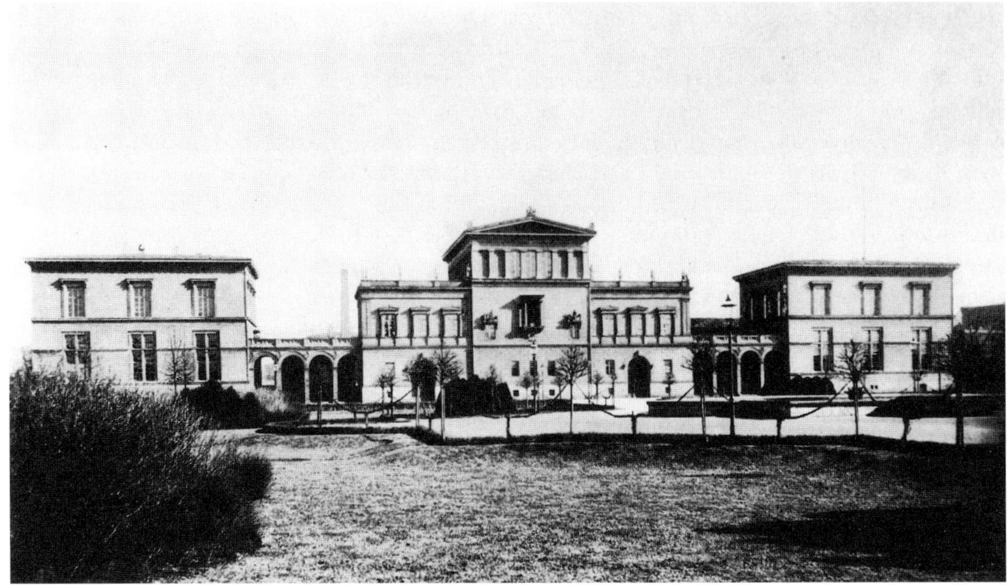

Abb. 25 Palais Raczynski am Berliner Königsplatz. Fotografie, 1882.

einem Felsen am Meer erworben[666] und konzentrierte sich zunächst auf die Berliner und Münchener Malerei. Der in Berlin gefeierte Aufstieg der Düsseldorfer veranlaßte ihn in den dreißiger Jahren zu zahlreichen Bestellungen, die mit dem Verblassen des Ruhms der Schadow-Schule in den vierziger Jahren sehr fühlbar zurückgingen. Wiederum auf der Höhe des Zeitgeschmacks erwarb der Konsul nun vor allem die als sensationell gefeierten Bilder der belgischen Maler. Der Sammler bevorzugte erzählende Bilder, wobei Historie (z. B. Alfred Rethel: „Der heilige Bonifacius fällt die Wodans-Eiche", 1831) und Genre (Eduard Magnus: „Rückkehr eines griechischen Piraten, von seiner Familie beim Landen empfangen", 1831) zu ihrem Recht kamen. Auch Landschaften sind zahlreich, Karl Friedrich Schinkel − zum Teil in Kopien von Ahlborn oder Bonte − mit immerhin elf Werken. Das Handwerklich-Gediegene, die fleißige Durchführung, Reichtum des Motivs, eine möglichst große Zahl von Figuren und Dingen waren Wagener wichtig, dessen Sammlung heutigen Maßstäben nicht mehr gerecht werden kann, doch den Zeitgeschmack gut repräsentiert. Die Nazarener lagen ihm ebenso fern wie Künstler außerhalb des gängigen Stroms, z. B. Carl Blechen oder Adolf Menzel, der Wiener Ferdinand Georg Waldmüller ist nur einmal[667], der Dresdener Caspar David Friedrich zweimal vertreten.[668]

Vor allem der ältere Teil der Sammlung war dem Publikum im Geschäftslokal Wageners zugänglich. Als er 1848 ein Gartenhaus vor den Toren der Stadt bezog, nahm er viele Neuerwerbungen der vierziger Jahre dorthin mit und entzog sie so der Öffentlichkeit.[669]

Dem Sammler war der Kontakt mit den Künstlern wichtig. Der umfangreiche Briefwechsel mit

666 Heute in der Nationalgalerie Berlin, Galerie der Romantik.
667 „Nach der Schule", 1841 [nach Schasler: 1836], heute in der Nationalgalerie, Galerie der Romantik.
668 Der einsame Baum (1822) und Mondaufgang am Meer (1822); beide Nationalgalerie, Galerie der Romantik.
669 1856 waren dies 44 von insgesamt 248 Bildern.

ihnen ist ab 1834 vollständig erhalten[670] und gibt einen guten Einblick in die Abwicklung der Aufträge und strukturelle Merkmale des Kunstbetriebs der Zeit.

Oft versuchte Wagener, sich vor der Fertigstellung Bilder zu sichern oder bekannten Malern Aufträge zu geben. „Leider sind die Häupter der hiesigen Schule mit Bestellungen von allen Seiten überhäuft, doch findet sich hier und da wohl Gelegenheit zu einer guten Acquisition von jüngeren auftauchenden Talenten oder von älteren, die sich vielleicht in augenblicklicher Verlegenheit befinden", schrieb Eduard Steinbrück aus Düsseldorf 1835 an den Berliner Sammler.[671] In den vierziger Jahren allerdings sah die Lage weit weniger rosig für die Künstler aus. Der Enthusiasmus für die Düsseldorfer hatte sich gelegt, auch Wagener bevorzugte andere Werke, und die Auftragspolster wurden bedenklich dünn.

Doch 1835 vertröstete Theodor Hildebrandt den Konsul „noch einige Jahre". Er sei restlos ausgebucht, nicht gewillt, flüchtiger zu malen, und bei Bestellungen könne man überhaupt nicht streng nach der Reihenfolge verfahren, „denn oft interessirt den Künstler gerade ein Gegenstand, der für den Geschmack des Bestellers, welcher in der Reihe folgen müßte, nicht paßt."[672] Diese Wartezeit war natürlich keinesfalls im Interesse eines Sammlers. Die „Manier" des Künstlers konnte sich verändern, die eigene Begeisterung erkalten. Konflikte waren vorprogrammiert. „Denken Sie sich nur lebhaft in die Stelle eines Künstlers", schrieb Steinbrück 1840 an Wagener.[673] „Das halbfertige Bild oder fertige Bild findet einen enthusiastischen Liebhaber; er ist bereit einen höheren Preis zu zahlen, als der Künstler erwarten durfte; dieser darf nur ja! sagen und er ist jeder Sorge quitt; und weiß sein Bild dabey in Händen die es jedenfalls zu schätzen wissen; nun denkt er zwar an den entfernten Besteller, aber weiß er denn schon gewiß ob diesem das Bild eben so wohl gefallen wird, ob er den Preis nicht zu hoch finde. [...] Ein Anderes ist es wohl wenn die Bestellung nach einer [Skizze] gemacht ist und dennoch welche Unsicherheit [...] tritt hier in dem ein was da Rechtens ist! -So kann ich z. B. versichern, daß Ehrhardt wie Heubel [...] nach bester Überzeugung an ihren Bildern für Sie [gemalt] hatten, Sie fühlten sich dem ungeachtet nicht verpflichtet die Bilder anzunehmen, obgleich Sie auf der anderen Seite es beiden streng verdacht hätten − und mit Recht − wenn sie ihre Bilder von der Staffeley an einen durchreisenden Liebhaber verkauft hätten ohne sie Ihnen vorher einzusenden oder Sie zu fragen. − In einem solchen Falle wäre ... einzig der Künstler gebunden, der Besteller aber dürfte nach seinem alleinigen Urtheil nur verfahren? − Der einzige Vortheil, den eine Bestellung hat, nämlich die Sicherheit, wäre damit aufgehoben, somit jede Bestellung nur ein Zwang für den Künstler".

Die Bestellung − ohne genauere Anschauung des Werks unter einem gewissen Druck − war freilich für den Sammler auch nicht angenehm. 1836 sandte Steinbrück drei Landschaftsstudien junger Talente (Abb. 26), stellte die Maler vor und empfahl Rudolf Normanns Schweizerlandschaft (unten auf dem Blatt) mit den Worten „es sollte mir leid thun, wenn das Bild Ihnen entginge."[674]

Als Wagener − im Auftrag des Hamburger Senators Jenisch − von einem Kauf zurücktrat,

670 Archiv der Nationalgalerie, Sammlung Wagener, im folgenden abgekürzt zit.: Wagener-Briefe. Die in 4 Bänden abgehefteten Briefe umfassen den Zeitraum von 1834−1859; dazu eine Mappe mit losen Briefen.

671 Wagener-Briefe I, Bl. 68/69, 21. 10. 1835.

672 Wagener-Briefe I, Bl. 46f., 4.1.1835.

673 Wagener-Briefe II, 11. 3. 1840.

674 Wagener-Briefe I, Bl. 88f.; 17. 1. 1836.

144

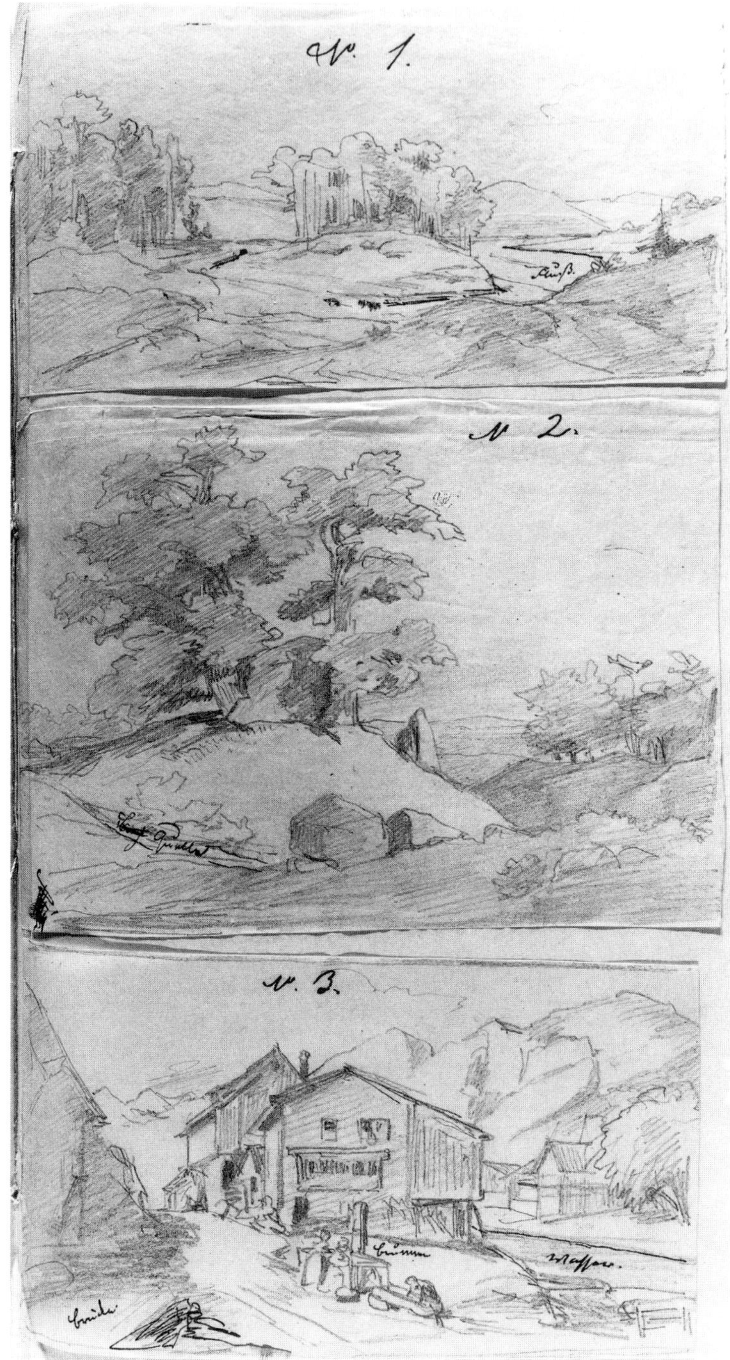

Abb. 26 Eduard Steinbrück, Drei Skizzen von Landschaftsbildern Düsseldorfer Maler für Konsul Wagener.
Bleistift und Tusche, 1836.

reagierte der Düsseldorfer Maler Julius Hübner außerordentlich giftig – im Bewußtsein „die Rechte aller Künstler zu vertreten, da Gottes Gnade, nicht meine Verdienste, mich hinreichend unabhängig gestellt haben, Ihre und seine [Jenischs] Aufträge, wenn gleich ich dieselben gern als ehrenvoll anerkenne, dennoch entbehren zu können." Es ging – wie so oft – um den Kaufpreis. Wagener war der Überzeugung, die Preise seien durch die Konkurrenz der Kunstvereine ins Abnorme gesteigert worden, wahre Kunstwerke würden immer seltener und die „Künstler in ihren Forderungen immer überspannter".[675] Ironisch wandte sich Hübner an den Sammler: „Was Ihre wiederholte gütige Erinnerung einer größeren Arbeit für Sie betrifft, so bin ich Ihnen sehr dafür verbunden". Er fürchte aber „daß, was ich auszuführen beabsichtige, für Sie zu theuer wird, da mir leider beim Beginn des Bildes weniger der ohngefähre Preis, als das Bild selbst vor Augen steht."[676] Wagener sah sich schonungslos und schmachvoll beleidigt, fühlte die höheren Begriffe der Achtung und Freundschaft mit Füßen getreten.[677] In einem Gespräch kam es zur Versöhnung mit dem bekannten Düsseldorfer Maler.

Doch bei niedrigerer sozialer Stellung des Künstlers verschoben sich die Gewichte zugunsten des Sammlers. Als der junge Künstler Baptist Sonderland den Preis einer „rheinischen Fähre" mit 100 Friedrichsdor ansetzte [566 Taler], da antwortete Wagener: „Ein Preis der in solchen Maaßen die Grenzen der Billigkeit überschreitet, daß ich dafür kaum Ausdrücke haben will."[678] Da halfen alle Vermittlungsversuche nicht. Ein Preisgutachten Wilhelm Schadows, der 450 Taler angemessen fand[679], blieb ebenso erfolglos wie der Hinweis des Malers, von dem Verkauf des Bildes hänge seine ganze Existenz ab, er müsse mit seiner Hände Arbeit seine Familie ernähren und die Preisankündigung Steinbrücks [200 Taler] sei nur provisorisch gewesen.[680] Der Düsseldorfer Rudolph Jordan ging sogar so weit, einen Brief an Wagener mit „Armer Maler" zu unterzeichnen, als er sich durch eine Vorschußzahlung von dem „Zustand des Minus in den des Etwas" gehoben sah und beeilte sich hinzuzufügen: „Es versteht sich, daß ich die Composition Ihnen zur Beurtheilung übersenden werde."[681]

Der Kontakt mit den Künstlern brachte doch – trotz mancher prosaischen Streitigkeiten – den Sammler in Beziehung mit einer Sphäre, die dem nüchternen Geschäftsmann als Gegenmodell zur geordneten Bürgerwelt attraktiv erschienen sein muß. Sicherlich steigerte es sein Ansehen, Zeitgenossen nicht nur seine Sammlung zeigen, sondern auch auf die Bekanntschaft mit den Malern verweisen zu können. Wagener liebte es nicht, auf Ausstellungen zu kaufen, wo – seiner Ansicht nach – das Beste schon nicht mehr zu haben war. Immerhin einen Trumpf hatte er für direkte Verhandlungen: seine Sammlung war schon früh von stattlichem Umfang und – was selten blieb – öffentlich zugänglich. Wer als Künstler dort vertreten war, konnte einen erheblichen Prestigegewinn für sich verbuchen.

---

675 Wagner-Briefe I, Bl. 27f., 7. 10. 1834.

676 Beide Zitate Hübners aus: Wagener-Briefe I, Bl. 167f., 7.7.1837.

677 Wagener-Briefe I, l. 169f., 8.7.1837.

678 Wagener-Briefe, Bl. 117; 18.10.1836.

679 Wagener-Briefe I, Bl. 118f.; 25. 10. 1836.

680 Wagener Briefe I, Bl. 128; 15. 11. 1836.

681 Wagener-Briefe I, Bl. 83f.; 27.10.1835.

VII. Die soziale Lage der Künstler

1. Selbstbild und Wirklichkeit

„Bildersäle werden betrachtet als Jahrmärkte, wo man neue Waren im Vorübergehen beurteilt, lobt und verachtet; und es sollten Tempel sein, wo man in stiller und schweigender Demut, und in herzerhebender Einsamkeit, die großen Künstler, als die höchsten unter den Irdischen, bewundernd, und mit der langen, unverwandten Betrachtung ihrer Werke, in dem Sonnenglanze der entzückendsten Gedanken und Empfindungen sich erwärmen möchte." Auf eine solche Weise empfahl Wilhelm Heinrich Wackenroder in seinen „Herzergießungen eines kunstliebendes Klosterbruders" (1796), sich den Werken der großen Künstler der Erde zu nahen. Vor allem zwei Maler waren es, die er seinen Zeitgenossen ins „Ehrengedächtnis" rief, Raffael (1483−1520) und Albrecht Dürer (1471−1528), die Exponenten der italienischen und deutschen Renaissancekunst.[682] Die Nazarener-Generation versuchte tatsächlich, im Kloster Sant' Isidoro bei Rom dem romantischen Ideal eines mönchischen Künstlertums nachzuleben, das im stillen Ringen die höheren Weihen des Geistes empfing. Die schon von Wackenroder verherrlichten Maler der Renaissance waren allgegenwärtig, und kaum ein Festakt mit illuminierten Transparenten oder lebenden Bildern, Ehrengedichten oder Vorträgen verzichtete auf den Hinweis auf die großen Vorbilder. Friedrich Wilhelm IV. versenkte sich in seiner letzten, von Krankheit gezeichneten Lebensphase in die Raffaelkopien seiner Galerie in der Orangerie von Sanssouci.

Die Renaissance hatte auch den Aufstieg des Künstlertums aus dem Handwerk gefördert und einen Geniebegriff geformt, der im 19. Jahrhundert wiederauflebte.[683] Er gehörte zur „auratischen" Ausstattung des Künstlerberufs und bewirkte eine Prestigeerhöhung. Die Sammler und Kunstschriftsteller trugen dazu bei, ein ideales Künstlerbild zu verfestigen. 1841 erschien Graf Athanasius Raczynskis dritter Band der „Geschichte der neueren deutschen Kunst" mit einer Federlithographie Adolf Menzels auf dem Titel (Abb. 27), die wiederum Albrecht Dürer mit der Fackel der Kunst (oben Mitte) als Vorbild in den Mittelpunkt rückt[684]. Zu ihm steigen die Kunstjünger auf (links), die dem schnöden Kunstbetrieb entkommen sind, der in den anderen Feldern karikiert wird: das verkrampfte Regelwesen der Klassizisten mit ihren Grazien auf quadriertem Oval, den antiken Vorbildern (hier dem Apoll von Belvedere) − unter der Aufsicht des Kunstpapstes Goethe (oben rechts), die verhärmten, schmalbrüstigen Nazarener (unten rechts) zu Füßen der Religion, die Jünger der Dichtkunst und Sage − versinnbildlicht durch den

---

682 Wackenroder, Dichtung, Schriften, Briefe 1984, S. 201 (Wie und auf welche Weise man die Werke der großen Künsler der Erde eigentlich betrachten und zum Wohle seiner Seele gebrauchen müsse).

683 Zilsel, Entstehung des Geniebegriffs 1926, S. 144−158.

684 Börsch-Supan (Raczynski 1975, S. 22) sieht auch Dürers Darstellung auf diesem Blatt bei Menzel in ein ironisches Licht gerückt. Als Beleg führt er den Wegweiser im Feld links an, der in eine andere Richtung weist. Gegen diese Deutung spricht die unten zitierte Bewertung Dürers durch Menzel, die jedoch eine Ironisierung auch dieser Gestalt nicht ausschließen muß.

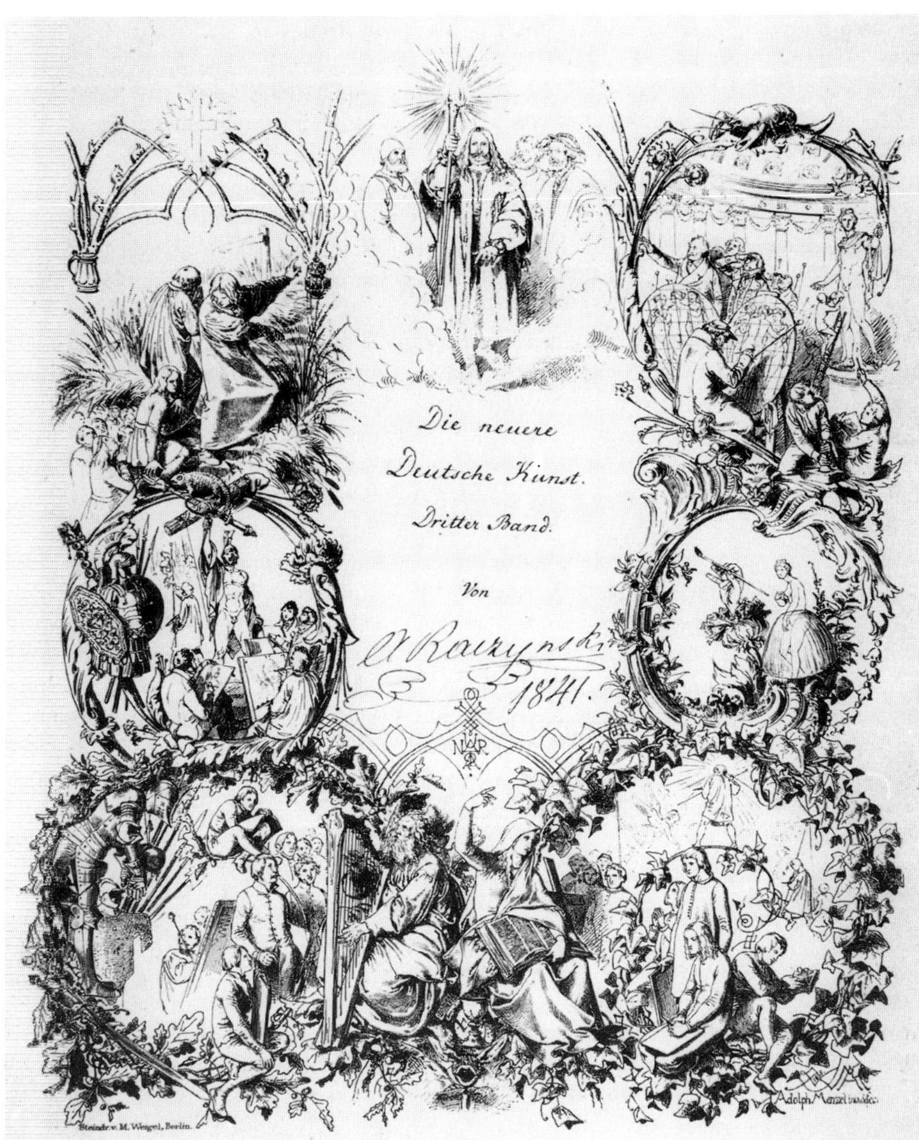

Abb. 27 Adolph Menzel, Titeleinfassung zu Graf Athanasius Raczynskis „Geschichte der neueren deutschen Kunst", Bd. 3, Berlin 1841. Federlithographie.

harfespielenden Barden (unten links), die Schüler des französischen Klassizismus Davidscher Prägung mit seinen imperialen und politischen Implikationen (versinnbildlicht durch das Chamäleon, das Liktorenbündel und die Figur des Mars im Feld links der Mitte). Menzel selbst schrieb über Dürer: „es ist nun die Aufgabe, das in unserer Zeit zu leisten, was dieser Phönix in der seinigen leistete. Dahin werden wirs wohl nicht bringen, ich glaube, unsere ganze Künstlergeneration [...] ist nur ein Vorläufer der Epoche die das können wird, wir haben genug zu thun, uns durch den alten Sauerteig durchzubeißen; unser ist das Steigen, das Hinaufkommen wird den folgenden verbleiben."[685]

Das romantische Bild des Künstlers als das in einsamer Höhe wandelnde Genie konnte der Realität nicht standhalten. Selbst Wilhelm von Schadow, der sich mit seinem Alterswerk „Der moderne Vasari" in die Tradition des berühmten Biographen der Renaissance stellte, befielen Zweifel über das Kunstinteresse der Zeitgenossen: „sehr kluge Leute finden weit mehr Vergnügen darin, ihre werthvollen Bank- und Seehandlungsscheine, ihre Pfandbriefe, ihre Hagel- und Feuerassekuranzpapiere, ihre Spanier, Franzosen und dergleichen zehn Mal anzusehen, als ein einziges Mal ein Bild von Rafael oder Titian."[686] Adolf Schroedter klagte schon 1839: „Nur kommerzielle Interessen gelten, und Bilder werden noch gekauft um einen reichen Mann zu beurkunden oder des aufrichtigen Augenkitzels wegen; das Gemüth daran zu erziehen, die Seele in heftigen Schauern oder freudiger Bewegung zu baden — ei wer möchte das noch wollen."[687]

Während seiner Karriere war ein Künstler zwangsläufig mit dem Sturz aus dem Himmel der Ideale auf die prosaische Erde konfrontiert, ein im Künstlerroman der Zeit gern aufgegriffener Zwiespalt, der in romantischer Sicht mit dem Zerbrechen des Helden[688], oder der weisen Schikkung in die Realität eines beschränkten bürgerlichen Daseins enden konnte — wie in Gottfried Kellers „Grünem Heinrich" (1846—50)[689]. Die prosaische Portraitistentätigkeit, das Scheitern auf den Ausstellungen mit anspruchsvollen Kompositionen, die Notwendigkeit, sich auf mittlere Formate zu beschränken, eine verschärfte Konkurrenz der Künstler in den vierziger und fünfziger Jahren — all dies konnte den idealistischen Schwung einer in den Idealen der Romantik aufgewachsenen Generation brechen. Wo die materielle Anerkennung ausblieb, konnte aber auch das Selbstbild vom genialen Künstlertum Trost spenden. Wer allerdings von vornherein nicht über die bürgerliche Lebenssphäre hinausstrebte, sich bewußt auf Genre und populäre Themen in solider handwerklicher Manier verlegte, wie dies für viele Vertreter der Düsseldorfer Malerschule in der Generation nach Schadow der Fall gewesen ist, der blieb auch von dem Konflikt zwischen Wertewelt und Realität weit eher verschont.

2. Kapital und Ehre

a) Verdienstchancen

„Die Sparsamkeit der Deutschen ermuntert den Künstler nicht durch Belohnung seines Verdienstes: der Weg des Ruhms ist der einzige, der ihm übrig bleibt, um eine würdigere Entschädigung zu suchen". Mit dieser Bemerkung appellierte Bergrat Moelter in der Kunstakademie Berlin aus Anlaß des königlichen Geburtstags 1787 an das Mäzenatentum Friedrich Wilhelms II.[690] In dieser Zeit hingen die Künstler weitgehend von den höfischen Aufträgen ab. 1829 — als das Bürgertum begonnen hatte, in größerem Umfang zur Finanzierung der Kunst beizutragen —

685 Menzel, Briefe 1914, S. 12 (29. 12. 1836 an Arnold).

686 Vasari 1854, S. 115.

687 Schroedter, Briefe, S. 14 (21. 1. 1839 an Wilhelm Nerenz).

688 Hausdörfer, Rebellion im Kunstschein 1987, bes. S. 83—89.

689 Marcuse, Der deutsche Künstlerroman 1922, bes. S. 210—231.

690 Monatsschrift der Akademie d. Künste u. mech. Wissenschaften zu Berlin 1 (1788), S. 123—42, hier: 138.

raisonnierte das Berliner Kunst-Blatt dennoch darüber, daß durch die allgemeine Schätzung der Kunst die Künstler Ansprüche auf einen äußeren Stand machten, den die jetzige Zeit ihnen nicht mehr gewähren könne.[691] Ohne Frage gerieten das „Kapital der Ehre" und die materielle Absicherung in manchen Fällen in ein deutliches Mißverhältnis.

Stete Sorge um die Existenzgrundlage, die vor allem nicht beamtete Künstler drücken konnte, mußte sich auch auf die Kunstproduktion auswirken. Sie erzwang Kurskorrekturen, z. B. durch die Abwanderung in gefälligere Themen und Formate, wenn nicht gar einen Berufswechsel. Eine soziale Klassifizierung des Berufsstandes ist nur mit Berücksichtigung der Einkommenshöhe möglich. Gerade bei den Künstlern tauchen bei der Festsetzung jedoch Probleme auf, die nur in Ausnahmefällen zu lösen sind. Die Gehälter waren − je nach Auftragslage − starken Schwankungen unterworfen. In der Landesversammlung sprach der preußische Kultusminister 1850 das Problem an, daß durch die „ungleichmäßige Vertheilung der Arbeit" die Künstler auf der einen Seite dem Hunger nahe gebracht würden, auf der anderen Seite die Überhäufung mit Aufträgen sie an die Grenzen der Verschwendung führe.[692] Konjunkturschwankungen und politische Krisen schlugen schnell auf den Kunstmarkt durch. Starke Unterschiede im Renommee der Maler − und damit in ihrer Auftragslage − kamen hinzu. Die Gefahr, aus der Mode zu kommen, vermehrte die soziale Unsicherheit.

In einem Gutachten über die soziale Lage der Künstlerschaft der Stadt kam der Düsseldorfer Regierungspräsident 1853 zu folgendem Schluß: Mehrere Meister ersten Ranges seien vollauf beschäftigt und hätten Gelegenheit, ihre Bilder zu angemessenen, oft hohen Preisen zu verkaufen. Einige hätten sich − dem Vernehmen nach -„ein ziemliches Vermögen" erworben. Dies sei z. B. bei Carl Friedrich Lessing, Adolph Tidemand, Emanuel Leutze und Andreas Achenbach anzunehmen. „Dagegen sind die Maler zweiten und dritten Ranges häufig ohne Bestellungen und nicht im Stande, die ohne Bestellung gefertigten Bilder zu veräußern, so daß mehrere derselben kaum ihr Bestehen und nicht selten mit drückendem Mangel zu kämpfen haben."[693] Der immerhin einigermaßen abgesicherte Maler Adolph Schroedter bemerkte 1854 in einem Brief: „[Andreas] Achenbach ist in seinem schönen Hause wie ein Fürst eingerichtet, u[nd] giebt lukullische Gastmähler. Ich kam mir bei ihm, als Mensch u[nd] Künstler, wie ein Lump vor".[694]

Die Analyse der Einkommensverhältnisse erfolgt hier in zwei Schritten: Eine Steuertabelle für die Stadt Düsseldorf aus dem Jahr 1848 erlaubt eine statistische Analyse auf breiterer Grundlage. Nach dieser Momentaufnahme soll die privilegierte Gruppe der akademischen Lehrer im gesamtpreußischen Maßstab näher untersucht werden. Die Gehälter gehen aus den staatlichen Etats hervor und lassen sich auch in ihrer Entwicklung im Verlauf der Biographie erfassen.

Das „Verzeichniß der Communal-Einkommensteuer-Anschläge für die Sammtgemeinde Düsseldorf"[695] führt 3677 Einwohner mit Berufsangabe und Einkommen auf, nach Schätzungen Friedrich Lengers das obere Viertel der männlichen Erwerbsfähigen der Gemeinde mit einem

---

691 Berliner Kunst-Blatt 2 (1829), S. 230−35, hier: 231.

692 Die Reformen unserer Zeit in der Kunstverwaltung, in: Deutsches Kunstblatt 1850, Nr. 29, S. 225.

693 Bericht vom 20. 8. 1853 für das Kultusministerium, HStA Düsseldorf, Reg. Düsseldorf, Präs. 1547, Bl. 48−52, hier: 49. Massenbach bezieht sich hier auf die Künstler außerhalb der Akademie.

694 Schroedter, Briefe, 3.4.1854 an Nerenz, S. 111 f.

695 Düsseldorf 1848, erhalten in der UB Düsseldorf. Vergleichend könnte herangezogen werden die „Gemeinderolle für die Samtgemeinde Düsseldorf", Stadtarchiv Düsseldorf, II 3, Bl. 74−105 von 1845, die jedoch nur Einkommen über 300 Taler erfaßt, weit weniger (1228) Namen aufweist und daher weniger aussagekräftig ist; vgl. Weidenhaupt, Düsseldorf 1806−1856, 1988, S. 415−17.

150

Verdienst ab 100 Talern im Jahr. In der öffentlichen Diskussion bestand ein recht breiter Konsens, daß Einkommen unter 200 Talern nicht besteuert werden sollten.[696]

Friedrich Harkort forderte im Vormärz ein Mindestgehalt von 300 Talern für Lehrer in der Stadt, von 200 Talern auf dem Land, um den „drückendsten Nahrungssorgen" abzuhelfen.[697] Das Existenzminimum für eine fünfköpfige Handwerkerfamilie lag in Städten mit hohem Preisniveau zwischen 1820 und 1840 bei 200 Talern, in kleineren und mittleren Städten bei 150.[698] Es wurde in der Praxis oft unterschritten, so daß sogar die Erwerbstätigen der Armenverwaltung zur Last fielen.

Von den 1848 zur Einkommenssteuer veranlagten Düsseldorfer Einwohnern gingen 87 (2,4 %) einem künstlerischen Beruf nach: 71 Maler, 2 Zeichenlehrer, 6 Bildhauer sind genannt.[699] Die akademischen Beamten zogen es vor, den statusträchtigen Titel Professor (6), Inspektor (1) oder Direktor (1) als Berufsangabe zu wählen.

Wie auch bei anderen Berufsgruppen findet sich eine erhebliche Streuung der Einkommenshöhe:

Einkommen in Talern	Anzahl
100	25
150	1
200	17
250	1
300	17
400	6
500	5
600	9
700	1
800	1
1000	3
3000	1
	87

Die Hälfte der Künstler (43 = 49.4 %) gehören in die Einkommengruppen bis zu 200 Talern, in Gemeinschaft z. B. mit Gärtnern, kleinen Beamten und der Mehrzahl der Handwerker. In der Klasse bis zu 500 Talern, zusammen mit den meisten Freiberuflern, Fabrikanten, Fachhändlern, Kleinhändlern und Gastwirten, finden sich weitere 33 % (= 29) der Künstler. Nur 17 Prozent (= 15) erreichen Einkommen von 600 Talern und mehr und können sich mit höheren Beamten, Kaufleuten und Bankiers zu den Besserverdienenden rechnen.[700] Für eine solche Gehaltshöhe ist

696 Lenger, Düsseldorfer Handwerker 1986, S. 31.

697 Wilhelm Abel, Deutsche Agrargeschichte, Bd. II, Stuttgart 1962, S. 320.

698 Saalfeld, Handwerkereinkommen bis Mitte 19. Jahrhundert, 1970, S. 78.

699 Als handwerkliche Bezeichnungen wurden ausgeschieden: Dekorationsmaler, Tapezierer, Steindrucker, Steinhauer.

700 Die Angaben zu vergleichbaren Berufen in den einzelnen Einkommensgruppen nach Lenger, Düsseldorfer Handwerker 1986, Tabelle 5. Friedrich Lenger bezeichnete es im Gespräch als wahrscheinlich, daß wegen der relativ geringen Steuerhöhe die Angaben der Einkommen in der Regel als verläßlich

ein akademisches Lehramt oder ein überdurchschnittlicher Verkaufserfolg notwendig. Die obere Grenze liegt bei 1000 Talern. Sie wird nur einmal durch den Akademiedirektor Wilhelm v. Schadow mit einem Verdienst von 3000 Talern durchbrochen.

Die Analyse zeigt deutlich, daß sich der Künstlerberuf einer klaren Einordnung entzieht und nach den Verdienstchancen die ganze Varianzbreite von unterbürgerlichen bis zu gehobenen bürgerlichen Berufsgruppen umfaßt. Zu bedenken ist, daß die genannten Zahlen in dem krisenhaften Revolutionsjahr 1848 erhoben wurden, in dem die Künstlereinkommen auf dem Kunstmarkt deutlich unter dem einige Jahre zuvor üblichen Niveau blieben. Andere Quellen stehen jedoch für eine solche statistische Analyse nicht zur Verfügung.

Es erscheint daher angebracht, in Einzelfallanalysen dieses summarische Bild zu konkretisieren. Dies ist jedoch nur bei der ohnehin privilegierten Gruppe der Lehrer an Kunsthochschulen möglich, deren Gehälter aus den Etats hervorgehen.[701] Die Nebeneinnahmen lassen sich nur in Ausnahmefällen vollständig erfassen.[702] Lehrämter hatten den Vorteil, einen Grundeinkommen zu sichern, das Auftragslücken zu überbrücken half. Dementsprechend häufig wurde von pauperisierten Malern beim Kultusministerium die Bitte um eine feste Anstellung ausgesprochen.

---

angesehen werden können. Gerade in den höheren Einkommensgruppen werden Statuserwägungen zu realistischen Angaben beigetragen haben.

701 Etats der Akademie *Berlin*: für 1810 in: GStAPK Berlin, Rep. I C, Nr. 1539, Bl. 75.; ab 1821 lückenlos in: GStAPK, Rep. 76 Ve, Sekt 17, Abt. II, Nr. 2, Bd. I–III. Gesamtumfang 1821: 17.860 Taler, 1849/51: 34.155 Taler. Näher analysiert wurden die Etats von 1821/22 (Bd. I, Bl. 7–9), 1824/25 (Bd. I, Bl. 167f.) und 1840/42 und 1843/45 ((Bd. III, Bl. 199ff.) Vgl. Archiv der Preußischen Akademie der Künste, Nr. 128 (Etats 1817–1876). Die Etats der Kunstakademie *Düsseldorf* ab 1823 in: GStAPK, Rep. 76 Ve, Sekt. 18, Abt. II, Nr. 1, Bd. I–II. Gesamtumfang 1823: 8.600 Taler, eine Summe die sich nicht wesentlich erhöhte (1841/43: 9.200 Taler). Weitere Informationen zur Veränderung der Lehrergehälter und Gratifikationen aus folgenden Akten: GStAPK, Geheimes Zivilkabinett 2.2.1., Nr. 20405 (Laufzeit 1823ff.); LHA Koblenz, 403, Nr. 14069 und Nr. 14051; HStA Düsseldorf, Regierung Düsseldorf, Präs. 1610 (Gratifikationen und Gesuche um Gehaltserhöhung 1810–1848). Zu *Königsberg* siehe die allgemeinen Akten zur Gründung der Kunstschule: GStAPK, 2.2.1., Nr. 20403 und ebd. Rep. 76 Ve, Sekt. 20, Abt. I, Nr. 1, Bd. I sowie GSTAPK, XX HA., Rep. 2, 2365, Bd. II–IV (1841ff.).

702 Erfaßt wurden die in folgenden statistischen Hilfsmitteln verzeichneten Nebeneinnahmen der akademischen Lehrer: *Königliche Ankäufe* von 1794–1836 nach der alphabetisch nach Künstlern geführten Liste (nach Aussage von Helmut Börsch-Supan unvollständig) GStAPK Berlin, Brandenburg-preußisches Hausarchiv, Rep. i 4. C. Nr. 8. *Ausstellungsankaufslisten* für Ankäufe aller Kunden auf der Berliner Ausstellung für die Jahre 1832 (Museum 1 (1833) S. 7f.), 1834 (Museum 2 (1834) S. 427f.), 1838 (Centralblatt der deutschen Kunstvereine 1 (1839) S. 3–6) und 1839 (Staatsarchiv Bamberg, Privatnachlaß Altenstein, G. 36, Nr. 3960); Verkaufserlös der zum westlichen Zyklus verbundenen Kunstvereine für 1838 (Centralblatt der deutschen Kunstvereine 1 (1839) S. 23–30); *Verein der Kunstfreunde für die Rheinlande und Westphalen (Düsseldorf)*, Kassenberichte in den Verhandlungen und im Correspondenzblatt des Vereins für die Jahre 1829–1848/49; Lücken: 1833/34 und 1842/43. Hier sind die Künstler und Werke von Beginn an verzeichnet. *Verein der Kunstfreunde im preußischen Staate (Berlin)*: Rechnungen in den Verhandlungen des Vereins 1841–1846, 1848, 1850 (Lückenhafte Überlieferung der Verhandlungen; vor 1841 weniger detaillierte Buchführung). Alle Nebeneinnahmen lassen sich mit Hilfe dieser lückenhaften Materialien nicht erfassen, vor allem die Privatkunden sind hier nur in Ausnahmefällen (Ankäufe auf den akademischen Ausstellungen in Berlin) verzeichnet. Tendenzen werden jedoch deutlich. So kann man regelmäßig verkaufende Künstler ausmachen, andere sind nur sehr sporadisch vertreten.

152

Das Jahresgehalt eines Professors von 300−800 Talern entsprach dem, was ein mittlerer Beamter um 1850 verdiente, etwa ein Kanzleisekretär beim Ministerium oder ein Bürobeamter bei der Landesregierung.[703] Das Hilfspersonal bezog an der Kunstakademie Berlin nach dem Etat von 1822 folgende Summen: der Pedell 204 Taler, der Kastellan 274, der Kassierer 314.[704]

Mit ihren Gehältern erreichten die beamteten Künstler bereits das Niveau der akademischen Berufe[705]. Bei der Gehaltsfestsetzung rechnete die Kultusverwaltung wahrscheinlich mit Nebeneinnahmen aus der künstlerischen Produktion, deren Höhe natürlich erheblich schwankte. Die meisten akademischen Ämter ließen dafür Zeit. Den wöchentlichen Aufwand gab Wilhelm Schadow für die Lehrer der Düsseldorfer Kunstakademie recht unterschiedlich an: für sich selbst z. B. veranschlagte er für den Unterricht in der ersten Zeichenklasse und die Direktorialgeschäfte 9−12 Stunden, für die andern Professoren etwa 4−15 Unterrichtsstunden, die als Künstler auf den Ausstellungen kaum vertretenen Lehrer Rudolf Wiegmann und Inspektor Wintergerst brachten es auf 19, bzw. 27 Stunden. Schadow unterließ es nicht, auf die anstrengende Korrektur der Schülerarbeiten und die damit verbundene Verstimmung der künstlerisch-schöpferischen Disposition hinzuweisen.[706]

Die Gehälter blieben nach einer Talsohle in Folge der napoleonischen Kriege ab 1820 überwiegend unverändert, obwohl in den Lebenshaltungskosten Schwankungen von 100 % (Tiefstand 1825; Maximum 1847) auftraten.[707] Besonders bedenklich wirkte sich für die Künstler aus, daß auf die Phase extremer Kostensteigerung von 1844 bis 1847 die dem Kunstkauf sehr abträgliche Revolutionszeit folgte. So konnte es nicht ausbleiben, daß 1849 die Düsseldorfer Lehrerschaft beantragte, „die Besoldung der Professoren auf einen ihrer sozialen Stellung und dem gegenwärtigen Geldwerthe entsprechenden Betrag zu erhöhen.“[708]

Der Antrag blieb ebenso erfolglos wie die meisten anderen Vorstöße in der Zeit zuvor. Preußens Finanzpolitik war rigoros auf Sparsamkeit eingestellt. Eine Erhöhung des Staatshaushaltes hätten nur die Generalstände verabschieden können. Deren Einberufung hätte jedoch einen Demokratisierungsschub bewirkt, den die Regierung zu vermeiden suchte.

Die Einkommensstruktur sollen folgende Beispiele verdeutlichen. Zu den Nebeneinnahmen sind auf Grundlage des vorliegenden statistischen Materials, das zu Kapitelbeginn in einer Sammelanmerkung nachgewiesen wurde, nur Tendenzangaben möglich.

---

703 Statist. Jahrbuch für den Preußischen Staat 10. Jahrgang, 1912, Berlin 1913, S. 678f. (Besoldung wichtiger Beamtenkategorien 1850−1910). Besoldung der Landesregierungen beispielhaft: Botenmeister, Kassendiener, Boten, Hauswächter: 180−300 Taler; Kanzlisten: 350−600 Taler; Bürobeamte: 400−1000 Taler; Sekretäre und Buchhalter: 500−1000 Taler; Regierungsräte: 800−1600 Taler; Regierunspräsidenten: 2500−4100. Zum Vergleich die Besoldungen in der Stadtverwaltung Düsseldorf 1827 nach Henning, Düsseldorf und seine Wirtschaft 1981, S. 365: 11 Polizei-Sergeanten: je 128 Taler; Verwahrerin: 77 Taler; Rathausdiener: 200 Taler; Kanzlisten 115−400 Taler; Stadtsekretär: 600 Taler; Stadtrentmeister: 650 Taler; Beigeordnete: 500 Taler; Oberbürgermeister: 1200 Taler.

704 GStAPK Berlin, Rep. 76 Ve, Sect. 17, Abt. II, Nr. 2, Bl. 7ff.

705 Henning, Düsseldorf und seine Wirtschaft 1981, S. 365 nennt als Untergrenze für ein Akademikergehalt 600 Taler.

706 LHA Koblenz, Best. 403, Nr. 14051, Bl. 373−76. Bericht Schadows an das Curatorium der Kunstakademie vom 1. 12. 1857. Die im Haupttext nicht genannten Schätzungen: Hildebrandt: 6, Keller (Kupferstich) 3−4, Mücke 9, Gude 8, A. Müller 15−16 und 15 für kunstgeschichtl. Vorlesungen, K. Müller 9 Stunden.

707 Gömmel, Realeinkommen in Deutschland 1979, S. 9.

708 LHA Koblenz, Best. 403, Nr. 14069, Bl. 73−74; Schadow an das Curatorium der Akademie, 6.5.1849.

Ein sonst nie erreichtes Spitzengehalt bezog *Peter von Cornelius* nach seiner Berufung nach Berlin (1841) mit 3600 Talern, was etwa den Bezügen eines Ministerialdirektors entsprach. Damit gelang es dem in München bei Ludwig I. nicht mehr gern gesehenen Nazarener sich glänzend abzusichern. Verbunden war damit allerdings die Verpflanzung ins ungeliebte Berlin, wo die Kritik über ihn herfiel. So sah z. B. Karl August Varnhagen von Ense in der Berufung nur ein Indiz für den 'allgemeinen Bankrott der Wissenschaft und Kunst, der hier ausbricht' und urteilte über eine neues Gemälde von Cornelius: „Christus in der Vorhölle, -es ist ein Abscheu und eine Lächerlichkeit, geist- und kunstlos wie ein Erzeugniß der Altersschwäche"[709]. Gottfried Schadow bemerkte über das Jüngste Gericht des Malers: „ausser den Aposteln u[nd] Profeten, die neben dem Herrn Christus sitzen, ist Alles übrige Mitleid erregend, u[nd] diejenigen, die solches Zeug hochpreisen, müssen stockcatholisch sein".[710]

Gottfried Schadow erhielt zur gleichen Zeit (1841) als Direktor der Berliner Akademie ein Gehalt von 1750 Talern.[711] In den Memoiren des Bildhauers werden auch finanzielle Hochs und Tiefs in der Karriere deutlich. Vor allem die napoleonische Besatzung Berlins erregte bei Schadow Besorgnis, da sein Atelier zu dieser Zeit auch zahlreiche Gehilfen beschäftigte, „unter denen solche, die mit Frau und Kindern in der Werkstatt ihr täglich Brot erwarben." Er spielte „vor seinen Leuten die Rolle des Unerschrockenen" und wickelte die restlichen Aufträge ab. „Hülfe, die hier zur rechten Zeit eintraf", bot ein Auftrag des bayrischen Kronprinzen, drei Büsten für die Walhalla zu liefern.[712]

In ebenfalls sehr guten finanziellen Verhältnissen lebte sein Sohn, der Düsseldorfer Akademiedirektor *Wilhelm Schadow*. Nachdem er für die Führung des Unterrichtsateliers in Berlin 400 Taler Unterstützung erhalten hatte, wurden seine Bezüge mit der Berufung nach Düsseldorf 1826 auf 1500 Taler erhöht. Dazu kamen erhebliche Nebeneinnahmen aus den Verkäufen seiner Werke, so verzeichnet z. B. die königliche Ankaufsliste bis 1836 Werke im Wert von 5037 Talern, und auch bei den Ankäufen des Düsseldorfer Kunstvereins ist Schadow mehrmals bedacht worden.[713] 1841 erwarb er das Rittergut Godenhaus bei Sinzig am Rhein, und legte auf diese Weise sein Geld „zwar sicherer doch zu geringen Renten" an.[714] Dabei ging es offenbar auch um Statuserhöhung, denn das zugehörige Adelsdiplom folgte wenige Jahre später und brachte dem Akademiedirektor den klangvollen Namen „von Schadow zu Godenhaus" ein.[715] In der Pensionsberechnung von 1859 ist neben dem Rittergut ein Kapitalvermögen von 40.000 Talern

---

709 Brief an Luise Gräfin zu Stolberg-Stolberg, 1. 11. 1843, Heine-Institut Düsseldorf.

710 Brief vom 4.4.1841, in: G. Schadow, Briefe 1985. Schadow bezog sich auf eine Reproduktion des zwischen 1836 und 1839 in München entstandenen Freskos. Solche drastischen Äußerungen wären in der Öffentlichkeit natürlich ein Affront gegen den König gewesen und sind in ihrer Schärfe sicher auch von Konkurrenzangst diktiert.

711 Gehalt 1821/22: 1350 Taler. Das genannte Gehalt (1841) setzte sich aus mehreren Einzelposten zusammen: Grundbetrag 1400, für den Unterricht in der Darstellung des menschlichen Körpers 200, für das Bildhaueratelier 150 Taler, obwohl dessen Tätigkeit seit den zwanziger Jahren zum Erliegen gekommen war.

712 G. Schadow, Kunstwerke und Kunsansichten 1849, ND 1987, Bd. I, S. 73–78.

713 In Talern nach den Abrechnungen des Kunstvereins bis 1850: 1830: 700, 1835/36: 783, 1841/42: 900, 1843/44: 600, 1844/45: 300.

714 Brief an Julius Benno Hübner vom Frühjahr 1841, Heine-Institut Düsseldorf.

715 Brief an Hübner vom 10. 1. 1843, Heine-Institut Düsseldorf. Hier spricht Schadow davon, daß die Adelung vor allem für seinen Sohn wichtig sei. „Meine Handlungsweise [...] soll nur noch anspruchsloser werden". Thieme-Becker gibt das Datum der Erhebung in den Adelsstand mit 1845 an.

angegeben und der jährliche Zinsertrag auf 3.600 Taler beziffert. Damit belief sich das Gesamteinkommen auf stattliche 5.100 Taler im Jahr, 2.100 Taler mehr als 1848.[716]

Die genannten Beispiele sind natürlich nicht repräsentativ für die gesamte Künstlerschaft. Es entsprach der damaligen staatlichen Besoldungspraxis, daß bei einer untergeordneteren Stellung in der Amtshierarchie auch das Gehalt sich drastisch verringerte.[717]

Besonders kraß fällt dies in der Gründungsphase der Kunstakademie Königsberg ins Auge. Während der Direktor Ludwig Rosenfelder 1.200 Taler erhielt, mußten die von dem Historienmaler 1846 eigenmächtig nach Königsberg gezogenen Lehrer *August Behrendsen* (Landschaft) und *Hermann Gemmel* (Perspektive und Architektur) wegen der ungeordneten Etatverhältnisse jahrelang mit 100−200 Talern vorliebnehmen.[718] Beide wandten sich 1849 ans Kultusministerium mit der Bitte um Erhöhung der Bezüge und feste Anstellung. August Behrendsen, der noch im Vorjahr auf der Berliner Ausstellung die goldene Medaille erhalten hatte, argumentierte, er könne nicht alle besten Jahre seiner künstlerischen Laufbahn auf einen ungesicherten Wirkungskreis verwenden, während persönliche Lebensrücksichten ihn dringend aufforderten, sich „irgendeine bleibende Stellung im Leben zu erwerben."[719] Dies führte 1849 zu der lange beantragten Erhöhung der Bezüge auf 400 Taler.

Auch der Kupferstecher *Ernst Thelott*, der in der krisenhaften Übergangszeit nach 1805 die recht heruntergekommene Kunstakademie Düsseldorf leitete, erhielt nur ein Gehalt von 200 Talern, das der General-Gouverneur des Herzogtums Berg um eine Gratifikation von 157 Talern erhöhte, um die der Künstler regelmäßig nachsuchen mußte. Erst 1823 wurde mit der Neuordnung der Akademie durch den preußischen Staat das Gehalt auf 600 Taler angehoben.[720] Damit erreichte Thelott das in Düsseldorf etwa übliche Niveau der Professorenbesoldung. Als er 1828 zusätzlich freie Wohnung beantragte, fertigte das Kuratorium der Akademie ein Gutachten über seine Finanzverhältnisse an: Das vor 1823 gezahlte Gehalt habe gewiß die Bedürfnisse des Künstlers nur zur Hälfte gedeckt, da seine Familie groß und das Preisniveau in Düsseldorf hoch sei. Der pflichteifrige Beamte habe den größten Teil seiner Zeit den Dienstgeschäften gewidmet und entsprechend keinen dieses Defizit deckenden Nebenverdienst gehabt. Seit der Gehaltserhöhung und Pflichtentlastung von 1823 habe er zwar mehr Zeit, sei aber in ein Alter vorgerückt, „in welchem der Muth zu Nebenverdiensten nachlassen muß."[721] Das Gutachten Wilhelm Schadows über die aktuellen Leistungen des Kupferstechers fiel dagegen vernichtend aus. Die einzig einigermaßen ersprießliche Tätigkeit des Lehrers sei der „sonntägliche Unterricht von 2−4 Uhr für ganz kleine Knaben in den Anfangsgründen". Von den Kupferstecherschülern habe er „noch nicht das mindeste Erfreuliche gesehen." Alle anderen Lehrer seien unendlich mehr in Anspruch

---

716 HStA Düsseldorf, Regierung Düsseldorf, Präs. 1556, Bl. 27 f. Die Angabe 1848: Verzeichniß Einkommensteuer Düsseldorf 1848.

717 Kübler, Besoldung Staatsbeamte 1976, S. 88.

718 GStAPK, XX. HA, Rep. 2, 2365, Bd. III. Bl. 423−26 (19. 12. 1846): Da Rosenfelder den ganzen akademischen Unterricht nicht allein versehen konnte, zog er die Künstler mit der Absicht nach Königsberg, eine feste Anstellung beim Kultusministerium durchzusetzen. Dies gelang einige Jahre wegen des verfügten Ausgabenstops in Preußen nicht. 1846 erklärten die Lehrer die Bereitschaft, für 200 Taler jährlich zu arbeiten; Bl. 56−63: nur die Hälfte des beantragten Gehaltes wurde ab 1. 10. 1846 gezahlt; Bl. 222 f.: Etatentwurf vom 14. 12. 1848 sieht eine Erhöhung auf 400 Taler vor, zu einem endgültigen Etat kommt es aber erst am 3.4.1849 (Bl. 259).

719 GStAPK Berlin, Rep. 76 Ve, Sekt. 20, Abt. I, Nr. 2, Bl. 93−95.

720 HSTA Düsseldorf, Regierung Düsseldorf, Präs. 1610, Bl. 35 f. und 123.

721 Ebd., Bl. 142−146.

genommen.[722] Das Kultusministerium gewährte auf den Antrag hin eine einmalige Gratifikation von 100 Talern.

Für die Besoldung der akademischen Lehrer setzte sich kein verbindlicher Standard durch. Vor allem in Berlin waren die Verhältnisse unübersichtlich, während in der kleineren, aber sehr leistungsfähigen Kunstschule in Düsseldorf die Summe von 600 Talern zumindest als Orientierungsmarke für die Professorenbesoldung diente. Ein Professor bezog, von wenigen Ausnahmen abgesehen, mindestens 300 Taler, in seltenen Ausnahmen bis zu 1000 Talern. Auch niedrigere Gehälter kamen vor, die im Etat zum Teil als allgemeine Unterstützung ohne Dienstpflichten ausgewiesen waren.

Bei der Festsetzung der Summen wurden offenbar auch die Chancen zu Nebenverdiensten mitberücksichtigt. Manche Stellen und Qualifikationen schlossen einen Zusatzverdienst fast völlig aus, so daß die Inhaber ganz auf das Grundgehalt angewiesen waren. So erhielt *Karl Mosler* als Lehrer für Kunstgeschichte und als Sekretär der Düsseldorfer Akademie 1827 insgesamt 700 Taler. Für den Professor für Baukunst, *Rudolf Wiegmann* (500 Taler ab 1839) beantragte der Akademiedirektor 1842 eine Gratifikation mit der ausdrücklichen Begründung, seine Kunst verschaffe ihm nicht in dem Maß wie die Malerei anderweitige Einnahmen.[723] Bei anderen Professoren, so z. B. bei *Carl Ferdinand Sohn* ist ein erheblicher Zusatzverdienst anzunehmen. 1848 gab Sohn selbst stattliche 1000 Taler an.[724] Der Maler spezialisierte sich − sehr zum Unwillen Wilhelm Schadows − auf geschönte Portraits und ließ das historische Fach liegen. Es spricht für seine Geschäftstüchtigkeit, daß er von Friedrich Wilhelm III. für sein Bild „Diana mit ihren Nymphen im Bade" den horrenden Preis von 4050 Talern erhielt und 1838 gleich an zwei Käufer − an den Kunstverein Halberstadt als bestelltes Vereinsbild und an einen Braunschweiger Kunstfreund -eine Darstellung von „Romeo und Julia" für je 625 Taler verkaufte.[725] Das Landschaftsfach bot gute Chancen zum Nebenerwerb. So erhielt *Johann Wilhelm Schirmer* vom Düsseldorfer Kunstverein 1829−1848 etwa 5.500 Talern. Das Gehalt für den Vertreter des in der akademischen Hierarchie niedrig angesiedelten Faches war dagegen abgesenkt (ab 1830: 200, ab 1838: 400 Taler; Einkommenssteuerveranschlagung 1848 jedoch: 800 Taler[726]). Der Landschaftsmaler argumentierte in einem Antrag auf Gehaltserhöhung 1851: „Nachdem ich nun unablässig dahin gestrebt tüchtige Künstler aus meinen Schülern zu bilden, und dieses auch zum Theil gelungen ist, so hat sich eben dadurch eine große Concurrenz im Verkaufe der Bilder herausgestellt, die mir eine Verringerung meiner früheren Einnahmen zugezogen."[727]

Drohte der Ausfall von Nebeneinkünften, konnte sich auch bei den durch ihr Grundgehalt bereits privilegierten Künstlern Angst vor sozialer Deklassierung zeigen. Der bekannte Maler *Karl Begas* hatte sich in Berlin mit einem Unterrichtsatelier etabliert und bezog als Akademielehrer für „Komposition und Gewandung" 400 Taler (1840). 1841 wandte er sich an den König mit der Bitte um Gehaltserhöhung, die unbeantwortet blieb und die seine Frau ohne sein Wissen ein Jahr später wiederholte. Ihr Mann sei wegen des geringen Gehaltes und einer zahlreichen Familie

---

722 Ebd., Bl. 140.

723 HStA Düsseldorf, Regierung Düsseldorf, Präs. 1610, Bl. 192. Die Ankaufslisten des Düsseldorfer Kunstvereins verzeichnen nur in den vierziger Jahren Ankäufe von Wiegmann in der Höhe von 424 Taler.

724 Verzeichnis Einkommenssteuer Düsseldorf 1848.

725 Centralblatt der deutschen Kunstvereine 1 (1839) S. 24−30.

726 Verzeichnis Einkommenssteuer Düsseldorf 1848.

727 LHA Koblenz, Best. 403, 14069, Bl. 92.

156

von 12 Personen genötigt, „sich mit kleinlichen Arbeiten abzuquälen" und müsse die von den
armen Kirchengemeinden in Auftrag gegebenen Altargemälde deshalb stets zurückstellen. Da
das Ehepaar den Kindern, darunter fünf Knaben, eine „ordentliche Erziehung" zukommen
lasse, sei es bisher unmöglich gewesen, das geringste zurückzulegen. Auslöser für die Abstiegs-
angst der Familie war eine fünfmonatige Krankheit von Begas, bei dem er nach Aussage seiner
Frau dem Tode nahe gewesen ist.[728] Der Generaldirektor der Berliner Museen, Ignaz von Olfers,
apellierte dramatisch an den König, Begas „für die Kunst, wie für seine Familie zu retten."[729] Der
Maler erhielt eine Zulage von 600 Talern mit der Auflage, dafür jährlich ein Portrait eines
berühmten Wissenschaftlers oder Künstlers zu liefern.

Natürlich hatten offizielle Eingaben immer einen dramatisierenden Grundtenor. Im Fall von
Begas steht eine Quelle zur Verfügung, die eine objektive Sicht auf die Sachlage erlaubt, das
Tagebuch des Sohnes Oskar. „Vater malte heute an seinem großen Bilde. Er würde bald fertig
sein, wenn er nicht immer Portraits malen müßte, um die Familie zu erhalten", heißt es dort am
18. 10. 1843. Ein Jahr später wird das kolossale Altargemälde fertig, zu dem der Vater sich „in
einer Art Verzweiflung entschlossen hatte, da er in 17 Jahren keinen Auftrag vom König erhalten
hatte, und sein Talent so verschwendet wurde." Er nahm einen Auftrag aus Landsberg an, für
1500 Taler ein Bild mit zwei Figuren zu malen, das ihm unter der Hand immer größer geriet, 16
Figuren enthielt, und „doch wenigstens 8000 Taler kosten müßte".[730] Hier wird deutlich, daß
auch der gekränkte Künstlerstolz mit am Werk ist. Der bekannte Maler fühlte sich nicht genügend gewürdigt und unternahm Anstrengungen, sein Profil aus eigenen Kräften aufzubessern.
Dies gelang nach wiederholten Eingaben auch: 1844 wurde das Gehalt um 200 Taler angehoben,
1845 erhielt Begas zusätzlich das Hofmalergehalt des verstorbenen Wilhelm Wach (500 Taler)
und brachte es somit mit dem erwähnten Portraitauftrag auf eine Summe von 1700 Talern, „ein
wesentlicher Fortschritt der Finanzen unseres Hauses, aber ein solcher Fortschritt wird alle Tage
nöthiger, da wir immer größer werden, und immer mehr gebrauchen."[731] Das Tagebuch gibt auch
Aufschluß über den Lebenszuschnitt der Familie. 1832 hat der Maler eine eigene Villa vor dem
Potsdamer Tor bezogen.[732] Zwei Dienstmädchen und ein Hauslehrer werden beschäftigt, der
Sohn Oskar erhält Unterricht auf der Violine und geht Reiten. Alles ist darauf abgestellt, den
Kindern eine Zukunft in gehobenen Kreisen zu sichern.

Bei Begas handelte sich um einen privilegierten Künstler, dessen Verhältnisse keineswegs als
Norm gelten können. Der Mehrzahl der Maler blieb ein Lehramt und damit ein gesichertes
Einkommen verschlossen. Auch auf intensivere Kontakte zum Hof, die im Fall materieller
Bedrohung zu aktivieren waren, konnten die wenigsten zurückgreifen. So ist mit einem breiten
Mittelfeld und einer ebenfalls großen Zahl von Malern zu rechnen, die das handwerkliche Ein-
kommensniveau nicht überstiegen und von Pauperisierung bedroht waren, wie später noch deutlich werden wird. Die Klagen der Künstler über ihre Einkommenssituation müssen jedoch vor
dem Hintergrund der allgemeinen Zeitverhältnisse relativiert werden. Ein Gehalt von wenigen
hundert Talern zwang sicherlich zur Sparsamkeit, blieb aber für eine anwachsende Schicht prole-
tarisierter Handwerker, Heim- und Fabrikarbeiter oft unerreichbar.

---

728 GStAPK Berlin, 2.2.1, Nr. 19519, Bl. 105f. (Bitte um Gehaltserhöhung vom 12.11.1841) und Bl. 110f.
    (Schreiben von Minna Begas vom 29. 10. 1842)
729 Ebd., Bl. 115 (11.2.1843).
730 Berlin-Museum, Tagebuch Oskar Begas I, Bl. 134 (17. 9. 1844).
731 Ebd., Bd. I, Bl. 513 (5.2.1846).
732 Grundriß und Beschreibung ebd., Bl. 129−133.

Ohne eine feste Stelle waren die Künstler den Konjunkturschwankungen des Marktes stärker ausgesetzt.

Manchen verschafften die Kunstvereine ein kontinuierliches Einkommen, wie z. B. dem mit 150 Talern (1846) nur gering besoldeten Düsseldorfer Maler *Heinrich Mücke*, der 3.820 Taler vom dortigen Kunstverein bezog (1830−1849) und damit seinen Verdienst (1848: 400 Taler[733]) erheblich aufbesserte. Der Grafiker und Genremaler *Adolf Schroedter*, der sich in den dreißiger Jahren einen klingenden Namen gemacht hatte, gab vor der Heirat, die manchen zum Offenbarungseid zwang, in einem Brief an den Schwiegervater sein Einkommen in den letzten Jahren mit 1100−1300 Talern an und zeigte sich so optimistisch, in den nächsten Jahren eine Verdoppelung zu erwarten.[734] Glücklich in den Ehehafen eingelaufen begann doch das „Bangen u[nd] Hangen ums liebe Geld! − Mein Ehestand, Kind, Dienstboten, Haus u[nd] Hof und Garten − das kostet zu viel für das was ich zu erwerben im Stande bin. [...] Daher ist nun ein berühmter Künstler gezwungen, Arbeiten zu übernehmen, die nimmermehr Lorbeeren für die Schläfe erzeugen".[735] Im gleichen Jahr heißt es über die Lage in Düsseldorf generell: „Immerfort ist Holland in Noth, obschon ein edler Wettstreit in der *Sparsamkeit* fast Sitte geworden ist, u[nd] in unsern künstlerischen Zirkeln wird viel von Oeconomie geschwätzt. [...] Gott verhüte Kartoffelmißwachs, u[nd] − und lasse [die versicherten] Ausstellungen alle abbrennen!!"[736] Daß sich dahinter nicht nur augenzwinkernde Selbstironie unter Kollegen verbirgt, zeigt der Verkauf seines Hauses 1846.[737] Schroedter wohnt wieder zur Miete. Im Krisenjahr 1848 (Einkommenssteuerveranschlagung: immerhin 600 Taler[738]) faßt er gar den Plan, nach Amerika auszuwandern, zieht in London sieben Wochen Erkundigungen ein und kehrt nach Warnungen seiner Gesprächspartner kleinmütig zurück. Um zumindest dem überfüllten Düsseldorf zu entkommen, siedelt Schroedter nach Frankfurt über.[739] Dort geht es im Krebsgang weiter. 1854 geht er in eher schlechteren Finanzverhältnissen wieder nach Düsseldorf zurück.[740] „Gute Talente sind 'billig wie stinkende Makrelen im Sommer' und nur ganz eminente geniale Burschen vermögen sich über dem drängenden Strom zu erhalten," heißt es zur Lage dort 1857.[741] Zwei Jahre später geht der Maler als Professor für Freihandzeichnen und Ornamentik an die Karlsruher Akademie. Dieser Verlauf macht die Schwierigkeiten deutlich, die auch ein bekannter Künstler hatte, um ein regelmäßiges Einkommen zu sichern. Bei Adolf Schroedter zeigt sich eine typische Streuung der Einkommensquellen: Der Verkauf von Portraits, Genrebildern und Druckgrafik bis hin zu Vorlageblättern für Stickerei, die Gründung eines „Geschmacksverbesserungsinstituts für Damen", die Übernahme des akademischen Lehramts -all dies gehörte zur flexiblen Subsistenzstrategie des Künstlers.

„Man blicke auf den ganzen Zustand unserer Kunst", klagte Rudolf Wiegmann 1845, „fristet sie nicht fast durchweg ihr Dasein mit wahrem Gnadenbrod?"[742] Neidisch schaute man von Preußen ins Ausland. Das Mäzenatentum Ludwig I. schuf in München weit bessere Bedingungen.

---

733 Verzeichnis Einkommenssteuer Düsseldorf 1848.

734 Schroedter, Briefe, S. 191, Anm. 21; an Daniel Heuser am 6. 11. 1838.

735 Ebd., S. 49 f.; Ostern 1842 an Nerenz.

736 Ebd., S. 52; 20. 10. 1842 an Nerenz.

737 Ebd., S. 246, Anm. 234; Juli 1846.

738 Verzeichnis Einkommenssteuer Düsseldorf 1848.

739 Ebd., S. 57−60; Brief an Nerenz vom 14. 6. 1848.

740 Ebd. S. 114.

741 Heinrich-Heine-Institut Düsseldorf, Brief an H. v. Rustige, 20. 11. 1857.

742 Wiegmann, Künstler-Communismus 1845, S. 65.

158

In Frankreich existierte ein auf die Versorgung der gesamten Künstlerschaft gerichtetes Mäzenatentum des Staates. Als eine Art Sozialhilfe fungierten Kopieraufträge, für die 800 Francs [211 Taler] gezahlt wurden, ein durchschnittlich erfolgreicher Künstler erhielt für kleinere unspektakuläre Aufträge 4000−10.000 Francs [1056−2640 Taler], und für einen berühmten Künstler konnte bei Prestigeobjekten das Jahresgehalt auf 10.000 − 25.000 Francs steigen [2650−6600 Taler].[743] Der typische französische Salonmaler war nach Andrée Sfeir-Semler „in der Regel kein Hungerleider, sondern ein wohlhabender Bürger, der über gute Einkünfte und damit ein überdurchschnittliches Maß an materieller Sicherheit verfügte."[744] Für den deutschen Raum sind detaillierte statistische Analysen in der ersten Jahrhunderthälfte nicht möglich[745], doch ist es ohne Zweifel richtig, daß die Verdienstchancen dort − vor allem in Preußen − weit schlechter waren. Der auch in Deutschland berühmte Historienmaler Horace Vernet brachte es auf ein Einkommen von durchschnittlich 50.000 Francs im Jahr [13.200 Taler], 1849 kamen 139.146 Francs ein [36.734 Taler].[746] Das waren für preußische Verhältnisse astronomische Summen, die natürlich auch in Frankreich fast nie erreichbar waren. Der französische Zentralismus, das hohe Prestige des Salons, die Konzentration einer Finanzbourgeoisie mit hohen Repräsentationsbedürfnissen in Paris − all dies schuf andere Ausgangsvoraussetzungen.

<h3 style="text-align:center">b) Ämter und Ehrungen</h3>

„Wenn er nur den Titel hätte, dann könnte er dreist bei Papa um meine Hand anhalten", läßt Wilhelm Schadow in seinem novellistischen Alterswerk „Der moderne Vasari" eine in einen Künstler verliebte Tochter aus besserem Haus seufzen.[747] Das Attribut „Professor" brachte zwar nicht immer ein Gehalt ein, steigerte aber das gesellschaftliche Prestige. Zur sozialen Ausstattung des Berufsstandes gehörten Ehrungen und Titel, die sich auch als Mittel zu einer subtilen Kunstlenkung durch den Staat anboten, indem sie zur Rangerhöhung genehmer Künstler beitrugen.

1845 wandte sich der Blumenmaler Prof. Gottfried Wilhelm Völcker, Lehrer dieses Fachs und Vorsteher der Figurenmalerei an der Porzellanmanufaktur, seit 1832 Träger des Roten Adler-Ordens 4. Klasse und seit 1839 gar der 3. Klasse mit Schleife, ein titelsüchtiger Biedermann, mit

---

743 Sfeier-Semler, Maler am Pariser Salon 1992, S. 400−409. Umrechnungen von Francs in Silbertaler erfolgten nach den Angaben in Nelkenbrechers Münzkunde 1842, S. 61 (1 Franc = 95 Pfennig der preußischen Silberwährung). Daraus ergibt sich der Umrechnungsfaktor Francs × 0.264 = Silbertaler, eine Umrechnung die wegen der hohen Geldwertstabilität nicht nur für 1842 als annähernd richtig angenommen werden kann.

744 Ebd. S. 359. Die ausgezeichnete Arbeit von Sfeier-Semler enthält eine Fülle von wertvollem statistischen Material, das in seiner Vielfalt hier nicht referiert werden kann. Verwiesen sei hier besonders auf die Berechnung der Jahreseinkünfte S. 422−40, gestaffelt nach vier Einkommensklassen. Dies sind: 1. erfolglose, abgelehnte Maler (33 % aller Salonbewerber): 800−2000 Francs [211−396/528 Taler]; 2. durchschnittlich erfolgreiche Salonmaler (84 % der nie anläßlich des Salons medaillierten Maler) 3000−8000 Francs [792−2112 Taler]; 3. Medaillierte Salonaussteller (16,4 % aller Salonaussteller): 6.000−15.000 Francs [1584−3960 Taler], 4. Spitzenverdiener (22 % der Medaillierten, 10 % aller Salonaussteller) 20.000−100.000 Francs [5280−26.400 Taler]. Verwirrend ist bei dieser Analyse der Wechsel der statistischen Kriterien, die einen Vergleich der Gruppen untereinander ausschließt.

745 Zu dieser Feststellung gelangte auch Frau Sfeir-Semler bei Prüfung der Quellenlage für eine weiterführende vergleichende Studie (mündliche Auskunft).

746 Ebd., S. 430f.

747 W. Schadow, Vasari 1854, S. 37.

Erfolg an eine Prinzessin bei Hof mit dem Anliegen, auch dem Sohn, dem Landschaftsmaler Otto Völcker, den Professorentitel zu verschaffen: Er „lebt zwar in sehr günstigen Vermögens-Verhältnissen, [...] ist jedoch durch seine Verheiratung mit der zweiten Tochter des ehemaligen Kaufmanns Meyer aus Memel [...] in eine Stellung gekommen, welche es in vielen Beziehungen wünschenswerth erscheinen läßt, daß er sich eines seiner Lage und seinem Berufe entsprechenden Titels erfreuen möchte."[748]

Der Kultusminister bemerkte 1846 eine bedenkliche „Unbestimmtheit der Grundsätze" für die Vergabe und legte im Einverständnis mit dem König fest, daß nur eine Lehrstelle an einer öffentlichen Kunstanstalt, also z. B. auch an einer Provinzialkunstschule, oder eine sonstige Tätigkeit zur Bildung von Kunstschülern, z. B. in einem Unterrichtsatelier, notwendige Bedingung sei.[749] 1820 hatten Wilhelm Schadow und Wilhelm Wach als königlichen Gunstbeweis den Professorentitel erhalten, weil eine Anstellung an der Kunstakademie nicht finanzierbar war, man beide aber dem Staat erhalten wollte.[750] Eine kunstpolitische Komponente wird auch in Überlegungen Gottfried Schadows aus dem Jahr 1839 deutlich. Der Berliner Akademiedirektor befürchtete den Abgang bedeutender Talente von Düsseldorf nach Dresden. „Der Maler [Julius Benno] Hübner ist vom Schicksale so gestellt, daß er nicht nötig hat, Arbeit zu suchen", schreibt Schadow an den Kultusminister. „Aber er sieht es gern, wenn man ihn sucht, und jede Auszeichnung ist ihm angenehm. Unser hohes Ministerium könnte ihn das Patent eines Professors auswirken und [ihn] in den Academischen Senat versetzen, was ihm eine Theilnahme an der hiesigen Schule erwecken würde."[751]

Der Professoren-Titel blieb exklusiv und galt, wenn damit nicht ein akademisches Lehramt verbunden war, als Anerkennung für „ausgezeichnete Leistungen in den höheren Kunstfächern".[752] Entsprechend gesucht war eine solche Auszeichnung von den Künstlern, da sie sich auch in der „guten Gesellschaft" zur dezenten Eigenwerbung verwenden ließ und die Attraktivität des eigenen Ateliers für Privatschüler hob.

„Vorzüglich geschickte Künstler" konnte die Berliner Akademie der Künste zum ordentlichen Mitglied ernennen.[753] Freiherr von Heinitz hatte bei der Wiederbelebung der Kunstakademie nach 1786 damit eine Vereinigung ins Leben rufen wollen, die in monatlichen Sitzungen den Austausch über Kunstangelegenheiten pflegen sollte. In der Praxis war die Mitgliedschaft ein folgenloser Ehrentitel, der jedoch einen exklusiven Charakter hatte. Nicht jeder Lehrer, selbst wenn er sich Professor nennen durfte, war ordentliches Akademiemitglied.[754] Die bestätigten Mitglieder selbst befanden in einer Gesamtversammlung über Neuaufnahmen[755], und sie hüteten sich, die Ehrenkorporation durch inflationäre Zuwahl von Künstlern zu entwerten. Ein Künstler konnte selbst die

748 GStAPK Berlin, G.Z. 2.2.1., 19819, Bl. 109−111.

749 PrAdK, Nr. 143 [Ernennungen 1826−64], Fiche 1; Brief Eichhorns an die Kunstakademie vom 20. 3. 1846. Mit diesem Argument wurde der Professorentitel für die Maler Adolph Henning und Eduard Meyerheim abgelehnt.

750 GStAPK Berlin, G.Z. 2.2.1., Nr. 19828, Bl. 1−2; Brief Altensteins an den König vom 9.8.1820.

751 GStAPK Berlin, Rep. 76 Ve, Sect. I, Abt. XV, Nr. 108, Bl. 6−7.

752 GStAPK Berlin, G.Z. 2.2.1., Nr. 19519; Kultusminister Altenstein am 24. 5. 1826.

753 Reglement von 1790, in: Müller, Akademie Berlin 1896, S. 184−198, §§ 32−37.

754 So waren z. B. 1836 sechs von neunzehn an der Akademie lehrenden Professoren nicht Mitglied der Akademie der Künste.

755 PrAdK, Nr. 136 [Mitgliederernennungen 1829−65], Verfügung des Kultusministers vom 5.3.1831: Die Wahl sollte in einer Gesamtvollversammlung aller Mitglieder erfolgen, an der Abstimmung konnten nur ordentliche Mitglieder teilnehmen, eine Vorberatung eines Antrags durch den Senat war möglich.

Mitgliedschaft beantragen und mußte dazu ein Probestück seiner Arbeit einreichen, doch in der Praxis wird ein solcher Vorstoß ohne Protektion und Klärung der Erfolgsaussichten nicht unternommen worden sein. Ein spektakulärer Ausstellungserfolg bot sich als Anlaß an.

1846 hatten erst acht Düsseldorfer Maler Aufnahme gefunden, denen 42 Berliner Mitglieder gegenüberstanden. Die Mitgliederzahl steigerte sich seit Neubegründung der Akademie kontinuierlich.[756] Waren 1788 unter den 40 ordentlichen Mitgliedern 17 Preußen, so war 1818 die Zahl auf 48 Preußen von 89 gestiegen. Eine große Anzahl von klingenden Namen des Auslands trug zur Aufwertung der Institution bei. Bis 1846 steigerte sich die Gesamtzahl der ordentlichen Mitglieder kontinuierlich auf 143, darunter 76 Preußen. Der Anteil der Frauen war gering und ging mit der Zeit immer weiter zurück: 1818 waren noch drei Malerinnen, eine Kunststickerin sowie neun weibliche Ehrenmitglieder vertreten, doch spätestens 1831 blieben die männlichen preußischen Akademiker unter sich, und nur unter den auswärtigen Ehren- und außerordentlichen Mitgliedern fanden sich noch sechs Frauen.

Vollends exklusiv war der Akademische Senat der Kunstakademie. Er bestand aus 14–16 akademischen Lehrern der höheren Kunstfächer, die durch „wirksame Berathschlagung den Flor der Künste und Verbreitung des guten Geschmacks allenthalben [...] sich angelegen seyn lassen" sollte, wie das Reglement von 1790 vorschrieb.[757] Hier sollte die Geschmacksautorität des Staates versammelt sein, doch in der Praxis war der Einfluß dieses Gremiums über die Grenzen des akademischen Unterrichts hinaus gering.

Die genannten Zahlen machen deutlich, daß die Aufnahme in die Akademie keineswegs im Verlauf einer Künstlerkarriere automatisch eintrat, sondern der tonangebenden Minderheit vorbehalten blieb.

Sie war es auch, die überwiegend in den Genuß der Ordensernennungen[758] kam, 'jenem Mittel, neben dem galvanisch durch finanzielle Zuwendungen wirkenden, das wie das Betelkauen stärke, weil es ohne zu ernähren zerstreue', wie Alexander v. Humboldt 1856 mit leiser Ironie feststellte.[759] 1842 erhielt z. B. der Düsseldorfer Maler Theodor Hildebrandt den Roten Adlerorden 4. Klasse; „eine große Freude für mich, und frischt meinen Beamten Eifer wieder lebhaft auf"[760], wie er dazu bemerkte. Doch zugleich schrieb Adolph Schroedter über den Maler, der ein großes Historienbild auf der Staffelei hatte: „er stützte sich auf seinen „Kardinal Wolsey" glaubend und hoffend, Sr. Maj[estät] werden ihn kaufen, – aber nein; er war fast wirklich, trotz des rothen Adlers, in Noth! [...] Der erhabne Monarch hat überhaupt hier so manche blühende Künstlerhoffnung auf den Sand laufen lassen".[761]

---

756 Grundlage für statist. Angaben: 1788: Müller, Akademie Berlin 1896, S. 177–79; Handbuch Hof und Staat 1818, 1824, 1831, 1836, 1841, 1846. Die Akademie konnte außer ordentlichen Mitgliedern auch Ehrenmitglieder aufnehmen, die meist nicht selbst ausübende Künstler waren. Ihre Zahl war 1788 bereits mit 48 sehr hoch (1818: 30, 1836: 33; 1846: 9), da die Ernennung systematisch zur Statuserhöhung der Einrichtung genutzt wurde. Die Zahl der außerordentlichen Mitglieder für vielversprechende Künstler war gering (1818–1846: 4–12). Der Titel „akademischer Künstler" war eine Auszeichnung für Kunsthandwerker, der für viel Verwirrung sorgte und hier unbeachtet bleiben kann.

757 Reglement von 1790, a.a.O., § 6.

758 Verzeichnis der Ordensträger und den Mitgliedern der Akademie und der vergebenen Orden im Handbuch Hof und Staat. Die Durchsicht der Ernennungslisten im LHA Koblenz, Best. 403, Nr. 4182 ergab, daß fast nur Akademiemitglieder mit einem Orden rechnen konnten.

759 A. Humboldt, Briefe an Olfers 1913, S. 210 [10. 11. 1856].

760 Heine-Institut Düsseldorf, Brief vom 12. 11. 1842 an Julius Hübner.

761 Schroedter, Briefe, S. 54; Brief vom 20. 10. 1842. Der Maler wird in der Quelle mit dem Spitznamen

c) Künstlerpauperismus

Auch heute noch wird die Epoche des Vormärz in der kunstgeschichtlichen Literatur überwiegend zu einer biedermeierlichen Zeit verklärt, deren massive soziale Spannungen und Umbrüche undeutlich bleiben, weil sie sich in der Kunst gar nicht oder nur sehr unvollständig abgebildet haben. Vor allem die Massenarmut[762] zeigte sich in den vierziger Jahren immer deutlicher als reales gesellschaftliches Problem und Ursache für zahlreiche sozialpsychologische Ängste im Bürgertum. Der „Brockhaus" definierte 1846 den Pauperismus als eine Lage, in der „eine zahlreiche Volksklasse sich durch die angestrengteste Arbeit höchstens das notdürftige Auskommen verdienen kann [...] und dabei immer noch sich in reißender Schnelligkeit ergänzt und vermehrt."[763]

In den bisherigen Überlegungen war vorwiegend von den erfolgreichen, beamteten und geehrten Künstlern die Rede. Daneben existierte eine in den Quellen schwer greifbare Gruppe schlechter verdienender Maler. Es fragt sich, ob in der Zeit einer weitreichenden Verelendung der Unterschichten die sozial höher angesiedelte Künstlerschaft vom Pauperismus verschont blieb oder massiv in den Sog der Krisen geriet. Besonders hervorzuheben ist dabei die langanhaltende gespannte Situation zwischen 1845 und 1847, in der sich eine mehrjährige Erntekrise alten Typs mit konjunkturellen Schwächeerscheinungen einer Gesellschaft in der Phase der Frühindustrialisierung überlagerte.[764]

1845 verfaßte Franz Kugler für den König ein alarmierendes Gutachten über die Lage der Künstler in Preußen. Der Professor für Kunstgeschichte lehrte an der Berliner Akademie und zeigte ein reges Interesse an der Entwicklung der zeitgenössischen Kunst. 1843 wurde er zur Bearbeitung der Kunstangelegenheiten ins Kultusministerium berufen. „Nachdem in den letzten Jahren von Seiten des Publikums eine so lebhafte und mannigfaltige Theilnahme für die Leistungen der einheimischen Kunst erwacht war, sind dennoch in jüngster Zeit die Fälle nicht ganz selten gewesen, in welchen mehr oder weniger ausgezeichnete Künstler sich klagend über die durchaus unzureichende Einnahme und mit der Bitte um Gewährung irgend eines fixirten Gehaltes an mich gewandt haben. [...] Man konnte dergleichen bisher als Resultat einzelner Nothfälle, als Ergebniß von Conjucturen, die vielleicht nur dem Einzelnen verderblich wurden, betrachten. Gegenwärtig aber ist plötzlich und auf eine wirklich beunruhigende Weise ein allgemeiner Nothstand unter den Künstlern, von dem die glücklicheren Verhältnisse Einzelner nur mehr eine Ausnahme bilden, ans Licht getreten. [...] Es scheint in der That, daß sich die Mehrzahl der einheimischen Künstler in derselben bedrohlichen Lage befindet, welche seither nur Einzelne auszusprechen den Muth hatten."[765]

Noch deutlicher wurde Kugler in einem Artikel für das Kunstblatt im gleichen Jahr: „Die Noth, von der man es gewohnt war, dass sie leise redete und sich scheu zurückgezogen hielt, ist auf den offenen Markt hervorgetreten und hat ihre Stimme laut erhoben; [...] Auch die Künstlerwelt hat dieser allgemeine Schreck ergriffen. Auch hier entfaltet sich plötzlich das Bild beklemmender, peinlicher, düster drohender Zustände. [...] Bunte Bilder und glänzende Rahmen

---

„Unser alter Rüthling" bezeichnet. Schroedter bemerkt, daß der König etwas später doch eine Preisanfrage an Hildebrandt gesandt habe, dessen Lehrergehalt 600 Taler betrug.

762 Zum Problem z. B. Sachße/ Tennstedt, Armenfürsorge in Deutschland 1980.
763 Brockhaus' Real-Enzyklopädie, Leipzig 1846, S. 15f.
764 Abel, Massenarmut 1977, S. 54−58.
765 GStAPK Berlin, 2.2.1., Nr. 19903, Bl. 3−11, hier: 3−3r.

zeigen uns unsre Ausstellungen; könnten sie uns die Geschichte ihrer Entstehung erzählen, sie würden uns manches Mal minder bunt bedünken. Man muss Künstler in Arbeit und Noth haben hinsiechen und hinsterben sehen, um das Alles in seiner nackten Wahrheit empfinden zu können."[766]

Diese drastischen Formulierungen sind ohne einen konkreten Erfahrungshintergrund nicht denkbar. Andererseits fehlen für den Nachweis eines weit verbreiteten Künstlerpauperismus im Vormärz aussagekräftige Quellen. In seiner Analyse der Lage sieht Kugler die Wurzel des Übels in der Überfüllung des Marktes. Die Kunstvereine hätten die künstlerische Tätigkeit zu schnell und umfassend gesteigert und zu viele Interessenten in den ohnehin so reizvollen Künstlerberuf gelockt. Die Folge sei ein Preisverfall und in der Folge eine oberflächliche, flüchtigere Malweise.

Von einer Doppelstrategie versprach er sich Abhilfe: auf der einen Seite sollten vermehrte öffentliche Ankäufe und die Schaffung von Museen für zeitgenössische einheimische Kunst den Notstand beheben, auf der anderen Seite „die nicht zu wirklich genialen Leistungen befähigten Kunsttalente wieder mehr auf das Kunsthandwerk zurückgeführt werden."[767] Dagegen sprach das durch die einseitige akademische Ausbildung und den Geniekult des Publikums am Leben erhaltene Bild vom erhabenen Künstler, der jenseits der schnöden Verwertbarkeit seine Werke schuf. „Ihr armen Maler, die ihr so hübsche Cabinetsbilder malt, erkundigt euch doch in den renommirten Seiden- und Kattundruckereien nach dem Einkommen der besten Musterzeichner, deren Thätigkeit ihr vielleicht so gering achtet", mahnte Kugler.[768]

Um die schlechten Verdienstaussichten zu verbessern, empfahl der Düsseldorfer Professor Rudolf Wiegmann ebenfalls 1845 einen „nicht staatsgefährdenden Künstler-Communismus". Die Produktion von Friesdekorationen mit Ölfarben auf Zink als transportable Wandtafeln für „gewöhnliche Gesellschaftszimmer" könne je drei bis vier Malern Arbeit verschaffen. „Es sollte mich wundern, wenn man nicht hie und da die Nase rümpfte und wegwerfend ausriefe: „also eine Fabrik!" Wohl denn, ja, eine Fabrik. Ist eine Fabrik in diesem Sinne etwas verächtliches? [...] Er ist freilich betrübend genug, daß die Kunst bei uns gewaltsam in solche Wege gedrängt wird."[769]

Schon 1836 nahm die Zeitschrift „Museum" eine ökonomisch sinnige Trennung von Genie und Talent vor. Den Talenten riet der Verfasser zur Spezialisierung auf dekorative Bauplastik und Malerei, z.B. im Stil der pompejanischen Wandbilder. Er setzt hinzu: „Ich weiss, dass die Wenigen unter den Malern Berlin's, welche einen solchen Beruf nicht verschmäht haben, mit Arbeiten bereits in so hohem Grade überladen sind, dass sie manchen Auftrag von der Hand weisen müssen."[770] Besonders praktikabel war dies alles nicht, denn eine lange akademische Ausbildung hatte den Kunsteleven Werte eingepflanzt, die in höheren Sphären angesiedelt waren. Wer auf dem Markt zu scheitern drohte, wandte sich eher an den König als an den nächsten Besitzer einer Kattundruckerei.

In den Akten gut dokumentiert ist der Werdegang des Malers Ernst Paul Gebauer[771], der früh die Aufmerksamkeit Friedrich Wilhelms III. auf sich ziehen konnte und in der Folge sei-

---

766 Kugler, Pauperismus in der Kunst 1845, S. 553 f.
767 Bericht für den König, a.a.O., Bl. 4.
768 Kugler, Pauperismus in der Kunst 1845, S. 556.
769 Wiegmann, Künstler-Communismus 1845, Zitat: S. 65.
770 Über den Beruf und die Bildung des Künstlers [gez.: F. Th.], in: Museum 4 (1836) S. 1–6, Zitat: S. 5.
771 Thieme-Becker XIII, S. 309.

Verzeichniss

der Herren Subscribenten auf die beiden lithographirten Bildnisse,

zum Besten der durch die Cholera in Nothstand gerathenen Bewohner der Monarchie und der Armen-Speisungs-Anstalten

herausgegeben von

E. Gebauer.

<table>
<tr><th colspan="3">1.
Christus und die Samariterin am Brunnen,
dessen Original vom Professor Hensel im Cabinette Sr. Majestät des Königs sich befindet, und im Jahre 1828 auf der Ausstellung war. Lithographirt von den beiden ersten Lithographen Berlins, von Herrn Oldermann die Figuren, und von Herrn Tempeltey die Landschaft; unter Mitwirkung des Herrn Professor Hensel.

1 Fuss 11 Zoll hoch und 1 Fuss 6 Zoll breit.

Preis: 2 Rthlr. 10 Sgr.</th><th colspan="4">2.
Seiner Majestät des Königs Brustbild,
nach zweien Oelgemälden, welche in diesem Jahre auf dem Palais Sr. Majestät von E. Gebauer gemalt worden sind; in Generals- und ersten Regiments Garde-Uniform.

Lithographirt von dem Maler und Lithographen Herrn Kraft.

15¼ Zoll hoch und 12 Zoll breit.

Preis: 1 Rthlr.</th></tr>
<tr><th>Namen und Stand.</th><th>Wohnung.</th><th>Anzahl der Exempl.</th><th>Namen und Stand.</th><th>Wohnung.</th><th colspan="2">Anzahl der Exempl.</th></tr>
<tr><th></th><th></th><th></th><th></th><th></th><th>In General-Uniform.</th><th>In 1. Reg. Garde-Unf.</th></tr>
</table>

Abb. 28 Ernst Gebauer, Subskriptionsverzeichnis. Nach 1828.

nen Lebensplan ganz auf Kontakte zum König einrichtete. Auf dem Höhepunkt der Wirtschaftskrise 1847 geriet auch der bereits 65jährige Maler in eine bedrohliche Situation, in der seine Verbindungen zum Hof einen Ausweg schufen.

Schon im Alter von neunzehn Jahren hatte er dem König 1811 eine Kopie eines Christuskopfes nach Leonardo übersandt, was Friedrich Wilhelm III. nicht nur mit einem Geldgeschenk honorierte, sondern auch mit dem Auftrag an die Akademie, Gebauers Ausbildung und sein weiteres Fortkommen zu sichern.[772] 1815 legte der Maler dem König ein Portrait des Fürsten Blücher mit dem Plan vor, das Bild als Kupferstich zugunsten verwundeter Vaterlandsverteidiger herauszugeben. Die Aktion brachte 900 Taler ein.[773] Weitere folgten: 1816 ließ Gebauer ein Portrait des Königs zugunsten der Waisenanstalten drucken, und bis 1836 hatte er auf ähnliche Weise insgesamt 89.000 Taler für wohltätige Zwecke zusammengebracht (Abb. 28).[774] Die christlich-caritative Gesinnung des Künstlers stand aber in keinem Verhältnis zu seiner künstlerischen Bega-

---

772 GStAPK Berlin, 2.2.1., Nr. 19589, Bl. 1−2.

773 Ebd., Bl. 3.

774 Ebd. Bl. 8 und 88−90 (Zusammenstellung der für wohltätige Zwecke zusammengekommenen Summen von 1836).

bung. Eine Anstellung an der Akademie, um die Gebauer „im Angesicht einer traurigen Zukunft" 1825 bat, blieb aus,[775] und als der Maler 1835 um den Professorentitel nachsuchte, bemerkte der Kultusminister, Gebauer sei nicht Akademiemitglied und habe niemals ein „beachtliches historisches Gemälde producirt". Ein Professorentitel käme daher nicht in Betracht. Der Maler erhielt angesichts seiner sozialen Verdienste den Titel eines „Hofrates".[776]

Im Verlauf seiner Karriere stellte sich eine starke Abhängigkeit von königlichen Aufträgen ein. Die Ankaufsliste des Hofes verzeichnet immerhin 30 Werke des Künstlers, fast ausschließlich Portraits, zum Teil auch Kopien nach Gerard. Der Gesamtwert zwischen 1811 und 1836 betrug 5875 Taler, was einem Jahresdurchschnitt von 235 Talern entspricht.[777] 1836 erwog er eine Abwanderung in die Provinz, da er als Portraitmaler in Berlin sein Auskommen nicht finden konnte und sprach die Befürchtung aus, bei der königlichen Majestät in Ungnade gefallen zu ein. Von 700 Talern Schulden ist die Rede und einer Einnahme von 90 Talern in den letzten fünf Monaten. Als Gunstbeweis folgte der rote Adler-Orden dritter Klasse mit Schleife, und die höfischen Aufträge wurden weiterhin erteilt.[778] 1847 war die finanzielle Lage restlos bedrohlich geworden. Die Kunstakademie sah sich zu einer Unterstützung nicht in der Lage und empfahl eine unmittelbare Ansprache des Königs, die aufgrund der sozialen Verdienste wohl nicht ohne günstigen Erfolg sein würde, „obwohl jetzt die Noth auch der Künstler fast allgemein ist."[779] Während der Arbeit an einem Bild 'erbettelte er sich den Haushalt' bei Angehörigen des Hofes, wie der Maler im Bittgesuch schrieb. Das fertige Bild wurde als „schlecht und grob gemalt" zurückgewiesen und von Friedrich Wilhelm IV. nicht angekauft: „nun bin ich vernichtet und völlig am Rande der Verzweiflung gebracht, der Wirth 35 Taler Miethe, meiner ersten Frau 40 Taler Alimente, die ebenso verzweifelt darauf wartet da es das einzige ist wovon sie lebt, diese meine Lage ist nicht zu beschreiben, die Witwe eines Selbstmörders oder davon gelaufnen bekommt keine Pension, und so ist mir denn auch dieser Trost genommen. [...] Ew. Majestät sind begabt [...], aber soll denn der Copirer der Bildniße auch ein Genie sein?".[780] Der Maler bat um eine Anstellung beim Museum. Er erhielt eine feste Pension von 500 Talern jährlich, ein sehr ungewöhnlicher Gnadenakt, der nur mit den sozialen Verdiensten Gebauers erklärbar ist.[781] Üblich war in anderen Fällen sozialer Not allenfalls eine einmalige Armenunterstützung von wenigen Talern.

Zur Überbrückung von finanziellen Engpässen griffen die Künstler zum Mittel der kollegialen Selbsthilfe. Der 1814 gegründete Berlinische Künstler-Verein richtete eine 'kleine, nur zu beschränkter Unterstützung zureichende Kasse' ein[782], und die Kunstakademie hatte ebenfalls einen „Armen-Unterstützungsfonds", dessen Umfang jedoch erst mit dem 1847 gefaßten Beschluß eine beachtliche Höhe erreichte, aus Ausstellungsüberschüssen jährlich 1000 Taler zur Linderung von Notfällen zu verwenden.[783]

---

775 Ebd., Bl. 26.

776 Ebd., Bl. 79f.

777 GStAPK Berlin, Brandenburg-preußisches Hausarchiv, Gemäldegalerie, Rep. i4.C., Nr. 8. Einen Bestand von 31 Gemälden verzeichnet Bartoschek, Berliner Biedermeier 1973, S. 44.

778 GStAPK Berlin, 2.2.1., Nr. 19589, Bl. 85–90.

779 Ebd. Bl. 196.

780 Ebd., Bl. 193–194 und 202–203, hier: 193.

781 Ebd., Bl. 211.

782 GStAPK Berlin, Rep. 76 Ve, Sect. 4, Abt. IV, Nr. 2, Bl. 5v.; Zum Verein: Berlin-Museum, AK Berlinischer Künstler-Verein 1814–1840, 1983.

783 PrAdK, Archiv Kunstakademie, Nr. 680 und 681.

Es zeigt die allgemeine Krisenhaftigkeit der Zeit, daß sich in den wichtigen Akademiestädten 1844/45 die Künstler zur gegenseitigen Unterstützung in besonderen Vereinen organisierten. Im Bericht des „Vereins Berliner Künstler zur Unterstützung seiner hülfsbedürftigen Mitglieder und deren Hinterbliebenen" heißt es 1847: „Auch dem begabtesten und thätigsten Künstler ist es häufig nicht vergönnt durch seine Kunst so viel zu erwerben, dass es ihm möglich wird sich einen Hilfsfond für Fälle der Noth zu gründen. Es gehört daher leider nicht zu den seltenen Fällen, dass Alter, Krankheit und andere unverschuldete Unglücksfälle einen Künstler in die traurige Lage versetzen sich und seine Familie nicht mehr vor Mangel schützen zu können, und dass durch seinen Tod die Hinterbleibenden der Noth und dem Elende Preis gegeben werden."[784]

Der 1844 gegründete Berliner Unterstützungsverein sammelte sein Kapital vor allem bei der Ausstellung von illuminierten Transparentbildern zur Weihnachtszeit, im ersten Jahr z. B. nach sechs Holzschnitten von Albrecht Dürer, deren Ausstellung der königliche Domchor mit Gesang begleitete. Das brachte etwa 1400 Taler ein. Die Altersgrenze für den Beitritt lag bei 40 Jahren. Bis 1847 war die Mitgliederzahl auf 51 gestiegen, die in den drei Jahren des Bestehens 5.275 Taler Stammkapital angesammelt hatten. Bis 1856 wuchs das Vermögen durch die Weihnachtsausstellungen, Spenden und die Pflicht der Mitglieder, alle zwei Jahre eine Arbeit zugunsten des Vereins zu liefern, auf 23.200 Taler an. Die ausgeschütteten Unterstützungen von 60−100 Talern waren in ihrem Gesamtumfang nach dem Bericht von 1856 „nicht von Belang". Bis 1848 verboten die Statuten ein Antasten des Vereinsvermögens, danach wurden nur wenig Anträge gestellt, und es blieb bis 1856 bei Ausschüttungen von insgesamt 2100 Talern (davon 460 an Nichtmitglieder).[785]

Über die Probleme eines vereinzelten Malers an einem Nebenschauplatz, ohne Möglichkeiten zur Hilfestellung durch Kollegen, gibt ein Brief des berühmten Düsseldorfer Historienmalers Carl Friedrich Lessing aus dem Jahr 1851 Auskunft: Er berichtet über den aus gemeinsamen Düsseldorfer Jahren bekannten Maler Zimmermann, der sich Breslau zum Aufenthaltsort gewählt hat − „und zwar zu seinem Unglück". Von dort erreichte Lessing ein Brief, in solcher Verzweiflung geschrieben, daß einen das tiefste Mitleid angreife. Einige Künstler setzten sich zusammen und berieten, was in diesem Fall zu tun sei. „Wir waren einig, daß er jedenfalls von Breslau fort muß, wo er fast gar nichts mehr verdienen kann als im besten Falle 5 Taler für ein Brustbild". Die Düsseldorfer wollten die Mittel zu einer Umsiedlung aufbringen und fragten bei Julius Hübner in Dresden an, ob das vielleicht ein geeigneter Aufenthaltsort sein könnte. Lessing kommentierte den Fall: „Wäre er nur hier [in Düsseldorf] geblieben, hier ist nicht Einer, dem es so schlecht geht wie ihm, wenn es auch Manchem schon nicht gut geht." Außerdem gäbe es am Ort wenigstens den Künstler-Unterstützungsverein als „gute Zuflucht".[786]

In diesem 1844 gegründeten Verein war eine große Zahl von Düsseldorfer Künstlern organisiert (1845: 189; 1850: 127; 1855: 176; 1860: 226).[787] Bei Zahlung eines einmaligen Neuaufnahmegeldes von 2−4 Talern und eine Jahresbeitrags von einem Taler, erwarben die Künstler zwei Rechte: Sie konnten im Krankheitsfall Unterstützungsgeld erhalten, dessen Höhe in der Praxis

---

784 Verein Berliner Künstler zur Unterstützung, Bericht 1847, S. 3, Fundstelle: Stadtarchiv Düsseldorf, Nachlaß Hermann Becker. Etwas Material auch in: GStAPK Berlin, G.Z. 2.2.1., Nr. 20001.

785 Verein Berliner Künstler zur Unterstützung, Bericht 1856.

786 Heine-Institut Düsseldorf, Lessing an Hübner am 1.5.1851.

787 Quellen zum Verein: Verein der Düsseldorfer Künstler zur gegenseitigen Unterstützung und Hilfe, Berichte 1844/45, 1847/48, 1849/50, 1852−1860 jährlich; Revidiertes Statut von 1847 [alles in: Stadtarchiv Düsseldorf, Nachlaß Hermann Becker], vgl. auch: Nabert, Unterstützungsverein Düsseldorf 1894.

100 Taler nicht überstieg, und bei einer Kasse einen dreimonatigen zinslosen Kredit aufnehmen, dessen Maximum auf 25 Taler festgelegt wurde. Diese Möglichkeit wurde kräftig genutzt, so z. B. 1847/48 von 43 Künstlern. Außerdem trug der Verein die Begräbniskosten für ein hilfsbedürftiges Mitglied.

Sein Kapital sammelte der Verein nicht nur durch die bescheidenen Mitgliedsbeiträge, sondern auch durch besondere Ausstellungen mit Verlosung von Bildern, was sein Vermögen bis 1847/48 auf 3500 Taler, bis 1855 auf 8900 Taler anwachsen ließ. Diese Summe reichte aus, um „den vorkommenden nächsten Bedürfnissen zu genügen".[788]

Auch in München wurde 1845 ein Unterstützungsverein gegründet, um sich dem hehren Zweck der Hilfe in der Not zu widmen: „Wie oft wird der Geist ergriffen und von Wehmuth getrübt, wenn er ein strebendes Talent machtlos im Sturme ringen sieht!", heißt es im Bericht von 1851. „Eine augenblickliche Rettung thut Noth, doch der Einzelne ist zu schwach dazu; mit vereinten Kräften aber kann dem Bedrängten leicht der Anker zugeworfen werden, der ihn in der Brandung erhält und vor dem Untergange bewahrt." Doch auch hier gab es jährlich nur wenige Unterstützungsfälle.[789]

Die Hilfsvereine wurden 1844/45 in einer Zeit des wirtschaftlichen Abschwungs gegründet. Ihre Existenz zeigt die verbreitete Angst vor Verschuldung und sozialem Abstieg, die die Künstler zur Selbsthilfe schreiten ließ. In der Praxis fällt jedoch die geringe Zahl von Unterstützungsgesuchen auf. Man kann dies als Indiz dafür ansehen, daß eine massive Pauperisierung der Künstlerschaft ausgeblieben ist. Ohnehin konnten diese Vereine nur in einer akuten Notlage eine Überbrückungshilfe bieten. Wo der Verkauf ständig stockte, konnten auch sie nichts tun. 1852 schrieb der Hamburger Maler Peter Happel an seinen Düsseldorfer Freund Hermann Becker, einen der rührigsten Kräfte im dortigen Unterstützungsverein: „Mißmuth, stellenweise Verzweiflung sind die natürlichen aber schlimmsten Feinde meines Daseins, sie entstehen aus denselben Ursachen, die auch Dir lieber Freund bis zum Überdrusse bekannt sind. In letzter Zeit habe ich, wie von Anderen gehört, die Ehre gehabt, öfter sehr rühmlich genannt zu werden, damit ists aber auch abgethan. Mein lieber Becker! wenn wir beide unser Glück im Verkauf zusammen thun, so würden wir damit den talentlosesten Anfänger nicht zufriedenstellen können."[790]

d) Altersversorgung

1832 zeichnete Gottfried Schadow für den Berlinischen Künstler-Verein ein Blatt (Abb. 29), das als Zinkdruck vervielfältigt wurde, um die Spendenfreudigkeit der Mitglieder anzuregen. Es zeigt einen bettelnden alten Künstler mit Zeichenmappe unter dem Arm. „Meine Kraft hat mich verlassen und das Licht meiner Augen ist nicht bei mir" (Psalm 39), ist in der rechten unteren Ecke zu lesen. Der Verarmung im Alter konnte durch rechtzeitige Ersparnis eines Vermögens und Einzahlung in eine Witwenkasse vorgebeugt werden, dies erforderte jedoch Mittel, die viele Künstler nicht aufbringen konnten.[791] War der Erfolg schon in der Phase einer ungebrochenen Schaffenskraft mäßig, so drohte im Alter der soziale Abstieg. Die künstlerische Entwicklung ging

---

788 Bericht 11 (1856), S. 3.

789 Verein zur Unterstützung in Not gekommener Künstler (München), Berichte 1847 ff., Zitat: 1851 (Einleitung). Ausschüttungen in Gulden (Bericht 1855): 1844–47: 279; 1846 an zwei Witwen: insgesamt 200; 1848/49 an ein Mitglied: 500; 1851 an ein Mitglied: 100; 1853 ein Begräbnis: 47 usw.

790 Stadtarchiv Düsseldorf, Nachlaß Hermann Becker, Brief vom 18.6.1852.

791 Ein vierzigjähriger Künstler hatte für eine Witwenpension von 200 Talern z. B. 56 Taler für eine 25jäh-

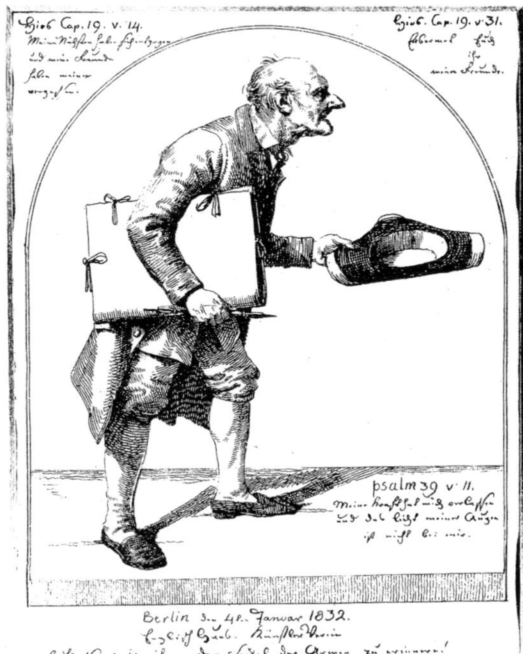

Abb. 29 Johann Gottfried Schadow, Der alte Maler. Zinkdruck, 1832.

unaufhörlich und mit immer schnellerem Tempo weiter; das eigene Vermögen, sich auf immer neue Zeitströmungen einzustellen, stetig Werke zu schaffen und sie mit Erfolg an den Mann zu bringen, nahm dagegen mit den Jahren ab.

Den Künstlern an den Unterrichtsanstalten war bei einer hauptamtlichen Betätigung eine Pension sicher,[792] die vor 1843 nach 15 Dienstjahren 25 % ihres Gehaltes betrug, sich stufenweise steigerte und bei 40 Dienstjahren 62,5 % erreichte.[793] Viele beamtete Künstler waren bis ins hohe Alter im Amt, so z. B. auch Gottfried Schadow selbst, der mit 82 Jahren (1846) (Abb. 30) immer noch Direktor der Berliner Kunstakademie blieb und den Franz Kugler in einem Gutachten recht offen als senil und unfähig, seine Reformvorhaben „in ihrer Totalität aufzufassen", bezeichnete; ob zu Recht, sei dahingestellt.[794] Mit der Überalterung der Lehrerschaft, wie sie auch in der Kunstakademie Düsseldorf zwangsläufig eintrat, drohte die künstlerische Entwicklung aus Mangel an neuen Impulsen zu stagnieren. Wo der Staat aus kunstpolitischen Gründen die Berufung innovativer Kräfte verhinderte, wie dies in Düsseldorf nach der Schadow-Ära in den sechziger Jahren der Fall war, drohte im Unterrichtswesen Epigonentum und Verkarstung.[795]

Ein großes individuelles Problem für alternde Künstler stellte die ausreichende Versorgung

---

rige Frau einzuzahlen (Kübler, Besoldung Staatsbeamte 1976, S. 80), bei den niedrigeren Einkommen ein erheblicher Betrag.

792 Gesetzsammlung für die Kgl. Preuß. Staaten 1846, Nr. 2711.

793 Kübler, Besoldung Staatsbeamte 1976, S. 77 verzeichnet die vollständige Liste der Beamtenpensionen. Weitere Zahlen: 37,5 % (20.-29. Dienstjahr), 50 % (30.-39. Dienstjahr), 75 % ab dem 50. Dienstjahr; 1843 gab es eine Neuregelung mit Absenkung der notwendigen Dienstzeiten (vgl. ebd.).

794 GStAPK Berlin, Rep. 76Ve, Sect. 17, Abt. I, Nr. 11, Bd. I, 290−93.

795 Hütt, Düsseldorfer Malerschule 1984, S. 250 ff.

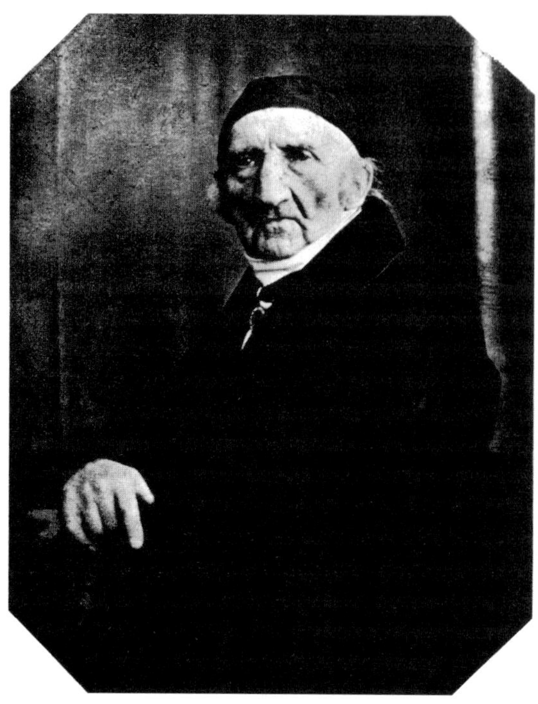

Abb. 30 Hermann Biow, Portrait Johann Gottfried Schadows. Daguerretypie, 1847.

der Witwe und der Hinterbliebenen im Todesfall dar. Der Düsseldorfer Unterstützungsverein
sprach 1855 von 'Übelständen, die mit den wundesten Punkt in unseren socialen Verhältnissen
bilden'. Dennoch scheiterte die Gründung einer Witwenkasse an der Teilnahmslosigkeit der
Mitglieder.[796] Auch die beamteten Künstler hatten selbst in die 1770 gegründete „Allgemeine
Witwenpflegeanstalt" einzuzahlen. Der Staat gewährte beim Ableben des Mannes nur ein Vier-
teljahr, das „Gnadenquartal", die alten Bezüge. „Je mehr die Zahl der Künstler sich vermehrt, je
häufiger werden künftig die Bitten nachgelassener Wittwen und Waisen verstorbener Künstler
um Unterstützung rege werden, da deren Subsistenz durch gewisse Einnahmen selten gesichert
ist, und der erworbene Verdienst fast immer zur Bestreitung des Lebens-Unterhalts der Künstler
und seiner Familie aufgeht", teilte Kultusminister Altenstein 1829 dem König mit.[797] Diese
Prognose stellte sich später als richtig heraus. Eine große Zahl an Unterstützungsgesuchen von
Künstlerwitwen lief beim König und beim Kultusminister ein. Bei nichtakademischen Künstlern
blieb es bei einmaligen Gnadenzahlungen von 5 bis zu 50 Talern, bei unversorgten Beamtenwit-
wen konnte es in Ausnahmefällen zu einer festen Pension von 200 Talern kommen.[798] Nach den
Satzungen der Witwenverpflegungsanstalt sollte die Versorgung mindestens 20 % des Gehaltes

---

796 Verein Düsseldorfer Künstler zur Unterstützung, Bericht 1855, S. 4.

797 GStAPK Berlin, 2.2.1., Nr. 20374, Bl. 58.

798 Zur Versorgung von Witwen nichtakademischer Künstler: GStAPK Berlin, Rep. 76 Ve, Sekt. 17, Abt.
   IV, Nr. 22 (1854−63); Witwen akademischer Künstler: GStAPK Berlin, Rep. 76 Ve, Sekt. 17, Abt. IV,
   Nr. 15, Bd. I; z. B. Bl. 123−130: Bewilligung einer Pension von 200 Talern für die Witwe Erdmann
   Hummels, der wegen des großen Altersunterschieds der Ehepartner (28 Jahre) nicht in die Witwenan-
   stalt einzahlen konnte; Ablehnung eines Gesuchs der Witwe Albert Köhlers, Hilfslehrer an der Kunst-
   akademie Berlin: Bl. 116−149.

des Mannes betragen, eine Summe, die eine drastische Verringerung des Lebensstandards und die Veräußerung von Vermögenswerten, wie z. B. Grundbesitz, oft unvermeidlich machte.[799]

3. Zusammenschlüsse der Künstler

Soziale Absicherung und Vertretung berufsständischer Interessen waren die Aufgabenfelder der Unterstützungsvereine und der 1856 gegründeten „Allgemeinen deutschen Kunstgenossenschaft".[800] Damit ist jedoch das Spektrum von Gemeinschaftsbildungen der Künstler bei weitem nicht erschöpft.[801] Abgesehen von den Werkstattgemeinschaften im Bereich der Bildhauerei, der Architekturausstattung und des Kunsthandwerks waren die Künstler bei der Arbeit auf sich gestellt.[802] Vereine vielfältiger Art sorgten für künstlerische Anregungen, stärkten das Selbstbewußtsein, stellten den Kontakt mit den „höheren Ständen" durch Aufnahme von Ehrenmitgliedern und gemeinsame Feste her und boten Entspannung nach der Arbeit. Sie trugen zur Abgrenzung und zur Bildung eines Sonderbewußtseins bei, halfen aber zugleich, die eigenen Interessen in die Gesellschaft hineinzutragen.

Die Verbindung mit dem höchsten ideellen Anspruch war der bereits mehrfach erwähnte, von romantischem Gedankengut getragene „Lukasbund", eine 1809 von Franz Pforr und Friedrich Overbeck mit vier Kommilitonen in Wien gegründete Studien- und Gesinnungsgemeinschaft, die später auf vielfältige Weise auch auf Preußen einwirkte.[803] Die Gründer brachen mit der Wiener Akademie und machten sich auf eigene Faust auf nach Italien, wo sie in den ersten zwei Jahren im Kloster Sant' Isidoro bei Rom eine ihren Idealen entsprechende Unterkunft fanden, um dort — orientiert an Perugino, Raffael und Dürer — eine christliche Kunst wiederzuerwecken. Die Aufnahme war an künstlerische und moralische Bedingungen gebunden und wurde durch die Aushändigung eines „Bundesbriefes" besiegelt.

Diese romantische Vereinigung wurde auch für preußische Künstler zur prägenden Durchgangsstation: der spätere Inspektor der Düsseldorfer Akademie, Joseph Wintergerst, gehörte ebenso zu den Mitgliedern wie die späteren Direktoren: der 1811 nach Rom gekommene Wilhelm Schadow wurde nach einer langen Probezeit 1813 Mitglied, ein Jahr nach Peter Cornelius.

---

799 Ein Gesuch der Witwe von Karl Begas um Gnadenpension wurde 1855 mit der Begründung abgelehnt, der Bittstellerin stände eine Pension von 300 Talern und ein wertvolles Grundstück zur Verfügung. „Die Lage derselben ist demnach viel günstiger als die vieler Witwen von Staatsdienern selbst der höheren Kategorie" (GStAPK Berlin, G.Z. 2.2.1., Nr. 19519, Bl. 151.) Zu Begas' Vermögensverhältnissen s.o.

800 Zur Geschichte vgl. Deiters, Allgemeine Deutsche Kunstgenossenschaft 1903. Die Vereinigung ging auf Initiativen der Düsseldorfer Künstler zurück. Veranstaltung allgemeiner deutscher Kunstausstellungen, Sicherung des Urheberrechtes, soziale Absicherung, Förderung der Kunst und Schaffung einer Nationalgalerie gehörte zu ihren Anliegen.

801 Betthausen, Künstlergemeinschaften der deutschen Romantik 1986, S. 2f. gibt folgende Typologie: 1. Künstlergruppe: kleine, zirkelartige Verbindung mit persönlichen Beziehungen der Mitglieder; 2. Künstlergemeinschaft: Zweierfreundschaft, Diskussions- und Erlebnisgemeinschaft, Arbeitsgemeinschaft; 3. Künstlerverein, Künstlerverband: große Vereinigung mit austauschbaren Mitgliedern, persönliche Beziehungen untergeordnet.

802 Vgl. Walter, Einsamkeit des Künstlers als Bildthema 1770–1900, 1979.

803 Aus der vielfältigen Literatur seien hier nur genannt: Jensen, I Nazareni – Das Wort, der Stil 1966; Gallwitz (Hg.), Nazarener in Rom 1981 (AK); Betthausen, Künstlergemeinschaften der deutschen Romantik 1986, S. 123–85.

170

Das Sozialmodell der „Nazarener", wie man die Künstlergruppe wegen ihrer christlichen Gesit-
tung zunächst mit spöttischem Unterton nannte, wirkte vor allem in Düsseldorf weiter. Die enge
Bindung der Schüler Schadows an ihren Meister in den ersten Jahren nach der Übersiedlung aus
Berlin 1826, die Konzentration in der Akademie und die Kleinräumigkeit der Stadt ließen
formalisierte Vereinsbildungen weniger wichtig werden. Gemeinsame Lektüre und Theaterspiel
trugen viel zur literarischen Ausrichtung der neuen Schule bei, im „Komponierverein" legten
sich die Künstler ab 1829/30 einmal wöchentlich ihre Entwürfe vor. Das Haus Schadows, wo man
wohlgepflegt und mit guten Manieren zu erscheinen hatte, entwickelte sich zu einem Mittelpunkt
für einen Kreis, der dort mit der guten Gesellschaft und den potentiellen Käufern in Kontakt
kam.[804] Als mit der Zeit die jungen Künstler heirateten, wurden die Beziehungen Mitte der
dreißiger Jahre durch einen „Familienverein" am Leben erhalten, der sich regelmäßig zu Lesun-
gen, gemeinsamen Essen und Gesellschaftsspielen zusammenfand und für die Ausrichtung von
Düsseldorfer Festen sorgte.

Graf Athanasius Raczynski, der Berliner Sammler, verklärte in seiner Geschichte der neueren
deutschen Kunst 1836 das Leben der Düsseldorfer Künstler zum konservativen Idealmodell:
„Trauliche Unterhaltungen, streitige Verhandlungen ohne Hass und Bitterkeit, ein Spaziergang
in dem Laubgange oder zwischen den Gemüsebeeten, eine Pfeife, ein Glas Bier, geronnene
Milch, ein Butterbrot, ein Kegelspiel, ein Wettlauf genügen ihrem einfachen Sinne. Die Mode
und der Luxus haben den Preis ihrer Gemälde noch nicht gesteigert."[805]

Doch auch in diesem so harmonisch erscheinenden Gefüge zeigten sich in den dreißiger Jahre
deutliche Risse. Die Düsseldorfer Nachwuchs fühlte sich ausgegrenzt und reagierte mit demon-
strativem Aufbruch nach München, der Rheinländer Anton Fahne witterte die üblen Machen-
schaften einer Preußenpartei um Schadow, die die Einheimischen systematisch benachteilige[806],
der Familienverein verlor an innerem Schwung; „er hat sich überlebt", bemerkte Adolf Schroedter 1839, „und bereits im vorigen Winter ging es entsetzlich klöterig und unvereint zu".[807] Verschiedene andere kurzlebigere Gruppen bildeten sich, doch erst der nationale Einigungstaumel
von 1848 brachte die Gründung eines starken Künstlervereins mit sich, der im Kapitel über die
Revolution noch zur Sprache kommen wird.

Während in Düsseldorf Wilhelm Schadow in der ersten Zeit eine Integrationsfigur war und die
Verhältnisse überschaubar blieben, als die nachdrängende Generation der Genremaler den
Führungsanspruch der christlichen Gesinnungsgemeinschaft um den Direktor erschütterte,
schloß sich die Berliner Künstlerschaft in formellerer Weise zusammen.[808] Auf Initiative des
Architekten Louis Catel gründete sich dort 1815 der Berlinische Künstlerverein[809], um „zur
möglichsten Verbreitung und Beförderung der Kunst, Kunstfertigkeit und des Kunstgeschmacks
im Fache der Malerei, Bildnerei, Architectur und der sämmtlichen damit verwandten Kunstsphä-

---

804 Hierzu als Quelle ausgezeichnet: Schirmer, Lebenserinnerungen 1863/1956, vor allem S. 62 ff.

805 Bd. I, S. 147.

806 Fahne, Düsseldorfer Maler-Schule 1837, dort auf S. 48 über die Abwanderung von Schülern an andere
     Orte (Andreas Achenbach, Pose, Funk, Ehemant, Rethel werden genannt). Auch Hasenclever und
     Preyer gingen vorübergehend nach München. Fahne spricht sogar von einem Beschluß aller Rheinlän-
     der und Westfalen, die Akademie zu verlassen. Vgl. auch Fahne, Meine Schrift 1837.

807 Briefe, S. 28 (27. 11. 1839 an Nerenz).

808 Überblick über alle Berliner Vereine bis zum 1. Weltkrieg in: Brommenschenkel, Berliner Kunstvereine
     1942; eine nützliche Zusammenstellung, die allerdings zu wenig auf die gesellschaftsgeschichtlichen
     Ursachen der Gründungen und Strukturveränderungen eingeht.

809 Überblick der Geschichte bis 1840 in: Berlin-Museum, Berlinischer Künstlerverein (AK) 1983.

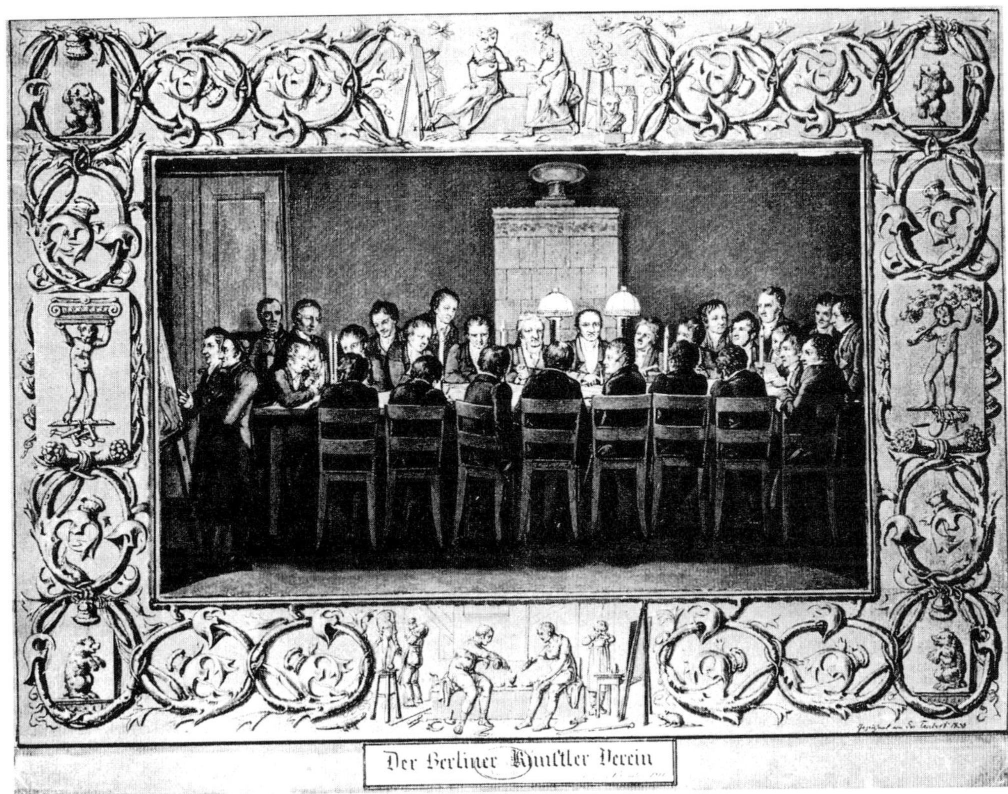

Abb. 31 Gustav Taubert, Sitzung des Berlinischen Künstlervereins. Feder und Pinsel, 1830.

ren" beizutragen,[810] eine Aufgabe, um die sich später mit weit mehr Erfolg die Kunstvereine kümmerten.

Gustav Tauberts Darstellung einer der wöchentlichen Sitzungen des Vereins im Englischen Hause (Abb. 31) aus dem Jahr 1830 vermittelt den Eindruck eines ziemlich steifen Honoratiorentreffens. Gottfried Schadow, als Vorsteher die treibende Kraft, wird − durch die beiden Petroleumlampen umrahmt − als Schlüsselgestalt hervorgehoben. Links sind zwei Künstler mit der Betrachtung einer Zeichnung beschäftigt, entsprechend den Satzungen, die „Beschauung von Kunstwerken und Austausch gegenseitiger Kunst-Ansichten, sowie freundliche Besprechung über dergleichen" vorsahen. Der Verein führte ein „Großes Buch", für das jedes Mitglied Zeichnungen beisteuern sollte, bestimmte besonders gelungene Skizzen zur Ausführung und Publikation in Kupferstich und Lithographie, sammelte die Portraits und Biographien seiner Mitglieder und ermunterte sie, Vorträge zu halten. Gemeinsame Essen und Ausflüge dienten der Erholung.

Unter den 32 Gründungsmitgliedern waren zwei Drittel Lehrer an der Kunstakademie. Es zeigt den begrenzten Einfluß des Vereins, daß wichtige Persönlichkeiten des Berliner Kunstle-

---

810 § 1 der Vereinsstatuten, ein Exemplar von 1843 in: GStAPK Berlin 76 Ve, Sekt. 4, Abt. IV, Nr. 2, S. 12−21.

172

bens nicht vertreten waren, z. B. die Gebrüder Humboldt und einflußreiche Künstler wie Schinkel, Rauch, Tieck, Wach, Krüger und Wilhelm Schadow. Der Bericht von 1843 nennt 76 anwesende und 13 auswärtige Mitglieder, 14 Ehrenmitglieder und 41 Verstorbene.[811]

Nachdem es im Jahr zuvor zur Gründung eines eigenen Architektenvereins gekommen war, fand sich 1825 die nachfolgende Generation im „Verein jüngerer Künstler" zusammen.[812] Er feierte jährlich im Herbst sein Stiftungfest und am 6. April ein Dürerfest, für das Adolf Menzel wiederholt die Einladungskarten gezeichnet hat.[813] Um 1841 versiegen die Quellen, so daß eine schleichende Auflösung anzunehmen ist. Im gleichen Jahr bildete sich aus Anlaß eines Festes für den in Berlin angekommenen Peter von Cornelius ein neuer „Jüngerer Künstlerverein", der nach drei Jahren 46 Mitglieder zählte und in den fünfziger Jahren dem älteren Berlinischen Künstlerverein den Rang ablief.[814]

Was alle diese Vereine für die Gesellschaft bedeutsam machte, waren weniger ihre alltägliche Existenz als Einrichtungen zur Freizeitgestaltung und zum künstlerischen Austausch, als ihre Feste. Für die aufstrebende bürgerliche Gesellschaft war die öffentliche Feier ein Medium von heute kaum mehr nachvollziehbarer Bedeutung: bei großen Sängertreffen, im Karneval, bei Schillerfeiern, politischen Festen wie dem Wartburgfest und dem Hambacher Fest, dem Kölner Dombaufest und vielen ähnlichen Anlässen manifestierten sich kulturelle, nationale und politische Anliegen.[815] In der Zeit der Zensur fand ein wachsendes bürgerliches Gemeinschaftsgefühl und Selbstbewußtsein in einer weitgefächerten Festkultur seinen Ausdruck. In diesem Spektrum boten sich die Künstlerfeste in hohem Maß als „Moratorium des Alltags" (Odo Marquard)[816] an, indem sie für eine Weile eine illusorische Gegenwelt sinnlich erfahrbar machten.

Der Berlinische Künstlerverein feierte jährlich ein Stiftungsfest mit den überall sehr beliebten „lebenden Bildern", bei denen die Beteiligten in aufwendiger Kostümierung und Dekoration bekannte Gemälde oder erdachte Szenen stellten. So erblickte man 1833 zunächst als Allegorie der Malkunst den heiligen Lucas, „wie er, eben vor der Staffelei sitzend, den verklärten Zügen der Mutter Gottes lauscht, die durch eine höchst wirksam angebrachte Beleuchtung in einem wahrhaft überirdischen Licht zu strahlen schien." Danach rief die Szene „Goethes Sarkophag" den verstorbenen Dichterfürsten zu Versen Carl Seidels („Trauert, trauert nicht um Göthe, Den ein sel'ger Tod erhöhte") ins Ehrengedächtnis. Die Darstellung der drei Säulenordnungen mit Musik- und Versbegleitung versinnbildlichte die Architektur, und eine Darstellung „König David erscheint die heilige Cäcilie mit der Orgel" ließ auch die Musik zu ihrem Recht kommen. Eine solche ernsthaftere Darstellung aller Künste fand auf jedem Stiftungsfest des Vereins statt.[817]

Es zeigt den Generationswechsel an, daß der jüngere Künstlerverein 1837 die Themen der „Tabeaux vivants" ganz anders wählte: „der Betrunkene auf der Karre, der Schulmeister und Knabe, der Soldat und die Rekruten, der Trompeter und das leere Faß, die ägyptischen Idole und der Galerieinspektor; hierzu Deklamationen und eine Karikaturmusik hinter der Szene. Bei der

---

811 GStAPK Berlin, Rep. 76 Ve, Sect. 4, Abt. IV, Nr. 2, Bl. 18−20.
812 Brommenschenkel, Berliner Kunstvereine 1942, S. 41−45.
813 Grisebach, Menzel. Grafik 1984, Nr. 255−257, 263, 269, 275f. (Zeitraum 1834−37).
814 Brommenschenkel, Berliner Kunstvereine 1942, S. 45ff.
815 Düding u. a. (Hg.), Öffentliche Festkultur 1988 zu den politischen Festen.
816 Marquard, Kleine Philosophie des Festes, S. 414.
817 Der Bericht von 1833 in: Museum 1 (1833), S. 339−41, 349−53.; Zu weiteren Festen vgl. Berlin-Museum, Berlinischer Künstlerverein 1983, S. 160−70.

Tafel wurden mit der menschlichen Stimme Militärmanöver und Drehorgel mit Gesang nachgeahmt."[818]

Mit besonderem Aufwand beging man in Berlin 1828 den 300. Todestag Albrecht Dürers in der Berliner Singakademie. „Durch die Gegenwart der Prinzen und Prinzessinen, anderer fürstlicher Personen, hoher Staatsbeamten und aller Freunde der Kunst wurde dieser Tag einer der glänzendsten in den Annalen unser vaterländischen Kunst", erinnerte sich Gottfried Schadow.[819] In einer von Schinkel entworfenen Hauptwand wurden — außer der lebensgroßen Statue Dürers — vier allegorische Figuren eingelassen, darüber prangte der Holzschnitt der „Dreieinigkeit" des Meisters in Farben übertragen. Die akademischen Eleven, die Mitglieder der „Königlichen Institute und Privatvereine" zogen im feierlichen Festzug um die Universität herum in die Singakademie ein, zuletzt betrat das Kronprinzenpaar feierlich den Saal, und mit einer Symphonie Mendelssohn-Bartholdys begann der Festakt, in dessen Verlauf der Akademiesekretär Tölken eine akademische Würdigung der Leistungen des „Kunsttitanen" folgen ließ. Hier wurde nicht nur Dürer, sondern die Kunst überhaupt gefeiert und der versammelten Gesellschaft der „Höchst- und Hoch zu Verehrenden" (Tölkens Anrede) die Bedeutung des Künstlers vor Augen geführt. Bei den aufwendig vorbereiteten Festen waren die höheren Gesellschaftsschichten plötzlich eine Einheit mit den Künstlern. „Hoher u[nd] niederer Adel bemühten sich gar sehr", Zutritt zu erhalten, berichtete Adolph Schroedter über einen Maskenball des Düsseldorfer Familienvereins 1839 mit der Aufführung von Wallensteins Lager.[820] Hier wird die wichtige soziale Bedeutung der Feste deutlich: sie trugen zum Kontakt zu den gutbetuchten Käuferschichten bei und erhöhten — zumindest für den Moment — den sozialen Rang der Künstlerschaft. Die Düsseldorfer Maler boten die notwendige Ausstattung für die Feiern des im Schloß Jägerhof residierenden Prinzen und der hohen Beamten und Honoratioren. Wilhelm Schadow verstand es, für seine Kunstjünger die notwendigen gesellschaftlichen Kontakte zu knüpfen.

Die Festgestaltung folgte auch politischen Konjunkturen. Während 1848 eine Germaniafeier mit aufwendigen Mitteln die Illusion einer nationalen Verbrüderung schuf[821], gab man sich 1852 in der Zeit der Reaktion auffällig, wenn nicht gar auf satirisch gemeinte Weise unpolitisch und wählte in Düsseldorf „Aschenbrödels Hochzeit" zum Leitthema des Carnevals.[822]

Insgesamt aber boten sich Künstlerfeste zur aufwendig inszenierten Flucht aus dem Alltag an. „Ich sah [...] im Geiste die ganze Welt mit lauter so fröhlichen Menschen bevölkert, als diese Künstler waren, und Alle feierten ein großes Fest der Verbrüderung", erträumte sich der Berichterstatter der Leipziger Illustrirten Zeitung 1845 aus Anlaß des Frühlingsfestes der Düsseldorfer Künstler. „Ja, wenn das Erwachen nicht wäre!".[823]

Dieses Erwachen konnte nicht ausbleiben. Das Leben der Künstler vollzog sich nicht nur im ästhetischen Raum. Die Gesellschaft des Vormärz hatte mit Wirtschaftskrisen und Massenarmut zu kämpfen, die alte Regierungsform der Monarchie war fragwürdig geworden. Die bürgerliche Kunstwelt, das verinselte biedermeierliche Dasein, wurde gestört durch die Realität.

---

818 G. Schadow, Kunstwerke und Kunstansichten 1849, ND 1989, Bd. I, S. 207f.

819 Ebd., S. 167f., Zur Feier außerdem: Fredel, Kritik der Künstlerideologie. Die frühen Dürerfeiern 1974.

820 Schroedter, Briefe, S. 16. Zu den Düsseldorfer Künstlerfesten: Theissing, Romantika und Realistika. Zum Phänomen des Künstlerfestes im 19. Jahrhundert, in: Trier (Hg.), 200 Jahre Kunstakademie Düsseldorf 1973, S. 185−202.

821 Großmann, Düsseldorfer Malerschule 1985, S. 159−62.

822 Illustrirte Zeitung (Leipzig) 18 (1852) S. 233f.

823 Illustrirte Zeitung (Leipzig) 5 (1845), S. 151f.

Wie weit waren Künstler und Publikum bereit, diese Störungen selbst zum Thema der Kunst zu machen, und − wie es Zeitgenossen oft forderten − „Kunst und Leben" zu verbinden? Um dieser Frage nachzugehen, muß man den Bereich des Kunstbetriebs, der bisher in seiner Binnendifferenzierung geschildert wurde, überschreiten und die gesamtgesellschaftliche Entwicklung in den Blick nehmen.

VIII. Gesellschaft und Politik in der Wahrnehmung der Künstler

1. Kunst und Restauration

In der Restaurationsperiode zwischen 1815 und 1848 wuchs die Spannung zwischen den traditionellen Gewalten und der freigesetzten Bürgergesellschaft, die immer nachdrücklicher ihr Mitspracherecht am politischen Leben forderte. Während die Kunstkritiker überwiegend am Wert eines harmonisierenden ästhetischen Lebensentwurfes festhielten, waren die politischen, sozialen und wirtschaftlichen Verhältnisse im Untergrund längst in Bewegung geraten. Welchen Niederschlag fanden die inneren Widersprüche der Epoche in den Werken der Künstler? Auf welche Weise wurde die sich immer weiter verschärfende „Soziale Frage" von den Malern aufgegriffen? Wirkte sich die Zensur, die die literarische Opposition in Schach halten sollte, auf das Schaffen der bildenden Künstler aus?

Auf welche Weise gesellschaftliche Lagen sich in der Kunst abbilden konnten, soll im folgenden Teil an Beispielen deutlich werden. Besondere Aufmerksamkeit verdient dabei die Revolution von 1848/49, in der Kunst und Gesellschaft in ein enges Wechselverhältnis traten, das sich unter dem Druck der folgenden Reaktionszeit bald wieder auflöste.

Bis heute gibt die Janusköpfigkeit des preußischen Staates zu unterschiedlichen Bewertungen Anlaß.[824] Den einen gilt er als moderner Verwaltungsstaat mit zahlreichen Erfolgen der Modernisierung, den anderen — wie schon vielen Zeitgenossen — erscheint er wegen seiner Repressionsmaßnahmen als Hort der Reaktion. Nach dem hoffnungsvollen Aufbruch in der Zeit der Befreiungskriege und der rasch ausklingenden Reformära steuerte Preußen nach einer langen Phase der Stagnation in den vierziger Jahren unaufhaltsam der Revolution entgegen. Schon wenige Jahre nach dem Wiener Kongreß von 1815 hatten sich die monarchischen Regierungen der deutschen Staaten überwiegend auf eine Politik der Restauration zurückgezogen und enttäuschten die Hoffnungen der Bürger auf Verfassungsgebung, nationale Einigung und liberale Reformen. Preußen hatte zwar auf bürokratischem Weg Staat und Gesellschaft von oben erneuert, doch schreckten die Reformer und der ohnehin zögernde Monarch und sein konservatives Umfeld vor der Konsequenz zurück, die Bürger tatsächlich an der Politik wirksam zu beteiligen, die eine effektive, aber immer stärker restaurativ eingehegte Beamtenschaft umzusetzen hatte.[825] Die militärische Macht und im Konfliktfall gezeigte Gewaltbereitschaft Preußens fiel im

---

824 Vgl. zusammenfassend: Langewiesche, Europa 1815–1849, 1985, S. 120–27; Hardtwig, Vormärz 1985, S. 39–46 zur Restauration in Preußen; mit moderaten Wertungen („ein Staat der Obrigkeit, der Autorität, der Ordnung, aber kein Staat der Willkür und der Polizei…") Nipperdey, Deutsche Geschichte 1983, S. 331–37. Den Gewaltcharakter betont besonders Lüdke, „Gemeinwohl", Polizei und Festungspraxis 1982. Neugebauer, Demagogenverfolgung in Preußen 1988 differenziert am Beispiel der Universitäten zwischen präventiver symbolischer Gewalt und exekutiver Abschwächung durch eine systemimmanente Begnadigungspraxis.
825 Koselleck, Preußen 2.1975.

Kräftespiel zwischen Opposition und den traditionellen Mächten im gesamten deutschen Raum ins Gewicht.

„Praktische Politik liegt so sehr außer dem Bereiche des bildenden Künstlers, ist so gefährlich für seine Zwecke, daß ich fast glaube, Davids großes Kunsttalent sei an dieser Klippe gescheitert", urteilte Wilhelm Schadow in der Rückschau 1854[826] über den französischen Maler, der 1825 in Brüssel gestorben war. Jacques Louis David hatte mit seiner Revolutionskunst und Verherrlichung Napoleons deutlich ins Zeitgeschehen eingegriffen. Später überzog Honoré Daumier in der Wochenschrift „Caricature" das Regime des „Bürgerkönigs" Louis Philippes mit Spott. Im Vergleich mit den französischen Verhältnissen spiegelt die deutsche Kunst eher die biedermeierliche Friedhofsruhe provinzieller Verhältnisse. Der Kritiker Wolfgang Müller von Königswinter erklärte kategorisch: „Wer die Künstler kennt, der weiß, daß sie wesentlich konservativer Natur sind. Sie beschäftigen sich am liebsten mit dem Abgeschlossenen".[827] Tatsächlich bot die Kunst der ersten Jahrhunderthälfte nur selten Stellungnahmen zum aktuellen Zeitgeschehen. Die Fixierung auf den Hof und reichere Käuferschichten, eine unpolitische Sozialisation und der Rückzug in eine „Kunstwelt" im doppelten Sinne beschränkten den Blick der Künstlerschaft für die gesellschaftlichen Realitäten. Sie nahmen nicht alle sozialen Umbrüche und Mißstände wahr, und was sie wahrnahmen, war im Rahmen der Kunstnormen der Zeit noch lange nicht darstellungswürdig, vor allem nicht im zeitaufwendigen Medium der Malerei. Schon eher in der Grafik, die risikolos hergestellt werden konnte und durch ihre hohe Verbreitung den schriftlichen Medien nahestand, ließen sich politische Aussagen machen. Doch auch in der Malerei gab es Reflexe der gesellschaftlichen Gesamtlage. Sie sollen bei den exemplarischen Analysen im folgenden Teil deutlich werden.

Unter dem Druck der verheerenden Niederlage Preußens im Kampf gegen Napoleon, die durch den Frieden zu Tilsit im Juli 1807 besiegelt wurde, hatte der Staat mit zahlreichen Edikten zunächst den Weg der Stärkung im Innern eingeschlagen. Der Abzug der Regierung nach Königsberg, die hohe finanzielle Belastung durch die französische Besatzung[828] und die folgende Verschuldung des Staates und seiner Bürger brachte auch für die bildende Kunst eine krisenhafte Situation mit sich. Die Bautätigkeit kam fast gänzlich zum Erliegen, Berlin erhielt keine öffentlichen Denkmäler mehr, und der Rückgang an Einsendungen zur Akademieausstellung und zahlreiche Klagen der akademischen Künstler zeigen, daß die Krise auch vor der Malerei nicht Halt machte.

Es wurde Mode, die Portraitierten vor einem stürmischen Himmel darzustellen.[829] Der Tod der Königin Luise 1810 führte nicht nur zu architektonischen Entwürfen wie der gotischen Ehrenhalle von Karl Friedrich Schinkel und zum Marmorbild Christian Daniel Rauchs, er beschäftigte auch eine Vielzahl von Malern, die die Gattin Friedrich Wilhelms III. zur nationalen Integrationsfigur verklärten.

Das Aufleben der religiösen Kunst, die Rückwendung zum christlichen Mittelalter und zur Gotik, die als Nationalstil verstanden wurde, zeichnete die Berliner Romantik aus.[830] Diese Tendenzen schlugen sich auch in der Darstellung einer 'mittelalterlichen Stadt am Fluß' von Karl

---

826 Vasari 1854, S. 29.

827 Düsseldorfer Künstler 1854, S. 9.

828 Zahlen bei: Mieck, Berlin 1806–47, 1988, S. 427–35.

829 Börsch-Supan, Berlin 1810, 1987, S. 59.

830 Ebd., 67 f.; vgl. auch Geismeier, Malerei der Romantik 1984, S. 284–88. Zum gotischen Stil: Gramlich, Architekturmalerei 19. Jh., 1990, S. 8–31.

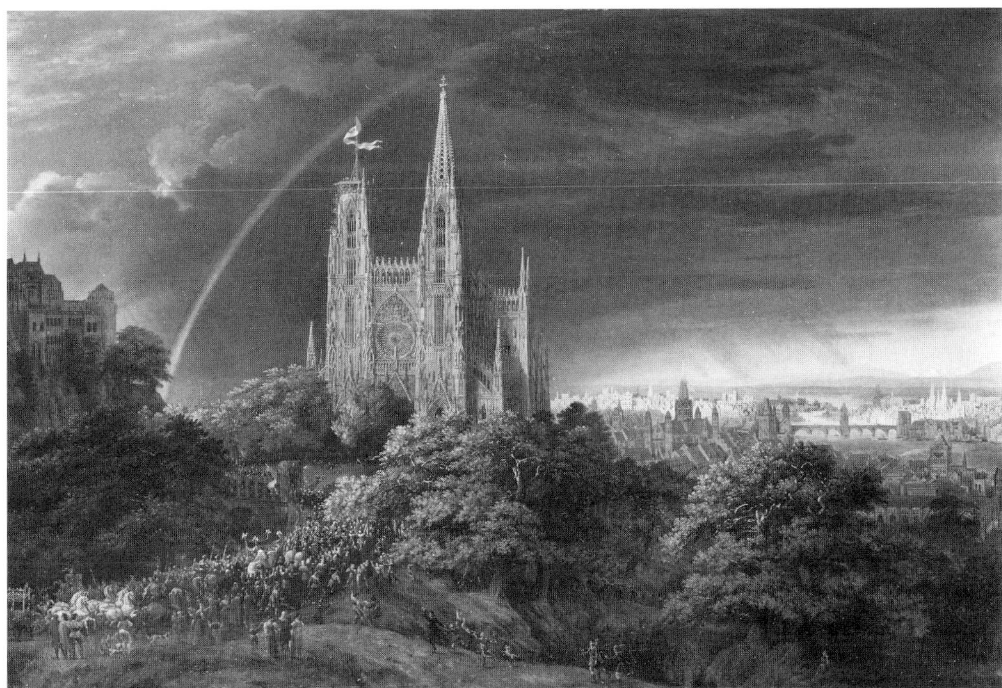

Abb. 32 Karl Friedrich Schinkel, Mittelalterliche Stadt an einem Fluß. Öl auf Leinwand, 1815.

Friedrich Schinkel nieder, die hier als Beispiel der hoffnungsreichen Zeit Preußens nach dem Sieg über Frankreich eingehender behandelt wird. Es ist eine idealistisch aufgeladene Rekonstruktionsutopie, in der nicht nur die neben der Antike zum Vorbild erhobene Zeit des Mittelalters vorgeführt wird. Hier findet auch die Aufbruchstimmung der im Kampf geeinten Nation ihren Ausdruck, die Napoleon April 1814 ins Exil auf Elba zwang und die ihm nach der Rückkehr in der Schlacht bei Waterloo Juni 1815 den letzten entscheidenden Schlag versetzt hatte.[831]

Das Gemälde zeigt einen gotischen Dom, auf dessen fast vollendeten nördlichen Turmhelm die Fahne mit dem deutschen Reichsadler flattert (Abb. 32).[832] Ein Festzug bewegt sich auf die Kirche und die oberhalb gelegene Burganlage zu, dessen Zentrum der von Rossen gerahmte Herrscher unter einem lilienbekrönten Baldachin darstellt. In für die mittelalterliche Architektur ganz untypische Weise ist der Dom in einen Eichenwald hineingestellt und von der Stadt isoliert, wie dies Schinkels Idealvorstellung entsprach. Am ehesten findet man eine solche Situation in Prag, wo sich der St.-Veits-Dom auf dem Felsensockel des Hradschin erhebt, wie es Schinkel

---

831 Zum Siegestaumel: Mieck, Berlin 1806—47, 1988, S. 472—77.

832 Literatur zum Gemälde: Kugler, Schinkel 1842, S. 350f.; Zadow, Schinkel 1980, S. 77—84; AK Schinkel, Berlin (O) 1980, Nr. 99; AK Schinkel 1981, S. 46—74 (Luscius Grisebach, Schinkel als Maler), dort S. 52 Abb. des verlorenen Gegenstücks und Kat. Nr. 180; Betthausen, Schinkel 1983, Nr. 4; Nationalgalerie Berlin SMPK, BK Galerie der Romantik 1986, S. 74—76.; Gramlich, Architekturmalerei 19. Jh. 1990, S. 259—73, bes. 265f. Auf das Referat der bekannten Befunde zur Einordnung in Schinkels Gesamtwerk wird hier verzichtet.

178

mehrmals selbst vor Augen gehabt hat. Auch in der Behandlung der Stadtsilhouette wird dieses Vorbild deutlich. Die Beleuchtungssituation eines abziehenden Gewitters verschafft dem Maler die Gelegenheit zur dramatischen Helldunkel-Differenzierung. Ein Regenbogen überspannt als Symbol des Friedens die Szene. Schinkel konzipierte das Bild als Gegenstück zu einer heute verlorenen „Griechischen Landschaft mit einer Stadt und Aufgang zur Akropolis" und stellte dem Betrachter so in didaktischer Weise zwei Höhepunkte abendländischer Entwicklung vor Augen. Auch in seinem architektonischen Schaffen, das nach der finanziellen Durststrecke der Krisenzeit folgte und ihn von der Malerei immer mehr Abstand nehmen ließ, zeigt sich die Spannung zwischen den mittelalterlichen und klassischen Vorbildern, wobei die Gotik gegenüber der Antike immer mehr zurücktrat.

Die Einordnung des Gemäldes in den Entstehungszusammenhang zeigt deutlich, daß es auch als Zeichen nationaler Begeisterung und Aufbruchstimmung zu lesen ist. Im Juni 1814 hatte der preußische König Schinkel den Auftrag erteilt, in Berlin einen prächtigen Dom als Dankdenkmal für den Sieg zu errichten, eine Aufgabe, der sich der Architekt mit vollster Begeisterung widmete. „Wenn Gott den Völkern neues Leben einhauchte, gegen den Untergang sich zu erheben, wenn er sie stark machte, die Freiheit zu erkämpfen, und wenn so ein großer Akt in der Weltgeschichte geschlossen ward, dann ist hiernach das Edelste, was der Mensch beginnen kann, das Andenken einer solchen Zeit im religiösen Sinne recht fest zu halten und würdig zu ehren, und dazu ist nur ein Medium: die schöne Kunst. [...] Der erhabene Gedanke Seiner Majestät des Königs, dieser ewig merkwürdigen Zeit ein großes und heiliges Denkmal zu errichten, wird der Geschichte unserer Tage einen höheren Reiz und unserem an Denkmalen armen Lande einen edleren Charakter verleihen." So schrieb Schinkel in seiner zweiten Denkschrift über den geplanten Bau 1815.[833] Er träumt von einer Dombauhütte und Werkstattgemeinschaft, die die Kräfte aller Künste unter seiner Leitung konzentriert hätte und die Kunst weiterbringen sollte als „hundertjährige Lehre auf Akademien", von einem Denkmal, daß durch die Ergänzung des plastischen Schmucks „durch die Jahrhunderte in lebendigem Fortgange" bliebe. Die Begeisterung Friedrich Wilhelms III. für den Plan scheint jedoch bald erkaltet zu sein. Erst im Februar 1816 sah er die Entwürfe durch, an deren Ausführung schon wegen der gespannten Finanzlage des Staates nicht zu denken war. Was übrig blieb, war ein Denkmal auf dem Kreuzberg in der Form eines gotischen Hochkreuzes, das der König um die Jahreswende 1817/18 in Auftrag gab und das 1821 mit noch provisorischem Figurenschmuck eingeweiht wurde. Daß das Monument aus Eisen gegossen war, gab ihm eine zusätzliche patriotische Dimension.[834]

Vor diesem Hintergrund der Entwürfe eines Freiheitsdoms für Preußen muß auch das Gemälde verstanden werden, das durch die Entdeckung der Baurisse des Kölner Domes und den einsetzenden Überlegungen, ihn zu vollenden, einen zusätzlichen aktuellen Bezug erhielt. Der Kronprinz hatte sich bei der Besichtigung Kölns für diesen Plan begeistert, und Schinkel hatte auf einer Inspektionsreise durchs Rheinland erste Maßnahmen zur Sicherung des Baus angeordnet.

Für einen Moment schien es, als seien Monarch und Volk, Wirklichkeit und Ideal in Übereinstimmung zu bringen. Noch stand Preußen an der Spitze der Reformbewegung, der König versprach eine Verfassung, der nationale Siegestaumel einte die Gemüter. Schinkels Darstellung der mittelalterlichen Stadt an einem Fluß spiegelt in romantischer Weise die hoffnungsvolle Siegesstimmung. Der heimkehrende Monarch kann als siegreicher Friedrich Wilhelm III. verstanden werden, der in seinen Freiheitsdom einzieht. Doch die patriotische Begeisterung und

---

833 Rave, Schinkel-Werk I, 1941, ND 1981, S. S. 187−202, Text der 2. Denkschrift S. 196−201.
834 Bloch, Kreuzberg-Denkmal 1973.

Reformeuphorie wich bald dem beklemmenden Gefühl restaurativer Erstarrung.[835] Das Verbot, politische Vereinigungen zu bilden (1815/16), wies der bürgerlichen Bewegung schon bald Grenzen. Die Karlsbader Beschlüsse von 1819, die unter maßgeblicher Beteiligung Preußens zustande kamen, verordneten Universitätsüberwachung, Pressezensur und Untersuchung demagogischer Umtriebe. Mit dem Tod Staatskanzler Karl August von Hardenbergs 1822, der bis zum Schluß an Plänen zur Verfassungsgebung festhielt, scheiterten auch die Hoffnungen auf eine weiterführende Lösung, als es die Einrichtung von beratenden Landesvertretungen als „Provinzialstände" nach dem Gesetz von 1823 darstellte. Es gab keine gesamtpreußische Volksvertretung, sondern nur Repräsentationen der einzelnen Provinzen, die ständisch zusammengesetzt waren. Weder eine Kontrolle über die Staatsetats noch eine Gesetzesinitiative war ihnen möglich, allein die Beratung und das für den Monarchen immerhin unangenehme Formulieren von Petitionen. Preußen blieb damit hinter dem süddeutschen Verfassungsleben des Kammerliberalismus zurück. Im Rheinland, wo das aus der französischen Besatzungszeit herrührende fortschrittliche Rheinische Recht mit Geschworenengerichtsbarkeit und Öffentlichkeit des Verfahrens fortbestand, wachte die liberale Bewegung über die Sicherung des Erreichten und wehrte sich massiv gegen eine Revision der Justizverfassung. Insgesamt aber bot sich in Preußen ein Bild der Entpolitisierung und Stagnation.

Auch die französische Julirevolution von 1830, die zum „Bürgerkönigtum" Louis Philippes und einer Ausweitung des immer noch sehr exklusiven Wahlzensus führte, rief in Preußen nur geringe politische Turbulenzen hervor. Während in Braunschweig und Sachsen die Landesherren zurücktraten, in Kurhessen eine liberale Verfassung durchgesetzt wurde und in Baden die Pressezensur fiel, blieb es in Preußen bei vereinzelten Aktionen sozialen Protestes wie z. B. dem Streik der Aachener Textilarbeiter. In einer Denkschrift analysierte der rheinische Liberale David Hansemann 1830 Preußens Lage und Politik; „wer vermag die Folgen zu bestimmen, welche der Pöbelaufstand in Aachen hätte nach sich ziehen können, wenn nicht Aachens Bürger mit der Treue auch Entschlossenheit vereinigt und dem Unfug schnell Einhalt getan hätten?" Das Bürgertum an der Macht zu beteiligen, das „Hinsterben des öffentlichen Lebens" durch Pressezensur, Provinzialismus und geheime Verhandlungen der Landtage zu beenden und damit einen Damm gegen die von unten nachdrängende Volksmasse aufzurichten, war die Forderung des Liberalen, die freilich ungehört verhallte.[836] Die Revolution verstärkte die „Bunkermentalität" der restaurativen Regierungen und zog Repression nach sich. Beschlüsse des deutschen Bundes, der die deutschen Länder in einer Föderation zusammenfaßte, beschnitten die Rechte der Landtage, verschärften die Zensur und das Vereinigungsverbot, eine zentrale Behörde regelte 1833−42 die Überwachung der Opposition, 1835 wurde die Gruppe des „Jungen Deutschland" verboten. Die Zugehörigkeit zu einer Burschenschaft galt in Preußen als Hochverrat. 1836 fällte das Berliner Kammergericht in Mammutprozessen 39 Todesurteile[837] und 165 lebenslängliche oder langjährige Freiheitsstrafen. Der deutsche Regionalismus freilich schuf Möglichkeiten zum „Ideenschmuggel" aus Enklaven, die aufgeklärte Beamtenschaft blockierte manche Beschlüsse durch lässige Handhabung. Dennoch war die restaurative Kontrolle bürgerlicher Emanzipationsbestrebungen lange erfolgreich.

Friedrich Sengle hat in seiner gewichtigen Literaturgeschichte der Restaurationsperiode

---

835 Mieck, Berlin 1806−47, 1988, S. 523−25.

836 Hansen, Rheinische Briefe und Akten I, 1919, S. 12 (Zitat) ff.

837 Sie wurden allerdings nicht vollstreckt, vgl. Neugebauer, Demagogenverfolgung in Preußen 1988, S. 224−26.

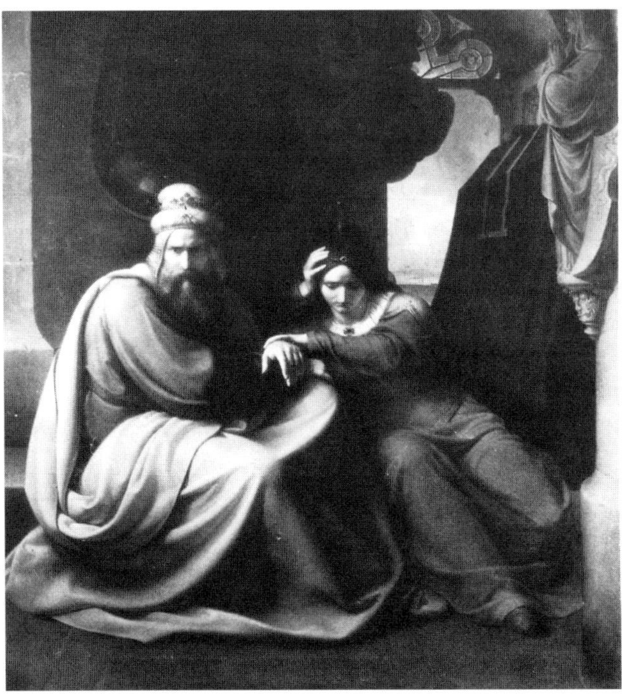

Abb. 33 Karl Friedrich Lessing, Das trauernde Königspaar. Öl auf Leinwand, 1830.

Schwermut, Zwiespältigkeit und „sentimentalen Weltschmerz", das Leiden an den gegebenen Verhältnissen, als Signum der Epoche bezeichnet.[838] Auch die Künstlerschaft wurde massiv von dieser Stimmung ergriffen. In Düsseldorf, wo man besonders eifrig die zeitgenössische Literatur studierte, entwickelte sich in den dreißiger Jahren ein Bildtypus, der bei wechselndem Thema brütendendes Sentiment und elegische Selbstbescheidung zum Ausdruck brachte. Ob diese Gemälde als mentale Epochenbilder, gar als politische Stellungnahmen zu lesen sind, soll nun diskutiert werden.

Auf Bestellung des Vereins der Kunstfreunde im Preußischen Staate malte Carl Friedrich Lessing das 1829 vollendete Bild eines „trauernden Königspaares" (Abb. 33). Obwohl der Maler selbst den Zusammenhang verneint hat, wird es oft als Illustration zu Ludwig Uhlands Gedicht „Das Schloß am Meer" angesehen. Hier heißt es: „Wohl sah ich die Eltern beide/ Ohne der Kronen Licht,/ Im schwarzen Trauerkleide;/ Die Jungfrau sah ich nicht."[839] In einer geometrisch stark vereinfachten Komposition vermitteln die Figuren in ihren schwer fließenden Gewändern in gedämpften Farben den Eindruck der Erstarrung. Der Sarg in der massiven mittelalterlichen Architektur, die sich nur in einem spärlichen Ausschnitt zum Meer hin öffnet, bezeichnet den Anlaß der Trauer, das Aussterben des Königshauses durch den Tod der Tochter. „Ein tiefer unergründlicher Schmerz blickt [...] aus diesen majestätischen Königshäuptern. Gestalten, Stellung und Faltenwurf deuten auf eine Heldenzeit", schrieb Karl Immermann noch im Entste-

---

838 Sengle, Biedermeierzeit I 1971, S. 2.

839 zit.n. AK Düsseldorfer Malerschule 1979, Nr. 155 und S. 68; weitere herangezogene Literatur: Gohr, Rheinische Genremalerei 1979, S. 193 f.; Radziewsky, Kunstkritik im Vormärz 1983, S. 61 f.

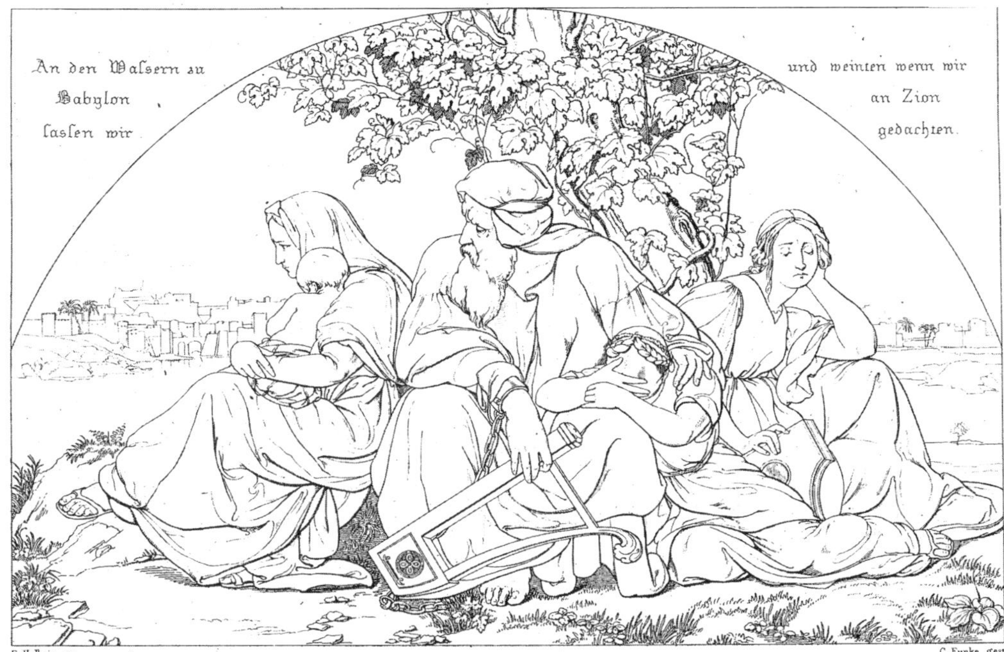

Abb. 34 Liniennachstich des Gemäldes „Die trauernden Juden" von Eduard Bendemann in der Zeitschrift „Museum", 1833.

hungsjahr.[840] Hermann Püttmann sah 1839 in der Darstellung ein Sinnbild der absterbenden Monarchie: „Der moderne Künstler zollte seine Huldigung einem in seinen Grundprincipien wahren, aber leider mißbrauchten Institute, und er dichtete eine ergreifende Elegie, einen trüben Scheidungsgruß an die Vergangenheit."[841]

Der wohl erfolgreichste Maler von Bildern dieser Art war Eduard Bendemann, der mit seinen „trauernden Juden im Exil" (1832)[842] das Thema der brütenden Tatenlosigkeit mit einer Anklage über die Leiden des jüdischen Volkes verband (Abb. 34). Er folgte in der Darstellung dem 137. Psalm: „An den Wassern von Babylon saßen wir und weineten, wenn wir an Zion gedachten." Die Gestalten sind in eine statische Pyramidalkomposition eingeschrieben. Die sanft geschwungenen Gewandfalten leiten den Blick in harmonischen Bewegungen. Der Segmentbogen des Rahmens und die gedämpften Farben verstärken den beruhigten Gesamtcharakter. Als das Bild in Düsseldorf und Berlin ausgestellt wurde, galt es als Sensation. Carl Gustav Carus kommen-

---

840 Immermann, Über die neuesten Arbeiten der Düsseldorfer Kunstschule, in: Ders., Werke I 1971, 721—23.

841 Püttmann, Düsseldorfer Malerschule 1839, S. 40.

842 Hagen, Gemälde Düsseldorfer Schule 1833, S. 1—7, Koetschau, Zwei Historienbilder Bendemanns 1925; Andree, BK Gemälde 19. Jh. Köln 1964, Nr. 1939; AK Düsseldorfer Malerschule 1979, Nr. 25; Markowitz, Rheinische Maler 1979, S. 100; Schlink, Kunsterwartung im Vormärz 1982, S. 12; Radziewsky, Kunstkritik im Vormärz 1983, S. 65—67, Hütt, Düsseldorfer Malerschule 1984, S. 22 f.; Börsch-Supan, Bendemanns „Trauernde Juden" 1985; Karl Immermann, Briefe, Peter Hasubek (Hg.), Bd. III,1, München u. a. 1987, S. 33 f., 552 und 814.

182

tierte in Dresden Bendemanns „Jeremias" (s. u.): Man erkennt, „daß der Mensch hier eigentlich nichts vermag, als in stiller Ergebung sich in sich selbst zu verschließen und so abzuwarten,
bis in der Nacht des Seelenlebens der Stern einer höhern Gnade aufgeht und endlich den zu
neuer Lebensthätigkeit befähigenden Tag heranführt."[843] Bendemann war selbst Jude und hat
sicherlich in dem Gemälde auch die antisemtischen Strömungen im Preußen seiner Zeit ange-
prangert. Das Emanzipationsedikt von 1812 sollte zwar die schrittweise Gleichstellung einlei-
ten, doch antijüdische Tendenzen gewannen nach 1815 immer mehr Raum.[844] Auf dem westfälischen Landtag von 1826/27 startete Freiher vom Stein als Landtagsmarschall eine Hetzkam-
pagne: „er würde das Haus Israel zur Auswanderung zwingen, wenn er könnte. Er riß den
größten Teil der Versammlung hin. In einer vollen Stunde waren den Juden ihre bisherigen
Bürgerrechte" entzogen worden.[845] Bendemanns Judenbilder, so urteilte Hermann Püttmann
1839, „sprechen ein tiefernstes Wort hinein in die Tagesdebatten über Emanzipation des
unglücklichen Volkes."[846]

Ein zweites Bild dieser Art, „Jeremias auf den Trümmern von Jerusalem" (1835), bestellte
der Kronprinz.[847] Der später betont christlich regierende Monarch wollte den Juden die Indivi-
dualrechte entziehen und sie als Korporation ständisch einbinden. Die Darstellung ließ sich
auch im Sinne der Restauration verstehen, als Warnung vor dem Rückzug aus der wahren
Religion, die schließlich die wichtigste Stütze des christlichen Staates war.

Daß allerdings die elegische Grundstimmung nicht an eine feste Thematik gebunden war,
zeigt Bendemanns Gemälde „Zwei Mädchen" aus dem Jahre 1833 (Abb. 35).[848] Wieder greift
der Maler auf die bewährten Kompositionsprinzipien des Segmentbogens und der Dreiecks-
komposition zurück und ruft damit den Eindruck von Ruhe und Festigkeit zwangsläufig hervor.
Während rechts Brunnen und Hügel einen festen Halt vermitteln, ist links die Ferne vorsichtig
geöffnet. Die Beschaulichkeit, Ruhe und Harmonie in Bildaufbau und Farbgebung findet eine
völlige Entsprechung im Ausdruck der beiden Mädchen, die da so keusch am Betrachter vor-
beisehen. „Alles war Gefühl, das wenigste Verstand" und „In allem lag ein stilles Brüten, eine
sanfte, oft süße Weichlichkeit, ein stereotyper Schmerz", charakterisierte Wolfgang Müller die
frühe Düsseldorfer Malerei.[849]

Der Jungdeutsche Theodor Mundt polemisierte gegen ähnliche Strömungen in der Literatur:
„Man scheut ja jede Aufregung als unanständig, und die Deutschen werden bald nur eine
kastrierte Mädchenschule-Literatur zu ertragen imstande sein. [...] Ich erlebe es noch, daß

---

843 Carus, Bilder Düsseldorfer Schule 1837, S. 113.

844 Brammer, Judenpolitik in Preußen 1987; Rürup, Emanzipation und Antisemitismus 1975, S. 11−36.

845 Johann Friedrich Sommer an Benzenberg, 9.1.1827, in: F. Rühle (Hg.), Briefe und Akten zur
    Geschichte Preußens unter Friedrich Wilhelm III., Bd. III, Leipzig 1909, S. 304f.

846 Püttmann, Düsseldorfer Malerschule 1839, S. 44; Dagegen polemisiert Arnold Ruge, Püttmann 1839,
    S. 1596 in antisemitischer Weise: Püttmann ließe sich „wie so mancher Narr dieser Frist, das Unglück
    auch der heutigen Juden, dieser Maden in dem Käse der Christenheit [...] weiß machen."

847 Abb. in: Schaarschmidt, Düsseldorfer Kunst 1902, S. 79. Vgl. Literatur zu den „trauernden Juden";
    dazu: Franz Kugler, Jeremias auf den Trümmern (1836), wiederabgedr. in: Kleine Schriften I 1853,
    S. 154−60; Bendemanns Jeremias, in: Mitternachtszeitung für gebildete Stände 11 (1836) 421f.; G.
    Schadow, Kunstwerke und Kunstansichten 1849, ND 1987, S. 193; Börsch-Supan, Deutsche Malerei
    1988, S. 90.

848 AK Düsseldorfer Malerschule 1979, Nr. 27; Markowitz, Rheinische Maler 1979, S. 91 und 102; Rad-
    ziewsky, Kunstkritik im Vormärz 1983, S. 47f.

849 Müller, Düsseldorfer Künstler 1854, S. 3 und 6.

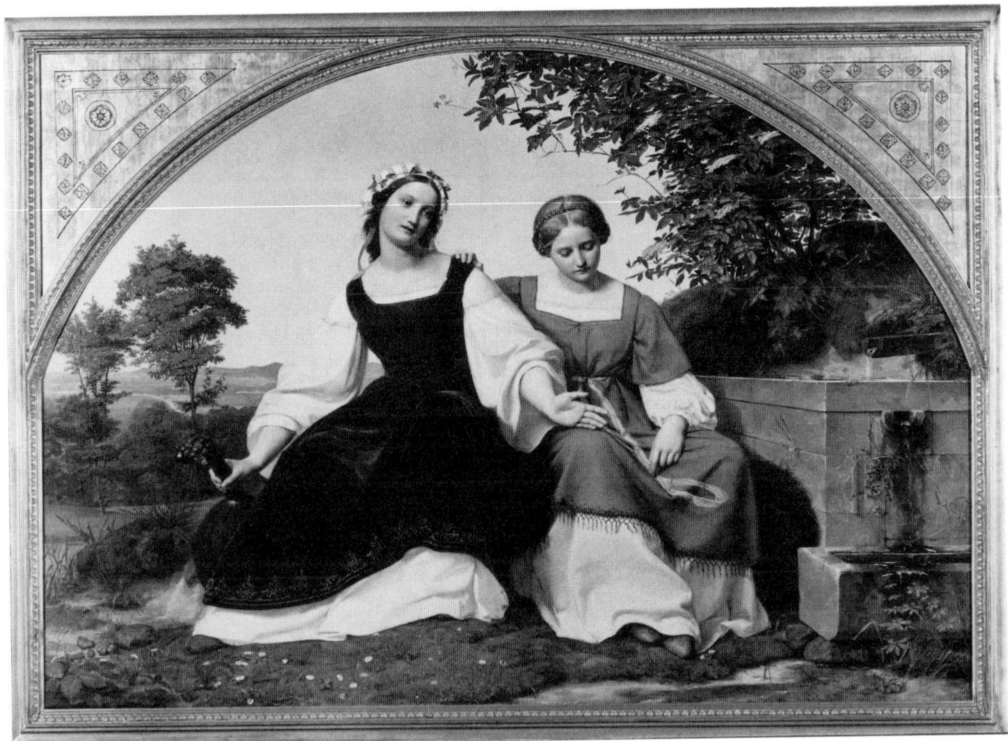

Abb. 35 Eduard Bendemann, Zwei Mädchen. Öl auf Leinwand, 1833.

unser ganzes Dasein wie eine reinlich getragene Stickerei aussieht, die aus den keuschen Händen einer alten, ehrbaren Jungfer hervorgegangen."[850]

In einem politischen Sinn variierte Adolf Teichs das Grundschema dieser Bildgattung in seinem Gemälde „Die gefangenen Griechen" (1836), eine vielbeachtete Erstlingsarbeit des jungen Künstlers (Abb. 36).[851] Es war eine Erinnerung an die griechischen Freiheitskriege gegen die türkischer Herrschaft 1821−1830. Aus der Perspektive des weit verbreiteten Philhellenismus galt hier die Sympathie dem geknechteten griechischen Volk.

Zunächst hatte man diese Bilder der Düsseldorfer begeistert gefeiert und enthusiastisch rezensiert. Sie trugen viel zum schnellen Aufstieg der Schadow-Schule bei. Dies ist nur erklärbar mit einer weitgehenden Entsprechung der mentalen Lage des Publikums und der in diesen Bildern ausgedrückten Stimmung. Trotz des historischen Stoffes sah z. B. Franz Kugler in Bendemanns Jeremias 1836 „ein Spiegelbild unserer eigenen Gemüthszustände"[852] Gemälde dieser Art ließen sich jedoch politisch sehr unterschiedlich interpretieren und stellten dadurch viele Rezensenten zufrieden: Die konservativen Kritiker fanden in ihnen das Ideal beruhigter Zuständlichkeit wieder. Nur so ist es auch erklärlich, daß der Kronprinz ein Bild Bendemanns bestellte. Die Ende der dreißiger Jahre auftauchende linkshegelianische Kunstkritik raubte diesem Typus seine

---

850 Hermand, Das junge Deutschland 1966, S. 180f.
851 Langemeyer, Teichs: Die gefangenen Griechen 1977.
852 Kugler, Kleine Schriften, Bd. I, 1853, S. 156.

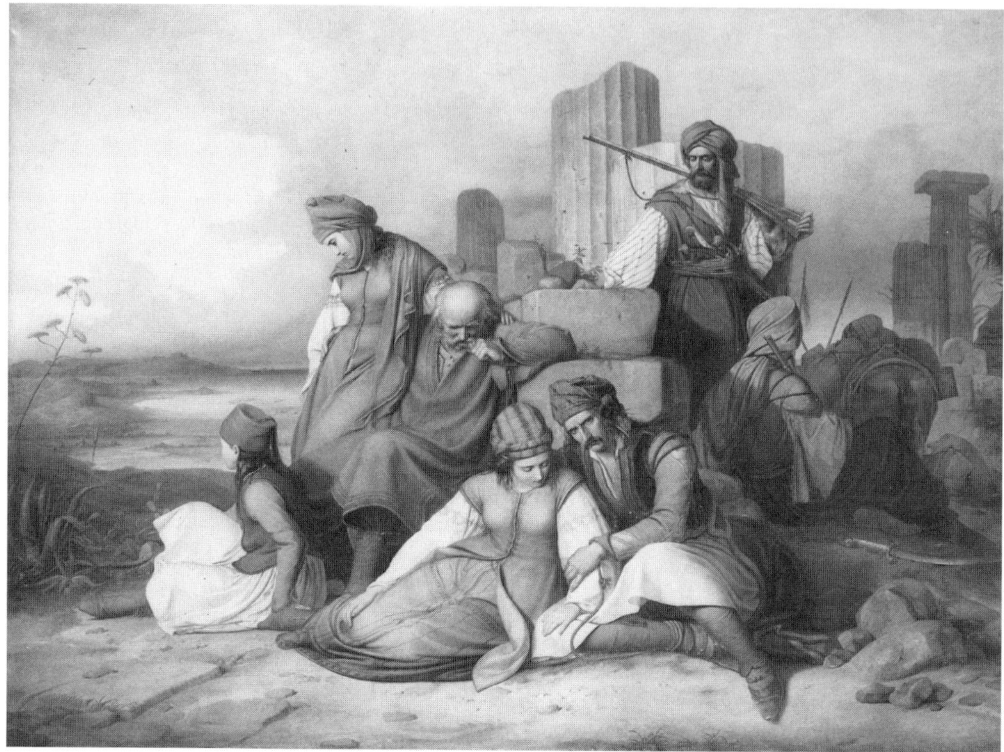

Abb. 36 Friedrich Adolf Teichs, Die gefangenen Griechen von Mameluken bewacht. Öl auf Leinwand, 1836.

Unschuld und sah in den Gemälden Abbilder der politischen Knebelung der Gesellschaft.[853] Arnold Ruge bezeichnete die Düsseldorfer Malerei 1838 als „Verarbeitung des gegenwärtigen Zeitgeistes" und „Mikrokosmos all unserer gegenwärtigen Richtungen".[854] „Liegt der Weltschmerz in der Zeit, so sind in ihr auch seine Ursachen zu suchen [und] vielleicht wegzuschaffen", sinnierte der später sozialistisch engagierte Gottfried Kinkel, „der Geist der Freiheit läßt sich [...] nicht auf die Dauer betrügen: er wird trotzig in seinem Rechte, und hält sich an diesem Trotze jung."[855] Hier zeigt sich vermutlich eine wesentliche Bedeutungsverschiebung in der Rezeption. Die Künstler selbst haben sich nicht wie die Kritiker zu den Bildgehalten geäußert und sie als Abbilder eines zur Tatenarmut verdammten Bürgertums gesehen. Eine Bildaussage konstituiert sich aber auch im Dialog mit dem Publikum, und so kann der politische Gehalt der Darstellungen nicht völlig bestritten werden.

1847 hatte Wilhelm Scholz für den Bildtypus nur noch Spott übrig. Er übersetzte eine Darstel-

---

853 Radziewsky, Kunstkritik im Vormärz 1983 hat die politische Einbindung der Kunstkritik klar herausgearbeitet; zur Offenheit für verschiedene polit. Ausdeutungen vgl. auch Schlink, Kunsterwartung im Vormärz 1982, S. 13.
854 Ruge, Zeitgeist in der Düsseldorfer Akademie 1838, S. 189 und Ruge, Düsseldorfer Malerakademie 1838, S. 64.
855 Kinkel, Weltschmerz und Rococo 1841, S. 189.

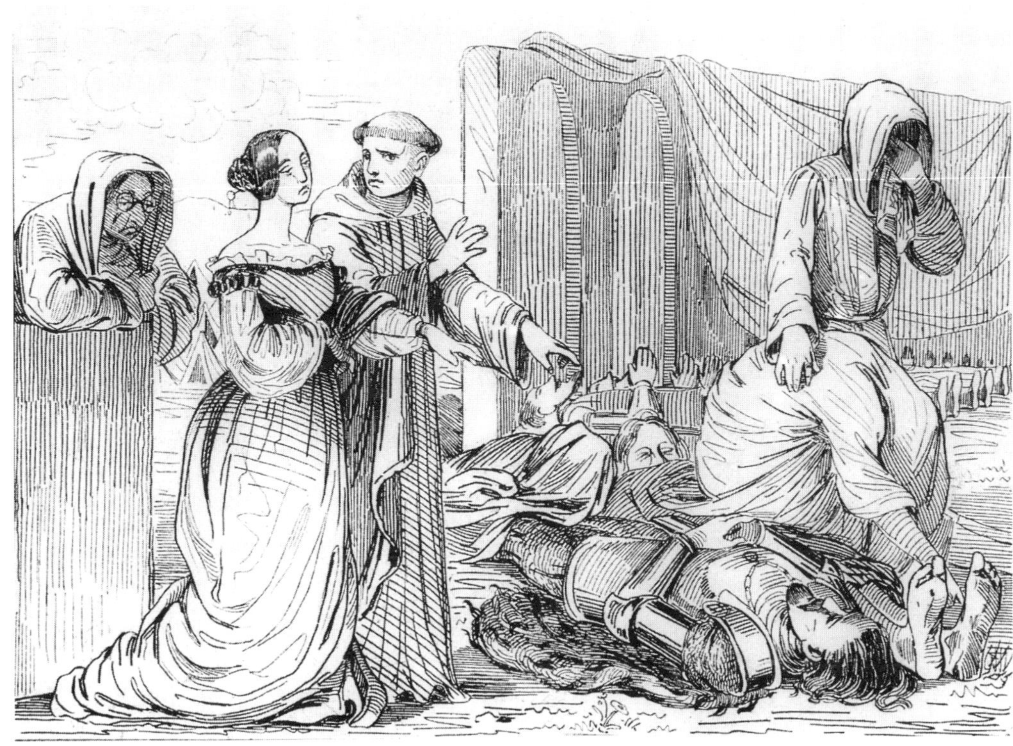

Abb. 37 Wilhelm Scholz, Horace Vernet in das Düsseldorfische übersetzt. Holzschnitt, 1847.

lung des berühmten französischen Malers Horace Vernets ins „Düsseldorferische", beugte und verhüllte die trauernden Gestalten. Der in der Romantik so oft gemalte Mönch, Sinnbild eines von der Gesellschaft abgekehrten Lebens, fehlt ebensowenig wie eine keusche Frauengestalt (Abb. 37).

Doch ganz so stereotyp, wie Scholz es dem Betrachter nahelegen wollte, war auch die Düsseldorfer Schule nicht. Einer ihrer berühmtesten Vertreter, Carl Friedrich Lessing, legte die Axt an den Nerv des nazarenischen Harmonisierungsideals. 1836 beendete er die „Hussitenpredigt" (Abb. 38) und avancierte „in der öffentlichen Meinung zum Protagonisten einer gegen die Restauration und ihre ruhig-idealistische Malerei gerichtete „Kunst der Tat"."[856] In seiner Aussage ist das Bild allerdings so vage, daß es von allen politischen Lagern anders gelesen werden konnte.

---

856 Radziewsky, Kunstkritik im Vormärz 1983, S. 118. Weitere Literatur, sofern nicht in folgenden Anmerkungen zitiert: Raczynski, Geschichte neuere deutsche Kunst I 1836, S. 164; Carus, Bilder Düsseldorfer Schule 1837, S. 111; Markowitz, BK Düsseldorfer Malerschule 1969, Nr. 228 (mit Nachweis der zahlreichen Rezensionen); Chapeaurouge, Geschichtsmalerei 1975, S. 125−28; AK Düsseldorfer Malerschule 1979, Nr. 159 und S. 69 (Beitrag Gagel) und 90−92 (Leuschner); Hütt, Düsseldorfer Malerschule 1985, S. 88; Der demokratische politische Gehalt des Bildes wird von Hütt, Gagel und Leuschner betont. Für diese Thesen fehlen Quellenbelege des Malers selbst. Ohne Zweifel wurde aber das Bild politisch interpretiert.

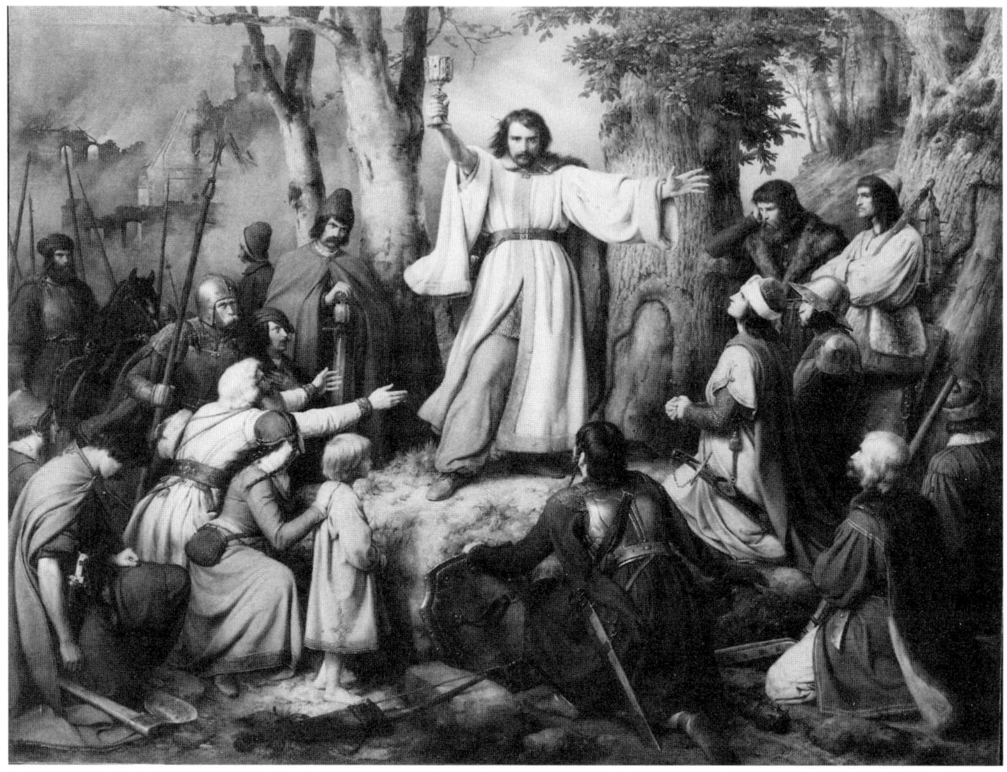

Abb. 38 Karl Friedrich Lessing, Hussitenpredigt. Öl auf Leinwand, 1836.

Es zeigt eine Szene aus den böhmischen Hussitenkriegen (1419–1436). Jan Hus, der 1415 als Ketzer in Konstanz hingerichtet wurde, kämpfte mit Unterstützung großer Teile der Bevölkerung und mit Rückendeckung König Wenzels und des Erzbischofs für Armut der Geistlichen, Bestrafung der Todsünden durch weltliche Gerichte und für die Predigt und die Spendung des Abendmahls durch Laien. Mit dem Tod des Reformators war die Bewegung nicht am Ende. Als Kaiser Sigismund 1420 die Forderungen ablehnte, begann die gewaltsame Auseinandersetzung, die den Hussiten zunächst große militärische Erfolge bescherte. Die brennende Klosteranlage weist auf die Kämpfe hin. Der Prediger in der Bildmitte hebt als Symbol der eigenen Überzeugung mit weit ausladender Geste den Kelch. Die in Kleidung, Bewaffnung und Ausdruck weit gefächerte Gruppe gibt dem Maler Gelegenheit, eine Vielzahl von Reaktionen darzustellen. Durch die Bäume im Hintergrund wird der Hussitenprediger kraftvoll gerahmt und aus der Komposition herausgehoben. Er wendet sich direkt an den Betrachter. Eine braungelbliche Farbgebung nach dem Vorbild der Niederländer taucht die Szene in ein fast unwirklich historisierendes Licht.

Die Darstellung sorgte für große Aufregung und provozierte die unterschiedlichsten Reaktionen. Lessing selbst äußerte sich unverbindlich: „In Beziehung auf meine Bilder mag ich weder für die eine noch für die andere Partei etwas getan haben."[857]

---

857 Lessing in einem Brief vom 2.3.1843, in: Zeitschrift für bildende Kunst XVIII (1882) S. 225.

Schadow war entsetzt, und es ist leicht einzusehen, warum. Er trat für eine einige katholische Kirche ein, die den Ausgleich mit Preußen suchte. Als der König den Kölner Erzbischof Droste zu Vischering 1837 in Minden in Festungshaft setzte, weil er in Mischehen auf einer katholischen Erziehung der Kinder beharrte, suchte Schadow zu vermitteln.[858] 1840 schrieb er nach Dresden „Ich halte es für ein reelles Unglück in einer [Zeit, welche weiter −; J.G.] hin in religiöser Beziehung so aufgeregt ist, einen Feuerbrand mehr in die Welt zu schleudern [...] Oft denke ich, wenn die geistreichen Köpfe eben soviel schrieben und malten, um die getrennten Gemüther zu vereinigen, als sie thun, um sie zu entzweien, so würde Alles in Frieden nebeneinander bestehen können."[859]

Die konservativen Kritiker wie Graf Athanasius Raczynski zollten dem Bild Beifall als gelungene Darstellung fanatisierter Volksmassen. Liberale feierten die Aufbruchstimmung: „Aus deinen Bildern sieht uns groß bewußt/ Die Freiheit an mit liebevollen Augen", dichtete Wolfgang Müller von Königswinter dem Meister zu Ehren und sah in dem Bild „das lebendig gewordene wütende Wort. [...] Es klingt einem daraus entgegen wie ein Choral: Ein feste Burg ist unser Gott, oder wie die Marseillaise, wenn sie in der heißesten Begeisterung und von den vollsten Instrumenten begleitet ertönen."[860] Lessing variierte die Thematik nach 1836 noch in zahlreichen Darstellungen; „wie bedeutsam ist dieser Stoff für die Gegenwart, welche unter anderen Formen denselben Kampf der Geistesfreiheit gegen die Kirche noch einmal kämpft und zum Abschluß bringt", schrieb dazu die Rheinische Zeitung 1842.[861]

Zusammen mit Bendemanns „Jeremias" wanderte das Gemälde von einer Ausstellung zur anderen: nach Paris, Dresden, Münster, Hannover, Weimar, Leipzig und Lübeck und brachte dem Maler zahlreiche Ehrungen ein.

Ein deutlich oppositionelles Bild war wohl der Gesinnung Lessings ebensowenig gemäß wie dem höfischen Auftraggeber, dem Kronprinzen, angemessen. Schadow urteilte: „Es ist nach meiner Überzeugung ungemein lächerlich, den Lessing in seiner Kunst als den Verfechter der akatholischen Kirchen anzusehen; der christliche Glaube ist ihm eine Mythe, die protestantischen, wie katholischen Geistlichen entweder Betrüger oder Betrogene; er ist ehrlicher Rationalist".[862] Er bedauerte, daß ihm die Natur „nicht ein solches Genie gegeben um das Schädliche seines Einflußes zu paralysieren."[863]

Wenn auch die Literatur weit stärker die politischen Spannungen der Zeit widerspiegelte, so gab es − wie die Darstellung gezeigt hat − auch in der Malerei Reflexe der gesellschaftlichen Gesamtlage. In mehrfacher Hinsicht entsprach die Politisierung der Historienmalerei den Zeitverhältnissen: hierdurch wurde die Zensur umgangen und die Deutung soweit offen gehalten, daß ein aktueller Bezug nahegelegt, aber nicht verbindlich festgeschrieben war. Zugleich nutzte die heftige Diskussion um die „Tendenz" eines Bildes dem Maler, da sie seine Publizität erhöhte.

---

858 Zum Mischehenstreit: Huber, Verfassungsgeschichte II 1968, S. 185−265. Eine Denkschrift Schadows hierzu im Archiv Kunstakademie Düsseldorf.

859 Brief an Julius Hübner vom 17. 12. 1840, Heine-Institut Düsseldorf.

860 Wolfgang Müller v. Königswinter, An Carl Friedrich Lessing, in: Ders., Gedichte, Frankfurt a.M. 1847, zit. n. Hütt, Düsseldorfer Kunst und Demokratische Bewegung 1957, S. 48; 2. Zitat: Ders., Düsseldorfer Künstler 1854, S. 129. In der späten Schrift faßte Müller seine schon früher vertretenen Auffassungen zusammen. In den vierziger Jahren ist er ein wichtiger Anreger der sozialkritischen Genremalerei gewesen. Vgl. Hütt, Müller von Königswinter 1955; dagegen Radziewsky, Kunstkritik im Vormärz 1983, S. 160ff.; vermittelnd Großmann, Düsseldorfer Malerschule 1985, S. 84−90.

861 1. 11. 1842.

862 Brief an Julius Hübner, 13. 1. 1845, Heine-Institut Düsseldorf.

863 Brief vom 4.6.1841, Heine-Institut Düsseldorf.

In den vierziger Jahren blickte das Publikum nach spektakulären Erfolgen der Historienmaler Louis Gallait und Edouard de Bièfve vor allem nach Belgien, wenn es auf der Suche nach fortschrittlichen Tendenzen in der Historienmalerei war.[864] In seiner Besprechung der Berliner Ausstellung von 1842 stellte Jakob Burckhardt die Frage: „woher kommt es denn, daß wir hinter unsern Nachbarvölkern zurückgeblieben sind? — Für's Erste genügt es nicht, eine Geschichte gehabt zu haben; man muß eine Geschichte, ein öffentliches Leben mitleben können, um eine Geschichtsmalerei zu schaffen.“[865] Ludwig Pietsch faßte die Zeitstimmung ähnlich zusammen: „Wie sollte ein Deutscher echte Geschichte malen können, der Sohn eines politisch todten, autokratisch regierten Volkes?!“[866] Der autokratische Regierungsstil aber wurde erst 1848/49 gesprengt. Die Hoffnungen, die sich an den Regierungsantritt Friedrich Wilhelms IV. 1840 knüpften, wurden bald enttäuscht. Aus der Phase der Restauration trat Preußen in den Vormärz im engeren Sinne ein, in der die Forderung nach einer Konstitution nicht mehr zu unterdrücken war und sich die Soziale Frage in aller Härte stellte.

2. Kunst und Pauperismus

„Die lange Durststrecke der langsam anlaufenden Frühindustrialisierung hatte verheerende Folgen für die breite Masse, besonders in der zum Absterben verurteilten manuellen Textilindustrie“, schreibt Reinhart Koselleck über die sozioökonomische Lage im Vormärz.[867] Chronische Unterbeschäftigung, nur schleppend anlaufende Industrialisierung, Löhne unter dem Existenzminimum bei unzumutbaren Arbeitszeiten bis zu 17 Stunden täglich[868], Überlastung der Armenkassen und eine wachsende bürgerliche Angst vor „Exzessen“ der pauperisierten Unterschichten bestimmten das Bild in den vierziger Jahren. Strukturelle Mißverhältnisse hatten zwar schon vorher bestanden, wie verheerend sich die Lage jedoch darstellte, kam den Zeitgenossen vor allem in der akuten Krise vor der Revolution 1848/49 schärfer ins Bewußtsein.

Der Weberaufstand in Schlesien 1844 lenkte die Aufmerksamkeit auf die Folgen der Wandlungsprozesse, die zur Aushöhlung des Verlagssystems im Textilgewerbe durch die Konkurrenz ausländischer Maschinenware führte. 1845 setzte in ganz Preußen eine mehrjährige Krise ein, die viele wirtschaftliche Sektoren erfaßte. Die Getreideernte fiel erheblich unter das Maß der Vorjahre, und die „Kartoffelfäule“ verteuerte das billige Grundnahrungsmittel der Unterschichten. Eine vollständige Mißernte 1846 verschärfte die Lage. Bis zum Mai 1847 kletterten die Preise auf das Doppelte des Index von 1844. Getreideexporte aus Krisengebieten durch Spekulanten kamen hinzu.

Die Unterschichten hatten bei dem kümmerlichen Lohnniveau der Vorkrisenzeit allenfalls ihre Subsistenz sichern können, die Teuerung führte zu Hunger und sozialem Protest, wie dem Sturm auf Marktstände und Läden, z.B. in der Berliner „Kartoffelrevolution“ vom April

---

864 Vgl. Schoch, Die belgischen Bilder 1979.
865 Burckhardt, Kunstausstellung Berlin 1842, S. 15.
866 Pietsch, Aus meinem Leben 1896, S. 342.
867 Bergeron; Furet; Koselleck, Zeitalter 1780–1848, 1969, S. 318.
868 Mieck, Berlin 1806–1847, S. 593 nennt folgende Zahlen: Maschinenbauer: 12 Stunden; Kattundrucker: 13, Schneider, Färber: 14; Schuhmacher, Tischler: 15; am Ende der Skala: Brennerei-Arbeiter, Bäcker, Weber.

1847.[869] Das hohe Preisniveau für Nahrungsmittel ließ auch das Handwerk stagnieren. Im Herbst 1847 kam eine Rezession im ohnehin noch nicht starken Industriesektor hinzu, die durch den Zusammenbruch wichtiger Banken, wie z. B. dem „Schaaffhausenschen Bankverein" in Köln, begleitet wurde.[870]

Trotz massiver Anstrengungen der Kommunen war das Massenelend nicht einzudämmen. In Düsseldorf schluckte die Armenfürsorge in den dreißiger Jahren 30 %, in den vierziger Jahren 20−25 % des Gemeindeetats.[871] In Berlin stiegen die Kosten für die Armenversorgung in den Krisenjahren auf 40 % der kommunalen Ausgaben.[872] Der Statistiker Dieterici gab 1846 an, 50−60 % der preußischen Bevölkerung lebe „elend und gefährdet".[873]

Die schlechte Beschäftigungslage belegt eine Einkommenssteuertabelle der Stadt Düsseldorf aus dem Jahr 1848. Nach Schätzungen Friedrich Lengers sind nur ein Drittel der männlichen Erwerbsfähigen überhaupt steuerpflichtig, 45,4 % haben mit 100−150 Talern sehr geringfügige Einkommen.[874] Ein Jahr später erschien in Düsseldorf eine düstere Zusammenfassung der Lage in der Schrift „1847. Die Zustände der arbeitenden Klasse. Beleuchtet und gezeichnet von einem Proletarier".[875] Der Verfasser zeigt die massiven und doch nutzlosen Anstrengungen der Armenverwaltung auf: „Statt den Ursachen der allgemeinen Noth ernstlich nachzuforschen und diese mit aller nothwendigen Energie zu entfernen, wirft man dem Ungeheuer des wachsenden Pauperismus Millionen hin, damit nur einstweilen sein Hunger gestillt, nur einstweilen die Gefahr des Umsturzes aller gesellschaftlichen Verhältnisse hinausgeschoben wird." Er unterstützt nachhaltig ein bereits existierendes „Adreß-Comptoir für die arbeitende Klasse", eine Art Arbeitsamt, fordert eine Assoziation der Arbeiter gegen das Kapital und angemessene Löhne.

Die öffentliche Diskussion um die Lösung der Sozialen Frage[876] erreichte in den Jahren vor der Revolution ihren Höhepunkt, ehe sie von den bürgerlichen Ängsten vor der „roten Gefahr" 1848/49 zunehmend erstickt wurde. Auch für die Kunst blieb sie nicht ohne Folgen. Wilhelm von Schadow schrieb 1845 an Julius Hübner: „Das sogenannte Junge Deutschland, rationell u[nd] revolutionär, findet unter der hies[igen] Künstlerschaft keine Anhänger, aber viele Gegner; ihre Emißäre werden seit Jahren mit Hohn abgewiesen".[877] Ganz so eindeutig aber war die Lage nicht. Die im Literaturbetrieb erhobene Forderung nach Verbindung von Kunst und Leben, nach Parteinahme und aufrüttelnden Formen[878], fand auch in der bildenden Kunst eine − wenn auch

---

869 Zum Sozialprotest in Preußen 1847−1849: Gailus, Straße und Brot 1990, Hungerunruhen: S. 201−343; zu den Berliner Ereignissen S. 304−326.

870 Zum Pauperismus-Problem im Überblick: Abel, Massenarmut 1977; Bergmann, Wirtschaftskrise und Revolution 1986, S. 23 ff.; die statistischen Angaben aus dem guten Überblick in: Wehler, Deutsche Gesellschaftsgeschichte I, 1987, S. 281−96; 641−59 (zu 1845−48); Nipperdey, Deutsche Geschichte 1800−1866, 1983, S. 219−248.

871 Henning, Düsseldorf und seine Wirtschaft I 1981, S. 355; Weidenhaupt, Düsseldorf 1806−1856, 1988, S. 456 gibt für 1848 sogar 40 % an.

872 Geist, Berliner Mietshaus 1740−1862, 1980, S. 294.

873 Wehler, Deutsche Gesellschaftsgeschichte I 1987, S. 288.

874 Lenger, Düsseldorfer Handwerker, 1986, S. 29 f.

875 Düsseldorf 1847, Zitat: S. 14.

876 Quellensammlung hierzu: Jantke, Die Eigentumslosen 1965.

877 Brief vom 13. 1. 1845, Heine-Institut Düsseldorf. Zum Mißlingen kommunistischer Agitation an der Kunstakademie durch Moses Heß siehe auch: Karl Marx, Friedrich Engels, Werke XVII, Berlin 1963, S. 74 f.

878 Hermand, Vormärz 1967, S. 365−69.

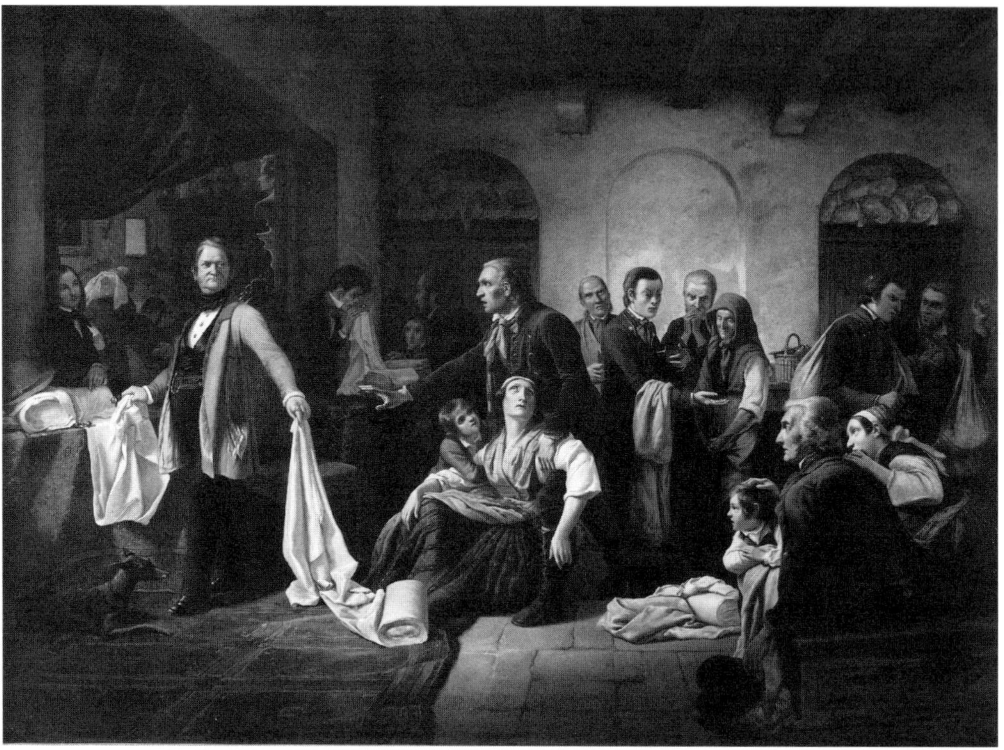

Abb. 39 Carl Wilhelm Hübner, Die schlesischen Weber. Öl auf Leinwand, 1844.

schwächere − Entsprechung. In Düsseldorf entstand eine Richtung sozialkritischer Genremalerei, die vor allem Wolfgang Hütt umfassend analysiert hat.[879] Das Meinungsklima in den liberalen Rheinlanden war offenbar geeignet, einer solchen Kunst zumindest vorübergehend Geltung zu verschaffen.

Stellvertretend für andere Bilder dieser Richtung soll hier das wohl berühmteste Beispiel der Düsseldorfer „Tendenzmalerei" besprochen werden, Karl Wilhelm Hübners Darstellung „Die schlesischen Weber" aus dem Jahr 1844. (Abb. 39)[880] Durch verschiedene kompositorische Mittel ist das Bild klar in zwei Hälften geteilt. Während der einfach ausgestattete Raum rechts mit Steinfußboden ausgelegt ist, entfaltet sich links das luxuriöse Reich des Fabrikanten. Ein Teppich, der thronähnliche Sessel, kostbare Möbel und Stoffe, Tapeten, Bilder und Büsten bestimmen hier das Bild. Mit dem Rücken zu den Webern sieht man den Leinenhändler, der mit ausladender Geste zwischen den spitzen Fingern lässig eine Bahn Leinwand hält, offenbar im

---

879 Am wichtigsten hier: Hütt, Düsseldorfer Kunst und demokratische Bewegung Diss. 1957; in kurzer Form aktualisiert aufbereitet und leichter zugänglich in: Hütt, Düsseldorfer Malerschule 1984, S. 184−97, Vgl. meine Rezension in: Rheinische Vierteljahrsblätter 49 (1985) S. 373−375. Kaum weiterführend: Hanna Gagel, Die Düsseldorfer Malerschule in der politische Situation des Vormärz und 1848, in: AK Düsseldorfer Malerschule 1979, S. 68−85.

880 Herangezogene Literatur, sofern nicht gesondert zitiert: Hütt, Diss. 1957, S. 170 ff.; Hütt, Düsseldorfer Malerschule 1984, S. 194 f.

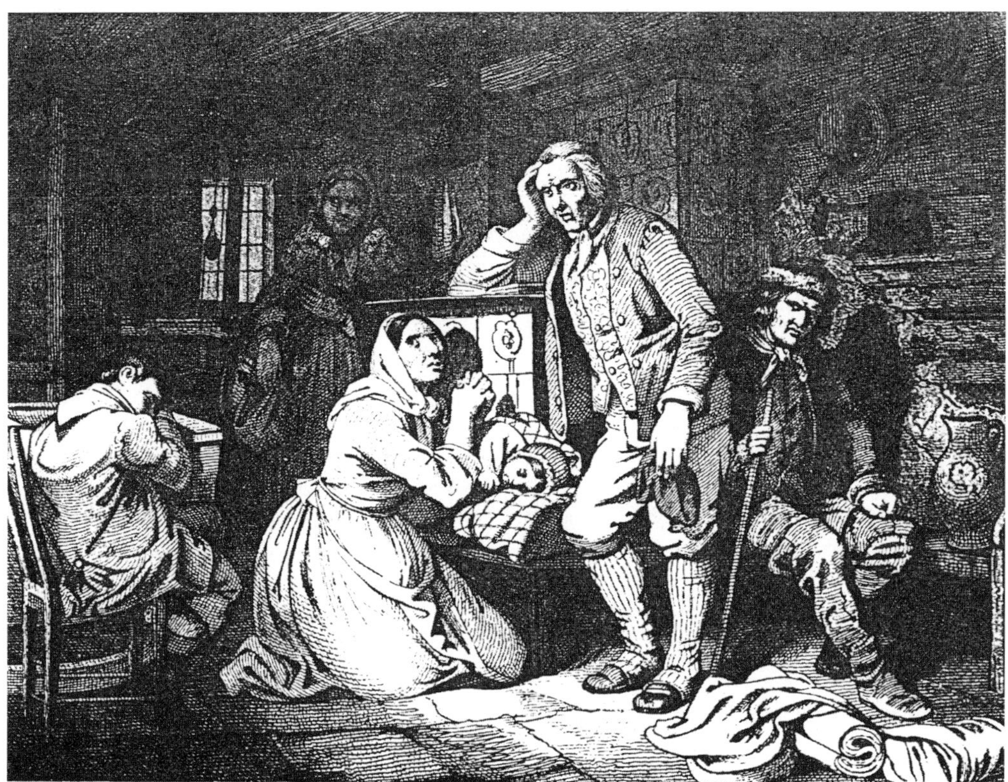

Abb. 40 Carl Wilhelm Hübner, Die Wohltätigkeit in der Hütte der Armen. Holzschnitt, 1846.

Begriff, die Ware als ungenügend zurückzuweisen. Rechts von ihm erkennt man eine Weberfamilie. Während der Vater mit einer abwehrenden Handbewegung dem Unglück zu wehren sucht, ist die Mutter, um die sich ein Kind bemüht, bereits in die Knie gesunken. Im Hintergrund sind einige Angestellte mit der Qualitätsprüfung, der Registrierung und der Lagerung des angebotenen Tuches beschäftigt. Im Mittelgrund lehnt ein Jüngling lässig an der Wand, offensichtlich der untätige Fabrikantensohn, dessen weiche Züge, feingliedrige Hände und ausgesuchte Kleidung auf keinerlei Arbeitsmühe schließen lassen. In der rechten Bildhälfte befinden sich weitere Gruppen, die der Maler nach Manier der Schadow-Schule vermutlich einzeln im Modell studiert und danach ins Bild komponiert hat: in der rechten unteren Bildecke eine zweite Familie, die voll Mitleid und Entsetzen die Szene beobachtet, eine weitere Gruppe, der ein Weber traurig den kärglichen Lohn zeigt und zwei jüngere Männer, die erzürnt miteinander diskutierend den Raum verlassen. Einer hält die Faust geballt. Im Bemühen, das Geschehen völlig verständlich zu machen, zeichnet der Maler die Menschen in ihren Gesten und Haltungen überdeutlich, fast hölzern.[881] Die Figur des autokratisch über Schicksale entscheidenden Fabrikanten ist komposi-

---

881 Dennoch muß die Deutung im AK Düsseldorfer Malerschule 1979, Nr. 110 zurückgewiesen werden. Hier heißt es: „Der Künstler distanziert sich durch sein Pathos der Ironie in der Vortragsweise von seinem Bildthema". Das Bild habe karikierenden Charakter und gebe sich nur vordergründig sozialkritisch. Diese Fehlinterpretation verkennt den didaktisch-aufrüttelnden Charakter der Überzeichnung.

tionell so hervorgehoben, daß sie zuerst ins Auge fällt. Von ihr ausgehend soll das Bild entschlüsselt werden. Die Weber werden zwar in verzweifelten und aufgebrachten Posen gezeigt, tragen aber eine fast trachtenartig anmutende, gepflegte Kleidung; „alles Einzelne wirkt dahin, [...] die Idee des darbenden Proletariats gegenüber dem verschwenderischen Luxus klar und groß hinzustellen, [...] die Weber sind schlichte, einfache Leute, denen alle Gemeinheit in Haltung und Gesinnung fremd ist", wie ein Rezensent 1845 bemerkte.[882]

Vom künstlerischen Standpunkt ist dieses Bild bestimmt kein großer Wurf, was auch für viele Tendenzgedichte der Lyriker des Vormärz zutrifft. Die gestellten Posen, ein akribischer Verismus in der Behandlung der Materialien, eine theaterhafte Helldunkel-Differenzierung und fast bunte Farbigkeit wirken für den heutigen Betrachter eher peinlich. Das Bild aus dieser Perspektive als irrelevant abzutun, hieße aber, seinen zeitgeschichtlichen Gehalt zu vernachlässigen.

Wolfgang Müller von Königswinter bemerkt ausdrücklich, daß das Bild noch vor dem Aufstand vom Juni 1844 entstanden ist[883], der die öffentliche Diskussion über das Weberelend auf breiter Ebene in Gang brachte. Die ganz auf Handarbeit basierende schlesische Leinenindustrie wurde zunehmend von den englische Maschinenprodukten und billigeren Baumwollwaren unter Druck gesetzt. Die Weiterverkäufer reagierten mit massiven Lohnsenkungen, um konkurrenzfähig zu bleiben, ohne den eigenen Wohlstand aufs Spiel zu setzen. Bis 1844 war das Einkommen der Weber auf ein Viertel des Niveaus von 1830 gefallen. Als besondere Lohndrücker galten die Gebrüder Zwanziger in Peterswaldau. Sie zahlten nur die Hälfte des sonst üblichen, ohnehin erbärmlichen Betrags. Auf dem Taschentuch des von Hübner dargestellten Händlers ist eine Zwanzig abgebildet, die er jedoch zur Aktualisierung des Gemäldes später hinzugefügt haben könnte. Wilhelm Wolff berichtet in seiner eindrucksvollen Darstellung des Weberaufstands vom großen Reichtum der Zwanziger, den diese trotz der angespannten Lage in kurzer Zeit erworben hätten. „Herrliche Spiegelscheiben, Fensterrahmen von Kirschbaumholz, Treppengeländer von Mahagonoi, Kleider- und Wagenpracht sprachen der Armut der Weber Hohn."[884] In diesem Punkt traf also Hübner, wenn auch in freier bildnerischer Umsetzung, die historische Wirklichkeit. Wolffs Schilderung der Weber paßt allerdings wenig zu Hübners Bild vom sauber gekleideten, ehrbaren Weberstand: „der fleißige Arbeiter vertiert und verdumpft, aller moralischen und intellektuellen Entwicklung beraubt", für 14 bis 16 Stunden Arbeit nicht einmal so bezahlt, „daß er mindestens die Bedürfnisse eines Tieres, die Forderung des Magens befriedigen kann". Zwanziger solle geäußert haben, „Die Weber möchten nur, wenn sie nichts anderes hätten, Gras fressen; das sei heuer reichlich gewachsen."

Die Misere entlud sich im Juni 1844 in einem Aufstand. Die Zwanziger-Villa wurde gestürmt und demoliert, nachdem den Webern die Forderung nach höherem Lohn und einem Geschenk abgeschlagen worden war. Andere Händler konnten die Masse der bald auf 3000 angewachsenen Aufständischen mit Geldgeschenken von wenigen Silbergroschen bändigen, in Bielau eröffnete das herbeigeholte Militär schließlich in sichtlicher Nervosität bei einer solchen Geldauszahlung das Feuer. Elf Menschen starben, 24 weitere wurden zum Teil schwer verletzt. Das Breslauer Kriminalgericht verurteilte 87 Weber zu mehrjährigen Haftstrafen. Der Präsident urteilte jedoch: „Die Härte der Handlung Zwanziger und Söhne hat die bedauerlichen Exzesse provo-

---

882 Allgemeines Organ für die Interessen des Kunst- und Landkartenhandels 5 (1845) S. 13 f. u. 17 f., hier: 17.
883 Müller, Düsseldorfer Künstler 1854, S. 291−96, zu Hübner allgem. 293−301.
884 Wilhelm Wolff, Das Elend und der Aufruhr in Schlesien [1844], in: Jantke, Die Eigentumslosen 1965, S. 157−78, Zitate: S. 169. Zum Aufstand: Hardtwig, Vormärz 1985, S. 27−32; Wehler, Deutsche Gesellschaftsgeschichte I 1987, S. 654−56; Gafert, Soziale Frage. Weberstoff I 1973, S. 147−64.

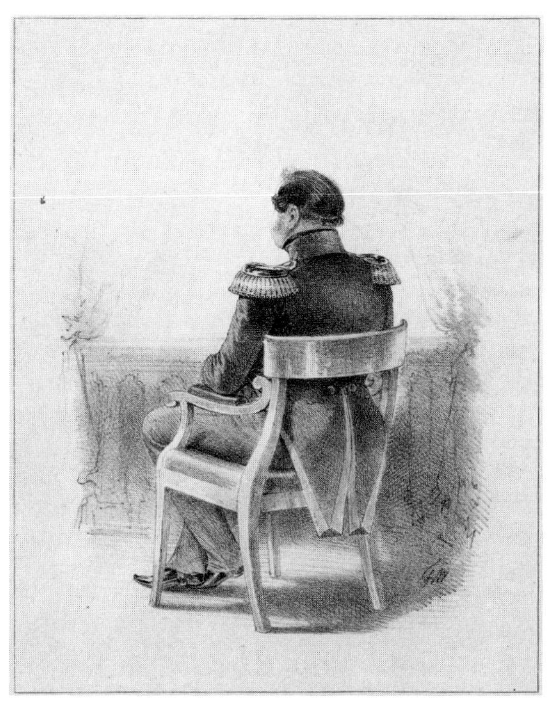

Abb. 41 Friedrich Hartmann von Witzleben und Theodor Hosemann, Bildnis Friedrich Wilhelms IV. in einer Theaterloge. Lithographie, 1846. Mit der Widmung: Zum Besten der nothleidenden Schlesischen Weber.

ziert.“[885] Die Fabrikanten hatten die Kosten des Verfahrens zu tragen, und das Kriminalgericht bat im März 1845 geschlossen um Begnadigung der Verurteilten, die bis zum Juni 1846 zur Entlassung aller Inhaftierten führte.

In der heutigen Literatur gilt der Weberaufstand als „eine vorindustrielle Form des sozialen Protestes mit archaischen Zügen“[886], da ein einmaliges Geldgeschenk ausreichte, um weitere Forderungen zu ersticken und langfristigere Ziele und Organisationsformen noch fehlten. In der sozialistischen Linken des Vormärz sah man darin dagegen ein ermutigendes Zeichen eines wachsenden Arbeiterbewußtseins. Friedrich Engels lobte in der englischen Zeitschrift „The New Moral World“ vom 13. 10. 1844 ausdrücklich Carl Wilhelm Hübner, der mit seinem Weberbild ’wirksamer für den Sozialismus agitiert habe als hundert Flugschriften’.[887] Der Begriff war im Vormärz − ähnlich wie die Bezeichnung Demokratie oder Republik − noch nicht fest umrissen. Wenn Engels schreibt, „der Sozialismus ist zur Tagesfrage geworden“, dann wird das für ihn darin deutlich, daß man nicht an Bord eines Dampfers, in einem Eisenbahnwagen oder einer Postkutsche reisen kann, „ohne jemand zu treffen, der nicht wenigstens einige soziale Ideen in sich aufgenommen hätte und der nicht mit einem darin übereinstimmte, daß etwas getan werden müsse, um die Gesellschaft zu reorganisieren.“ Bis jetzt sei das Bürgertum das Bollwerk der Bewegung, man hoffe jedoch auf eine Unterstützung durch die arbeitenden Klassen, die durch Aufstände wie in Schlesien „aus ihrer Lethargie gerissen worden sind.“

885 Zit. n. Wehler a.a.O.
886 Hardtwig, Vormärz 1985, S. 30.
887 Friedrich Engels, Rascher Fortschritt des Kommunismus in Deutschland, in: Karl Marx; Friedrich Engels, Werke, Bd. II, Berlin 1970, S. 509−12.

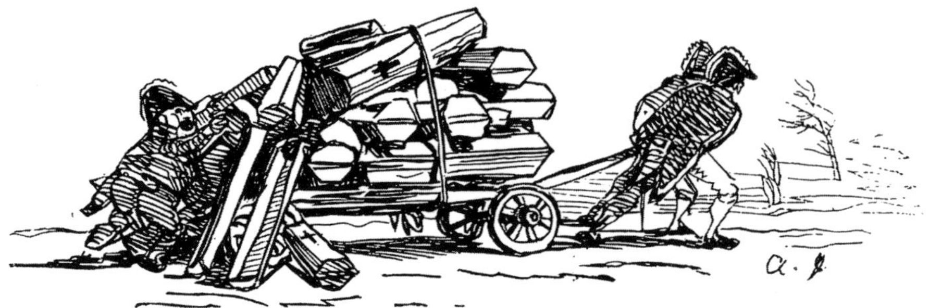

Abb. 42 Andreas Achenbach, Milde Beiträge für Schlesien. Holzschnitt, 1848.

Daß Hübner weniger die Assoziation der Arbeiter als christliche Mildtätigkeit im Auge hatte, zeigt seine zweite Darstellung „Die Wohltätigkeit in der Hütte der Armen" (Abb. 40), die dem ersten Bild unmittelbar folgte. In der Kate einer verzweifelten Weberfamilie erscheint eine Frau, um die größte Not zu lindern.

Auf die Perspektive bürgerlicher Wohltätigkeit beschränkten sich die meisten Versuche, dem schlesischen Problem Herr zu werden. „Dies Gemälde hatte zur Folge, daß von hier aus viele Bestellungen in Leinwand nach Schlesien gemacht wurden", berichtet Gottfried Schadow[888] über den Erfolg des ersten Weberbildes auf der Berliner Ausstellung im Herbst 1844. Dabei blieb es aber auch. Die Regierung beharrte auf ihrer Politik des Wirtschaftsliberalismus und beugte mit militärischen Mitteln Übergriffen vor, ohne die Härten des Strukturwandels mit sozialen Maßnahmen abzufangen. Wenn Friedrich Hartmann von Witzleben und Theodor Hosemann in einem lithographischen Blatt (Abb. 41)[889], das sie zugunsten der schlesischen Weber herausgaben, den König in Rückenansicht in einer Theaterloge zeigen, dann ist das wohl als verschlüsselte Kritik an einer passiven Zuschauerhaltung in krisenhafter Zeit zu lesen, auch wenn im Fall der Kritik an der Darstellung eine königstreue Auslegung möglich war.

In seiner Zeichnung „Milde Beiträge für Schlesien" (Abb. 42) für die Düsseldorfer Monatsblätter hat Andreas Achenbach 1848 in deutlicherer Form an der Obrigkeit Kritik geübt. In Paul Bürdes Blatt „Ein barmherziger Bruder in Oberschlesien", das in der Kunsthandlung Sachse erschien, wird dagegen auf die Tränendrüsen gedrückt (Abb. 43). Ein junger Mönch verläßt mit offenbar verwaisten Kindern den Friedhof, auf dem Kopf den Zylinder des − bürgerlichen − Vaters, der ein Opfer der Cholera geworden sein mag. „Was soll nun geschehen?" soll sich der Betrachter fragen. Die Berliner Mönchsromantik verbindet sich mit der sozialen Frage.

In eine überladene Allegorie kleidete der in Düsseldorf ausgebildete Maler Wilhelm Kleinenbroich das Thema 1844. Das Kunstblatt beschrieb die Darstellung folgendermaßen:

„Wir sehen eine mächtige weibliche Gestalt im Purpurgewand sitzen; das Haupt trauernd mit der Linken gestützt; auf dem Schoß ein aufgeschlagenes Buch mit der Inschrift: „Germania! Schlesien im Jahr 1844!" Unterhalb des Buches, zur Linken der Figur, prangt neben einem umgestürzten Säulenkapitell ein blühendes Getreidefeld, und dahinter in der Ferne fließt der Rhein mit dem unvollendeten Kölner Dome. Rechts hinter dem Rücken der Germania ist ein

---

888 Kunstwerke und Kunstansichten 1849 ND 1987 I, S. 241.

889 Das Blatt wird von Becker, Diss. Hosemann 1981 nicht beachtet und wird hier m.E. erstmals publiziert.

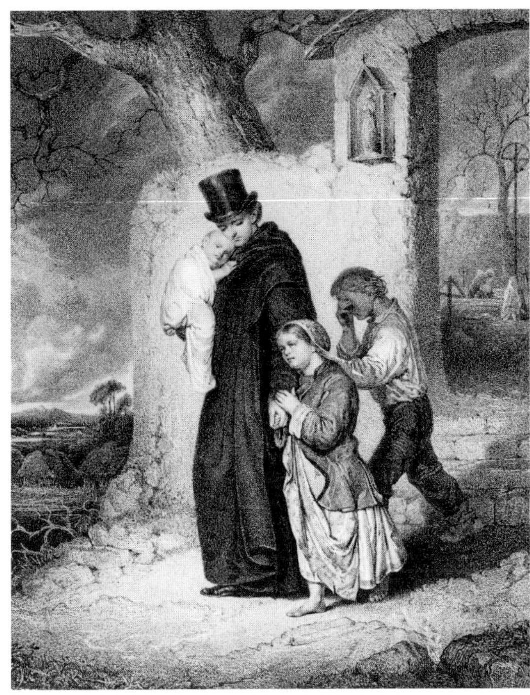

Abb. 43 Paul Bürde, Ein barmherziger Bruder in Oberschlesien. Lithographie, 1847.

zerhacktes Schlachtschwert dargestellt. Das ganze ist in prächtigen Farben auf Pergament gemalt. Wir unsers Orts möchten nicht zu der Art poetischer Allegorie aufmuntern, die in die Klasse der dunklen Seichtigkeiten statt der klaren Tiefen zu gehören scheint."[890]

Auch wenn die Zahl der sozialkritischen Genrebilder eher gering blieb, ist doch die Ausbildung einer solchen Bildgattung im Vormärz von Bedeutung. Carl Wilhelm Hübner wandte sich in der Folgezeit nach dem für ihn so erfolgreichen Auftakt 1844 verschiedenen anderen Konfliktstoffen zu: z. B. dem unerlaubten Holzsammeln, den Härten des Jagdrechts, dem Problem der Auswanderung. 1848 rezensierte Franz Kugler anläßlich der Berliner Kunstausstellung Hübners „Auspfändung": „Das Bild ist durchweg gediegen und mit schlagender Lebendigkeit gemalt; aber gerade darum ist es doppelt entsetzlich und kostet mich starke Ueberwindung, hier nicht schneller darüber hinzugehen, als ich es thue. Ist das, trotz dieses meisterlichen Pinsels, noch Kunst? kann ein Werk, das die jammervollste Zerrissenheit menschlichen Daseins [...] zum Gegenstande hat, noch den Anspruch machen, uns zu kräftigen, zu erbauen, uns über das Gemeine zu erheben?" Um diese Abgründe aufzuzeigen, reiche ein „aus dem Herzen gesprochenes Wort", „dazu brauchen wir keine Bilder, und thöricht wäre es, unser Geld, das für die Armen bestimmt ist, für solche Darstellungen hinzuwerfen." Hier sei man „bei dem äussersten Extrem des Realismus in der Kunst angelangt".[891] Sogar Wolfgang Müller von Königswinter, der die sozialkritische Genremalerei in den vierziger Jahren durch Rezensionen und Stoffvorlagen gefördert hat, hielt in seiner Geschichte der Düsseldorfer Kunst 1854 traditionelle Maßstäbe hoch. An den Gegensatz von Reichtum und Armut ließen sich zwar auch in Zukunft „noch sehr erfolgrei-

---

890 Kunstblatt, 28. 11. 1844, S. 401 f.
891 Kugler, Berliner Briefe 1848, S. 673 f.

196

che Variationen knüpfen. Nur handelt es sich darum, die Aesthetik nicht außer Acht zu setzen."[892] Nach der Revolution von 1848/49 schlug die Stimmung um. Auch Hübner mäßigte seine Darstellungsweise, so daß August Hagen 1857 bemerken konnte: „Freuen müssen wir uns, daß der Maler zeitig genug von der Richtung absah, um durch Bilder edleren Inhalts unverfänglichen Ruhm sich zu erwerben."[893] Doch grundsätzlich hielt der Maler an seinem Themenkanon fest. Ein Rezensent der Berliner Akademie-Ausstellung äußerte sich 1869: „Karl Hübner hat das Tendenzbild noch nicht aus den Gliedern bekommen können und beleidigt das Gefühl der heutigen Gesellschaft, indem er (zum wieviel tausendsten Male?) eine „Sünderin" vor der Kirchenthüre an den Pranger stellt."[894] Daß er in der Malerei Rücksicht auf die bürgerlichen Kunden zu nehmen hatte, wird in einem Brief deutlich, den der mittlerweile 61jährige Maler 1875 in einem Brief an den Direktor der Nationgalerie schrieb.[895] Hübner bemerkt darin, daß er auf Wunsch des Ministers von Mühler ein Bild für diese öffentliche Sammlung vor dem Ankauf geändert habe. Aus einem mit einem Kind vor einer Kirchentüre liegenden Mädchen wurde eine sitzende Figur; der Guß der ersten Idee, so klagt der Maler, ging dadurch verloren. Das soziale Genre war an die aktuelle Situation gebunden. Mit der Änderung der Zeitumstände wurde ihm die Grundlage zunehmend entzogen.

In den dreißiger und vierziger Jahren aber blieb Hübner mit seiner Schilderung sozialer Mißstände kein Einzelfall. Vor allem in Düsseldorf widmeten sich mehrere Maler der Darstellung von Aspekten der Sozialen Frage. Wilhelm Joseph Heine malte, nach einer Folge von Wilddieben, Schmugglern und Landstreichern, seinen vielbeachteten „Gottesdienst in der Zuchthauskirche" (1838), Peter Schwingen stellte im Gefolge Hübners eine „Pfändung" dar und griff in einem Gemälde „Das unversteuerte Brot" die preußische Steuerpraxis an (1847), der Kölner Wilhelm Kleinenbroich widmete 1843 ein Bild dem „Verbot der Rheinischen Zeitung" und geißelte 1847 ebenfalls die ungerechte „Mahl- und Schlachtsteuer".[896] Nach der Revolution wandte sich die Düsseldorfer Malerin Elisabeth Jerichau-Baumann sozialkritischen Stoffen zu. In Berlin war es vor allem Theodor Hosemann, der in einigen Fällen die begütigende bürgerliche Optik hinter sich ließ und das Elend ungeschminkt, wenn auch künstlerisch überhöht, darstellte.

Das Leben der Maler vollzog sich nicht völlig abgehoben von der gesellschaftlichen Realität. Mehrere Umstände setzten jedoch der Ausbildung einer sozialkritischen Malerei Grenzen: traditionelle Maßstäbe verpflichteten die Künstler auf das Schöne. Die Realität wurde durch den Filter zeitgemäßer Ästhetik gegossen und dadurch verträglich aufbereitet. Das bürgerliche Publikum empfand den Sensationswert spektakulärer sozialer Anklagen, aber die Privatkunden suchten überwiegend angenehmere Sujets. Wieweit die Kontrolle im biedermeierlichen Überwachungsstaat auch die Künstler einschränkte, wird im Anschluß zu diskutieren sein. Die Aufhebung von Zensur und Kontrolle führte 1848/49 zu einem Politisierungsschub in der Kunst. In der Reaktionszeit schlief jedoch dieses soziale Engagement zunehmend ein.

---

892 Müller, Düsseldorfer Künstler 1854, S. 302.
893 Hagen, Deutsche Kunst II 1857, S. 16.
894 Bruno Meyer, Zeitschrift für bildende Kunst 4 (1869) S. 14–20, hier: 17; zit.n. Gafert, Soziale Frage 1973 I, S. 272.
895 Nationalgalerie Berlin, Autographen, Carl Hübner, 2. 9. 1875.
896 Abbildungen in: Hütt, Düsseldorfer Malerschule 1984 und AK Düsseldorfer Malerschule 1979.

3. Kunst und Zensur

Für das Verlags- und Pressewesen stellte die Zensur in der Restaurationsperiode eine spürbare Fessel dar. Der Literaturbetrieb reagierte auf diese Praxis der Gedankenkontrolle mit künstlerischen Formen des Andeutens und dem Ausbau scheinbar harmloser literarischer Gattungen, wie z. B. dem Reisebericht, der das eigene Elend in Schilderungen fremder Sitten und ferner Zeiten einschmuggelte. Die Verleger suchten sich gnädigere Zensoren, oppositionelle Literaten wichen ins Ausland oder in Kleinstaaten mit einer liberaleren Praxis aus. Die Literaturgeschichte der Epoche kann ohne eine Geschichte der Zensur nicht geschrieben werden.

„Während die deutsche Schriftstellerwelt besonders nach den Karlsbader Beschlüssen von 1819 in geradezu mittelalterlichen Zensurbanden ächzte, war der Künstler gesetzlich frei", urteilte Heinrich Hubert Houben 1918 über den Einfluß der Zensur auf die bildende Kunst.[897] Die Wiener Zensurhofstelle ließ sich nicht nur Kupferstiche und Lithographien, sondern sogar kunstgewerbliche Abbildungen vorlegen, aber in Berlin zeigte man fast gar kein Interesse für eine Kontrolle der akademischen Kunst.[898]

Das Ideal eines autonomen Schaffens im Dienst höherer Werte und die Bindung an sozial gehobene Auftraggeber boten zunächst einen hinreichenden Schutz vor bildnerischer „Demagogie". Das preußische Zensurgesetz von 1819 enthielt über die Bildzensur keine Angaben. Ein Schreiben von Polizeiminister von Kamptz an die Oberpräsidenten[899] hatte bereits 1817 klargestellt, daß eine Kontrolle von Gedichten, Liedern, Pamphleten und Bildern durch die Polizei vorzunehmen sei, um die „unsittlichen, schmutzigen, abergläubischen und die Moralität des Volkes verderbenden Inhalte" aufzuspüren und gegebenenfalls die Druckerlaubnis zu versagen. Das war eher eine auf die niederen Bänkelsänger- und Hausiererwaren abgestellte Vorschrift. In einer Klarstellung zur Zensur der „für den gemeinen Mann berechneten" Drucksachen sprach der Innenminister 1837 noch einmal die getroffenen Regelungen aus: Mit Bildern verbundene Schrift war dem Zensor vorzulegen, der jedoch nur den Text begutachtete; alle anderen Darstellungen hatte die örtliche Polizeibehörde zu prüfen, abzulehnen oder mit einem Stempel zu versehen, mit dem die Druckerlaubnis erteilt war. Besonders wurde vor „anstößigen Abbildungen oder Schriften" auf Alltagsgegenständen wie Pfeifenköpfen, Tabaksdosen und Schnupftüchern gewarnt. Der Oberpräsident fügte ausdrücklich hinzu, die Vorschriften seien „nicht [...] auf eigentliche Kunstsachen anzuwenden."[900]

Mit dem Regierungsantritt Friedrich Wilhelms IV. setzte eine politische Tauwetterperiode ein, die zur Lockerung mancher Rechtsvorschriften führte. Am 28. 5. 1842 stellte der Innenminister fest, die Bildzensur durch die Polizeibehörden entbehre der gesetzlichen Grundlage. „Die Censur unterliegt aber [...] überall der strictesten Auslegung, und muß auf das ihr durch positive Gesetze angewiesene Gebiet streng begränzt werden".[901] Damit fiel, wie das Allgemeine Organ für die Interessen des Kunsthandels bemerkte, „eine der unschuldigsten" Zensurregelungen.[902]

Die Berliner Bürokratie mußte jedoch bald einsehen, daß sich bei Fortbestehen der Schriftzen-

---

897 Houben, Bildzensur im Vormärz 1918, S. 70.
898 Ebd., S. 72 ff.
899 LHA Koblenz, Best. 403, Nr. 4194, Bl. 1 f.
900 Ebd., Bl. 75–79 (8.3.1837) und Bl. 95 (8.7.1837) zu Kunstsachen.
901 Ebd., Bl. 131–33.
902 Einige Worte über Bilder-Censur in Preußen 1842.

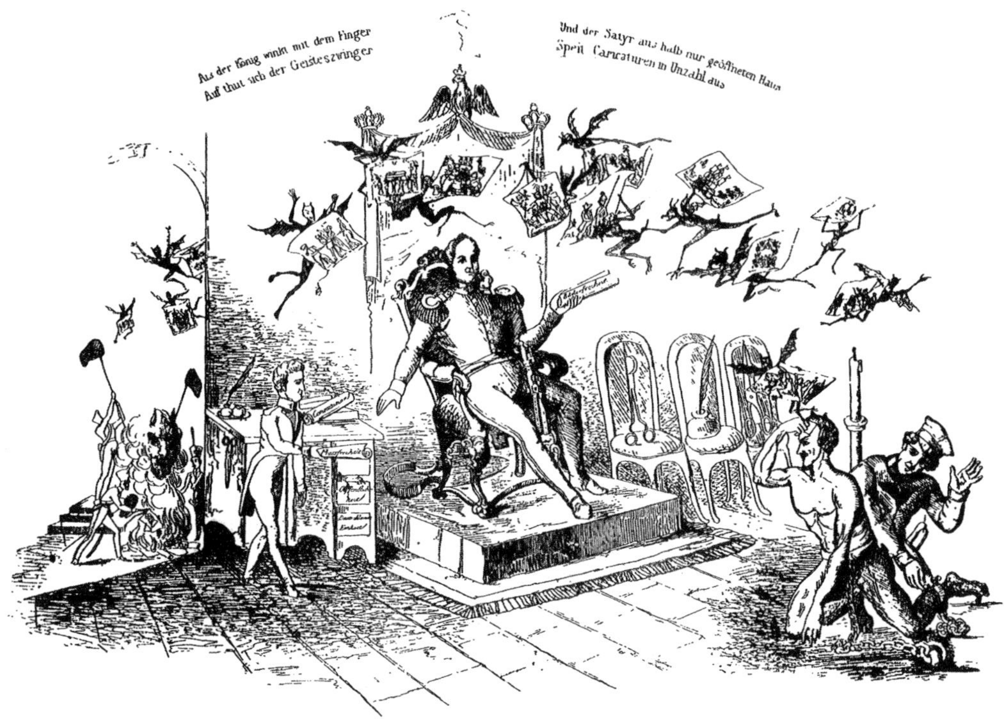

Abb. 44 Anonyme Darstellung Friedrich Wilhelms IV. Der Schriftzug über dem Thron lautet: „Als der König winkt mit dem Finger/ Auf thut sich der Geisteszwinger/ Und der Satyr aus halb nur geöffnetem Haus/ Speit Caricaturen in Unzahl aus." Lithographie, 1843.

sur das bildnerische Medium zu „außerliterarischen Ersatzhandlungen" anbot.[903] Eine 1843 entstandene Berliner Karikatur (Abb. 44) veranschaulicht die Lage: Friedrich Wilhelm IV. hält eine Schriftrolle mit der Aufschrift „Bilderfreiheit" in der Hand.[904] Noch ist er von Symbolen der Zensur umgeben: auf den Stühlen sind Lichtputzschere, Tintenfaß und Papierschere zu sehen. Während noch ein Beamter dem gefesselten Satyr[iker] die Fesseln löst, entflieht seiner Stirn schon gut ein Dutzend Teufelchen mit spöttischen Darstellungen, die die Soldaten links − ohne sichtlichen Erfolg − wieder einzufangen suchen. Noch warten liberale Entwürfe auf die Ausführung durch den König. „Pressefreiheit", „Konstitution", „Öffentlichkeit" und „Deutschlands Einheit" ist auf Schriftstücken und Schreibtischschubladen zu lesen. Doch bei der verheerenden Wirkung der ersten Reform sind weitere unwahrscheinlich.

Durch die Aufhebung der Bildzensur entstand eine Rechtslage, die ein Einschreiten nur noch nach den Bestimmungen des Allgemeinen Preußischen Landrechts[905] erlaubte. Hatte die Prä-

---

903 Siemann, Ideenschmuggel 1987, S. 93. Auf die ausführliche Besprechung von in Preußen entstandenen Karikaturen wird hier verzichtet. Vgl. dazu z. B. Brückmann, AK Politische Karikaturen des Vormärz, Karlsruhe 1984. Als besonders qualitätsvoll sind die weit verbreiteten Blätter von R. Sabatky (z. B. Nr. 21, 31, 54, 56) aus den Jahren 1842/43 zu nennen, die im Verlag Julius Springer in Berlin erschienen.
904 Brückmann, AK Politische Karikaturen des Vormärz 1984, Nr. 13.
905 § 151−155 des 20. Titels II.

VI.

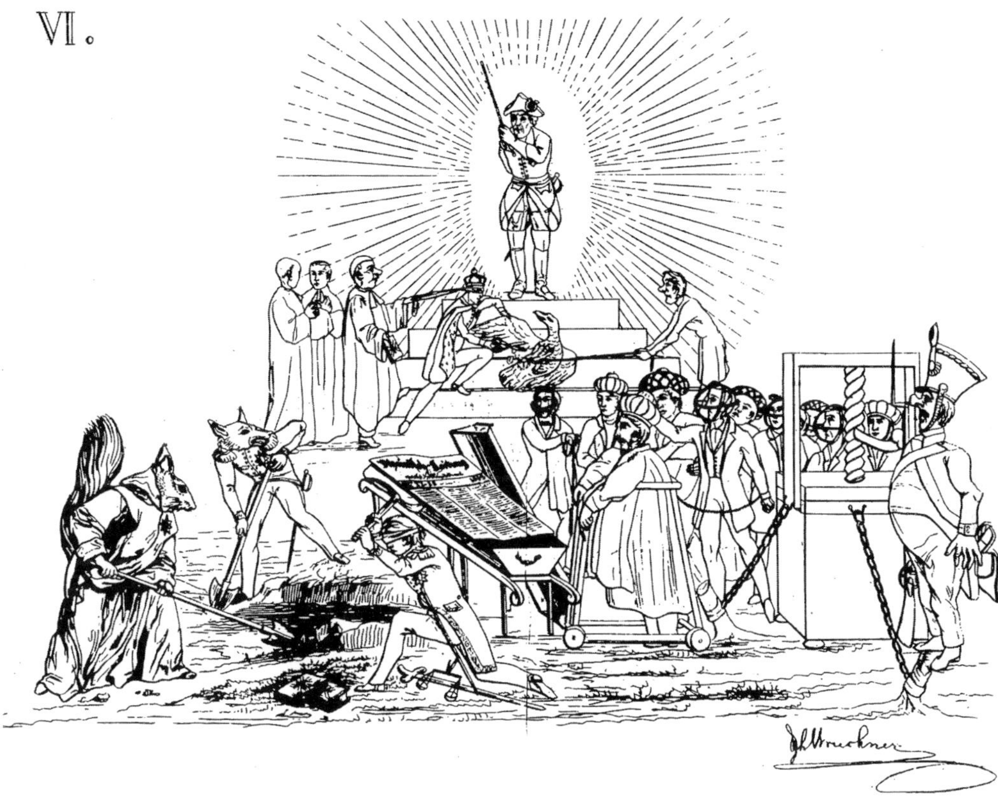

Abb. 45 Philipp Brückner, Die Beerdigung der rheinischen Zeitung. Lithographie, 1843.

ventiv-Zensur durch die Polizeibehörde unliebsame Inhalte ohne Begründung unterdrücken können, so war die nachträgliche strafrechtliche Verfolgung aufwendig und im Resultat unsicher.

Diese Unübersichtlichkeit nutzte z. B. der Aachener Zeichner Philipp Brückner, nach eigener Aussage ein Dilettant 'ohne hinlängliche Mittel, seine Zeit einer künstlerischen Ausbildung ausschließlich zu widmen', der aus dem Verkauf satirischer Blätter einen Nebenerwerb gemacht hatte.[906] Anfang 1843 behandelte er im Rahmen einer Serie als 6. Blatt (Abb. 45) das zu dieser Zeit absehbare Verbot der Rheinischen Zeitung, die Karl Marx redigierte und die dem rheinischen liberalen Bürgertum als Sprachrohr diente.[907] Sie erschien am 31. März 1843 zum letzten Mal. Im Hintergrund erkennt man in einem Strahlenkranz den „Alten Fritz" mit erhobenem Stock als Symbolfigur absolutistischer Herrschaft. Am Gängelband der protestantischen Geistlichen, links vom Podest des Monarchen, ist sein Nachfahre mit verbundenen Augen damit beschäftigt, dem preußischen Adler die Flügel zu stutzen. Rechts im Vordergrund steht eine angekettete und bewachte Druckerpresse. Gefesselte und mit Maulkorb versehene Männer und

---

906 LHA Koblenz, Bestand 403, Nr. 199, Bl. 203.

907 Brückmann, AK Politische Karikaturen des Vormärz 1984, Nr. 15; beschrieben ohne Kenntnis des Aktenvorgangs. Die Figuren im Vordergrund mit Turbanen werden hier als Vertreter der protestantischen Orthodoxie gedeutet, erscheinen mir aber eher als etwas unglücklich gekennzeichnete Vertreter der Leserschaft, als Kaufleute im Gewand der Fugger-Zeit.

eine in mittelalterlicher Tracht als Kaufleute gekennzeichnete Gruppe wohnen dem Begräbnis der Rheinischen Zeitung bei, die auf einem Sarg liegt. Ein Fuchs als Allegorie der Verschlagenheit und ein blinder Justizbeamter, der Richtschwert und Waage fortgeworfen hat, sind mit Kultusminister Eichhorn damit beschäftigt, das Grab zu schaufeln. Die Zeichnung weist auf eine recht unvollkommene künstlerische Schulung hin.

Die Aachener Regierung führte beim Oberpräsidenten in Koblenz Klage „über die größere Freiheit, die auch an hiesigem Orte in sehr verwerflicher Weise ausgebeutet worden".[908] Der herangezogene Staatsanwalt stellte jedoch den Erfolg einer gerichtlichen Verfolgung Brückners als zweifelhaft dar. Daraufhin ging die Sache zum Innenministerium zur Entscheidung.[909] Man befürchtete eine öffentliche Verhandlung vor dem Zuchtpolizeigericht und verwies auf Unregelmäßigkeiten im bürokratischen Verfahren. So beschlagnahmte die Aachener Polizei Zeichnungen Brückners, obwohl diese die Schriftzensur bereits passiert hatten. Der Karikaturist, der die Unsicherheit der Bürokratie wahrnahm, begann seinerseits juristische Schritte anzudrohen. Er forderte Schadensersatz für die beschlagnahmten Blätter und suchte sein Gewerbe auch nach der Verschärfung der Gesetze im Februar 1843 aufrechtzuerhalten. Im Aachener Fremdenblatt ließ er am 25.2.1843 folgenden Text erscheinen: „Enthusiastischer Verehrer der Toaste und Reden unseres Königs, habe ich mit nicht geringer Theilnahme die Allerhöchste Kabinettsordre vom 3. dieses Monats gelesen, und glaube demgemäß als loyaler Preuße anzeigen zu müssen, daß ich keine Karikatur mehr erscheinen lasse."[910] Nun sollten die verfänglichen Blätter plötzlich nur noch „Phantasiebilder" heißen, eine eigenmächtige Sprachregelung, der sich die Bürokratie natürlich nicht anschloß und wiederum mit Beschlagnahmung reagierte. Nachdem er sich über die untergeordneten Behörden offiziell beschwert hatte, erhielt Bruckner am 18.2.1844 schließlich ein Schreiben des Innenministers. Der Zeichner habe gegen geltendes Recht verstoßen, hieß es in dem Bescheid, z. B. die Schrift in seinen Bildern nicht in jedem Fall dem Zensor vorgelegt. Das ausführliche Antwortschreiben rechtfertigte das Vorgehen der Bürokratie und verwies den Beschwerdeführer auf den Rechtsweg, den er offenbar nicht einschlug.[911]

Schon bald nach der Freigabe des Bilderwesens im Mai 1842 hatten sich unliebsame Folgen gezeigt. Im Juni wies der Innenminister die Oberpräsidenten an, den Verkauf „unschicklich aufgefaßter oder schlecht ausgeführter Gemälde, Kupferstiche, Lithographien und Holzschnitte" von der Königlichen Familie im „Privatwege" − durch Einwirkung auf Kunst- und Buchhändler zu unterbinden.[912] Die Rechtslage blieb zunächst unverändert.

Am 3.2.1843 folgte dann eine Kabinettsorder des Königs. Er „habe mit Unwillen wahrgenommen, bis zu welchem hohen Grade in der letzten Zeit der Unfug gestiegen ist, durch bildliche Darstellungen die Religion und den Staat herabzuwürdigen und zu verspotten, so wie die Sittlichkeit und die persönliche Ehre zu verletzen."[913] Die Bildzensur durch die Polizeibehörden wurde

---

908 Ebd., Bl. 171−77, (6.2.1843).

909 Ebd., Bl. 199−201 (25.2.1843).

910 Ebd., Bl. 233−36; Bl. 203−06 Schreiben Bruckners an den Oberpräsidenten vom 24.2.1843. Auch hier ist von „unschuldigen Phantasiebildern" die Rede.

911 Ausführlicher Bericht des Oberpräsidenten (OP) für den Innenminister (IM)(13. 11. 1843) Bl. 391−94; Brief des IM an Bruckner (18.2.1844) Bl. 413−16; Bl. 435 f. (22.7.1844) teilt das IM dem OP abschließend mit, daß nur bei weiteren Entschädigungsansprüchen des Zeichners an einen Strafprozeß gedacht werden solle.

912 HStA Düsseldorf, Regierung Düsseldorf, Präs. 679, Bl. 108.

913 Gesetzsammlung für die Königlichen Preußischen Staaten, Berlin 1843, Nr. 2323.

wiedereingeführt und juristisch abgesichert. Ein unliebsamer Künstler war danach mit den Mitteln der Zensurgesetze zu verfolgen. Nach den Durchführungsbestimmungen[914] war eine Herabwürdigung der christlichen Kirchen, ein Angriff auf die Würde und die Ehre des Königs oder der Mitglieder des Königlichen Hauses, den Staat, seine Gesetzgebung, Verfassung und Verwaltung verboten. Da es Aufgabe der Karikatur ist, Mißstände und Personen anzugreifen, wurde dadurch der Bildsatire der Boden entzogen. Das Innenministerium beeilte sich festzustellen, die Unterdrückung solcher Darstellungen tue 'der Kunst nicht den mindesten Eintrag'.

Obwohl akademische und „für den gemeinen Mann berechnete" Werke zunächst relativ klar abgegrenzt waren, blieben auch die akademischen Künstler von der Zensur nicht ganz unbehelligt. Dies soll an einigen Düsseldorfer Beispielen erläutert werden.

Der Maler Wilhelm Kleinenbroich[915] hatte ab 1835 die Düsseldorfer Kunstakademie besucht und wandte sich der sozialkritischen Genremalerei zu. Im Februar 1844 mietete er sich in einem Gasthaus einen Saal, um in Wasserfarben im Auftrag des Allgemeinen Karnevalsvereins ein Bild von 20×30 Fuß zu malen. Das monumentale Format und die preiswerten Farben deuten darauf hin, daß es sich dabei um ein „Saison"-Gemälde handelte, das gegen Geld gezeigt werden sollte. Der Düsseldorfer Landrat wurde auf den Vorgang aufmerksam und schritt zur Besichtigung dieses als „in politischer Beziehung sehr anstößig" bezeichneten Werkes. Es war eine überladene Allegorie auf die Zustände der Zeit, wie sie Kleinenbroich im gleichen Jahr auch mit seinem Bild „Germania! Schlesien im Jahre 1844"[916] lieferte.

Die Hauptfigur des Bildes war Carneval als Herrscher des Tages. Er hält dem vor ihm liegenden Zeitgeist, der mit beschnittenen Flügeln an eine Druckerpresse gefesselt ist, das gezückte Schwert entgegen. Auf der rechten Seite erwacht der mit einer Keule und Bombenkugeln bewaffnete deutsche Michel aus dem Schlaf, auf der linken Seite sind die Germania, Vater Rhein, die Düssel und die Justitia zu sehen. „Offenbar spricht dieses Bild Einrichtungen, so wie den Gesetzen des Staates bittern Hohn und droht im Hinterhalte mit dem Zorne und dem Aufstande des Volkes," entschied der Landrat und ließ das Gemälde, noch ehe es am Abend im Rahmen einer „närrischen Harmonie" im Gasthaus von einer großen Besucherzahl besichtigt werden konnte, konfiszieren. Der Maler stellte daraufhin beim Friedengericht Antrag auf sofortige Herausgabe seines Werkes oder Schadensersatz in Höhe von 1100 Talern. Obwohl der Ausgang des Streites nicht bekannt ist, zeigt sich auch hier, daß der Künstler sich von juristischen Schritten Schutz vor bürokratischer Willkür versprach.[917]

Der rheinische Karneval bot sich auch später noch zu politischen Kundgebungen an. Der Düsseldorfer Maler und Grafiker Adolf Schroedter geriet im Januar 1846 in Konflikt mit der Zensur. Als Vorstandsmitglied des „Allgemeinen Vereins der Carnevalsfreunde zu Düsseldorf" hatte er ein Diplom illustriert und mitunterzeichnet. Während die Illustration die Druckerlaubnis erhielt (Abb. 46)[918], provozierte der erläuternde Text energische Schritte des Landrats. In der

---

914 HStA Düsseldorf, Regierung Düsseldorf 330, Bl. 19−21.

915 Thieme-Becker XX (1927).

916 Vgl. Beschreibung im vorigen Abschnitt.

917 LHA Koblenz, Best. 403, Nr. 199, Bl. 397−400 (Bericht des Düsseldorfer Regierungspräsidenten an den Innenminister Berlin, 13. 2. 1844) und Bl. 401−407 (Bericht des Landrats vom 12. 2.). Zunächst hatte Kleinenbroich das Bild auf der linken Rheinseite im Regierungsbezirk Neuß begonnen und durch den Transport nach Düsseldorf dem Zugriff des dortigen Landrats entzogen. Der „Allgemeine Carnevalsverein" war zum Zeitpunkt der Konfiszierung offiziell bereits verboten worden.

918 Dies geht aus der Bemerkung des Zensors auf der Zeichnung hervor: „Mit Ausschluß des gestrichenen

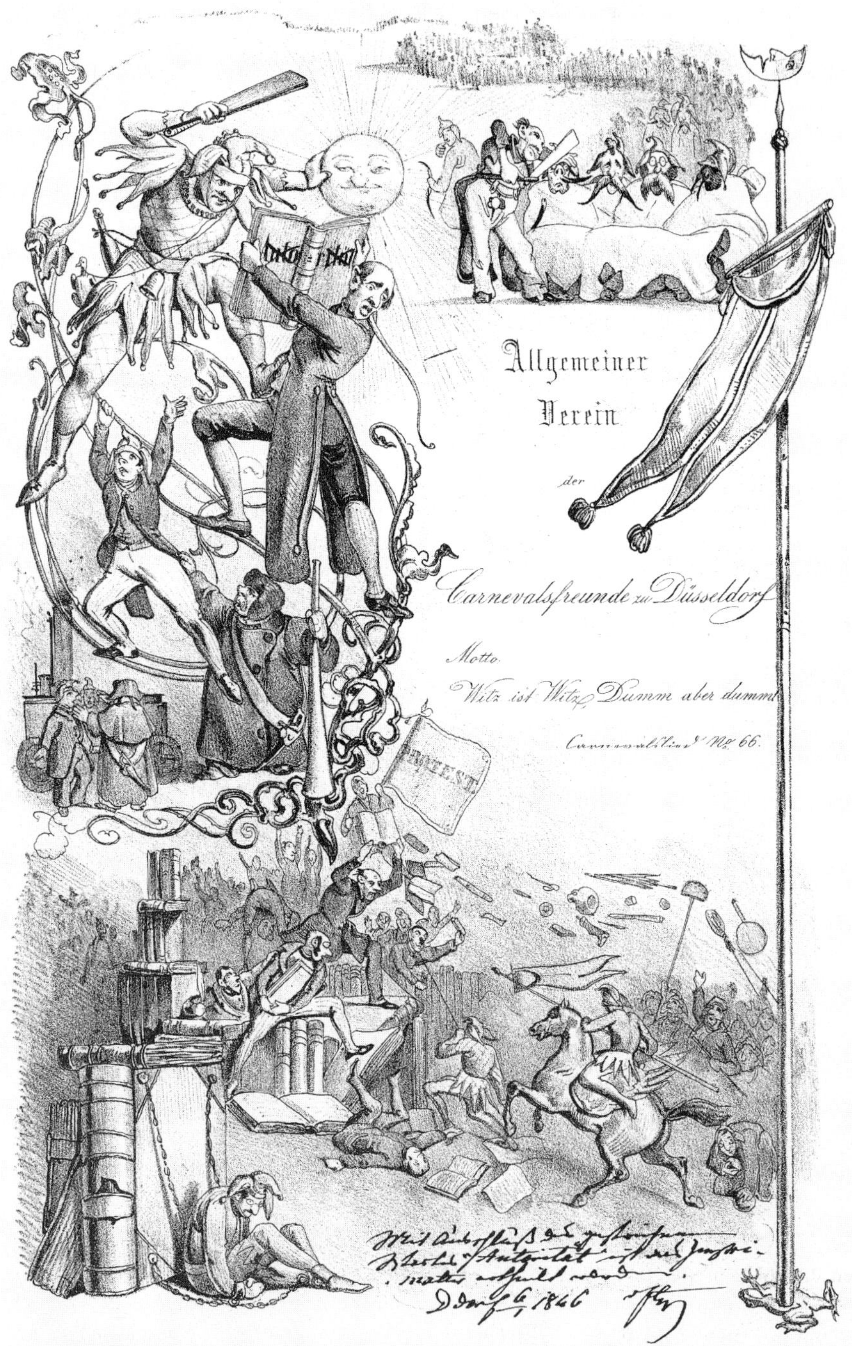

Abb. 46 Adolf Schroedter, Diplom zur Ehrenmitgliedschaft des Allgemeinen Vereins der Carnevalsfreunde zu Düsseldorf. Lithographie, 1846.

Tat beginnt er mit dramatischen, wenn auch wolkigen Worten: „Als die Gewalt ihren Höhepunkt erreicht hatte, als gefesselt war der Leib und geknechtet der Geist, da rang vergebens die grübelnde Weisheit gegen die Zwingburg der Despotie, und der Weheruf der verhöhnten Menschheit verhallte umsonst am Ohre der Gewalthaber. Nicht gehört wurde da die Stimme der Wahrheit; sie galt für Verbrechen."

Um die Wahrheit zu verhöhnen, hätten die Gewaltigen die Schalksnarren ins Leben gerufen, die dennoch die Wahrheit sprächen. „Wir sind die Nachfolger", schreiben die Düsseldorfer. „Wir kämpfen gegen die Dummheit und Trug und die Verfinsterung. Es ist zwar ein Guerillaskrieg, doch wird uns der Sieg nicht fehlen." Gegen was sich die Karnevalisten „unter die [...] schirmende Narrenkappe geflüchtet haben", bleibt unpräzisiert, doch das Diplom ist ein deutliches Zeichen der rheinischen Opposition gegen das preußische Regime.[919]

In seiner gemäßigteren Illustration verbindet Adolf Schroedter politische Metaphorik mit humoristischer Auffassung. Der Narr, der durch seine Nähe zur Sonne als Anhänger der Wahrheit ausgewiesen ist, hält sich mit seiner Pritsche einen verzopften Bürokraten vom Leib, der mit der Autorität (Aufschrift) des Gesetzbuches (?) gegen ihn vorgeht. Im unteren Teil der Arabeske sieht man einen Nachtwächter als Vertreter der Obrigkeit bei dem Versuch, den Michel, der eine Mischung aus Schlafmütze und Narrenkappe trägt, am Aufstieg zum Licht zu hindern. In der kleinen Randszene links daneben weist ein Gendarm Narren zurück, die gerade mit der Eisenbahn in Düsseldorf angekommen sind. Am Fuße des Blattes ist ein wildes Scharmützel zwischen den Bürokraten und den Karnevalisten entbrannt. Ein Narr ist in die Falle gegangen und an einem Bücherstapel angekettet.

Der Text reichte dem Landrat, der gleichzeitig Zensor war, um seine schlimmsten Befürchtungen zu bestätigen.[920] Schon 1844 hatte er die Regierung vor einer Partei gewarnt, „die unter dem Deckmantel von Fastnachts-Vergnügungen die Gelegenheit benutzte, politische Tendenzen auszukramen und ihren gesetzwidrigen Ansichten beim Publikum Eingang zu verschaffen."[921]

Der Inhalt sei „verbrecherischer Natur" und eine scharfe Überwachung der Vereinssitzungen dringend geboten. Die Regierung teilte mit, die Kontrolle sei zunächst ganz allein Sache der Ortspolizei und des Oberbürgermeisters, wohl um die Angelegenheit ohne großes Spektakel zu bereinigen und den aufgeregten Landrat etwas zu bremsen.

Für das Jahr 1848 erhielt der Karnevalsverein die Konzession nicht mehr, da er in der vorhergehenden Saison Ehrenmitglieder ernannt hatte, die der Innenminister zur politischen Opposition zählte. Darunter waren Männer, die in der Revolution tatsächlich aktiv hervortraten: Hugo Wesendonk, Wolfgang Müller und Ferdinand Freiligrath. Berlin erteilte Weisung, der Verein „sei aufzulösen und seine Reconstruction nicht zu dulden".[922]

Auch die 1847 gegründeten satirischen Düsseldorfer Monatshefte fielen dem Berliner Innenminister ins Auge. Dort waren zwei als anstößig erschienene Beiträge abgedruckt worden: „Eigentlich ist der Russe mehr choleraisch als cholerisch. Ueber den Ausdruck seines Gesichtes läßt sich wenig sagen, da in seinem Lande ihm jeder Ausdruck verboten ist, der nicht allerhöch-

---

Wortes Autorität" ist die Imprimatur erteilt worden." (6.1.1846) Zu bedenken ist, daß nach den Vorschriften die Bildzensur nicht in die Zuständigkeit des Landrats fiel, sondern der Polizeibehörde oblag.

919 HStA Düsseldorf, Regierung Düsseldorf 8953, Bl. 167.
920 Ebd., Bl. 163—66 Brief des Landrats vom 1.9.1846 mit Randverfügung der Düsseldorfer Regierung.
921 Ebd., Bl. 148—50 (9.2.1844).
922 Georg Spickhoff, Aus der Geschichte des Düsseldorfer Karnevals, Düsseldorf 1938, S. 77f.

sten Ortes vorgeschrieben wurde". Im zweiten gerügten Beitrag hatten die Künstler dargestellt, wie ein Lob des Generals bei der großen Parade auf dem Dienstweg versackt, weil die Vorgesetzten es nicht lassen können, ihre Untergebenen zu maßregeln.[923] Der Ton, in dem der Innenminister seine Kritik vortrug, war allerdings äußerst moderat und zeigt trotz der gelinden Drohung, daß die akademischen Künstler durch ihr Renommee geschützt waren. Es hieß: „Es ist [...] notwendig, aus dem fraglichen Werke dasjenige fernzuhalten, was die Masse des Volkes nicht als Humor auffassen und beurteilen kann, sondern nur als Verspottung und Herabsetzung auffaßt. Ich glaube voraussetzen zu können, daß auch die Künstler, auf deren Tätigkeit das Unternehmen beruht, sich von der Notwendigkeit dessen überzeugen und also einer freundlichen, das Geistreiche ihrer Lieferungen für dasselbe anerkennenden Mahnung gern Gehör geben und es ihrem eigenen Interesse angemessen finden werden, jede Überschreitung jener notwendigen Grenzen zu vermeiden und damit einer Einwirkung der Behörden vorzubeugen."[924]

Die Zeit der Gedankenkontrolle und der latenten Drohungen ging ihrem Ende entgegen. 1848 wurden in der Revolution nicht nur die auf dem öffentlichen Leben lastenden Restriktionen schlagartig beseitigt, sondern auch die Künstler in hohem Maß politisiert. Der ganze Kunstbetrieb wurde in die Krise hineingezogen. Bedeutete diese Revolution das Ende der Kunst? Löste sich hier nicht ihr Fundament, die Vorherrschaft der Monarchie und einer zahlungskräftigen Elite auf? Oder ließ sich eine neue demokratische Kunstförderung etablieren? Existenzängste breiteten sich in der Künstlerschaft aus. Die Auftragslage war schlecht, doch zugleich entdeckten viele Künstler die Politik als Thema für ihre Arbeit. Nicht nur in Karikaturen, auch in die anspruchsvollere Tafelmalerei flossen nun politische Inhalte viel stärker ein als im Vormärz. Diese enge Verbindung von Kunst und Gesellschaft hat die bildnerische Verarbeitung der Revolution gerade bei der Linken zu einem Thema gemacht. Die Tendenz, den Schulterschluß von Künstlertum und revolutionärem Volk zu feiern, hat jedoch zu manchen Ungenauigkeiten in der Forschung geführt, die zu revidieren sind. Ehe die Wahrnehmung der Ereignisse und Zeitumstände durch die Künstler selbst zur Sprache kommen soll, ist es angebracht, die verwickelten Ereignisse in einem historischen Längsschnitt zu skizzieren.

---

923 Düsseldorfer Monatshefte I (1847/48) S. 158 und 177–182.
924 GStAPK Berlin, Rep. 77, Tit. 979, Nr. 6, Bl. 2.

IX. Die Künstler in der Revolution von 1848/49

1. Die Ereignisse

Je länger die monarchischen Regierungen „vor Gottes Gnaden" die Antworten auf drängende Sachfragen schuldig blieben und sich stattdessen hinter Zensurgesetzen und Versammlungsverboten verschanzten, desto deutlicher wurde eine Legitimationskrise, die ohne einen gewaltsamen Anstoß kaum mehr auflösbar war. Drei Probleme stellten und blockierten sich gegenseitig: Trotz aller Gedankenkontrolle war die Forderung nach politischer Partizipation nicht mehr einzudämmen. Mit der wohlwollenden Beratung von bürokratischen Vorgaben, mit einem in der Praxis oft wirkungslosen Petitionsrecht wollten sich die Untertanen nicht mehr zufrieden geben. Landtage und Stadträte begannen Forderungen zu stellen, die Presse opponierte, und nur mühsam war die Bildung politischer Vereinigungen zu verzögern. Wahlen, Grundrechte, Parlamentarismus, Ministerkontrolle, Begrenzung der monarchischen Gewalt waren die Stichworte der Zeit. Die denkbaren Lösungen waren vielfältig.

Die Unfähigkeit, die soziale Krise zu meistern, hatte das Vertrauen in die Regierungen zusätzlich untergraben. Zwar waren 1848 die akutesten Symptome abgeflaut, die Lebensmittelpreise waren gefallen, doch Massenarbeitslosigkeit, Verschuldung, überlange Arbeitszeiten und Löhne, am Rande des Existenzminimums und darunter, blieben strukturelle Probleme. Die folgenden revolutionären Ereignisse verschärften die Wirtschaftskrise erneut. Der Sprengstoff, den die soziale Frage bot, schürte bürgerliche Ängste. Politische Reform ohne soziale Anarchie – das lag auf der Interessenlinie des besitzenden Bürgertums. Wer das Gewaltmonopol des Staates in Frage stellte, brauchte doch zugleich Garantien für eine geordnete Entwicklung, die Eigentum und Rechtsstaatlichkeit nicht antastete. Ein Klassenwahlrecht erschien vielen Liberalen als Möglichkeit, dies zu garantieren. Auf der anderen Seite konnte für die Sozialreformer die politische Mitwirkung breiter Massen durch ein allgemeines Wahlrecht als notwendige Voraussetzung für den politischen Ausgleich der Interessen gelten.

Sobald eine neue politische Verfassung zur Debatte stand, stellte sich auch die nationale Frage erneut. Der deutsche Bund hatte als Instrument restaurativer Absprachen seinen Kredit verspielt. Welche Rolle sollte Preußen fortan in Deutschland einnehmen?

Konstitutionelle, soziale und nationale Probleme bildeten nicht nur in Deutschland ein Konfliktpotential. Allen Schauplätzen gemeinsam war die strukturelle Spannung, die nur noch einen Auslöser brauchte, um sich zu entladen.[925] Wie schon in der Julirevolution von 1830 kam der Impuls aus Frankreich. Als in Paris die Regierung ein Reformbankett der Opposition verbot, das der Forderung nach Ausweitung des Wahlrechts Nachdruck verleihen sollte und mit Truppen die anschließende Demonstration aufzulösen suchte, kam es am 23. Februar 1848 zum Barrikadenkampf. Der „Bürgerkönig" Louis Philippe stürzte und floh nach England, die lange verwehrte Presse-, Versammlungs- und Vereinigungsfreiheit wurde von der neuen Regierung umgehend gewährt. Das

---

925 Zu den Revolutionen im europäischen Maßstab: Langewiesche, Europa 1815–1849, 1985.

„Recht auf Arbeit" und die Einrichtung von Nationalwerkstätten gehörten zu den sozialen Errungenschaften der französischen Erhebung, die allerdings nach dem Erfolg der Konservativen in den Wahlen für die Nationalversammlung nur drei Monate später in ein restauratives Fahrwasser geriet. Die erstaunlichen Anfangserfolge jedoch wirkten in ganz Europa als Fanal.

Überall wurden nun die zeitgemäßen Forderungen massiv an die Regierungen herangetragen. Nach schweren Unruhen in Wien trat am 13.3. die Symbolfigur des alten Regimes, Fürst von Metternich, zurück. In Berlin wuchs die Spannung. Am 7.3. wurden in der preußischen Hauptstadt die üblichen Märzforderungen laut: Pressefreiheit, Redefreiheit, Versammlungsfreiheit, Generalamnestie für politische Vergehen und Pressevergehen, gleiche politische Berechtigung aller, Geschworenengerichte, Volksbewaffnung und Heeresverminderung, allgemeine deutsche Volksvertretung, Einberufung des Vereinigten Landtags.[926] Militär patrouillierte und ging mit Waffengewalt am 13. und 16. gegen Demonstranten vor.[927] Schrittweise gab der König nach. Am 18.3. verfügte er die Aufhebung der Zensur, versprach die Einberufung des Vereinigten Landtags, Reorganisation des deutschen Bundes und eine Verfassung. Doch eine Massendemonstration auf dem Schloßplatz entglitt am gleichen Tag der Kontrolle. Danksagung für das Erreichte mischte sich mit der Forderung nach Bürgerbewaffnung und Militärabzug. Als der König den Befehl gab, den Schloßplatz militärisch zu räumen und dabei bei der Infanterie zwei ungezielte Schüsse fielen, brach der Aufstand aus. Die Masse der Berliner fühlte sich verraten; Barrikaden entstanden. Am frühen Nachmittag begann das Militär, gegen etwa 3−4000 Aufständische vorzugehen[928], die von zahlreichen Sympathisanten unterstützt wurden. Trotz der erheblichen Übermacht des Militärs mit 14.000 Soldaten und 36 Geschützen blieb der Kampf bis in die Morgenstunden des folgendes Tages unentschieden. Für eine Eroberung von Haus zu Haus erschienen die Truppen zu schwach, eine Belagerung und Beschießung Berlins von außen wurde vom befehlshabenden General dem König als Alternative vorgeschlagen.[929] Friedrich Wilhelm IV., erschreckt durch diese Aussicht, wandte sich in einem Aufruf an seine „lieben Berliner" und versprach den Truppenrückzug nach Räumung der Barrikaden.[930] Bei den ersten Anzeichen dafür wurde das Militär abgezogen.

Die Berliner Bürgerwehr, die bisher nur mit weißen Armbinden und Holzstäben ausgerüstet worden war, erhielt nun die geforderten Waffen. Am 21. März folgte der spektakuläre Ritt des Königs hinter der schwarz-rot-goldenen Fahne durch die Straßen Berlins, und am folgenden Tag geriet die Bestattung von 183 „Märzgefallenen" in vier Massengräbern zur Versöhnungsdemonstration[931], an der alle politischen Lager und Schichten sich beteiligten. Die „ungewollte Revolu-

---

926 Wolff, Berliner Revolutionschronik I, 1851, S. 16f. bringt den in dem noch heute wichtigsten Quellenwerk zur Berliner Revolution den Text der Adresse einer Volksversammlung vom 7.3., die Friedrich Wilhelm IV. allerdings nie offiziell überreicht worden ist.

927 Ebd., S. 61−64, 89−93.

928 Diese Schätzung bei Valentin, Deutsche Revolution 1848/49 I, 1930, S. 434. Valentin, dessen quellengesättigtes Werk noch heute wichtig ist, beschreibt die Märzereignisse in Berlin mit großer Anschaulichkeit, S. 410−60.

929 Siehe militärische Lagebeurteilung des Generalleutnants Prittwitz, Berlin 1848, 1985, S. 231f.

930 Wolff, Berliner Revolutionschronik I, 1851, S. 201f. Die Ereignisse aus der Sicht des Königs: Blasius, Friedrich Wilhelm IV. 1992, S. 113−84.

931 Diese Zahl bezeichnet nur die unmittelbar bestatteten Toten. Kuczynski; Hoppe, Berufsanalyse Märzgefallene 1964 nennen nach Auswertung aller Totenlisten eine Gesamtzahl von 303, darunter 15 Opfer unter den „gebildeten Ständen", auch ein Künstler. Die größten Gruppen stellten die Gesellen (115) und Lehrlinge (13), sowie die Arbeitsleute und Proletarier (52).

tion"[932] sollte nun in legale Bahnen umgelenkt werden. Der Weg war freigekämpft worden, der König hatte eingelenkt und sich rhetorisch an die Spitze der Bewegung gestellt. Das Blut, so hieß es auch später immer wieder, sollte nicht umsonst geflossen sein.

Der weitere Verlauf der deutschen Revolution mit ihren zahlreichen Schauplätzen, beteiligten Schichten, unterschiedlichen Zielperspektiven und Phasen kann hier nur unvollkommen skizziert werden.[933] Die beiden Akademiestädte Berlin und Düsseldorf, die als Wohnorte der Künstler hier von besonderem Interesse sind, spielten im Geschehen eine bedeutende Rolle. War dies bei der preußischen Hauptstadt nicht weiter verwunderlich, so überraschte die Zeitgenossen das Maß an Politisierung und Radikalisierung der Debatte in der Garten-, Beamten- und Residenzstadt am Rhein, wo in der Gegenrevolution sogar Bürger und Militär sich einen Barrikadenkampf lieferten. Was in Berlin begonnen hatte, wurde in der Rheinprovinz erbittert, wenn auch vergeblich verteidigt.[934]

Die erste Phase der Revolution war geprägt vom Aufbau neuer politischer Strukturen. In die neue Regierung traten die rheinischen Liberalen Ludolf Camphausen als Ministerpräsident und David Hansemann als Finanzminister ein.[935] Die Vorbereitung für die Wahlen zur preußischen und deutschen Nationalversammlung trieb die politische Differenzierung voran. Das Wahlrecht war erstaunlich freizügig geregelt, auch wenn es in Preußen indirekt blieb. Alle Männer vom 24. Lebensjahr hatten das Wahlrecht, wenn sie länger als sechs Monate am Ort ansässig waren und keine Armenunterstützung erhielten.[936] Während in der Frankfurter Nationalversammlung die akademisch, vor allem juristisch Gebildeten überwogen und die politischen Extreme — Erzkonservative und Sozialisten — fehlten[937], waren in der Berliner Nationalversammlung Demokraten und Linksliberale stärker vertreten[938], immerhin 31 % der Abgeordneten Handwerker, Bauern oder kleine und mittlere, eher oppositionswillige Beamte. Diese Institutionen machten sich nun daran, die Verfassungen zu entwerfen, wobei Friedrich Wilhelm IV. der Berliner Nationalversammlung das einseitige Recht, eine Konstitution zu verabschieden, nicht zugebilligt hatte und von einer „Vereinbarung" zwischen Parlament und Krone sprach.

Noch fehlten Parteien, doch durch politische Vereine und die Fraktionsbildung in den Versammlungen zeichnete sich doch bald eine Zersplitterung der Revolutionsbewegung ab. Die entscheidende Bruchlinie verlief, wie Dieter Langewiesche überzeugend ausführt, zwischen den Vertretern der konstitutionellen Monarchie und den Republikanern.[939] Der liberale Freiheitsbe-

---

932 Schieder, Ungewollte Revolution 1848/49, 1979.
933 Gute Gesamtdarstellungen: Siemann, Deutsche Revolution 1848/49, 1985; Wehler, Deutsche Gesellschaftsgeschichte II 1987, S. 660—779.
934 Sperber, Rhineland Radicals 1991, S. 305 ff.
935 Hofmann, Ministerium Camphausen-Hansemann 1981.
936 Botzenhart, Deutscher Parlamentarismus 1848—1850, 1977, S. 140—44. Genannt sind die Wahlrechtsbestimmungen für die preußische Nationalversammlung. Für die Wahl der Paulskirchen-Vertreter war das Wahlalter auf 21 Jahre abgesenkt, die Ansässigkeit war nicht Bedingung, die Zahl der Wahlberechtigten also noch höher. In keinem der deutschen Staaten kam nach Botzenharts Urteil ein Wahlrecht mit breiterer Grundlage zur Anwendung (S. 141).
937 Zur Zusammensetzung Siemann, Deutsche Revolution 1848/49, 1985 S. 124—131. Einer starken liberalen Mitte, die je nach Sachfragen koalierte, stand eine relativ schwache demokratische Linke (13 % der Abgeordneten, 32 % der Abgeordneten waren keiner Fraktion zugeordnet) gegenüber.
938 Botzenhart, Deutscher Parlamentarismus 1848—1850, 1977, S. 441—453.
939 Langewiesche, Republik, konstitutionelle Monarchie und „Soziale Frage", in: ders. (Hg.), Deutsche Revolution 1848/49, 1983, S. 341—61.

griff war orientiert an einem mittelständischen Ideal und vertrug sich mit einer Ausgrenzung unterbürgerlicher Schichten durch Klassenwahlrecht. Zu einer Sozialreform mit einschneidenden Veränderungen in der Eigentumsverteilung waren die Besitzbürger[940] nicht bereit. Versehen mit einer liberalen Leistungsideologie, die den Einzelnen zur Besserung seiner Lage durch individuelle Tüchtigkeit aufrief, und in der Hoffnung auf eine breite Industrialisierung (die schon alles bessern werde),[941] vertagten die Liberalen weitgehend die Diskussion einer unbequemen Lösung. Das Festhalten an der Monarchie als Ordnungsfaktor, der Wille zum Kompromiß kennzeichnete den gemäßigten Kurs. Den Republikanern schien nur die Abschaffung der Monarchie, bzw. ein „König ohne Eigenschaften", in Verbindung mit dem allgemeinen und gleichen Wahlrecht, eine evolutionäre Modernisierung der Gesellschaft zu garantieren. „Republik gleich soziale Revolution gleich Herrschaft des Proletariats – an dieser Stufenfolge gab es für die deutschen Liberalen der Revolutionsjahre nicht den geringsten Zweifel". Mit diesen Worten hat Dieter Langewiesche eine folgenschwere Fehlwahrnehmung gekennzeichnet.[942] Die Furcht vor der „roten Republik" stärkte die Bereitschaft der Liberalen zur Vereinbarung mit den alten Gewalten, die Demokraten sahen umgekehrt bei den Liberalen, deren Kurs doch – legal zu Ende geführt – wichtige parlamentarische Errungenschaften mit sich gebracht hätte, früh die Gegenrevolution am Werk. Diese politische Polarität wurde erweitert durch die Arbeitervereine, die vor allem soziale Forderungen stellten, die kirchlichen Vereine und die konservativen und offen gegenrevolutionären Verbindungen.

In Berlin formierten sich noch im März die Liberalen im „konstitutionellen Klub" (22.3.), dem der „demokratische Klub" (27.3.) gegenüberstand, der große Wahlerfolge erzielte und in der preußischen Nationalversammlung Wortführer – wie z. B. Franz Benedikt Waldeck – stellte. Bald konstituierte sich auch ein provisorischer Arbeiterklub (29.3.), aus dem später das „Zentralkomitee für Arbeiter" als wichtiger Dachverband deutscher Arbeitervereine hervorging.[943] Bei den „arbeitenden Klassen" war freilich das Potential für einen erfolgversprechenden Umsturz gar nicht vorhanden. Loyalität zum Landesherrn, religiöse Orientierung, die Abgrenzung ständisch-rückwärtsgewandter, sozialreformerischer und sozialrevolutionärer Gruppen und die Trennung von Stadt und Land schwächten und zersplitterten die gesellschaftliche Schicht, die zwar die Revolution maßgeblich mit in Gang gesetzt hatte, aber nicht in der Lage war, sie gegen den Widerstand der alten Mächte und gegen die Vertreter eines liberalen „Mittelweges"[944] weiter voranzutreiben.[945]

---

940 Der Begriff „Bourgeoisie" wird hier vermieden, da er eng an die marxistische Revolutionsdeutung gekoppelt ist. Es hat sich gezeigt, daß die liberale Bewegung auch vom Kleinbürgertum unterstützt wurde, die politische Orientierung vom Besitz zwar abhängig, aber nicht determiniert war (vgl. Rolf Weber in: Langewiesche (Hg.), Deutsche Revolution 1848/49, 1983, S. 278–90).

941 Siehe dazu Hamerow im bereits zitierten Sammelbands Langewiesches, S. 123 ff.

942 Im oben zitierten Beitrag, S. 355.

943 Richter, Berlin 1848–1870, 1988, S. 623 f. Zu den Demokraten in Preußen: Paschen, Demokratische Vereine 1977.

944 Den liberalen Weg der Mitte ernst zu nehmen, dafür hat vor allem Thomas Nipperdey geworben (zuletzt in: Deutsche Geschichte 1983, S. 595–673), in seiner Darstellung aber die hinter dem Kurs stehenden bürgerlichen Interessen zu wenig expliziert und – wie Langewiesche zu Recht kritisiert (Deutsche Revolution 1848/49, 1983, S. 350) – die demokratische-republikanische Alternative verzeichnet.

945 Wolfgang Schieder, Die Rolle der deutschen Arbeiter in der Revolution von 1848/49, in: Langewiesche (Hg.), Deutsche Revolution 1848/49, 1983, S. 322–40. Zum Straßenprotest: Gailus, Straße und Brot 1990. In Gailus' Konfliktmodell wird deutlich, daß Allianzen zwischen alter und neuer Elite wahrschein-

Als Nachzügler im politischen Spektrum Berlins bildete sich der „Preußenverein", der mit seiner Devise „Mit Gott für König und Vaterland" die Vertreter der Konservativen sammelte.

Dem entsprach in Düsseldorf[946] der sozialkonservative „Allgemeine Bürgerverein", der sich ab dem 6. Juni für die Monarchie als „einzig haltbare Staatsform" und eine „besonnene und friedliche Entwicklung" einsetzte[947], aber seine Mitglieder nicht lange aktivieren konnte. Auch hier zeigte sich die typische Frontlinie zwischen Monarchie und Republik. Der „Verein für demokratische Monarchie", mit 2000 Mitgliedern (Juli 1848) die stärkste Organisation der Stadt, trat für Volksherrschaft „mit einem Fürsten an der Spitze"[948] ein, definierte aber klare Grenzen der monarchischen Gewalt. Die allgemeinen sozialen Forderungen nach „Schutz der Arbeit und Sicherstellung des nothwendigen Lebensunterhaltes eines jeden" blieben als unkonkretisierte Formeln stehen. Mit diesem Programm gelang dem Verein in den Maiwahlen ein beispielloser Sieg. Die „reformkonservativ-katholische Koalition"[949], die sich ohne feste Organisation kurzfristig gebildet hatte, unterlag und wurde bedeutungslos. Ein Arbeiterverein (25.4.), der sich aus politischen Fragen herauszuhalten suchte, blieb ein Übergangsphänomen und führte zur Bildung des politischen „Volksklub", der sich nach seinem Programm vom 2. Juni das Ziel setzte, „die Befreiung des Volkes, d.h. des im Druck lebenden Theiles der menschlichen Gesellschaft, der arbeitenden und unbemittelten Klasse, gegenüber den bevorzugten Klassen herbeizuführen"[950] und für die Republik eintrat. Es gelang dem Volksklub, auf großen Volksversammlungen bis zu 5000 Menschen zu mobilisieren.[951]

Als weitere politische Kraft fungierten die Bürgerwehren, die aus der Märzforderung nach Volksbewaffnung hervorgegangen waren und das Militär als Ordnungsmacht ersetzen sollten. „Die anfangs von der Rückschrittspartei so sehr gefürchtete Bürgerwehr wurde bald von der Regierung als ihre treueste Stütze erkannt", urteilte der Berliner Demokrat Adolf Streckfuß.[952] In Düsseldorf öffnete sich die Bürgerwehr dagegen zunehmend auch den unteren Schichten und ging im November sogar so weit, einen offenen Aufruf zum gewaltsamen Widerstand gegen die preußische Konterrevolution herauszugeben. Mit 2500 Mitgliedern stellte sie in der Stadt eine nicht zu unterschätzende Macht dar.[953] Den Bürgerwehren drohte immer wieder der Konflikt mit dem Militär als dem langen Arm der Monarchie, ein Kampf, der auf die Dauer nicht zu gewinnen war und schon durch Belagerungszustand und Entwaffnung verhindert wurde. Auf der anderen Seite kam es zu blutigen Auseinandersetzungen mit den Unterschichten, die beim Straßenprotest ihr Recht auf Arbeit und Existenzsicherung einforderten.

---

licher waren als ein Zusammengehen mit den über eigene Protestformen (z. B. Straßenauflauf und Katzenmusiken) und Ziele (vorwiegend Subsistenzsicherung) verfügenden „Volksmassen" (S. 350–430 detailliert zu Berlin 1848).

946 Zur Revolution in Düsseldorf: Großmann, Düsseldorfer Malerschule 1985, S. 109–155, speziell zum Vereinswesen: 127–37. Die Entwicklung kann hier nur angerissen werden. Vgl. außerdem: Niemann, Düsseldorf 1848/49, 1983; Weidenhaupt, Düsseldorf 1806–1856, 1988, S. 414–41.

947 Aufruf vom 8.7.48 im Faksimile in: Niemann, Düsseldorf 1848/49, 1983, Dok. 24.

948 Statut vom 18. 4. in: Niemann, Dok. 15.

949 Dieser Begriff bei Niemann; vgl. Dok. 17: Wahlaufruf vom 21. 4.

950 Programm vom 2.6. bei Niemann, Dok. 21. Zur linken Bewegung im Rheinland generell: Dowe, Aktion und Organisation 1970.

951 Z. B. gegen die Ratifizierung des Friedensvertrages durch die Frankfurter Nationalversammlung am 8.10.1848.

952 Streckfuß, 1848, ND 1983, S. 257. Ähnlich urteilt Richter, Berlin 1848–1870, 1988, S. 628.

953 Weidenhaupt, Düsseldorf 1806–1856, 1988, S. 426 f.

Bis zum Sommer hatten sich die politischen Kräfte differenziert, die nach den erdrutschartigen Verschiebungen der Machtverhältnisse im März die Anfangserfolge in Reformpolitik umzusetzen hatten. Die Berliner Nationalversammlung faßte spektakuläre Beschlüsse, strich z. B. den Zusatz „von Gottes Gnaden" aus dem Königstitel, verbot adelige und andere Titel, Orden und Auszeichnungen. Ihr Verfassungsentwurf vom Juli sah eine ausgedehnte Regierungskontrolle vor und gestand dem Monarchen nur ein suspensives Veto zu. Dieses linksorientierte Parlament wurde zum Hoffnungsträger der Demokraten.

Die Zeit jedoch arbeitete für die alten Gewalten. Jeder neue Beschluß riß Gräben in der revolutionären Bewegung auf. Ende Juni scheiterte die Regierung Camphausen/Hansemann mit ihrem Kurs vorsichtiger Vermittlung, den Konservativen und Liberalen erschien sie ebenso zu schwach wie den Linken, die die Märzversprechungen in Gesetze umsetzen wollten. Die Unzufriedenheit mit der Frankfurter Nationalversammlung nahm zu, die sich in langwierige Debatten über die Grundrechte verstrickte und deren politische Machtlosigkeit zunehmend deutlich wurde. Ihre Ablehnung des Waffenstillstands Preußens mit Dänemark im Streit um Schleswig-Holstein blieb ebenso folgenlos wie der Einsatz zur Sicherung der revolutionären Errungenschaften in Wien, wo im Oktober die Regierungstruppen dem Aufstand ein blutiges Ende mit über 500 Toten und Schwerverletzten bereiteten und am 9.11. Robert Blum, den renommierten Führer der demokratischen Linken in der Paulskirche, hinrichteten.

Im November fühlte sich die Monarchie stark genug zum Schlag gegen die Revolution. Die Stützen des alten Systems, Bürokratie und Militär, hatten die Märzwirren überlebt. In der hitzigen Diskussion um die Unterstützung der Aufständischen in Wien kam es in Berlin zu Auseinandersetzungen zwischen Bürgerwehr und Demonstranten vor der Nationalversammlung (31.10.). Dies wurde der Anlaß, das Parlament – angeblich zum eigenen Schutz – in die Provinz nach Brandenburg zu verlegen (8.11.). Zwei Tage später marschierte das Militär in Berlin ein, ohne auf Gegenwehr zu treffen. Die Nationalversammlung faßte kurz vor ihrer gewaltsamen Auflösung am 15.11. einen spektakulären Entschluß: sie rief zur Steuerverweigerung auf. Allen weiteren Protest verhinderte der Belagerungszustand, der erst nach acht Monaten aufgehoben wurde.

In Düsseldorf führte die Berliner Gegenrevolution zu heftigen Reaktionen. Alle politischen Vereine unterstützten den Steuerboykott, trotz der vorausgegangenen erheblichen politischen Differenzen. Sogar fünf Regierungsräte und der Polizeichef schlossen sich an. Das Bürgerwehrkommando erließ einen dramatischen Aufruf: „Die Contrerevolution hat endlich die unbequeme Maske abgeworfen, offen hat die Krone den Boden des Gesetzes von sich gestoßen, und trotzig die Hand ans Schwert gelegt. [...] Deutsche, wo rohe Gewalt die Verfassung, die gesetzliche Freiheit bedroht, wo die Regierung selbst zum Verbrecher wird, da ist die Revolution die erste und heiligste Pflicht des Bürgers. [...] Rüstet Euch, Bürgerwehrmänner der ganzen Rheinprovinz."[954] Kurz darauf verhängte der Regierungspräsident den Ausnahmezustand. Auflösung aller politischen und sozialen Vereine und der Bürgerwehr, Ausgangssperre und Versammlungsverbot, Suspendierung der aufsässigen Beamten und Verhaftung der Rädelsführer waren wirksame Mittel, um jede Gegenwehr zu ersticken. Die Bürgerwehr beschloß passiven Widerstand und weigerte sich, die Waffen abzuliefern. Das Militär ging mit großer Härte vor.

Die Gewährung einer preußischen Verfassung durch den König, der wesentliche Vorschläge der Nationalversammlung berücksichtigte und auch das allgemeine Wahlrecht vorerst beibehielt

---

954 Undatiertes Plakat der Bürgergarde, Stadtarchiv Düsseldorf XXIII 2, abgedruckt bei Niemann, Düsseldorf 1848/49, 1983, Dok. 27.

(5.12), entspannte die Lage in Preußen. Dieser „dilatorische Kompromiß" (Grünthal)[955] stellte sich bald als Provisorium heraus.

In Frankfurt wurde die Arbeit an der gesamtdeutschen Verfassung intensiv fortgesetzt. Am 27. März lag die Reichsverfassung vor, Ergebnis eines zähen parlamentarischen Ringens unter politischen Rahmenbedingungen, die sich immer weiter verschlechterten. Mit dem allgemeinen Wahlrecht und nur suspensivem Veto für den Monarchen setzten sich die Demokraten durch, das Erbkaisertum Preußens befriedigte liberal-konservative Interessen. Mit einem gesetzgebenden Reichstag mit breiten Kompetenzen war die Verfassung im Rahmen der europäischen Konstitutionen eine der fortschrittlichsten.

Das offene Scheitern des legalen Kurses der demokratischen Vereinbarung zeigte sich bald. Friedrich Wilhelm IV. lehnte die ihm angetragene Kaiserwürde ab und versagte, u. a. mit Bayern und Österreich, der Konstitution die Anerkennung. Als die 2. preußische Kammer die Verfassung annahm und wenige Tage später die Aufhebung des Belagerungszustandes forderte, wurde sie kurzerhand aufgelöst.

Ein letztes revolutionäres Aufbäumen folgte. In Dresden brach am 3. Mai der Aufstand los und wurde bis zum 9. mit preußischem Militär niedergeworfen. In Düsseldorf verweigerte die einberufene Landwehr am 9. Mai den Dienst. Als aus Elberfeld die Nachricht von kämpferischen Auseinandersetzungen eintraf[956], sprang der Funke über: „Das Straßenpflaster wurde aufgerissen, und mit Blitzesschnelle erhoben sich in den ältern Stadttheilen Barrikaden. Von allen Thürmen erscholl Sturmläuten; dazwischen ertönte Peletonfeuer und Kanonendonner. Der Lärm war furchtbar, und mit jeder Stunde vermehrte sich das Feuern. Auf die Barrikaden wurde mit Kartätschen geschossen, einige genommen. [...] Gegen drei Uhr Morgen hörte das Schießen eine Zeitlang auf, auch die Glocken schwiegen. Zuzug, welcher von den benachbarten Orten kam, kehrte an den Thoren wieder um, weil dieselben von Soldaten besetzt waren. Gegen 10 Uhr morgens war alles zu Ende."[957] Vierzehn Düsseldorfer fielen, das Militär erlitt keine Verluste.

Mit der Niederschlagung der Aufstände ging die Revolution zu Ende. Was folgte, waren Rückzugsgefechte: die preußische Politik, auf dem dynastischen Weg einen kleindeutschen Bundesstaat zu errichten, scheiterte. Preußen revidierte seine oktroyierte Verfassung von oben und führte ein Klassenwahlrecht ein, die Frankfurter Nationalversammlung verkleinerte sich zum Stuttgarter Rumpfparlament und wurde aufgelöst (18.6.). Der Weg der demokratischen Reform war gescheitert. Emigration, politische Prozesse und neue Demagogenverfolgungen gehörten ab dem Herbst 1849 zum häßlichen Nachspiel der Erhebung.

Erträge blieben: Preußen war nun Verfassungsstaat, die Frankfurter Reichsverfassung mit ihrem Grundrechtskatalog wirkte als normatives Werk in der Zukunft weiter, manche Märzerrungenschaften, wie die Abschaffung der Präventivzensur, Geschworenengerichtsbarkeit und Aufhebung feudaler Rechte blieben erhalten. Die ruhiggestellte Gesellschaft des Vormärz war massiv mit der Politik in Kontakt gekommen. Sie hatte die Revolution über 18 Monate mit wechselnder Aufmerksamkeit verfolgt, gefürchtet und mitgetragen. Auch die Künstler waren an den bewegten Schauplätzen Berlin und Düsseldorf mitgerissen worden. Wie sie die Ereignisse erlebten und bildnerisch umsetzten, davon soll nun die Rede sein.

---

955 Grünthal, Parlamentarismus in Preußen 1982, S. 27−65.
956 Goebel, Aufstand der Bürger 1974 zu den Ereignisse im Wuppertal.
957 Herchenbach, Düsseldorf 1848/49, 1882, S. 147f.; Vgl. S. 158−196.

2. Künstler – Kämpfer für das „Volk"?

Die Revolution von 1848/49 war für die Beteiligten ein tiefer mentaler Einschnitt. Mit einem Schlag wurde das Leben politisch. Wo vorher obrigkeitsstaatliche Vorgaben dominierten, war jetzt eigenes Handeln gefragt. Das allerdings konnte verschiedenes heißen: Engagement für die Ordnung und den Reformweg der Legalität, Verteidigung der Monarchie oder notfalls gewaltsamer Aufbruch zu einem republikanischen Staat.

Wie reagierten die Künstler auf diese Herausforderung? Wie wurde ihre Produktion durch den Politisierungsschub beeinflußt? Wie engagierten sie sich außerhalb ihrer alltäglichen Aufgabe, Kunstwerke zu schaffen? Eine einheitliche Antwort auf diese Fragen kann nicht gefunden werden. Wie auch in anderen Berufsständen, z. B. bei den Handwerkern, mischten sich die verschiedensten Orientierungen. In der Sozialisation boten sich Ansatzpunkte für unterschiedliche Einstellungen: von den am Hof orientierten Malern, denen das königliche Mäzenatentum zur Akademikerkarriere verholfen hatte, war ein gänzlicher Gesinnungswandel nicht zu erwarten. Die Maler, die selbst nur unter Schwierigkeiten ihr Auskommen fanden, waren für soziale Themen sensibilisiert. Das liberale Meinungsklima im Rheinland führte vor allem in Düsseldorf zu einer freizügigen Diskussion und weitreichenden Politisierung, die überwiegend die außerhalb der Akademie angesiedelte Künstlerschaft erfaßte. Aber auch in Berlin, wo die Künstler ein eigenes Corps der Bürgerwehr bildeten, griff die Revolution tief in den Alltag des Berufsstandes ein.

In der verwirrenden Vielfalt der Revolution, so hat Dieter Langewiesche bemerkt, können „Erbschaftsverwalter" aller Richtungen das Passende finden.[958] Die zahlreichen künstlerischen Beiträge zum Geschehen in den Jahren 1848/49 sind bisher meist aus marxistischer Sicht interpretiert worden. So zog Wolfgang Hütt 1984 eine „Bilanz, deren sich die Düsseldorfer Kunst rühmen kann und die unter der Künstlerschaft der anderen deutschen Städte [...] ihresgleichen sucht. Sie zeugt würdig von der Treue zum Volk, eine Eigenschaft, die viele Düsseldorfer Maler auszeichnete und teilweise wesentlich für ihr Schaffen wurde."[959] Als 1972 in Berlin die Neue Gesellschaft für Bildende Kunst die „Kunst der bürgerlichen Revolution von 1830 bis 1848/49"[960] in einer Ausstellung präsentierte, folgte sie den von Hütt schon früher vertretenen Wertungen, lobte den kämpferischen Elan „an der Seite des Volkes" oder vermaß zumindest die Fortschrittlichkeit der einzelnen Maler.

Gerade Wolfgang Hütts Forschungen bilden auch heute noch die unentbehrliche Grundlage für eine Auseinandersetzung mit dem Thema, doch ist manches an diesem Bild revisionsbedürftig. Die Frontstellung Volk versus Bourgeoisie im Pakt mit den alten Mächten wird der Komplexität des Geschehens nicht gerecht. Vor allem die Vertreter eines liberalen Mittelweges kommen in dieser polarisierenden Sichtweise zu kurz. Auch die Grenzen, die vielen Malern in politischer Hinsicht gesetzt waren, ihre Verhaftung in den alten Strukturen, ihre Unentschiedenheiten müssen mitgesehen werden. Gerade in Verbindung mit schriftlichen Äußerungen der Künstler sind manche Bildinterpretationen, die Spielräume konsequent nach links nutzen, kritisch zu überprüfen.

Wie die Künstler in die Revolution verwickelt wurden, das soll auf mehreren Ebenen gezeigt werden: Zunächst geht es, kontrastierend zur bisherigen Sichtweise, um die Eigeninteressen der

---

958 Deutsche Revolution 1848/49. Forschungsstand 1981, S. 498.
959 Hütt, Düsseldorfer Malerschule 1984, S. 204. Vgl. schon Hütt, Düsseldorfer Kunst und demokratische Bewegung 1957, S. 200f.
960 Kunst der bürgerlichen Revolution (AK) 1972, S. 130 (Gagel), S. 150 (Rothe).

Existenzsicherung und der Neuordnung der Kunstpolitik. Einen generalisierenden Blick auf die Künstlerschaft erlaubt die Darstellung ihrer Beteiligung an den Bürgerwehren und die Geschichte der Gründung eines Künstlervereins in Düsseldorf. Im Anschluß daran folgt die Analyse bedeutender Beispiele der Revolutionskunst. Obwohl nur eine exemplarische Auswahl möglich ist, kann doch der Nachweis erbracht werden, daß politische Einstellungen sich auf die bildnerische Produktion massiv ausgewirkt haben und auch aus den Bildern herauszulesen sind.

3. Soziale Bedrohung

Für die Künstler, die stark vom monarchischen Mäzenatentum und bürgerlichen Repräsentationsbedürfnissen abhängig waren, wurde der politische Umschwung von 1848/49 nicht nur als lang ersehnter Aufbruch in eine bessere Zukunft begrüßt, er war auch Ursache einer tiefen Verunsicherung. Gerade für die Gruppe der hofnahen Künstler war der König bislang als Mäzen unersetzbar gewesen, ein System staatlicher, von Einzelpersonen unabhängiger Kunstfürsorge noch nicht etabliert. Das Bürgertum hielt sich in Zeiten der Wirtschaftskrise mit Kunstankäufen zurück.

Der Düsseldorfer Akademieprofessor Theodor Hildebrandt erlebte den Ausbruch der Revolution in Berlin, kehrte sofort an den Rhein zurück, um nicht durch die Zerstörung der Eisenbahnen an der Reise gehindert zu werden und trat der Bürgerwehr bei. „Wenn ich nur erst das Ende absehen könnte, da die Zwischenzeit so dunkel u[nd] schwül vor uns liegt", schrieb er einem Freund nach Dresden. „Unsrer armen Kunst gehts am Schlimmsten und ich habe die gegründetsten Besorgnisse um gänzliche Nahrungslosigkeit, da wohl lange nicht irgend eine neue Arbeit unternommen werden kann, wenn die alten angefangenen abgewickelt sind. Kein Mensch läßt sich malen und keiner kauft ein Bild."[961]

Hildebrandts Sorge stellte sich, was ihn selbst anging, als unbegründet heraus.[962] Wilhelm von Schadow wies jedoch im Sommer 1848 immer wieder auf die bedrohlich schlechte Auftragslage hin: „Selbst die besseren und besten haben [...] nichts zu thun".[963] Der monarchisch gesinnte Akademiedirektor fürchtete im April einen Zusammenbruch des herkömmlichen Mäzenatentums: „Mir würde es ungemein wehthun, wenn die neue preuß. Nationalversammlung dem Könige, dem ohnehin die Macht genommen, nun auch die Mittel zu einer königl. Existenz nähme. Wir Künstler würden am meisten dabei einbüßen."[964]

In einigen Beiträgen der Düsseldorfer Monatsblätter stilisierten sich die Künstler zu „wahren Proletariern" (Abb. 47), z. B. in dem Blatt: Apollo und die Musen gehen betteln. Johann Baptist Sonderland verdichtete diese Befürchungen zum dunklen Bild des Todes der Kunst schlechthin. In einem Trauerzug wird sie von Pinseln, Farbblasen und Paletten zu Grabe getragen. Sie alle

---

961 Brief an Capellmeister Julius Rietz nach Leipzig, Ostersonntag 1848, Nationalgalerie Berlin, Zentralarchiv.

962 In weiteren Briefen vom 5.8.1848 und 31. 12. 1848 (Nationalgalerie Berlin) berichtet er von Aufträgen, die auch aus dem Ausland eingehen und ihn bis weit ins Jahr 1849 beschäftigen können.

963 Brief an Julius Hübner, Dresden, 4.6.1848, Heine-Institut Düsseldorf; ähnlich an dens. am 25.8.1848. Karl Friedrich Lessing am 6. 1. 1849: „Daß im ganzen die Maler über Mangel an Verdienst in dieser Zeit klagen, ist nur zu wahr: mit wenigen Ausnahmen leben sie von den Kunstvereinen, und diese stehen nicht zum festesten." (Buchholtz, Familie Lessing II 1909, S. 326).

964 Brief an Peter Joseph Lenné, 27.4.1848, Heine-Institut Düsseldorf.

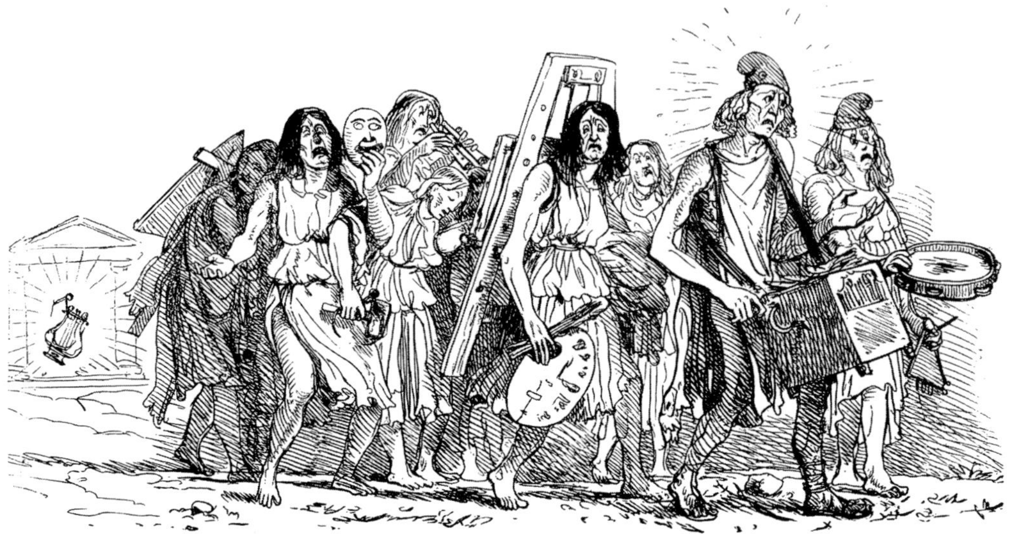

Abb. 47 Andreas Achenbach [?], Die wahren Proletarier. Apollo und die Musen gehen betteln im Jahre des Heils 1848. Holzschnitt, 1848.

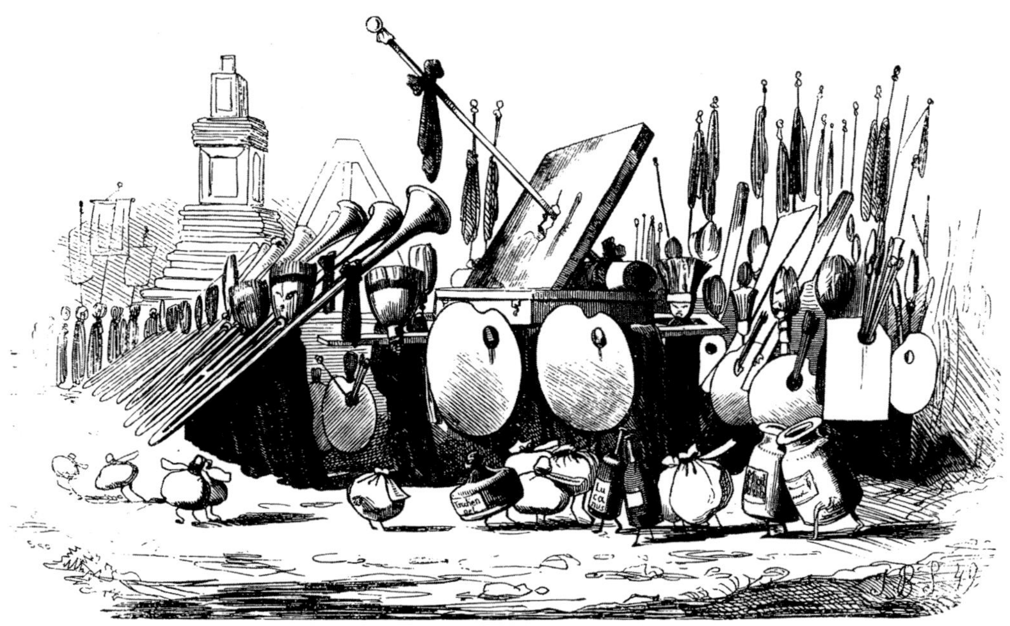

Abb. 48 Johann Baptist Sonderland, Ahnung. Holzschnitt, 1849.

bringen zum Ausdruck: „Daß der Kunst Vernichtung blühet,/ Wenn des Friedens Stille fliehet/ Und das Umsturzfieber glühet", wie es im begleitenden Text heißt (Abb. 48). Das war nicht nur satirisch gemeint. Regelrechte Endzeitstimmung spricht zum Beispiel aus einem Brief des Dresdener Bildhauers Ernst Rietschel an seinen Berliner Lehrer Christian Daniel Rauch vom 1. Mai 1848: „es scheint eine Ahnung in allen zu liegen, daß wenn nicht gleich jetzt, doch später die Republiken nicht zu vermeiden seyn werden. Dann lebe wohl Kunst? Ihr großes Werk schließt Ihr ruhmvolles Künstlerleben glorreich ab, Sie haben eine große Aufgabe gelöst. Wir jüngern müssen mitten im Laufe abbrechen."[965]

4. Kunstpolitische Hoffnungen

Was manche Künstlern — selbst wenn sie überwiegend die Bewegung in den politischen Verhältnissen begrüßten — als Bedrohung erschien, war für andere mit Hoffnung auf eine grundsätzliche Neuordnung der Kunstverhältnisse verbunden. Die Zeiten waren schlecht, aber endlich bestand Aussicht darauf, die Dinge selbst in die Hand zu nehmen.

In Berlin bildete sich eine „Vereinigung der bildenden Künstler", zu dessen Vorstand auch Adolf Menzel gehörte, die am 26.4.1848 an den Kultusminister mit dem Anspruch herantrat, „ihre Verhältnisse in eigne, gemeinsame Erwägung zu nehmen." Man kündigte eine nationale Assoziation der Künstler an, um der Kunst unabhängig von den Launen der Monarchen Geltung und Aufträge zu verschaffen: „Die Künstler empfinden es schmerzlich, daß in unserem Vaterlande die Kunst bis jetzt lediglich von dem Belieben und der zufälligen Sinnes- und Geschmacksrichtung Einzelner abhängig gewesen ist, daß die bisherigen Organe der Regierung derselben die Anerkennung versagt haben, die der Kunst, als einem Werkzeug tiefgreifender und gewaltiger Volksbildung gebührt."[966]

Mit ähnlichen Forderungen trat der jüngere Künstlerverein an den Senat der Kunstakademie heran, um die 'gefährdete Stellung der Kunst und der Künstler' zu verbessern: Aufstockung der Kunstförderung im Staatshaushalt, freie Konkurrenz bei Ausführung der Denkmäler, Verwaltung der Kunstangelegenheiten durch die Künstler selbst und Akademiereform waren die angesprochenen Themen. Der akademische Senat nahm ähnliches in Erwägung, schon um in dieser Umbruchszeit die Initiative nicht aus der Hand zu geben. Ignaz von Olfers, der Generaldirektor der Museen, wurde vergeblich aufgefordert, die Höhe der Staatsausgaben für die Kunst offenzulegen, um einen Vergleich mit der großzügigen französischen und belgischen Kunstpflege zu ermöglichen. Im Oktober stellte der Senat beim Kultusministerium den Antrag, eine Jahresausgabe von 200.000 Taler jährlich für die Kunstförderung durchzusetzen.[967]

1848 war das Jahr der Organisation der Interessen — auch die Künstler begannen sich nun zu assoziieren. Diese Initiativen zielten auf eine nationale Vereinigung, die jedoch erst mit der Gründung der „Allgemeinen Deutschen Kunstgenossenschaft" 1856[968] verwirklicht wurde.

---

965 Rauch, Briefwechsel II 1891, S. 295.
966 GStAPK Berlin, Rep. 76 Ve, Sect. 4, Abt. XV, Nr. 82, Bl. 1f. Unterzeichnet haben als Vorstand: Prof. Mandel, Carl Steffeck, Fr. Jentzen, Heidel, Adolf Menzel, H. Haagen.
967 Senatssitzungsprotokolle, Archiv PrAdK, Fiche 96: 8.4., Bl. 28f. Zu den Ansprüchen der jüngeren Künstler auf Mitbestimmung; 6.5., Bl. 124f., Zustimmung zur Düsseldorfer Petition an die Nationalversammlung; 29. 5. (Plenarversammlung), Bl. 37f., Zur Sicherung der Selbständigkeit der Akademie und zum Anspruch, die Gesamtinteressen der Kunst zu vertreten; zu Anfragen die staatliche Kunstförderung betr.: 10. 7. (Anfrage an Olfers), 19.8. Antwort Olfers, 21. 9., 2. 10., 9. 10. 1848 (mit der Forderung der Akademie). Auszüge in: Akademie der Künste Berlin, Materialien zur Geschichte 1991, S. 86−96.
968 Deiters, Allgemeine Deutsche Kunstgenossenschaft 1903.

Schon am 20.4.1848 wandte sich ein Düsseldorfer Komitee an die Künstler Deutschlands, um der Kunst eine bessere Zukunft zu eröffnen: „Bisher haben die deutschen Künstler es oft schmerzlich empfunden, wie — mit Ausnahme von Baiern — die Kunst in unserm Vaterlande nur auf sehr vereinzelte Mäcene und die Kunstvereine hingewiesen war, während in Frankreich und Belgien dadurch, daß die Regierung als oberster Mäcen durch großartige Aufträge der Kunst und den Künstlern Anerkennung und Mittel verschaffte, auch vom Volke heraus eine größere Masse an Gönnern, Kennern und Liebhabern sich bildet." Nicht mangelnde künstlerische Anlage im deutschen Volke, sondern die „Dornenhecke unserer traurigen Zustände" mit der „politischen und socialen Abgesperrtheit und Zerfahrenheit" habe bisher das Gedeihen verhindert. Die Hoffnungen richteten sich auf die Frankfurter Paulskirche: „Erklärt das deutsche Parlament, daß die Kunst Nationalsache werden müsse, so wird sie es sein." Sie sollte „jedem Bundesstaat die Pflicht auferlegen, einen verhältnißmäßigen Theil seines Einkommens auf die Bildung von Nationalgallerien und Öffentliche Kunstdenkmalen in seinem Bereiche zu verwenden."[969] Bedenkt man, daß in Frankfurt etwa 25.000–30.000 Petitionen eingingen[970], dann sind die Erfolgsaussichten dieser Initiative eher gering einzuschätzen.

Daneben traten separatistische Tendenzen. Parallel zu den Beratungen über die Frankfurter Petition entstand der Plan zu einer rheinländischen Akademie. Durch die Berliner Zentrale fühlten sich die Düsseldorfer Künstler offenbar immer wieder benachteiligt und planten, die Belange der Westprovinzen selbst in die Hand zu nehmen. Sie forderten eine spezielle Behörde für Kunstangelegenheiten in Preußen, wollten die Ausgaben für Kunstkäufe überwachen, Wettbewerbe organisieren und Aufträge vergeben, Ausstellungen veranstalten und bei Stellenbesetzungen das Vorschlagsrecht besitzen. Als der Kultusminister im Juli 1848 die Künstler aufforderte, Pläne zur Neuordnung der Kunstverhältnisse in Preußen vorzulegen, gedieh dieser Plan soweit, daß Statuten entworfen wurden, doch aus alledem — wie aus vielen Plänen der Revolutionszeit — wurde nichts. Die preußische Kultusverwaltung war für diese Abspaltung, die nicht zuletzt ihrer eigenen Kontrolle dienen sollte, nicht zu gewinnen.[971]

5. Politisches Engagement

a) Bürgerwehren

„Volksbewaffnung" war eine zentrale Märzforderung, doch sie war nicht ohne politische Ambivalenz. Einerseits wurde durch die Einrichtung von Bürgerwehren das Gewaltmonopol des

---

969 Stadtarchiv Düsseldorf, Nachlaß Hermann Becker, Aufruf vom 20. 4. 1848, unterzeichnet von J.P. Hasenclever, H. Becker, L. Clasen, P.H. Happel, C. Hübner, P.P. Kiederich, E. Leutze, O. Mengelberg, J.G. Meyer, A. Schröter, R. Wiegmann. Ergänzend vgl. Bestvater-Hasenclever, Hasenclever 1979, S. 45f. Der Forderung schloß sich die Berliner Akademie an (Archiv PrAdK, Nr. 96, Bl. 124f.)
970 Langewiesche, Deutsche Revolution 1848/49. Forschungsstand 1981, S. 490.
971 1. Entwurf (April 1848) im Stadtarchiv Düsseldorf, Nachlaß Hermann Becker, Mappe C 3 I, dort auch ein gedruckter Statutenentwurf von Becker, der nach dem 14. 7. 1848 (Kultusministers Ladenbergs Aufforderung, Reformvorschläge einzureichen) entstanden ist. An der Initiative waren außerdem beteiligt: Johann Peter Hasenclever, Lorenz Clasen, Carl Hübner, Emanuel Leutze, Adolf Schroedter und Rudolf Wiegmann (100 Jahre Malkasten 1948, S. 16), also überwiegend auch in der Bürgerwehr aktive und demokratisch engagierte Maler.

Militärs gebrochen, andererseits eine neue Ordnungsmacht geschaffen, die „Exzesse" eindämmen sollte und sich im Interesse der alten Gewalten instrumentalisieren ließ. Die Künstler haben sich am Dienst der Bürgerwehren aktiv beteiligt. Doch sollte dieses Engagement nicht allzu kurzsichtig als Zeichen einer demokratisch-republikanischen Gesinnung interpretiert werden.

In Berlin befehligte der Hofmaler Wilhelm Hensel das besondere Corps der Künstler, das aus etwa 700−800 Mann[972] bestand. Als das 3. Eskadron Garde du Corps nach dem Barrikadenkampf am 21. März das Brandenburger Tor passierte, fühlte sich der königstreue Hensel berufen, sich mit einer spontanen Rede an das Militär zu wenden: 'Die Berliner sähen die Truppen mit tiefem Kummer scheiden, hofften, sie aber recht bald zu ihrer herzlichsten Freude wiederkommen zu sehen'. „Nehmen Sie die wahrhafte Versicherung von uns an, daß wir keinen Groll im Herzen haben". Die Schwadron antwortete nur mit Schweigen, das Hensel mit einem „es lebe unser lieber König" zu brechen verstand.[973]

Da Hensel durch Wahl als Führer des Corps bestätigt wurde, ist sein Standpunkt wohl kaum ungewöhnlich konservativ gewesen. Die Künstler übernahmen nicht nur die Bewachung der in den innerstädtischen Gebäuden vorhandenen Kunstschätze, sondern auch einen Dienst im königlichen Schloß, wo der König zum Gespräch in die Wachtzimmer trat und mit „splendiden Lieferungen von Wein und kalter Küche" ein „besonders herzliches" Verhältnis zu den Bürgerwehrmännern zu dokumentieren schien.[974]

Der Jagd- und Bildnismaler Eduard Grawert hat den Dienst der Bürgerwehr im Berliner Schloß in einem genrehaften Gemälde dargestellt (Abb. 49). Er enthält sich hier jeglicher politischer Stellungnahme und baut sein Bild auf dem Kontrast zwischen den schlafenden Künstlern und ihrer Pflicht zur Wachsamkeit auf. Am 21. 4. ließ Grawert einen Bericht über seinen Einsatz als Wehrmann bei der Zerstreuung von 350 Treptower Arbeitern in der Vossischen Zeitung erscheinen, die − durch „schändliche Aufwiegler" irregeführt −, in die Stadt marschierten, um zu demonstrieren. Der Maler sorgte für den ruhigen Abzug. Es klingt fast wie eine Solidaritätserklärung, wenn er hinzufügt, daß er „seit 5 Wochen keinen Heller für seine Familie erwerben konnte und noch lange keine Aussicht dazu habe", jedoch bereit sei, „die geringste Arbeit im Fall der Noth zu verrichten". Er schließt: „treten wir dagegen [gegen die Aufwiegler, J.G.] nicht ganz energisch auf, so wird die Folge lehren, daß keiner die Ruhe zur Arbeit wieder erlangen, und die Noth sich bis zum Exzeß steigern wird."[975] In einem Unterstützungsgesuch an das Kultusministerium am 9. Juni bezog sich der Maler ausdrücklich darauf, daß er den Barrikadenkämpfern im März mit einer Fahne und der Mahnung entgegengetreten sei, der König wolle nur das Beste für sein Volk. Er erhielt 100 Taler Unterstützung.[976]

Diese Zahlung blieb kein Einzelfall. Hensel erwirkte Zuschüsse der königlichen Kasse für die Uniformierung des Künstlercorps (Abb. 50) und für einen Unterstützungsfond, „um [...] die Existenz der durch die eingetretenen Ereignisse und den gänzlichen Mangel an Beschäftigung in die bedrängteste Lage gerathenen Künstler zu sichern".[977] Im Sommer mußte der neugewählte

---

972 Darunter nicht nur bildende Künstler; die Zahlen nennt Hensel in den unten zitierten Akten.

973 Prittwitz, Berlin 1848, 1985, S. 400. Zur Tätigkeit der Künstler in der Bürgerwehr auch: Berlin-Museum, Tagebücher Oskar Begas III, S. 863−98 aus reformliberaler Perspektive, die der Sohn mit dem Vater teilte.

974 Wolff, Berliner Revolutionschronik I 1851, S. 332.

975 Abschrift in: GStAPK Berlin, Rep. 76 Ve, Sect. 4, Abt. XV, Litt. A, Nr. 81, Bl. 14−15.

976 Ebd., Bl. 17−19.

977 GStAPK Berlin, G.Z. 2.2.1., Nr. 19931, Bl. 2. Für beide Zwecke wurden je 1000 Taler bereitgestellt.

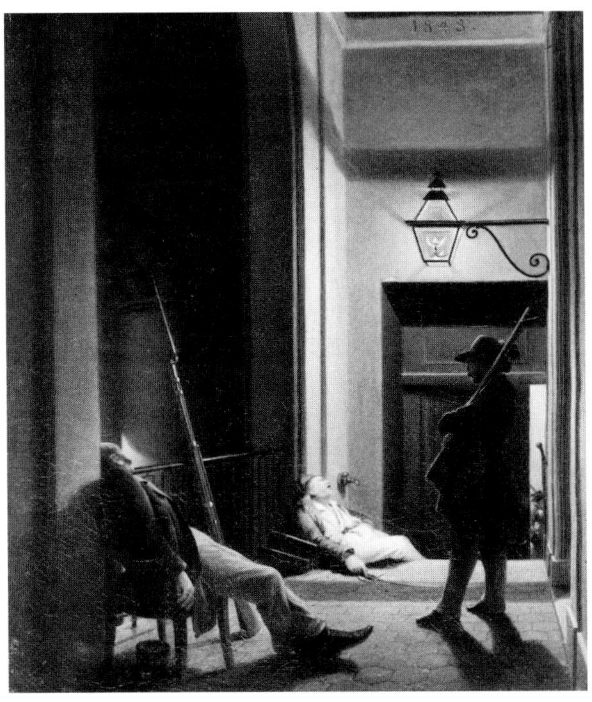

Abb. 49 Eduard Grawert, Bürgerwache bewacht das Zimmer Friedrich Wilhelms IV. im Berliner Schloß. Öl auf Leinwand, 1848.

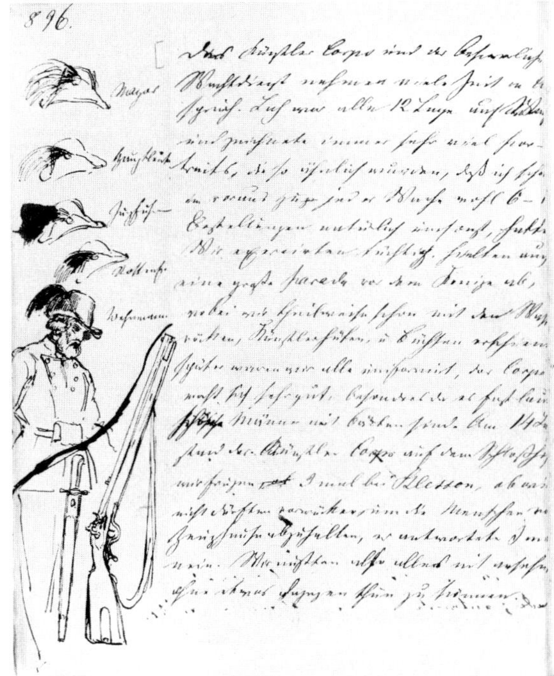

Abb. 50 Oscar Begas, Mitglied des Künstlercorps der Bürgerwehr. Federzeichnung auf dem Rand eines Tagebuchblattes, 1848.

Chef des Künstlercorps, der Maler Manasse Unger dem Vorwurf entgegentreten, man „habe sich durch Geld zu reactionären Zwecken erkaufen lassen".[978] Dagegen setzten die Künstler die Versicherung, die Waffen vor allem zur Wahrung der errungenen Freiheit zu tragen und für dieses höchste Gut mit Blut und Leben einzustehen. Doch versicherte Unger in einem Brief an den König zugleich sein Vertrauen, die Kräfte des Corps, „innerhalb der strengsten Grenzen der Gesetzlichkeit concentriren und im rein constitutionellen Sinn verwenden zu können."[979] Nach alledem ist die Bemerkung Christian Daniel Rauchs, das Corps zähle die ärgsten roten Demokraten, obwohl der König das Mögliche für die Künstler tue[980], wohl eher Ausdruck seines royalistischen Standpunkts als eine angemessene Beschreibung der Realitäten. Eher trifft die Bemerkung Theodor Fontanes zu, Hensel sei es gelungen, „dem ganzen Corps, das sich aus disparaten und zum teil auch desparaten Elementen zusammensetzte, einen preußisch-loyalen Charakter zu geben, und eine Truppe heranzubilden, die wenigstens so zuverlässig war, wie's ein solches Freicorps überhaupt zu sein vermag."[981]

In Düsseldorf lagen die Dinge dagegen anders. Die dortige Bürgerwehr, die zunächst unter dem Einfluß der Reformkonservativen stand, rückte zunehmend nach links und trat im November 1848 für einen bewaffneten Kampf zur Abwehr der Gegenrevolution ein.[982] Dabei ging es in erster Hinsicht um den Schutz der legalen Volksvertretung, der Berliner Nationalversammlung. Unter den 68 von den Mitgliedern gewählten Führern der Düsseldorfer Bürgerwehr waren immerhin elf Künstler[983], darunter die bekannten Genremaler Rudolf Jordan, Johann Peter Hasenclever, Carl Wilhelm Hübner, der Herausgeber der Düsseldorfer Monatshefte, Lorenz Clasen, und der berühmte Carl Friedrich Lessing, der allerdings aus Kritik an der Radikalisierung seinen Dienst quittierte. Am 14. August weigerten sich die beorderten Bürgerwehrmänner, am Empfang des Königs in Düsseldorf teilzunehmen, am 8. Oktober lehnte Lorenz Clasen als stellvertretender Kommandant ab, eine Arbeiterdemonstration gewaltsam aufzulösen. Dies sind deutliche Anzeichen für einen eigenständigen und oppositionsbereiten Kurs, doch ist Wolfgang Hütts Bemerkung „Die Mehrheit der Wehrmänner und ihrer Offiziere war von der Demokratie zum Republikanismus übergegangen",[984] durch Quellen nicht abgedeckt.

<h2 style="text-align:center">b) Der Künstlerverein „Malkasten"</h2>

„Unsere Maler trieben auch Politik, kannegießerten und spielten Bürgerwehr", erinnerte sich der Arzt und Kritiker Wolfgang Müller von Königswinter an die Gründung des Künstlervereins „Malkasten" in der Revolutionszeit. „Die einen waren rechts, die anderen links. Die letztern sollen − am 6. August, an dem Tage wo das Fest deutscher Einheit [...] gefeiert wurde − sich durch Zufall zusammengefunden und den Bund beredet haben. [...] Ihre Zahl wuchs zusehends,

---

978 Undatierte, gedruckte Erklärung des Künstlercorps um den 8.6. 1848, ebd. Bl. 6.

979 Brief vom 8.6., ebd., Bl. 5.

980 Rauch, Briefwechsel II 1891, S. 308 (Brief vom 1. 10. 1848).

981 Fontane, Wilhelm Hensel 1880/ 1967, S. 860.

982 Niemann, Düsseldorf 1848/49, 1983, S. 4f. Dort auch die provisorischen (März 1848, Dok. 14) und endgültigen (Mai 1848, Dok. 20) Statuten.

983 Herchenbach, Düsseldorf 1848/49, 1882, S. 46−48 führt die vollständige Liste aller Gewählten an. Weitere Maler: Georg Eduard Otto Saal (Landschaft und Genre), Georg Wilhelm Volkart (Historie), Carl Hilgers (Landschaft), van der Lanken, Schaul, Thekart. Mitgliederlisten der Bürgerwehr sind nicht erhalten.

984 Hütt, Düsseldorfer Malerschule 1984, S. 199.

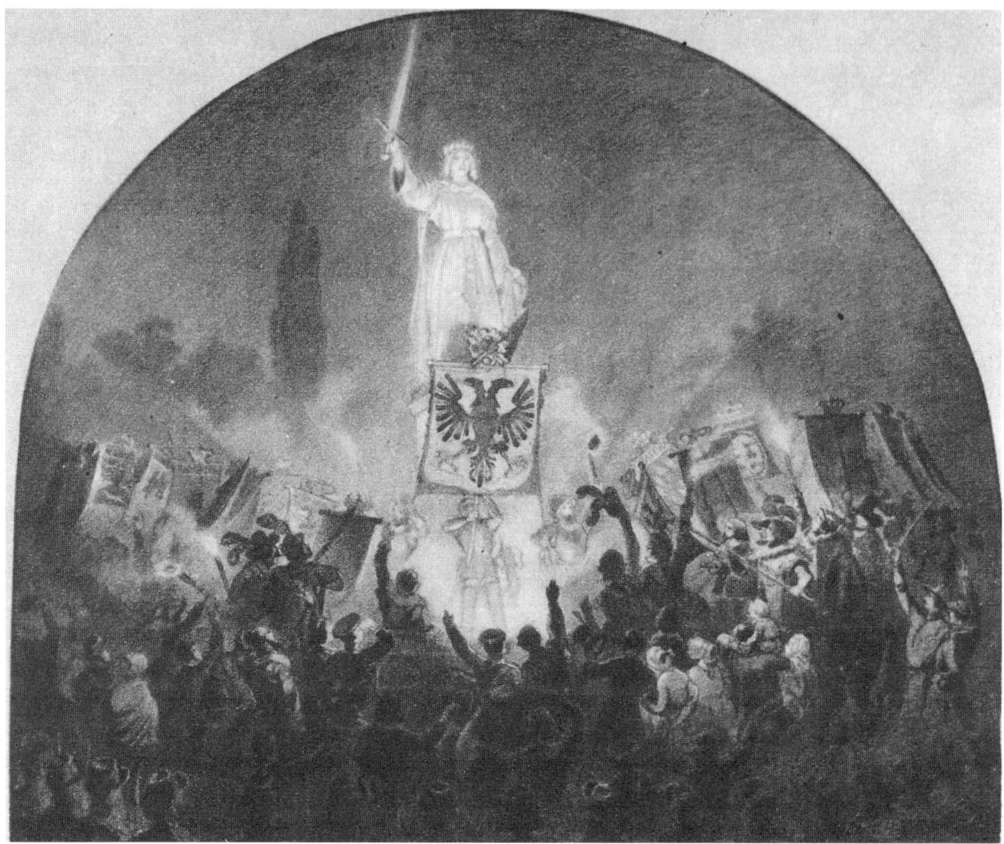

Abb. 51 Emanuel Leutze, Einheitsfest am 6.8.1848 in Düsseldorf. Lithographie, 1848.

sie umfaßte bald den größten Theil der jüngern und der ältern freisinnigen Elemente. Man hat in der Folge viel von der politischen Richtung des Vereins geredet und ihn bluthrother demokratischer Tendenzen beschuldigt. Ich muß gestehen, daß ich niemals etwas von Blutdurst, Tyrannenhaß und Sansculottenthum verspürt habe."[985]

Der „Malkasten", nach seinen Statuten zum Zweck geselligen Künstlerlebens gegründet, entstand in einer politischen Zeit. Am 6. August 1848 hatten die Düsseldorfer ein glänzendes Fest ausgerichtet, in wenigen Tagen nach dem Entwurf des Akademieprofessors Carl Ferdinand Sohn eine Kolossalstatue der Germania (Abb. 51) improvisiert, in einem gewaltigen Fackelzug mit bengalischer Beleuchtung die Fahnen der 39 Bundesstaaten mitgeführt, die vor der Bundesfahne gesenkt wurden und so symbolisch in Deutschland aufgingen. Die Traditionen des politischen Festes, des Musikfestes und des Künstlerfestes flossen zusammen zu einem großen Ereignis, das für kurze Zeit die Illusion der Einebnung aller Gegensätze schuf: „Bürger und Soldaten waren heute ein Herz und eine Seele".[986]

---

985 Müller, Malkasten 1863, S. 586. Der Arzt, Kritiker und Dichter war zu diesem Zeitpunkt im Lager der Nationalliberalen zu finden und tilgte aus seinem Werk die Spuren seiner „linken" Vergangenheit; Zur Gründung vgl. auch Chronika Malkastiensibus 1873, Sp. 1 f.

986 Herchenbach, Düsseldorf 1848/49, 1882, S. 87; dort auch eine ausführliche Schilderung des Festes;

Die bei der Festvorbereitung gezeigte Einigkeit der Künstler und das glanzvolle Gelingen gaben den Anstoß zur Gründung eines Künstlervereins in Düsseldorf. Sicher ist, daß politische Spannungen und Gegensätze zwischen der akademischen und freien Künstlerschaft das Vereinsleben stark beeinflußt haben.[987] Erst nach der Revolution (am 27.10.1849) trat Wilhelm von Schadow in den „Malkasten" ein. Dies erschien dem Regierungspräsidenten „um so angemessener, als dadurch manchen politischen oder gesellschaftlichen Extravaganzen vorgebeugt worden."[988]

Eine solche „Extravaganz" war z. B. die Aufnahme des Revolutionsdichters Ferdinand Freiligrath, der im Volksklub entschieden für die Republik eingetreten war und der noch im März 1849 in der Reveille „Die neue Rebellion! Die ganze Rebellion!"[989] gefordert hatte. Am 6. Juli 1850 wurde er fast einstimmig aufgenommen, kündigte aber bald darauf seine Mitgliedschaft, weil die konservativen Akademiker um Schadow mit Austritt drohten. In den sich weiter verschärfenden Spannungen der nächsten Jahre, die 1856 zur Gründung eines zweiten Künstlervereins in Düsseldorf führten, waren immer wieder auch politische Verdächtigungen zu hören. So argumentierte der Koblenzer Oberpräsident noch 1857, der „Malkasten" sei „ein Verein, in welchem ein „Freiligrath" als Ehrenmitglied aufgenommen wurde, welcher auch gegenwärtig eine Menge unpatriotischer Elemente birgt, in dessen Vorstand unter anderem Leutze [...] sich befand", „der [...] namentlich im Jahre 1848, seine republikanischen Tendenzen zur Schau getragen hat."[990] Gegen diesen Vorwurf wußte sich der Verein durch höhere Protektion zu schützen. In einer Eingabe an den König versicherte der Vorstand, der „Malkasten" sei „eine Gesellschaft..., welche lediglich zum Zwecke hat, den freundschaftlichen Verkehr der Künstler zu vermitteln."[991]

6. Bildnerische Umsetzung

a) Hosemann: Ehrliche Barrikadenkämpfer

Nach der Betrachtung kollektiver Reaktionen der Künstler auf die politischen Ereignisse von 1848/49, der Organisationsformen und verbreiteten Ängste vor dem Zusammenbruch des Kunstmarktes, sollen nun individuelle bildnerische Umsetzungen zur Sprache kommen. An kaum einem Maler ging die Zeit vorüber, ohne im Werk Spuren zu hinterlassen. Zumindest im Medium der Grafik, zum Teil auch in Ölgemälden, zeigten sich Reflexe des Geschehens.

Theodor Hosemann, der bereits im Berlin des Vormärz gelegentlich kritische Stellungnahmen

---

Festprogramm bei Most, Geschichte Düsseldorf II 1921, S. 317f.; Bildquelle bei Niemann, Düsseldorf 1848/49, 1983, Dok. 6.

987 Hütt, Düsseldorfer Malerschule 1984, S. 228−31 betont weit stärker und insgesamt ausgewogen die politische Dimension der Vereinsarbeit, während Markowitz, Künstlerverein Malkasten 1973, (unpaginiert, Kommentar nach Nr. 62) schreibt: „Der Malkasten war nicht, wie oft behauptet, eine Künstlersezession oder eine politische Künstlervereinigung." In der Festschrift „Hundert Jahre Malkasten" 1948, S. 15 ist von einer „zwar unausgesprochenen, deshalb aber nicht minder lebendigen Oppositionsstellung zur Akademie" die Rede.

988 HStA Düsseldorf, Regierung Düsseldorf, Präs. 1547, Bl. 50. Bericht an den Kultusminister vom 20.8.1853.

989 Otto, Lieder und Karikaturen 1982, S. 497.

990 LHA Koblenz, Best. 403, Nr. 14051, Bl. 321−31 (1.6.1857) und 99f. (23.4.1857).

991 Ebd., Bl. 435−37 (31.8.1858).

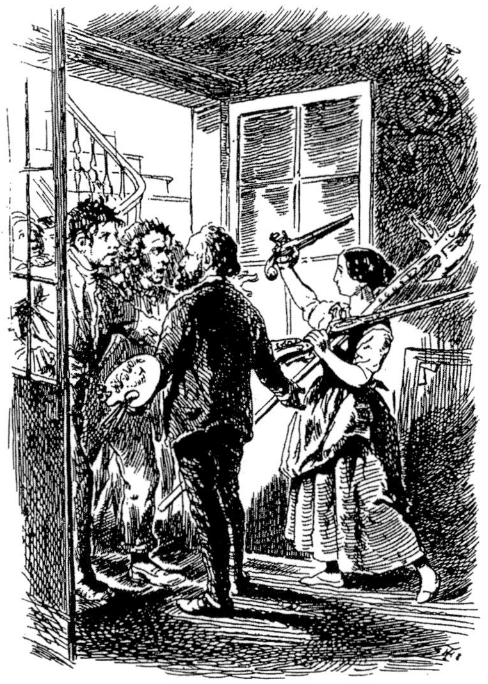

Abb. 52 Theodor Hosemann, Der Künstler
gibt, was er hat. Federlithographie, 1848.

zum Zeitgeschehen lieferte, ergriff 1848/49 deutlich Partei.[992] In einer Federlithographie zeichnete er ein Selbstportrait: „Der Künstler gibt, was er hat".[993] (Abb. 52) Adolf Wolffs Chronik beschreibt die Lage: „Nach Waffen verlangte eine große Zahl Derer, die durch den Säbel und das Bayonett der Soldaten vom Schloßplatze vertrieben, in die Straßen stürzten, und von den Häusern oder den Barrikaden aus dem erwarteten Angriff bewaffneten Widerstand entgegensetzen wollten. Mit Bereitwilligkeit lieferten [...] Privatbesitzer von Waffen den heranströmenden Schaaren ihren Vorrath aus."[994] Auch der Maler hat eine Hellebarde, eine Pistole und ein altertümliches Gewehr beizusteuern, nimmt aber den aktiven Kampf nicht selbst auf. Als seine Waffen weist er den Eindringlingen Palette und Pinsel vor.[995]

In einem zweiten Blatt (Abb. 53)[996] illustrierte er einen spektakulären Vorfall aus den Märzkämpfen. Eine Barrikade, die vor allem ein in den Rinnstein gekippter Wagen bildete, war von

---

992 Dieses Urteil stützt sich auf Bildinterpretationen, schriftlich hat sich Hosemann nur einmal (Lothar Brieger, Th. Hosemann, München 1920, S. 106) anläßlich des Einzugs von Wrangels Truppen in Berlin geäußert. (10. 11. 48) Er spricht hier nur von der Erkenntnis beider Seiten, eine Schlacht müsse die „traurigsten und schrecklichsten Folgen haben".

993 Becker, Diss. Hosemann 1981, S. 250−52; Abb. 287.

994 Wolff, Berliner Revolutionschronik I 1851, S. 145.

995 In: Berliner Märzrevolution 1848, S. 47 beschreibt ein Freund die Szene in der Wohnung „meines Freundes, des Genre-Malers H." Hosemann berichtete am 17. 3. von einer Beinverletzung (Brief an Louis Sachse, Landesarchiv Berlin, Rep. 241 acc. 1449), die seinen Dienst in der Bürgerwehr verhinderte.

996 Becker, Diss. Hosemann 1981, S. 246−48, Abb. 282.

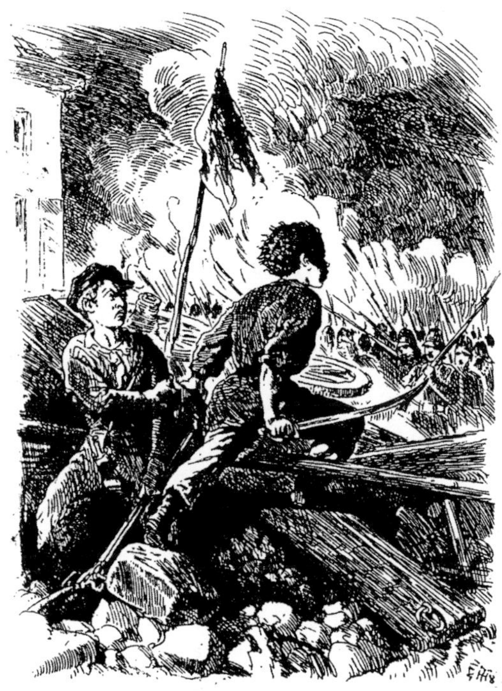

Abb. 53 Theodor Hosemann, Zinna auf der Barrikade. Federlithographie, 1848.

den meisten Verteidigern aufgegeben worden und nur noch mit zwei Handwerksgesellen besetzt. Gegen den anrückenden Infanteriezug feuerte der 19jährige Schlossergeselle Glasewald einen Gewehrschuß ab, wurde aber unmittelbar danach von einer Kugel im Arm getroffen. Der 17jährige Schlosserlehrling Ernst Zinna stürmte daraufhin mit einem Säbel auf einen der voranmarschierenden Offiziere los, dem er einen Hieb in den Hals versetzte, und konnte sich sogar unverletzt wieder zurückziehen. Er setzte den Kampf fort, indem er die vorrückenden Soldaten mit Pflastersteinen bewarf und wurde dabei tödlich getroffen.[997]

Hosemann zeigt diese spektakuläre Szene aus der Sicht der Barrikadenkämpfer. Durch die gewählte Perspektive gehört der Betrachter scheinbar selbst zu den Verteidigern dieser Barrikade. Durch zahlreiche Diagonalen und Überschneidungen wird die Dramatik des Geschehens in der Komposition abgebildet. Das Blatt ragt künstlerisch aus den recht zahlreichen grafischen Darstellungen der Märzkämpfe heraus.[998]

Daß es Hosemann nicht nur um die Bebilderung eines spektakulären Zwischenfalls ging, zeigt seine deutliche Stellungnahme in dem Blatt „Szenen aus den Märztagen"(Abb. 54).[999] Hier wird die moralische Integrität der Barrikadenkämpfer herausgestrichen. Unter „zerlumpten Kitteln"

---

997 Ebd., S. 179.

998 Vgl. z. B. AK Kunst der bürgerlichen Revolution 1972, S. 61 und 63 (Kirchhoff), Umschlagbild, F.G. Nordmann (aus der gleichen Perspektive hinter der Barrikade), Innenseite, R. Kretschmer. Weitere Barrikadendarstellungen in: Bock, Unzeit des Biedermeiers 1985, Nr. 156−59 und Schmidt, Revolution 1848/49, 1988, S. 86−91. Abbildungen in Zeitungen oder auf Neuruppiner Bilderbogen hatten oft ein bescheidenes künstlerisches Niveau.

999 Becker, Diss. Hosemann 1981, S. 248−50; Abb. 283−86.

Scenen aus den Märztagen von Berlin.

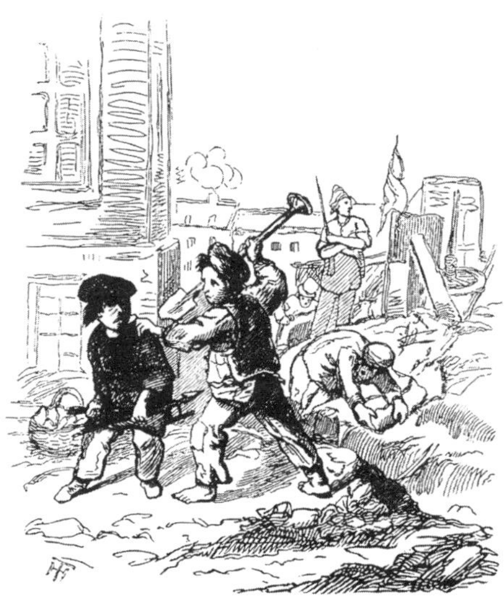

„Läßt du des Eisen liegen, niederträchtige Krete!
Hier wird nich geklämmt, hier wird barrikadirt; wir
sind keene Spitzbuben."

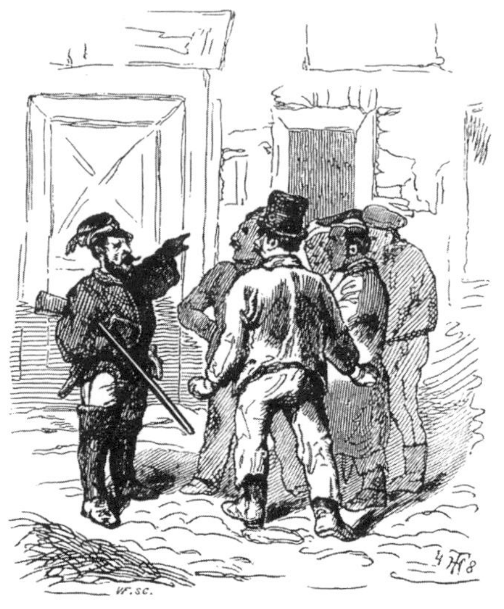

„Da geht hinein und holt Euch, was Ihr an
Schießwaffen vorfindet, aber wehe dem, der sich an einer
Stecknadel andern Werthes vergreift, ich schieße ihn auf
der Stelle nieder!"

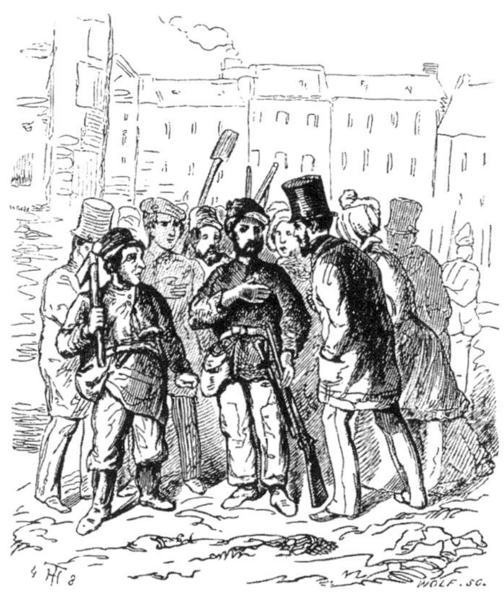

„Wir haben als brave Berliner Bürger, als deutsche Männer gefochten! Wüßte der König, was für treue
und tapfere Herzen unter solchen zerlumpten Kitteln
schlagen, er würde uns zu seiner Leibgarde machen!"

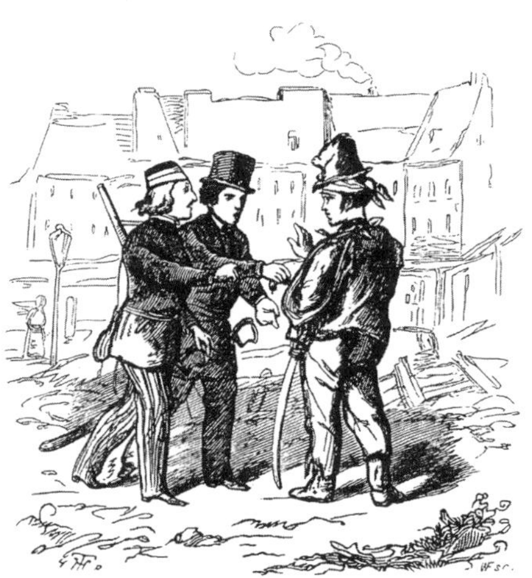

„Ich bin zwar nicht unbedeutend verwundet, aber
doch noch stark genug, um arbeiten zu können; — lassen
Sie das Geld den Wittwen und Waisen der Gebliebenen
zukommen."

Abb. 54 Theodor Hosemann, Scenen aus den Märztagen von Berlin. Vier Holzschnitte auf einem Blatt, 1848.

schlagen „Tapfere Herzen", man soll also nicht vom Aussehen auf sittliche Qualitäten schließen. Es wird nicht geklämmt (= geklaut), sondern barrikadiert und selbst wer verwundet ist, fühlt sich noch kräftig genug zur Arbeit. „Wir haben als brave Berliner Bürger, als deutsche Männer gefochten", heißt es in einem Begleittext. Hätten diese Kämpfer ihr Leben nicht in die Schanze geschlagen, es hätte keine Revolution gegeben – das ist die Botschaft Hosemanns, der auch in der Zeit der Gegenrevolution noch das „Heer der Reaktion"[1000] in einer Tierallegorie mit Spott überzog.

b) Menzel: Aufbahrung der Märzgefallenen

„Ich habe Pech mit den Revolten, von Cassel ging ich weg, ehe eine ausbrach, und hier kam ich an, als sie vorbei war", bemerkte Adolf Menzel im Mai 1848 ironisch.[1001] Als der Maler kurz nach den Barrikadenkämpfen in Berlin eintraf, registrierte er mit genauer Beobachtergabe die Spuren des Geschehens. Am Haus des Konditors d'Heureuse zählte er 190 Kartätscheneinschläge und 46 Gewehrkugellöcher in einer Ladentür. „Berlin hat seine Ehre furchtbar gerettet!!!", heißt es in einem Brief vom 23. März, in dem Menzel seine Eindrücke schildert. „Dahin vereinigen sich alle Urtheile, daß beide Theile mit [...] vielleicht beispielloser Tapferkeit gekämpft haben. Es werden jetzt von beiden Seiten viele Züge von Selbstaufopferung und Uneigennützigkeit bekannt".

Es folgte der „traurig feierliche Tag" der Bestattung der Märzgefallenen: „ich kann Ihnen sagen, daß die langsamen Züge Aller Gewerke und Aller Körperschaften mit ihren Musikchören (theils Trauermärsche, theils geistl. Lieder), ihren Fahnen, Insignien und Särgen, von den Genossen getragen; dazu die durchweg [im Original doppelt unterstrichen] ernste und schweigende Haltung der Volksmassen einen furchtbar mächtigen Eindruck machten."[1002]

Menzel begann, dieses Erlebnis in einem Ölbild festzuhalten (Abb. 55)[1003] Das hat sicherlich mehrere Gründe: diesen Tag hatte er selbst miterlebt und konnte aus der eigenen Anschauung schöpfen. Nicht nur die Opfer wurden begraben, sondern auch die Erfolge der Revolution gefeiert. „Gott wird nun weiterhelfen [,] was 33 Jahre die Regierenden versäumten soll nun für Deutschland in seiner neuen Form erstehen", urteilte sogar ein so konservativer Künstler wie Christian Daniel Rauch.[1004] Um ein solches Geschehen zu malen, mußte man sich nicht unbedingt auf eine Seite schlagen.

Menzel wählte in seinem Bild die Aufbahrung der Gefallenen vor der Neuen Kirche auf dem Gendarmenmarkt. Auf den Stufen formt die Masse der Särge einen düsteren Block. Vor den national beflaggten Häusern im Hintergrund ziehen die Trauerzüge vorbei. Vorrangig sind jedoch die Szenen im Vordergrund: Von einem erhöhten Standpunkt aus, den die Treppen des Französischen Domes bieten, zeigt der Maler die Berliner Volksmassen, die sich zu rhythmisch

---

1000 Becker, AK Hosemann 1983, Nr. 27.; Vgl. auch: Becker, Diss. Hosemann 1981, Abb. 261: „Die Zeit am Boden" (1849) und Abb. 76 „Oktroyierte Verfassung".

1001 Brief an Arnold, 3.5.1848, in: Menzel, Briefe 1914, S. 133.

1002 Brief vom 23. 3. 1848 an Arnold, zit. n. dem Original in der Nationalgalerie Berlin; auch in: Menzel, Briefe 1914, S. 126−32.

1003 Herangezogene Literatur: Jensen, Menzel 1982, Nr. 14; Hofmann (Hg.), AK Menzel 1982, Nr. 40 (mit Skizzen); With, Menzel and the Revolution of 1848, 1979; Hütt, Menzel 1981, S. 61−64; Forster-Hahn, Menzels „Märzgefallenen" 1988.

1004 Nationalgalerie Berlin, NL Rauch IX Ab, 132; Brief vom 29. 3. 1848. Vgl. Rauch, Briefwechsel II 1891, S. 286−335 mit drastischen gegenrevolutionären Wertungen.

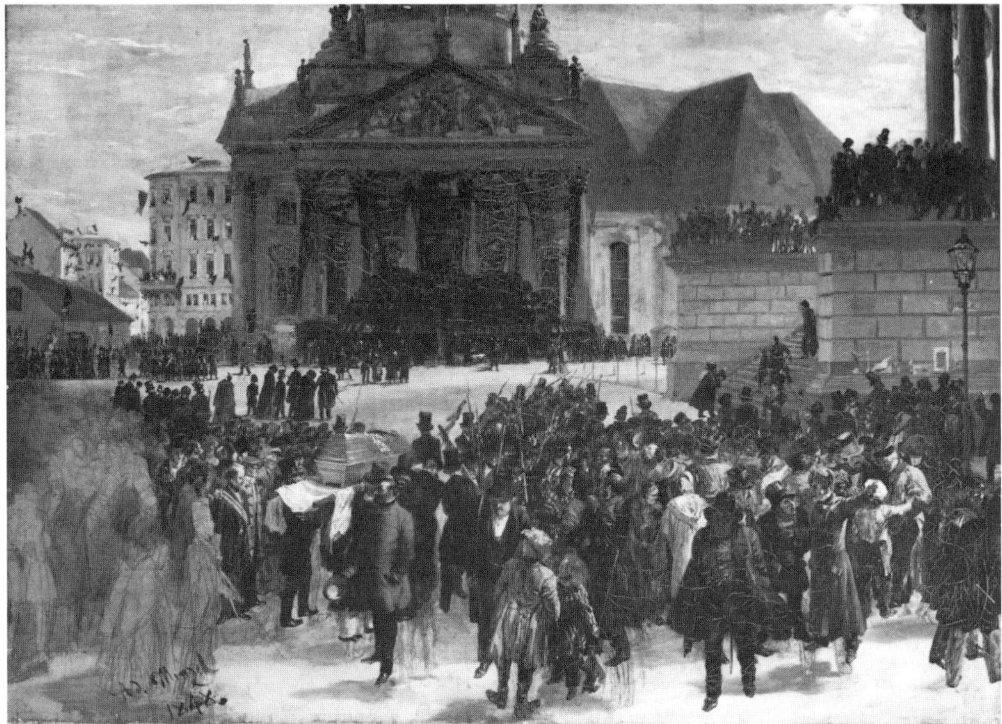

Abb. 55 Adolph Menzel, Aufbahrung der Märzgefallenen auf dem Berliner Gendarmenmarkt. Öl auf Leinwand, 1848.

verdichteten Zentren ballen und auseinanderziehen. Schon im Vormärz hatte Franz Krüger in großen Paradebildern die Berliner Massen dargestellt, die der Demonstration der militärischen Stärke auf der Straße zusahen.[1005] In Menzels Darstellung erscheinen die Opfer: Links der Mittelachse wird ein Sarg an Studenten und Bürgerwehrmännern vorbeigetragen. Ein vornehm taubenblau gekleideter Herr hat den Hut gezogen, wendet sich aber vom Zug der Sargträger ab. Auf der rechten Seite löst sich die Masse in diskutierende Gruppen auf, wobei auch − links der Laterne − ein Bürger und Handwerksburschen, die wichtigen Träger der Revolte, erkennbar sind.

„Ich war den ganzen Tag auf den Beinen, fast wie ein Zeitungsreporter, um zu skizzieren. Das Ereignis erfüllte meine Seele mit Grauen und mein Herz mit Hoffnung", erinnerte sich der Maler später.[1006] Doch das Bild blieb unvollendet. An vielen Stellen sind Vorzeichnung und Untermalung stehengeblieben. Die Hoffnungen Menzels, die sich an diesen Tag nationaler Verbrüderung knüpfte, erfüllten sich nicht, und so verlor er den Schwung, das Gemälde abzuschließen. Am 15.9.1848 schrieb er in einem Brief an Arnold nach Kassel: „Wie gefällt Ihnen denn Frankfurt, Berlin und Wien???!!!" Überall war es im Sommer zu blutigen Auseinandersetzungen gekommen. „Man hat wiedermal der Menschheit zuviel zugetraut; zur (gerechten) Indignation über

---

1005 Franke, Krügers „Paraden" 1984.

1006 Ottomar Beta, Gespräche mit Adolf Menzel, in: Deutsche Revue 1898, S. 107f.; zit.n. Forster-Hahn, Menzels „Aufbahrung" 1988.

Oben ist nun nur die Indignation über Unten gekommen. Nichts als Schwung von einer Schulbank auf eine Andere. − Gott muß weiter helfen, er thuts auch."[1007]

Der Maler hatte das Vertrauen in die Revolutionäre verloren. Er kehrte in der Folge zu seinen Bildern Friedrichs II. zurück, die er schon in seiner großen Holzschnittfolge zu Franz Kuglers Werk über den preußischen König 1839−42 so überragend illustriert hatte. Wenn schon das Volk sich nicht selbst zu helfen wußte, dann war ein aufgeklärter Monarch immerhin ein Hoffnungsträger und Friedrich II. ein Vorbild für die Gegenwart.[1008]

c) Lessing: Belagerung

1848 stellte der berühmteste Künstler der Düsseldorfer Malerschule, Karl Friedrich Lessing, eine dramatische Szene aus dem Dreißigjährigen Krieg dar. Schon seine bereits besprochenen Hussitenbilder waren von den Zeitgenossen als politische Stellungnahmen betrachtet worden. So liegt es nahe, sein Gemälde einer „Belagerung" (Abb. 56)[1009] ebenfalls vor dem Hintergrund des Zeitgeschehens zu sehen.

Auf einer Anhöhe erwartet eine Soldatengruppe hinter einer spärlich schützenden Kirchenmauer den anrückenden Feind, der bereits am Fuß des Hanges vor einem brennenden Dorf in Sicht kommt. Die Naturstimmung wird in spätromantischer Manier zur Vergegenwärtigung der psychologischen Situation genutzt. Es ist ein Gewitter aufgezogen, das die Szene verdunkelt. Die Eichen im Hintergrund durchkämmt der Wind. Helle Beleuchtung trifft die ausgebrannte Kirchenruine, vor der das zentrale Geschehen spielt. Während ein Mönch im Vordergrund einem Sterbenden die Sakramente spendet, gießen die Soldaten dahinter Kugeln für den bevorstehenden Kampf oder starren gebannt den Angreifern entgegen. In der Darstellung bringt Lessing die ganze Fülle seines akademischen Wissens voll zur Geltung. Eine durchdachte Komposition und die Farbstimmung stützen die Bildaussage des Werkes.

Den Ursprung der Darstellung sah schon Wolfgang Müller in „den bewegten Tagen unseres Revolutionsjahres".[1010] Die bedrohliche Lage der Monarchie wäre ein denkbarer Bezugspunkt. Nimmt man Lessings schriftliche Äußerungen hinzu, dann gewinnt eine andere Deutung an Wahrscheinlichkeit: Die „Belagerung" spiegelt die Defensivlage des Bürgertums wider, das den Ansturm der anarchischen Republikaner fürchtet. Diese Parallelität wird sich zwar wohl kaum zweifelsfrei belegen lassen, aber aus Lessings Briefen läßt sich eine Einstellung entnehmen, die sich mit einer solchen Interpretation decken würde.

Als er im März 1848 in die Bürgerwehr eintrat, war es vermutlich eher Lessings Absicht, die Besitzbürger, zu denen er selbst gehörte, zu schützen, als die Revolution voranzutreiben. Mit

---

1007 Menzel, Briefe 1914, S. 135f.

1008 Vgl. dazu ausführlich: With, Menzel and the Revolution of 1848, 1979. Zu der Studie ist kritisch anzumerken, daß sie relativ spärliche politischen Äußerungen Menzels, z.B. seine Bemerkungen zur „Kartoffelrevolution" 1847 (Briefe 1914, S. 103), wo von brutaler Habsucht, [berechtigten] Notexzessen, aber auch „gemeiner Nichtswürdigkeiten" des Berliner Plebs die Rede ist, wohl überinterpretiert, um Menzels liberalen Standpunkt herauszustreichen. Auch die erwähnten Bemerkungen zeigen Menzels Tendenz, sich in seiner Wertung über den Parteien zu halten. Bei der Sichtung der gedruckten Briefe wird deutlich, daß der Maler sehr stark von seiner künstlerischen Arbeit absorbiert wird und sich sehr selten zu politischen Verhältnissen geäußert hat. Die Ereignisse von 1848/49 schrecken ihn m.E. aus einer eher politikfernen Arbeitsamkeit auf.

1009 Hupp, Lessings Belagerung 1925.

1010 Müller, Düsseldorfer Künstler 1854, S. 107.

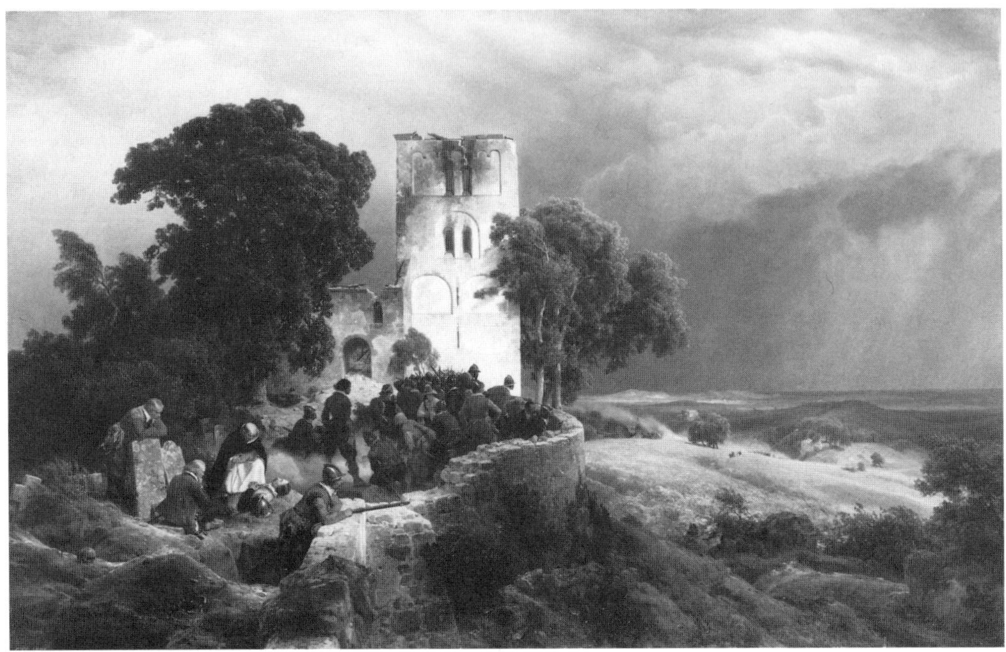

Abb. 56 Carl Friedrich Lessing, Belagerung. Öl auf Leinwand, 1848.

Erleichterung nahm er bei einem Besuch in Frankfurt die Arbeit der Volksvertreter wahr: „Etwas Gutes bringen uns ihre so ausgezeichneten Eigenschaften sicher zu Stande, trotz der niederträchtigen Wühlereien der äußersten Linken und der Pariser Propaganda, die über das ganze Land verbreitet ist.“ Das Verfassungswerk der Nationalversammlung bewertet er positiv, aber die linke Minderheit hält er für niederträchtig: „Die Radikalen (Republikaner nennen sie sich nur selbst) behaupten immer, ihre Partei am Parlament sei am besten vertreten, das ist aber nicht wahr, weder an Zahl noch an moralischen Eigenschaften können sie es mit den anderen Parteien in dieser Versammlung aufnehmen; sie sind nur so lange mächtig, so lange das Volk sich durch ihre Wühlereien verführen läßt [...] Respekt vor dem Gesetz wird diesen Verkehrten schwer beizubringen sein; es ist sicher kein ander Mittel als die grauen Pillen [Gewehrkugeln, J.G.], leider herrscht aber eine unbegreifliche Scheu vor diesem Mittel.“[1011]

Im Oktober beschwerte sich der Maler über „das abscheuliche Betragen der Bürgergarde bei jeder Gelegenheit“, das ihn schon längst veranlaßt habe, als Zugführer zurückzutreten.[1012] Verfolgt von den „politischen Sauereien“ lenkte sich Lessing, der ein passionierter Jäger war, mit der Hühnerjagd ab.[1013] Als in Düsseldorf der Barrikadenkampf ausbrach, waren seine „einzige Besorgnis [...] meine Gewehre. Die liebsten derselben versteckten wir sogleich [...] im Fall Gewehre von mir verlangt werden sollten, es der Gesellschaft etwas zu erschweren.“[1014]

1011 Brief vom 26.6.1848, Heine-Institut Düsseldorf.
1012 Lessing, Aus Revolutionstagen 1848, 1923.
1013 Schroedter, Briefe, S. 60 (14.6.1848): „Lessing kränkelt, und sieht schlecht aus; er hat großen Ärger an den politischen Sauereien“.
1014 Lessing, Aus Revolutionstagen 1848, 1923.

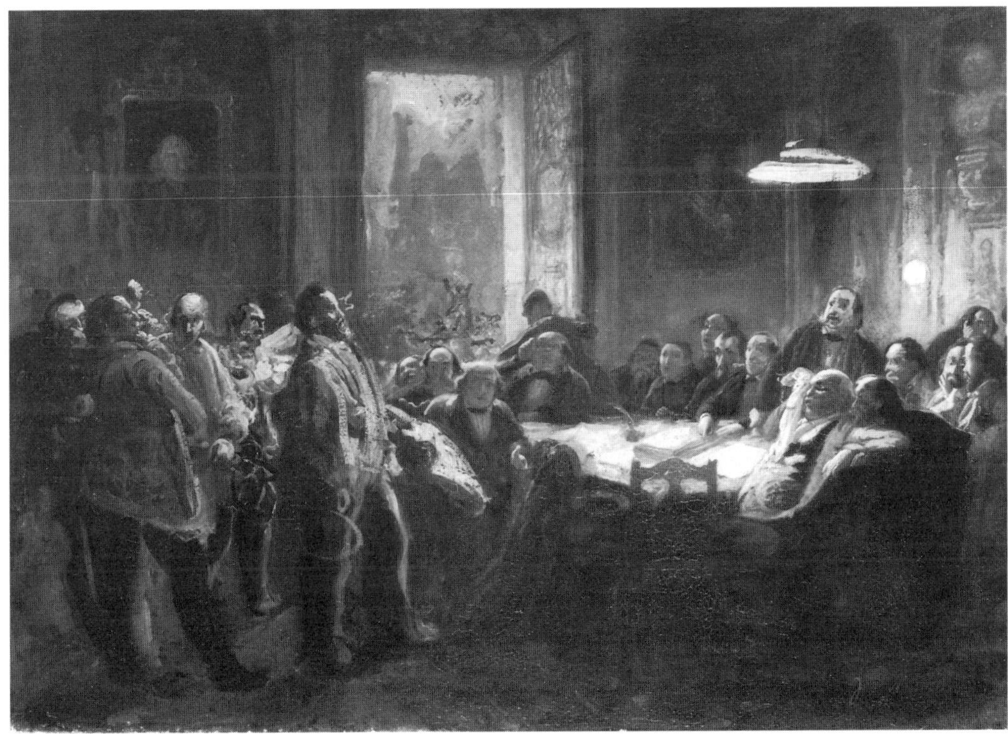

Abb. 57 Johann Peter Hasenclever, Arbeiter und Stadtrat. Ölskizze auf Leinwand, 1848.

d) Hasenclever: Arbeiter vor dem Magistrat

In vieler Hinsicht ist das Ölgemälde Johann Peter Hasenclevers „Arbeiter vor dem Magistrat"
(Abb. 59)[1015] das bedeutendste Bild der Revolutionszeit. Schon das Format von 154,5 × 224,5
Zentimetern, das größte, das Hasenclever je in Angriff nahm, beweist ein intensives Interesse des
Malers an seinem Thema und zugleich sein Anliegen, nach der Arbeit an zahlreichen kleinformatigeren Genrebildern ein Werk von historischer Dimension zu schaffen. In unterschiedlichen
politischen Ausgangslagen hielt der Künstler an seinem Thema fest: Im Oktober 1848 begann er
mit einer Ölstudie, die in eindrucksvoller Skizzenhaftigkeit bereits die wesentlichen Elemente
der endgültigen Lösung andeutet. (Abb. 57) Die erste, kleinformatiger ausgearbeitete Fassung,

---

1015 Diskutiert wird vorrangig die Endfassung des Düsseldorfer Kunstmuseums. In der Literatur wird bei
　　　den Titelangaben z.T. von „Stadtrat", z.T. von „Magistrat" gesprochen. Ich folge jeweils den Titelan-
　　　gaben der heutigen Standortkataloge. Herangezogene Literatur, sofern nicht gesondert zitiert: Düssel-
　　　dorfer Journal v. 21. 12. 1848; Düsseldorfer Zeitung 1850, Nr. 78; Manfred Häckel (Hg.), Freiligraths
　　　Briefwechsel mit Marx und Engels, 2. Aufl. 1976, Bd. I, S. 40, 49, 67f.; Karl Marx, Friedrich Engels,
　　　Werke, Bd. 9, Berlin 1982, S. 237; Hütt, Düsseldorfer Kunst und demokratische Bewegung 1957,
　　　S. 243ff.; Roselt, Hasenclevers „Arbeiter vor dem Magistrat" 1966; Andree, Hasenclevers Magistrat
　　　1979; AK Düsseldorfer Malerschule 1979, Nr. 97 (Andree) und S. 79—82 (Gagel); Bestvater-Hasen-
　　　clever, Hasenclever 1979, S. 38ff. und 87—92; Chapeaurouge, Ausstellung Düsseldorfer Malerschule
　　　1979, S. 264f.;

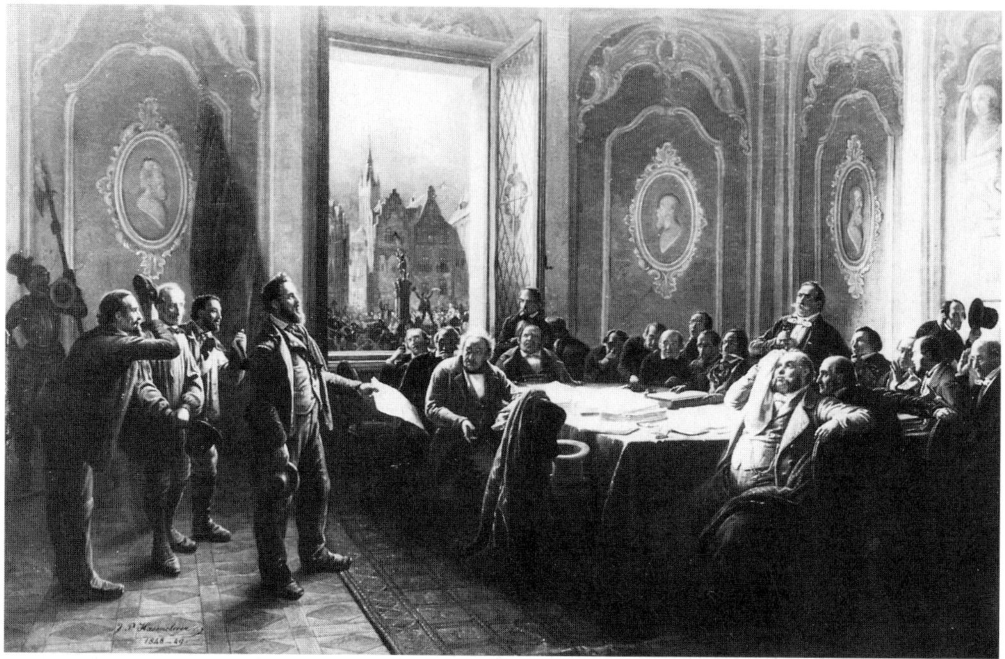

Abb. 58 Johann Peter Hasenclever, Arbeiter und Stadtrat. Öl auf Leinwand, 1848/49.

die in einer politisch wechselhaften Phase mit Ausnahmezustand und Barrikadenkampf 1848/49 entstand, dämpft in vorsichtiger Zurückhaltung die Schärfen der Darstellung (Abb. 58). [1016] Nachdem das Bild vom Kunstverein für die Rheinlande und Westfalen angekauft und somit sanktioniert war, behielt Hasenclever im Großformat die offensivere Bildaussage der Skizze bei (Abb. 59).

Der Künstler ging von einem realen Düsseldorfer Ereignis aus, steigerte allerdings die Aussage ins Allgemeine. Im Frühjahr 1848 hatte der Gemeinderat ein Arbeitsbeschaffunsprogramm für 600 Arbeitslose beschlossen, die mit Entschlammung der Stadtgräben und Erdarbeiten beschäftigt wurden. Schon seit Mai drohte immer wieder wegen Finanzmangel die Einstellung dieser Maßnahme; im Oktober spitzte sich die Lage zu: der Stadtrat beschloß endgültig die Entlassung der Arbeiter. 200 von ihnen zogen daraufhin zum Rathaus und forderten eine Weiterbeschäftigungsgarantie. Das Resultat war mager: ca 160 Arbeitslose sollten für drei Tage wöchentlich angestellt werden.

Drei Arbeiter, die im Volksklub organisiert waren, riefen daraufhin ein Selbsthilfeprogramm ins Leben, formulierten eine öffentliche „Bitte um Arbeit" und kündigten darin eine Sammlung bei wohlhabenden Bürgern an, um dem Gemeinderat die notwendigen Mittel zur Weiterführung des Programms zu sichern.

Das Plakat vom 10. Oktober 1848, das zu Spenden aufrief, war in einem höflichen Ton

---

1016 Andree sieht im AK Düsseldorfer Malerschule 1979, S. 330 die kleinformatige Fassung als spätere Wiederholung an. Dem widerspricht mit guten Gründen Soiné, Diss. Hasenclever 1987, S. 287. Er geht von einer parallelen Entstehung aus, wobei die größere Fassung erst 1850 in Berlin ausgestellt wurde.

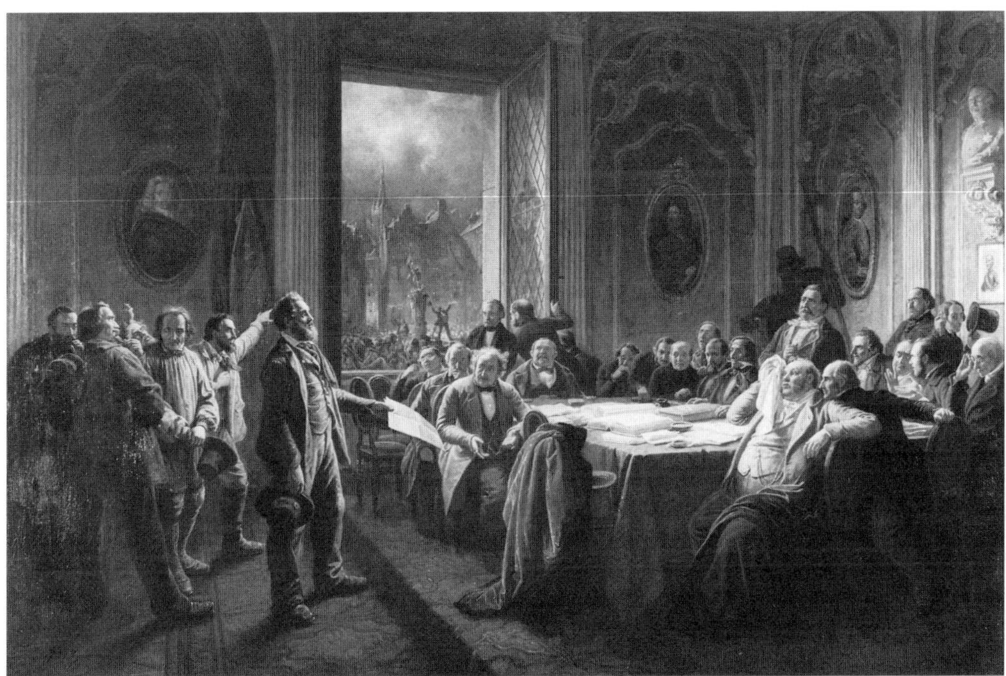

Abb. 59 Johann Peter Hasenclever, Arbeiter vor dem Magistrat. Öl auf Leinwand, 1848/49.

gehalten,[1017] doch die Sammlung selbst beschreibt Wilhelm Herchenbach − vermutlich über-
spitzt − als „Zwangs-Exekution in bester Form; die Arbeiter zogen mit Pfeifen und Trommeln
durch die Stadt und drangen gruppenweise in Häuser ein, wo sie ihren Geldforderungen den
tüchtigsten Nachdruck zu geben wußten."[1018] Die Kommunalbehörde ordnete an, die Haustüren
seien zu schließen und erklärte nicht nur die Sammler, sondern auch die Spender für straffällig.
Die Bürgerwehr aber lehnte es ab, gegen die „Arbeit suchenden Proletarier" vorzugehen. Am
13. Oktober wurde das Beschäftigungsprogramm wieder aufgenommen.[1019]

In seinem Gemälde stellt Hasenclever den Konflikt von Arbeitern und Magistrat in allgemeiner Form dar. Er löst sich von der Düsseldorfer Szenerie. Durchs Fenster des Rathauses schaut
man auf eine mittelalterliche Stadtansicht, wo sich eine mit Mistgabeln, Schaufeln und Knüppeln
bewaffnete wogende Menschenmenge mit roten und schwarz-rot-goldenen Fahnen versammelt
hat und ein Redner, vom Rand des Brunnens − in der einen Hand ein Papier, in der anderen
einen Hut − eine flammende Rede zu halten scheint. Die Arbeiterdelegation steht nicht allein.
So wie es sich tatsächlich in den Märztagen in Köln ereignet hat[1020], ist sie angetreten, um −
unterstützt durch die Massen − Forderungen vorzutragen. Der im Rokokostil altertümlich eingerichtete Ratssaal, der noch ganz in die „Zopfzeit" zurückverweist, wird vom Maler in zwei klare

---

1017 Faksimile in: Niemann, Düsseldorf 1848/49, 1983, Dok. 26., Zur Aktion auch: S. 11f. und Dowe,
   Aktion und Organisation 1970, S. 197f.
1018 Herchenbach, Düsseldorf 1848/49, 1882, S. 104.
1019 Der Umfang ist nicht bekannt. Herchenbach, Düsseldorf 1848/49, 1882, S. 107.
1020 Dowe, Aktion und Organisation 1970, S. 134.

232

Hälften geteilt: rechts ist die verschreckte Versammlung der Gemeinderäte kreisförmig um einen Tisch gruppiert, abgetrennt von einer diagonal das Bild teilenden Stufe, die links vom Fenster als Senkrechte fortgeführt wird, im linken Bilddrittel ist die Gruppe der Arbeiter zu erkennen.

Nur mit seinem linken Arm, in dem er ein Papier mit der Aufschrift „Gesuch um Arbeit" hält, durchbricht ein fast flehentlich blickender Mann diese symbolische Trennungslinie. Unter den Deputierten erkennt man außerdem einen selbstbewußten, rot gekleideten (also wohl republikanischen) Arbeiter, der den Rat mit stechendem Blick mustert und viel eher an die Folgen einer Ablehnung denken läßt als der Bittsteller selbst. Ein Mann hinter ihm ballt sogar mit wildem Gesichtsausdruck die Faust, ein anderer verweist mit ausgestrecktem Arm auf die Massen vor dem Rathaus. Aber auch ein in Untertanenscheu Befangener fehlt nicht. Ein eher bürgerlich gekleideter Mann – am Bildrand links -scheint den Typus des intellektuellen Drahtziehers zu markieren, den man im zeitgenössischen restaurativen Jargon als „Wühler" bezeichnet hätte. In der ersten ausgeführten Fassung des Bildes sind sowohl die reservierten, als auch die die gewaltbereiten Personen weggelassen.[1021]

In der Runde der Ratsherren fällt vor allem ein lächerlich erscheinender, korpulenter Herr in gelber Weste ins Auge, der sich mit einem überdimensionierten Taschentuch den Angstschweiß von der Stirn wischt. Auf den Gesichtern der Gemeinderäte spiegelt sich eine Vielzahl möglicher Reaktionen wider. Vor allem die Stehenden – abgesehen von einem Feigling, der sich rechts davonstiehlt, scheinen ein gewisses Verständnis für das Anliegen der Arbeiter zu zeigen, bei den Sitzenden beobachtet man Nachdenklichkeit, Reserviertheit, Beklemmung und bis zur Panik gesteigerte Angst. Notdürftig hat sich diese Versammlung auf die neue Zeit eingestellt: Unter der Büste Friedrich Wilhelms IV. hängt am rechten Bildrand hinter einer zersprungenen Glasscheibe die bescheidene Abbildung des Reichsverwesers Erzherzog Johann.

Bei der Diskussion des politischen Standpunkts des Malers muß man sich weitgehend auf seine Bilder stützen, da aussagekräftige schriftliche Äußerungen fehlen.[1022] „Tatsächlich glossiert Hasenclevers Gemälde in allen seinen Fassungen trefflich die Furcht der versammelten Bürger vor der revolutionären Volksbewegung. In ihm spiegelt sich zum ersten Male in der deutschen Kunstgeschichte der Grundwiderspruch zwischen der industriellen Bourgeoisie und dem Proletariat wider. [...] Johann Peter Hasenclever war der erste deutsche Künstler, der positive proletarische Gestalten und eine ihrer politischen Kampfformen malte."[1023] Mit dieser Wertung wies Wolfgang Hütt dem Gemälde einen Ehrenplatz im sozialistischen Erbe an.

Rolf Andree hob dagegen im Katalog von 1979 hervor, daß nicht mit letzter Sicherheit zu klären sei, ob der Künstler für die Arbeiter Partei ergriffen habe: „Überzeugender ist die Interpretation, daß Hasenclever ein neues, durch das Zeitgeschehen inspiriertes Bildthema aufgriff, das ihm die Möglichkeit bot, seine Überfülle von Charakterköpfen in einen sinnvollen Zusam-

---

1021 Die Zahl der Personen ist auf vier reduziert: Der drohend die Faust hebende Arbeiter und der Bürger fehlen, der in der Zweitfassung selbstbewußt auftretende Arbeiter in roter Jacke zieht höflich den Hut, die Geste des nach draußen weisenden Mannes, der hier nur mit dem Daumen zeigt, anstatt den Arm energisch auszustrecken, ist abgedämpft; die Trennung der Gruppen durch eine Stufe im Fußboden fehlt, wird aber dadurch ersetzt, daß die Arbeiterdeputation auf Parkettboden steht und der Teppich erst im Bereich des Magistrats beginnt.

1022 Brief an Carl Hilgers in Berlin 23. 12. 1848, Landesbibliothek Düsseldorf, zit.n. Soiné, Diss. Hasenclever 1987, S. 338: „wenn nur andre, nicht so bedenkliche Zeiten wären. Der Teufel soll die Politik holen!".

1023 Hütt, Düsseldorfer Malerschule 1984 [und auch schon 1964], S. 215–227, hier: 216.

menhang zu bringen und das selbstbewußte Auftreten der Arbeiter mit dem lähmenden Entsetzen des Stadtrats zu konfrontieren"[1024] Ähnlich äußerte sich schon Wolfgang Müller 1849. Der Künstler habe nur die Schilderung einer Situation beabsichtigt, in der es zu komischen und unterhaltenden Momenten Gelegenheit gab. „Doch kommt gerade durch diese Auffassung unwillkürlich der Stadtrat am schlimmsten weg."[1025]

Auch Knuth Soiné spricht in seiner ausführlichen Besprechung die Frage nach dem politischen Gehalt an. „Der ironisierend – entlarvenden Darstellung des Stadtrates steht die deutlich positive Charakterisierung der Arbeiterschaft gegenüber", urteilt er nach einer gründlichen Analyse aller Bildelemente und sieht es – wie schon Hütt – als revolutionär an, daß der Maler „das Proletariat als entscheidende gesellschaftliche Kraft in die deutsche Kunst eingeführt" hat. Tatsächlich bedeutete es einen Bruch mit den Darstellungskonventionen, die Unterschichten nicht nur in der Grafik, sondern in einem Ölgemälde von so anspruchsvollem Format positiv in Szene zu setzen.

Im Gesamtwerk Hasenclevers blieb dieser Grad an Politisierung, den die Revolution provoziert hatte, eine Ausnahme. Es sollte womöglich ein großes Erfolgsbild werden, für das sich der Maler vorsichtshalber in einem Schreiben an das Kultusministerium die Reproduktionsrechte sicherte[1026], das Historienbild eines Genremalers. Zu einem solchen Unternehmen gehörte entweder eine gewisse Naivität, die die Rezeptionshemmnisse in der Restaurationsphase verkannte, oder ein erhebliches Stehvermögen. Das Bild „ist seiner Größe und Tendenz wegen schwer an den Mann zu bringen", schrieb Hasenclevers Witwe 1855[1027]. 1851 war es in London zu sehen und wanderte später – wie auch manche Emigranten der Revolution – nach Amerika.[1028] Von dort kehrte es 1977 über den Kunsthandel nach Düsseldorf zurück.

e) Schroedter: Taten und Meinungen des Herrn Piepmeyer

Wohl kein anderer Maler hat 1848/49 so ausdauernd an einem Sujet gearbeitet wie Johann Peter Hasenclever. Die Revolutionszeit mit ihren politischen Umbrüchen und finanziellen Unsicherheiten förderte weit mehr die flüchtigeren, weniger zeitaufwendigen grafischen Medien. Nachdem die Bildzensur gefallen war, begannen viele preußische Künstler Karikaturen zu zeichnen. Die „Düsseldorfer Monatsblätter" konnte die größte Zahl von Zeichnern gewinnen, während der Berliner „Kladderadatsch" z. B. nur von Wilhelm Scholz illustriert wurde. Auch mit Einzelpublikationen wagten sich manche Künstler auf den Markt, so auch Adolf Schroedter mit seinen „Thaten und Meinungen des Abgeordneten Piepmeyer"[1029] (Abb. 60), die Veit Valentin als beste Revolutionssatire von 1848 bezeichnet hat.[1030]

Das „Ding ist in so fern eine seltene politische Erscheinung, als es alle Fraktionen im gleichen

---

1024 AK Düsseldorfer Malerschule 1979, S. 330 f.

1025 Düsseldorfer Zeitung 1849, Nr. 213 vom 6. 9. 1849.

1026 Schreiben vom 27. 5. 1850, SBPK; Abgedruckt bei Bestvater, Hasenclever 1979, S. 41.; Solche Schreiben ans Kultusministerium waren nach dem Gesetz zur Sicherung des Urheberrechtes vom 11. 6. 1837 vorgeschrieben. Der Brief sollte also eher als Formsache bewertet werden, nicht als Zeichen besonderen Mutes (wie bei Soiné, Diss. Hasenclever 1987, S. 318).

1027 Brief in Privatbesitz, 22. 5. 1855, zit. n. Soiné, Hasenclever 1987, S. 306. Hasenclever starb 1853.

1028 Bestvater, Hasenclever 1979, S. 44 f.

1029 Detmold/ Schroedter, Piepmeyer 1848/49, ND 1979. Hrsg. und eingel. von Rudolf Theilmann.

1030 Valentin, Deutsche Revolution 1848/49 I, S. 271.

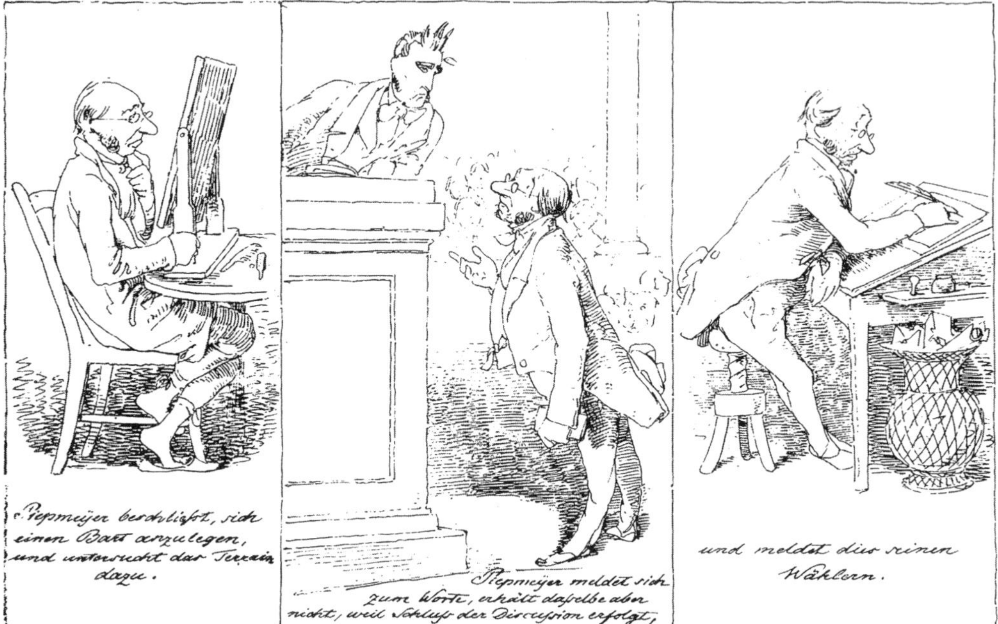

Abb. 60 Adolf Schroedter, Thaten und Meinungen des Abgeordneten Piepmeyer. Federlithographie, 1848/49.

Grade befriedigt; es kaufts die Linke wie die Rechte u[nd] gewährt mir eine höchst wünschenswerte Einnahme", schrieb der Künstler am 2. Mai 1849 nach Abschluß des sechsten und letzten Heftes.[1031] Diese Bemerkung macht deutlich, daß auch finanzielle Erwägungen und nicht nur politisches Engagement mit im Spiel waren.[1032]

Die Satire ist das Produkt einer interessanten Zusammenarbeit: Den Text lieferte der Rechtsanwalt Johann Hermann Detmold, der als Vertreter des Wahlbezirks Besenbrück im Osnabrückischen in die Frankfurter Nationalversammlung einzog und sich der äußersten Rechten anschloß. Er kannte den parlamentarischen Alltag und seine Schattenseiten durch und durch. Adolf Schroedter, der sich in Düsseldorf als Zeichner von Humoresken einen Namen gemacht hatte, war im Spätsommer 1848 nach Frankfurt übergesiedelt. Er liefert „vor Ort" die Illustrationen, „in einer Weise, als wäre von einem obscuren Dilettanten mit der Feder gezeichnet."[1033] Er übertraf künstlerisch bei weitem ähnliche Vorhaben, die schon vorher in Berlin realisiert worden waren.[1034]

Alle Schwächen, die ein Abgeordneter überhaupt nur haben kann, vereint Piepmeyer in seiner Person, die er doch im Vollgefühl seines Wertes im Spiegel inspiziert. Um gewählt zu werden, hat

---

1031 Schroedter, Briefe, S. 68.
1032 Schroedter spricht dies auch (Briefe, S. 61, 4. 10. 1848) ganz klar aus: „Während sich heuer wenig Leute finden lassen dürften, welche 100 oder 200 Louisdor für ein Bild ausgeben, wird noch Mancher sein, der für ein Heft künstlerisch ausgeführter Radierungen, gern ein paar Thaler giebt".
1033 Schroedter, Briefe, S. 62 (4.10.1848).
1034 So Theodor Hosemanns Serie „Herr Fischer auf dem Vereinigten Landtage", Berlin 1847. Im gleichen Jahr erschien „Ein Deputierter" von Wilhelm Scholz.

er allen alles versprochen, und da er keine eigene Meinung besitzt, bringt ihn die Platzwahl in der Paulskirche in Entscheidungsnot. Zum Glück trifft er bald einen Journalisten, „der ihn über Manches ins Klare bringt." Piepmeyer geht mit der Zeit: er kauft sich einen Hut mit Kokarde, verleiht ihm durch ein paar Fußtritte die „nöthige parlamentarische Form", läßt sich einen Bart wachsen, rückt − je nach Konjunktur − etwas weiter nach rechts oder nach links und bringt es nach gehörigen Vorstudien zu seiner ersten Parlamentsrede: „er nimmt einen zurückgenommenen Antrag wieder auf." Sein Wahlspruch ist zwar „Fest wie Deutschlands Eichen", doch seine Meinung ist von bemerkenswerter Beweglichkeit. Nachdem er aus der Zeitung erfahren hat, die Revolution sei nun − nach der Kaiserwahl − zu Ende, vollzieht er eine äußere und innere Metamorphose und bricht nach Berlin auf, „um etwas zu werden".

Durch die Bloßstellung dieses politischen Konjunkturritters habe Schroedter „mehr erreicht, als wenn er mit der Waffe in der Hand auf den Barrikaden gekämpft hätte", urteilte Wolfgang Hütt 1984,[1035] der schon in seiner Dissertation 1957 Schroedter als 'glühenden Revolutionär' bezeichnete.[1036] „Die schärfste Waffe des Künstlers war und ist immer seine Kunst".

Wenn sich Adolf Schroedter auch in bedeutenden Beiträgen zu den Düsseldorfer Monatsblättern gegen Kornwucherei und Spekulantentum gestellt hat,[1037] ist doch dieser Standpunkt unhaltbar. Der Künstler enthielt sich in der Piepmeyer-Serie der politischen Stellungnahme und versagte sich einer „einseitig-parteiischen Kommentierung realer Vorkommnisse", wie Rudolf Theilmann in der Neuausgabe des „Piepmeyer" 1979 lobend hervorhebt.[1038] Man mag eine solche Haltung als politisch bedenklich ansehen und mit Gottfried Keller einwenden: „Trau keinem, der nicht Partei genommen".[1039] Piepmeyer ist, wie Detmoldt selbst schreibt, ein Mensch, der „sich zwischen oder über den Partheien gehalten hat".[1040]

Aus Briefen Adolf Schroedters geht sein politischer Standpunkt jedoch klar hervor. Am 4. Oktober 1848 schrieb er: „Alle ruhigeren Leute bezeichnen die Linke des Parlaments ganz ungenirt als diejenigen an denen man das Standrecht zu erst in Exekution bringen sollte, Diese Männer, welche das Reichsgrundgesetz berathen u[nd] schaffen u[nd] Deutschland zur Einheit verhelfen sollen, treten immerfort als Vertheidiger u[nd] Beschöniger dieser Missethaten auf, wie sie denn auch die Parlamentaire spielten zwischen den Barrikadenmännern u[nd] der gesetzlichen Macht. Ich mag auch gar nicht mehr in die Paulskirche gehn, weil es mich so ärgert, zu sehn, wie sie dem Gedeihen des großen Werkes Schritt für Schritt Hindernisse aller Art u[nd] durch niedrige Mittel in den Weg zu legen suchen, den[n] eine Verwirklichung ihres Systems können sie nur auf Grund einer totalen Anarchie erbauen. [...] Ich habe früher die Bekanntschaft mehrer[er] gemacht, so Hr R. Blum, Venedey, Wesendonk, aber ich hasse u[nd] verachte sie jetzt Alle. Dagegen erfreue ich mich des Umgangs ehrlicher u[nd] tüchtiger Männer der Rechten und des Zentrums".[1041] Schrodter war entschieden für einen preußischen Erbkaiser und

1035 Hütt, Düsseldorfer Malerschule 1984, S. 213.

1036 Hütt, Düsseldorfer Kunst und demokratische Bewegung 1957, S. 240.

1037 Abgedruckt bei Hütt, Düsseldorfer Malerschule 1984, Abb. 132 und 139, besprochen S. 210f. Hier spiegelt sich eine Entrüstung über die Erntespekulation, die in den Rheinlanden 1847 verbreitet war. Eine Reformperspektive wird jedoch weder in anderen satirischen Beiträgen noch im Briefwerk deutlich.

1038 Detmold/Schroedter, Piepmeyer 1848/49, ND 1979. Nachwort Theilmanns, S. 126. Ähnlich wertete schon Kruse, Schroedter 1925.

1039 Keller, Gedicht „Parteileben" (1846), in: Hermand, Vormärz 1967, S. 44f.

1040 Piepmeyer, pag. 41.

1041 Schroedter, Briefe, S. 66 (25.3.1849).

236

geriet mit Detmold in Streit, der dagegen stimmte.[1042] Was er sich wünschte war „Macht u[nd] Einheit" und eine schnelle Beruhigung der Verhältnisse, die allein wieder den Künstlern zu Aufträgen verhelfen konnte. Der 'Barrikadenkampf am Zeichentisch' war ganz und gar nicht seine Sache.

f) Die „Düsseldorfer Monatshefte"

„Die revolutionäre Begeisterung der Düsseldorfer Künstler ist in erster Linie ihrer eigenen Zeitschrift zugute gekommen", urteilte Wolfgang Hütt 1984[1043]. Auf dem Deckblatt des ersten Jahrgangs der „Düsseldorfer Monatshefte" (1847/48) wurden 24 Mitarbeiter, auf dem zweiten (1849) 27 namentlich genannt, darunter auch einige Auswärtige, z. B. Theodor Hosemann aus Berlin.[1044] Keine andere satirische Publikation in Preußen konnte auf ein so großes künstlerisches Potential zurückgreifen. Mit 5000 Exemplaren war die Auflage für damalige Verhältnisse beachtlich. Als nach 1849 die Tendenz versöhnlicher wurde und die Qualität sank, bröckelten auch die Abonnenten ab. Ihre Zahl lag 1854 bei 600.[1045]

Gerade in einer Analyse der Reaktion des Berufsstandes der Künstler auf die Revolution kann diese Gemeinschaftsarbeit einer größeren Gruppe als Quelle von Nutzen sein. Trotz der Leitung des Blattes durch den Historienmaler Lorenz Clasen, der als Schüler Wilhelm Schadows die Akademie besucht hatte und unter dem politischen Druck der Reaktionszeit 1850 nach Berlin abwanderte, waren die Beiträge doch künstlerisch und von ihrer Tendenz her heterogen.

Für die erste Ausgabe des Jahres 1850, also schon in den Rückzugsgefechten der Gegenrevolution, dichtete Wilhelm Camphausen:

„Was auch die Welt dazu wird sagen
Wir werden keinen blutig schlagen
Nur hin und wieder etwas kritzeln
Und am Ende − doch nur witzeln."[1046]

Ein erheblicher Teil der Beiträge, von denen nach systematischer Analyse des Blattes[1047] doch nur einige wenige vorgestellt werden können, fällt auch in der Phase von 1848/49 in den Bereich eines recht harmlosen Humors.[1048] Das Streben nach Einheit, auch in der Politik, lag in dieser gesellschaftlichen Übergangszeit im Streit mit der Vorstellung von Parteilichkeit als Folge unvereinbarer politischer Ziele. Zu beißender Satire, die sich gegen konkrete Personen und Mißstände richtete, konnten sich die beteiligten Künstler nur selten durchringen. In der Anfangszeit der Revolution waren die Symbolgestalten des alten Regimes, z. B. der birnenförmige „Bürgerkö-

---

1042 Schroedter, Briefe, S. 65−67 u. 259 f.

1043 Hütt, Düsseldorfer Malerschule 1984, S. 212.

1044 Durch den von Karl Riha und Gerhard Rudolph herausgegebenen Reprint der ersten beiden Jahrgänge (Düsseldorf 1979) sind die Düsseldorfer Monatshefte (im Folgenden abgekürzt: DMH) jetzt wieder leicht verfügbar.

1045 Rudolph, Illustrative Grafik 1979, S. 342 f.; Horn, Düsseldorfer Grafik 1928, S. 92. Die DMH erschienen bis 1861.

1046 DMH III (1850), S. 3. Vgl. ähnlich schon 1847 in: I (1847), S. III.

1047 Ausführlicher in: Großmann, Düsseldorfer Malerschule 1985, S. 165−235.

1048 Die humoristische Grundtendenz der Zeitschrift betont vor allem Büttner, Grafik Düsseldorf 1981, S. 46−48, 222.

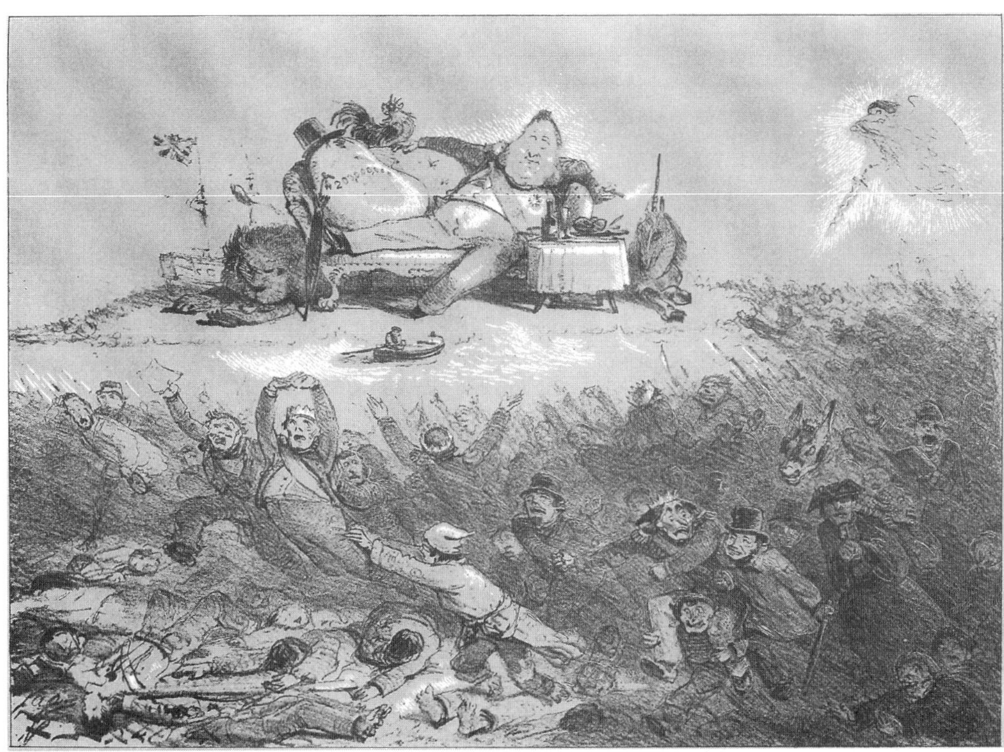

Abb. 61 Andreas Achenbach, Strom der Zeit. Lithographie, 1848.

nig" Louis Philippe und Fürst Metternich, Zielscheiben des Spotts. Der Landschaftsmaler
Andreas Achenbach lieferte vor allem in dieser Phase Beiträge von höchster Qualität.[1049] So
fängt sein Blatt „Strom der Zeit" (Abb. 61) treffend die Umbruchstimmung ein, in der − wie
Friedrich Wilhelm IV. bemerkte, die Fürsten „alle auf dem Bauch lagen". Während sich Louis
Philippe ins bequeme englische Exil geflüchtet hat, droht die wogende Masse, in der auch der
deutsche Michel erkennbar ist, die restlichen Monarchen hinwegzufegen. Ein Engel erscheint
mit gezücktem Schwert über der Szene. Ein ähnliches Bild gebrauchte Moses Hess schon am 11.
November 1847: „die deutsche Bourgeoisie scheint dazu verdammt zu sein, auf dem stillen Ozean
deutscher Misere zwischen Furcht und Hoffnung so lange hin und her zu lavieren, bis der Sturm
von Westen losbricht und die Wogen des Proletariats aus der Tiefe herauf schäumend über
Königtum, Adel und Bourgeoisie zusammenschlagen."[1050]

Daß das Alte zu weichen hatte, dies war im März 1848 allen klar. Perspektiven allerdings
entwarfen die Satiriker nur selten. Henry Ritter entfaltete auf „Zwei Blättern aus der deutschen
Geschichte" (Abb. 62f.) das Musterbild des neuen Deutschlands als konstitutionelle Monarchie.
Im umständlichen Erläuterungstext heißt es: „viele der Fürsten erwachten und erkannten die
Bethörung und den Betrug und sahen ein, daß das Volk recht habe, und daß es ehrenvoller sei,
der König eines freien, als eines geknechteten Volkes zu sein." Die schlechten Ratgeber, Heu-

---

1049 Cohen, Achenbach als Karikaturist 1916; Hütt, Düsseldorfer Malerschule 1984, S. 206−210.
1050 Hermand, Vormärz 1967, S. 254. Erstdruck: Deutsche Brüsseler Zeitung, 11.11.1847.

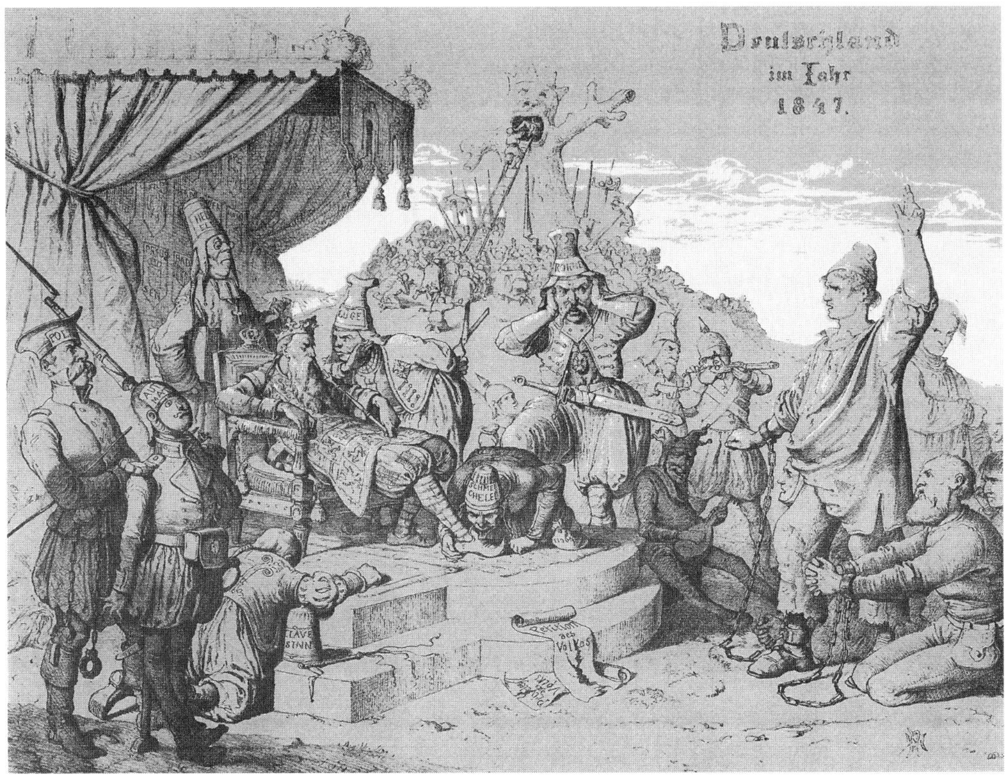

Abb. 62 Henry Ritter, Deutschland im Jahre 1847. Lithographie, 1848/49.

chelei, Lüge, Rohheit und Sclavensinn wälzen sich im Staub − gerichtet von Justitia. Hinter dem König und dem Militär stehen nun die Bürger. Das zeichnete ein Maler, den Hütt „radikal und sozialistisch" genannt hat[1051], eine Fehleinschätzung − wie auch Ritters „Politischer Struwwelpeter" aus dem Jahr 1849 deutlich zeigt. Der Künstler entwarf in einem Jugendbuch, das eher für Erwachsene gedacht war, die Figur von Peter, dem „Wühler", der mehr verspricht als bisher erreicht wurde und so das Ganze gefährdet. Ritters Kritik wendet sich gegen links, gegen die Republikaner und „Streitehecker", aber auch gegen die Mächte der Reaktion, gegen Militär, die Obrigkeit, Rußland und den Zaren. Weg mit dem Partikularismus, mit Pius- und Preußenverein! Über allem steht der deutsche Einheitsstaat, wessen Interessen er wahrt, das allerdings bleibt ungesagt. Wie auch von Alfred Rethel in seinem „Totentanz"[1052] werden die Kämpfenden zu Opfern der Demagogen stilisiert:

1051 Hütt, Düsseldorfer Kunst und demokratische Bewegung 1957, S. 225; Auch 1984, Düsseldorfer Malerschule, S. 205 findet sich die Bewertung, Ritter habe sich mit Adolf Schroedter am stärksten der sozialistischen Tendenz genähert.

1052 Auf die Darstellung dieser berühmten Holzschnittfolge des Düsseldorfer Malers, die in Dresden entstand, wird hier verzichtet. Vgl. meine knappe Besprechung in: Großmann, Düsseldorfer Malerschule 1985, S. 255−60. In neueren Deutungen von Rethels Totentanz haben Paret (in: Art as History 1988) und Hettling, Rethels Totentanz 1988 betont, daß der Künstler einen liberalen Standpunkt eingenommen habe. Als Beleg gilt seine eigene Wahrnehmung des Dresdener Aufstandes vom 22.4.1849: „Ich

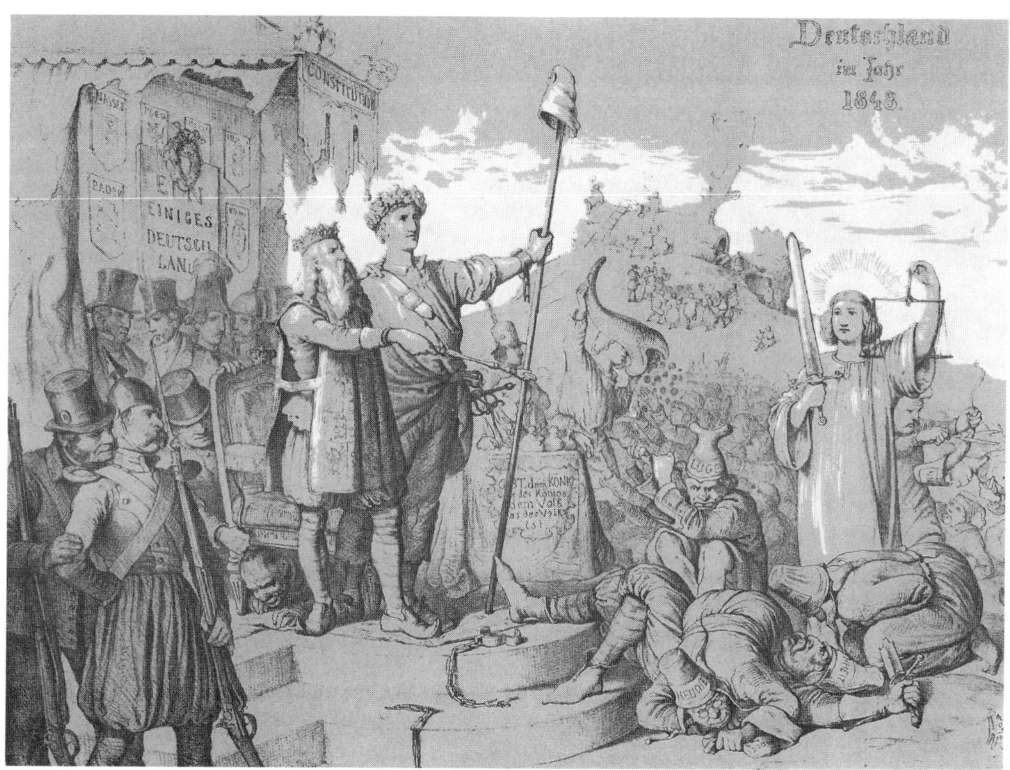

Abb. 63 Henry Ritter, Deutschland im Jahre 1848. Lithographie, 1848/49.

„Hätten sie den Wühler nicht
Angehört, mit froh Gesicht
Aeßen Aepfel sie und Brod,
Wären nicht so schrecklich todt."[1053]

---

sah der Entstehung dieser Bewegung mit Mißtrauen zu und erwartete rote Republik, Kommunismus mit allen Konsequenzen. – Allein es war wahrhaftige allgemeine Volksbegeisterung im edelsten Sinne zur Herstellung einer großen und edlen Mission, die ihnen Gott gelegt und nicht durch das radikale Geschwätz schlechter Zeitungen und Volksredner hervorgerufen worden" (Rethel, Briefe 1912, S. 116). Es ist aber zu betonen, daß dieser Brief erst nach Fertigstellung des Zyklus entstand, daß also Rethel seine Deutung des Volksaufstandes als Werk der „Wühler", die das Volk verführten, von der Wirklichkeit nicht bestätigt sah. Dennoch erschien der Zyklus, der in der Rezeption jedenfalls nur konservativ zu verstehen war: Das Volk wird entschuldigt, aber auch als unmündig dargestellt, denn es ist Opfer von Verführungen, durch seine Toten genug gestraft, doch die Ziele des Aufstandes – Freiheit, Gleichheit, Brüderlichkeit – werden als demagogische Schlagworte diskreditiert. Diese moralische Bewertung verstellt geradezu den Blick auf eine rationale Analyse des Geschehens. Auch fehlt jeder Hinweis auf einen positiven Ertrag der Revolution.

1053 Ritter, Politischer Struwwelpeter 1849, S. 21. RP hg. v. Karl Riha 1984.

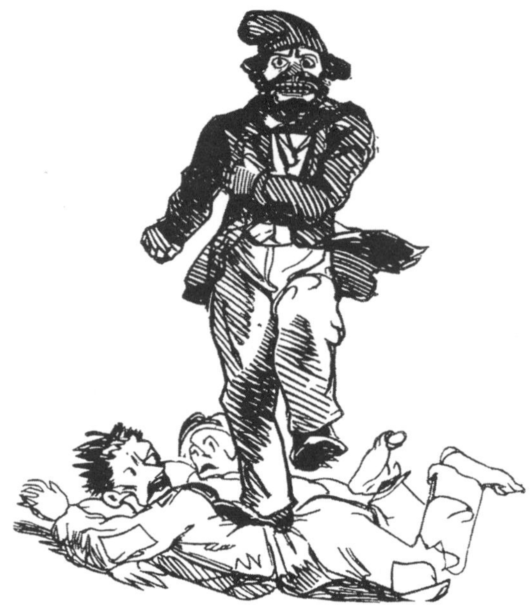

Abb. 64 Anonym, Ein echter Volksvertreter. Holzschnitt, 1849.

„Diese zwölf Blätter [...] sind sehr geschickt und mit sehr viel Humor gezeichnet, in der Tendenz aber höchst kläglich", urteilte schon Eduard Fuchs[1054] über dieses Buch.

Ein deutliche Stellungnahme für die Republik ist in den Düsseldorfer Monatsheften nicht enthalten. Johann Baptist Sonderland verherrlichte die „großdeutsche Lösung", aber ohne über die Verfassungsform des geeinten Staates eine Aussage zu machen. Der Reichsverweser prangt im Eichenlaub, und alle Stände, Bauern und Händler, Geistliche und Militärs huldigen den Personifikationen Deutschlands und Österreichs.[1055] Mehrere Beiträge beschäftigen sich abfällig mit den „Wühlern" (Abb. 64), jenen Volksverführern, die das liberale Bürgertum als radikale Schreckgespenster am Werk sah.[1056]

Über eigene politische Zielvorstellungen sagten die Künstler wenig aus, griffen aber in der Phase der Gegenrevolution die Reaktion scharf an. Aktionen des Militärs wurden mit Erbitterung kommentiert, wenn auch in satirischer Form. Wer sich wehrt, „wird so lange maltraitiert, bis er von der Anarchie abläßt", heißt es in der „Beschreibung eines Belagerungszustandes". In einer Illustration dazu sieht man Soldaten gegen einen Krüppel und eine Frau mit blanker Waffe vorgehen (Abb. 65). Die Stufen der Gegenrevolution hat vor allem ein auswärtiger Dilettant, der Augenarzt Ferdinand Schroeder, in zahlreichen Karikaturen für die Düsseldorfer Monatshefte dargestellt.[1057] Die Düsseldorfer machten sich auf die Suche nach den Schuldigen. Für sie sind es

---

1054 Fuchs, Karikatur 1903, II, S. 78 f.

1055 DMH II (1849), Lithographie nach S. 280 des Reprints.

1056 Vgl. Abb. DMH II (1849) S. 305 („Gespräch mehrerer Hauptwühler").

1057 Auf eine Besprechung wird hier verzichtet, da Schroeder nicht zur Gruppe der Berufskünstler gehörte. Daß gerade ein auswärtiger Dilettant in der Phase der Gegenrevolution die wichtigsten kritischen Beiträge (vgl. Großmann, Düsseldorfer Malerschule 1985, S. 220−234) lieferte (z. B. DMH II, S. 373−80, 400, 424, 448), ist nicht gerade ein Zeichen für glühende revolutionäre Gesinnung der

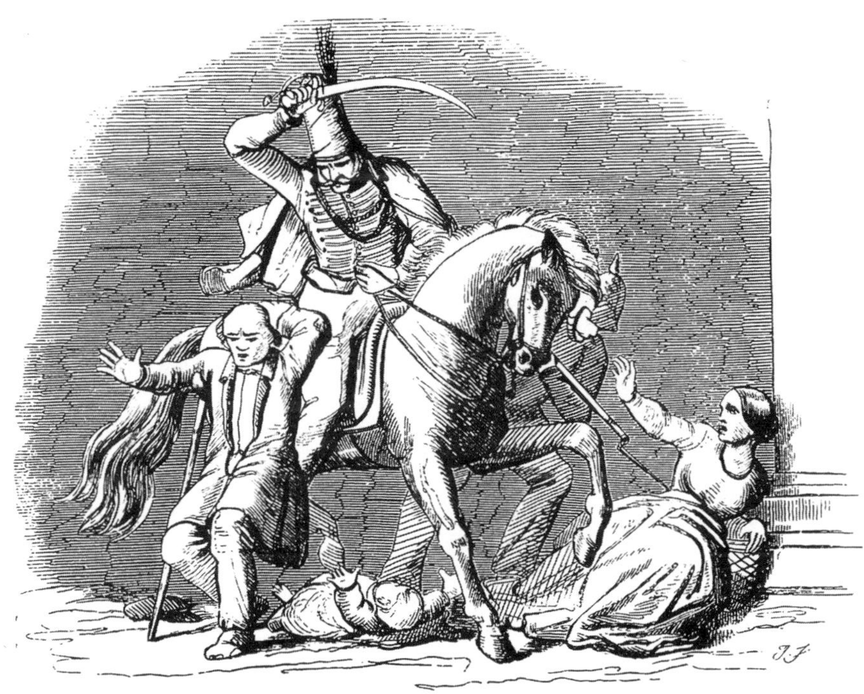

Abb. 65 „Mittel gegen Anarchie" (Bildunterschrift). Holzschnitt, 1849.

die gestürzten Minister, die Geheimräte, die Offiziere, der Adel, der Preußenverein und die Geld-Philister; außerdem die Pseudorevolutionäre, die ihre Fahne schnell nach dem Wind gedreht haben, um bei Klärung der Fronten schnell wieder zu den alten Obrigkeiten überzulaufen.[1058]

Nach einer gründlichen Sichtung der Monatshefte kann mit hoher Wahrscheinlichkeit gesagt werden, daß die Mitarbeiter zwar für eine reformierte Monarchie, nicht aber für die Republik im Sinne des Volksklubs eintraten. Ein republikanischer Standpunkt hätte sich in einer deutlich antimonarchischen Haltung, sozialem Engagement und einer positiven Darstellung der Unterschichten niederschlagen müssen. Von all dem kann nicht die Rede sein. In den Düsseldorfer Monatsheften kam das „Volk" nur vom bürgerlichen Blickwinkel aus in Sicht. Nicht in seiner Welt, z. B. am Arbeitsplatz, sondern nur dort, wo die Proletarier die bürgerliche Lebenssphäre tangieren, sind die satirischen Szenen angesiedelt; beim Betteln, Petitionieren, beim Anpöbeln der Bürger oder als Objekte der Polizei und Justiz. Plötzlich wird deutlich, daß die positiven Schilderungen der Unterschichten bei Hasenclever und Hosemann seltene Ausnahmen sind.

Johann Baptist Sonderland zeigt eine Horde von Proletariern beim Überfall auf einen Boten, der Backwerk vom Hofkonditor für das große Diner abholt. (Abb. 66) Das gesellschaftliche Gefälle wird hier ironisch umgesetzt: „Sag Er nur seinem Herren, wir hätten unmöglich Zeit

---

gesamten Künstlerschaft. Schroeder arbeitete auch für die „Fliegenden Blätter" (München), den „Kladderadatsch" und Adolf Glasbrenners „Brennglas" (beide Berlin).

1058 Vgl. z. B. DMH II (1849), S. 291 ff.

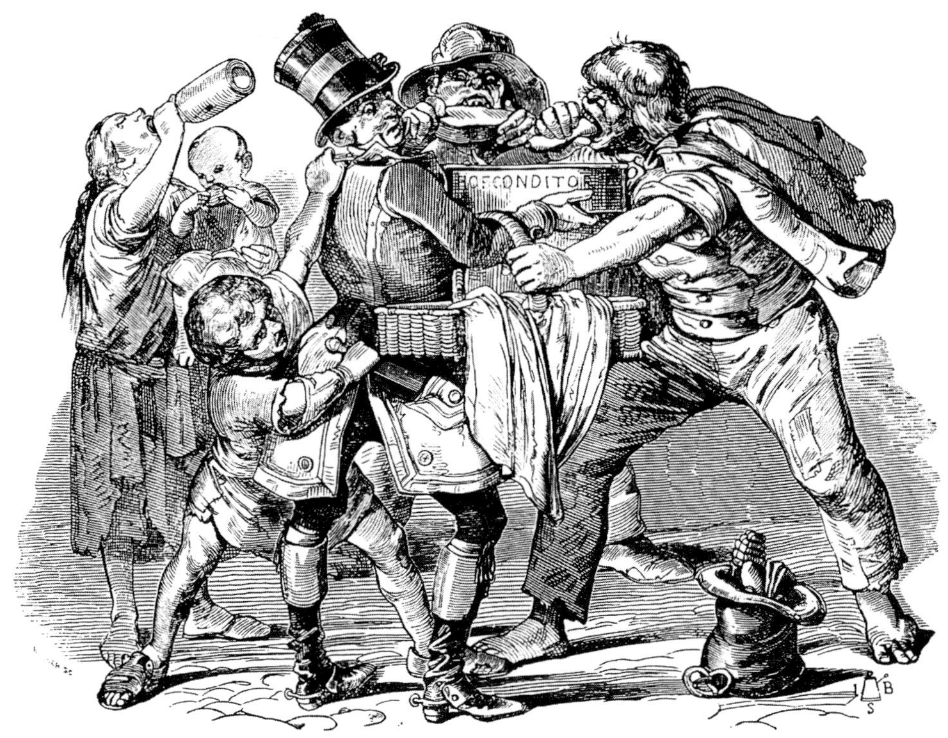

„Aber um Gotteswillen, meine Herren, was wird Se. Excellenz sagen! wir haben heute großes Diner!“
„„Ja, das wissen wir recht gut; sag’ Er nur seinem Herrn, wir hätten unmöglich Zeit hinzukommen, und hätten es gleich hier abgemacht.“„ —

Abb. 66 Johann Baptist Sonderland, „Aber um Gotteswillen, meine Herren …“. Holzschnitt, 1847.

hinzukommen, und hätten es gleich hier abgemacht.“ Henry Ritter läßt zwei Strauchdiebe einen Bürger nach der Uhrzeit fragen (Abb. 67). Schreckgeweitet schaut der Betroffene sie an, denn er weiß wohl, daß hier eine „Umverteilung des Eigentums“ seinen Lauf nimmt. „Das Volk ist nie zufrieden, selbst wenn man Gold gibt“, schnauzt ein Reisender in einer anderen Zeichnung von Andreas Achenbach seine Gepäckträger an (Abb. 68). Die beiden entgegnen schlagfertig mit Blick auf das spärliche Trinkgeld: „Ja Herr, dat es evver och ke Gold“, ein Witz, bei dem die beiden Proletarier recht gut wegkommen. Doch das ist die Ausnahme: In Abbildungen der Bettler paaren sich Trunksucht, Arbeitsscheu und Kinderreichtum.[1059] Soziale Forderungen werden in einer von Johann Baptist Sonderland entworfenen „Petition der arbeitenden Klasse an den Stadtrath“ vom Arbeiter a.D. „Bummelines“ vorgebracht.[1060] Doch auch die Spender werden attakiert, z. B. von Henry Ritter. Der Künstler zeigt ein mildtätiges Fräulein, dem das Elend des „unglücklichen Irland“ sehr am Herzen liegt, einer armen Frau vor der Tür aber die versprochene Unterstützung versagt.[1061]

1059 Vgl. zu den Unterschichten die nicht abgebildeten Darstellungen: DMH I, S. 46 und II, S. 296, 344 (Kriminelle); DMH I, S. 118 und 120 (Betteln).
1060 DMH I (1847/48) S. 235.
1061 DMH I, S. 20.

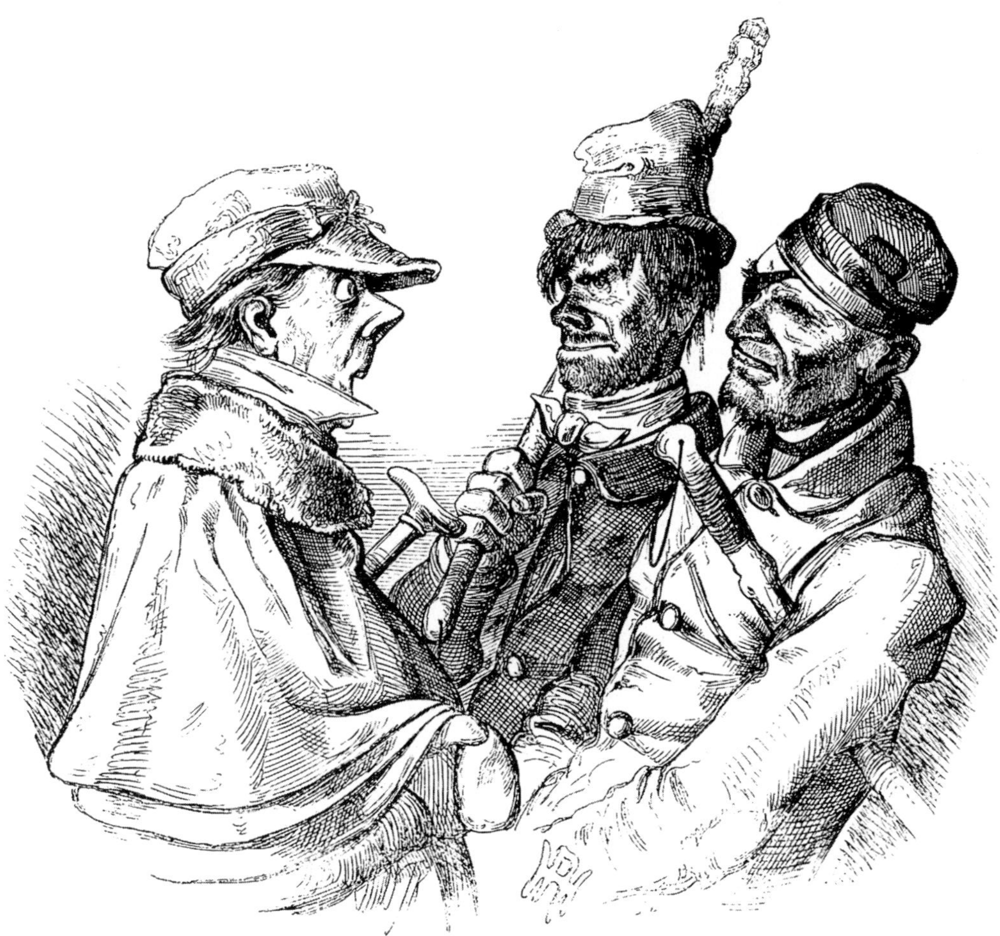

Abb. 67 Henry Ritter, „Können Ew. Gnaden uns nicht gefälligst sagen, wieviel die Uhr ist?". Holzschnitt, 1847.

Insgesamt ist die Tendenz gering, die Lage der Unterschichten überhaupt zu reflektieren. Die Monatshefte sollten durch Humor und Satire zum Schmunzeln reizen; da war es wenig ratsam, den Finger in die Wunden der bürgerlichen Gesellschaft zu legen. Die Tendenz der Blätter hat Gerhard Rudolph „konservativ liberal" genannt. Der Zeitschrift fehle „das kämpferische Moment der Agitation".[1062] Einen offenen Konservatismus entdeckt man wohl kaum, doch auch Hütts Formulierung von der „revolutionären Tendenz" der Publikation[1063] ist recht ungenau. Zwar ist es möglich, eine Auswahl „fortschrittlicher" Karikaturen zu präsentieren, doch bleiben liberale Vorbehalte gegen die Republikaner und eine generelle Unentschiedenheit in der Bestimmung politischer Ziele unerwähnt. So entsteht ein falscher Gesamteindruck. Die Monatshefte waren letzlich so heterogen wie die Gesellschaft in der Revolution selbst. Bürgerliche Vorurteile

1062 Rudolph, Illustrative Grafik 1979, S. 345.
1063 Hütt, Düsseldorfer Malerschule 1984, S. 205.

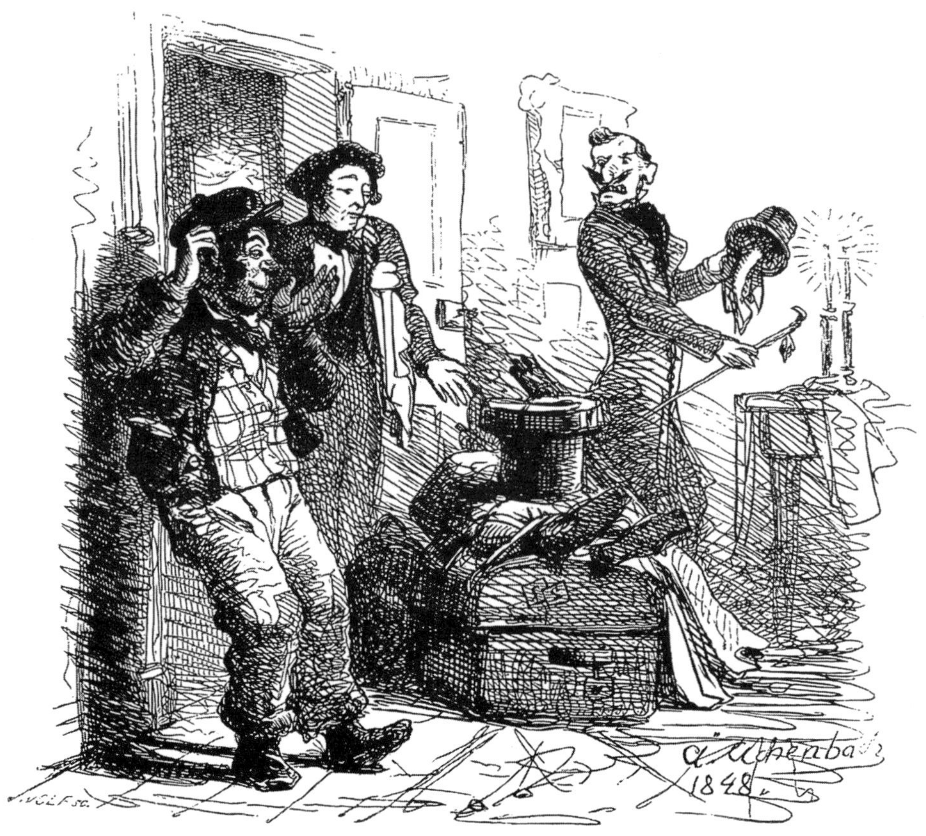

Abb. 68 Andreas Achenbach, „Das Volk ist nie zufrieden". Holzschnitt, 1848.

und Ängste vor den Unterschichten schlugen sich darin ebenso nieder wie ein diffuser nationaler Einigungstaumel, die Ablehnung der Gegenrevolution quer durch die politischen Lager und die parteipolitische Fraktionierung der Gesellschaft im revolutionären Umbruch.

7. Zusammenfassung: Kunst der Revolution − revolutionäre Kunst?

Im Rahmen der Sozialbiographie der bildenden Künstler blieb die Revolution von 1848/49 eine Ausnahmesituation. Die Kunst hatte sich fernab von der gesellschaftlichen Realität mit literarischen Vorlagen, den Gretchengestalten und Leonoren, romantischen Sujets wie verschneiten Klosterhöfen und großen historischen Vorbildern beschäftigt, doch die Einsicht griff schon vor 1848/49 um sich, daß man damit nicht mehr auf der Höhe der Zeit war. Plötzlich wurde der Berufsstand aus der Arbeitsruhe, der biedermeierlichen Beschränktheit herausgerissen. Ängstlichere Gemüter gerieten geradezu in Endzeitstimmung und fürchteten den Untergang der Kunst. Sie erkannten, daß der Kunstbetrieb in hohem Maß an die alten Eliten, ihre Finanzkraft und ihr Repräsentationsbedürfnis gebunden war. Andere wurden politisiert und auf neue Aufgaben hingewiesen. Die Revolution hinterließ in der Kunst einen deutlichen Reflex.

Die künstlerischen Beiträge zum Geschehen in den Jahren 1848/49 sind bisher überwiegend dem linken Traditionsgut zugeschlagen[1064] oder bagatellisiert worden. Aus den meisten Künstlern glühende Revolutionäre zu machen, greift ebenso fehl wie der Versuch, ihr politisches Engagement herunterzuspielen. Die exemplarische Analyse wichtiger Beispiele der Revolutionskunst[1065] hat auch politische Standpunkte deutlich werden lassen, die nur schwer in das Bild vom revolutionären Künstler im Schulterschluß mit dem „Volk" integrierbar sind. Die Ablehnung der „linken Wühlereien", die Ausblendung sozialer Mißstände und die reformmonarchische Haltung, die aus vielen Bildern und Textquellen spricht, deutet darauf hin, daß die überwiegende Zahl der Künstler wie die liberalen Kräfte der Mitte einen Fortschritt in Legalität und Ruhe wollten. Die Düsseldorfer Bürgerwehr ging erst zum Widerstand über, als die Grundlage für diesen Kurs der Legalität durch den Berliner Staatsstreich von oben gefährdet war. Der -letztlich gescheiterte − Weg der Mitte, der jede Gewalt im Interesse einer „zweiten Rebellion" für soziale und politische Ziele ablehnte, stand im deutlichen Kontrast zu republikanischen Strategien. Auch ein Zweckbündnis der Kräfte zur Abwehr der Gegenrevolution kann darüber nicht hinwegtäuschen. Manche Künstler − Adolf Schroedter, Carl Friedrich Lessing, Alfred Rethel und Henry Ritter − haben trotz unterschiedlicher politischer Orientierung in ihren Werken oder in schriftlichen Äußerungen die Gewalt gegen diejenigen gutgeheißen, die den gemäßigten Kurs legaler Reform zu stören drohten. Sie befanden sich damit durchaus in Übereinstimmung mit breiten Teilen der Bevölkerung.

Trotz mancher Einschränkungen ist doch die Politisierung einer großen Künstlergruppe 1848/49 bemerkenswert. Ein Stil- und Wertewandel zeichnete sich schon zuvor ab: realistische Kriterien entstanden, die Forderung einer Verbindung von Kunst und Leben, doch sollte bei all dem die Ästhetik des „Schönen" nicht außer Kraft gesetzt werden. Die neuen gesellschaftlichen Inhalte ergossen sich in Formen, die Darstellungskonventionen vorgeprägt hatten. Eine Tradition der schlagkräftigen Karikatur und politischen Streitkultur fehlte; so blieb man oft im Humor stecken. Die ehrwürdigen Formen des Historienbildes, man sah es bei Lessing, konnten auch politische Inhalte transportieren. Andere Künstler − wie Hasenclever − drangen mit erprobten Ausdrucksmitteln, wie z. B. der satirischen Kontrastierung von Charaktertypen, zu neuen Dimensionen der Aussage vor. Was den Blick begrenzte, war nicht zuletzt eine schichtenspezifische bürgerliche Optik auf die Verhältnisse. Eine positive Darstellung der Unterschichten blieb die seltene Ausnahme.

Es kann letztlich nicht von einer kollektiven Reaktion des Künstlerstandes, sondern nur von individuellen Stellungnahmen die Rede sein. Die Sozialisation, der künstlerische Alltag nor-

---

1064 Gemeint sind hier die Schriften Hütts, der AK Kunst der bürgerlichen Revolution 1972, Vgl. auch Gagel, die schon die Berliner Ausstellung 1972 mit vorbereitet hat, im AK Düsseldorfer Malerschule 1979, S. 68−85. Auch unkommentierte Bildersammlungen, wie z. B. in Schmidt, Revolution 1848/49, 3. Aufl. 1988 können in diesem Rahmen gesehen werden.

1065 Vollständigkeit war dabei nicht möglich: Genannt seien noch folgende Bilder: Christian Köhler, Das Erwachen Germanias 1848 (Abb. in: Stehle, Düsseldorfer Gallery of New York 1974), eine Allegorie, in der Germania von Justitia und der Freiheit aufgeweckt wird; Eduard Gärtner: Barrikade 1848; ein von Menschen unbelebtes, fast surreal wirkendes, veristisches Gemälde (in: Wirth, Berliner Biedermeier 1972, S. 140); Wilhelm Meyerheim, Bürgergarde 1848; ebd. S. 142.; Julius Scholtz, Barrikadenkampf in Dresden 1849, in: AK Bürgerliche Revolution 1972, S. 93.

mierte die Berufsgruppe nicht so, daß sie auf die Umbruchssituation gleichartig reagiert hätte. Die älteren akademischen Künstler verharrten häufig im Konservatismus; die außerhalb der Akademien angesiedelte, oft jüngere Künstlergeneration engagierte sich stärker, allerdings in verschiedenen politischen Lagern.

Letzlich aber hat die Revolution von 1848/49 die Kunst nicht nachhaltig verändert: ein restaurativer Gegenschlag folgte, der den alten Themen und der herkömmlichen Ästhetik des „Kunstschönen" wieder Geltung verschaffte und soziales Engagement diskreditierte. Zu einem nachhaltigen Wandel des Kunstbetriebes, der im Vormärz in seinen modernen Grundstrukturen geschaffen worden ist, kam es eher durch die Industrialisierung und die Repräsentationsbedürfnisse neuer Aufsteigergruppen.

X. Aspekte einer Sozialgeschichte der Kunst

„Wir befinden uns auf dem Wege zu einer historischen Anthropologie der Bilder [...] Die Kunstgeschichte verwandelt sich zunehmend in eine visuelle Gesellschaftswissenschaft". Zu diesem Ergebnis kam Willibald Sauerländer in einer Diskussion um die „Kritische Kunstwissenschaft". O.K. Werckmeister stellte fest: „Heute wird die historische Vergesellschaftung der Kunst von der Mehrheit des Faches akzeptiert, und nur die Methoden ihrer Erforschung unterliegen der Diskussion". Klaus Herding sprach von der „Kontextualisierung des Werks" als Hauptforderung der modernen Kunstgeschichte.[1066]

Das alte Bild von der Autonomie der Kunst, die ihre eigentlichen Qualitäten — unabhängig von gesellschaftlichen Funktionen — im abgeschotteten Bereich ihrer immanenten Gesetze verwirklicht, ist jedoch noch längst nicht verblaßt und findet 'gerade in der heutigen Kunstgeschichte zahlreiche Vertreter'(Werner Busch).[1067] Wenn hier die Erträge der vorgelegten Studie unter dem Blickwinkel diskutiert werden, was für die Frage nach der Autonomie der Kunst[1068] zu gewinnen ist, zielt das nicht nur in eine lang anhaltende Debatte der Grundlagen des Fachs, sondern greift einen Gegenstand auf, der mit einem wichtigen Problem der Untersuchung, der Verbürgerlichung der Kunst, vielfältig verknüpft ist.

1790 erschien in Berlin die „Kritik der Urteilskraft", in der Immanuel Kant eine Ästhetik formulierte, die das Geschmacksurteil im 'uninteressierten und freien Wohlgefallen' gründete und damit von der Sphäre aller gesellschaftlichen Verwendungszusammenhänge abhob.[1069] Die Loslösung der Kunst von der Indienstnahme durch Kirche und Staat, die Durchsetzung ihrer Eigenwertigkeit, gehörte zum Programm der bürgerlichen Gesellschaft auf dem Weg ins neue Jahrhundert und schuf wichtige Freiräume für die Kunstentwicklung.[1070] Nicht nur als theoretische Forderung, sondern auch als gesellschaftliche Norm prägte sie das Bild vom Künstlerberuf. Bei der Etablierung der neuen kunstgeschichtlichen Wissenschaft formte dieser Kurswechsel methodische Grundüberzeugungen und bewahrte als „Versöhnungsparadigma" einen unangreif-

---

1066 Alle in: Schneider, Kritische Kunstwissenschaft 1990, S. 69, 80, 27.

1067 Werner Busch, Die Autonomie der Kunst, in: Ders., Kunst. Geschichte ihrer Funktionen 1987, S. 178–203, hier: 178.

1068 Zur Begriffsdefinition: R. Pohlmann, „Autonomie", in: Historisches Wörterbuch der Philosophie, J. Ritter (Hg.), Basel 1971, Sp. 701–719.

1069 Kant, Kritik der Urteilskraft 1790, § 5. Als bedeutendster Vertreter einer zweckfreien Ästhetik ist heute zu nennen: Gadamer, Wahrheit und Methode 1986; zu Kant: S. 48–87.

1070 Zur Geschichte der Autonomie seit der Renaissance vgl. den Sammelband mit Beiträgen von Ursula Apitsch u. a.: Autonomie der Kunst 1972, zur hier behandelten Zeit: Berthold Hinz. Zur Dialektik des bürgerlichen Autonomie-Begriffs, S. 173–198. Zum bürgerlichen Postulat der l'Art pour l'Art: Chapeaurouge, Das Auge ist ein Herr 1983, S. 86–119; generell dazu: Hauser, Soziologie 1983, S. 335–355.

baren ästhetischen Fluchtraum in den Modernisierungskrisen des 19. und 20. Jahrhunderts.[1071] Die Austreibung der gesellschaftlichen Bedingtheit riß Gräben auf, die heute wieder geschlossen werden.

Für die Vertreter einer zweckfreien Ästhetik ist gerade derjenige ein großer Künstler, der sich bei seinem Schaffen in die Höhen des „Ewig-Gültigen" aufschwingt. Auch wenn man zugesteht, daß künstlerische Qualität kein soziologisches Äquivalent besitzt, das sie zwangsläufig hervortreibt[1072], so verfehlt doch diese elitäre Sichtweise die Kunst als Massenphänomen. Auch in der vermeintlich so zweckfrei denkenden Zeit des bürgerlichen Umbruchs hat die Kunst − z. B. im Portrait und im unterhaltsamen Genre − recht prosaische Funktionen behalten.

Die Künstler blieben eingebunden in ein System vielfältiger Einflüsse, die ihre Sozialbiographie modellierte, wenn auch nicht determinierte. Langfristig hatte die Gesellschaft wirksame Mittel, um ihre Zwecke durchzusetzen: in materieller Hinsicht durch den Markt, in ideeller Hinsicht durch die Kritik und Versagung der Wirkung. Dennoch ist mit solchen Äußerungen die Frage nach der Autonomie der Kunst nicht vom Tisch. Sie kann immer nur die Frage nach der spezifischen Teilautonomie in einer bestimmten Epoche sein: welche Freiräume taten sich auf, welche inneren Gesetzmäßigkeiten regulierten den Kunstbetrieb, und wo machten sich außerkünstlerische Belange geltend?

Das alte Bild von der in engen Banden ächzenden Hofkünstlerschaft ist bereits durch Martin Warnkes große Studie zur Künstlerfigur in der frühen Neuzeit erschüttert worden.[1073] Es hat sich erwiesen, daß das fürstliche Mäzenatentum auf vielfältige Weise die künstlerische Autonomie erweitert hat. Die bürgerliche Gesellschaft entwickelte allerdings ganz andere Mechanismen der Kunstförderung und hat die Zahl der Künstler erheblich vermehrt. Von besonderer Bedeutung sind in der 1. Hälfte des 19. Jahrhunderts die Kunstvereine gewesen, die in dieser Studie ausführlich dargestellt werden. Das von den Kunstvereinen organisierte „kollektive Mäzenatentum" des Bürgertums hat zur Finanzierung der Kunst wesentlich beigetragen und die Entstehung eines leistungsfähigen Ausstellungswesens und Kunsthandels gefördert. Die Palette von Subsistenzstrategien erweiterte sich, die Künstler konnten neue Publikumsgruppen ansprechen, doch sie wurden zugleich mit spezifischen Forderungen konfrontiert, die auch tief in die Werke eingriffen: so wurden Bildformate je nach Käuferschicht variiert, die Themenwahl nicht nur von traditionellen Wertungen bestimmt, sondern vom Kunstmarkt reguliert. Die Einflüsse reichen bis in den Stil hinein. Dies wird zum Beispiel an künstlerischen Überlegungen deutlich, durch intensiveren Kolorismus den Ausstellungserfolg zu erhöhen oder durch Prägnanz der Darstellung auch ein im Sehen ungeübtes Publikum zu überzeugen.

Nach dem eng an den Quellen geführten Nachweis der gesellschaftlichen Einflüsse in allen Stadien des Künstlerlebens kann man wohl kaum behaupten, daß soziologische Einflußnahmen künstlerische Sphären eigentlich nicht berühren. Auch hervorragende Künstler gingen von Fragestellungen ihrer Zeit aus und waren auf ideelle und materielle Erfolge angewiesen. Wenn zum Beispiel Adolf Menzel in großen Gemälden das Leben Friedrichs II. darstellte, griff er damit in eine aktuelle politische Debatte um den Preußenkönig ein und verschaffte sich mit Großformaten das Renommee eines Historienmalers, der einerseits zeittypische Standards erfüllte, aber zugleich − dies ist wichtig für die Bewertung seiner herausragenden Stellung − ganz neue künstlerische Lösungen schuf.

1071 Freier, Ästhetik und Autonomie 1974, S. 329.
1072 Diese Ansicht vertritt sogar Hauser, Methoden 1958, S. 6.
1073 Warnke, Hof-Künstler 1985.

In dieser Studie sind zwei Wege beschritten worden, um die Wechselwirkungen zwischen Kunst und Gesellschaft herauszuarbeiten: Zunächst ging es um die sozialen Instanzen, die in allen Phasen einer Biographie in das Leben und Arbeiten der Künstler eingriffen. Der Ertrag ist eine mit Fallbeispielen aufgeladene Geschichte der Institutionen im engeren Bereich des Kunstbetriebs, der zwar mit der Gesellschaft durch ihre Anforderungen an die Werke verbunden ist, als teilautonomes System jedoch auch inneren Gesetzmäßigkeiten folgt. Eine Verknüpfung dieses Sektors mit den gesamtgesellschaftlichen Problemlagen folgt im Anschluß daran durch die Kapitel zur Wahrnehmung von Gesellschaft und Politik in der Kunst. Exemplarische Bildanalysen haben deutlich gemacht, auf welche Weise soziale Fragestellungen in die Bearbeitung von Werken eingehen können. Die Interpretation erfordert einerseits eine gründliche Kenntnis der historischen Situation, andererseits aber auch die Beachtung der speziellen Normen und Funktionsmechanismen des Kunstbetriebs einer Zeit. Nicht alle gesellschaftlichen Inhalte nämlich sind in jeder Phase darstellungswürdig, und die künstlerischen Normen einer Zeit können zu einer Umsetzung führen, die weniger über ein historisches Phänomen als seine mentale Verarbeitung durch die Zeitgenossen aussagt. So wurde die Abbildung von sozialen Problemen im Vormärz vielfach schon dadurch verhindert, daß sie den Regeln einer Ästhetik des Schönen widersprach und zugleich die Erwartungen des Publikums auf angenehmen und erhebenden Kunstgenuß unerfüllt zu lassen drohte.

Dennoch schlugen sich in der Diskussion über die spektakulären Bilder zeittypische Bedürfnislagen des Bürgertums nieder. Die Friedhofsruhe der Restauration fand ihr Äquivalent in den Zustandsbildern der Düsseldorfer Malerschule. Der Ruf nach einer „Kunst der Tat" in den vierziger Jahren signalisiert das Anwachsen der Bewegungskräfte. Die Künstlerschaft ging bereits vorbereitet durch einige Jahre der sozialkritischen Malerei in die Revolution von 1848/49. Die allgegenwärtige Diskussion um die zukünftige Gesellschaftsverfassung wirkte auch auf zahlreiche Werke der Grafik und Malerei ein. Die Kunst der Revolution ist nicht nur links gewesen, und nicht alle Künstler waren glühende Revolutionäre. In die oft diffuse Freude über die Märzerrungenschaften mischte sich die Angst vor einer Radikalisierung der Bewegung.

Die Revolution von 1848/49 war ein Ausnahmefall, in dem Kunst und Gesellschaft in ein besonders enges Wechselverhältnis traten. Ein wichtiges Anliegen der Untersuchung war es aber, die alltäglichen Verhältnisse zu charakterisieren. Auch hier sollten die Wechselwirkungen zwischen beiden Ebenen so genau wie möglich erforscht werden. Eine Sozialgeschichte der Kunst kann sich nicht mit der Konstruktion allgemeiner Beziehungen zwischen der gesellschaftlichen und künstlerischen Ebene begnügen; sie muß so präzise wie möglich angeben, auf welche Weise beide Bereiche ineinandergreifen. Besonders gut eignete sich dabei die Fokussierung auf die Figur des Künstlers selbst, der soziale Einflüsse zu verarbeiten und schöpferisch umzusetzen hatte. Seine Autonomie bestand darin, daß er im Verlauf der Sozialisation wichtige Entscheidungsmöglichkeiten behielt. Die Berufswahl, die Spezialisierung auf bestimmte Themen, die Orientierung am Hof oder eher an einem bürgerlichen Publikum, die Teilnahme an Ausstellungen — all das bot Chancen der Selbstbestimmungen, die jedoch zugleich durch die Gesellschaft beschränkt wurden. Jede Entscheidung nämlich führte zu einer Reaktion des Systems: der Berufswunsch scheiterte eventuell schon am Widerstand der Eltern oder bei der Aufnahmeprüfung an der Kunstakademie. Die langwierige und teure Ausbildung zum Künstler führte zu einer Spezialisierung, die eine spätere Umorientierung sehr erschwerte. Die Themenwahl wurde durch traditionelle Normen im Rahmen der Gattungshierarchie und durch den Kunstmarkt reguliert. Ausstellungskommissionen, Kunstkritiker, Händler und Sammler sorgten für eine fortlaufende Rückmeldung, die den Künstler zur Modifikation seiner Strategien veranlaßte. Auf diese Weise war jeder Maler einerseits ein freier Einzelproduzent, andererseits in seiner Autonomie keineswegs unbeschränkt. Er hatte die gesellschaftlichen Erwartungen, wenn vielleicht auch unbewußt, zu beachten, mußte sie in seine Erfolgsprognose einbeziehen, oder er geriet schnell an Grenzen, die ihn ökonomisch und ideell scheitern ließen. Vor allem in den vierziger Jahren machte sich ein Künstlerpauperismus bemerkbar, der zur Gründung von Unterstützungsvereinen führte. Mit besonderen Nachteilen im Kunstbetrieb hatten Frauen zu kämpfen, die von der akademischen Ausbildung in der Regel ausgeschlossen blieben und die für ihre Bilder auf dem Kunstmarkt geringere Preise erzielten. In der „Biedermeierzeit" ist ein Prozeß der Emanzipation nicht in Gang gekommen.

Daß der Berufsstand eine sehr große soziale Spannbreite aufwies und sowohl pauperisierte Existenzen wie gutverdienende und hochgeachtete Künstler umfaßte, konnte bei der Analyse der Einkommensverhältnisse und Ehrungen nachgewiesen werden. Die Verbürgerlichung der Kunst ließ einen größeren Kreis von Abnehmern mit unterschiedlichen Ansprüchen entstehen und erweiterte dadurch die Palette möglicher Erfolgsstrategien. Bei der Analyse der Ankäufe hat sich allerdings gezeigt, daß die Zahl der Rezipienten sich weit stärker ausweitete als die Gruppe der Käufer. Kunst blieb ein Luxusgut, und der enge Kreis der Sammler gehörte zur gesellschaftlichen Elite.

Wenn die Wirkungssphären von höfischer und bürgerlicher Kunst idealtypisch getrennt wurden, so haben sich doch in der Praxis vielfältige Wechselwirkungen gezeigt: Der Staat reaktivierte die Akademien und trug damit bürgerlichen Ansprüchen Rechnung. Die Könige kauften nicht nur hohe Kunst, sondern durchaus die populäreren Kleinformate, die eher zu einem bürgerlichen Publikum zu passen schienen. Ihr Mäzenatentum blieb auf dem Kunstmarkt von erheblichem Gewicht. Stipendienvergabe, Personalpolitik und gezielte Auftragsvergabe gehörten zu den Instrumenten monarchischer Kunstlenkung, die jedoch nie nach einem geschlossenen Konzept versucht wurde. Vieles blieb in der Planungsphase stecken. Die Geschichte der preußischen Kunstpolitik ist weitgehend die Geschichte der gescheiterten Entwürfe.

Oft haben sich Differenzen zwischen hohen Ansprüchen und einer recht prosaischen Praxis gezeigt. Das gesellschaftliche Bild vom Künstler war von einer idealistischen Ästhetik geprägt, die dem schöpferischen Genie einen hohen Rang einräumte. Die Kunstakademien reproduzierten diese Standards in ihrer Lehre. Auch in widrigen Umständen gehörte diese auratische Ausstattung des Berufsstandes zum ideellen Kapital, das über manche Durststrecke hinweghelfen konnte. Doch letztlich machte sich geltend, daß die profanen Funktionen die Rolle des Künstlers als Sinnstifter stark relativierten und das Gros der Werke sich in der Sphäre einer eher biederen Alltäglichkeit finden läßt.

Die Kunst hat sich bis heute auf dramatische Weise gewandelt und die traditionellen Standards der biedermeierlichen Verhältnisse längst hinter sich gelassen. Dennoch sind im 19. Jahrhundert Grundstrukturen entstanden, die auch heute noch die Realität des Künstlerberufs prägen: Marktmechanismen, die sich in dieser Zeit formten, das Ausstellungswesen und der Kunsthandel, die im Zuge der Verbürgerlichung des Kunstwesens entstanden, lassen heute die Mehrzahl der Akademieabgänger zumindest ökonomisch scheitern. Die Autonomisierung der Kunst hat zugleich zu einem Funktionsverlust in der Moderne geführt und sie in eine soziale Randlage gebracht. Die hochfliegenden Hoffnungen, die sich noch im Vormärz mit der Ausweitung des Kunstbetriebs verknüpften, sind weitgehend unerfüllt geblieben.

Abkürzungsverzeichnis

ADB	Allgemeine Deutsche Biographie
AK	Ausstellungskatalog
bez.	bezeichnet
BK	Bestandskatalog
Diss.	Dissertation
DMH	Düsseldorfer Monatshefte
F	Fundstelle (bei seltener Literatur)
GStAPK	Geheimes Staatsarchiv Preußischer Kulturbesitz Berlin
HStA	Hauptstaatsarchiv
LHA	Landeshauptarchiv
Litho	Lithographie
LW	Leinwand
M.	Mitte
ND	Nachdruck
NDB	Neue Deutsche Biographie
o.	oben
PrAdK	Preußische Akademie der Künste Berlin, Archiv
RP	Reprint
SBPK	Staatsbibliothek Preußischer Kulturbesitz Berlin
SMPK	Staatliche Museen Preußischer Kulturbesitz Berlin
UB	Universitätsbibliothek
u.l.	unten links
u.r.	unten rechts
ZStA	Zentrales Staatsarchiv

Archivalienverzeichnis

Bamberg Staatsarchiv (StA)
Privatnachlaß Altenstein

Berlin: Geheimes Staatsarchiv Preußischer Kulturbesitz (GStAPK)

I. HA, Rep. 90: Preußisches Staatsministerium
– 2016, Nr. 6 (Roter Adler-Orden 1830–95)
XX. HA, Rep. 2: Oberpräsidium Königsberg
– 2339 (Finanzen Provinzialkunstschule Königsberg 1807–22)
– 2365, Bd. I–IV (Kunstakademie Königsberg)
Brandenburg-Preußisches Hausarchiv
Rep. 50: Nachlaß Friedrich Wilhelm IV.
– 55, 163, 164, 199, 270, 353, 395, 367 f. (Skizzen des Königs)

Aus dem Zentralen Staatsarchiv Merseburg, Historische Abteilung II 1990 zurückgeführte Bestände:

Brandenburg-Preußisches Hausarchiv (HA), Rep. 50: Nachlaß Friedrich Wilhelm IV.
– F 2, Nr. 2 (Gemäldeankäufe)
– F 2, Nr. 3 (Ankäufe de 1859 in Rom)
– G 2, Nr. 6 (Kunstankäufe)
– G 2, Nr. 10 (Kunstankäufe)

Rep. 76 alt: Ältere Oberbehörden für Wissenschaft, Kunst, Kirchen und Schulsachen vor Gründung des Kultusministeriums
III. Abt., Nr.
– 18 (Urheberschutz 1786–1806)
– 24 f. (Reglement Kunstakademie Berlin 1787–1790)
– 91 (Maler Friedrich Georg Weitsch 1798–1811)
– 121 (Scholaren an der Kunstschule 1790–92)
– 148 (Erweiterung des Kunstschulwesens 1797–1800)
– 221–27 (Kunstausstellungen der Akademie Berlin 1786–1810)

Rep. 76 Ve: Ministerium der geistlichen, Unterrichts- und Medizinal-Angelegenheiten
Sekt. 1
– Abt. I, 19, Bd. I (Photographie 1855–1892)
– Abt. XV, 86 (Kommission zur Prüfung von Unterstützungsgesuchen junger Künstler 1827)
– Abt. XV, 108 (Vorschläge G. Schadows zu Aufträgen für Künstler 1839–42)
– Abt. XV, 151 (Preise für monumentale Werke in früherer Zeit. Preisfrage 1850)
Sekt. 4

- Abt. IV, 2 (Verein Berliner Künstler 1836−1890)
- Abt. V, 92 (Kunstgenossenschaft zu Berlin 1850 ff.)
- Abt. XV, 30 (Malerschule W. Schadow 1821−25)
- Abt. XV, 60 (Gründung einer Nationalgalerie 1835)
- Abt. XV, 59 (Kunstblatt „Museum" 1834 ff.)
- Abt. XV, 81 (Künstlerkorps 1848 unter W. Hensel)
- Abt. XV, 82 (Vereinigung bild. Künstler 1848)
- Abt. XV, 92 (Kunstgenossenschaft 1850−1859)
Sekt. 8
- Abt. IV, 1, Bd. I (Künstler- und Schlesischer Kunstverein Breslau 1828−67)
Sekt. 9
- Abt. IV, 1, Bd. I (Kunstverein Halberstadt 1830−65)
Sekt. 17
- Abt. I, 1, Bd. I−XVI (Kunstakademie Berlin 1809−1830)
- Abt. I, 11 (Reorganisation Kunstakademie Berlin 1837−1861)
- Abt. II, 2, Bd. I−III (Etats Berliner Kunstschulen 1821−1853)
- Abt. V, 5, Bd. II (Ernennung und Bestätigung akad. Künstler 1835−52)
- Abt. IV, 15, Bd. I (Unterstützung von Witwen von Lehrern und Mitgliedern der Kunstakademie Berlin 1827−1862)
- Abt. IV, 22, Bd. I (Gnadengeschenke an Witwen und Kinder verstorbener Künstler 1854−1863)
- Abt. V, 1, Bd. I−IV (Reisewettbewerb der Akademie 1810−1854)
- Abt. V, 6, Bd. I−II (Prämierung Schüler Akademie Berlin 1825− 1876)
- Abt. VII, 17 (Maleratelier W. Wach 1822−1861)
- Abt. VIII, 1, Bd. I−II (Vorlesungen und Schülerlisten Kunstakademie und Kunstschule Berlin 1825−1862)
- Abt. X, 1, Bd. I−VI (Kunstausstellungen bei der Akademie der Künste Berlin 1818−1858).
Sekt. 18
- Abt. II, 1, Bd. I−II (Etats Düsseldorf 1822−1858)
Sekt. 20
- Abt. I, 1, Bd. I−II (Verbesserung Provinzialkunstschule Danzig, Königsberg 1828−54)
Rep. 76 VIII, Sekt. L:
- Lit. H, 53 (Wilhelm Hensel 1823−1861)
- Lit. R, 47 (Maler Gustav Richter 1847)

Rep. 92 (Nachlässe)
- Altenstein, Karl
- Eichhorn, Johann Albrecht Friedrich
- Humboldt, Wilhelm v.
- Humboldt, Alexander v.
- Kugler, Franz

Rep. 151 I C: Finanzministerium
- 8127 (Kunstakademie Berlin 1809−12),
- 8147 (Kunstakademie und Landesbibl. Düsseldorf 1828−1887)

Rep. 192 L. HA (Nachlaß Adalbert v. Ladenberg)

2.2.1., Geheimes Zivilkabinett
- 19500 (Wilhelm Ahlborn 1827−56)
- 19535 (Wilhelm Brücke 1828−58)

- 19565 (Franz Eggert 1841–49)
- 19589 (Paul E. Gebauer 1811–85)
- 19607f. (Gebrüder Gropius 1829–48)
- 19623 (Wilhelm Hensel 1822–58)
- 19627 (Friedrich Wilhelm Herdt 1816–41)
- 19630 (Karl Heinrich Hermann 1846–54)
- 19736 (August v. Rentzell 1836–73)
- 19753 (Kunsthändler Louis Sachse 1830–66)
- 19757 (Gottfried Schadow 1810–40)
- 19758 (Wilhelm Schadow 1818–37)
- 19766 (Wilhelm Schirmer 1827–47)
- 19775 (Antonio Schrader 1810–51)
- 19810–12 (Wilhelm Ternite 1812–43)
- 19819 (Maler Völcker sen. u. jun. 1811–48)
- 19827–29 (Wilhelm Wach, 1810–33)
- 19854 (Künstlerunterstützung)
- 19886 (Gründung einer Gesellschaft zur Kunstförderung in Preußen 1818)
- 19903 (Beförderung der Malerei 1846–1917)
- 19927 (Verein der Kunstfreunde im Preußischen Staate 1825–97) – 19931 (Künstlerkorps 1848/49)
- 20001 (Künstler-Unterstützungsverein Berlin 1845–1905)
- 20016 (Kunstverein Düsseldorf 1830–79)
- 20032 (J.C. Schultz, Direktor Kunstschule Danzig 1828–72)
- 20372 (Kunstausstellungen der Kunstakademie Berlin 1810–36)
- 20374–75 (Kunstakademie Berlin 1810–56)
- 20390 (Reorganisation Kunstakademie Berlin 1846–47)
- 20403 (Kunstakademie Königsberg 1825–74)
- 20405 (Kunstakademie Düsseldorf 1823–81)
- 20412 (Kunst- und Gewerkschule Königsberg)
- 20419 (Gründung einer vaterländischen Gemäldegalerie 1836–37)
- 20528f. (Königliche Kunstankäufe auf der Kunstausstellung 1816– 1839)
- 23450 (Gemälde für die Garnisonskirche Potsdam 1816–34)

Berlin: Nationalgalerie – Zentralarchiv

Autographensammlung
Sammlung Wagener
Rauch-Archiv

Berlin: Staatbibliothek Preußischer Kulturbesitz (SBPK)

Autographen-Sammlung Darmstädter
Nachlaß Alexander von Humboldt

Berlin: Archiv der Preußischen Akademie der Künste (PrAdK)

Personalnachrichten

Akademiearchiv
- 1 (Geschichte der Akademie 1704ff.)
- 3 (Gutachten über Kunstsachen)

- 6 (Sammlungen von Reglements 1776–1860)
- 8 (Lehrpläne 1805–1845)
- 9 (Privatpapiere G. Schadows 1786–1844)
- 118 (Gutachten 1825–1865)
- 124 (Steuersachen)
- 132 (Stiftung Beer)
- 136 (Ernennung der Mitglieder 1829–1865)
- 143 (Verleihung Professorentitel 1826–1864)
- 198 (Atelierbeschaffung 1846–1860)
- 680 (Armenunterstützung 1832–1846)
- 681 (Unterstützung von bedürftigen Künstlern 1838–1851)

Düsseldorf: Hauptstaatsarchiv (HStA)

Regierung Düsseldorf
- 131 (Öffentliche Versammlungen bis 1847)
- 330, 331, 678f., 697, 691f. (Zensurfragen)
- 8953 (Karnevalsangelegenheiten)

Regierung Düsseldorf, Präs.: Präsidialregierung
- 678f., 687, 691f. (Zensurfragen)
- 1277 (Gründung Kunstakademie 1819–22)
- 1303 (Kunstverein für die Rheinlande und Westfalen 1828–31)
- 1524 (Neugründung Kunstakademie 1816–23)
- 1525–29 (Organisation Kunstakademie, Bd. I–V: 1823–1856)
- 1547 (Kunstausstellungen und Künstlervereine, Bd. I: 1842–1859, incl. Akte der Königl. Kunstakademie)
- 1556 (Direktor Schadow betr., 1859 pensioniert)
- 1558–1560 (Schülerlisten 1830–1870)
- 1604–1605 (Haushalt Kunstakademie 1823–1857)
- 1610 (Gratifikationen für Professoren und sonstige Bedienstete. Gesuche um Gehaltserhöhung, 1810–48);

Düsseldorf: Heinrich-Heine-Institut

Autographen-Sammlung:
- Achenbach, Andreas
- Brühl, Friedrich v.
- Bürkner, Hugo
- Cornelius, Peter v.
- Hasenclever, Johann Peter
- Hildebrandt, Theodor
- Huebner, Julius Benno
- Keller, Josef v.
- Lessing, Karl Friedrich
- Müller von Königswinter, Wolfgang
- Oer, Theobald
- Plüddemann, Hermann Freihold
- Preyer, Johann Wilhelm
- Reinick, Robert
- Rethel, Alfred

- Reutern, Gerhard v.
- Rustige, Heinrich Franz Gaudenz
- Schadow, Gottfried
- Schadow, Wilhelm v.
- Schirmer, Johann Wilhelm
- Schroedter, Adolf
- Steinbrück, Eduard
- Uechtritz, Friedrich v.
- Varnhagen v. Ense, Karl August

Düsseldorf: Stadtarchiv
Nachlaß Hermann Heinrich Becker (1817–1885)

Koblenz: Landeshauptarchiv (LHA)

Abt. 403: Oberpräsidium der Rheinprovinz
- 199 (Vertrieb Karikaturen)
- 1151 (Aufnahmegesuche Kunstakademie Düsseldorf)
- 3477 (Verein zur Förderung der Kunst Köln 1839)
- 4179–4189 (Orden 1822–47)
- 4681 (W. Schadow über Malerausbildung)
- 4859 (Maler Krevel Bonn; Lithochromieverfahren)
- 10154 (Bildung Künstlervereine 1842–1908)
- 14047 (Unterstützung angehender Künstler 1852ff.)
- 14051 (Kunstakademie Düsseldorf 1832–1880)
- 14069f. (Kunstverein f. d. Rheinlande und Westphalen 1828–1913)

Gedruckte Quellen und Literatur

Abel, Wilhelm
  Massenarmut und Hungerkrisen im vorindustriellen Deutschland, 2. Aufl. Göttingen 1977
  = Massenarmut 1977
Achenbach, Andreas
  Autobiographische Plaudereien rheinischer Künstler. Aus Andreas Achenbachs Jugend. Von ihm selbst erzählt, in: Mitteilungen des Kunstvereins für die Rheinlande und Westphalen, Heft 1 (1933) S. 3–7.
  = Jugenderinnerungen 1933
Ahlborn, Wilhelm
  Ingeborg Magnussen [Zusammenstellung und Kommentar]. Des Malers Wilhelm Ahlborn Lebensschicksale, von ihm selbst erzählt, Vechta 1935
  = Erinnerungen 1935
Akademie der Künste zu Berlin (Hg.)
  Elementar-Zeichenwerk zum Gebrauch der Kunst- und Gewerkschulen der Preußischen Staaten, Berlin 1803–1806: 1. Anleitung zur Geometrie und Perspektive, 2. Säulenordnungen, 3a. Vorbilder für das Maurer und Zimmergewerk, 3b. Vorbilder von Thieren, 4. Vorbilder von Pflanzen, Laub und verzierten Leisten, 5. Anfangsgründe zur Zeichnung der menschlichen Figur [F: Hochschule der Künste Berlin (W)]
  = Elementar-Zeichenwerk 1803–06
Akademie der Künste, Berlin (Hg.)
  [AK] „…zusammenkommen, um von den Künsten zu räsonieren". Materialien zur Geschichte der Akademie der Künste. Ausstellung in der Archiv-Dependance der AdK, Berlin 1991 (Akademie-Katalog 156)
  = Materialien zur Geschichte 1991
Allgemeine Deutsche Biographie
  [ADB], Bd. 1–56, Histor. Commission bei d. Kgl. Akad. d. Wissenschaften München (Hg.), Leipzig 1875–1912

Allgemeines Organ
  für die Interessen des Kunst- und Landkartenhandels, Berlin: Meyer und Hofmann 1 (1841) – 6 (1846)
Althaus, Emil
  Kritik und Kritiker, in: Athenäum für Wissenschaft, Kunst und Leben. Eine Monatsschrift für das gebildete Deutschland, Nürnberg Oktober 1838, S. 16–33.
Anderson, Eduard
  Zum hundertjährigen Bestehen des Kunstvereins Königsberg. Ein Rückblick auf die Vereinstätigkeit, Königsberg 1931
  = Kunstverein Königsberg 1931
Andree, Rolf
  [BK] Die Gemälde des 19. Jahrhunderts. Kataloge des Kunstmuseums Düsseldorf, Malerei, Bd. 1, Düsseldorf 1968
  = Gemäldekatalog Düsseldorf 1968
Andree, Rolf
  Neuerwerbung: Hasenclevers „Arbeiter vor dem Magistrat", in: Düsseldorfer Museen Bulletin XI (1979) S. 409f.
  = Hasenclevers Magistrat 1979
Andree, Rolf [Bearb.]
  [BK] Katalog der Gemälde des 19. Jahrhunderts im Wallraf-Richartz-Museum, Köln 1964
  = BK Gemälde des 19. Jhs. Köln 1964
Annalen der Akademie der Künste
  und Mechanischen Wissenschaften [Berlin], Karl Philipp Moriz (Hg.), 1 (1791)
Autonomie der Kunst
  Autonomie der Kunst. Zur Genese und Kritik einer bürgerlichen Kategorie. Mit Beiträgen von Ursula Apitzsch u. a., Frankfurt 1972
  = Autonomie der Kunst 1972
Balet, Leo; Gerhard, Eberhard
  Die Verbürgerlichung der Deutschen Kunst und Musik im 18. Jahrhundert [Erstausgabe 1936],

Hg. und eingel. v. Gert Mattenklott, Frankfurt
a.M. u. a. 1973
= Verbürgerlichung der Deutschen Kunst 1936
Baltzer, Ulrich
Aus den Anfängen der Königsberger Kunstaka-
demie, in: Königsberger Beiträge 1929, S. 10−18
= Königsberger Kunstakademie 1929
Bardua, Wilhelmine
Die Schwestern Bardua. Bilder aus dem Gesell-
schafts- Kunst-und Geistesleben der Biedermeier-
zeit. Aus Wilhelmine Barduas Aufzeichnungen
gestaltet von Johannes Werner, Leipzig 1929
= Schwestern Bardua 1929
Bartmann, Dominik; Ulferts, Gert-Dieter [Bearb.]
[BK] Von Chodowiecki bis Liebermann: Katalog
der Zeichnungen, Aquarelle, Pastelle und Goua-
chen des 18. und 19. Jahrhunderts, Berlin-Mu-
seum, Berlin 1990
= Grafik Berlin Museum 1990
Bartoschek, Gerd [Bearb.]
[BK] Berliner Biedermeier. Malerei und Grafik
aus den Sammlungen der Staatlichen Schlösser
und Gärten Potsdam, Potsdam-Sanssouci 1973
= Berliner Biedermeier 1973
Bartoschek, Gerd
Malerei des Berliner Biedermeier in Sanssouci,
Potsdam-Sanssouci 1984
= Berliner Biedermeier in Sanssouci 1984
Bauer, Jens-Heiner
Daniel Nikolaus Chodowiecki. Das druckgraphi-
sche Werk, Hannover 1982
= Chodowiecki 1982
Bayerle, Bernhard Gustav
Das Verhältnis der Künste zu der politischen Ent-
wicklung der neuesten Zeit, in: Deutsche Viertel-
jahrsschrift, Stuttgart; Tübingen 1839, 3. Heft,
S. 283−311
= Verhältnis Künste Politik 1839
Becker, Ingeborg
Theodor Hosemann (1807−1875). Ansichten des
Berliner Biedermeier, Diss. Berlin 1981 [Abbil-
dungsteil als Mikrofilm in UB Berlin (W)]
= Diss. Hosemann 1981
Becker, Ingeborg
[AK] Theodor Hosemann. Illustrator − Graphi-
ker − Maler, Wiesbaden 1983 (Ausstellungskata-
loge/ SBPK; 18)
= AK Hosemann 1983
Becker, Wolfgang
Paris und die deutsche Malerei 1750−1840, Mün-

chen 1971 (Studien zur Kunstgeschichte des 19.
Jahrhunderts; 10)
= Paris und deutsche Malerei 1971
Belting, Hans u. a. (Hg.)
Kunstgeschichte. Eine Einführung, 3. durchges.
u. erw. Auflage, Berlin 1988
= Kunstgeschichte 1988
Berding, Helmut
Biedermeier und Revolution, in: Kultur und Ge-
sellschaft in Deutschland von der Reformation bis
zur Gegenwart, Kopenhagen 1981, S. 83−97
(Zeitschrift Text und Kontext, Sonderreihe, Heft
11)
= Biedermeier und Revolution 1981
Berger, Renate
Malerinnen auf dem Weg ins 20. Jahrhundert.
Kunstgeschichte als Sozialgeschichte, Köln 1982
[Diss. 1980]
= Malerinnen 1982
Berger, Renate (Hg.)
"Und ich sehe nichts, nichts als die Malerei". Au-
tobiographische Texte von Künstlerinnen des 18.-
20. Jahrhunderts, Frankfurt 1987
= Texte von Künstlerinnen 1987
Bergeron, Louis; Francois Furet; Reinhart Kosel-
leck
Das Zeitalter der europäischen Revolution
1780−1848, Frankfurt a.M. 1969 (Fischer Weltge-
schichte; 26)
= Zeitalter 1780−1848, 1969
Berlinische Galerie (Hrsg.)
Profession ohne Tradition. 125 Jahre Verein der
Berliner Künstlerinnen. Ein Forschungs- und
Ausstellungsprojekt der Berlinischen Galerie in
Zusammenarbeit mit dem Verein der Berliner
Künstlerinnen, Berlin 1992
= Profession ohne Tradition 1992
Bergmann, Jürgen
Soziallage, Selbstverständnis und Aktionsformen
der Arbeiter in der Revolution von 1848, in: Hein-
rich Volkmann, Jürgen Bergmann (Hg.), Sozialer
Protest, Opladen 1984, S. 283−303.
= Soziallage Arbeiter 1848, 1984
Bergmann, Jürgen
Wirtschaftskrise und Revolution. Handwerker
und Arbeiter 1848/49, Stuttgart 1986 (Industrielle
Welt; 42)
= Wirtschaftskrise und Revolution 1986
Bericht Berliner Kunstausstellung
[Franz Kugler, Gustav Schöll], Bericht über die

Berliner Kunstausstellung im Jahre 1836, in: Museum 4 (1836) S. 305 ff. [auch als selbständige Schrift Berlin 1836] = Bericht Berliner Kunstausstellung 1836

Berliner Kunstblatt
E.H. Toelken (Hg.), 1 (1828) − 2 (1829)

Berliner Märzrevolution
Die Berliner Märzrevolution. Eine genaue und zusammenhängende Darstellung derselben von ihrem ersten Anfang an. Nebst allen darauf bezüglichen Actenstücken, Proklamationen, Dokumenten, Verhandlungen. Hg. von Mitkämpfern und Augenzeugen, 2 Bde., Berlin 1848 [F: Landesarchiv Berlin, Sign. Gesch. 476]
= Berliner Märzrevolution I−II, 1848

Berlin-Museum
[AK] ... und abends in Verein'. Johann Gottfried Schadow und der Berlinische Künstler-Verein 1814−1840, Berlin 1983
= Berlinischer Künstler-Verein 1983

Berlin und seine Bauten
Teil V: Bauwerke für Kunst und Wissenschaft. Bd. A: Bauten für die Kunst, Berlin; München 1983
= Berlin und seine Bauten V, A, 1983

Berlin zwischen 1789 und 1848
[AK] Berlin zwischen 1789 und 1848. Facetten einer Epoche, Berlin (W) 1981
= AK Berlin zwischen 1789 und 1848, 1981

Bestvater-Hasenclever, Hanna
J.P. Hasenclever. Ein wacher Zeitgenosse des Biedermeier, Recklinghausen 1979
= Hasenclever 1979

Betthausen, Peter
Karl Friedrich Schinkel [engl.], Berlin 1983
= Schinkel 1983

Betthausen, Peter
Künstlergemeinschaften der deutschen Romantik, Berlin: Humboldt-Universität, Sektion Ästhetik und Kunstwissenschaften, Diss. (B) masch. 1986
= Künstlergemeinschaften 1986

Beyrodt, Wolfgang
Gottfried Kinkel als Kunsthistoriker. Darstellung und Briefwechsel, Bonn 1979 (Stadtarchiv Bonn, Veröffentlichungen; 23)
= Kinkel 1979

Bilder für Bürger
[AK] Kunstreproduktionen zwischen Biedermeier und Kaiserzeit. Kunstvereinsgaben, Bildbeilagen und Kunsteditionen der Jahre 1830 bis 1870, Werner Altmeier (Bearb.), Höxter-Corvey 1978
= AK Bilder für Bürger 1978

Blasius, Dirk
Friedrich Wilhelm IV. 1795−1861. Psychopathologie und Geschichte, Göttingen 1992
= Friedrich Wilhelm IV. 1992

Bloch, Peter; Grzimek, Waldemar
Das klassische Berlin. Die Berliner Bildhauerschule im 19. Jahrhundert, Berlin 1978
= Berliner Bildhauerschule 1978

Bloch, Peter
Das Kreuzberg-Denkmal und die patriotische Kunst, in: Jahrbuch Preußischer Kulturbesitz 11 (1973) S. 142−59
= Kreuzberg-Denkmal 1973

Bock, Elfried
Adolph Menzel. Verzeichnis seines graphischen Werks von Elfried Bock, Berlin 1923
= Menzel-Grafik 1923

Bock, Helmut; Heise, Wolfgang (Hg.)
Unzeit des Biedermeier. Historische Miniaturen zum Deutschen Vormärz 1830 bis 1848, Leipzig u. a. 1985
= Unzeit des Biedermeier 1985

Börsch-Supan, Eva
Berliner Baukunst nach Schinkel 1840−1870, München 1977 (Studien zur Kunst des 19. Jahrhunderts; 25)
= Berliner Baukunst nach Schinkel 1977

Börsch-Supan, Helmut
Die Anfänge der Berliner akademischen Kunstausstellungen. Ein Beitrag zur Geschichte der preußischen Kunstpflege, in: Bär von Berlin 14 (1965) S. 225−242
= Anfänge Berliner Kunstausstellungen 1965

Börsch-Supan, Helmut
Berlin 1810. Bildende Kunst. Aufbruch unter dem Druck der Zeit, in: Kleist-Jahrbuch 1987, S. 52−75
= Berlin 1810, 1987

Börsch-Supan, Helmut
Friedrich des Großen Umgang mit Bildern, in: Zeitschrift des Deutschen Vereins für Kunstwissenschaft 42 (1988) 1, S. 23−32
= Friedrich des Großen Umgang mit Bildern 1988

Börsch-Supan, Helmut
Die Deutsche Malerei von Anton Graff bis Hans von Marées 1760−1870, München 1988
= Deutsche Malerei 1988

260

Börsch-Supan, Helmut
'Die Geschichte der neueren deutschen Kunst'
von Athanasius Graf Raczynski, in: Beiträge zur
Rezeption der Kunst des 19. und 20. Jahrhun-
derts, Wulf Schadendorf (Hg.), München 1975,
S. 15–26 (Studien zur Kunst des 19. Jahrhun-
derts; 29)
= Raczynski 1975

Börsch-Supan, Helmut [Bearb.]
Die Kataloge der Berliner Akademie-Ausstellungen 1786–1850, Helmut Börsch-Supan (Bearb.),
2 Bde. und Registerband, Berlin 1971 (Quellen
und Schriften zur bildenden Kunst; 4)
= Kataloge Akademie 1971

Börsch-Supan, Helmut
Kunst in Berlin. 1648–1987 [Ausstellungsbespre-
chung], in: Kunstchronik 41 (1988) 2, S. 41–46
= Kunst in Berlin 1988

Börsch-Supan, Helmut
Die Kunst in Brandenburg-Preußen. Ihre Geschichte von der Renaissance bis zum Biedermeier dargestellt am Kunstbesitz der Berliner Schlösser, Berlin 1980
= Kunst in Brandenburg-Preußen 1980

Börsch-Supan, Helmut
Literatur zum Thema Biedermeier seit 1982, in:
Kunstchronik 43 (1990) S. 5–28
= Literatur Biedermeier 1990

Börsch-Supan, Helmut
Seelenklänge aus Preußen. Wilhelm Schadow als
Bildnismaler, in: Kunst und Antiquitäten 1979,
Heft 2, S. 38–43.
= Schadow als Bildnismaler 1979

Börsch-Supan, Helmut
Vaterländische Kunst zu Beginn der Regierungs-
zeit Friedrich Wilhelms III., in: Aurora 39 (1979)
S. 79–100
= Vaterländische Kunst 1979

Börsch-Supan, Helmut
Zur Urteilsgeschichte der Düsseldorfer Malerschule – Eduard Bendemanns Gemälde „Trauernde Juden", in: Rheinland-Westfalen im Indu-
striezeitalter, Bd. 4, Kurt Düwell, Wolfgang
Köllmann (Hg.), Wuppertal 1985, S. 219–226
= Bendemanns „Trauernde Juden" 1985

Boetticher, Friedrich von
Malerwerke des 19. Jahrhunderts, 4 Bde., Dres-
den 1891–1901
= Malerwerke

Boime, Albert
A Social History of Modern Art. Bd. 1: Art in the
Age of Revolution, 1750–1800, Chicago 1990;
Bd. 2: Art in the Age of Bonapartism,
1800–1815, Chicago 1991
= A Social History of Modern Art I 1990; II 1991

Botzenhart, Manfred
Das preußische Parlament und die deutsche Nationalversammlung im Jahre 1848, in: Gerhard
A. Ritter (Hg.), Regierung, Bürokratie und Parlament in Preußen und Deutschland von 1848 bis
zur Gegenwart, Düsseldorf 1983, S. 14–40 (Beiträge z. Geschichte d. Parlamentarismus u. d. polit. Parteien; 73)
= Das preußische Parlament 1848, 1983

Bourdieu, Pierre
Die feinen Unterschiede. Kritik der gesellschaftlichen Urteilskraft [franz. 1979], Frankfurt a.M.
1982
= Die feinen Unterschiede 1979

Bourdieu, Pierre
Die Objektivität des Subjektiven. Zur Logik
symbolischer Formen, in: Merkur 41 (1987)
S. 367–75
= Objektivität des Subjektiven 1987

Bourdieu, Pierre
Zur Soziologie der symbolischen Formen, Frank-
furt a.M. 1974 [franz. 1970]
= Symbolische Formen 1970

Brammer, Annegret H.
Judenpolitik und Judengesetzgebung in Preußen
1812 bis 1847, Diss. Berlin 1987
= Judenpolitik in Preußen 1987

Brilli, Attilio
Reisen in Italien. Die Kulturgeschichte der klas-
sischen Italienreise vom 16. bis 19. Jahrhundert,
Köln 1989
= Reisen in Italien 1989

Brix, Michael; Steinhauser, Monika (Hg.)
Geschichte allein ist zeitgemäß. Historismus in
Deutschland, Lahn/Gießen 1978
= Geschichte allein ist zeitgemäß 1978

Brommenschenkel, Karin
Berliner Kunst- und Künstlervereine des 19.
Jahrhunderts bis zum Weltkrieg, Diss. masch.
Berlin 1942
= Berliner Kunstvereine 1942

Brozat, Dieter
Der Berliner Dom und die Hohenzollerngruft,
Berlin 1985

= Berliner Dom und Hohenzollerngruft 1985
Buchholtz, Arend
Die Geschichte der Familie Lessing, Carl Robert Lessing (Hg.), Bd. II: Carl Friedrich Lessing, Berlin 1909
= Familie Lessing II 1909
Buddemeier, Heinz
Panorama, Diorama, Photographie. Entstehung und Wirkung neuer Medien im 19. Jahrhundert, München 1970
= Panorama 1970
Büttner, Eva
Zur humoristischen Graphik der Düsseldorfer Malerschule. Die Veröffentlichungen von 1830 – 1850, Diss. Erlangen; Nürnberg 1981
= Grafik Düsseldorf 1981
Büttner, Frank
Bernhard Rodes Geschichtsdarstellungen, in: Zeitschrift des Deutschen Vereins für Kunstwissenschaft 42 (1988) 1, S. 33–48
= Rodes Geschichtsdarstellungen 1988
Büttner, Frank
Peter Cornelius. Fresken und Freskenprojekte, 2 Bde, Wiesbaden 1980
= Cornelius 1980
Burckhardt, Jakob
Bericht über die Kunstausstellung zu Berlin im Herbste 1842, in: Kunstblatt 24 (1843), S. 1 f., 5–7, 9–15, 81–83, 89–91, 93–95, 97–99
= Kunstausstellung Berlin 1842
Busch, Werner; Schmoock, Peter (Hg.)
Kunst. Die Geschichte ihrer Funktionen; Weinheim, Berlin 1987 [Funkkolleg Kunst 1984/85, neubearb. Buchausgabe]
= Kunst. Geschichte ihrer Funktionen 1987
Busch, Werner; Beyrodt, Wolfgang (Hg.)
Kunsttheorie und Kunstgeschichte des 19. Jahrhunderts in Deutschland. Texte und Dokumente, Bd. 1: Kunsttheorie und Malerei. Kunstwissenschaft, Stuttgart 1982
= Kunsttheorie 19. Jh. 1982
Bußmann, Walter
Zwischen Preußen und Deutschland. Friedrich Wilhelm IV. Eine Biographie, Berlin 1990
= Friedrich Wilhelm IV. 1990
Busse, Joachim
Internationales Handbuch aller Maler und Bildhauer des 19. Jahrhunderts. Busse-Verzeichnis, Wiesbaden 1977
= Busse-Verzeichnis 1977

Calov, Gudrun
Museen und Sammler des 19. Jahrhunderts in Deutschland, Berlin 1969 (Museumskunde, Bd. 38 (1969))
= Museen und Sammler 1969
Carus, Carl Gustav
Bemerkungen über die Bilder Düsseldorfer Schule, ausgestellt in Dresden im December 1836, in: Kunst-Blatt 31 (1837) S. 109–115, 117–120
= Bilder Düsseldorfer Schule 1837
Centralblatt der deutschen Kunstvereine
George Gropius (Hg.), 1 (1839) – 3 (1841)
Chapeaurouge, Donat de
Die deutsche Geschichtsmalerei von 1800 – 1850 und ihre politische Signifikanz, in: Zeitschrift des deutschen Vereins für Kunstwissenschaft XXXI (1977) S. 115–142
= Geschichtsmalerei 1977
Chapeaurouge, Donat de
„Das Auge ist ein Herr, das Ohr ein Knecht". Der Weg von der mittelalterlichen zur abstrakten Malerei, Wiesbaden 1983
= Das Auge ist ein Herr 1983
Chapeaurouge, Donat de
Zur Ausstellung „Die Düsseldorfer Malerschule" (1979), in: Kunstchronik 32 (1979) S. 261–268
= Ausstellung Düsseldorfer Malerschule 1979
Chronica de rebus Malkastiensibus
(begonnen von Adolf Schroedter, fortgesetzt von Wilhelm Camphausen), Tom. I, in Verlegung der Verschönerungskommission des Malkastens, Düsseldorf 1873
= Chronica Malkastiensibus 1873
Clasen, Lorenz
Erlebtes und Verwebtes. Aus der Schreibmappe eines Malers, Leipzig 2. Aufl. 1889
= Erlebtes und Verwebtes 1889
Clasen, Lorenz
Der Kunstverein für die Rheinlande und Westphalen, in: Correspondenz-Blatt des Kunstvereins für die Rheinlande und Westphalen 1 (1845) S. 10–15, 20–23, 30–34, 50–55
= Kunstverein für die Rheinlande 1845
Cohen, Walter
Andreas Achenbach als Karikaturist, in: Zeitschrift für bildende Kunst N.F. XXVII (1916) S. 105–112
= Achenbach als Karikaturist 1916
Conze, Werner; Kocka, Jürgen (Hg.)
Bildungsbürgertum im 19. Jahrhundert. 1. Bil-

262

dungssystem und Professionalisierung in internationalen Vergleichen, Stuttgart 1985 (Industrielle Welt; 38)
= Bildungsbürgertum 1985

Cosmann, Ursula
Eduard Gärtner, Leipzig 1982
= Gärtner 1982

Crow, Thomas
Painters and Public Life in Eighteenth-Century Paris, New Haven; London 1985
= Painters and Public Life in Eighteenth-Century Paris 1985

Daehling, Heinrich Anton
Künstler und Kritiker, in: Berliner Kunst-Blatt 2 (1829) S. 18–23
= Künstler und Kritiker 1829

Daelen, Eduard
Aus der Geschichte des Künstlervereins „Malkasten". Zur Jubelfeier seines fünfzigjährigen Bestehens 1848–1898, Düsseldorf o.J. [1898]
= Malkasten 1898

Dahm, Inge
Das Schornsche Kunstblatt 1816 bis 1849. Phil. Diss. München 1953 [ungedruckt]
= Kunstblatt 1953

Dann, Otto
Aufklärungsforschung, in: Archiv für Sozialgeschichte 26 (1986) S. 408–15
= Aufklärungsforschung 1986

Dann, Otto (Hg.)
Lesegesellschaften und bürgerliche Emanzipation. Ein europäischer Vergleich, München 1981
= Lesegesellschaften 1981

Dann, Otto (Hg.)
Vereinsleben und bürgerliche Gesellschaft in Deutschland, München 1984 (HZ-Beiheft; 9)
= Vereinsleben 1984

Degen, Heinrich
Nachrichten von Königsberger Künstlern, in: Altpreußische Forschungen 1924, S. 78–106
= Königsberger Künstler 1924

Dehio, Ludwig
Friedrich Wilhelm IV. von Preußen. Ein Baukünstler der Romantik, München 1961
= Friedrich Wilhelm IV. 1961

Deiters, Heinrich
Geschichte der Allgemeinen Deutschen Kunstgenossenschaft, Düsseldorf 1903
= Allgemeine Deutsche Kunstgenossenschaft 1903

Deshmukh, Marion F.
Between Tradition and Modernity: The Düsseldorf Art Academy in Early Nineteenth Century Prussia, in: Germann Studies Review 6 (1983) S. 439–473
= Düsseldorf Academy 1983

Detmold, Johann Hermann
Die Kunst, in drei Stunden ein Kunstkenner zu werden [1834], Bruno Kaiser (Hg.), 3. Aufl. Berlin 1955
Kunstkenner 1834

Detmold, Johann Hermann [Text]; Schroedter, Adolf [Illustrationen]
Thaten und Meinungen des Abgeordneten Piepmeyer, Nachwort v. Rudolf Theilmann, Dortmund 1979 (Die bibliophilen Taschenbücher 118)
= Piepmeyer 1848/49, ND 1979

Deutsche Künstler
[AK] Deutsche Künstler um Ludwig I. in Rom. Ausstellung in der neuen Pinakothek. Staatliche Graphische Sammlung, Gisela Scheffler (Bearb.), München 1981
= Deutsche Künstler um Ludwig I. in Rom 1981

Deutsches Kunstblatt
1 (1850) – 9 (1858)

Dittmann, Lorenz
Kunstgeschichte im interdisziplinären Zusammenhang, in: Wissenschaft als interdisziplinäres Problem, Teil 2, Berlin; New York 1975, S. 149–174 (Internat. Jahrbuch f. interdisz. Forschung; 2)
= Kunstgeschichte interdisziplinär 1975

Dittmann, Lorenz
Schellings Philosophie der Bildenden Kunst, in: Kunstgeschichte und Kunsttheorie im 19. Jahrhundert, Berlin 1963
= Schellings Philosophie der Bildenden Kunst 1963

Dowe, Dieter
Aktion und Organisation. Arbeiterbewegung, sozialistische und kommunistische Bewegung in der preußischen Rheinprovinz 1820–1852, Hannover 1970
= Aktion und Organisation 1970

Dresdner, Albert
Die Kunstkritik, Bd. 1: Die Entstehung der Kunstkritik im Zusammenhang der Geschichte des europäischen Kunstlebens [mehr nicht erschienen], München 1915
= Kunstkritik 1915

Drey, Paul
Die wirtschaftlichen Grundlagen der Malkunst. Versuch einer Künstlerökonomie, Stuttgart; Berlin 1910
= wirtschaftliche Grundlagen Malkunst 1910

Droste, Magdalena
Das Fresko als Idee. Zur Geschichte öffentlicher Kunst im 19. Jahrhundert, Münster 1980 (Phil Diss. Marburg 1977)
= Fresko als Idee 1980

Düding, Dieter; Peter Friedemann, Paul Münch (Hg.)
Öffentliche Festkultur. Politische Feste in Deutschland von der Aufklärung bis zum Ersten Weltkrieg, Reinbek bei Hamburg 1988
= Öffentliche Festkultur 1988

Düsseldorfer Bilder in New-York
in: Correspondenz-Blatt des Kunstvereins für die Rheinlande und Westphalen 5 (1849) S. 1−8, 14f.
= Düsseldorfer Bilder in New-York 1849

Düsseldorfer Malerschule
[AK] Die Düsseldorfer Malerschule, Wend v. Kalnein (Hg.), Düsseldorf 1979
= AK Düsseldorfer Malerschule 1979

Düsseldorfer Monatshefte
Jahrgang I und II (1847−1849), Reprint in einem Bd., Hg. mit einem Nachwort von Karl Riha und Gerhard Rudolph, Düsseldorf 1979
= Düsseldorfer Monatshefte I (1847/48); II (1849)

Düwell, Kurt
Das Schul- und Hochschulwesen der Rheinlande, Wissenschaft und Bildung seit 1815, in: Rheinische Geschichte, F. Petri, G. Droege (Hg.), Bd. III, Düsseldorf 1979, S. 465−552
= Schulwesen Rheinland 1979

Eberlein, Kurt Karl
Geschichte des Kunstvereins für die Rheinlande und Westfalen 1829−1929, Düsseldorf 1929 (Schriften d. städt. Kunstmuseums in Düsseldorf; 3)
= Kunstverein Düsseldorf 1929

Eberlein, Kurt Karl
Idee und Entstehung der deutschen National-Museen, in: Wallraf-Richartz-Jahrbuch N.F. 1 (1930) S. 269−281
= Nationalmuseen 1930

Eberlein, Kurt Karl
Vorgeschichte und Entstehung der Nationalgalerie, in: Jahrbuch der Preußischen Kunstsammlungen 1 (1930) S. 250−261
= Vorgeschichte und Entstehung Nationalgalerie 1930

Eggers, Barbara
Künstlermonographie des Berliner Malers Karl Wilhelm Wach (1787−1845), Diplomarbeit, Humboldt-Universität Berlin 1976
= Wach 1976

Eggers, Friedrich und Karl
Christian Daniel Rauch, 5 Bde., Berlin 1873−1891
= Rauch I 1873, II 1878, III 1886, IV 1887, V 1891

Eggers, Friedrich
Denkschrift über eine Gesammt-Organisation der Kunstangelegenheiten, in: Deutsches Kunstblatt 2 (1851) S. 225ff., 234ff., 241ff., 249ff., 257ff.
= Organisation der Kunstangelegenheiten 1851

Eggers, Friedrich
Die deutschen Kunstvereine, in: Deutsches Kunstblatt 7 (1856) 39, S. 337−41
= Die deutschen Kunstvereine 1856

Einem, Herbert v.
Deutsche Malerei des Klassizismus und der Romantik. 1760−1840, München 1978
= Deutsche Malerei 1760−1840, 1978

Einige Worte
Einige Worte der Kritik über die Malerschule in Düsseldorf, in: Rheinische Zeitung, Beiblatt Nr. 247, 249, Köln 1842
= Einige Worte der Kritik über Düsseldorf 1842

Einige Worte
Einige Worte über die Aufhebung der Bild-Censur in Preußen, in: Allgemeines Organ für die Interessen des Kunst- und Landkartenhandels 2 (1842) S. 121f., 125f. und 3 (1843) S. 9f.
= Einige Worte über Bild-Censur in Preußen 1842

Ellwart, Ursula
Menzels Friedrich-Bilder (1849−1860) in der zeitgenössischen Kunstkritik, in: Pantheon 46 (1988) S. 121−130.
= Menzels Friedrich-Bilder 1988

Engel, Helmut
Friedrich Wilhelm IV. und die Baukunst, in: Jahrbuch für die Geschichte Mittel- und Ostdeutschlands 36 (1987) S. 157−204
= Friedrich Wilhelm IV. und die Baukunst 1987

Engelhardt, Ulrich
„Bildungsbürgertum". Begriffs- und Dogmengeschichte eines Etiketts, Stuttgart 1986 (Industrielle Welt; 43)
= Bildungsbürgertum 1986

Erichsen, Johannes; Henker, Michael (Hg.)
unter Mitarb. v. Evamaria Brockhoff, „Vorwärts, vorwärts sollst du schauen…“. Geschichte, Politik und Kunst unter Ludwig I., Bd. 8:
Ausstellungskatalog, München 1986 (Veröffentlichungen zur Bayr. Geschichte und Kultur; 8/86)
= Ludwig I. 1986
Fabeck, Marilies von
Joseph Carl Begas, Diss. Innsbruck 1968.
= Begas 1968
Faber, Karl Georg
Recht und Verfassung. Die politische Funktion des
rheinischen Rechts im 19. Jahrhundert, Köln 1970
= Rheinisches Recht 1970
Faber, Karl Georg
Die Rheinlande zwischen Restauration und Revolution. Probleme der rheinischen Geschichte
von 1814 bis 1848 im Spiegel der zeitgenössischen
Publizistik, Wiesbaden 1966
= Rheinlande zwischen Restauration und Revolution 1966
Fahne, Anton
Die Düsseldorfer Maler-Schule in den Jahren
1834, 1835 und 1836. Eine Schrift voll flüchtiger
Gedanken, Düsseldorf 1837
= Düsseldorfer Maler-Schule 1837
Fahne, Anton
Meine Schrift „Die Düsseldorfer Maler-Schule“
und ihre Gegner, Düsseldorf 1837
= Meine Schrift 1837
Fassmann, Kurt
Die Kunstkritik der Presse in der Antikritik bildender Künstler. Studien zur Geschichte der
deutschen Kunstkritik im 19. Jahrhundert, Phil.
Diss. München (masch.) 1952
= Kunstkritik in der Antikritik 1952
Feist, Peter H.
Die deutsche Kunst von 1760 bis 1848 und ihre
kulturhistorischen Aspekte, in: Wissenschaftliche Zeitschrift der Humboldt-Universität Berlin.
Ges.-sprachwiss. Reihe XXIX (1980) 5/6,
S. 471−78
= Deutsche Kunst kulturhistorisch 1980
Feist, Peter H.
in Zusammenarbeit mit Thomas Häntzsche, Ulrike Krenzlin und Gisold Lammel: Geschichte der
deutschen Kunst 1760−1848, Leipzig 1986
= Deutsche Kunst 1760−1848, 1986
Feist, Peter H.
In Zusammenarbeit mit Dieter Dolgner, Ulrike

Krenzlin und Gisold Lammel, Geschichte der
deutschen Kunst 1848−1890, Leipzig 1987
= Deutsche Kunst 1848−1890, 1987
Feist, Peter H.
Künstler, Kunstwerk und Gesellschaft. Studien
zur Kunstgeschichte und zur Methodologie der
Kunstwissenschaften, Dresden 1978
= Künstler 1978
Feist, Peter H.
Prinzipien und Methoden marxistischer Kunstwissenschaft. Versuch eines Abrisses, Leipzig
1966
= Marxistische Kunstwissenschaft 1966
Feist, Peter H.
Publikum und Ausstellungen in Deutschland um
die Mitte des 19. Jahrhunderts, in: Der Zugang
zum Kunstwerk, Wien u. a. 1986 (Akten des
XXV. Internat. Kongresses für Kunstgeschichte,
Wien 1983, Hermann Fillitz; Martina Pippal
(Hg.), Bd. 4, Sekt. 4, S. 79−86
= Publikum und Ausstellungen 1986
Feuerbach, Anselm
Anselm Feuerbachs Briefe an die Mutter, Ausgewählt und eingeleitet von Anni Paul-Pescatore,
Berlin; Königsberg 1939 [verläßlicher als Berlin,
2 Bde. 1911]
= Briefe an die Mutter 1939
Feuerbach, Anselm
Anselm Feuerbachs „Vermächtnis“. Die originalen Aufzeichnungen hg., eingel. u. kommentiert
von Daniel Kupper, Phil. Diss. FU Berlin 1989
= Vermächtnis 1989
Fischer, Wolfram; Jochen Krengel; Jutta Wietog
Sozialgeschichtliches Arbeitsbuch, Bd. I: Materialien zur Statistik des deutschen Bundes
1815−1870, München 1982 (Statist. Arbeitsbücher z. neueren dt. Geschichte)
= Sozialgeschichtliches Arbeitsbuch I 1982
Foerster, Ernst
Peter v. Cornelius. Ein Gedenkbuch aus seinem
Leben und Wirken, 2 Bde., Berlin 1874
= Peter v. Cornelius 1874
Foltin, Hans-Friedrich
Geschichte und Perspektiven der Vereinsforschung, in: ders. und Dieter Kramer (Hg.), Vereinsforschung, Gießen 1984 (Hessische Blätter
für Volks- und Kulturforschung; 16) S. 3−31.
= Vereinsforschung 1984
Forster-Hahn, Francoise
'Die Aufbahrung der Märzgefallenen'. Menzel's

Unfinished Painting as a Parable of the Aborted Revolution of 1848, in: Kunst um 1800 und die Folgen, Werner Hofmann zu Ehren, hg. v. Christian Beutler u. a., München 1988, S. 221–232
= Menzels 'Märzgefallenen' 1988
Fox, Daniel M.
Artists in the Modern State: The Nineteenth-Century Background, in: Journal of Aesthetics and Art Criticism 22 (1963/64) S. 135–48.
= Artists in Modern State 1963
Frank, Hilmar
Konstellationen deutschsprachiger Kunstkritik. Maßstäbe und Abgrenzungen von der Mitte des 18. Jahrhunderts bis zur Mitte des 19. Jahrhunderts, Berlin: Humboldt Universität, Diss. (B) 1988
= Kunstkritik 1988
Franke, Ernst A.
Publikum und Malerei in Deutschland vom Biedermeier zum Impressionismus, Phil. Diss. Heidelberg, gedruckt Emsdetten 1934
= Publikum und Malerei 1934
Franke, Renate
Berlin vom König bis zum Schusterjungen. Franz Krügers „Paraden". Bilder preußischen Selbstverständnisses, Diss. Berlin 1984
= Krügers Paraden 1984
Fredel, Jürgen; Verspohl, Franz-Joachim
Zur Kritik der Künstlerideologie in der ersten Hälfte des 19. Jahrhunderts. Die frühen Dürerfeiern, in: Marburger Jahrbuch für Kunstwissenschaft 19 (1974) S. 275–87.
= Kritik der Künstlerideologie. Die frühen Dürerfeiern 1974
Freier, Hans
Ästhetik und Autonomie. Ein Beitrag zur idealistischen Entfremdungskritik, in: Deutsches Bürgertum und literarische Intelligenz 1750–1800 (Literaturwissenschaft u. Sozialwissenschaften; 3), Stuttgart 1974, S. 329–383
= Ästhetik und Autonomie 1974
Freese, Rudolf (Hg.)
Wilhelm von Humboldt. Sein Leben und Wirken, dargestellt in Briefen, Tagebüchern und Dokumenten seiner Zeit, 2. völlig durchges. u. neugest. Aufl. Darmstadt 1986
= Humboldt 1986
Frese, Werner
Das Archiv des Westfälischen Kunstvereins und des Provinzialvereins für Wissenschaft und Kunst, Münster 1981 (Westfälische Quellen u. Aktenverzeichnisse; 6)
= Archiv Kunstverein Münster 1981
Frevert, Ute
„Tatenarm und gedankenvoll"? Bürgertum in Deutschland 1780–1820, in: Helmut Berding u. a. (Hg.), Deutschland und Frankreich im Zeitalter der Französischen Revolution, Frankfurt 1989, S. 263–292
= Bürgertum 1989
Frühe Realismus
[AK] Der frühe Realismus in Deutschland, 1800–1850. Gemälde und Zeichnungen aus der Sammlung Georg Schäfer, Nürnberg: Germanisches Nationalmuseum 1967
= AK Der frühe Realismus in Deutschland 1967
Fuchs, Eduard
Die Karikatur der europäischen Völker vom Jahre 1848 bis zur Gegenwart, 2 Bde., Berlin 1903
= Karikatur I–II, 1903
Gadamer, Hans-Georg
Wahrheit und Methode. Grundzüge einer philosophischen Hermeneutik (Gesammelte Werke, Bd. 1), 5. durchges. u. erw. Aufl. Tübingen 1986
= Wahrheit und Methode 1986
Gafert, Karin
Die Soziale Frage in Literatur und Kunst des 19. Jahrhunderts. Ästhetische Politisierung des Weberstoffes, 2 Bde., Kronberg 1973 (Theorie – Kritik – Geschichte; 5)
= Soziale Frage. Weberstoff 1973
Gailus, Manfred
Straße und Brot. Sozialer Protest in den deutschen Staaten unter besonderer Berücksichtigung Preußens, 1847–1849, Göttingen 1990 (Veröff. d. Max-Planck-Instituts f. Geschichte; 96)
= Straße und Brot 1990
Gall, Lothar
Bürgertum in Deutschland, Berlin 1989
= Bürgertum in Deutschland 1989
Gall, Lothar
„… ich wünschte ein Bürger zu sein". Zum Selbstverständnis des deutschen Bürgertums im 19. Jahrhundert, in: Historische Zeitschrift 245 (1987) 601–23
= Bürger 1987
Gall, Lothar
Liberalismus und „Bürgerliche Gesellschaft", in: Historische Zeitschrift 220 (1975) S. 324–356
= Liberalismus und „Bürgerliche Gesellschaft" 1975

Gallwitz, Klaus (Hg.)
Die Nazarener in Rom. Ein deutscher Künstler-
bund der Romantik [Dt. Ausgabe des AK der
Galleria Nazionale d'Arte Moderna „I Nazareneri
a Roma"], München 1981
Geismeier, Irene
Besucheranalyse in der Frühzeit der Museen, in:
Kunstwissenschaftliche Beiträge. Beilage zur Zs.
„Bildende Kunst" 5/1981, S. 4f.
= Besucheranalyse 1981
Geismeier, Willi
Biedermeier. Das Bild vom Biedermeier. Zeit
und Kultur des Biedermeier. Kunst und Kunstle-
ben des Biedermeier, Leipzig 1979
= Biedermeier 1979
Geismeier, Willi
Die Malerei der deutschen Romantik, Dresden 1984
= Malerei der deutschen Romantik 1984
Geist, Johann Friedrich; Kürvers, Klaus
Das Berliner Mietshaus, Bd. 1: 1740−1862, Mün-
chen 1980
= Berliner Mietshaus 1740−1862, 1980
Geller, Hans
Deutsche Künstler in Rom. Von Raphael Mengs
bis Hans von Marées (1741−1887). Werke und
Erinnerungsstätten 1961
= Deutsche Künstler in Rom 1961
Genelli, Hans Christian
Idee einer Akademie der bildenden Künste,
Braunschweig 1800
= Idee einer Akademie 1800
Gespräch
Gespräch zwischen einem Künstler und einem
Kunsthändler, [Berlin betr., gez. Lestocq.], in:
Allgemeines Organ für die Interessen des Kunst-
und Landkartenhandels 3 (1843) S. 85f.
= Gespräch Künstler − Kunsthändler 1843
Gethmann-Siefert, Annemarie
Die Kritik an der Düsseldorfer Malerschule bei
Hegel und den Hegelianern, in: Gerhard Kurz
(Hg.), Düsseldorf in der deutschen Geistesge-
schichte (1750−1850), Düsseldorf 1984,
S. 263−288
= Kritik an der Düsseldorfer Malerschule bei He-
gel 1984
Ginzburg, Carlo
Kunst und soziales Gedächtnis. Die Warburg-
Tradition (1966), in: Ders., Spurensicherung,
Berlin 1983, S. 189−211.
= Kunst und soziales Gedächtnis 1966

Gläser, Käte
Das Bildnis im Berliner Biedermeier, Berlin 1932
= Bildnis Biedermeier 1932
Gläser, Käte
Das Bildnis im Berliner Biedermeier, Berlin 1932
(Berlinische Bücher, Stadtarchiv Berlin (Hg.); 4)
= Bildnis Berliner Biedermeier 1932
Goebel, Klaus; Wichelhaus, Manfred (Hg.)
Aufstand der Bürger. Revolution 1849 im west-
deutschen Industriezentrum, Wuppertal 1974
= Aufstand der Bürger 1974
Gömmel, Rainer
Realeinkommen in Deutschland. Ein internatio-
naler Vergleich (1810−1914), Nürnberg 1979
(Vorträge zur Wirtschaftsgeschichte, Heft 4)
= Realeinkommen 1979
Gohr, Siegfried
Der Kult des Künstlers und der Kunst im 19. Jahr-
hundert. Zum Bildtyp der Hommage, Köln; Wien
1975 (Diss. zur Kunstgeschichte; 1)
= Kult des Künstlers 1975
Gohr, Siegfried
Themen und Tendenzen rheinischer Genremale-
rei, in: Eduard Trier; Willy Weyres (Hg.), Kunst
des 19. Jahrhunderts im Rheinland, Bd. III, Düs-
seldorf 1979, S. 191−208.
= Rheinische Genremalerei 1979
Gollwitzer, Heinz
Ludwig I. von Bayern. Königtum im Vormärz.
Eine politische Biographie, München 1986
= Ludwig I. 1986
Gombrich, Ernst H.
Die Krise der Kulturgeschichte (Vortrag 1967), in:
ders., Die Krise der Kulturgeschichte 1983, S. 27−64
= Krise Kulturgeschichte 1983
Gorsen, Peter; Nabakowski, Gislind; Sander, Helke
(Hg.)
Frauen in der Kunst, 2 Bde., Frankfurt a.M. 1980
= Frauen in der Kunst I, II 1980
Gramlich, Sybille
Architekturmalerei im 19. Jahrhundert in
Deutschland. Künstler, Themen, Käufer in Berlin
und München. Studien zu einer fast vergessenen
Kunstgattung, Phil. Diss.: FU Berlin 1990
= Architekturmalerei 19. Jh. 1990
Greer, Germaine
Das unterdrückte Talent. Die Rolle der Frauen in
den bildenden Kunst [The Obstacle Race 1979,
dt.], Berlin u. a. 1980
= Das unterdrückte Talent 1980

Grimm, Hermann
 Die Akademie der Künste und das Verhältnis der Künstler zum Staate, Berlin 1859
 = Akademie – Staat 1859
Grisebach, Lucius (Hg.)
 Adolph Menzel. Zeichnungen, Druckgraphik und illustrierte Bücher. Ein Bestandskatalog der Nationalgalerie, des Kupferstichkabinetts und der Kunstbibliothek. SMPK Berlin 1984
 = Menzel. Grafik 1984
Großmann, Joachim
 Die Düsseldorfer Malerschule im Vormärz und in der Revolution von 1848/49, Examensarbeit masch. Essen 1985
 = Düsseldorfer Malerschule 1985
Großmann, Joachim
 Historienmalerei im 19. Jahrhundert – Entstehungsbedingungen und Rezeption, in: Kritische Berichte 20 (1992) 2, S. 24–35.
 = Historienmalerei im 19. Jahrhundert 1992
Großmann, Joachim
 "Licht für den Osten". Die Gründung der Kunstakademie Königsberg, in: Ulrike Krenzlin (Hg.), Lebenswelt und Kunsterfahrung. Wolfgang Hütt zum 65. Geburtstag, Berlin 1990, S. 197–210
 = Gründung Kunstakademie Königsberg 1990
Großmann, Joachim
 Rezension von Hütt, Düsseldorfer Malerschule 1984, in: Rheinische Vierteljahrsblätter 49 (1985) S. 373–75.
Grünthal, Günther
 Parlamentarismus in Preußen 1848/49 – 1857/58, Düsseldorf 1982 (Handbuch der Geschichte des deutschen Parlamentarismus)
 = Parlamentarismus in Preußen 1982
Grunewald, Eckhard
 Adolf Schroedter 1805–1875. Zu Leben und Werk des ersten Taugenichts-Illustrators, in: Aurora 37 (1977) S. 87–106
 = Adolf Schroedter 1977
Guhl, Ernst
 Der wissenschaftliche Unterricht auf Kunstakademien, in: Deutsches Kunstblatt 1851, S. 253f. und 161–63
 = Wiss. Unterricht auf Kunstakademien 1851
Guhl, Ernst
 Ideen zur Reorganisation der Akademien mit besonderer Beziehung auf die Akademie der Künste zu Berlin, in: Kunstblatt 1849, S. 77–86
 = Reorganisation der Akademie 1849

Haffner, Sebastian
 Preußen ohne Legende, Hamburg 2. Aufl. 1979
 = Preußen ohne Legende 1979
Hagen, August
 Die deutsche Kunst in unserem Jahrhundert, 2 Teile, Berlin 1857
 = Deutsche Kunst 1857
Hagen, August
 Geschichte des Vereins für Wissenschaft und Kunst in Königsberg, in: Neue Preußische Provinzialblätter 8 (1849) S. 1–20 und 239f.
 = Verein Wissenschaft und Kunst Königsberg 1849
Hagen, August
 Ueber drei geschichtliche Gemälde der Düsseldorfer Schule, Königsberg 1833
 = Gemälde Düsseldorfer Schule 1833
Hagen, August
 Über die zweite Kunst- und Gewerbeausstellung in Königsberg, in: Museum 1 (1833) S. 121–23
 = Zweite Kunstausstellung Königsberg 1833
Hager, Werner
 Geschichte in Bildern. Studien zur Historienmalerei des 19. Jahrhunderts, Hildesheim u. a. 1989
 = Geschichte in Bildern 1989
Haltern, Utz
 Bürgerliche Gesellschaft: sozialtheoretische und sozialhistorische Aspekte, Darmstadt 1985 (Erträge der Forschung; 227)
 = Bürgerliche Gesellschaft 1985
Handbuch Hof und Staat
 Handbuch über den Königlich-preußischen Hof und Staat für das Jahr [...], Berlin 1818, 1824, 1831, 1836, 1841, 1846
 = Handbuch Hof und Staat 1818 u.s.w.
Hansen, Joseph (Hg.)
 Rheinische Briefe und Akten zur Geschichte der politischen Bewegung 1830–1850, Bd. I: 1830–45, Erstdruck 1919, RP Osnabrück 1967 (Deutsche Geschichtsquellen des 19. Jhs., Hg. v. d. Hist. Kommission bei d. bayr. Akad. d. Wissenschaften, Bd. 1)
 = Rheinische Briefe und Akten 1919
Hardtwig, Wolfgang
 Vormärz. Der monarchische Staat und das Bürgertum, München 1985 (Deutsche Geschichte der neuesten Zeit)
 = Vormärz 1985
Harksen, Sibylle
 Carl Graeb (1816–1884). Bestandskatalog Staat-

liche Schlösser und Gärten Potsdam-Sanssouci,
Potsdam 1986
= Carl Graeb 1986
Hartwig, Helmut; Riha, Karl
Politische Ästhetik und Öffentlichkeit. 1848 im
Spaltungsprozeß des historischen Bewußtseins,
Fernwald 1974
= Politische Ästhetik 1848, 1974
Hasse, Max
[AK] Deutsche Künstler zeichnen in Italien
1780–1860, Lübeck: Museum f. Kunst u. Kultur-
geschichte 1972
= Deutsche Künstler zeichnen in Italien 1972
Haufe, Eberhard (Hg.)
Deutsche Briefe aus Italien. Von Winckelmann
bis Gregorovius, München 1987
= Deutsche Briefe aus Italien 1987
Hausdörfer, Sabrina
Rebellion im Kunstschein. Die Funktion des fikti-
ven Künstlers in Roman und Kunsttheorie der
deutschen Romantik, Heidelberg 1987
= Rebellion im Kunstschein 1987
Hauser, Arnold
Methoden moderner Kunstbetrachtung, Mün-
chen 1974 [= Philosophie der Kunstgeschichte,
München 1958]
= Methoden 1958
Hauser, Arnold
Sozialgeschichte der Kunst und Literatur [Deut-
sche Erstausgabe 1953], München 1983
= Sozialgeschichte der Kunst 1953
Hauser, Arnold
Soziologie der Kunst, München 1983
= Soziologie 1983
Held, Jutta (Hg.)
in Zusammenarbeit mit Norbert Schneider. Kunst
und Alltagskultur, Köln 1981
= Kunst und Alltagskultur 1981
Henning, Friedrich-Wilhelm
Düsseldorf und seine Wirtschaft, Bd. 1: Von den
Anfängen bis 1860, Düsseldorf 1981
= Düsseldorf und seine Wirtschaft I 1981
Herchenbach, Wilhelm
Düsseldorf und seine Umgebung in den Revolu-
tionsjahren von 1848 – 1849, Düsseldorf 1882
= Düsseldorf 1848/49, 1882
Hermand, Jost (Hg.)
Der deutsche Vormärz. Texte und Dokumente,
Stuttgart 1967
= Vormärz 1967

Hermand, Jost (Hg.)
Das Junge Deutschland. Texte und Dokumente,
Stuttgart 1966
= Das Junge Deutschland 1966
Herrmann, Ulrich (Hg.)
„Die Bildung des Bürgers“, Weinheim; Basel
1982
= Bildung des Bürgers 1982
Hettling, Manfred
Revolution, Tod und Opferkult. A. Rethels
’Auch ein Totentanz’ von 1849, in: Archiv für Kul-
turgeschichte 70 (1988) S. 443–89
= Rethels Totentanz 1988
Himmelheber, Georg (Bearb.)
Kunst des Biedermeier 1815–1835. Architektur,
Malerei, Plastik, Kunsthandwerk, Musik, Dich-
tung und Mode (anläßlich der Aussstellung
„Kunst des Biedermeier“, Bayr. Nationalmuseum
München 1988/89), München 1988
= Kunst des Biedermeier 1988
Hinz, Berthold
Der Triumph der Religion in den Künsten, in:
Städel-Jahrbuch N.F. 7 (1979) S. 149–70
= Triumph der Religion 1979
Hirschfeld, Peter
Mäzene. Die Rolle des Auftraggebers in der
Kunst, München 1968
= Mäzene 1968
Hoffmann, Edith
Die Darstellung des Bürgers in der deutschen Ma-
lerei des 18. Jahrhunderts, Diss. München 1935
= Darstellung des Bürgers 1935
Hofmann, Jürgen
Das Ministerium Camphausen-Hansemann. Zur Po-
litik der preußischen Bourgeoisie in der Revolution
1848/49, Berlin 1981 (Akad. d. Wiss. der DDR,
Schriften des Zentralinstituts für Geschichte; 66)
= Ministerium Camphausen-Hansemann 1981
Hofmann, Werner
Bruchlinien. Aufsätze zur Kunst des 19. Jahrhun-
derts, München 1979
= Bruchlinien 1979
Hofmann, Werner (Hg.)
[AK der Hamburger Kunsthalle] Menzel – der
Beobachter, München 1982
= AK Menzel 1982
Hoh-Slodczyk, Christine
Das Haus des Künstlers im 19. Jahrhundert, Mün-
chen 1985 [Diss. München 1977] (Materialien zur
Kunst des neunzehnten Jahrhunderts; 33)

= Haus des Künstlers 1985
Honneth, Axel
Die zerrissene Welt der symbolischen Formen.
Zum kultursoziologischen Werk Pierre Bourdieus, in: Kölner Zeitschrift für Soziologie und
Sozialpsychologie 36 (1984), S. 147−64
= Bourdieu 1984
Horn, Paul
Düsseldorfer Grafik in alter und neuer Zeit, Düsseldorf 1928 (Schriften des Städt. Kunstmuseums;
2)
= Düsseldorfer Grafik 1928
Houben, Heinrich Hubert
Bildzensur im Vormärz. Fragmente aus einer Geschichte der Zensur, in: Cicerone 10 (1918) Heft 5/
6, S. 69−74
= Bildzensur im Vormärz 1918
Hübner, Julius
Aus meinem Leben, in: Rübezahl 76 (1872)
S. 442−451
= Aus meinem Leben 1872
Hübner, Julius
Schadow und seine Schule. Festrede gesprochen
von Julius Hübner bei der Enthüllung des Schadow-Denkmals am 24. 6. 1869, Bonn 1869
= Schadow und seine Schule 1869
Hütt, Wolfgang
Adolf Menzel, Leipzig 1981
= Menzel 1981
Hütt, Wolfgang
Die Beziehung zwischen Wolfgang Müller von
Königswinter und der Düsseldorfer Kunst in der
ersten Hälfte des 19. Jahrhunderts, in: Wiss. Zeitschrift der Martin-Luther-Universität Halle, Gesellschafts- und sprachwiss. Reihe, Jahrgang 4
(1955) Heft 6, S. 831−846
= Müller von Königswinter 1955
Hütt, Wolfgang
Die Düsseldorfer Kunst und die demokratische
Bewegung in der ersten Hälfte des 19. Jahrhunderts, Phil. Diss. Halle [masch.] 1957
= Düsseldorfer Kunst und demokratische Bewegung 1957
Hütt, Wolfgang
Die Düsseldorfer Malerschule 1819−1869, Leipzig 1964 und überarb. Neuauflage 1984
= Düsseldorfer Malerschule 1964, 1984
Hütt, Wolfgang
Der Einfluß des preußischen Staates auf die Entwicklung von Inhalt und Form der bildenden

Kunst im 19. Jahrhundert [Akten zur Düsseldorfer Kunstakademie], Dresden 1955
= Einfluß des preußischen Staates 1955
Huber, Ernst Rudolf
Deutsche Verfassungsgeschichte seit 1789, Bd. II,
2. verb. Aufl. Stuttgart 1968
= Deutsche Verfassungsgeschichte II 1968
Humboldt, Alexander v.
Briefe Alexander von Humboldts an Ignaz v. Olfers, E.W.M. v. Olfers (Hg.), Nürnberg u. a.
[1913]
Briefe an Olfers 1913
Humboldt, Wilhelm v.
Wilhelm von Humboldts Werke. Albert Leitzmann (Hg.), Bd. V und VI, Berlin 1906; 1907; RP
Berlin 1968
= Werke V 1906; VI 1907
Hundert Jahre
Hundert Jahre Künstlerverein „Malkasten", Düsseldorf 1848−1948, Düsseldorf 1948
= Hundert Jahre Malkasten 1948
Hupp, Hans Wilhelm
Die Belagerung von C.F. Lessing, Düsseldorf
1925 (Sammlung kleiner Düsseldorfer Kunstschriften, Heft 3)
= Lessings Belagerung 1925
Immel, Ute
Die deutsche Genremalerei im neunzehnten Jahrhundert. Phil. Diss. Heidelberg 1967
= Genremalerei 1967
Immermann, Karl Leberecht
Briefe. Textkritische und kommentierte Ausgabe
in 3 Bänden, Peter Hasubek (Hg.), München
1978, 1979
= Briefe I 1978; II 1979
Immermann, Karl
Werke in 5 Bänden, Benno v. Wiese (Hg.),
Frankfurt a.M. 1971−1977
= Werke I−V, 1971−1977
Izenberg, Gerald N.
Die 'Aristokratisierung' der bürgerlichen Kultur
im 19. Jahrhundert, in: Peter Uwe Hohendahl;
Paul Michael Lützeler (Hg.), Legitimationskrise
des deutschen Adels 1200−1900, Stuttgart 1979,
S. 232−244
= Aristokratisierung 1979
Jacobs, Emmi
Die Satire in der Presse des Rheinlands, Teil I:
Die 1. Hälfte des 19. Jahrhunderts, Phil. Diss.
München, Würzburg 1939

= Satire Rheinland 1939
Jaeschke, Walter
Politik, Kultur und Philosophie in Preußen, in: Kunsterfahrung und Kulturpolitik im Berlin Hegels, Otto Pöggeler und Annemarie Gethmann-Siefert (Hg.), Bonn 1983, (Hegel-Studien, Beiheft 22), S. 29−48
= Politik, Kultur und Philosophie in Preußen 1983
Janda, Annegret
Das Rauch-Archiv in der National-Galerie der Staatlichen Museen zu Berlin, in: Christian Daniel Rauch. Beiträge zum Werk und Wirken, Max Kunze (Hg.), Stendal 1980.
= Rauch-Archiv 1980
Jantke, Carl; Hilger, Dietrich (Bearb. u. Hg.)
Die Eigentumslosen. Der deutsche Pauperismus und die Emanzipationskrise in Darstellungen und Deutungen der zeitgenössischen Literatur, München 1965
= Die Eigentumslosen 1965
Jensen, Jens Christian
Adolph Menzel, 2. Auflage Köln 1988
= Menzel 1982; 2.1988
Jensen, Jens Christian
I Nazareni − Das Wort, der Stil, in: Katalog Klassizismus und Romantik in Deutschland, Nürnberg 1966, S. 46−52
= I Nazareni − Das Wort, der Stil 1966
Kahlert, August
Die Breslauer Kunst-Ausstellungen seit 25 Jahren, Breslau 1843
= Breslauer Kunst-Ausstellungen 1843
Kalinowski, Konstanty; Heilmann, Christoph (Hrsg.)
[AK] Sammlung Graf Raczynski. Malerei der Spätromantik aus dem Nationalmuseum Poznan, München 1992
= Sammlung Raczynski 1992
Kant, Immanuel
Kritik der Urteilskraft [1790], in: Ders., Werke in zehn Bänden, Wilhelm Weischedel (Hg.), Bd. 8, Darmstadt 1983
= Kritik der Urteilskraft 1790
Kapner, Gerhardt
Autonomietendenzen der Kunst seit dem 18. Jahrhundert, in: Beiträge zur historischen Sozialkunde 10 (1980) 1, S. 19−24
= Autonomietendenzen 1980
Kapner, Gerhardt
Studien zur Kunstsoziologie. Versuch eines sozialhistorischen Systems der Entwicklung europäischer Kunst, Wien u. a. 1987
= Kunstsoziologie 1987
Kataloge der Berliner Akademie-Ausstellungen 1786−1850
Helmut Börsch-Supan (Bearb.), ND Berlin 1971, 2 Bde. und Registerbd. (Quellen zur Bildenden Kunst; 4)
= Kataloge Akademie 1786−1850
Keisch, Claude
[AK] Die Sammlung Wagener. Aus der Vorgeschichte der National-Galerie, Berlin 1976
= Sammlung Wagener 1976
Kellenbenz, Hermann
Wirtschafts- und Sozialentwicklung der nördlichen Rheinlande seit 1815, in: Rheinische Geschichte, F. Petri, G. Droege (Hg.), Bd. III, Düsseldorf 1979, S. 1−192
Kemp, Wolfgang
„. . . einen wahrhaft bildenden Zeichenunterricht überall einzuführen". Zeichnen und Zeichenunterricht der Laien 1500−1870. Ein Handbuch, Frankfurt a.M. 1979
= Zeichenunterricht 1979
Kern, G.J.
Louis Friedrich Sachse, der Begründer des Berliner Kunsthandels, in: Zeitschrift des Vereins für die Geschichte Berlins 51 (1934) S. 1−12
= Kunsthändler Sachse 1934
Kindlers Malerei Lexikon im dtv
15 Bde., München 1976
Kinkel, Gottfried
Das erste Auftreten des Socialismus in der Malerei, in: Deutsche Monatsschrift für Politik, Wissenschaft, Kunst und Leben, Adolph Kolatschek (Hg.), Stuttgart 1850, Heft 7, S. 51−68.
= Socialismus in der Malerei 1850
Kinkel, Gottfried
Weltschmerz und Rococo [1841], in: Deutsche Monatsschrift für Politik, Wissenschaft, Kunst und Leben, Adolph Kolatschek (Hg.), Stuttgart 1850, Heft 8, S. 182−202
= Weltschmerz und Rococo 1841
Klein, Julius Leopold
Bericht über die Berliner Kunstausstellung im Jahre 1838; 1839; 1840; 1842 Berlin o.J. [jeweils als eigenständige Schrift im Umfang von etwa 100 Seiten zur Ausstellung erschienen; aufgefunden von Hilmar Frank (vgl. Frank, Kunstkritik 1988) im Nachlaß Varnhagen von Enses)]

= Berliner Kunstausstellung 1838; 1839; 1840; 1842
Knauss, Bernhard
  Das Künstlerideal des Klassizismus und der Romantik, Reutlingen 1925 (Tübinger Forschungen zur Archäologie und Kunstgeschichte; IV)
  = Künstlerideal Klassizismus und Romantik 1925
Koch, Georg Friedrich
  Die Kunstausstellung. Ihre Geschichte von den Anfängen bis zum Ausgang des 18. Jahrhunderts, Berlin 1967
  = Kunstausstellung 1967
Koch, Georg Friedrich
  Kunstmuseen, Ausstellungen und Sammlungen, in: Eduard Trier; Willy Weyres (Hg.), Kunst des 19. Jahrhunderts im Rheinland, Bd. 5, Düsseldorf 1980, S. 443−496
  = Kunstmuseen, Ausstellungen Rheinland 1980
Kocka, Jürgen (Hg.)
  Arbeiter und Bürger im 19. Jahrhundert. Varianten ihres Verhältnisses im europäischen Vergleich, München 1986
  = Arbeiter und Bürger 1986
Kocka, Jürgen (Hg.)
  Bürger und Bürgerlichkeit im 19. Jahrhundert. Göttingen 1987
  = Bürger und Bürgerlichkeit 1987
Kocka, Jürgen (Hg.)
  Bürgertum im 19. Jahrhundert. Deutschland im europäischen Vergleich, hg. unter Mitarbeit von Ute Frevert, 3 Bde. München 1988
  = Bürgertum 19. Jahrhundert 1988
Kocka, Jürgen
  Sozialgeschichte. Begriff − Entwicklung − Probleme, Göttingen 2. erw. Aufl. 1986
  = Sozialgeschichte 1986
Kölnischer Kunstverein
  Einhundertfünfzig Jahre Kunstvermittlung (AK). Stephan Andreae u. a. (Hg.), 5 Bde., Köln 1989
  = Einhundertfünfzig Jahre I−V 1989
Koetschau, Karl
  Zwei Historienbilder Eduard Bendemanns, Düsseldorf 1925
  = Zwei Historienbilder Bendemanns 1925
Kolbe, Karl Wilhelm
  Mein Lebenslauf und mein Wirken im Fache der Sprache und der Kunst, Berlin 1823
  = Lebenslauf 1823
Koschnick, Leonore
  Franz Kugler (1808−1858) als Kunstkritiker und Kulturpolitiker, Diss. FU Berlin 1985

= Kugler 1985
Koselleck, Reinhart
  Preußen zwischen Reform und Revolution. Allgemeines Landrecht, Verwaltung und soziale Bewegung von 1791 bis 1848 (1. Aufl. 1967), 2. berichtigte Aufl. Stuttgart 1975
  = Preußen 2.1975
Kossak, L. Ernst
  Die Berliner Kunst-Ausstellung im Jahre 1846. Humoristisch-satyrische Bilder-Schau der heutigen Malerwelt. Mit 70 Illustrationen von Wilhelm Scholz, Berlin 1847
  = Berliner Kunstausstellung 1846, 1847
Koszyk, Kurt
  Die „Düsseldorfer Monatshefte" zwischen Revolution und Reaktion, in: Düsseldorfer Jahrbuch I (1963) S. 198−209
  = Düsseldorfer Monatshefte 1963
Krenzlin, Ulrike
  Johann Gottfried Schadow. Ein Bildhauer zwischen Aufklärung Vormärz, Berlin; Stuttgart 1990
  = J.G. Schadow 1990
Krichbaum, Jörg; Zondergeld Rein A.
  Künstlerinnen. Von der Antike bis zur Gegenwart, Köln 1979
  = Künstlerinnen 1979
Kris, Ernst; Kurz, Otto
  Die Legende vom Künstler. Ein geschichtlicher Versuch [Erstausgabe: Wien 1934], Frankfurt a.M. 1980
  = Legende vom Künstler 1934
Kruse, Werner
  Adolph Schroedter als Graphiker, in: Wallraff-Richartz-Jahrbuch II (1925) S. 122−57
  = Schroedter 1925
Kuczynski, Jürgen; Hoppe, Ruth
  Eine Berufs- bzw. auch Klassen- und Schichtenanalyse der Märzgefallenen 1848 in Berlin, in: Jahrbuch für Wirtschaftsgeschichte 1964/IV, S. 200−276
  = Berufsanalyse Märzgefallene 1964
Kübler, Horst
  Besoldung und Lebenshaltung der unmittelbaren preußischen Staatsbeamten im 19. Jahrhundert. Eine verwaltungsgeschichtliche Analyse, Nürnberg 1976 (Nürnberger Forschungsberichte; 6)
  = Besoldung Staatsbeamte 1976
Kügelgen, Wilhelm v.
  Jugenderinnerungen eines alten Mannes, Ebenhausen bei München 1909

= Jugenderinnerungen 1909
Künstlerbriefe
Künstlerbriefe aus dem 19. Jahrhundert. Verlag
Bruno Cassirer (Hg.), Berlin 1914
= Künstlerbriefe 1914
Kugler, Franz
Berliner Briefe [Erstabdruck: Kunstblatt 1848,
Nr. 36 ff.], in: Ders., Kleine Schriften und Studien
zur Kunstgeschichte, 3. Teil, Stuttgart 1854,
S. 628−91
= Berliner Briefe 1848
Kugler, Franz
Andeutungen über die Bildung des Kunstsinnes
im Volk, in: Museum 1 (1833) S. 83−85, 91−93.
= Bildung des Kunstsinnes im Volk 1833
Kugler, Franz
Die Gemälde-Sammlung des Königl. Schwed. u.
Norw. Consuls J.H.W. Wagener in Berlin (Vor-
wort zum Verzeichniss derselben. Januar 1838),
in: Ders., Kleine Schriften und Studien zur Kunst-
geschichte, 3. Teil, Stuttgart 1854, S. 290−295.
= Gemälde-Sammlung Wagener 1838
Kugler, Franz
Grundbestimmungen für die Verwaltung der
Kunstangelegenheiten im preußischen Staate
[1849], Berlin 1858
= Verwaltung der Kunstangelegenheiten 1849/1858
Kugler, Franz
Handbuch der Kunstgeschichte, 1. Aufl. Stuttgart
1842
= Handbuch Kunstgeschichte 1.1842
Kugler, Franz
Handbuch der Kunstgeschichte, unter Mitwir-
kung des Verfassers umgearbeitet und vermehrt
von Jakob Burckhardt, 2 Bde., Berlin 1847
= Handbuch Kunstgeschichte 2.1847 I−II
Kugler, Franz
Karl Friedrich Schinkel. Eine Charakteristik seiner
künstlerischen Wirksamkeit [1842], in: Ders., Kleine
Schriften, 3. Teil, Stuttgart 1854, S. 305−61.
= Schinkel 1842
Kugler, Franz
Die Kunstausstellung zu Berlin im Herbste 1846
[Erstabdruck: Kunstblatt, Nr. 2 f.], in: Ders.,
Kleine Schriften, 3. Teil, Stuttgart 1854,
S. 569−77
= Kunstausstellung Berlin 1846
Kugler, Franz
Kunstreise im Jahre 1845. Über die Anstalten und
Einrichtungen zur Förderung der bildenden Künste

und der Conservation der Kunstdenkmäler in Frank-
reich und Belgien. Nebst Notizen über einige Kunst-
Anstalten in Italien und England, in: Ders., Kleine
Schriften, 3. Teil, Stuttgart 1845, S. 429−476
= Kunstreise 1845
Kugler, Franz
Privatsammlungen zu Berlin. Gemäldesammlung
des Herrn Consul Wagener, in: Museum 2 (1834)
S. 223 f., 231 f., 237 f.
= Privatsammlung Wagener 1834
Kugler, Franz
Skizzenbuch, Berlin 1830
= Skizzenbuch 1830
Kugler, Franz
Über den Pauperismus auch in der Kunst [Erstab-
druck: Kunstblatt 1845, Nr. 71 f.], in: Ders., Klei-
ne Schriften, 3. Teil, Stuttgart 1854, S. 553−58
= Pauperismus in der Kunst 1845
Kugler, Franz
Über die akademischen Künstler-Vereine [Er-
stabdruck: Gesellschafter 1848, Beilage zu
Nr. 94], in: Ders., Kleine Schriften, 3. Teil, Stutt-
gart 1854, S. 624−28
= Akademische Künstler-Vereine 1848
Kugler, Franz
Über die akademischen Kunstausstellungen von
Berlin, in: Museum 4 (1836), S. 153−56
= Kunstausstellungen Berlin 1836
Kugler, Franz
Über die gegenwärtige Lage der Düsseldorfer
Schule [1845], in: Ders., Kleine Schriften, 3. Teil,
Stuttgart 1854, S. 500−503
= Gegenwärtige Lage der Düsseldorfer Schule 1845
Kugler, Franz
Über die Kunst als Gegenstand der Staatsverwal-
tung mit besondrem Bezuge auf die Verhältnisse
des preussischen Staates. Auf amtliche Veranlas-
sung abgefaßt (Berlin 1847), in: Ders., Kleine
Schriften, 3. Teil, Stuttgart 1854, S. 578−603
= Kunst als Gegenstand der Staatsverwaltung 1847
Kugler, Franz
Über die Sicherung des künstlerischen Eigen-
thums [Erstabdruck: Museum 1 (1834)
S. 276−78], in: Ders., Kleine Schriften, 3. Teil,
Stuttgart 1854, S. 83−85
= Sicherung künstlerischen Eigenthums 1834
Kunst der bürgerlichen Revolution
[AK] Kunst der bürgerlichen Revolution von 1830
bis 1848/49. Zusammengestellt aus Anlaß der Aus-
stellung im Schloß Charlottenburg, Berlin 1972

= AK Kunst der bürgerlichen Revolution 1972
Kunst in Berlin 1648−1987
[AK] Berlin (0): Staatliche Museen, Altes Museum 10. 6.−25. 10. 1987
= AK Kunst in Berlin 1987
Kunstakademie Königsberg 1845−1945
[AK] Duisburg; Regensburg: Prussia-Gesellschaft, Ostdeutsche Galerie 1982 (Prussia Schriftenreihe; 11)
= AK Kunstakademie Königsberg 1982
Kunstakademie Düsseldorf
Schüler-Ordnung bei der königlichen Kunst-Akademie zu Düsseldorf, Düsseldorf 1845 [F: HStA Düsseldorf, Regierung Düsseldorf, Präs. B.Nr. 1529, Bl. 39−45]
= Schüler-Ordnung 1845
Kunstblatt
[hervorgegangen aus dem Morgenblatt für gebildete Stände; Stuttgart/ Tübingen; Ludwig Schorn 1820−42 Hg.; daher auch zitiert: Schorn's Kunstblatt] 1 (1820) − 29 (1848)
Kunsthandel in Deutschland
Der Kunsthandel in Deutschland, in: Allgemeines Organ für die Interessen des Kunsthandels 1 (1841) S. 85 f., 89−91, 93−95. Gezeichnet: F.K. [= Franz Kugler]. [Übernommen aus der Deutschen Vierteljahrsschrift.]
= Kunsthandel in Deutschland 1841
Kunstverein für die Rheinlande und Westfalen
Correspondenz-Blatt und Verhandlungen des Kunstvereins für die Rheinlande und Westfalen, Düsseldorf 1 (1845) − 16 (1860/61) [setzt Jahresberichte 1 (1829) − 15 (1843) fort]
= Correspondenzblatt
Kunstverein für die Rheinlande und Westfalen
Verhandlungen des Kunstvereins für die Rheinlande und Westfalen 1 (1829) − 15 (1843/44); danach aufgegangen im Correspondenz-Blatt
= Verhandlungen
Kunstverein für die Rheinlande und Westfalen
Verzeichnis der Kunstwerke in der Ausstellung des Kunstvereins, Düsseldorf 1829−1860
= Verzeichnis der Kunstwerke 1829 ff.
Kunstverein Halberstadt
Statut des Kunst-Vereins zu Halberstadt, in: Museum 2 (1834) S. 73−75
= Statut 1834
Kurz, Gerhard (Hg.)
Düsseldorf in der deutschen Geistesgeschichte (1750−1850), Düsseldorf 1984

= Düsseldorf in der Geistesgeschichte 1984
Lademacher, Horst
Die nördlichen Rheinlande von der Rheinprovinz bis zur Bildung des Landschaftsverbandes Rheinland (1815−1953), in: Rheinische Geschichte, F. Petri, G. Droege (Hg.), Bd. II, Düsseldorf 2. Aufl. 1976, S. 145 ff.
= Nördliche Rheinlande 1976
Langemeyer, Gerhard
Adolf Teichs: Die gefangenen Griechen, in: Westfalen 55 (1977) S. 162−66.
= Teichs: Die gefangenen Griechen 1977
Langenstein, York
Der Münchner Kunstverein im 19. Jahrhundert. Ein Beitrag zur Entwicklung des Kunstmarkts und des Ausstellungswesens, München 1983 (Miscellanea Bavarica Monacensia; 122)
= Münchner Kunstverein 1983
Langewiesche, Dieter
Europa zwischen Restauration und Revolution 1815−1849, München 1985 (Oldenbourg Grundriß der Geschichte)
= Europa 1815−1849, 1985
Langewiesche, Dieter (Hg.)
Die deutsche Revolution von 1848/49, Darmstadt 1983 (Wege der Forschung; 164)
= Deutsche Revolution 1848/49, 1983
Langewiesche, Dieter
Die deutsche Revolution von 1848/49 und die vorrevolutionäre Gesellschaft. Forschungsstand und Forschungsperspektiven, Teil I in: Archiv für Sozialgeschichte 26 (1981) S. 458−498; Teil II ebd. 31 (1991) S. 331−443
= Deutsche Revolution 1848/49. Forschungsstand I 1981, II 1991
Lankheit, Klaus
Revolution und Restauration, Baden-Baden 1980 [verb. Nachdruck der Erstauflage 1965]
= Revolution und Restauration 1980
Lenger, Friedrich
Zwischen Kleinbürgertum und Proletariat. Studien zur Sozialgeschichte der Düsseldorfer Handwerker 1816−1878, Göttingen 1986 (Kritische Studien zur Geschichtswissenschaft; 71)
= Düsseldorfer Handwerker 1986
Lenman, Robin
Painters, Patronage and the Art Market in Germany 1850−1914, in: Past and Present Nr. 123 (1989) S. 109−140
= Art Market 1989

Lepsius, Maria Rainer
Bürgertum als Gegenstand der Sozialgeschichte,
in: Wolfgang Schieder; Volker Sellin (Hg.) Sozial-
geschichte in Deutschland, Bd. 4, Göttingen 1987,
S. 61−80
= Bürgertum 1987
Lessing, Carl Friedrich
R.A. Keller, Aus den Revolutionstagen 1848 in
Düsseldorf. Unveröffentlichte Briefe des Malers
C.F. Lessing, in: Düsseldorfer Nachrichten v. 14.
u. 21. 1. 1923
= Aus Revolutionstagen 1848, 1923
Levezow, Konrad
Geschichte der Königlichen Akademie der bil-
denden Künste und mechanischen Wissenschaf-
ten zu Berlin, Stettin; Leipzig 1808
= Geschichte Akademie Berlin 1808
Lexikon der Kunst
Ludger Alscher u. a. (Hg.), 5 Bde., Leipzig
1968−1978
Lietzmann, Hilda (Bearb.)
Bibliographie zur Kunstgeschichte des 19. Jahr-
hunderts. Publikationen der Jahre 1940−1966,
München 1968 (Studien zur Kunst des 19. Jahr-
hunderts; 4)
Lowenthal-Hensel, Cécile
Preußische Bildnisse des 19. Jahrhunderts. Zeich-
nungen von Wilhelm Hensel, Kat. Nationalgale-
rie Berlin (W), Berlin 1981
= Bildnisse Hensel 1981
Lucanus, Friedrich
Die als Vereinsgeschenke von den Kunstvereinen
ausgegebenen Kupferstiche, Radirungen und Li-
thographien, in: Kunst-Blatt 20 (1839), S. 117f.
= Vereinsgaben 1839
Lucanus, Friedrich
Die siebente Kunstausstellung zu Halberstadt, in:
Museum 4 (1836) S. 177−81, 189−91, 204−8,
212f., 244.
= Kunstausstellung Halberstadt 1836
Lüdicke, Reinhard
Die Preußischen Kultusminister und ihre Beam-
ten im ersten Jahrhundert des Ministeriums
1817−1917, Stuttgart; Berlin 1918
= Kultusminister 1918
Lüdke, Alf
„Gemeinwohl", Polizei und „Festungspraxis". Staat-
liche Gewaltsamkeit und innere Verwaltung in Preu-
ßen 1815−1850 (Veröffentlichungen des Max-
Planck-Instituts für Geschichte; 73) Göttingen 1982
= „Gemeinwohl", Polizei und „Festungspraxis"
1982
Ludwig, Hans (Hg.)
Theodor Hosemann, München 1974 (Klassiker
der Karikatur; 9)
= Hosemann 1974
Märker, Peter [Bearb.]
[AK] Bürgerliches Leben im 18. Jahrhundert. Da-
niel Chodowiecki (1726−1801). Zeichnungen und
Druckgraphik, Frankfurt a.M. 1978
= Chodowiecki 1978
Mai, Ekkehard
Die Düsseldorfer Kunstakademie im 19. Jahrhun-
dert: Cornelius, Schadow und die Folgen, in: Ger-
hard Kurz (Hg.), Düsseldorf in der deutschen
Geistesgeschichte (1750−1850), Düsseldorf 1984,
S. 197−237
= Düsseldorfer Kunstakademie 1984
Mai, Ekkehard
Expositionen. Geschichte und Kritik des Ausstel-
lungswesens, Berlin 1986
= Expositionen 1986
Mai, Ekkehard (Hg.)
Historienmalerei in Europa. Paradigmen in
Form, Funktion und Ideologie. Hg. unter Mitar-
beit von Anke-Repp-Eckert, Mainz 1990
= Historienmalerei 1990
Mai, Ekkehard
Kunstakademien im Wandel. Zur Reform der
Künstlerausbildung im 19. Jahrhundert. Die Bei-
spiele Berlin und München, in: Hans M. Wingler
(Hg.), Kunstschulreform 1900−1933, Berlin (W)
1977, S. 22−43
= Kunstakademien im Wandel. Berlin und Mün-
chen 1977
Mai, Ekkehard
„Unsere Düsseldorfer Schule ist und kann nichts
anderes sein als eine veredelte niederländische".
Über die Beziehungen Düsseldorfer Maler zur
niederländischen Malerei des 17. Jahrhunderts,
in: Kölner Museums-Bulletin 3/1989, S. 4−21
= Düsseldorfer Maler zur niederländischen Male-
rei 1989
Marcuse, Herbert
Der deutsche Künstlerroman, Diss. Freiburg
1922, in: Ders., Schriften, Bd. 1, Frankfurt a.M.
1978, S. 9−344.
= Der deutsche Künstlerroman 1922
Markowitz, Irene
[AK] Armer Maler − Malerfürst. Künstler und

Gesellschaft 1819−1918, Stadtmuseum Düsseldorf 1980
= Armer Maler − Malerfürst 1980
Markowitz, Irene
[BK] Die Düsseldorfer Malerschule, Kataloge des Kunstmuseums Düsseldorf, Malerei, Bd. 2, Düsseldorf 1969
= Düsseldorfer Malerschule Kat. 1969
Markowitz, Irene [Bearb.]
[AK] Der Künstlerverein Malkasten. Die Anfänge, Düsseldorf 1973
= Künstlerverein Malkasten 1973
Markowitz, Irene
Rheinische Maler im 19. Jahrhundert. Die Düsseldorfer Malerschule und die Kunststädte am Mittel- und Niederrhein, in: Kunst des 19. Jahrhunderts im Rheinland in fünf Bänden, Eduard Trier; Willy Weyres (Hg.), Bd. 3, Düsseldorf 1979, S. 43−144
= Rheinische Maler 1979
Markowitz, Irene
[AK] Wilhelm von Schadow 1788−1862. Gedächtnisausstellung aus Anlaß seines 100. Todesjahres [AK], Düsseldorf 1962
= Wilhelm Schadow 1962
Marquard, Odo
Kleine Philosophie des Festes, in: Uwe Schulz (Hg.), Das Fest. Eine Kulturgeschichte von der Antike bis zur Gegenwart, München 1988, S. 414−20.
= Kleine Philosophie des Festes 1988
Matsche von Wicht, Betka
Der Westfälische Kunstverein in Münster, in: Westfalen 59 (1981) S. 3−87
= Kunstverein Münster 1981
Maué, Herrmann
Briefe der Familie Menzel aus dem Jahre 1829, in: Anzeiger des Germanischen Nationalmuseums 1982, S. 83−91.
= Briefe der Familie Menzel 1829, 1982
Meil, Johann Wilhelm
Gedanken zu einer, unter Aufsicht der Königl. Akademie der Künste zu errichtenden Zeichenschule für Handwerker. Vorgelesen den 26. 2. 1787, in: Monatsschrift der Akademie der Künste und mechanischen Wissenschaften zu Berlin 1 (1788) S. 154−68
= Gedanken zu einer Zeichenschule für Handwerker 1787
Menzel, Adolph
Adolph Menzels Briefe, Hans Wolff (Hg.), Berlin 1914

= Briefe 1914
Menzel, Adolph
Künstlers Erdenwallen. Componirt und lithographirt von A. Menzel, Hg. v. Louis Sachse, Berlin 1834
= Künstlers Erdenwallen 1834
Meyer, Reinhart
Limitierte Aufklärung. Untersuchungen zum bürgerlichen Kulturbewußtsein im ausgehenden 18. und beginnenden 19. Jahrhundert, in: Hans E. Bödeker; Ulrich Hermann (Hg.), Über den Prozeß der Aufklärung in Deutschland im 18. Jahrhundert, Göttingen 1987 (Veröff. des Max-Planck-Instituts für Geschichte; 85), S. 139−200
= Limitierte Aufklärung 1987
Meyerheim, Friedrich Eduard
Eine Selbstbiographie des Meisters, ergänzt von Paul Meyerheim, Berlin 1880
= Selbstbiographie 1880
Mieck, Ilja
Von der Reformzeit zur Revolution (1806−1847), in: Wolfgang Ribbe (Hg.), Geschichte Berlins, Bd. I, München 1988, S. 405−602
= Berlin 1806−1847, 1988
Mommsen, Wolfgang J.
Der deutsche Liberalismus zwischen „klassenloser Bürgergesellschaft" und „Organisiertem Kapitalismus", in: Geschichte und Gesellschaft 4 (1978) S. 77−90
= Liberalismus 1978
Monatsschrift der Akademie der Künste
Monatsschrift der Akademie der Künste und mechanischen Wissenschaften Berlin 1/2 (1788) − 3 (1789)
= Monatsschrift der Akademie der Künste Berlin
Moritz, Karl Philipp (Hg.)
Annalen der Akademie der Künste und mechanischen Wissenschaften zu Berlin, Berlin 1791
= Annalen der Akademie Berlin 1791
Most, Otto
Geschichte der Stadt Düsseldorf, Bd. II: Von 1815 bis zur Einführung der Rhein. Städteordnung (1856), Düsseldorf 1921
= Geschichte Düsseldorf II 1921
Müller, Alexandra
Das Leben deutscher Künstler in Rußland im 18. und 19. Jahrhundert [Moskau 1924], in: Hans Rothe (Hg.), Beiträge zu den europäischen Bezügen der Kunst in Rußland (Schriften d. Komitees der BRD z. Förderung der Slawischen Studien; 1) Gießen 1979, S. 87−186.

= Deutsche Künstler in Rußland 1924

Müller, Hans
Die Königliche Akademie der Künste zu Berlin 1696 bis 1896, 1. Teil: Von der Begründung durch Friedrich III von Brandenburg bis zur Wiederherstellung durch Friedrich Wilhelm II von Preußen [mehr nicht erschienen], Berlin 1896
= Akademie Berlin 1896

Müller von Königswinter, Wolfgang
Aus dem Malkasten zu Düsseldorf, in: Gartenlaube 1863, S. 585−588
= Malkasten 1863

Müller von Königswinter, Wolfgang
Düsseldorfer Künstler aus den letzten fünfundzwanzig Jahren. Kunstgeschichtliche Briefe, Leipzig 1854
= Düsseldorfer Künstler 1854

Müller von Königswinter, Wolfgang
Das Verhältnis des Staates zu den bildenden Künsten. Zur Reform der Kunstangelegenheiten in Preußen, Berlin 1861
= Verhältnis Staat Künste 1861

Münch, Paul (Hg.)
Ordnung, Fleiß und Sparsamkeit. Texte und Dokumente zur Entstehung der „bürgerlichen Tugenden", München 1984
= Ordnung 1984

Müsebeck, Ernst
Das Preußische Kultusministerium vor hundert Jahren, Stuttgart; Berlin 1918
= Kultusministerium 1918

Museum
Franz Kugler (Hg.), 1 (1833) − 5 (1837)

Nabert, W.; H. Deiters; E. Schuback
Fünfzig Jahre Vergangenheit des Vereins der Düsseldorfer Künstler zur gegenseitigen Unterstützung und Hilfe, Düsseldorf 1894
= Unterstützungsverein Düsseldorf 1894

Nationalgalerie SMPK
[BK] Galerie der Romantik, Peter Krieger, Elke Ostländer [Katalogredaktion], 2. Aufl. Berlin 1987
= Galerie der Romantik 1987

Nationalgalerie SMPK
Verzeichnis der Gemälde und Skulpturen des 19. Jahrhunderts, Barbara Dieterich; Peter Krieger, Elisabeth Krimmel-Decker [Bearb.], Berlin 1976
= BK Nationalgalerie SMPK 1976

Nationalgalerie. Staatliche Museen zu Berlin (0)
[BK] Die Gemälde der Nationalgalerie. Verzeichnis. Deutsche Malerei vom Klassizismus bis zum Impressionismus. Ausländische Malerei von 1800 bis 1930, Berlin 1986
= BK Nationalgalerie Berlin (0) 1986

Nelkenbrecher, J.C.
J.C. Nelkenbrechers allgemeines Taschenbuch der Maaß-, Gewichts- und Münzkunde, Hg. v. F. Wolff, 16. Auflage Berlin 1842
= Nelkenbrechers Münzkunde 1842

Neue Deutsche Biographie
[NDB] hg. v. der historischen Kommission bei der Bayrischen Akad. d. Wissenschaften, Bd. 1 ff., Berlin 1953 ff.

Neugebauer, Wolfgang
Die Demagogenverfolgung in Preußen. Beiträge zu ihrer Geschichte, in: Geschichte als Aufgabe. Festschrift für Otto Büsch zu seinem 60. Geburtstag, Wilhelm Treue (Hg.), Berlin 1988, S. 201−245
= Demagogenverfolgung in Preußen 1988

Neumann, H.
Rom und die Düsseldorfer Malerschule, in: Internationale Revue 1 (1866) S. 394−411
= Rom und die Düsseldorfer 1866

Nicolai, Friedrich
Beschreibung der Königlichen Residenzstädte Berlin und Potsdam, aller daselbst befindlichen Merkwürdigkeiten, und der umliegenden Gegend. 3. völlig umgearb. Aufl. Berlin 1786 [RP Berlin 1980]
= Beschreibung Berlin 1786

Nicolai, Friedrich
Nachricht von den Baumeistern, Bildhauern, Kupferstechern, Malern, Stukkaturern und andern Künstlern welche vom dreyzehnten Jahrhunderte bis jetzt in und um Berlin sich aufgehalten haben und deren Kunstwerke zum Theil daselbst noch vorhanden sind, Berlin 1786 [RP in: Ders., Gesammelte Werke, Bernhard Fabian; Marie-Luise Spieckermann (Hg.), Bd. 6, Hildesheim u. a.]
= Nachricht von Künstlern 1786

Niemann, Dietmar
Die Düsseldorfer demokratische Bewegung und Arbeiterbewegung in den Revolutionsjahren 1848/49. Zur Vorlage als Inaugural-Diss. erweiterte Examensarbeit, Düsseldorf 1979
= Düsseldorfer demokratische Bewegung 1848/49, 1979

Niemann, Dietmar
Düsseldorf während der Revolution 1848/49. Do-

kumente, Erläuterungen, Darstellung, Münster 1983 (Geschichte original – am Beispiel der Stadt Düsseldorf; 2)
= Düsseldorf 1848/49, 1983

Nipperdey, Thomas
Deutsche Geschichte 1800–1866. Bürgerwelt und starker Staat, München 1983
= Deutsche Geschichte 1983

Nipperdey, Thomas
Kulturgeschichte, Sozialgeschichte, historische Anthropologie, in: Vierteljahrsschrift für Sozial- und Wirtschaftsgeschichte 55 (1968) S. 145–64
= Kulturgeschichte 1968

Nipperdey, Thomas
Verein als soziale Struktur in Deutschland im späten 18. und frühen 19. Jahrhundert, in: Hartmut Boockmann u. a., Geschichtswissenschaft und Vereinswesen im 19. Jahrhundert, Göttingen 1972 (Veröffentlichungen d. Max-Planck-Instituts für Geschichte; 1), S. 1–44
= Verein als soziale Struktur 1972

Nipperdey, Thomas
Wie die Kunst autonom wurde, in: Frankfurter Allgemeine Zeitung, 8.8.1987
= Kunst autonom 1987

Nipperdey, Thomas
Wie das Bürgertum die Moderne fand, Berlin 1988
= Bürgertum Moderne 1988

Noack, Friedrich
Das deutsche Rom, Rom 1912
= Das deutsche Rom 1912

Noack, Friedrich
Das Deutschtum in Rom seit dem Ausgang des Mittelalters, 2 Bde., Stuttgart u. a. 1927, RP Aalen 1974
= Deutschtum in Rom 1927

Oschilewski, Walter G.
Erinnerungen an Friedrich Georg Weitsch, in: Bär von Berlin XXVII (1978) S. 23–40
= Weitsch 1978

Ostrowska-Keblowska, Zofia
The Gallery of Atanazy Raczynski. Some Comments on the Exhibition in the National Museum in Posnan, in: Studia Muzealne XIV (1984) S. 23–28
= Gallery Raczynski 1984

Otto, Ulrich
Die historisch-politischen Lieder und Karikaturen des Vormärz und der Revolution von 1848/49, Köln 1982
= Lieder und Karikaturen 1982

Ottomeyer, Hans (Hg.)
Biedermeiers Glück und Ende [AK] ... die gestörte Idylle. 1815–1848, hg. in Zusammenarbeit mit Ulrike Laufer, München 1987
= Biedermeiers Glück und Ende 1987

Paepke, Karola
Künstlervereinigungen und Kunstvereine in Potsdam. Ein Beitrag zu ihrer Geschichte zwischen 1800 und 1950, in: Beiträge zur Potsdamer Geschichte, Potsdam 1969 (Veröffentlichungen d. Berzirksmuseums Potsdam; 17), S. 109–50
= Kunstverein Potsdam 1969

Panofsky, Erwin
Aufsätze zu Grundfragen der Kunstwissenschaft, Haniolf Oberer und Egon Verheyer (Hg.), Berlin 3. Aufl. 1980
= Aufsätze

Panofsky, Erwin
Sinn und Deutung in der bildenden Kunst [engl. New York 1957], Köln 1978
= Sinn und Deutung 1957

Paret, Peter
Art as History. Episodes in the Culture and Politics of Nineteenth-Century Germany, Princeton 1988 [Deutsch: Kunst als Geschichte, München 1990]
= Art as History 1988

Paschen, Joachim
Demokratische Vereine und preußischer Staat. Entwicklung und Unterdrückung der demokratischen Bewegung während der Revolution von 1848/49, München u. a. 1977 (Studien zur modernen Geschichte; 22)
= Demokratische Vereine 1977

Peters, Heinz
Wilhelm von Schadow 1788–1862, in: Annalen des historischen Vereins für den Niederrhein, Heft 162 (1962) S. 56–117
= Wilhelm Schadow 1962

Pevsner, Nikolaus
Die Geschichte der Kunstakademien [Academies of Art 1940, deutsch mit aktualisierter Bibliographie], München 1986
= Geschichte Kunstakademien 1940

Pietsch, Ludwig
Aus meinen Akademiker-Jahren, in: Zur Jubelfeier 1696–1896, Königliche Akad. Hochschule für die Bildenden Künste zu Berlin, Berlin 1896, S. 305–344

= Akademiker-Jahre 1896
Plagemann, Volker
Zur Sozialgeschichte des Künstlerberufs, in: Kulturpolitik 4 (1975) 14, S. 17f. und 15, S. 17f.
= Sozialgeschichte Künstlerberuf 1975
Prause, Marianne [Bearb.]
Bibliographie zur Kunstgeschichte des 19. Jahrhunderts. Publikationen der Jahre 1967−1979 mit Nachträgen zu den Jahren 1940−1966. Zusammengestellt von Marianne Prause, München 1984 (Materialien zur Kunst des 19. Jahrhunderts; 31)
Prittwitz, Karl Ludwig v.
Berlin 1848. Das Erinnerungswerk des Generalleutnants Karl Ludwig von Prittwitz und andere Quellen zur Berliner Märzrevolution und zur Geschichte Preußens um die Mitte des 19. Jahrhunderts, Bearb. u. eingel. v. Gerd Heinrich, Berlin; New York 1985 (Veröff. d. Histor. Komm. zu Berlin; 60; Quellenwerke, Bd. 7)
= Berlin 1848, 1985
Püttmann, Hermann
Die Düsseldorfer Malerschule und ihre Leistungen seit der Errichtung des Kunstvereins im Jahre 1829, Leipzig 1839
= Düsseldorfer Malerschule 1839
Raczynski, Athanasius
Geschichte der neueren deutschen Kunst. Aus dem Französischen übersetzt von F.H. von der Hagen, 3 Bde., Berlin 1836−1841
= Geschichte neuere deutsche Kunst I−III, 1836−1841.
Raczynski, Athanasius
Ueber die Kunst-Ausstellungen in Berlin und die Mittel, das Interesse des Publikums wieder dafür zu gewinnen [Vortrag im wissenschaftlichen Kunstverein am 13. 2. 1841], in: Allgemeines Organ für die Interessen des Kunsthandels 1 (1841), S. 37f., 41f.
= Kunst-Ausstellungen in Berlin 1841
Radziewksy, Elke von
Kunstkritik im Vormärz. Dargestellt am Beispiel der Düsseldorfer Malerschule, Bochum 1983 (Bochumer Studien zur Publizistik- und Kommunikationswissenschaft; 36)
= Kunstkritik im Vormärz 1983
Rauch, Christian Daniel
Briefwechsel zwischen Rauch und Rietschel, Karl Eggers (Hg.), Berlin, 2 Bde., 1890−91
= Briefwechsel I 1890, II 1891

Rave, Paul Ortwin
Anfänge preußischer Kunstpflege am Rhein, in: Wallraf-Richartz-Jahrbuch 9 (1936) S. 181−204
= Preußische Kunstpflege am Rhein 1936
Rave, Paul Ortwin; Lehmann, Ernst Herbert
Akademie, in: Reallexikon zur deutschen Kunstgeschichte, Otto Schmitt (Hg.), Bd. 1, Stuttgart 1937, Sp. 243−62
= Akademie 1937
Rave, Paul Ortwin
Aus der Frühzeit Berliner Sammlertums 1670−1870, in: Bär von Berlin 8 (1959) S. 7−32
= Berliner Sammler 1959
Rave, Paul Ortwin
Die bildende Kunst, in: Geschichte von Brandenburg und Berlin, Bd. 3: Berlin und die Provinz Brandenburg im 19. und 20. Jahrhundert, Hans Herzfeld (Hg.), Berlin 1968 (Veröffentl. d. Histor. Komission zu Berlin; 25), S. 557−601.
= Bildende Kunst Berlin 1968
Rave, Paul Ortwin
Die Geschichte der National Galerie Berlin, Berlin [1968]
= Geschichte Nationalgalerie 1968
Rave, Paul Ortwin (Hg.)
Karl Blechen. Leben, Würdigung, Werk, Berlin 1940
= Blechen 1940
Rave, Paul Ortwin
Karl Friedrich Schinkel, Berlin I: Bauten für die Kunst, Kirchen, Denkmalpflege, Berlin 1941; Um einen Anhang ergänzte Neuausgabe bearb. v. Margarete Kühn Berlin 1981 (Schinkel-Werk, Bd. 1)
= Schinkel-Werk I, 1941 ND 1981
Rave, Paul Ortwin
Die Kunstsammlung Beuths, in: Zeitschrift des Deutschen Vereins für Kunstwissenschaft 2 (1935) S. 475−95
= Kunstsammlung Beuths 1935
Rave, Paul Ortwin
Die Sammlung des Konsuls Wagener als Kern der National-Galerie, in: Erich Meyer (Hg.), Eine Gabe der Freunde für Carl Georg Heise zum 28. 6. 1950, Berlin 1950, S. 202−212.
= Sammlung Wagener 1950
Rave, Paul Ortwin
Kunst in Berlin, Berlin 1965
= Kunst in Berlin 1965
Rave, Paul Ortwin
Über die Sammlung Raczynski, in: Berliner Mu-

seen. Berichte aus den ehem. Preußischen Kunstsammlungen 1953, Heft 1/2, S. 4−7
= Sammlung Raczynski 1953
Reinick, Robert
Aus Biedermeiertagen. Briefe Robert Reinicks an seine Freunde, Johannes Höffner (Hg.), Bielefeld; Leipzig 1910
= Aus Biedermeiertagen 1910
Repgen, Konrad
Märzbewegung und Maiwahlen des Revolutionsjahres 1848 im Rheinland, Bonn 1955 (Bonner histor. Forschungen; 4)
= Märzbewegung und Maiwahlen 1955
Rethel, Alfred
Alfred Rethels Briefe. In Auswahl hg. v. Josef Ponten, Berlin 1912
= Briefe 1912
Rethel, Alfred
Auch ein Totentanz. Holzschnittfolge 1849. Einführung Theodor Heuss, Stuttgart 1957 (Werkmonographien zur bildenden Kunst; 21)
= Totentanz 1849, 1957
Richter, Günter
Zwischen Revolution und Reichsgründung (1848−1870), in: Wolfgang Ribbe (Hg.), Geschichte Berlins, Bd. II, München 1988, S. 605−687
= Berlin 1848−1870, 1988
Richter, Ludwig
Lebenserinnerungen eines deutschen Malers. Mit einem Nachwort v. Gottfried Knapp, Frankfurt a.M. 1980
= Lebenserinnerungen ND 1980
Ricke-Immel, Ute [Bearb.]
[BK] Die Handzeichnungen des 19. Jahrhunderts, Düsseldorfer Malerschule, Teil 1: Die erste Jahrhunderthälfte, Düsseldorf Tafeln 1978, Text 1980 (Kataloge des Kunstmuseums Düsseldorf III, 3/2 und III 3,1)
= Handzeichnungen Düsseldorf 1978, 1980
Riedel, Manfred
Bürger, Staatsbürger, Bürgertum, in: Otto Brunner u. a. (Hg.), Geschichtliche Grundbegriffe, Bd. 1, Stuttgart 1972, S. 672−725
= Bürger 1972
Riegel, Hermann
Die Anfänge der neueren Kunst in Berlin, in: Preußische Jahrbücher, Bd. 40, Berlin 1877, S. 1−27, 127−144
= Kunst in Berlin 1877

Ritter, Henry
Der Politische Struwwelpeter. Ein Versuch zu Deutschlands Einigung, Düsseldorf 1849 [ND hg. von Karl Riha 1984 (Satire und Macht, Bd. 3)]
= Politischer Struwwelpeter 1849. ND 1984
Robels, Hella
Sehnsucht nach Italien. Bilder Deutscher Romantiker, München 1974
= Sehnsucht nach Italien 1974
Rosenberg, Adolf
Die Berliner Malerschule 1819−1879, Berlin 1879
= Berliner Malerschule 1879
Roselt, J. Christof
„Arbeiter und Stadtrat" von Johann Peter Hasenclever, in: Romerike Berge, Heft 2, Nov. 1966, S. 73−79
= Hasenclevers „Arbeiter und Stadtrat" 1966
Rudolph, Gerhard
Die illustrative Grafik, in: Kunst des 19. Jahrhunderts im Rheinland in fünf Bänden, Eduard Trier, Willy Weyres (Hg.), Bd. 3, Düsseldorf 1979, S. 315−357.
= Illustrative Grafik 1979
Rudolph, Gerhard
Revolutionsgraphik 1848. Anmerkungen zu den Jahrgängen I und II (1847/48 und 1848/49) der „Düsseldorfer Monatshefte", in: Düsseldorfer Jahrbuch 57/58 (1980) S. 320−328
= Revolutionsgraphik 1848, 1980
Rürup, Reinhard
Deutschland im 19. Jahrhundert 1815−1871, Göttingen 1984 (Deutsche Geschichte, Bd. 8)
= Deutschland 1815−1871, 1984
Rürup, Reinhard
Emanzipation und Antisemitismus, Göttingen 1975 (Krit. Studien zur Geschichtswiss.; 15)
= Emanzipation und Antisemitismus 1975
Ruge, Arnold
[Rezension von] Die Düsseldorfer Malerschule und ihre Leistungen seit der Errichtung des Kunstvereins im Jahre 1829. Von H. Püttmann, Leipzig 1839, in: Hallische Jahrbücher für deutsche Wissenschaft und Kunst 2 (1839) 1593−1600
= Püttmann 1839
Ruge, Arnold
Die Düsseldorfer Malerakademie, in: Hallische Jahrbücher für deutsche Wissenschaft und Kunst 1 (1838) S. 62−72
= Düsseldorfer Malerakademie 1838
Ruge, Arnold
Der Zeitgeist in der Düsseldorfer Akademie

[1838], in: Ders., Sämtliche Werke, Bd. III, Mannheim 3. Aufl. 1847, S. 188–196
= Zeitgeist in der Düsseldorfer Akademie 1838

Ruppert, Wolfgang
Bürgerlicher Wandel. Studien zur Herausbildung einer nationalen deutschen Kultur im 18. Jahrhundert, Frankfurt; New York 1981 (Campus-Forschungen; 194)
= Bürgerlicher Wandel 1981

Saalfeld, Dietrich
Handwerkereinkommen in Deutschland vom ausgehenden 18. bis zur Mitte des 19. Jahrhunderts, in: Wilhelm Abel (Hg.), Handwerksgeschichte in neuer Sicht, Göttingen 1970 (Göttinger handwerksgeschichtliche Studien; 16), S. 65–115
= Handwerkereinkommen bis Mitte 19. Jh. 1970

Sachße, Christoph; Tennstedt, Florian
Geschichte der Armenfürsorge in Deutschland, Stuttgart u. a. 1980
= Armenfürsorge in Deutschland 1980

Sager, Peter
Bilder zum Weinen schön [Düsseldorfer Malerschule], in: Zeitmagazin, 27. 4. 1979
= Bilder zum Weinen 1979

Sauerländer, Willibald
Kunst ohne Geschichte? [Zum Funkkolleg Kunst], in: Kritische Berichte 13 (1985) 4, S. 61–65
= Kunst ohne Geschichte? 1985

Schaarschmidt, Friedrich
Zur Geschichte der Düsseldorfer Kunst, insbesondere im 19. Jahrhundert, Düsseldorf 1902
= Düsseldorfer Kunst 1902

Schadow, Johann Gottfried
Kunstwerke und Kunstansichten. Ein Quellenwerk zur Berliner Kunst- und Kulturgeschichte zwischen 1780 und 1845. Kommentierte Neuausgabe der Veröffentlichung von 1849, Hg. v. Götz Eckardt, 3 Bde., Berlin 1987
= G. Schadow, Kunstwerke und Kunstansichten 1849 ND 1987

Schadow, Johann Gottfried
Kunstwerke und Kunstansichten. Reprint der Ausgabe 1849, zusammen mit den Aufsätzen und Briefen, Julius Friedländer (Hg.), 1890. Eingeleitet von Helmut Börsch-Supan, Berlin 1980
= G. Schadow, Kunstwerke und Kunstansichten 1849, RP 1980

Schadow, Gottfried
„Von bürgerliche Race". Berliner Alltag 1840/41 in Briefen und „Journalen", Ediert von Renate Franke, in: Berlin in Geschichte und Gegenwart. Jahrbuch des Landesarchivs Berlin 1985, S. 69–102.
= G. Schadow, Briefe 1985

Schadow, Gottfried; Tieck, Christian Friedrich
Warnung, nicht ohne inneren Beruf sich den Künsten zu widmen, in: Berliner Kunstblatt 1 (1828) S. 165f.
= Warnung, nicht ohne inneren Beruf sich den Künsten zu widmen 1828

Schadow, Wilhelm
Aus den Papieren Wilhelm von Schadows. Von Heinrich Finke [zusammengestellt und kommentiert], in: Hochland 9 (1911/12) S. 147–180.
= Aus den Papieren 1911

Schadow, Wilhelm
Die Düsseldorfer Malerschule, in: Correspondenz-Blatt des Kunstvereins für die Rheinlande und Westphalen 1 (1845) S. 57–61
= Düsseldorfer Malerschule 1845

Schadow, Wilhelm
Einige Worte über Kunstkritik, in: Correspondenz-Blatt des Kunstvereins für die Rheinlande und Westphalen 1 (1845) S. 17–20
= Über Kunstkritik 1845

Schadow, Wilhelm
Gedanken über eine folgerichtige Ausbildung des Malers, in: Berliner Kunstblatt 2 (1828) S. 264–73 [auch in: Raczynski, Geschichte neuere deutsche Kunst I 1836, 318ff.]
= Ausbildung des Malers 1828

Schadow, Wilhelm
Jugend-Erinnerungen, in: Kölnische Zeitung vom 28.8.–17. 9. 1891, Nr. 701, 704, 711, 717, 720, 723, 726, 730, 733, 736, 742, 752, 755.
= Jugend-Erinnerungen 1891

Schadow, Wilhelm
Der moderne Vasari. Erinnerungen aus dem Künstlerleben. Novelle, Berlin 1854
= Vasari 1854

Schadow, Wilhelm
Schriftstücke von Wilhelm Schadow, mitgeteilt [aus dem Archiv der Kunstakademie Düsseldorf] v. Heinrich Schmidt, in: Jahresbericht der Staatlichen Kunstakademie Düsseldorf 1939, S. 72–106
= Schriftstücke 1939

Schadow, Wilhelm
Über den Einfluß des Christentums auf die bildende Kunst, Düsseldorf 1842

= Einfluß Christentum 1842
Schadow, Wilhelm
Vom echten Geist der Kunstbeurtheilung, in: Berliner Kunstblatt I (1828) S. 264–73
= Vom echten Geist der Kunstbeurteilung 1828
Schasler, Max
Berlins Kunstschätze. Ein praktisches Handbuch zum Gebrauch bei der Besichtigung derselben. 1. Abteilung: Die Königlichen Museen von Berlin, Berlin 1855
= Berlins Kunstschätze I 1855
Schasler, Max
Berlins Kunstschätze. Ein praktisches Handbuch zum Gebrauch bei der Besichtigung derselben. 2. Abteilung: Die öffentlichen und Privat-Kunstsammlungen, Kunstinstitute und Ateliers der Künstler und Kunstindustriellen in Berlin, Berlin 1856
= Berlins Kunstschätze II 1856
Schasler, Max
Die Regenerierung der Kunstvereine, in: Deutsche Kunstzeitung 12 (1867) 2, S. 9f.
= Regenerierung Kunstvereine 1867
Schasler, Max
Zur Geschichte der berliner Privatgalerien, in: Die Dioskuren 15 (1870) S. 105–107, 121f., 129–31, 137f.
= Berliner Privatgalerien 1870
Schenda, Rudolf
Der Bilderhändler und seine Kunden im Mitteleuropa des 19. Jahrhunderts, in: Ethnologia Europaea XIV (1984) S. 163–175
= Bilderhändler 1984
Scheyer, Ernst
Schlesische Malerei der Biedermeierzeit, Frankfurt a.M. 1965 (Bau- und Kunstdenkmäler des deutschen Ostens, Reihe C; 2)
= Schlesische Malerei 1965
Schieder, Wolfgang
1848/49: Die ungewollte Revolution, in: Carola Stern, Heinrich August Winkler (Hg.), Wendepunkte deutscher Geschichte 1848–1945, Frankfurt a.M. 1979, S. 13–36
= Ungewollte Revolution 1848/49, 1979
Schindler, Norbert
Jenseits des Zwangs? Zur Ökonomie des Kulturellen inner-und außerhalb der bürgerlichen Gesellschaft, in: Zeitschrift für Volkskunde 81 (1985) S. 192–219
= Zwang 1985

Schinkel, Karl Friedrich
[AK] Karl Friedrich Schinkel, Berlin (O) 1980
= AK Schinkel 1980
Schinkel, Karl Friedrich
[AK] Karl Friedrich Schinkel. Architektur, Malerei, Kunstgewerbe, Berlin (W) 1981
= AK Schinkel 1981
Schirmer, Johann Wilhelm
Die Lebenserinnerungen des Johann Wilhelm Schirmer.[1863] Bearbeitet von Paul Kaulhausen, Krefeld 1956 (Niederrh. Landeskunde. Schriften zur Natur und Geschichte des Niederrheins, Bd. 1)
= Lebenserinnerungen 1863/ 1956
Schlesien in der Biedermeierzeit
[AK] Kultur und Geschichte Schlesiens in der ersten Hälfte des 19. Jahrhunderts, Bearb. v. Elisabeth Trux, Würzburg 1987
= Schlesien Biedermeierzeit 1987
Schlink, Wilhelm
Jacob Burckhardts Künstlerrat, in: Städel-Jahrbuch, N.F. 11 (1987) S. 269–90
= Burckhardts Künstlerrat 1987
Schlink, Wilhelm
Jakob Burckhardt und die Kunstwartung im Vormärz, Wiesbaden 1982 (Frankfurter Historische Vorträge; 8)
= Kunsterwartung im Vormärz 1982
Schmidt, Hans-Werner
Die Förderung des vaterländischen Geschichtsbildes durch die Verbindung für Historische Kunst 1854–1933, Marburg 1985 (Studien zur Kunst- und Kulturgeschichte; 1)
= Verbindung für Historische Kunst 1985
Schmidt, Walter u. a.
Illustrierte Geschichte der deutschen Revolution 1848/49, Berlin [1973] 3. erg. u. überarb. Aufl. 1988
= Revolution 1848/49, 1988
Schmoll gen. Eisenwerth, Josef Adolf
Deutsche Malerei des 19. Jahrhunderts in heutiger Sicht, in: Anzeiger des Germanischen Nationalmuseums 1978, S. 127–136
= Deutsche Malerei 19. Jahrhundert 1978
Schmoll gen. Eisenwerth, Josef Adolf
Stilpluralismus statt Einheitszwang. Zur Kritik der Stilepochen-Kunstgeschichte, in: Argo. Festschrift Kurt Badt, Norbert Knopp (Hg.), Köln 1970
= Stilpluralismus 1970

Schnaase, Carl
Die Freskogemälde im Rathause zu Elberfeld, in:
Correspondenz-Blatt des Kunstvereins für die
Rheinlande und Westphalen 1 (1845) S. 3–10
= Freskogemälde Elberfeld 1845
Schnaase, Carl
Der Stich der Disputa, in: Correspondenz-Blatt
des Kunstvereins für die Rheinlande und West-
phalen 1 (1845) S. 37–42
= Stich Disputa 1845
Schnaase, Carl
Über die Richtung der Malerei unserer Zeit, in:
Kunst-Blatt 1831, S. 325 ff.
= Richtung der Malere 1831
Schnabel, Barbara [Einführung und Bildlegenden]
Künstlerleben 1850–1910, Photogalerie Bucher,
Frankfurt a.M. 1978
= Künstlerleben 1978
Schneider, Norbert (Hg.)
Zwanzig Jahre danach – Kritische Kunstwissen-
schaft heute, [Themenheft] Kritische Berichte 18
(1990) 3. Heft
= Kritische Kunstwissenschaft 1990
Schoch, Rainer
Das Herrscherbild in der Malerei des 19. Jahrhun-
derts, Reutlingen 1975 (Studien zur Kunst des 19.
Jahrhunderts; 23)
= Herrscherbild 19. Jahrhundert 1975
Schoch, Rainer
Die belgischen Bilder. Ein Beitrag zum deutschen
Geschichtsbild im Vormärz, in: Städel-Jahrbuch
1979, S. 171–86
= Die belgischen Bilder 1979
Schröder, Wilhelm Heinz (Hg.)
Lebenslauf und Gesellschaft. Zum Einsatz von
kollektiven Biographien in der historischen So-
zialforschung, Stuttgart 1985 (Historisch-sozial-
wiss. Forschungen; 18)
= Lebenslauf und Gesellschaft 1985
Schroedter, Adolf
Briefe an Wilhelm Nerenz. Bearbeitet von Rudolf
Theilmann, masch. Kunsthalle Karlsruhe o.J.
[Zur Veröffentlichung vorgesehen]
= Briefe
Schroedter, Adolf
Das Zeichnen als ein ästhetisches Bildungsmittel,
vorzugsweise für die Erziehung des weiblichen Ge-
schlechts, Frankfurt a.M. 1853 [F: UB Frankfurt]
= Zeichnen als Bildungsmittel für die Erziehung
des weiblichen Geschlechtes 1853

Schröter, Hans
Maler und Galerie. Das Verhältnis der Maler zu
den öffentlichen Galerien Deutschlands im 19.
Jahrhundert, Phil. Diss. FU Berlin masch. 1954
= Maler und Galerie 1954
Schüren, Reinhard
Soziale Mobilität. Muster, Veränderungen und
Bedingungen im 19. und 20. Jahrhundert, St. Ka-
tharinen 1989
= Soziale Mobilität 1989
Schulz, Klaus
„Kladderadatsch". Ein bürgerliches Witzblatt von
der Märzrevolution bis zum Nationalsozialismus
1848–1944, Bochum 1975 (Bochumer Studien zur
Publizistik- und Kommunikationswissenschaft; 2)
= Kladderadatsch 1975
Schulze, Hagen
Mentalitätsgeschichte – Chancen und Grenzen
eines Paradigmas der französischen Geschichts-
wissenschaft, in: Geschichte in Wissenschaft und
Unterricht 36 (1985), S. 247–270
= Mentalitätsgeschichte 1985
Schuster, Peter-Klaus (Hg.)
[AK] Carl Blechen. Zwischen Romantik und Rea-
lismus, Nationalgalerie Berlin: Berlin, München
1990
= AK Blechen 1990
Schwenger, Hans
Die Geschichte der Künstlerverbände, in: Ten-
denzen 13 (1972) Nr. 85, S. 4–9
= Künstlerverbände 1972
Schwips, Werner
Die Garnisonskirchen von Berlin und Potsdam,
Berlin 1964 (Berlinische Reminiszenzen; VI)
= Garnisonskirchen 1964
Seidel, Carl
Die schönen Künste zu Berlin im Jahre 1826, Ber-
lin 1826; ... im Jahre 1828, Berlin 1828 [F: SBPK]
= Die schönen Künste zu Berlin 1826; 1828
Seidel, Carl
Über Panoramen, Dioramen und Neoramen, in:
Berliner Kunstblatt 1 (1828) S. 59–70
= Über Panoramen 1828
Seidler, Louise
Erinnerungen der Malerin Louise Seidler, Hg.
von Hermann Uhde [erstmals 1874], Berlin 1922
= Erinnerungen 1922
Sellin, Volker
Mentalität und Mentalitätsgeschichte, in: Histori-
sche Zeitschrift 241 (1985) S. 555–98

= Mentalität 1985
Sengle, Friedrich
  Biedermeierzeit. Deutsche Literatur im Spannungsfeld zwischen Restauration und Revolution. 1815−1848, 3 Bde., Stuttgart 1971, 1972, 1980
  = Biedermeierzeit I−III, 1971−1980
Sfeir-Semler, Andrée
  Die Maler am Pariser Salon 1791−1880, Frankfurt; New York 1992
  = Maler am Pariser Salon 1992
Siegrist, Hannes (Hg.)
  Bürgerliche Berufe. Zur Sozialgeschichte der freien und akademischen Berufe im internationalen Vergleich, Göttingen 1988 (Kritische Studien zur Geschichtswissenschaft; 80)
  = Bürgerliche Berufe 1988
Siemann, Wolfram
  Die deutsche Revolution von 1848/49, Frankfurt a.M. 1985
  = Deutsche Revolution 1848/49, 1985
Siemann, Wolfram
  Ideenschmuggel. Probleme der Meinungskontrolle und das Los deutscher Zensoren im 19. Jahrhundert, in: Historische Zeitschrift 245 (1987) S. 71−106
  = Ideenschmuggel 1987
Simon, Karl
  Wilhelm v. Humboldts Verhältnis zur bildenden Kunst, in: Jahrbuch des Freien Deutschen Hochstifts, Frankfurt a.M. 1934/35, S. 220−292
  = Humboldt Kunst 1934/35
Snyders, van
  Raczynski's Gemäldegallerie in Berlin, in: Allgemeines Organ für die Interessen des Kunst und Landkartenhandels 4 (1844) S. 181 f., 185−87
  = Raczynski's Gemäldegalerie 1844
Soiné, Knut
  Johann Peter Hasenclever. Ein Maler im Vormärz, Diss. Bremen 1987
  = Diss. Hasenclever 1987
Sperber, Jonathan
  Rhineland Radicals. The Democratic Movement and the Revolution of 1848−1849, Princeton 1991
  = Rhineland Radicals 1848/49, 1991
Stehle, R.L.
  The Düsseldorf Gallery of New York, in: New York
  Historical Society Quarterly, October 1974, S. 305−314
  = Düsseldorf Gallery of New York 1974
Steiner, Helmut
  Wandmalerei des 19. Jahrhunderts in der DDR, Leipzig 1984

= Wandmalerei 1984
Stemmrich, Gregor
  C. Schnaase. Rezeption und Transformation Berlinischen Geistes in der kunsthistorischen Forschung, in: Kunsterfahrung und Kulturpolitik im Berlin Hegels, O. Pöggeler, A. Gethmann-Siefert (Hg.), Bonn 1983 (Hegel-Studien, Beiheft 22), S. 263−282
  = Schnaase 1983
Sternberg, Carsten Bernhard
  Die Geschichte des Karlsruher Kunstvereins, Karlsruhe Diss. 1977
  = Kunstverein Karlsruhe 1977
Stock, Friedrich
  Urkunden zur Errichtung des Berliner Museums, in: Jahrbuch der Preußischen Kunstsammlungen. Beiheft zum 58. Bd., Berlin 1937
  = Berliner Museum 1937
Streckfuß, Adolf
  1848. Die März-Revolution in Berlin. Ein Augenzeuge erzählt, Köln 1983
  = 1848, ND 1983
Stüler, August
  Über die Wirksamkeit König Friedrich Wilhelm IV. in dem Gebiete der bildenden Künste. Vortrag gehalten am Schinkelfeste den 13.3.1861, Berlin 1861
  = Friedrich Wilhelm IV. und die bildenden Künste 1861
Tenbruck, Friedrich H.
  Bürgerliche Kultur, in: F. Neidhardt u. a., Kultur und Gesellschaft, Opladen 1986, S. 263−85
  = Bürgerliche Kultur 1986
Teske, Reinhard
  Studien zur Genremalerei im Vormärz, Phil. Diss. Stuttgart 1976
  = Genremalerei im Vormärz 1976
Thieme, Ulrich; Becker, Felix
  Allgemeines Lexikon der bildenden Künste, 37 Bde., Leipzig 1907−1950
  = Thieme-Becker
Toelken, Ernst Heinrich
  Neue Organisation der unteren Lehrklassen der Akademie zu einer besonderen Zeichnenschule, in: Berliner Kunstblatt 2 (1829) S. 1−4
  = Neue Organisation der unteren Lehrklasse der Akademie Berlin 1829
Toelken, Ernst Heinrich
  Rede bei der Feier des Geburtstagsfestes Seiner

Majestät Königs Friedrich Wilhelm IV. am 15.
Oktober 1844, Berlin 1844 [F: UB Göttingen]
= Rede 1844
Toelken, Ernst Heinrich
Über den protestantischen Geist aller wahrhaften
Kunst und deren neuere Entwickelung in
Deutschland. Ein Vortrag, gehalten in der Kö-
niglichen Akademie der Künste am 3. 8. 1839,
Berlin o.J
= Über den protestantischen Geist 1839
Treue, Wilhelm
Franz Theodor Kugler – Kulturhistoriker und
Kulturpolitiker, in: Historische Zeitschrift 175
(1953) S. 483–526
= Kugler 1953
Trier, Eduard; Weyres, Willy (Hg.)
Kunst des 19. Jahrhunderts im Rheinland, Bd. 3:
Malerei, Düsseldorf 1979 [Beiträge unter Verfas-
sern aufgenommen]
Trier, Eduard (Hg.)
Zweihundert Jahre Kunstakademie Düsseldorf,
Düsseldorf 1973
= 200 Jahre Kunstakademie Düsseldorf 1973
Trophäe oder Leichenstein
[AK] Trophäe oder Leichenstein? Kulturge-
schichtliche Aspekte des Geschichtsbewußtseins
in Frankfurt im 19. Jahrhundert, Historisches
Museum Frankfurt 1978 (Kleine Schriften des
Histor. Museums; 12)
= AK Trophäe oder Leichenstein 1978
Tschudi, Hugo v.
Aus Menzels jungen Jahren, in: Jahrbuch der
preußischen Kunstsammlungen XXVI (1905),
S. 215 ff.
= Aus Menzels jungen Jahren 1905
Tucholski, Barbara Camilla
Friedrich Wilhelm Schadow 1789–1826. Künstle-
rische Konzeption und Poetische Malerei, Diss.
Bonn 1984
= Wilhelm Schadow Diss. 1984
Ude, Karl
Künstlerromantik in der Malerei des 19. Jahr-
hunderts, München 1979
= Künstlerromantik 1979
Über den Beruf und die Bildung des Künstlers
in: Museum 4 (1836) S. 1–6, gez. F.Th
= Über den Beruf und die Bildung des Künstlers
1836
Über die deutschen Kunstvereine,
nach Princip, Zweck und Nutzen aufgefaßt. Fünf

Briefe, in: Kunstblatt 1832, S. 53–55, 57–67,
69–71.
= Über Kunstvereine 1832
Über die Kunstvereine,
in: Museum 4 (1836) S. 81–84, 90–92.
= Über Kunstvereine 1836
Über die Wichtigkeit
Über die Wichtigkeit und Nothwendigkeit der
Kunstakademien zur Sicherung gründlicher
Künstlerausbildung und einer dauernden Kunst-
blüthe. Von einem Freunde vaterländischer
Kunst, in: Berliner Kunstblatt 1 (1828) S. 81–88
= Über die Wichtigkeit der Kunstakademien
1828
Über Kunstausstellungen im Allgemeinen,
in: Museum 5 (1837) S. 353–56, 363–65,
372–74.
= Über Kunstausstellungen 1837
Uechtritz, Friedrich von
Blicke in das Düsseldorfer Kunst- und Künstler-
leben, 2 Bde., Düsseldorf 1839; 1840
= Düsseldorfer Kunst- und Künstlerleben I 1839,
II 1840
Ulbrich, Anton
Kunstgeschichte Ostpreußens von der Ordenszeit
bis zur Gegenwart [1932], RP München 1976
= Kunstgeschichte Ostpreußens 1932
Valentin, Veit
Geschichte der Deutschen Revolution von
1848–1849, 2 Bde., Berlin 1930/31 [RP Köln
1970]
= Deutsche Revolution 1848/49 I–II, 1930/31
Vaughan, William
Promotion and Liberty: British Art Institutions
from Reynolds to the Pre-Raphaelites, London
1989 [ungedrucktes Manuskript]
= Art Institutions 1989
Verein Berliner Künstler zur Unterstützung
Bericht des Vereins Berliner Künstler zur Unter-
stützung seiner hülfsbedürftigen Mitglieder und
deren Hinterbliebenen, Berlin 1847 und 1856 [F:
Stadtarchiv Düsseldorf, Nachlaß Hermann
Becker]
= Bericht 1847; 1856
Verein der Düsseldorfer Künstler zur Unterstüt-
zung
Berichte des Vereins der Düsseldorfer Künstler
zur gegenseitigen Unterstützung und Hilfe 1844/
45; 1847/48; 1849/50; 1852–1860 jährlich [F:

Stadtarchiv Düsseldorf; Nachlaß Hermann Becker]
= Bericht 1844/45 usw.
Verein der Kunstfreunde im preußischen Staate
Ausstellung des Vereins der Kunstfreunde, in: Museum 2 (1834) S. 91–94, 107–111
= Ausstellung 1834
Verein der Kunstfreunde im preußischen Staate
Verhandlungen, Berlin 1826–1860 [nur lückenhaft überliefert: Staatsbibliothek Bamberg: 1841–46, 1848, 1850–51, 1857–58, 1860; ZStA Merseburg, Akte 2.2.1., Nr. 19927 enthält: 1828, 1832–33, 1839–40; Teilabdr. der Verhandlungen 1826–35 in: W. v. Humboldt, Werke V–VI, 1906/07]
Verein zur Unterstützung in Not gekommener Künstler [München]
Bericht über den Bestand und das Wirken des Vereins zur Unterstützung unverschuldet in Noth gekommener Künstler und ihrer Relikten im Jahre [1847–1860 jährlich; 1850 fehlt; F: Staatsbibliothek München]
= Bericht 1847 etc.
Verzeichnis
Verzeichnis der Einkommenssteuer-Anschläge der Sammtgemeinde Düsseldorf für das Jahr 1848, Düsseldorf 1848 [F: UB Düsseldorf]
= Verzeichnis Einkommenssteuer Düsseldorf 1848
Vierhaus, Rudolf (Hg.)
Bürger und Bürgerlichkeit im Zeitalter der Aufklärung, Heidelberg 1981 (Wolfenbütteler Studien zur Aufklärung; 7)
= Bürger und Bürgerlichkeit 1981
Vierhaus, Rudolf
Umrisse einer Sozialgeschichte der Gebildeten in Deutschland, in: Quellen und Forschungen aus italienischen Archiven 60 (1980) S. 395–419
= Gebildete 1980
Vogt, Adolf Max
Karl Friedrich Schinkel. Blick in Griechenlands Blüte. Ein Hoffnungsbild für 'Spree-Athen', Frankfurt a.M. 1985
= Schinkel, Blick in Griechenlands Blüte 1985
Waagen, Gustav Friedrich
Karl Friedrich Schinkel als Mensch und als Künstler, in: Berliner Kalender 1844, S. 307–428; RP hg. u. eingel. von Werner Gabler, Düsseldorf 1980
= Schinkel 1844

Waagen, Gustav Friedrich
Verzeichniss der Gemälde-Sammlung des Königlichen schwedischen und norwegischen Consuls J.H. Wagener zu Berlin, Berlin 1850
= Verzeichniss Sammlung Wagener 1850
Wackenroder, Wilhelm Heinrich
Dichtung, Schriften, Briefe. Hg. und kommentiert v. Gerda Heinrich, Berlin 1984
= Dichtung, Schriften, Briefe 1984
Waetzoldt, Wilhelm
Preußische Kunstpolitik und Kunstverwaltung (1817–1932), in: Reichsverwaltungsblatt und Preußisches Verwaltungsblatt 54 (1933) S. 81–86
= Preußische Kunstpolitik 1817–1932, 1933
Wagner, Monika
Allegorie und Geschichte. Ausstattungsprogramme öffentlicher Gebäude des 19. Jahrhunderts in Deutschland. Von der Cornelius-Schule zur Malerei der Wilhelminischen Ära, Tübingen 1989 (Tübinger Studien zur Archäologie und Kunstgeschichte; 9)
= Allegorie und Geschichte 1989
Waldmann, Heinz
Die Künstlerateliers und ihre Inhaber im Zeitwandel von 1750 bis 1900. Studien zur Geschichte des Künstlertums und der Arbeitsweise der Künstler, Phil. Diss. masch. Münster 1954
= Künstlerateliers 1954
Walser, Rupert; Wittenbrink, Bernhard (Hg.)
[AK] Ohne Auftrag. Zur Geschichte des Kunsthandels, Bd. 1: München, München 1989
= Kunsthandel München 1989
Walter, Adeline
Die Einsamkeit des Künstlers als Bildthema 1770–1900, Diss. Frankfurt 1979
= Einsamkeit des Künstlers als Bildthema 1770–1900, 1979
Warnke, Martin
Hof-Künstler. Zur Vorgeschichte des modernen Künstlers, Köln 1985
= Hof-Künstler 1985
Weber, Jürgen
Entmündigung der Künstler. Geschichte und Funktionsweise der bürgerlichen Kunsteinrichtungen, München 2. erw. u. neu bearb. Aufl. 1981
= Entmündigung Künstler 1981
Weber, Max
Wirtschaft und Gesellschaft, 5. revidierte Auflage besorgt von Johannes Winckelmann, Tübingen 1976

= Wirtschaft und Gesellschaft
Wegner, Reinhard
Die Einrichtung des Alten Museums in Berlin. Anmerkungen zu einem neu entdeckten Schinkel-Dokument, in: Jahrbuch der Berliner Museen N.F. 31 (1989) S. 265−87
= Einrichtung Altes Museum 1989
Wegweiser Berlin
Wegweiser für Fremde und Einheimische durch Berlin und Potsdam und die umliegende Gegend. In einem bis jetzt fortgesetzten Auszuge der großen Beschreibung von Berlin und Potsdam von Friedrich Nicolai [s.o.: Beschreibung Berlin 1786], 6. ganz umgearb. Aufl. Berlin 1833
= Wegweiser Berlin 1833
Wehler, Hans-Ulrich
Deutsche Gesellschaftsgeschichte, Bd. 1: Vom Feudalismus des Alten Reiches bis zur Defensiven Modernisierung der Reformära. 1700−1815, München 1987
= Deutsche Gesellschaftsgeschichte I 1987
Wehler, Hans-Ulrich
Deutsche Gesellschaftsgeschichte, Bd. 2: Von der Reformära bis zur industriellen und politischen „Deutschen Doppelrevolution". 1815−1845/49, München 1987
= Deutsche Gesellschaftsgeschichte II 1987
Weidenhaupt, Hugo
[Düsseldorf] Von der französischen zur preußischen Zeit 1806−1856, in: Ders. (Hg.), Düsseldorf. Geschichte von den Ursprüngen bis ins 20. Jahrhundert, Bd. 2, Düsseldorf 1988, S. 313−479
= Düsseldorf 1806−1856, 1988
Werckmeister, O.K.
Ideologie und Kunst bei Marx, in: Neue Rundschau 84 (1973) S. 604−627
= Kunst bei Marx 1973
Wesenberg, Angelika
Der Einfluß der Industrialisierung auf die Entwicklung des Kunstgewerbes in der ersten Hälfte des 19. Jahrhunderts mit besonderem Bezug auf Berlin und Preußen, Phil. Diss. Berlin: Humboldt-Universität 1981
= Einfluß Industrialisierung auf Kunstgewerbe 1981
Wiegmann, Rudolf
Die Königliche Kunst-Akademie zu Düsseldorf. Ihre Geschichte, Einrichtung und Wirksamkeit, insbesondere unter der fünfundzwanzigjährigen Leitung des Directors derselben Dr. Wilhelm von Schadow, in: Correspondenz-Blatt des Kunstvereins für die Rheinlande und Westphalen 7 (1851) S. 15 ff. [in Folgen; Buchausgabe Düsseldorf 1856]
= Kunst-Akademie Düsseldorf 1851
Wiegmann, Rudolf
Ein nicht staatsgefährdender Künstler-Communismus [Über Gemeinschaftsproduktion von Friesdekorationen], in: Correspondenz-Blatt des Kunstvereins für die Rheinlande und Westphalen 1 (1845) S. 62−66; vgl. Brief an die Redaktion 2 (1846), S. 1 f.
= Künstler-Communismus 1845
Wiegmann, Rudolf
Noch einige Worte über die heutige Kunst-Kritik, in: Correspondenz-Blatt des Kunstvereins für die Rheinlande und Westphalen 1 (1845) S. 25−30
= Kunst-Kritik 1845
Wiegmann, Rudolf
Die Stimmen aus Berlin über die Düsseldorfer Malerschule, in: Correspondenzblatt des Kunstvereins für die Rheinlande und Westfalen 2 (1846) S. 43−46
= Stimmen aus Berlin über die Düsseldorfer 1846
Wiegmann, Rudolf
Was thut noth? [zur Wiederherstellung des Ansehens der Düsseldorfer Schule], in: Correspondenz-Blatt des Kunstvereins für die Rheinlande und Westfalen 3 (1847) S. 1−4
= Was thut noth? 1847
Wirth, Irmgard
Berliner Biedermeier, Berlin 1972
= Berliner Biedermeier 1972
Wirth, Irmgard
Berliner Malerei im 19. Jahrhundert, Berlin 1990
= Berliner Malerei 1990
Wirth, Irmgard
[AK] Bürgerliches Leben im Berliner Biedermeier, Berlin Museum, Berlin (West) 1978
= Bürgerliches Leben Biedermeier 1978
Wirth, Irmgard
Die Künstlerfamilie Begas in Berlin, Berlin 1968 (Veröffentlichungen des Berlin-Museums; 8)
= Künstlerfamilie Begas 1968
With, Christopher B.
Adolph von Menzel and the German Revolution of 1848, in: Zeitschrift für Kunstgeschichte 42 (1979) S. 195−214.

= Menzel and the Revolution of 1848, 1979
Wohlfeil, Rainer
Das Bild als Geschichtsquelle, in: Historische Zeitschrift 243 (1986) S. 91−100
= Bild Geschichtsquelle 1986
Wolf, Sylvia
Politische Karikaturen in Deutschland 1848/49 [Diss.], Mittenwald 1982
= Politische Karikaturen 1848/49
Wolff, Adolf
Berliner Revolutionschronik. Darstellung der Berliner Bewegungen im Jahre 1848 nach politischen, socialen und literarischen Beziehungen, Berlin 3 Bde. 1851, 1852, 1854
= Berliner Revolutionschronik I−III, 1851−1854
Zadow, Mario
Karl Friedrich Schinkel, Berlin 1980
= Schinkel 1980
Zilsel, Edgar
Die Entstehung des Geniebegriffes. Ein Beitrag zur Ideengeschichte der Antike und des Frühkapitalismus, Tübingen 1926 [RP Hildesheim 1972]
= Entstehung des Geniebegriffes 1926
Zur Jubelfeier
Zur Jubelfeier 1696−1896. Königliche Akademische Hochschule für die Bildenden Künste zu Berlin [hg. unter Anton v. Werner], Berlin 1896
= Zur Jubelfeier Kunstakademie Berlin 1896

Abbildungsverzeichnis

Formatangaben in Zentimetern

1. Fröhlich, Ernst: Maler und Bürger. Festlied gesungen beim Abend-Essen zu Ehren des Malers Karl Friedrich Lessing; Litho o.J., gedruckt bei Arnz & Co. Düsseldorf; bez. u.r.: E.F.; Stadtmuseum Düsseldorf, D 8610

2. Die alte Akademie der Künste Berlin unter den Linden,; abgebrochen für den Neubau der Bibliothek; Foto der Königlichen Meßbildanstalt, um 1908

3. Menzel, Adolph: Künstlers Erdenwallen. [Folge von 11 Darstellungen auf 6 Blättern und einer Titelbordüre] 1834; Componirt und lithographirt von A. Menzel; Hg. v. L. Sachse & Co Kunstverlagshandlung Berlin 1834; Blatt 1: „Trieb" [linke Seite „Keim" nicht abgebildet]; Federlithographie auf Chinapapier; aufgewalzt auf Lithopapier; 23 × 30,1; Kupferstichkabinett Berlin, Erw. Nr. 250−97

4. Ders. Blatt 2: „Zwang/Freiheit", 1834; Zwei Federlithographien auf einem Blatt; Chinapapier, aufgewalzt auf Velin-Büttenpapier; 23 × 30,1 [Bildgröße mit Schrift]; Kupferstichkabinett Berlin, Erw. Nr. 251−97

5. Ders. Blatt 3: „Schule/ Selbstkampf", 1834; Zwei Federlithogrphien auf einem Blatt; Chinapapier, aufgewalzt auf Velin-Büttenpapier, 24,2 × 30,2; Kupferstichkabinett Berlin, Erw. Nr. 254−97

6. N.N.: Akademie der Künste zu Berlin. Elementar-Zeichenwerk, 3 Heft: Anleitungen für Maurer- und Zimmergewerk, Berlin 1806; 1. Bl. Zimmergesellen; Aquatinta, 40 × 26,5; Hochschule der Künste Berlin, Hochschulbibliothek

7. Le Sueur, B.N.: Akademie der Künste zu Berlin. Elementar-Zeichenwerk, 5. Heft: Freie Handzeichnung, Abb. V., 1803−1806; Studienblatt zu Augenpartien; Aquatinta, 47 × 30 cm (Blatt); bez. u.l.: B.N. Le Sueur del., u.r.: D. Berger fecit.; Hochschule der Künste Berlin, Hochschulbibliothek

8. Lohde, Ludwig: Stehender männlicher Akt von vorn, 1825; Schwarze Kreide, Rötel, weiß gehöht; 61 × 44; Hochschule der Künste Berlin, Hochschulbibliotek

9. Abgangszeugnis der Berliner Kunstakademie [o.J.]; PrAdK, Archiv Kunstakademie, Nr. 6, Fiche 1

10. Achenbach, Andreas: Die alte Akademie in Düsseldorf, 1831; bez. u.r. A. Achenbach; LW, 64 × 81; Kunstmuseum Düsseldorf im Ehrenhof, Inv. Nr. 4146

11. Hasenclever, Johann Peter u.a.: Atelierszene, 1836; bez. o.r.: 4 Hasenclever, 6 Heine, 3 Greven, 1 Grashof, 2 Wilms, 7 Engel, pinx. 1836; LW, 72 × 88; Kunstmuseum Düsseldorf im Ehrenhof, Inv.Nr. 4376

12. Anonym: Übergang über Ponte Molle in Rom.; Aus einem Bajaccoritter-Diplom; aus: Noack, Das deutsche Rom 1912, Abb. 182.

13. Scholz, Wilhelm: Schemata für Compositionen. Nach einem gründlichen Studium der neueren Meister zusammengestellt, 1847; Holzschnitt; in: Kossak, Berliner Kunstausstellung 1846, 1847, S. 77

14. Scholz, Wilhelm: Verlosung vaterländischer Producte, 1847; Holzschnitt; in: Kossak, Berliner Kunstausstellung 1846, 1847, S. 120

15. Schadow, Johann Gottfried: Das Publikum auf der Kunstausstellung, 1831; Zinkdruck, 19,5 × 35; Kupferstichkabinett SMPK Berlin, VBK-Nr. 583, alte Nr. 4

16. Hildebrandt, Theodor: Die Ermordung der Söhne Eduards IV., 1835; LW, 150 × 175; bez. u.r.: Theodor Hildebrandt; Kunstmuseum Düsseldorf im Ehrenhof, Inv.Nr. 5493

17. Scholz, Wilhelm: Hübners „Jagdrecht" auf der Berliner Kunstausstellung, 1847; Holzschnitt; in: Kossak, Berliner Kunstausstellung 1846, 1847, S. 57.

18. Hübner, Carl Wilhelm: Das Jagdrecht, 1846; LW, 95 × 135,5; bez.: Carl Hübner Düsseldorf 1846; Kunstmuseum Düsseldorf im Ehrenhof, Inv.Nr. M 1979−2

19. Boser, Friedrich: Bilderschau der Düsseldorfer Künstler im Galeriesaal, 1844; LW, 82 × 106; bez. auf der Kiste: pix FB Düsseldorf; Stadtmuseum Düsseldorf, B 603.

20. Scholz, Wilhelm: Dies Blatt gehört den Kritikern, 1847; Holzschnitt; bez. u.r.: W. Scholz; in: Kossak, Berliner Kunstausstellung 1846, 1847, S. 122.

21. Ritter, Henry: Kunst-Kritik, 1847; Holzschnitt; bez.u.r.: HR; DMH I (1847/48) S. 67

22. Ritter, Henry: Worte und Gedanken, 1849; Holzschnitt; DMH II (1849) S. 419

23., 24. Menzel, Adolph: Zwei Briefköpfe für die Kunst Verlags-Handlung L. Sachse & Co in Berlin; Federlithographien um 1838/39; 7,2 × 17,6; 7,8 × 18,5 [Bildgrößen]; bez. jeweils A.M; Kupferstichkabinett Berlin [unzerschnittener Probedruck auf einem Blatt] Erw. Nr. 342−97

25. F.A. Schwartz: Palais Raczynski am Königsplatz, 1882; Fotografie; in: Franz Gottwald (Hg.), Berlin Einst und Jetzt, Berlin 1926

26. Steinbrück, Eduard: Skizzen zu drei Landschaftsbildern Düsseldorfer Maler, 1836; Bleistift und Tusche; Brief an Konsul Joachim Heinrich Wilhelm Wagener, 17.1.1836; Nationalgalerie Berlin, Archiv NL Wagener I.89

27. Menzel, Adolph: Titeleinfassung zu Graf Athanasius Raczynski: Geschichte der neueren deutschen Kunst, Bd. 3, Berlin 1841; Federlithographie, 25,6 × 20,3 (Bildgr.); bez. u.r.: Adolph Menzel und Arabeske; u.l.: Steindruck v. M. Weigel, Berlin.

28. Gebauer, Ernst: Verzeichniss der Herren Subscribenten auf die beiden lithographischen Bildnisse, zum Besten der durch die Cholera in Nothstand gerathenen Bewohner der Monarchie und der Armen-Speisungs-Anstalten, nach 1828; GStAPK Berlin, 2.2.1., Nr. 19589, Bl. 53.

29. Schadow, Johann Gottfried: Der alte Maler, 1832; Zinkdruck, 25 × 17,5; bez. o.l.: Hiob Cap. 19.V.14. Meine Nächsten haben sich entzogen und meine Freunde haben meiner vergessen u.s.w.; Berlin, Privatbesitz

30. Biow, Hermann: Portrait Johann Gottfried Schadow, 1847; Daguerretypie; Kupferstichkabinett SMPK Berlin

31. Taubert, Gustav: Sitzung des Berlinischen Künstlervereins im Englischen Haus, 1830; Feder und Pinsel, braun laviert, gelb und weiß gehöht, auf braunem Papier; 25,6 × 41 (Bildgr.); bez. u.r. (Rahmen): Gus: Taubert. 1830; Berlin, Verein Berliner Künstler

32. Schinkel, Karl Friedrich: Mittelalterliche Stadt an einem Fluß, 1815; LW, 94 × 140; SMPK Nationalgalerie Berlin, Inv.Nr. Schinkel-Museum A 2.

33. Lessing, Karl Friedrich: Das trauernde Königspaar, 1830; LW, 206 × 189; bez. u.r.: C.F.L. 30; Staatliche Ermitage, Leningrad Inv. Nr. 4778

34. Bendemann, Eduard: Liniennachstich des unten bez. Gemäldes, 1833; bez. u.l.: E. Holbein gez.; u.r. C. Funke gest.; 12,2 × 18,8 (ohne Unterschrift); in: Museum 1 (1833) nach S. 4; [Vorlage: Die trauernden Juden im Exil, 1832; LW, 183 × 280;; bez. auf dem Rahmen in den Bildzwickeln: An den Wassern zu Babylon sassen wir und weineten, wenn wir an Zion gedachten"; Wallraf-Richartz-Museum Köln, Inv.Nr. 1939]

35. Bendemann, Eduard: Zwei Mädchen, 1833; LW, 131 × 185 (dubliert); Bez. u.r. auf dem Brunnentrog: E. Bendemann Berlin. 1833; Kunstmuseum Düsseldorf im Ehrenhof, Inv.Nr. M 1981−1

36. Teichs, Friedrich Adolf: Die gefangenen Griechen von Mameluken bewacht, 1836; LW, 185,5 × 248; bez. u.r. auf einem Stein: A. TEICHS Düsseldorf 1836; Westfälisches Landesmuseum für Kunst und Kulturgeschichte Münster; [Dauerleihgabe des Westfälischen Kunstvereins] Inv.Nr. 332 WKV.

37. Scholz, Wilhelm: Horace Vernet in das Düsseldorfische übersetzt, 1847; Holzschnitt; in: Kossak, Berliner Kunstausstellung 1846, 1847, S. 45

38. Lessing, Karl Friedrich: Hussitenpredigt, 1836; LW, 230 × 290; Kunstmuseum Düsseldorf im Ehrenhof [Leihgabe der Nationalgalerie SMPK Berlin] Inv.Nr. 228

39. Hübner, Carl Wilhelm: Die schlesischen Weber, 1844; LW, 77,5 × 104,5; Kunstmuseum Düsseldorf im Ehrenhof, Inv.Nr. M 1976−1

40. Hübner, Carl Wilhelm: Die Wohltätigkeit in der Hütte der Armen; in: Gottfried Kinkel (Hg.), Vom Rhein. Leben Kunst und Dichtung, Jahrgang 1847, Essen 1846.

41. Witzleben, Friedrich Hartmann von: Hosemann, Theodor; Bildnis Friedrich Wilhelm IV. in einer Theaterloge, 1846; Litho auf aufgewalztem Chinapapier, 17,6 × 13,3; Beischrift u.M.: Zum Besten der nothleidenden Schlesischen Weber; bez. u.r. in der Darst.: FvW, bez. u.l.: Lithogr. v. Th. Hosemann; bez. u.r.: Gedr. b. Winckelmann & Söhne in Berlin; Berlin, Berlin-Museum, Inv.Nr. GDR 64/26.6; Foto: Hans-Joachim Bartsch, Berlin

42. Achenbach, Andreas: Milde Beiträge für Schlesien, 1848; Holzschnitt; DMH I (1847/1848) S. 241

43. Bürde, Paul: Ein barmherziger Bruder in Oberschlesien, 1847; Litho auf Karton, 35,8 × 49,9 [Blattmaß]; Verlag Sachse & Co Berlin; Märkisches Museum Berlin, Inv.Nr. VII 79/2587 W

44. Anonym: Als der König winkte mit dem Finger, 1843; Litho, 20,5 × 29,5; bez. u.l.: L. (Datiert 1. Quart. 1843), oben 4 Zeilen gereimter Text: Als der König winkt mit dem Finger/ Auf thut sich der Geisteszwinger/ Und der Satyr aus halb nur geöffnetem Haus/ Spuckt Caricaturen in Unzahl aus.; Berlin SBPK

45. Brückner, Philipp: Die Beerdigung der Rheinischen Zeitung, 1843; Federlithographie, 20 × 26; bez. o.l.: VI.; u.r.: Ph.Bruckner; Landeshauptarchiv Koblenz, Best. 403, Nr. 199, Bl. 185.

46. Schroedter, Adolf [zugeschrieben, J.G.]: Diplom zur Ehrenmitgliedschaft des Allgemeinen Vereins der Carnevalsfreunde zu Düsseldorf, 1846; Litho; Aufschrift: Allgemeiner Verein der Carnevalsfreunde zu Düsseldorf. Motto: Witz ist Witz, Dumm aber dumm, Carnevalslied No. 66; u.r. [als handschriftl. Zusatz des Zensors: Mit Ausschluß des gestrichenen Wortes „Autorität" [Buchdeckel Arabeske oben] ist das Imprimatur ertheilt worden. Ddorf 6.1.1846.; HStA Düsseldorf, Regierung Düsseldorf, 8953, Bl. 167.

47. Achenbach, Andreas [?]: Die wahren Proletarier. Apollo und die Musen gehen betteln im Jahre des Heils 1848; Holzschnitt; DMH II (1849) S. 276

48. Sonderland, Johann Baptist: Ahnung, 1849; Holzschnitt; bez.u.r.: JBS 49; DMH II (1849) S. 417

49. Grawert, Eduard: Bürgerwache bewacht das Zimmer Friedrich Wilhelms IV. im Berliner Schloß; Öl auf LW, 39 × 32; 1848, datiert o.r.; Berlin, Staatliche Schlösser und Gärten, GK I 2783

50. Begas, Oscar: Mitglied des Künstlercorps der Bürgerwehr 1848; Federzeichnung auf dem Rand eines Tagebuchblattes, 21x17 Berlin, Berlin-Museum, Tagebuch Oscar Begas, S. 896. Inventarsigel: GHZ; Foto: Hans-Joachim Bartsch, Berlin

51. Leutze, Emanuel: Einheitsfest am 6. 8. 1848; Litho; in: Hundert Jahre Malkasten 1948, Abb. S. 11.

52. Hosemann, Theodor: Der Künstler gibt, was er hat; Federlithographie, 12,3 × 9,0 (ohne Schrift); bez. u.r.: 4TH8; aus: Amtliche Berichte über die Berliner Barrikadenkämpfe, Berlin 1848; Berlin, Kupferstichkabinett, Nr. 729−146.

53. Hosemann, Theodor: Zinna auf der Barrikade; Federlithographie, 12,3 × 9 (ohne Schrift); bez. u.r.: 4TH8; aus: Amtliche Berichte über die Berliner Barrikadenkämpfe, Berlin 1848; Berlin, Kupferstichkabinett, Nr. 727/728−146

54. Hosemann, Theodor: Scenen aus den Märztagen von Berlin; Vier Holzschnitte auf einem Blatt; jede Zeichnung bez. 4TH8, Wolf sc.; Düsseldorfer Monatshefte II (1849), S. 257

55. Menzel, Adolf: Die Aufbahrung der Märzgefallenen am Berliner Gendarmenmarkt,; Öl auf LW, 45 × 63; 1848, unvollendet; bez. u.l. Ad. Menzel 1848; Hamburger Kunsthalle, Inv.Nr. 1270

56. Lessing, Carl Friedrich: Belagerung, 1848; LW, 113 × 174; bez. u. l.: C.F. Lessing 1848; Kunstmuseum Düsseldorf im Ehrenhof; Inv. Nr. 4037

57. Hasenclever, Johann Peter: Arbeiter und Stadtrat, 1848; bez. u. r.: J.P. Hasenclever; Ölskizze auf LW, 46 × 61,5; Landesmuseum für Kunst- und Kulturgeschichte Münster, [Dauerleihgabe des Westfälischen Kunstvereins]; Inv.Nr. 270 WKV [Foto: R. Wakonigg]

58. Hasenclever, Johann Peter: Arbeiter und Stadtrat, 1848/49; LW, 89 × 131; bez. u. l.: J. P. Hasenclever 1848−49; Bergisches Museum Schloß Burg an der Wupper

59. Hasenclever, Johann Peter: Arbeiter vor dem Magistrat, [1849]; LW, 154, 5 × 224, 5; bez. u. l.: J.P. Hasenclever o.J.; Kunstmuseum Düsseldorf im Ehrenhof; Inv.Nr. M 1978−2

60. Schroedter, Adolf: Thaten und Meinungen des Herrn Piepmeyer, Abgeordneten zur constituirenden Nationalversammlung zu Frankfurt a.M., 1848/49; Federlitho; 2. Heft, p. 2; In sechs Heften erschienen mit einem Text von Johann Hermann Detmold, Frankfurt a.M. 1848/49

61. Achenbach, Andreas: Strom der Zeit, 1848; Litho; DMH I (1847/48), im ND nach S. 208.

62., 63. Ritter, Henry: Deutschland im Jahre 1847, 1849; im Jahre 1848, 1849; Litho; bez. u.r.: HR; DMH II (1849) nach S. 264 im ND, erklärender Text S. 255 f.

64. Anonym: Ein ächter Volksvertreter, 1849; Holzschnitt; DMH II (1849) S. 264.

65. Mittel gegen Anarchie, 1849; Holzschnitt; bez. u.r. I.J. [?]; DMH II (1849) S. 331

66. Sonderland, Johann Baptist: „Aber um Gotteswillen, meine Herren...", 1847; Holzschnitt; bez. u.r.: J.B.S.; DMH I (1847/48) S. 66

67. Ritter, Henry: „Können Ew. Gnaden uns nicht gefälligst sagen, wieviel Uhr es ist?", 1847; Holzschnitt; bez. u.M. HR; DMH I (184748) S. 148

68. Achenbach, Andreas: „Das Volk ist nie zufrieden...", 1848; Holzschnitt; bez. u.r. A. Achenbach 1848; DMH I (1847/1848) S. 225

Personen- und Sachregister

Kursive Seitenzahlen verweisen auf Abbildungen